CB135390

Filosofar com textos:

temas e história da Filosofia

Volume único

Maria Lúcia de Arruda Aranha
Licenciada em Filosofia pela Pontifícia Universidade Católica de São Paulo.
Professora de Filosofia em escolas particulares de São Paulo.

Livro acompanhado por um DVD.

1ª edição

MODERNA

MODERNA

Coordenação editorial: Maria Raquel Apolinário
Edição de texto: Ana Claudia Fernandes, Eduardo Augusto Guimarães
Assistência editorial: Maria Clara Antonelli, Gabriela Alves do Carmo
Coordenação de *design* e projetos visuais: Sandra Botelho de Carvalho Homma
Projeto gráfico: Marta Cerqueira Leite, Everson de Paula, Aurelio Camilo e Rafael Mazzari
Capa: Everson de Paula
Foto da capa: Pessoas caminhando em piso de vidro. Nova York (EUA), sem data. © Shioguchi/Taxi/Getty Images
Coordenação de produção gráfica: André Monteiro, Maria de Lourdes Rodrigues
Coordenação de arte: Maria Lúcia Ferreira Couto, Tais Nakano
Edição de arte: Rodrigo Carraro Moutinho, Jordana de Lima Chaves
Editoração eletrônica: Aga Estúdio
Assistência de produção: Marcia Nascimento
Edição de infografias: William Taciro, Paula Paschoalick, Mauro César Brosso, Fernanda Fencz
Ilustrações: Nelson Provazzi, Yan Sorgi, Pianofuzz
Cartografia: Anderson de Andrade Pimentel, Fernando José Ferreira
Coordenação de revisão: Elaine C. del Nero
Revisão: Denise de Almeida, Maiza P. Bernardello, Márcia Leme, Nelson José de Camargo, Sandra G. Cortés, Viviane T. Mendes
Pesquisa iconográfica: Camila D'Angelo, Camila Soufer, Marcia Mendonça, Denise Durand Kremer, Monica de Souza, Angelita Cardoso, Vera Lucia da Silva Barrionuevo
Coordenação de *bureau*: Américo Jesus
Tratamento de imagens: Arleth Rodrigues, Bureau São Paulo, Fabio N. Precendo, Pix Art, Rubens M. Rodrigues, Wagner Lima
Pré-impressão: Alexandre Petreca, Everton L. de Oliveira Silva, Helio P. de Souza Filho, Marcio Hideyuki Kamoto
Coordenação de produção industrial: Wilson Aparecido Troque
Impressão e acabamento: Coan Gráfica.

Dados Internacionais de Catalogação na Publicação (CIP)
(Câmara Brasileira do Livro, SP, Brasil)

Aranha, Maria Lúcia de Arruda
Filosofar com textos: temas e história da filosofia : volume único / Maria Lúcia de Arruda Aranha. – São Paulo : Moderna, 2012.

Bibliografia.
1. Filosofia – História I. Título.

11-12365 CDD-109

Índice para catálogo sistemático:
1. Filosofia : História 109

978-85-16-07448-7 (LA)
978-85-16-07449-4 (LP)

EDITORA MODERNA LTDA.
Rua Padre Adelino, 758 - Belenzinho
São Paulo - SP - Brasil - CEP 03303-904
Vendas e Atendimento: Tel. (0_ _11) 2602-5510
Fax (0_ _11) 2790-1501
www.moderna.com.br
2015
Impresso no Brasil

1 3 5 7 9 10 8 6 4 2

Apresentação

Todos nós sempre nos colocamos questões filosóficas: Somos seres livres? O que é justiça? Em que consiste a felicidade? Deus existe? Qual é o sentido da vida? Por que democracia e não ditadura? O que é poder? Essas indagações, contudo, podem ser enriquecidas se entrarmos em contato com o pensamento dos filósofos e nos familiarizarmos com o modo pelo qual eles problematizam o saber estabelecido.

Esta obra oferece a opção de iniciar esse percurso pela discussão de temas clássicos da filosofia e do desenvolvimento histórico da disciplina, sem perder de vista, porém, as indagações, as dúvidas e os desafios do tempo presente, marcados por grandes contrastes sociais e contínuos avanços tecnológicos. Por isso, a variedade de textos, imagens e propostas de atividades visa não apenas à compreensão dos conteúdos filosóficos, mas permitir que esses conteúdos sejam apropriados e utilizados no exercício permanente de reflexão e ação no mundo atual.

Além do livro impresso, professores e alunos terão à disposição conteúdos digitais que oferecem novos recursos para aprofundar o estudo e compreender a pertinência das discussões filosóficas. O DVD do aluno, por exemplo, traz textos e atividades complementares, sugestões de *sites*, vídeos e livros, além de conteúdos multimídia que abrem novas janelas para perceber a relação entre a filosofia e o cotidiano.

Nossa expectativa é de que esta obra contribua para desenvolver as competências necessárias para a reflexão filosófica autônoma, sempre relacionada com o contexto em que vivemos.

A autora

Organização do livro

A obra *Filosofar com textos*: temas e história da filosofia é organizada em volume único e o acompanhará durante todo o ensino médio. O conteúdo do livro é dividido em 24 capítulos, distribuídos em uma introdução e sete unidades. Essas unidades estão divididas em duas partes: "Filosofia temática" e "História da filosofia". No final, além da bibliografia básica, há uma bibliografia por assunto, vocabulário e índice de nomes. Veja, a seguir, a organização interna da obra.

Abertura de unidade
Apresenta um sumário dos capítulos que serão estudados na unidade e uma breve reflexão sobre questões centrais da unidade.

Abertura de capítulo
Textos e obras de arte que motivam a reflexão sobre a relevância do tema do capítulo.

Saiba mais
Amplia o entendimento de assuntos importantes do capítulo, trazendo informações complementares ou direcionando o aluno para a leitura de textos em outros capítulos.

Reflita
Proposta para reflexão sobre alguma questão importante relacionada ao capítulo.

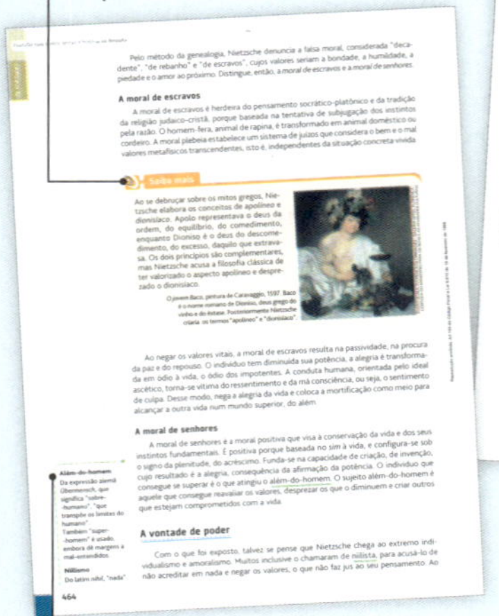

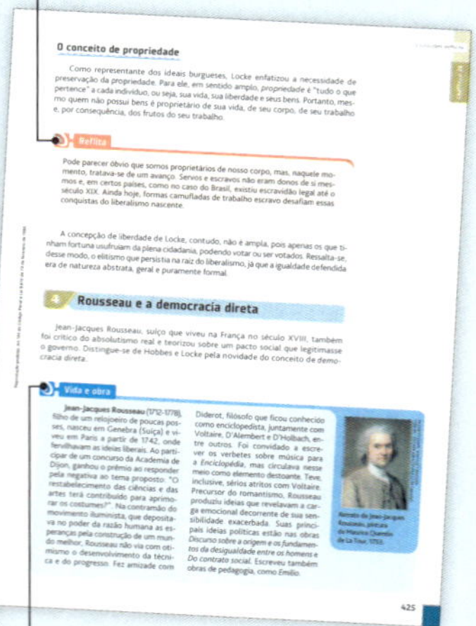

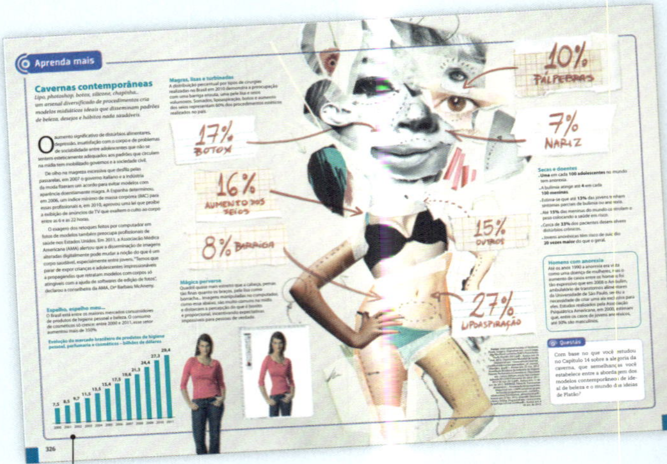

Vida e obra
Pequena biografia dos principais pensadores.

Glossário
Esclarece o significado de termos importantes para a compreensão do texto.

Aprenda mais
Infográficos que facilitam o entendimento de assuntos importantes abordados em algumas unidades, trazendo sempre uma visão reflexiva e contemporânea do tema.

Leitura analítica
Trechos de obras de importantes pensadores e questões que examinam seu conteúdo.

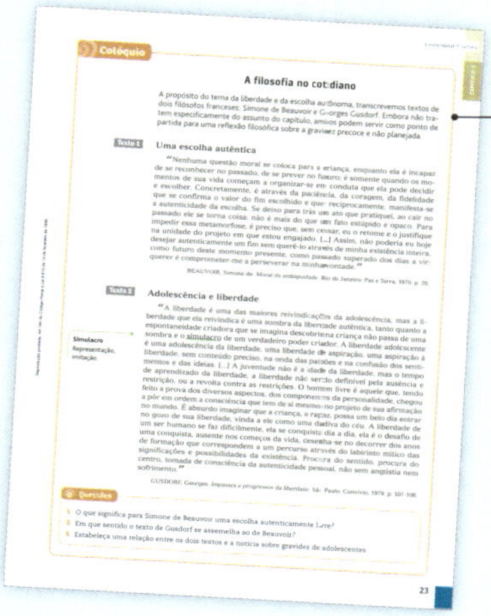

Colóquio
A seção apresenta um debate filosófico por meio de textos com visões diferentes sobre o mesmo tema.

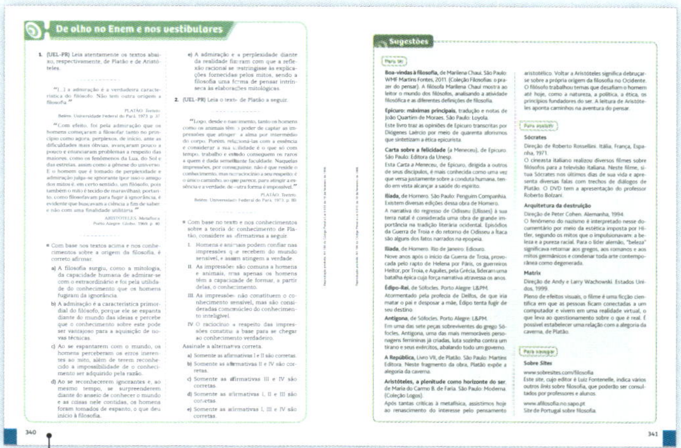

Fechamento da Unidade
Além das atividades ao final de cada capítulo, no fechamento de cada unidade a seção **De olho no Enem e nos vestibulares** traz questões selecionadas dos principais vestibulares do país e do Enem, que tratam dos temas trabalhados na unidade, preparando o aluno para esses exames.
Nesta parte, você também encontrará sugestões de livros, filmes e *sites* para ampliar a reflexão sobre os temas da unidade.

Como encontrar um objeto digital indicado na remissão

- **O ícone Visão do especialista**:

Remissão para roteiros que auxiliam a análise detalhada de imagens ou textos utilizados no livro impresso.

- **O ícone Biblioteca do estudante**:

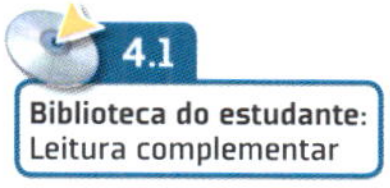

Remissão para as leituras complementares. A Biblioteca do estudante também traz ferramentas digitais (orientações para utilização) e sugestões de *sites*, vídeos e livros.

- **O ícone Conteúdo multimídia**:

Remissão para animações e trechos de vídeos que complementam o estudo de alguns temas dos capítulos.

- **O ícone Lista de exercícios**:

No final de cada unidade, remissão para questões selecionadas dos principais vestibulares do país e do Enem.

Organização do DVD

O conteúdo digital disponível no DVD está organizado em pastas que facilitam sua navegação:

- **VEREDA DIGITAL ALUNO – FILOSOFIA**
  - **Visão do especialista**
  - **Biblioteca do estudante**
    - **Leituras complementares**
    - **Ferramentas digitais: como usar**
    - **Sugestões de *sites*, vídeos e livros**
  - **Conteúdo multimídia**
    - **Animação**
    - **Vídeos**
  - **Lista de exercícios**

Visão do especialista
Roteiros para análise detalhada de imagens ou textos utilizados no livro impresso. Os textos contextualizam a produção da obra selecionada, permitindo melhor entendimento de seu conteúdo.

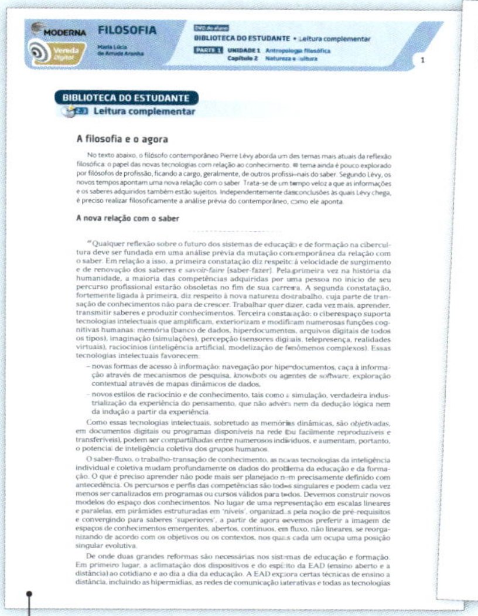

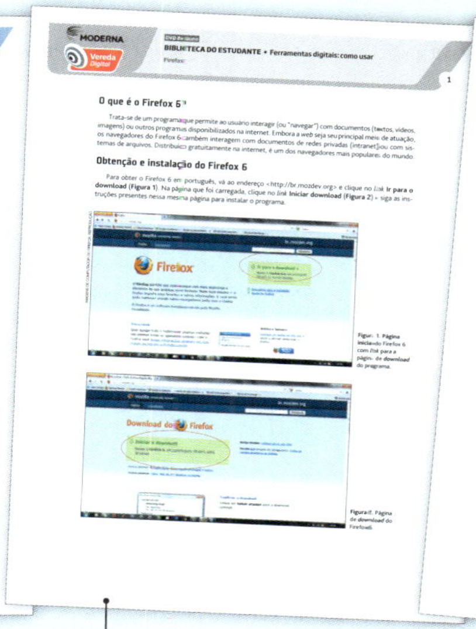

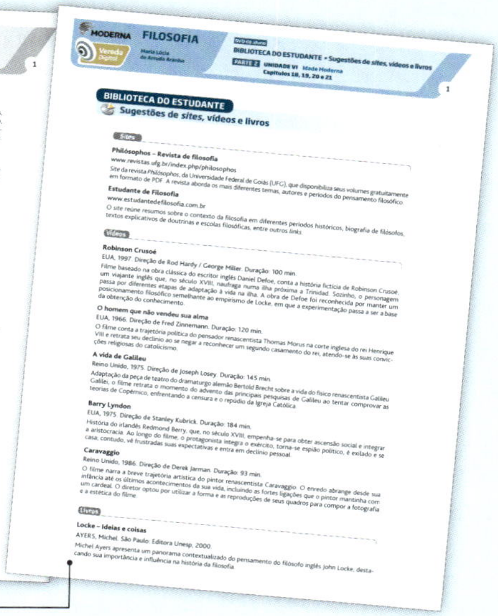

Biblioteca do estudante

- **Leituras complementares.** Textos de grandes pensadores ou comentadores que ampliam a reflexão sobre os temas tratados nos capítulos do livro impresso.
- **Ferramentas digitais: como usar.** Orientações para uso das principais ferramentas do mundo digital, que podem contribuir para os estudos em sala de aula ou para a realização de pesquisas escolares.
- **Sugestões de *sites*, vídeos e livros.** O material indicado visa ao aprofundamento do estudo dos temas tratados nos capítulos.

Conteúdo multimídia

Animações e trechos de vídeos que facilitam a fixação de conteúdos e enriquecem o estudo de alguns temas dos capítulos.

- **Animação**

- **Vídeo**

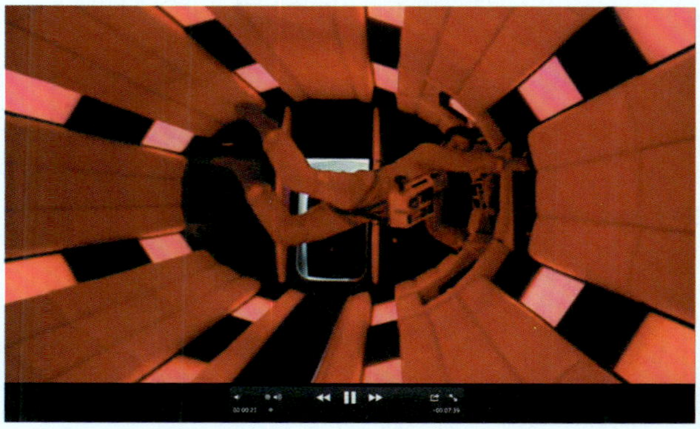

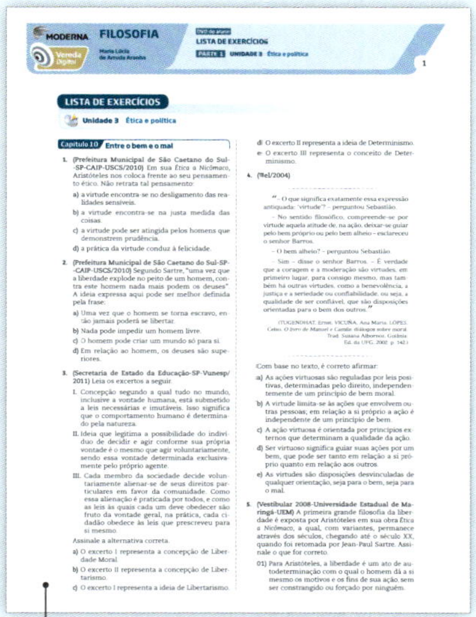

Lista de exercícios

Questões adicionais do Enem e dos principais vestibulares nacionais, organizadas por unidades.

Conteúdo do DVD

Visão do especialista

- **Introdução**
  - 1.2 Leitura de texto. Qual a utilidade da filosofia?
- **Unidade 1**
  - 2.1 Leitura de texto. Homem: natureza e cultura
  - 3.2 Leitura de texto. O trabalho e o homem
  - 4.3 Leitura de texto. Arte e reprodutibilidade técnica
  - 5.3 Leitura de texto. O mal como problema filosófico
  - 6.2 Leitura de texto. Tipos de amor
- **Unidade 2**
  - 7.3 Leitura de texto. Uma refundação do conhecimento – Descartes
  - 8.3 Leitura de texto. Descoberta e justificação
  - 9.2 Leitura de texto. A revolução científica
- **Unidade 3**
  - 10.3 Leitura de texto. A liberdade
  - 11.1 Leitura de texto. Poder e força
  - 12.2 Leitura de texto. O terror como barbárie
- **Unidade 4**
  - 13.3 Leitura de texto. O nascimento da filosofia
  - 14.4 Leitura de texto. A virtude
  - 15.3 Leitura de texto. Felicidade e prazer
- **Unidade 5**
  - 16.2 Leitura de texto. A existência do mal
  - 17.2 Leitura de texto. A crise da escolástica
- **Unidade 6**
  - 18.2 Leitura de texto. Montaigne e o pensamento renascentista
  - 19.2 Leitura de texto. O *Discurso do método*
  - 20.2 Leitura de texto. Os princípios de Voltaire
  - 21.2 Leitura de texto. O contratualismo de Hobbes
- **Unidade 7**
  - 22.3 Leitura de texto. Relações de produção e luta de classes
  - 23.3 Leitura de imagem. *Uma e três cadeiras*
  - 24.3 Leitura de texto. Um método positivista para as ciências sociais

Biblioteca do estudante

Ferramentas digitais: como usar

- Excel 2010
- Firefox
- Google
- Google Earth
- Google Maps
- iGeom
- Internet Explorer 9
- Power Point 2010
- Win Plot
- Word 2010

Leituras complementares

- **Capítulo 1**
  - 1.1 A filosofia como admiração e surpresa
  - 1.3 Só existem filosofias
- **Capítulo 2**
  - 2.2 Etnocentrismo: o "outro" reduzido pelo "eu"
  - 2.3 A filosofia e o agora
- **Capítulo 3**
  - 3.1 Trabalho como categoria fundante do homem
  - 3.3 Tempo livre e ócio criativo
- **Capítulo 4**
  - 4.1 Desinteresse e universalidade
  - 4.2 Acerca do engajamento
  - 4.4 Indústria cultural e cultura de massa
- **Capítulo 5**
  - 5.1 Provas da existência de Deus
  - 5.2 Impasses da razão
- **Capítulo 6**
  - 6.1 A felicidade como questão filosófica
  - 6.3 Uma nova concepção de corpo
- **Capítulo 7**
  - 7.1 O ceticismo antigo e o pensamento grego
  - 7.2 Ceticismo, conhecimento e experiência
- **Capítulo 8**
  - 8.1 A lógica como ciência puramente formal
  - 8.2 O raciocínio silogístico
- **Capítulo 9**
  - 9.1 A ciência instrumentalista
  - 9.3 Método e vivência
- **Capítulo 10**
  - 10.1 A liberdade como destino
  - 10.2 A virtude aristotélica
- **Capítulo 11**
  - 11.2 Quando há democracia (Aristóteles)
  - 11.3 Formas do totalitarismo

Sugestões de *sites*, vídeos e livros

Conteúdo multimídia

Lista de exercícios

Sumário do livro

PARTE I – FILOSOFIA TEMÁTICA

PARTE II – HISTÓRIA DA FILOSOFIA

Parte I

Filosofia temática

Introdução

O pensamento faz a grandeza do homem

"O homem não passa de um caniço, o mais fraco da natureza, mas é um caniço pensante. Não é preciso que o universo inteiro se arme para esmagá-lo: um vapor, uma gota de água, bastam para matá-lo. Mas, mesmo que o universo o esmagasse, o homem seria ainda mais nobre do que quem o mata, porque sabe que morre e a vantagem que o universo tem sobre ele: o universo desconhece tudo isso.

Toda nossa dignidade consiste, pois, no pensamento. Daí é que é preciso nos elevarmos, e não do espaço e da duração, que não poderíamos preencher. Trabalhemos, pois, para bem pensar; eis o princípio da moral."

PASCAL, Blaise. *Pensamentos*.
São Paulo: Abril Cultural, 1973. p. 127-128. (Coleção Os Pensadores)

Nu feminino sentado, pintura de William Rothenstein, 1892. Museu d'Orsay, Paris. Segundo Pascal, apesar da extrema fragilidade, o ser humano é o mais nobre dos seres por ser o único dotado da capacidade de pensar.

WILL ROTHENSTEIN. 1892

Capítulo 1

A experiência filosófica

1 Como é o pensar do filósofo?

Leia o relato do filósofo francês André Comte-Sponville:

1.1 **Biblioteca do estudante:** Leitura complementar

“[...] A cena se desenrola no início do século XX, num lugarejo da França rural. Um jovem professor de filosofia passeia com um amigo e encontra um camponês, que seu amigo conhece, lhe apresenta e com o qual nosso filósofo troca algumas palavras.

– O que o senhor faz? – indaga o camponês.

– Sou professor de filosofia.

– Isso é profissão?

– Por que não? Acha estranho?

– Um pouco!

– Por quê?

– Um filósofo é uma pessoa que não liga para nada...

Não sabia que se aprendia isso na escola.”

GALLERY SPRÜTH MAGERS BERLIN LONDON

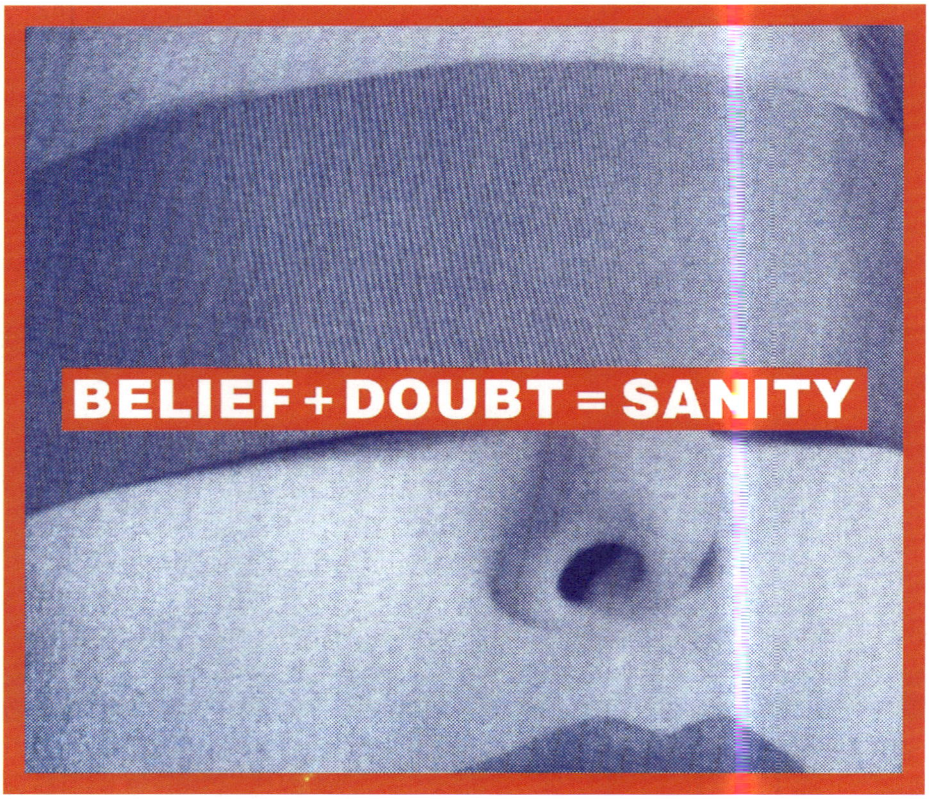

Obra sem título (2008-2009) de Barbara Kruger, artista multimídia norte-americana. Em suas obras, ela costuma explorar a junção de imagens de impacto com frases inquietantes, em geral criticando o consumismo e o modo de vida contemporâneo. Neste quadro, a artista apresenta uma afirmação de cunho filosófico ao relacionar nossas dúvidas e crenças à sanidade mental.

Na continuidade do texto, Sponville assim comenta o diálogo:

> "O que é um filósofo? É alguém que pratica a filosofia, em outras palavras, que se serve da razão para tentar pensar o mundo e sua própria vida, a fim de se aproximar da sabedoria ou da felicidade. E isso se aprende na escola? Tem de ser aprendido, já que ninguém nasce filósofo e já que a filosofia é, antes de mais nada, um trabalho. Tanto melhor, se ele começar na escola. O importante é começar, e não parar mais. Nunca é cedo demais nem tarde demais para filosofar, dizia Epicuro [...]. Digamos que só é tarde demais quando já não é possível *pensar* de modo algum. Pode acontecer. Mais um motivo para filosofar sem mais tardar."
>
> COMTE-SPONVILLE, André. *Dicionário filosófico*. São Paulo: Martins Fontes, 2003. p. 251-252.

O texto de Sponville termina com uma constatação: a de que só não filosofam aqueles para quem "já não é possível *pensar* de modo algum". Nesse ponto, cabe a pergunta: afinal, só pensa e reflete quem filosofa? É claro que não, já que você raciocina quando resolve uma equação matemática, reflete criticamente ao estudar história geral, medita antes de decidir sobre o que fazer no fim de semana, pensa quando escreve um poema.

Então, que tipo de "pensar" é esse do filósofo?

Não é melhor nem superior a todos os outros, mas sim *diferente*. Porque se propõe a "pensar nossos pensamentos e ações". Dessa atitude resulta o que chamamos *experiência filosófica*.

Os filósofos delimitam os problemas que os intrigam e buscam o *sentido desses pensamentos e ações*, recusando-se a aceitar as certezas e as soluções que nos são apresentadas, mesmo quando parecem óbvias demais.

JOAQUÍN SALVADOR LAVADO (QUINO)
REAPROVEITAMENTO DE FILOSOFANDO/MERCADO, P. 16

Tirinha da Mafalda, personagem criada pelo argentino Quino. *Mafalda 3*, 1968.

Na tira acima, quem ouve as perguntas de Mafalda é Manolito. Os que acompanham o trabalho do Quino sabem que Manolito tem uma mentalidade pragmática. Por isso, por falta de tempo, promete dar uma resposta apenas no dia seguinte ao questionamento de Mafalda. Não percebe, porém, que essa pergunta fundamental não depende de procurar uma informação qualquer. Trata-se de um problema filosófico permanentemente aberto à discussão e para o qual não existe resposta objetiva.

Pragmático
No contexto, aquilo que diz respeito à aplicação prática, à utilidade.

2 A filosofia de vida

Podemos destacar outra ideia importante na explicação de Sponville no início do capítulo: as questões filosóficas podem ser propostas por qualquer pessoa. De fato, na medida em que somos seres racionais e sensíveis, sempre atribuímos sentido às coisas. Chamamos de *filosofia de vida* ao filosofar espontâneo de todos nós. A propósito desse assunto, o filósofo italiano Antonio Gramsci diz:

> “... não se pode pensar em nenhum homem que não seja também filósofo, que não pense, precisamente porque o pensar é próprio do homem como tal.”
>
> GRAMSCI, Antonio. *Obras escolhidas*. São Paulo: Martins Fontes, 1978. p. 45.

JOAQUÍN SALVADOR LAVADO (QUINO)/ REAPROVEITAMENTO DE FILOSOFANDO/ MERCADO, P. 15

Nesta tirinha, Mafalda faz uma interrogação filosófica sobre o sentido da existência.

Então, as questões filosóficas fazem parte do nosso cotidiano? Fazem, sim. Quando um eleitor define seu voto motivado pelo partido político de seu candidato; quando um funcionário, em busca de uma atividade profissional mais prazerosa, troca seu emprego por outro com menor remuneração; quando um trabalhador alterna a jornada de trabalho com a prática de esporte ou com a decisão de ficar em casa assistindo à tevê; quando um pai investe na educação dos filhos, e assim por diante. É preciso reconhecer que existem critérios bem diferentes fundamentando tais decisões, pois há valores que entram em jogo nessas escolhas. A indagação sobre os valores é uma tarefa filosófica.

Quantas vezes você já se perguntou sobre o que é o amor, a amizade, a fidelidade, a solidão, a morte? Certamente, não só pensou sobre esses assuntos, como eventualmente discutiu a respeito com seus amigos, observando que às vezes os pontos de vista não coincidem. Essas divergências também ocorrem entre os filósofos.

Com isso, não identificamos a filosofia de vida com a reflexão do filósofo propriamente dita. Apenas destacamos que as indagações filosóficas permeiam a vida de todos nós. A diferença é que os filósofos especialistas conhecem a história da filosofia e levantam problemas que tentam equacionar não pelo simples bom senso, mas por meio de *conceitos* e *argumentos* rigorosos.

Em virtude dessa familiaridade que todos temos com o ato de filosofar, parece claro que seria proveitoso sabermos um pouco sobre como os filósofos se posicionaram a respeito de determinados temas. O que não significa concordar sempre com eles, mas sim ter a oportunidade de enriquecer nossa reflexão pessoal por meio de uma argumentação mais rigorosa. Veremos, então, que a discussão filosófica está sempre aberta à controvérsia.

3 Para que serve a filosofia?

Status quo
Expressão latina que significa estado atual das coisas, situação vigente.

Retomando o texto de abertura do capítulo, vimos que o camponês comenta que o filósofo é "uma pessoa que não liga para nada". Você não acha que muita gente também pensa desse modo? Aliás, essa opinião está ligada a outra: a de achar que a filosofia não serve para nada.

Afinal, qual é a "utilidade" da filosofia?

Vivemos num mundo que valoriza as aplicações imediatas do conhecimento. Para o senso comum, a pesquisa científica contribui para a cura de doenças como o câncer ou a Aids; o aprendizado de matemática no ensino médio prepara o aluno para o vestibular; a formação técnica do advogado, do engenheiro e do fisioterapeuta prepara para o exercício dessas profissões. Diante disso, não é raro que alguém indague: "para que estudar filosofia se não vou precisar dela na minha vida profissional?".

De acordo com essa linha de pensamento, a filosofia seria realmente "inútil", já que não serve para nenhuma alteração imediata de ordem prática. No entanto, podemos afirmar que a filosofia é necessária. Por meio daquele "olhar diferente", ela busca outra dimensão da realidade além das necessidades imediatas nas quais o indivíduo encontra-se mergulhado. O indivíduo abre-se para a mudança quando se torna capaz de superar uma dada situação e rever o pensamento e as ações que ela desencadeia. Ao filósofo incomoda o imobilismo das coisas prontas.

Por isso mesmo, a filosofia pode ser "perigosa". Por exemplo, quando desestabiliza o *status quo* ao se confrontar com o poder. É o que afirma o historiador da filosofia François Châtelet:

> "Desde que há Estado – da cidade grega às burocracias contemporâneas –, a ideia de verdade sempre se voltou, finalmente, para o lado dos poderes [...]. Por conseguinte, a contribuição específica da filosofia que se coloca a serviço da liberdade, de todas as liberdades, é a de minar, pelas análises que ela opera e pelas ações que desencadeia, as instituições repressivas e simplificadoras: quer se trate da ciência, do ensino, da tradução, da pesquisa, da medicina, da família, da polícia, do fato carcerário, dos sistemas burocráticos, o que importa é fazer aparecer a máscara, deslocá-la, arrancá-la..."
>
> CHÂTELET, François. *História da filosofia*: ideias, doutrinas. Rio de Janeiro: Zahar, s. d. v. 8. p. 309.

KHALED DESOUKI/AFP

Egípcios soltam fogos na Praça Tahrir, no Cairo, em comemoração à vitória do candidato da Irmandade Muçulmana, Mohamed Morsi, nas eleições presidenciais do Egito, em 24 de junho de 2012. As eleições foram uma consequência da queda do então presidente Hosni Mubarak, em fevereiro de 2011, na esteira da chamada Primavera Árabe, que teve início na Tunísia em 2010, com a autoimolação seguida de morte do vendedor de verduras Tarek bin Tayeb Bouazizi, que desencadeou uma revolução no país e levou à queda do então presidente, Ben Ali, em janeiro de 2011. Um dos "perigos" que a filosofia oferece é a desestabilização do *status quo* ao confrontar o poder.

1.2 Visão do especialista

Reflita

Sempre há os que ignoram os filósofos. Mas não é o caso dos ditadores: estes os fazem calar, pela censura, porque bem sabem o quanto eles ameaçam seu poder.

Alguns dirão que sempre houve e ainda haverá pensadores que bajulam os poderosos e que emprestam suas vozes e argumentos para defender tiranos. Nesse caso, porém, estamos diante das fraquezas do ser humano, seja por estar sujeito a enganos, seja por sucumbir ao temor ou ao desejo de prestígio e glória.

Leitura analítica

Aprender a viver

“[...] Adquiri, ao longo dos anos, a convicção de que para todo indivíduo, inclusive para os que não a veem como uma vocação, é valioso estudar ao menos um pouco de filosofia, nem que seja por dois motivos bem simples.

O primeiro é que, sem ela, nada podemos compreender do mundo em que vivemos. É uma formação das mais esclarecedoras, mais ainda do que a das ciências históricas. Por quê? Simplesmente porque a quase totalidade de nossos pensamentos, de nossas convicções, e também de nossos valores, se inscreve, sem que o saibamos, nas grandes visões do mundo já elaboradas e estruturadas ao longo da história das ideias. É indispensável compreendê-las para apreender sua lógica, seu alcance e suas implicações... [...]

Além do que se ganha em compreensão, conhecimento de si e dos outros por intermédio das grandes obras da tradição, é preciso saber que elas podem simplesmente ajudar a viver melhor e mais livremente. [...]

Aprender a viver, aprender a não temer em vão as diferentes faces da morte, ou, simplesmente, a superar a banalidade da vida cotidiana, o tédio, o tempo que passa, já era o principal objetivo das escolas da Antiguidade grega. A mensagem delas merece ser ouvida, pois, diferentemente do que acontece na história das ciências, as filosofias do passado ainda nos falam. Eis um ponto importante que por si só merece reflexão.

Quando uma teoria científica se revela falsa, quando é refutada por outra visivelmente mais verdadeira, cai em desuso e não interessa a mais ninguém – à exceção de alguns eruditos. As grandes respostas filosóficas dadas desde os primórdios à interrogação sobre como se aprende a viver continuam, ao contrário, presentes. Desse ponto de vista seria preferível comparar a história da filosofia com a das artes, e não com a das ciências: assim como as obras de Braque e Kandinsky não são ‘mais belas’ do que as de Vermeer ou Manet, as reflexões de Kant ou Nietzsche sobre o sentido ou não sentido da vida não são superiores – nem, aliás, inferiores – às de Epiteto, Epicuro ou Buda. Nelas existem proposições de vida, atitudes em face da existência, que continuam a se dirigir a nós através dos séculos e que nada pode tornar obsoletas. As teorias científicas de Ptolomeu ou de Descartes estão radicalmente ‘ultrapassadas’ e não têm outro interesse senão histórico, ao passo que ainda podemos absorver as sabedorias antigas, assim como podemos gostar de um templo grego ou de uma caligrafia chinesa, mesmo vivendo em pleno século XXI.”

FERRY, Luc. *Aprender a viver*: filosofia para os novos tempos. Rio de Janeiro: Objetiva, 2007. p. 15-17.

Erudito
Que tem instrução vasta e variada, geralmente por meio de leituras.

Questões

1. Luc Ferry indica dois motivos pelos quais todos deveriam estudar pelo menos um pouco de filosofia. Quais são eles?
2. Em que sentido estudar a história da ciência é diferente de estudar a história da filosofia?
3. Por que é válido comparar a história da arte com a história da filosofia?

4 Informação, conhecimento e sabedoria

Para melhor entender o campo da experiência filosófica, o filósofo espanhol Fernando Savater faz uma distinção entre *informação*, *conhecimento* e *sabedoria*. Aproveitamos os três tópicos para comentá-los livremente a seguir.

Informação

Ao lermos um jornal, determinada notícia pode nos chamar a atenção. A seguir, simulamos uma reportagem a partir de dados recolhidos na mídia.

> A gravidez na adolescência quase sempre é uma gravidez não planejada e, por isso, indesejada. Desde 1970, a incidência de casos tem aumentado significativamente, ao mesmo tempo que tem diminuído a média de idade das adolescentes grávidas. Na maioria das vezes, a gravidez na adolescência ocorre entre a primeira e a quinta relação sexual, e a jovem grávida procura o serviço de saúde para fazer o pré-natal apenas entre o terceiro e o quarto mês de gravidez.

O que a notícia nos passa é o relato de fatos ocorridos, inclusive com a menção a estatísticas comprovadas a respeito deles.

Conhecimento

Para ampliar a compreensão dessa notícia, podemos lançar mão de uma série de conhecimentos. Escolhemos algumas ciências.

- História: descreve as transformações do comportamento sexual desde a década de 1960 e analisa suas causas, mostrando o afrouxamento das regras que proibiam a atividade sexual antes do casamento, principalmente para as mulheres.
- Sociologia: investiga a repercussão desses comportamentos nos novos modelos de família (aumento do número de divórcios; liberação da mulher; ampliação do espaço da mulher no mercado de trabalho; as famílias monoparentais, nas quais as crianças vivem apenas com um genitor, na maior parte das vezes, a mãe; as uniões de pessoas do mesmo sexo).
- Biologia: ao descrever a concepção, torna-se capaz de descobrir processos de contracepção, além de apresentar conhecimentos que podem explicar os riscos da gravidez precoce para a saúde das mais jovens.
- Antropologia: compara esse tipo de comportamento e suas consequências em diversas culturas.
- Psicologia: investiga os conflitos emocionais de uma gravidez indesejada para uma adolescente, o difícil confronto com a família, a reação do jovem futuro pai, a aquisição de novas responsabilidades etc.

SCIENCE PHOTO LIBRARY/LATINSTOCK

Imagem microscópica de espermatozoides humanos. A biologia é uma área do saber com muitas contribuições para o conhecimento.

Inúmeras outras ciências ocupam-se desse assunto. Não devemos esquecer que inclusive as pessoas não especializadas analisam esse fato pelo *senso comum*, baseando-se nos seus conhecimentos, valores e crenças.

Reflita

As frases instigantes da artista Jenny Holzer propiciam a reflexão filosófica: o que significa *Protect me from what I want* ("Proteja-me do que eu desejo")? Quero que alguém me proteja? Ou sou eu mesmo que devo fazê-lo? E por que (ou quando) haveria eu de me proteger do meu desejo? Qual é a relação entre desejo e razão?

Protect me from what I want, intervenção de Jenny Holzer. Inglaterra, 1988. Jenny Holzer é uma artista conceitual que ao final da década de 1970 e durante a década de 1980 fez intervenções nos espaços públicos de diversas cidades.

HOLZER, JENNY. "PROTEJA-ME DO QUE EU DESEJO", 1987. LICENCIADO POR AUTVIS, BRASIL, 2012

Sabedoria

O conceito de *sabedoria* recebeu vários significados ao longo da história humana. Vamos escolher aquele que diz respeito às decisões refletidas que visam buscar um caminho para o bem viver. Nesse sentido, por sabedoria entendemos um conceito amplo, que tanto inclui a atitude do filósofo como também de qualquer pessoa.

São inúmeras as questões que se colocam diante do tema da gravidez precoce: o que *significa* para esses jovens se descobrirem futuros pais? Qual é o *sentido* desse acontecimento para suas vidas? Que atitude tomar diante do fato consumado: levar a gravidez até o final ou abortar? Dúvida dramática, que exige reflexão ética e envolve questões como o alcance e os limites da liberdade e da responsabilidade dos jovens.

LYN BALZER AND TONY PERKINS/RISER/GETTY IMAGES

Jovens realizam trabalho comunitário. A sabedoria inclui atitudes que têm por objetivo o bem viver.

Colóquio

A filosofia no cotidiano

A propósito do tema da liberdade e da escolha autônoma, transcrevemos textos de dois filósofos franceses: Simone de Beauvoir e Georges Gusdorf. Embora não tratem especificamente do assunto do capítulo, ambos podem servir como ponto de partida para uma reflexão filosófica sobre a gravidez precoce e não planejada.

Texto 1

Uma escolha autêntica

"Nenhuma questão moral se coloca para a criança, enquanto ela é incapaz de se reconhecer no passado, de se prever no futuro; é somente quando os momentos de sua vida começam a organizar-se em conduta que ela pode decidir e escolher. Concretamente, é através da paciência, da coragem, da fidelidade que se confirma o valor do fim escolhido e que, reciprocamente, manifesta-se a autenticidade da escolha. Se deixo para trás um ato que pratiquei, ao cair no passado ele se torna coisa; não é mais do que um fato estúpido e opaco. Para impedir essa metamorfose, é preciso que, sem cessar, eu o retome e o justifique na unidade do projeto em que estou engajado. [...] Assim, não poderia eu hoje desejar autenticamente um fim sem querê-lo através de minha existência inteira, como futuro deste momento presente, como passado superado dos dias a vir: querer é comprometer-me a perseverar na minha vontade."

BEAUVOIR, Simone de. *Moral da ambiguidade*. Rio de Janeiro: Paz e Terra, 1970. p. 20.

Texto 2

Adolescência e liberdade

"A liberdade é uma das maiores reivindicações da adolescência, mas a liberdade que ela reivindica é uma sombra da liberdade autêntica, tanto quanto a espontaneidade criadora que se imagina descobrir na criança não passa de uma sombra e o simulacro de um verdadeiro poder criador. A liberdade adolescente é uma adolescência da liberdade, uma liberdade de aspiração, uma aspiração à liberdade, sem conteúdo preciso, na onda das paixões e na confusão dos sentimentos e das ideias. [...] A juventude não é a idade da liberdade, mas o tempo de aprendizado da liberdade, a liberdade não sendo definível pela ausência e restrição, ou a revolta contra as restrições. O homem livre é aquele que, tendo feito a prova dos diversos aspectos, dos componentes da personalidade, chegou a pôr em ordem a consciência que tem de si mesmo, no projeto de sua afirmação no mundo. É absurdo imaginar que a criança, o rapaz, possa um belo dia entrar no gozo de sua liberdade, vinda a ele como uma dádiva do céu. A liberdade de um ser humano se faz dificilmente, ela se conquista dia a dia, ela é o desafio de uma conquista, ausente nos começos da vida, desenha-se no decorrer dos anos de formação que correspondem a um percurso através do labirinto mítico das significações e possibilidades da existência. Procura do sentido, procura do centro, tomada de consciência da autenticidade pessoal, não sem angústia nem sofrimento."

Simulacro
Representação, imitação.

GUSDORF, Georges. *Impasses e progressos da liberdade*. São Paulo: Convívio, 1979. p. 107-108.

Questões

1. O que significa para Simone de Beauvoir uma escolha autenticamente livre?
2. Em que sentido o texto de Gusdorf se assemelha ao de Beauvoir?
3. Estabeleça uma relação entre os dois textos e a notícia sobre gravidez de adolescentes.

5 É possível definir filosofia?

1.3 **Biblioteca do estudante:** Leitura complementar

Talvez você esteja se perguntando: como, então, definir o que é filosofia? O filósofo alemão Edmund Husserl diz que sabe o que é filosofia, ao mesmo tempo que não sabe. Isto é, esclarecer o que é a filosofia já é uma questão filosófica. E adverte que apenas os pensadores pouco exigentes se contentam com definições categóricas.

Saiba mais

A palavra *filosofia* (*philos-sophia*) significa "amor à sabedoria" ou "amizade pelo saber". Pitágoras (século VI a.C.), filósofo e matemático grego, teria sido o primeiro a usar o termo *filósofo*, por não se considerar um "sábio" (*sophos*), mas apenas alguém que ama e procura a sabedoria.

A filosofia não constitui uma doutrina, um saber acabado ou um conjunto de conhecimentos estabelecidos de uma vez por todas. Ao contrário, a filosofia pressupõe constante disponibilidade para a indagação. Por isso, Platão e Aristóteles disseram que a primeira virtude do filósofo é *admirar-se*, ser capaz de se surpreender com o óbvio e questionar as verdades dadas. Essa é a condição para *problematizar*, o que caracteriza a filosofia não como posse da verdade, e sim como sua busca.

Filósofo em meditação, pintura de Rembrandt, 1632. A filosofia é uma obra do pensamento. O filósofo encontra na realidade as questões que o instigam. Ouve os pensadores e com eles dialoga, mas, em última análise, a reflexão é algo que ele realiza consigo mesmo.

MUSEU DO LOUVRE, PARIS

O processo do filosofar

Kant, filósofo alemão, assim se refere ao filosofar:

> "Não é possível aprender qualquer filosofia; [...] só é possível aprender a filosofar, ou seja, exercitar o talento da razão, fazendo-a seguir os seus princípios universais em certas tentativas filosóficas já existentes, mas sempre reservando à razão o direito de investigar aqueles princípios até mesmo em suas fontes, confirmando-os ou rejeitando-os."
>
> KANT, Immanuel. *Crítica da razão pura*. São Paulo: Abril Cultural, 1980. p. 407.

Em que a citação de Kant pode orientar o contato com a filosofia? Apesar da importância de se estudar o pensamento dos grandes filósofos, a citação nos adverte que nós mesmos devemos *aprender a filosofar*. Ou seja, exercer o direito de refletir por si próprio, de confirmar ou rejeitar as ideias e os conceitos com os quais se depara. Em outras palavras, a filosofia é, sobretudo, a experiência de um pensar permanente.

Mais que um saber, a filosofia é uma *atitude* diante da vida, tanto no dia a dia como nas situações-limite, que exigem decisões cruciais. Por isso, no seu encontro com a tradição filosófica, é preferível não recebê-la passivamente como um *produto*, como algo acabado, mas compreendê-la como *processo*, reflexão crítica e autônoma a respeito da realidade.

Situação-limite
Expressão que se refere a situações de adversidade extrema, como a ameaça de morte, uma doença grave ou a perda de um ente querido. São experiências que modificam nosso olhar sobre o cotidiano.

6 A reflexão filosófica

Já dissemos que a reflexão não é privilégio do filósofo. O que, então, distingue a reflexão filosófica das demais?

O filósofo brasileiro Dermeval Saviani, ao aproximar-se de uma definição possível, conceitua a filosofia como uma reflexão *radical*, *rigorosa* e *de conjunto* sobre os problemas que a realidade apresenta. Explicaremos esses três tópicos.

- **Radical**

A filosofia é *radical*, não no sentido corriqueiro de inflexibilidade, pois, nesse caso, estaríamos diante da antifilosofia, mas como busca por explicitar os conceitos fundamentais usados em todos os campos do pensar e do agir. Por exemplo, a filosofia das ciências examina os pressupostos do saber científico: é ela que reflete sobre o que a comunidade científica define como ciência; como a ciência se distingue da filosofia e de outros tipos de saber; quais são as características dos diversos métodos científicos; qual é a dimensão de verdade das teorias científicas, e assim por diante. Em outras áreas do saber e do agir, a postura do filósofo será semelhante ao que foi descrito para a ciência.

- **Rigorosa**

O pensamento filosófico é rigoroso quando justificado por argumentos e coerente em suas diversas partes. O uso de linguagem bem explicitada evita as ambiguidades das expressões cotidianas, o que permite a interlocução com outros filósofos a partir de *conceitos* claramente definidos. Por isso criam-se expressões novas ou altera-se o sentido de palavras usuais.

Por exemplo, no grego arcaico, o termo *ideia* (*eidos*,"forma") significava a intuição sensível de uma coisa (aquilo que se vê ou é visto). Já para Platão, o conceito de *ideia* se refere à concepção racional do conhecimento, à forma imaterial de uma coisa. Por exemplo, as pessoas e as coisas belas são percebidas pelos meus sentidos, mas a *beleza* é uma ideia pela qual compreendo a essência. Ou seja, a ideia de beleza é aquilo que faz com que uma coisa seja bela.

O conceito de *ideia*, no entanto, seria reinventado ao longo da história da filosofia, assumindo conotações diferentes em Descartes, Kant, Hegel e em outros pensadores. É pelo rigor dos conceitos que são inovados os caminhos da reflexão. E isso não significa que um filósofo supere outro, porque qualquer um deles pode – e deve – ser revisitado sempre.

- **De conjunto**

A filosofia é um tipo de reflexão totalizante, de conjunto, porque examina os problemas relacionando os diversos aspectos entre si. O objeto de que trata a filosofia é *tudo*, porque nada escapa a seu interesse. O filósofo pode se debruçar sobre assuntos muito diferentes, como a moral, a política, a ciência, o mito, a religião, o cômico, a arte, a técnica, a educação e tantos outros, e estabelecer um elo entre eles, examinando-os sob outro olhar. Por exemplo, o avanço da biologia genética desperta a discussão filosófica da bioética; a produção artística provoca a reflexão estética; a corrupção levanta questões sobre os limites entre o público e o privado, e assim por diante.

PPL THERAPEUTICS/BWP MEDIA/GETTY IMAGES

Ovelha Dolly, em foto de 1997, o primeiro mamífero a ser clonado, em 1996. A clonagem, um avanço científico propiciado pela biologia genética, não é vista pelo filósofo como um fato isolado, mas como produto de um feixe de influências e contribuições de várias áreas do conhecimento humano.

Reflexão
Do latim *reflectere*, "fazer retroceder", "voltar atrás". Portanto, refletir é retomar o próprio pensamento, pensar o já pensado, voltar-se para si mesmo e questionar o já conhecido.

Radical
Em latim, *radix*, *radicis*, significa "raiz", mas também "fundamento", "base".

7 Para não concluir...

Começamos este capítulo com o diálogo em que um camponês pensa que "um filósofo é uma pessoa que não liga para nada". Procuramos apresentar a filosofia como uma reflexão que não tem objetivos imediatos, mas cuja importância se encontra no impulso de cada um de nós em buscar um sentido para o que pensamos e para o modo como agimos.

Entretanto, teria o filósofo resposta para tudo? É lógico que não. Vimos que o filósofo faz muitas perguntas, questiona e busca interlocutores para compartilhar e discutir suas indagações. Mas nem sempre chega a uma resposta definitiva. Por isso costumamos dizer que a filosofia é a procura, mas não a posse da verdade.

Leitura analítica

Filosofar

"Filosofar não deveria ser sair de dúvidas, mas entrar nelas. É claro que muitos filósofos – e até dos maiores! – cometem às vezes formulações peremptórias que dão a impressão de já ter encontrado respostas definitivas às perguntas que nunca podem nem devem 'fechar-se' por inteiro intelectualmente [...]. Vamos agradecer-lhes suas contribuições, mas não seguir seus dogmatismos. Há quatro coisas que nenhum bom professor de filosofia deveria esconder de seus alunos:

- *primeira*, que não existe 'a' filosofia, mas 'as' filosofias e, sobretudo, o filosofar. [...] Há *uma* perspectiva filosófica (em face da perspectiva científica ou da artística), mas felizmente ela é multifacetada;
- *segunda*, que o estudo da filosofia não é interessante porque a ela se dedicaram talentos extraordinários como Aristóteles ou Kant, mas esses talentos nos interessam porque se ocuparam dessas questões de amplo alcance que são tão importantes para nossa própria vida humana, racional e civilizada. Ou seja, o empenho de filosofar é muito mais importante do que qualquer uma das pessoas que bem ou mal se dedicaram a ele;
- *terceira*, que até os melhores filósofos disseram absurdos notórios e cometeram erros graves. Quem mais se arrisca a pensar fora dos caminhos intelectualmente trilhados corre mais riscos de se equivocar, e digo isso como elogio e não como censura. Portanto, a tarefa do professor de filosofia não pode ser apenas ajudar a compreender as teorias dos grandes filósofos, nem mesmo contextualizadas em sua devida época, mas sobretudo mostrar como a intelecção correta dessas ideias e raciocínios pode nos ajudar hoje a melhorar a compreensão da realidade em que vivemos. A filosofia não é um ramo da arqueologia e muito menos simples veneração de *tudo* o que vem assinado por um nome ilustre. Seu estudo deve nos render alguma coisa mais do que um título acadêmico ou um certo verniz de 'cultura elevada';
- *quarta*, que em determinadas questões extremamente gerais aprender a perguntar bem também é aprender a desconfiar das respostas demasiado taxativas. Filosofamos partindo do que sabemos para o que não sabemos, ou melhor, repensando e questionando o que acreditávamos já saber. Então nunca podemos tirar nada a limpo? Sim, quando pelo menos conseguimos *orientar* melhor o alcance de nossas dúvidas ou de nossas convicções. Quanto ao mais, quem não for capaz de viver na incerteza fará bem em nunca se pôr a pensar."

SAVATER, Fernando. *As perguntas da vida*. São Paulo: Martins Fontes, 2001. p. 209-210.

Peremptório
Categórico, decisivo.

Questões

1. O texto declara que a filosofia, apesar de não nos trazer respostas definitivas, pode colaborar para a nossa vida. Explique essa aparente contradição.
2. O autor adverte para o risco de abordar a filosofia como recurso de erudição. Que perigo é esse?

Atividades

Retomando os conteúdos

1. Gramsci afirma que "não se pode pensar em nenhum homem que não seja também filósofo". A partir dessa frase, responda às questões.

a) O que cada um de nós tem em comum com o filósofo?

b) Qual é a principal diferença entre a filosofia de vida e a filosofia elaborada pelo especialista?

c) Com um colega, identifiquem quais têm sido suas principais "questões filosóficas".

2. Explique a aparente ambiguidade revelada por Edmund Husserl ao dizer que "sabe" e, ao mesmo tempo, "não sabe" o que é filosofia.

3. De acordo com o senso comum, *radical* significa brusco e violento ou inflexível e extremado. Explique por que não é esse o sentido que se atribui à filosofia quando a consideramos uma reflexão radical.

Aprofundando os conceitos

4. Releia os itens sobre *informação*, *conhecimento* e *sabedoria*. Com seus colegas, escolham outra notícia de jornal e levantem possíveis questões filosóficas a respeito dela.

5. Comente a citação:

> "A técnica só fornece *meios* de ação ao homem. Ela emudece quanto aos *fins* que devem guiar nossa conduta. [...] No mundo atual, o esplendor de nossos *poderes* humanos faz com que se ressalte, numa visão trágica, a ambiguidade de nosos *desejos*. Somente a filosofia levanta o problema dos *valores*."

HUISMAN, Denis e VERGEZ, André. *Compêndio moderno de Filosofia*: a ação. Rio de Janeiro: Freitas Bastos, 1966. p. 28. v. 1.

6. Observe a tira abaixo e, em seguida, explique qual é a crítica feita pelos cartunistas às pessoas que desvalorizam a filosofia.

7. Leia as duas citações e em seguida responda às questões.

> "*Perder-se a si mesmo.* – Uma vez que se tenha encontrado a si mesmo, é preciso saber, de tempo em tempo, *perder-se* – e depois reencontrar-se: pressuposto que se seja um pensador."

NIETZSCHE, Friedrich Wilhelm. *Humano, demasiado humano.* Em: NIETZSCHE, Friedrich Wilhelm. *Obras incompletas*. 3. ed. São Paulo: Abril Cultural, 1983. p. 150. (Coleção Os Pensadores)

> "Nós sentimos prazer e nos contentamos como 'a gente' se compraz e se contenta; lemos, vemos, criticamos literatura e arte como se vê, lê e critica; nos apartamos também da 'grande massa' como se se aparta dela; nos revoltamos como se revolta. O 'a gente', que é indefinido e que são todos, embora não como soma, prescreve o modo de ser da cotidianeidade."

HEIDEGGER, Martin. *Todos nós... ninguém*: um enfoque fenomenológico do social. São Paulo: Moraes, 1981. p. 49.

a) Como você interpreta o movimento de encontrar-se a si mesmo, perder-se e reencontrar-se?

b) Em que sentido a citação de Heidegger relaciona-se com a de Nietzsche?

c) Qual é a relação desses dois textos com a filosofia?

Dissertação

8. Faça uma dissertação inspirada no texto de Aristóteles.

> "Foi, com efeito, pela admiração que os homens, assim hoje como no começo, foram levados a filosofar. [...] Pelo que, se foi para fugir à ignorância que filosofaram, claro está que procuraram a ciência pelo desejo de conhecer, e não em vista de qualquer utilidade."

ARISTÓTELES. *Metafísica*. São Paulo: Abril Cultural, 1973. p. 214.

FERNANDO GONSALES

Benedito Cujo, tira de Fernando Gonsales e Angeli. *Folha de S.Paulo*, 16 out. 1985. Caderno Fovest.

De olho no Enem e nos vestibulares

1. **(UEM/2009)** (adaptado)

> "Dizer que as indagações filosóficas são sistemáticas significa dizer que a Filosofia trabalha com enunciados precisos e rigorosos, busca encadeamentos lógicos entre os enunciados, opera com conceitos ou ideias obtidos por procedimentos de demonstração e prova, exige a fundamentação racional do que é enunciado e pensado."
>
> CHAUI, Marilena. *Convite à Filosofia*. 13. ed. São Paulo: Ática, 2008. p. 21.

Assinale o que for correto.

a) A concepção de mundo de um povo, de uma cultura, de uma civilização com seu conjunto de ideias, de valores e de práticas pelas quais uma sociedade apreende e compreende o mundo e a si mesma deve ser considerada como filosofia.

b) Pela fé, a religião aceita princípios indemonstráveis e até mesmo aqueles que podem ser considerados irracionais pelo pensamento, enquanto a filosofia não admite indemonstrabilidade e irracionalidade de coisa alguma. Pelo contrário, o pensamento filosófico procura explicar e compreender mesmo o que parece ser irracional e inquestionável.

c) Como fundamento teórico e crítico, a filosofia ocupa-se com os princípios, as causas e as condições do conhecimento que pretende ser racional e verdadeiro, com a origem, a forma e o conteúdo dos valores éticos, políticos, religiosos, artísticos e culturais.

d) A filosofia é útil, pois permite superar, pela análise e pela reflexão crítica, a ingenuidade e os preconceitos do senso comum e oferece a possibilidade de libertar o homem das ideias despóticas que o subjugam a um poder dominante e ilegítimo.

2. **(UPE/2010)** Para agir no mundo, a pessoa utiliza-se de diferentes modalidades de conhecimento.

Coloque Verdadeiro (V) ou Falso (F) para as afirmativas a seguir que buscam expressar diferenças e características fundamentais de cada modalidade de conhecimento, conceituando:

[ ] senso comum como conhecimento irracional, de pouca influência na formação de novos conhecimentos.

[ ] ciência como um saber, que, na sua essência, procura desvendar a natureza a partir, principalmente, das relações entre causa e efeito.

[ ] arte como um conhecimento que proporciona entender o mundo através da sensibilidade do artista.

[ ] filosofia como um saber que se propõe a oferecer um conhecimento, baseado na busca rigorosa da origem dos problemas, relacionando-os a outros aspectos da vida humana.

[ ] mito como saber capaz de superar a subjetividade do homem, frente ao desconhecido.

Assinale a sequência CORRETA.

a) F, V, V, V, F.
b) V, V, F, F, V.
c) F, V, F, V, F.
d) V, F, V, V, V.
e) V, V, V, V, V.

3. **(Instituto Federal de Educação, Ciência e Tecnologia de Pernambuco/2009)** Qual das caracterizações abaixo está correta quanto à natureza da filosofia?

a) A filosofia trata de objetos absolutamente diferentes dos objetos da ciência e nunca recorre a dados empíricos em suas pesquisas. A filosofia é *a priori*.

b) Ao contrário da ciência, a filosofia não tem pretensão de objetividade e rigor, sendo, por isso, uma atividade mais humana.

c) A filosofia pode se constituir como uma epistemologia (metaciência) e fornecer as bases para se pensar uma fundamentação do conhecimento científico.

d) A filosofia não se configura como ciência por recorrer a argumentos que não podem ser traduzidos em termos lógicos e rigorosos como os científicos.

e) A ciência e a filosofia são saberes distintos e, na maioria das vezes, incomunicáveis, por tratarem de objetos diferentes e por requererem métodos essencialmente diferentes.

Sugestões

Para ler

Apresentação da filosofia, de André Comte-Sponville. São Paulo: Martins Fontes.

As perguntas da vida, de Fernando Savater. São Paulo: Martins Fontes.

Sócrates: o sorriso da razão, de Francis Wolff. São Paulo: Brasiliense. (Coleção Encanto Radical)

Aprender a viver – Filosofia para os novos tempos, de Luc Ferry. Rio de Janeiro: Objetiva, 2007.

O homem que sabe – Do *homo sapiens* à crise da razão, de Viviane Mosé. Rio de Janeiro: Civilização Brasileira, 2012.

O livro da Filosofia, de vários autores. São Paulo: Globo, 2011.

Aprendendo a filosofar em 25 lições, de Nicholas Fearn. Rio de Janeiro: Zahar, 2004.

Antologia Ilustrada de Filosofia, de Ubaldo Nicola. São Paulo: Globo, 2005.

Boas-vindas à Filosofia, de Marilena Chaui. São Paulo: WMF Martins Fontes, 2010.

O tempo, de Fernando Rey Puente. São Paulo: WMF Martins Fontes, 2011. (Coleção Filosofias: o prazer do pensar)

Neste livro, de linguagem acessível e didática, Fernando Rey Puente enfrenta um dos enigmas mais instigantes da história da filosofia: o tempo. Será ele apenas a cronometragem convencional de acontecimentos ou será uma experiência interna dos indivíduos?

Para assistir

Sócrates

Direção de Roberto Rossellini. Itália/França/Espanha, 1971.

O cineasta italiano Rosselini privilegiou o final da vida de Sócrates, suas conversas com os discípulos e a própria defesa no julgamento que o condenou à morte. Trechos de diversos diálogos ilustram o filme. Consta do DVD um depoimento do professor Roberto Bolzani, especialista em Sócrates.

Humanidade filosofia: Antiguidade grega e romana

Direção de Marcelo Perine e Rachel Gazolla de Andrade. Brasil, 2004.

Os filósofos Marcelo Perine e Rachel Gazolla de Andrade traçam um panorama da história da filosofia. O pensamento de Sócrates, Platão e Aristóteles é abordado, entre outros aspectos da filosofia na Antiguidade Clássica.

Iphigenia

Direção de Michael Cacoyannis. Grécia, 1977.

Adaptação da lenda heroica do rei Agamenon que, segundo consta na literatura, quando os gregos estavam prestes a atacar Troia, teria matado um animal consagrado da deusa Ártemis para aplacar a fome que assolava os soldados. Como punição ele teria sido obrigado a sacrificar sua filha Iphigenia.

O mundo de Sofia

Direção de Erik Gustavson. Noruega/Suécia, 1999.

Adaptação para o cinema do livro homônimo do escritor norueguês Jostein Gaarder, o filme conta a história de Sofia Amundsen, que, na véspera do seu aniversário de quinze anos, passa a receber mensagens anônimas com perguntas filosóficas e existenciais. A partir daí, a personagem embarca numa viagem pela história da filosofia na companhia do professor Alberto Knox, passando pelos gregos, pela Idade Média, pelo Iluminismo, até os dias de hoje.

Utopia e barbárie

Direção de Silvio Tendler. Brasil, 2010.

O diretor brasileiro Silvio Tendler percorreu quatorze países em dezenove anos de pesquisa para finalizar este documentário que mostra, entre outros acontecimentos, o ataque nuclear ao Japão, o Holocausto, as ditaduras sul-americanas, a luta pela independência da Argélia, o Maio de 68, a Primavera de Praga, o Vietnã, com depoimentos de cineastas, escritores, jornalistas e artistas.

Para navegar

Sobre *sites*

www.sobresites.com/filosofia

Este *site*, cujo editor é Luiz Fontenelle, indica vários outros *links* sobre filosofia, que poderão ser consultados por professores e alunos.

Portal Brasileiro da Filosofia

www.filosofia.pro.br

O professor Paulo Ghiraldelli Jr. imprime sua visão pessoal sobre filosofia.

www.afilosofia.no.sapo.pt

Site de Portugal sobre filosofia.

Unidade 1

Antropologia filosófica

Indivíduo e sociedade

"A linguagem, o mito, a arte, a religião, a ciência são elementos e condições constitutivas desta forma superior de sociedade [humana]. São os meios pelos quais as formas de vida social, que encontramos na natureza orgânica, evolvem para um novo estado, o da consciência social, que depende de um duplo ato, de identificação e discriminação. O homem não pode encontrar-se, não pode ter consciência de sua individualidade, senão por intermédio da vida social. Para ele, contudo, esse meio significa mais que uma força externa determinante. Como os animais, o homem se submete às regras da sociedade mas, além disso, participa ativamente da produção e da mudança das formas da vida social."

CASSIRER, Ernst. *Antropologia filosófica*. São Paulo: Mestre Jou, 1972. p. 349.

THE METROPOLITAN MUSEUM OF ART/ART RESOURCE/SCALA, FLORENCE

Prelúdio de uma civilização (1954), quadro do pintor romeno Victor Brauner (1903-1966). O artista se inspirou nas relíquias de civilizações primitivas e nos artefatos de nativos americanos para compor seu trabalho, que representa um enorme animal sobre um fundo azul e verde em cujo corpo vemos representações estilizadas de animais, figuras, máscaras e símbolos abstratos, sugerindo antigas pinturas de caverna. A antropologia filosófica atua no universo simbólico do homem.

Capítulo 2

Natureza e cultura

1 Cultura: o conceito

O conceito de cultura é bastante complexo e comportou inúmeras interpretações ao longo do tempo. Vamos considerá-lo sob dois aspectos diferentes: o sentido amplo, antropológico, e o sentido restrito.

No sentido antropológico, somos todos seres culturais, produtores de obras materiais e de pensamento.

O sentido restrito refere-se especificamente à produção intelectual das artes, das letras e de outras manifestações intelectuais.

SOLOMON R. GUGGENHEIM MUSEUM, NEW YORK

Paris através da janela (1913), quadro do pintor russo Marc Chagall (1887-1985). Nessa pintura percebemos elementos que desafiam o olhar comum, como pessoas em trajes urbanos flutuando e um pequeno trem com as rodas para cima.

Saiba mais

O termo *antropologia* origina-se da fusão das palavras gregas *anthropos,* "homem", e *logos*, "teoria", "ciência". O conceito foi apropriado pela ciência e pela filosofia. No primeiro caso, trata-se do estudo das diferentes culturas quanto aos mais diversos aspectos, por exemplo, os tipos físicos e biológicos, as formas de civilizações atuais e ao longo do tempo. Já a antropologia filosófica questiona a respeito do que é o ser humano, o que o distingue de outros seres, como enfim se torna um ser cultural.

A cultura exprime as variadas formas pelas quais se estabelecem as relações entre os indivíduos, entre os grupos e destes com a natureza. Como constroem abrigos para se proteger das intempéries, inventam utensílios e instrumentos, criam a língua, a moral, a política, a estética, organizam leis e instituições, definem o modo de se alimentar, casar, ter filhos, conceber o sagrado ou se comportar diante da morte.

O comportamento animal

Diferentemente do ser humano, a atividade dos animais é determinada por condições biológicas que lhes permitem adaptar-se ao meio em que vivem. Desse modo, não têm liberdade para agir em desacordo com sua própria natureza. Por exemplo, passarinhos novos, incapazes de voar até certa idade, realizam o primeiro voo sem grande hesitação; gatinhos não esboçam qualquer reação diante de um rato, mas após o segundo mês de vida apresentam reações típicas da espécie, como perseguição, captura, brincadeira com a presa, ronco, matança etc. Por essa razão, o comportamento de cada espécie animal é sempre idêntico, descontando-se as variações já comprovadas pela teoria da evolução darwiniana.

Saiba mais

Em *A origem das espécies*, sua obra mais conhecida, Charles Darwin (1809-1882) desenvolveu a teoria da evolução, segundo a qual todas as espécies sofreram transformações, inclusive a humana, que descenderia de um ancestral simiesco já extinto. Essa teoria, atualmente aceita pela ciência, causou repulsa na época de seu anúncio. Ainda hoje é criticada pelos criacionistas, grupos de inspiração religiosa que acatam a *Bíblia* e, portanto, a fé na criação divina. Para saber mais a respeito, consulte, na Parte II, Capítulo 24, "A ciência contemporânea".

É verdade que, conforme o lugar que cada espécie ocupa na escala zoológica, identificamos ações animais que não dependem apenas de reflexos e instintos. Por apresentarem maior flexibilidade, típica de quem possui uma mínima articulação inteligente, certos animais são capazes de respostas criativas e improvisadas, o que podemos observar no comportamento de macacos e cães, por exemplo. Trata-se, porém, de um tipo de inteligência concreta, porque o animal não inventa o instrumento, não o aperfeiçoa nem o conserva para uso posterior. O ato humano, em contrapartida, é consciente da finalidade, ou seja, o ato existe antes como pensamento, como possibilidade, e a execução resulta da escolha dos meios necessários para atingir os fins propostos.

2 O existir humano

Inato
O que nasce com o indivíduo.

O existir humano não é apenas natural. Somos seres culturais, nossa vida é tecida entre os outros humanos, aqueles com quem convivemos, mediante um padrão de valores estabelecido por aqueles que nos antecederam. É certo que recebemos uma herança genética e características que são inatas: não há como negar as semelhanças físicas entre os filhos e seus pais e antepassados. Mas a esse substrato se sobrepõe a cultura como construção de uma outra natureza.

Um bebê dificilmente sobreviverá se for abandonado, pois depende de cuidados essenciais por um período relativamente longo. Sabemos de casos raros de crianças que sobreviveram nas selvas, entre animais. Porém, naquela situação, elas não eram propriamente humanas: a humanização daquelas crianças só teve início no convívio com outras pessoas, quando foram recolhidas a uma instituição.

Desse modo, ao falarmos de "natureza humana", só o fazemos de modo figurado, porque nossa natureza é impregnada de cultura desde a mais tenra idade. Assim diz o filósofo francês Maurice Merleau-Ponty:

2.1 Visão do especialista

> "É impossível sobrepor, no homem, uma primeira camada de comportamentos que chamaríamos de 'naturais' e um mundo cultural ou espiritual fabricado. No homem, tudo é natural e tudo é fabricado, como se quiser, no sentido em que não há uma só palavra, uma só conduta que não deva algo ao ser simplesmente biológico – e que ao mesmo tempo não se furte à simplicidade da vida animal."
>
> MERLEAU-PONTY, Maurice. *Fenomenologia da percepção*. 6. ed. São Paulo: WMF Martins Fontes, 2011. p. 257.

Exemplificando, pensemos nas necessidades básicas dos seres humanos, como reprodução e alimentação, ou nas tendências agressivas e sexuais que se encontram em todos os indivíduos: mesmo estas não se expressam de modo estritamente biológico, mas estão carregadas do sentido cultural atribuído pela comunidade – ou são reinventadas pela imaginação. Portanto, as diferenças entre pessoa e animal não são apenas de grau, porque somos capazes de transformar a natureza, tornando possível a cultura.

3 A linguagem

Sabemos que os animais têm uma linguagem, com a qual se comunicam. Por meio de volteios parecidos com os de uma dança, as abelhas transmitem informações sobre onde localizar o pólen. Os animais superiores, como os golfinhos e os cães, revelam alto grau de compreensão da linguagem humana. No entanto, animal algum consegue atingir o nível de abstração típica da linguagem humana.

Tornamo-nos humanos por meio da aprendizagem da linguagem, pela qual adentramos o mundo dos *símbolos*. É por meio desse instrumento fundante que recebemos e transmitimos os saberes e os ofícios, criamos o mito, a religião, a ciência, a filosofia, a arte. Estabelecemos regras e fundamos sociedades.

O grande trunfo da linguagem humana decorre da capacidade de inserir os indivíduos no universo dos símbolos, enquanto o animal permanece restrito a sinais, como veremos a seguir.

Leitura analítica

Sinal e símbolo

ANNA CLOPET/CORBIS/LATINSTOCK

Cientista tenta ensinar macaco a falar usando uma linguagem de sinais complexa. Experiências com chimpanzés demonstram a relativa capacidade de comunicação dos macacos com os humanos mediante sinais.

"Precisamos distinguir cuidadosamente entre *sinais* e *símbolos*. Parece ser fato confirmado o havermos encontrado sistemas complexos de sinais no comportamento animal. Podemos até dizer que alguns animais, sobretudo os domesticados, são extremamente suscetíveis a sinais. Um cão reagirá às mais ligeiras mudanças no comportamento do amo; chegará até a distinguir as expressões do rosto humano ou as modulações da voz humana. Existe, porém, uma grande distância entre esses fenômenos e a compreensão da linguagem simbólica e humana. As famosas experiências de Pavlov provam apenas que os animais podem ser facilmente adestrados a reagir não só a estímulos diretos, mas também a toda a sorte de estímulos intermediários ou representativos. [...] Todos os fenômenos que comumente se descrevem como reflexos condicionados estão não só muito longe do caráter essencial do pensamento simbólico humano, mas também se opõem a ele. Os símbolos – no sentido próprio do termo – não podem ser reduzidos a sinais. Sinais e símbolos pertencem a duas esferas diferentes da expressão das ideias: o sinal é uma parte do mundo físico do ser; o símbolo é uma parte do mundo humano do sentido. Os sinais são 'operadores'; os símbolos são 'designadores'.

[...] Um símbolo não é apenas universal, porém extremamente variável. Posso expressar o mesmo significado em vários idiomas; e até dentro dos limites de uma única língua o mesmo pensamento ou ideia pode ser expresso em termos muito diferentes. Um sinal está relacionado com a coisa a que se refere, de forma fixa e única. Qualquer sinal concreto e individual se refere a certa coisa individual. [...] Um símbolo humano genuíno não se caracteriza pela uniformidade, mas pela versatilidade. Não é rígido nem inflexível, é móvel."

CASSIRER, Ernst. *Antropologia filosófica*. São Paulo: Mestre Jou, 1972. p. 59-60; 67.

Ivan Petrovich Pavlov (1849-1936) foi um fisiologista russo que, ao fazer experiências com cães, identificou o processo que chamou de *reflexo condicionado*. Pavlov mostrou que, quando se apresenta o alimento ao animal, ele saliva, um reflexo biológico não aprendido. Se o alimento sempre vier acompanhado de um som (uma campainha, por exemplo), em dado momento só a campainha o fará salivar; portanto, criou-se o reflexo condicionado.

Conteúdo multimídia: O milagre de Anne Sullivan

A experiência de Helen Keller

"Temos os casos clássicos de Laura Bridgman e Helen Keller, duas crianças cegas e surdas-mudas que, por meio de métodos especiais, aprenderam a falar. Embora esses casos sejam bem conhecidos e tenham sido tratados com frequência na literatura psicológica, vejo importância em recordá-los mais uma vez por encerrarem, talvez, a melhor ilustração do problema geral de que nos ocupamos. A Sra. Sullivan, professora de Helen Keller, registrou a data exata em que a criança realmente principiou a compreender o sentido e a função da linguagem humana. Cito-lhe as próprias palavras:

'Preciso escrever-lhe uma linha hoje cedo porque algo muito importante aconteceu. Helen deu o segundo grande passo em sua educação. Aprendeu que *tudo tem um nome, e que o alfabeto manual é a chave de tudo o que ela deseja saber.*

[...] Hoje cedo, enquanto se lavava, ela quis saber o nome correspondente a 'água'. Quando quer saber o nome de alguma coisa, aponta para essa coisa e dá umas palmadinhas na minha mão. Soletrei 'á-g-u-a' e não pensei mais no assunto até

ALBUM/LATINSTOCK

As atrizes Patty Duke (Helen Keller) e Anne Bancroft (Anne Sullivan) em cena do filme *O milagre de Anne Sullivan*, de 1962, dirigido por Arthur Penn. O filme mostra o lento e doloroso aprendizado da menina Helen Keller, cega, surda e muda, para ter acesso ao universo simbólico da linguagem humana.

depois do café... (Mais tarde) fomos à casa da bomba, e fiz que Helen segurasse sua caneca debaixo da bica, enquanto eu bombeava. Ao jorrar a água fria, enchendo a caneca, escrevi 'á-g-u-a' na mão aberta de Helen. A palavra, que se juntava à sensação de água fria que lhe escorria pela mão, pareceu sobressaltá--la. Deixou cair a caneca e quedou como que paralisada. Nova luz iluminou-lhe o rosto. Soletrou 'água' várias vezes. A seguir, inclinou-se até o solo e perguntou-me o nome, apontando para a bomba e para o caramanchão e, voltando-se de repente, perguntou o meu nome. Soletrei 'professora'. Durante a volta para casa, mostrou-se excitadíssima, e aprendendo o nome de todo objeto que tocava, de modo que, em poucas horas, havia acrescentado trinta palavras novas ao seu vocabulário. Na manhã seguinte, levantou-se como uma fada radiosa. Adejou de um objeto a outro perguntando o nome de tudo e beijando-me alegremente. Tudo agora precisa ter um nome. Aonde quer que vamos, pergunta, ansiosa, os nomes das coisas que não aprendeu em casa. Espera, sôfrega, que os amigos soletrem e vive aflita por ensinar as letras a todas as pessoas que encontra. Abandona os sinais e a pantomima que antes empregava, uma vez que dispõe de palavras para substituí-los, e a aquisição de uma palavra nova lhe proporciona o mais intenso prazer. E notamos que seu rosto se torna cada dia mais expressivo.”

KELLER, Helen. *Story of my life*. Nova York: Doubleday, Page & Co., 1902-1903. Narrativa Suplementar da Vida e da Educação de Helen Keller, p. 315 e seguintes.

“O passo decisivo que leva do uso de sinais e pantomimas ao uso de palavras, isto é, de símbolos, não poderia ser descrito de maneira mais notável. [...] No caso de Helen Keller, esse descobrimento veio como um choque súbito. Era uma menina de sete anos que, com exceção de defeitos no uso de certos órgãos dos sentidos, gozava de excelente saúde e possuía uma inteligência altamente desenvolvida. Pelo descuido de sua educação, muito se atrasara. Descortina-se um novo horizonte, incomparavelmente mais aberto e mais livre, e, desde então, ela o dominará à vontade.

[...] Com sua universalidade, sua validade e sua aplicabilidade geral, o princípio do simbolismo é a palavra mágica, o Abre-te Sésamo!, que dá acesso ao mundo especificamente humano, ao mundo da cultura.”

CASSIRER, Ernst. *Antropologia filosófica*. São Paulo: Mestre Jou, 1972. p. 62-65.

Pantomima
No contexto, comunicação por gestos.

Abre-te Sésamo!
A expressão é usada de modo figurado para indicar uma chave que abre um caminho, a entrada para o desconhecido. A referência inicial é de um conto das *Mil e uma noites*.

Questões

1. Faça um esquema do primeiro texto em duas colunas listando as características do sinal e do símbolo.
2. No segundo texto, Cassirer cita o relato de Helen Keller para exemplificar qual é a diferença fundamental entre a linguagem animal e a linguagem humana. Explique.
3. Com seu colega, observem a palavra em destaque na frase a seguir e discutam em que medida ela esconde um preconceito: “Ela é bastante inteligente, *apesar* de ser mulher”.

4 Cultura e educação

Vimos que a cultura é uma criação humana. Ao resolver seus problemas, o ser humano produz os meios para a satisfação de suas necessidades, transformando o mundo natural e a si mesmo. Por meio do trabalho, estabelece relações sociais, cria instituições, saberes e modelos de comportamento.

O aperfeiçoamento dessas atividades, no entanto, só é possível pela transmissão dos conhecimentos adquiridos de uma geração para outra, permitindo a assimilação dos modelos de comportamento valorizados pelo grupo. É a educação que mantém viva a memória de um povo e dá condições para a sua sobrevivência material e espiritual. Trata-se de um processo que dura a vida toda e não se limita à mera continuidade da tradição. Supõe, também, as rupturas, pelas quais a cultura se renova e o ser humano faz a história.

Tradição e ruptura

A autoprodução humana completa-se em dois movimentos contraditórios e inseparáveis: a sociedade exerce sobre o indivíduo um efeito plasmador; por sua vez, cada indivíduo elabora e interpreta a herança recebida na sua perspectiva pessoal. Não há como separar esses dois polos opostos, o *social* e o *pessoal*. A sociedade surge pela nossa capacidade de criar interdições, isto é, proibições, normas que definem o que pode e o que não pode ser feito. No entanto, sempre existe a possibilidade da *transgressão*.

Plasmador
O que plasma, que dá forma, modela ou organiza.

Não se trata, porém, da mera desobediência comum, pela qual descumprimos regras consideradas válidas. A transgressão mais radical é a que rejeita fórmulas antigas e ultrapassadas a fim de instaurar outras, adequadas para resolver os problemas que surgem em novas circunstâncias.

A capacidade inventiva do ser humano tende a desalojá-lo do "já feito" em direção ao que não é". Essas transformações caracterizam-se como atos de liberdade, entendendo-se liberdade como a capacidade humana de compreender o mundo, projetar mudanças e realizar projetos. É esse movimento que caracteriza a historicidade da cultura humana: a recriação histórica da cultura. O desafio humano é saber aliar tradição e mudança, continuidade e ruptura, interdição e transgressão.

Assim, diz Cassirer:

> "Em todas as atividades humanas encontramos uma polaridade fundamental que pode ser descrita de várias formas. Podemos falar de uma tensão entre a estabilização e a evolução, entre uma tendência que leva a formas fixas e estáveis de vida e outra para romper esse plano rígido. O homem é dilacerado entre as duas, uma das quais procura preservar as velhas formas, ao passo que a outra forceja por produzir novas. Há uma luta que não cessa entre a tradição e a inovação, entre as forças reprodutoras e criadoras."

CASSIRER, Ernst. *Antropologia filosófica*. São Paulo: Mestre Jou, 1972. p. 349-351.

OTHER IMAGES

Operárias de uma refinaria de açúcar no Brasil do início do século XX se reúnem para tirar fotografia. O aumento da presença de mulheres na indústria fez com que seus direitos civis e profissionais passassem a ser reivindicados.

Gênero
O termo *gênero* tem diversos significados. No contexto, trata-se de um sentido recente usado para distinguir as relações ditas sexuais (de caráter biológico) das relações sociais, construídas para o desempenho dos papéis masculino e feminino em determinada cultura.

Sufragista
Que defende o sufrágio: o direito de votar e ser votado.

Idiossincrasia
Característica peculiar de uma pessoa ou de um grupo.

Nem sempre essas mudanças se cumprem de maneira tranquila, diante do confronto entre as forças conservadoras e aquelas que buscam instaurar o novo.

Para dar apenas um exemplo, uma das mudanças mais significativas dos tempos contemporâneos foi aquela que o jurista e filósofo italiano Norberto Bobbio chamou de "a maior das revoluções silenciosas de nossos tempos": a transformação das relações entre gêneros, isto é, a emancipação feminina. Desde as reivindicações sufragistas, no final do século XIX, até os movimentos deflagrados nas décadas de 1960 e 1970, têm sido ampliadas as conquistas que visam libertar as mulheres da tradição patriarcal. Antes reduzidas às dimensões de mães e donas de casa, hoje muitas mulheres têm acesso ao estudo e ao mercado de trabalho, garantias fundamentais para a sua autonomia.

5 Diversidade cultural

Em um mundo cada vez mais globalizado, plural e fragmentado, como nos comportamos diante de tão grande diversidade cultural? As respostas variam bastante. Há os que têm dificuldade em se defrontar com o diferente: estranham certas idiossincrasias dos vizinhos, não convivem bem com pessoas de outra classe social ou condenam suas crenças religiosas. Há ainda os que não aceitam os próprios filhos quando eles pensam ou agem fora dos padrões em que foram educados.

O estranhamento em si não é empecilho nas relações humanas, a não ser quando se torna motivo de exclusão ou fonte de preconceitos. Nesses casos, ocorre uma cisão que nos impede de aceitar todos os seres humanos como fazendo parte da mesma humanidade.

2.2 Biblioteca do estudante: Leitura complementar

Leitura analítica

O etnocentrismo

"A atitude mais antiga e que repousa, sem dúvida, sobre fundamentos psicológicos sólidos [...] consiste em repudiar pura e simplesmente as formas culturais, morais, religiosas, sociais e estéticas mais afastadas daquelas com que nos identificamos. [...] Desse modo a Antiguidade confundia tudo o que não participava da cultura grega (depois greco-romana) sob o nome de bárbaro; em seguida, a civilização ocidental utilizou o termo de selvagem no mesmo sentido. [...]

Nas Grandes Antilhas, alguns anos após a descoberta da América, enquanto os espanhóis enviavam comissões de investigação para indagar se os indígenas possuíam ou não alma, estes últimos dedicavam-se a afogar os brancos feitos prisioneiros para verificarem através de uma vigilância prolongada se o cadáver daqueles estava ou não sujeito à putrefação.

Essa anedota [...] ilustra bem o paradoxo do relativismo cultural (que vamos encontrar mais adiante revestindo outras formas): é na própria medida em que pretendemos estabelecer uma discriminação entre as culturas e os costumes, que nos identificamos mais completamente com aqueles que tentamos negar. Recusando a humanidade àqueles que surgem como os mais 'selvagens' ou 'bárbaros' dos seus representantes, mais não fazemos que copiar-lhes as suas atitudes típicas. O bárbaro é em primeiro lugar o homem que crê na barbárie."

LÉVI-STRAUSS, Claude. *Raça e história*. 2. ed. São Paulo: Abril Cultural, 1980.p. 53-54. (Coleção Os Pensadores)

Paradoxo
Raciocínio aparentemente correto, mas contraditório.

Anedota
Às vezes identificada a uma piada; no contexto, diz respeito a algum acontecimento curioso sobre alguém ou algum fato.

Quem é bárbaro?

"O bárbaro é aquele que acredita que ser homem é ser como ele, enquanto ser homem é sempre poder ser outro, é poder ser indiano, judeu, cigano, tútsi, mulher etc. Daí que se rejeitem, se coloquem fora da humanidade os pressupostos 'bárbaros' e as práticas, também *bárbaras*, que decorrem dessa rejeição: pois só se pode tratar de modo desumano o que não se insere na essência do humano. Em compensação, chamaremos de 'civilizações' os momentos históricos, os espaços geográficos, as áreas culturais que permitem a coexistência, tanto de fato como de direito, de vários povos, sociedades ou culturas – ou que permitem até que se interpenetrem e se compreendam reciprocamente. Uma civilização é, portanto, a simples possibilidade formal da diversidade das culturas. Consequentemente, diremos que uma cultura específica é 'civilizada' quando [...] tolera em seu seio uma diversidade de crenças ou práticas (excluindo-se, evidentemente, práticas bárbaras). Uma cultura civilizada é sempre virtualmente mestiça. Em suma, uma civilização é enriquecida por uma pluralidade de culturas, enquanto uma cultura é bárbara quando é apenas ela mesma, só pode ser ela mesma, permanece centrada e, portanto, fechada sobre si mesma.

[...] O bárbaro é aquele que [...] só consegue pensar em termos dicotômicos, o Bem e o Mal, o próprio e o estrangeiro, nós e eles, mesmo que os chamem de 'civilização' (aqui, eu, meus deuses) e 'bárbaros' (lá, o outro, o inimigo de Deus, o Grande Satã). Sim, existe barbárie, e não porque existem povos ou culturas que sejam bárbaros *por natureza*, mas porque existe um modo de pensar que é incapaz do uno e do múltiplo."

WOLFF, Francis. Quem é bárbaro? In: NOVAES, Adauto. *Civilização e barbárie*. São Paulo: Companhia das Letras, 2004. p. 41-42.

Questões

1. Destaque os argumentos de Lévi-Strauss para justificar como os povos resistem em aceitar a diversidade.
2. Como o texto de Francis Wolff dá continuidade ao último parágrafo do texto de Lévi-Strauss?
3. Reúna-se com seu grupo e deem exemplos de comportamentos bárbaros em sociedades ditas civilizadas.

6 Uma nova sociedade?

As chamadas sociedades tradicionais fixavam hábitos mais duradouros e ordenavam a vida de maneira padronizada. Resistiam às alterações, embora estas sempre ocorressem de maneira gradativa. No entanto, após a Revolução Industrial iniciada no final do século XVIII e o crescente desenvolvimento técnico-científico, notou-se maior rapidez das mudanças nas maneiras de pensar, valorar e agir. Esse processo acelerou-se vertiginosamente na segunda metade do século XX.

A sociedade da informação

2.3 Biblioteca do estudante: Leitura complementar

A formidável revolução da informática e das tecnologias da informação tem provocado significativa influência na cultura contemporânea. Os textos que circulavam de forma isolada nos livros, revistas e jornais se integraram às imagens e aos sons, primeiro pelo cinema e pela televisão, depois por todos os canais que as recentes tecnologias digitais tornaram disponíveis no campo da automação, robótica e microeletrônica.

Estamos vivendo a era da *sociedade da informação e do conhecimento*, que tem transformado de maneira radical todos os setores de nossas vidas. Essa realidade acelerou o processo de globalização a partir de uma rede de comunicação que nos coloca em contato com qualquer pessoa ou grupo em todos os lugares do planeta, num tempo inimaginável em qualquer outro período da história.

Observe, por exemplo, a rapidez de comunicação que representaram o rádio, o telégrafo e a televisão em comparação com a rapidez e poder de processamento dos computadores pessoais, que hoje são verdadeiras janelas para o mundo. Essas máquinas possibilitam trocas de arquivos com os mais diversificados tipos de conteúdo (textos, vídeos, fotos), acesso a bancos de dados internacionais, divulgação de pesquisas, correio eletrônico, *blogs* e a discussão em tempo real de temas os mais variados.

Aparelhos eletrônicos cada vez menores parecem não ter limites para ser aperfeiçoados. Telefones celulares com inúmeros recursos além da função original surgem a cada momento e nos surpreendem por suas múltiplas possibilidades. Redes sociais de todos os tipos, como o *twitter* e o *facebook*, permitem a inúmeros internautas acompanhar pessoas ou se comunicar com elas em qualquer lugar do mundo, num movimento que rapidamente se altera e que certamente apresentará um novo cenário no momento da leitura deste texto.

A nova estrutura de informação atinge os mais diversos tipos de grupos sociais, instituindo as redes de comunicação no comércio, nas finanças, no transporte, no entretenimento e na cultura, mas também favorecendo a distribuição de drogas e a sustentação de diversas outras redes criminosas. Consequentemente, o impacto das novas mídias também se reflete nos nossos valores e crenças a uma velocidade que não se compara às mudanças em nenhuma outra época. O desafio dos novos tempos é ser capaz de selecionar a informação e refletir sobre seu significado.

KING FEATURES SYNDICATE / IPRESS

Os personagens Frank & Ernst, na tira de Bob Thaves, em *O Estado de S. Paulo*, de 2008. O que a tira nos diz sobre a informação na era em que vivemos?

Reflita

Num país em que o analfabetismo ainda apresenta índices elevados, em plena era da informação, é grande o número de pessoas que não têm acesso aos computadores, "os analfabetos digitais". Discuta com seus colegas esse tema.

7 A cultura como construção humana

Vimos que os animais superiores, quando adestrados, podem apresentar comportamentos semelhantes ao dos humanos. Porém, eles não transpõem o limite que separa a natureza da cultura. Esse limiar encontra-se na linguagem simbólica, na ação criativa e intencional, na imaginação capaz de efetuar transformações radicais que podem ser transmitidas pela tradição.

Além disso, as pessoas recebem a herança da cultura em que nascem, mas não se definem por um modelo ou uma essência nem são apenas o que as circunstâncias fazem delas. É evidente que essa condição de certo modo fragiliza o ser humano, pois ele não se encontra, como os animais, em harmonia com a natureza. Ao mesmo tempo, o que seria fragilidade transforma-se justamente na sua força, na característica humana mais nobre: a capacidade de produzir sua própria história e de se tornar sujeito de seus atos.

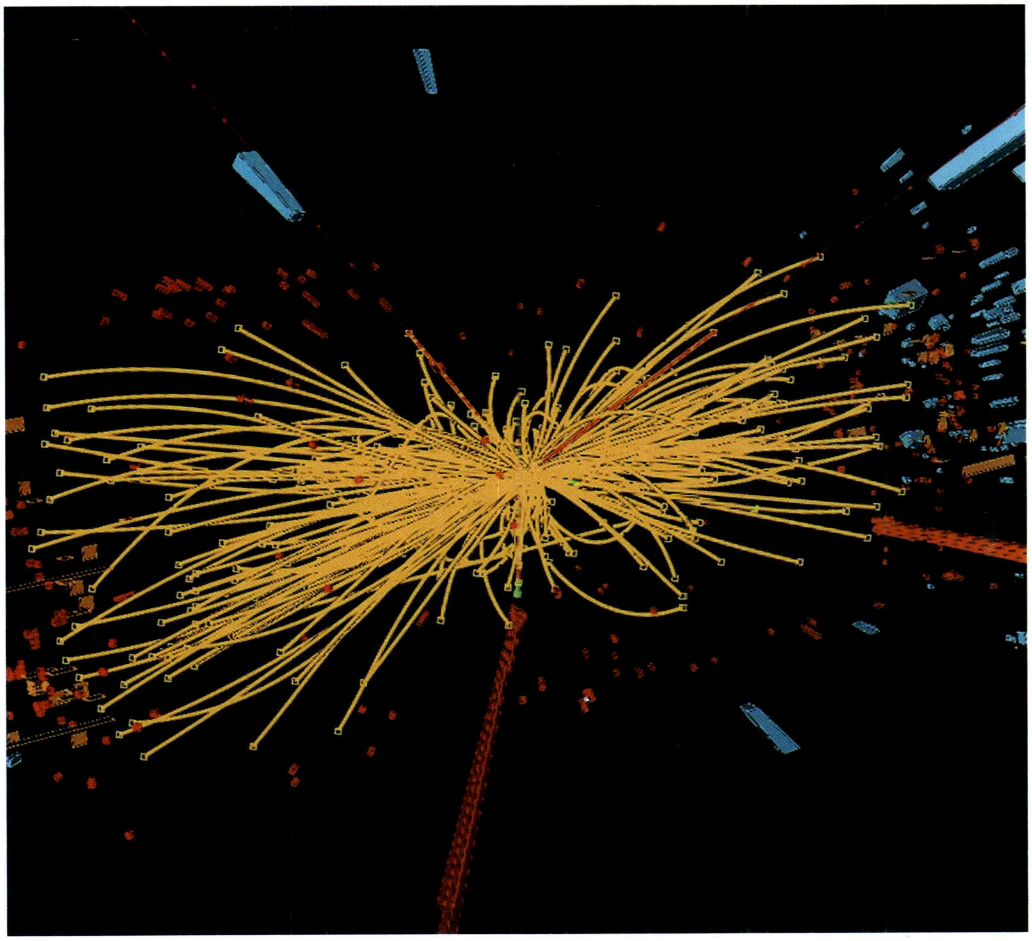

CERN/AFP

Esta imagem, liberada pela Organização Europeia para Pesquisa Nuclear (Cern), em Genebra, em 4 de julho de 2012, mostra uma representação de colisão entre prótons. Nesse dia, os físicos do Cern anunciaram a descoberta da partícula subatômica chamada Bóson de Higgs (logo apelidada de "a partícula de Deus"). Em busca de novos conhecimentos, o homem constrói sua história e torna-se senhor de suas circunstâncias.

Leitura analítica

Educação e cibercultura

"Qualquer reflexão sobre o futuro dos sistemas de educação e de formação na cibercultura deve ser fundada em uma análise prévia da mutação contemporânea da relação com o saber. Em relação a isso, a primeira constatação diz respeito à velocidade de surgimento e de renovação dos saberes e *savoir faire*. Pela primeira vez na história da humanidade, a maioria das competências adquiridas por uma pessoa no início de seu percurso profissional estarão obsoletas no fim de sua carreira. A segunda constatação, fortemente ligada à primeira, diz respeito à nova natureza do trabalho, cuja parte de transação de conhecimento não para de crescer. Trabalhar quer dizer, cada vez mais, aprender, transmitir saberes e produzir conhecimentos. Terceira constatação: o ciberespaço suporta tecnologias intelectuais que amplificam, exteriorizam e modificam numerosas funções cognitivas humanas: memória (banco de dados, hiperdocumentos, arquivos digitais de todos os tipos), imaginação (simulações), percepção (sensores digitais, telepresença, realidades virtuais), raciocínios (inteligência artificial, modelização de fenômenos complexos). Essas tecnologias intelectuais favorecem:

- novas formas de acesso à informação: navegação por hiperdocumentos, caça à informação através de mecanismos de pesquisa, [...] exploração contextual através de mapas dinâmicos de dados;
- novos estilos de raciocínio e de conhecimento, tais como a simulação, verdadeira industrialização da experiência do pensamento, que não advém nem da dedução lógica nem da indução a partir da experiência.

Como essas tecnologias intelectuais, sobretudo as memórias dinâmicas, são *objetivadas* em documentos digitais ou programas disponíveis na rede (ou facilmente reproduzíveis e transferíveis), podem ser *compartilhadas* entre numerosos indivíduos, e aumentam, portanto, o potencial de inteligência coletiva dos grupos humanos.

O saber-fluxo, o trabalho-transação de conhecimento, as novas tecnologias da inteligência individual e coletiva mudam profundamente os dados do problema da educação e da formação. O que é preciso aprender não pode mais ser planejado nem precisamente definido com antecedência. Os percursos e perfis de competências são todos singulares e podem cada vez menos ser canalizados em programas ou em cursos válidos para todos. Devemos construir novos modelos do espaço dos conhecimentos.

[...]

Sem fechamento dinâmico ou estrutural, a Web também não está congelada no tempo. Ela incha, se move e se transforma permanentemente. A World Wide Web é um fluxo. Suas inúmeras fontes, suas turbulências, sua irresistível ascensão oferecem uma surpreendente imagem da inundação de informação contemporânea. Cada reserva de memória, cada grupo, cada indivíduo, cada objeto pode tornar-se emissor e contribuir para a enchente. A esse respeito, Roy Ascott fala, de forma metafórica, em *segundo dilúvio*. O dilúvio de informações. Para melhor ou pior, esse dilúvio não será seguido por nenhuma vazante. Devemos portanto nos acostumar com essa profusão e desordem. A não ser em caso de catástrofe natural, nenhuma grande reordenação, nenhuma autoridade central nos levará de volta à terra firme nem às paisagens estáveis e bem demarcadas anteriores à inundação."

LÉVY, Pierre. *Cibercultura*. São Paulo: 34, 1999. p. 157-158; 160-161.

Savoir faire
Do francês (pronuncie *savuár fér*), literalmente "saber fazer", habilidade, competência.

Ciberespaço
Espaço das comunicações por redes de computação.

Hiperdocumento
Documento de hipermídia que faz uso de *links*, permitindo ao usuário pesquisar uma informação, tendo acesso imediato a outra. Hipermídia é o sistema de exibição de informações no computador que dá acesso a certos documentos a partir de *links* que acionam outros documentos. *Link* é o trecho de texto em destaque ou elemento gráfico na tela do computador que, acionado por um clique de *mouse*, provoca a exibição de novo hiperdocumento.

Questões

1. Como o ciberespaço tem revolucionado o modo de viver e o relacionamento entre as pessoas?
2. Sob que aspectos as modificações produzidas pela cibercultura têm alterado o processo de educação?
3. Divida a classe em dois grupos: um deve expor os benefícios e conquistas da cibercultura enquanto o outro deve explicitar seus riscos.

Atividades

Retomando os conteúdos

1. Pode-se falar em instinto humano da mesma maneira como nos referimos ao instinto animal?

2. Como é possível conciliar *tradição* e *ruptura*? Explique e dê exemplos.

3. Explique em que sentido os conceitos de *cultura*, *trabalho* e *educação* são inseparáveis, isto é, um não pode ser compreendido sem o outro.

Aprofundando os conceitos

4. Leia o texto a seguir e responda às questões.

> "Nascemos homem ou mulher; tornamo-nos humanos. Esse processo, que vale tanto para a espécie como para o indivíduo, é que podemos chamar de humanização: é o devir humano do homem – prolongamento cultural da hominização."
>
> COMTE-SPONVILLE, André. *Dicionário filosófico*. São Paulo: WMF Martins Fontes, 2011. p. 286.

a) Considerando a *hominização* como o longo processo pelo qual nossos ancestrais primatas evoluíram até chegar ao *Homo sapiens*, em que aspectos o conceito de humanização dele se distingue?

b) O que pode ser entendido com a afirmação de que o processo de humanização "vale tanto para a espécie como para o indivíduo"?

5. Leia a citação e responda às questões:

> "A cultura – palavra e conceito – é de origem romana. A palavra 'cultura' origina-se de *colere* – cultivar, habitar, tomar conta, criar e preservar – e relaciona-se essencialmente com o trato do homem com a natureza, no sentido [...] da preservação da natureza até que ela se torne adequada à habitação humana."
>
> ARENDT, Hannah. *Entre o passado e o futuro*. São Paulo: Perspectiva, 1972. p. 265.

a) Explique por quê, a partir da etimologia da palavra *cultura*, podemos dizer que seu conceito é mais abrangente que o sentido da expressão "pessoa culta".

b) Considerando a etimologia da palavra *cultura* no sentido de "tomar conta", discuta com seu colega qual é a importância dos movimentos ecológicos no momento em que vivemos.

6. Leia o texto e responda às questões.

> "[...] apenas a democracia permite a formação e a expansão das revoluções silenciosas, como foi, por exemplo, nestas últimas décadas, a transformação das relações entre os sexos – que talvez seja a maior revolução dos nossos tempos."
>
> BOBBIO, Norberto. *O futuro da democracia*: uma defesa das regras do jogo. 4. ed. Rio de Janeiro: Paz e Terra, 1986. p. 39.

a) Por que só a democracia permitiria "revoluções silenciosas"?

b) Você concorda que a mudança na relação de gêneros "talvez seja a maior revolução dos nossos tempos"? Justifique.

Pesquisa

7. Considerando a questão do pluralismo cultural, reúna-se em grupo para discutir sobre uma das seguintes formas de discriminação: religiosa (direito à crença e à descrença); étnica (judeus, ciganos, indígenas, negros etc.); de gênero (homem e mulher); de orientação sexual (homossexualidade); ideológica (convicções filosóficas, políticas, éticas); de classe social e de posses; de idade (idosos e crianças).

Com os participantes do seu grupo, escolham um dos temas para pesquisar e debater. Em seguida, façam um relatório com os pontos mais importantes.

Dissertação

8. Faça uma dissertação relacionando o tema do capítulo e esta citação do filósofo francês Blaise Pascal.

> "O homem não passa de um caniço, o mais fraco da natureza, mas é um caniço pensante."
>
> PASCAL, Blaise. *Pensamentos*. São Paulo: Abril Cultural, 1973. p. 127. (Coleção Os Pensadores)

Capítulo 3

Trabalho e lazer

1 O *homo faber*

DANIEL SOARES/AGÊNCIA RBS

Homem carrega galão de água em galpão na cidade de Campo Bom, no Rio Grande do Sul, em fevereiro de 2010. O trabalho é uma das formas de socialização que o homem usa para realizar-se como ser humano.

Costuma-se designar o ser humano como *homo sapiens* ("homem que sabe") e *homo faber* ("homem que faz"). Como *homo faber*, desenvolvemos a habilidade de transformar a natureza, movidos pelos interesses de sobrevivência, para a satisfação de nossos desejos e a realização de nossos projetos. Desse modo, identificamos dois aspectos da mesma realidade humana, já que o *pensar* e o *agir* são inseparáveis. Agimos *porque* temos consciência e temos consciência *porque* somos capazes de agir.

As modificações no mundo do trabalho e das atividades humanas em geral são decisivas para influenciar o modo de pensar das pessoas e a maneira de se relacionarem.

Os estágios da técnica

Como vimos no capítulo anterior, o fazer humano se distingue da ação animal por vários motivos: o uso da linguagem, a capacidade de projetar a ação, o recurso do aperfeiçoamento, a aprendizagem compartilhada e a acumulação do saber.

No entanto, vale destacar o aspecto biológico da evolução da espécie humana, o momento em que a posição ereta nos transformou em bípedes. Assim diz Gusdorf:

> “A invenção da mão corresponde ao momento em que a adoção da posição reta libera definitivamente duas das patas do novo bípede. Libertada do peso do corpo e do contato com o solo, a mão pode adquirir uma sensibilidade mais fina e se aplicar a novos usos. O polegar ganha a possibilidade de se opor aos outros dedos e completar sua intervenção por uma ação independente, que permite toda espécie de movimentos cada vez mais diferenciados. Assim constituída, a mão domina o real; ela é um instrumento de ataque e de defesa, um instrumento de trabalho; ela pega, tateia, apalpa, segura, retém e carrega. Assegura e multiplica a intervenção do corpo na realidade das coisas.”
>
> GUSDORF, Georges. *A agonia da nossa civilização*. São Paulo: Convívio, 1978. p. 42.

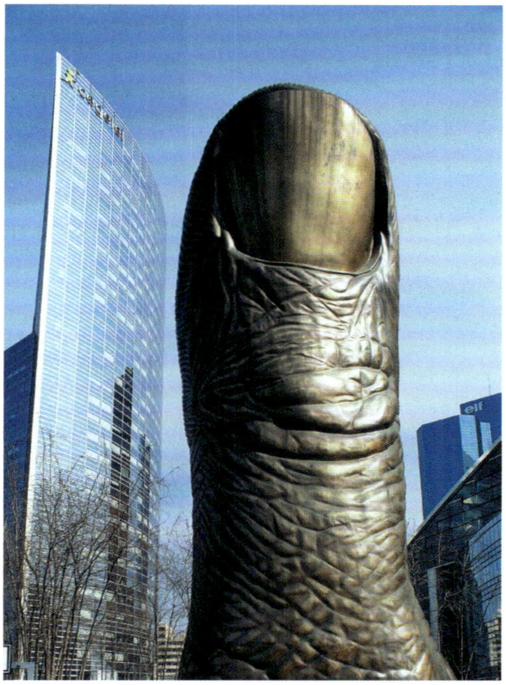

AKG/LATINSTOCK

O polegar (1994), escultura em bronze de Cesar Baldaccini. A descoberta do uso do "polegar opositor" abriu infinitas possibilidades para o ser humano atuar sobre o mundo.

Após esse momento crucial, podemos distinguir as três etapas do desenvolvimento da técnica: *utensílio*, *máquina* e *automação*.

Na fase inicial, o utensílio é um prolongamento do corpo humano: o martelo aumenta a potência do braço e o arado funciona como a mão escavando o solo.

No estágio das máquinas, as energias mecânica, hidráulica, elétrica ou atômica trazem a grande vantagem de poder ser armazenadas.

Em etapa mais recente, a automação imita o agir humano, por possibilitar a autorregulação. A grande flexibilidade de certos programas aproxima as máquinas "pensantes" do trabalho intelectual humano, já que são capazes de provocar, regular e controlar os próprios movimentos. O radar corrige a rota do avião de acordo com as alterações do percurso, a célula fotoelétrica instalada na porta do elevador impede que ela se feche sobre o usuário, o jogador disputa o xadrez com seu computador, um robô substitui o operário ou um médico realiza uma cirurgia a distância.

2 Trabalho e humanização

A natureza é transformada mediante o esforço coletivo para arar a terra, colher seus frutos, domesticar animais, modificar paisagens e construir cidades. E não só, pois pelo trabalho surgem instituições como a família, o Estado e a escola, além de obras de pensamento como o mito, a ciência, a arte e a filosofia.

3.1
Biblioteca do estudante: Leitura complementar

Ao mesmo tempo que produz coisas pelo trabalho, o ser humano constrói sua subjetividade, desenvolve a imaginação, relaciona-se com os demais, enfrenta conflitos e supera dificuldades. Com o trabalho, ninguém permanece o mesmo, porque modifica e enriquece a percepção do mundo e de si próprio.

Nem sempre, porém, o trabalho se realiza conforme essa concepção otimista, sobretudo quando as pessoas são obrigadas a viver de um trabalho não escolhido, que resulta de relações de exploração. Estamos, portanto, diante de um impasse: o trabalho é tortura ou emancipação?

Vejamos uma estrofe de "Construção", letra e música de Chico Buarque:

"E tropeçou no céu como se fosse um bêbado
E flutuou no ar como se fosse um pássaro
E se acabou no chão feito um pacote flácido
Agonizou no meio do passeio público
Morreu na contramão atrapalhando o tráfego."

HOLLANDA, Chico Buarque de. *Construção*. Phonogram, 1971.

Na letra da canção, os versos se repetem com variações inventivas, em que predominam as proparoxítonas. O tema remete aos operários da construção civil, vítimas diárias de acidentes de trabalho. Mas pode se referir também a qualquer pessoa cuja morte – real ou simbólica – parece indiferente aos demais, preocupados sobretudo consigo mesmos. E por isso consideram que o acidente "atrapalha o trânsito".

Se voltarmos nosso olhar para a história humana para ver como as pessoas trabalham e o que pensam sobre o trabalho, teremos uma percepção mais clara da contradição entre trabalho como humanização e trabalho como prisão.

3 Ócio e negócio

Nas sociedades tribais, as tarefas são distribuídas de acordo com a força e a capacidade. Os homens caçam, derrubam árvores para preparar o terreno das plantações, enquanto as mulheres semeiam e fazem a coleta. Como essas funções baseiam-se na cooperação e complementação e não na exploração, tanto a terra como os frutos do trabalho pertencem a toda a comunidade.

Por que esse estado de coisas mudou com o tempo? Para Jean-Jacques Rousseau, filósofo do século XVIII, a desigualdade surgiu quando alguém, ao cercar um terreno, lembrou-se de dizer "isto é meu", criando assim a propriedade privada. Nesse momento, abriu-se o caminho para a divisão social, para as relações de dominação e a desigual apropriação dos frutos do trabalho.

Desde as mais antigas civilizações existe a divisão entre aqueles que mandam – e portanto projetam, concebem, inventam – e os que só obedecem e executam. Dizemos então que há uma dicotomia entre concepção e execução do trabalho.

Dicotomia
Divisão em duas partes.

A divisão de funções pode parecer natural quando se considera que alguns têm mais talento para o pensar, a atividade intelectual, enquanto outros são capazes apenas de atividades braçais. Um olhar mais crítico, no entanto, constata que não se trata da natureza dos indivíduos, mas sim que, na sociedade, existem mecanismos para manter a divisão, não conforme a capacidade pessoal, mas conforme a classe a que cada um pertence.

Saiba mais

Na Grécia antiga, o ócio não tinha o mesmo sentido que tem atualmente. Para nós, ócio é o não fazer, o descanso. Para os gregos, o "ócio digno" servia para gozar o tempo livre e dedicar-se às funções nobres de guerrear, fazer política, pensar, decidir. Entre os romanos, a palavra *ócio* (do latim *otium*) manteve o sentido original grego, tanto que o trabalho para sustentar a vida era identificado com a palavra *negócio* (*nec-otium*, "não ócio").

AKG/LATINSTOCK

Grécia – no ginásio, platônicos, epicuristas e lutadores, xilogravura com base em desenho de 1865, de Heinrich Leutemann. Na Grécia antiga, o ginásio era o local onde os jovens aprendiam modalidades esportivas e realizavam exercícios intelectuais.

Entre os antigos gregos e romanos, que viviam em sociedades escravagistas, era nítida a divisão entre atividades intelectuais e atividades braçais, com a evidente desvalorização desta última. Um dos indícios da divisão social era a educação, privilégio dos proprietários. Não por acaso, a palavra *escola* (*skolé*, em grego) significava, literalmente, o "lugar do ócio", onde as crianças dedicavam-se à ginástica, aprendiam jogos, música e retórica – a arte de bem falar.

Colóquio

O trabalho humaniza?

Aristóteles viveu em uma sociedade escravagista que desvalorizava o trabalho manual. Ele justificava a escravidão, embora reconhecesse argumentos segundo os quais a escravização de prisioneiros de guerra era considerada injusta. No século XIX, coube a Marx criar outra concepção de trabalho, que defendia o conceito de humanização pelo trabalho livre estendido a todos.

Texto 1

Cidadãos e escravos na Grécia antiga

"Na verdade, se cada instrumento pudesse executar a sua missão obedecendo a ordens, ou percebendo antecipadamente o que lhe cumpre fazer, [...] se, então, as lançadeiras tecessem e as palhetas tocassem cítaras por si mesmas, os construtores não teriam necessidade de auxiliares e os senhores não necessitariam de escravos. [...]

Lançadeira
Uma peça do tear.

Estas considerações evidenciam a natureza do escravo e sua função; um ser humano pertencente por natureza não a si mesmo, mas a outra pessoa, é por natureza um escravo; uma pessoa é um ser humano pertencente a outro se, sendo um ser humano, ele é um bem [uma propriedade], e um bem é um instrumento de ação separável de seu dono. Em seguida deveremos investigar se existe, ou não, alguém que seja assim por natureza, e se é conveniente e justo para alguém ser um escravo ou se, ao contrário, toda escravidão é antinatural. Não é difícil atinar teoricamente com a resposta ou aferir-lhe a certeza pelo que realmente acontece. Mandar e obedecer são condições não somente inevitáveis mas também convenientes. Alguns seres, com efeito, desde a hora de seu nascimento, são marcados para ser mandados ou para mandar, e há muitas espécies de mandantes e de mandados [...], pois em todas as coisas compostas, onde uma pluralidade de partes, seja contínua ou descontínua, é combinada para constituir um todo único, sempre se verá alguém que manda e alguém que obedece, e essa peculiaridade dos seres vivos se acha presente neles como uma decorrência da natureza em seu todo. [...]

Na verdade, a utilidade dos escravos pouco difere da dos animais; serviços corporais para atender às necessidades da vida são prestados por ambos, tanto pelos escravos quanto pelos animais domésticos. A intenção da natureza é fazer também os corpos dos homens livres e dos escravos diferentes – os últimos fortes para as atividades servis, os primeiros erectos, incapazes para tais trabalhos, mas aptos para a vida de cidadãos.”

ARISTÓTELES. *Política*. 3. ed. Brasília: Editora da UnB, 1997. p. 17-19.

Texto 2

3.2 Visão do especialista

O processo de trabalho

“Antes de tudo, o trabalho é um processo entre o homem e a natureza, um processo em que o homem, por sua própria ação, media, regula e controla [...] a natureza. Ele mesmo se defronta com a matéria natural como uma força natural. Ele põe em movimento as forças naturais pertencentes à sua corporalidade, braços e pernas, cabeça e mão, a fim de apropriar-se da matéria natural numa forma útil para sua própria vida. Ao atuar, por meio desse movimento, sobre a natureza externa a ele e ao modificá-la, ele modifica, ao mesmo tempo, sua própria natureza. Ele desenvolve as potências nela adormecidas e sujeita o jogo de suas forças a seu próprio domínio. Não se trata aqui das primeiras formas instintivas, animais, de trabalho. O estado em que o trabalhador se apresenta no mercado como vendedor de sua própria força de trabalho deixou para o fundo dos tempos primitivos o estado em que o trabalho humano não se desfez ainda de sua primeira forma instintiva. Pressupomos o trabalho numa forma em que pertence exclusivamente ao homem. Uma aranha executa operações semelhantes às do tecelão, e a abelha envergonha mais de um arquiteto humano com a construção dos favos de suas colmeias. Mas o que distingue, de antemão, o pior arquiteto da melhor abelha é que ele construiu o favo em sua cabeça, antes de construí-lo em cera. No fim do processo de trabalho obtém-se um resultado que já no início deste existiu na imaginação do trabalhador, e portanto idealmente. Ele não apenas efetua uma transformação da forma da matéria natural; realiza, ao mesmo tempo, na matéria natural, seu objetivo, que ele sabe que determina, como lei, a espécie e o modo de sua atividade e ao qual tem de subordinar sua vontade. E essa subordinação não é um ato isolado. Além do esforço dos órgãos que trabalham, é exigida a vontade orientada a um fim, que se manifesta como atenção durante todo o tempo de trabalho.”

MARX, Karl. *O capital*. São Paulo: Abril Cultural, 1983. p. 149-150. (Coleção Os Pensadores)

Questões

1. Aristóteles propõe “investigar se existe, ou não, alguém que seja assim por natureza, e se é conveniente e justo para alguém ser um escravo ou se, ao contrário, toda escravidão é antinatural”. Qual é a conclusão de Aristóteles a respeito da questão que ele próprio se propôs?

2. Os textos de Aristóteles e de Marx estão separados por vinte e três séculos. Qual é a diferença fundamental entre eles?

3. Transcreva o trecho em que Marx identifica o caráter humanizador do trabalho.

4. Explique o que Marx quis dizer ao comparar arquitetos a abelhas e o tecelão à aranha.

4 Uma nova concepção de trabalho

Durante a Idade Média, a riqueza restringia-se à posse de terras, cujos proprietários eram os nobres e o alto clero. Na Idade Moderna, as atividades mercantis e manufatureiras desenvolveram-se a tal ponto que a riqueza significava também a posse do dinheiro. Esses acontecimentos resultaram na ascensão da burguesia enriquecida. Os burgueses constituíam um segmento oriundo dos antigos servos libertos que, por sua vez, emanciparam as cidades antes controladas por senhores feudais. Em razão de a origem burguesa ser tão diferente da nobreza ociosa, ocorreu a valorização da técnica do trabalho.

O banqueiro e sua esposa, quadro de Quentin Metsys. No século XV, Metsys retratou o cambista, antecessor dos banqueiros que financiaram o desenvolvimento do comércio e da indústria.

As teorias da modernidade

O que diziam os pensadores da modernidade a respeito das novas concepções de técnica e de trabalho?

Francis Bacon (1561-1626), com o seu lema "saber é poder", criticou a base metafísica da física grega e medieval ao realçar o papel histórico da ciência e do saber instrumental, capaz de dominar a natureza. Em sua obra *Novum organum*, rejeitou as concepções tradicionais de pensadores que "são incapazes de gerar, pois a sua sabedoria é farta de palavras, mas estéril em obras".

Em uma linha semelhante, Descartes (1596-1650) afirmou:

> "Pois elas [as noções gerais da física] me fizeram ver que é possível chegar a conhecimentos que sejam muito úteis à vida, e que, em vez dessa filosofia especulativa que se ensina nas escolas, se pode encontrar uma outra prática, pela qual [...] poderíamos empregá-los da mesma maneira em todos os usos para os quais são próprios, e assim nos tornar como que senhores e possuidores da natureza."
>
> DESCARTES, René. *Discurso do método*. São Paulo: Abril Cultural, 1973. p. 71. (Coleção Os Pensadores)

Com base nas duas citações, observe as expressões: "saber é poder" (Bacon) e "senhores e possuidores da natureza" (Descartes). Desse modo os pensadores da modernidade expressavam a nova consciência sobre o poder da técnica: nascia o que chamamos de *ideal prometeico*. Ambos esperavam que, por meio da ciência e da técnica, a natureza fosse dominada.

Prometeu, pintura de Moureau Gustave. Prometeu, figura da mitologia grega, roubou o fogo dos deuses para entregá-lo aos seres humanos. Castigado por Zeus, foi condenado a ter um abutre comendo seu fígado, que renascia sempre, para seu suplício eterno. O fogo simboliza a técnica e o trabalho humanos. Promessa de felicidade, o ideal prometeico também significa o mito do progresso como um bem em si.

Saiba mais

A modernidade ou Idade Moderna é o período que começa no Renascimento e se estende aos séculos XVII e XVIII. Em oposição à tradição medieval, valorizava o espírito crítico e a racionalidade científica. Os principais representantes desse período foram Francis Bacon, Galileu Galilei, René Descartes e John Locke. Mais detalhes encontram-se na Unidade 6, "Idade Moderna".

Saber contemplativo
Conceito que comporta vários sentidos. Nesse contexto, trata-se do saber puramente teórico, restrito à atividade da mente. Ou seja, um olhar sem finalidade prática imediata.

O enfoque na relação entre o pensar e o fazer havia mudado: enquanto na Idade Média o saber contemplativo era privilegiado em detrimento da prática, no Renascimento e na Idade Moderna deu-se a valorização da técnica e do conhecimento, alcançado por meio da prática.

Nos campos político e econômico estavam sendo elaborados os princípios do liberalismo. Quais foram as consequências das ideias liberais para o trabalho? Depois de superadas as relações de dominação entre senhores feudais e servos, foi instituído o contrato de trabalho entre indivíduos livres, o que significou o reconhecimento do trabalhador no campo jurídico.

Uma das novidades das ideias liberais foi, portanto, a valorização do trabalho. Assim diz John Locke, filósofo inglês:

> "Embora a terra e todas as criaturas inferiores sejam comuns a todos os homens, cada homem tem propriedade em sua própria pessoa; a esta ninguém tem qualquer direito senão ele mesmo. O trabalho do seu corpo e a obra de suas mãos, pode-se dizer, são propriamente dele. [...] Desde que esse trabalho é propriedade exclusiva do trabalhador, nenhum outro homem pode ter direito ao que se juntou, pelo menos quando houver bastante e igualmente de boa qualidade em comum para terceiros."
>
> LOCKE, John. *Segundo tratado sobre o governo.* São Paulo: Abril Cultural, 1973. p. 51-52. (Coleção Os Pensadores)

ALBUM/LATINSTOCK

Voltando para casa, quadro de Edward Munch. O pintor norueguês retrata a opressão e a ansiedade do trabalhador. No quadro veem-se pessoas de rostos pálidos, que mais parecem fantasmas depois de um dia de trabalho exaustivo.

O trabalho como mercadoria

No século XIX, o resplendor do progresso alcançado pela Revolução Industrial não ocultava a grave questão social. A exploração dos operários era explícita. As extensas jornadas de trabalho, as péssimas instalações das fábricas, os salários baixos, a arregimentação de crianças e mulheres como mão de obra barata eram exemplo disso. Esse estado de coisas desencadeou os movimentos socialistas e anarquistas.

O filósofo e economista Karl Marx (1818-1883) criticou a visão otimista do trabalho, embora não deixasse de considerá-lo condição de liberdade. Aliás, é justamente esse o ponto central de seu raciocínio: a pessoa deve trabalhar para si, no sentido de fazer-se a si mesma um ser humano. O que não significa trabalhar sem compromisso com os outros, pois todo trabalho é tarefa coletiva e, como tal, visa ao bem comum.

O que Marx criticava? Ele negava que a nova ordem econômica do liberalismo fosse capaz de possibilitar a igualdade entre as partes, porque o trabalhador perde mais do que ganha, já que *produz para outro*: a posse do produto lhe escapa. Nesse caso, é ele próprio que deixa de ser o centro de si mesmo. Não escolhe o salário, pois este lhe foi imposto. Não escolhe o horário nem o ritmo de trabalho. É comandado de fora, por forças que não mais controla. O resultado é tornar-se "estranho", "alheio" a si próprio: é o fenômeno da alienação.

Alienação
Do latim *alienare*, "afastar"; *alienus*, "que pertence a um outro"; *alius*, "outro". Portanto, alienar, sob determinado aspecto, é tornar alheio, transferir para outrem o que é seu.

Reificação
Do latim *res*, "coisa": coisificação.

Status quo
Estado antes existente de uma questão.

Alienação na produção

Para Marx, a alienação não é apenas um conceito teórico, porque se manifesta na vida real quando o produto do trabalho deixa de pertencer a quem o produziu. Na economia capitalista, prevalece a lógica do mercado, em que tudo tem um preço, ou seja, adquire um *valor de troca*. Ao vender sua força de trabalho mediante pagamento de salário, o operário transforma-se em *mercadoria*. É o processo duplo que Marx chama de *fetichismo da mercadoria* e *reificação do trabalhador*. Vejamos o que significam esses conceitos.

- **Fetichismo** é o processo pelo qual a mercadoria, um ser inanimado, adquire "vida". Ao contrário do que deveria acontecer, os valores de troca tornam-se superiores aos valores de uso e determinam as relações humanas. Desse modo, a relação entre produtores não se faz entre eles próprios, mas entre os produtos do seu trabalho. Por exemplo, não são relações entre alfaiate e carpinteiro, mas entre casaco e mesa, que são equiparados conforme uma medida comum de valor.
- **Reificação** é a transformação dos seres humanos em coisas. Em outras palavras, a "humanização" da mercadoria leva à desumanização da pessoa, à sua coisificação, isto é, o indivíduo é transformado em mercadoria.

A alienação não se aplica apenas à produção do trabalhador, mas se estende às formas do consumo, de lazer, no entretenimento.

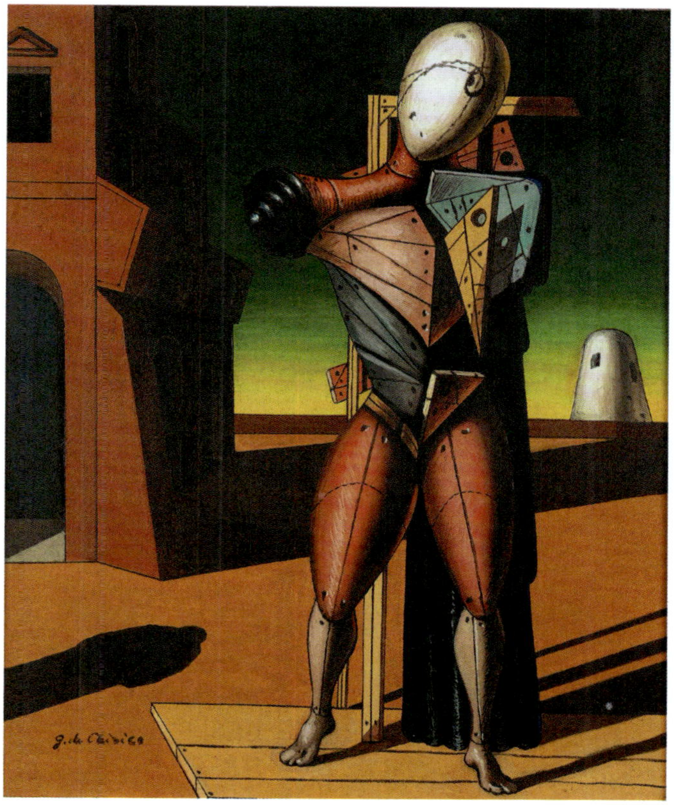
COLEÇÃO PARTICULAR

O trovador (1935), quadro do pintor italiano Giorgio de Chirico. Nessa tela de clima insólito, De Chirico torna visível o invisível: a solidão, o silêncio, a ausência de sentido de um ser humano que mais parece um manequim.

A ideologia

Por sua vez, o que faz com que a alienação não seja percebida é a ideologia. Segundo Marx, as ideias, condutas e valores que permeiam a concepção de mundo de determinada sociedade representam os interesses da classe dominante. Ao serem estendidas às classes dominadas, como se fossem universais, ajudam a manter a dominação e o *status quo*. Desse modo, a ideologia camufla a luta de classes quando representa a sociedade de forma ilusória, mostrando-a como una, harmônica, sem conflitos.

Leitura analítica

O trabalho alienado

Espoliação
Ato de privar alguém de algo que lhe pertence por meios diversos, como a fraude ou a violência.

"Consideramos até aqui a alienação, a espoliação do operário, só sob um único aspecto, o de sua relação com os produtos de seu trabalho. Ora, a alienação não aparece somente no resultado, mas também no ato da produção, no interior da própria atividade produtora. Como o operário não seria estranho ao produto de sua atividade se, no próprio ato da produção, não se tornasse estranho a si mesmo? Com efeito, o produto é só o resumo da atividade da produção. Se o produto do trabalho é espoliação, a própria produção deve ser espoliação em ato, espoliação da atividade, da atividade que espolia. A alienação do objeto do trabalho é só o resumo da alienação, da espoliação, na própria atividade do trabalho.

Em que consiste a espoliação do trabalho?

Primeiro, no fato de que o trabalho é *exterior* ao operário, isto é, que não pertence a seu ser; que, no seu trabalho, o operário não se afirma, mas se nega; que ele não se sente satisfeito aí, mas infeliz; que ele não desdobra aí uma livre energia física e intelectual, mas mortifica seu corpo e arruína seu espírito. É por isso que o operário não tem o sentimento de estar em si senão fora do trabalho; no trabalho, sente-se exterior a si mesmo. É ele quando não trabalha e, quando trabalha, não é ele. Seu trabalho não é voluntário, mas imposto. *Trabalho forçado* não é a satisfação de uma necessidade, mas somente um meio de satisfazer necessidades fora do trabalho. A natureza alienada do trabalho aparece nitidamente no fato de que, desde que não exista imposição física ou outra, foge-se do trabalho como da peste. O trabalho alienado, o trabalho no qual o homem se espolia, é sacrifício de si, mortificação. Enfim, o operário ressente a natureza exterior do trabalho pelo fato de que não é seu bem próprio, mas o de outro, que não lhe pertence; que no trabalho o operário não pertence a si mesmo, mas a outro. [...]

Chega-se então a esse resultado, que o homem (o operário) só tem espontaneidade nas suas funções animais: o comer, o beber e a procriação, talvez ainda na habitação, o adorno etc.; e que nas suas funções humanas, só sente a animalidade: o que é animal torna-se humano e o que é humano torna-se animal.

Sem dúvida, comer, beber, procriar etc. são também funções autenticamente humanas. Contudo, separadas do conjunto das atividades humanas, erigidas em fins últimos e exclusivos, não são mais que funções animais."

MARX, Karl. *Ebauche d'une critique de l'économie politique* ("Esboço de uma crítica da economia política"), Bibliothèque de la Pléiade, Gallimard, tomo II, p. 60-61. In: *Os filósofos através dos textos*: de Platão a Sartre. São Paulo: Paulus, 1997. p. 250-252.

POPPERFOTO/GETTY IMAGES

Mulheres trabalhando na fábrica de sapatos Mansfield, em Northampton, Inglaterra, em 1898. Para Marx, a alienação do operário não está apenas no resultado de seu trabalho (o produto), mas no próprio ato da produção, da forma como se dá.

Questões

1. Vimos dois trechos de obras de Marx, ambas sobre o trabalho: este último sobre alienação e outro, "O processo de trabalho", no colóquio do bloco anterior. Trata-se de abordagens diferentes sobre o trabalho, mas que não são contraditórias. Justifique as ideias contidas nos dois trechos.
2. De acordo com o que estudamos neste bloco, quais são, para Marx, as decorrências do trabalho alienado na sociedade capitalista?
3. Reúna-se com seus colegas de grupo para discutir o tema: "O que torna o trabalho prazeroso?".

5 A era do olhar: a disciplina

Outros pensadores investigaram as mudanças decorrentes do capitalismo e do nascimento das fábricas, analisando-as sob outro ângulo. É o caso do filósofo francês Michel Foucault (1926-1984), para quem a dominação se exerceu mediante um novo tipo de disciplina que propiciou a "docilização" do corpo.

Para exemplificar, voltemos à França do século XVIII. A historiadora francesa contemporânea Michelle Perrot relata a descrição feita por um inspetor de manufaturas de uma oficina têxtil com cerca de 100 metros de comprimento, pavimentada por lajes e iluminada por cinquenta janelas com tela branca:

> "No meio dessa sala [em] um canal coberto com lajes entreabertas cada fiandeira [vai], *em silêncio,* tirar a água de que precisa [para a fiação]. Essa oficina, à primeira vista, surpreende o visitante pela quantidade de pessoas aí empregadas, *pela ordem,* pela limpeza e *pela extrema subordinação* que aí reina... Contamos 50 rocas duplas [...] ocupadas por 100 fiandeiras e o mesmo tanto de dobradeiras, tão *disciplinadas como tropas.*"
>
> PERROT, Michelle. *Os excluídos da história*: operários, mulheres e prisioneiros. Rio de Janeiro: Paz e Terra, 1988. p. 57-58.

BETTMANN/CORBIS/LATINSTOCK

O filósofo e historiador francês Michel Foucault, em novembro de 1979. Foucault pesquisou a mudança dos comportamentos no início da Idade Moderna, sobretudo nas instituições prisionais e nos hospícios, a fim de compreender a relação entre essas mudanças e os processos de produção dos saberes.

A historiadora destaca em itálico a nova maneira de trabalhar, representada por dois modelos disciplinares: o *religioso* (silêncio) e o *militar* (hierarquia, disposição em fileiras). A disciplina era mantida pelos supervisores, que avaliavam a qualidade do serviço, evitavam brigas e faziam cumprir os severos regulamentos por meio de proibições (não falar alto, não dizer palavrões, não cantar); regras de horários (o início da "tirania" do relógio para entrada, saída e intervalos); penalidades como multas, advertências, suspensões, demissões, de acordo com a gravidade da falta.

Na nova estrutura, o olhar vigilante sobressaía de maneira decisiva. A organização do tempo e do espaço imposta na fábrica não era, porém, um fenômeno isolado. Nos séculos XVII e XVIII, formou-se a chamada "sociedade disciplinar" com a criação de instituições fechadas, voltadas para o controle social, tais como prisões, orfanatos, reformatórios, asilos de miseráveis e "vagabundos", hospícios, quartéis e escolas.

Foucault aproveita a descrição feita pelo jurista Jeremy Bentham de um projeto denominado *Panopticon* (literalmente "ver tudo"). Bentham imaginou uma construção de vidro, em anel, para alojar loucos, doentes, prisioneiros, estudantes ou operários. Controlados de uma torre central de onde se tem absoluta visibilidade, interiorizam o olhar que vigia. Desse modo, cada indivíduo se submete sem perceber à própria sujeição.

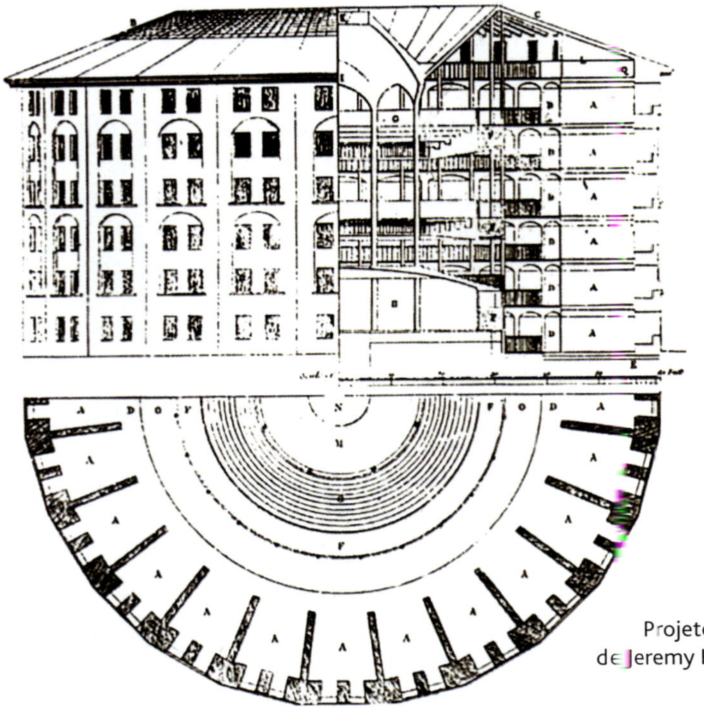

Projeto de panóptico, de Jeremy Bentham, 1787.

Assim diz Michel Foucault:

> "O momento histórico das disciplinas é o momento em que nasce uma arte do corpo humano, que visa não unicamente o aumento de suas habilidades, nem tampouco aprofundar sua sujeição, mas a formação de uma relação que no mesmo mecanismo o torna tanto mais obediente quanto é mais útil, e inversamente. [...] A disciplina fabrica assim corpos submissos e exercitados, corpos 'dóceis'. A disciplina aumenta as forças do corpo (em termos econômicos de utilidade) e diminui essas mesmas forças (em termos políticos de obediência)."

FOUCAULT, Michel. *Vigiar e punir*: história da violência nas prisões. Petrópolis: Vozes, 1987. p. 126-127.

6 As transformações no trabalho

Durante o século XX, ocorreram grandes mudanças no âmbito do trabalho. As condições precárias que caracterizaram a maneira de trabalhar nas fábricas no século anterior foram sendo atenuadas pela organização dos sindicatos, que promoviam greves e pressionavam os proprietários. Estimulados sobretudo pela Revolução Socialista de 1917, que transformou a antiga Rússia em União Soviética, muitas vezes os trabalhadores lutavam também pela implantação dos ideais comunistas.

Reflita

- As greves são um recurso legítimo de pressão do trabalhador ou são desordem social?

Taylorismo e fordismo

Conteúdo multimídia: Tempos Modernos

Foi longo o processo de adaptação do liberalismo aos novos tempos. Essa adaptação implicou aspectos bastante específicos, sobretudo no que se refere ao mundo do trabalho. No início do século XX, por exemplo, o engenheiro norte-americano Frederick Taylor (1856-1915) estabeleceu um método de organização do trabalho que ficou conhecido como *taylorismo*. Taylor estabeleceu um controle científico de medição por meio de cronômetros para que a produção fabril fosse cada vez mais simples e rápida.

A mesma preocupação com o aumento da produtividade por meios científicos levou Henry Ford, também norte-americano, a introduzir o uso da esteira na linha de montagem e o processo de padronização da produção em série na sua fábrica de automóveis. A divisão das tarefas reduziu as atividades a gestos mínimos, o que trouxe como consequência o aumento da produção de maneira drástica, causando grande impacto para a época, e também transformou o trabalho "em migalhas": cada operário passou a produzir cada vez mais apenas uma parte do produto.

A aparente neutralidade desse processo mascarava um conteúdo ideológico eminentemente político: tratava-se, na verdade, de uma *técnica social de dominação*. Com o taylorismo, a coação visível de um chefe foi substituída por maneiras mais sutis de constrangimento que tornaram o operário mais submisso, pois as orientações vindas do setor de planejamento tornavam a ordem impessoal. Ao retirar toda iniciativa do operário, esse modelo controlava seu corpo segundo critérios exteriores, ditos científicos, fazendo com que interiorizasse a norma. A chamada *racionalização do processo de trabalho* desvaloriza o ritmo do corpo, o sentimento, a imaginação, a inventividade humana.

Aliada à lógica da produção em série, nascia a *sociedade de consumo*, com seus patrocinadores, anunciantes, facilidades de crediário e campanhas publicitárias veiculadas sobretudo pelo rádio naquele tempo. Desse modo, as fábricas não só lançavam um produto na praça, mas também "produziam" o consumidor.

GRANGER COLLECTION/OTHER IMAGESCÓDIGO

Linha de montagem da fábrica de automóveis Ford, em Highland Park, Michigan, 1913. Com o sistema de linha de montagem, a produção de carros e os lucros de Henry Ford aumentaram vertiginosamente, mas o operário foi submetido ao trabalho parcelado e repetitivo.

Novos tempos na fábrica

A partir das décadas de 1970 e 1980, mudanças radicais no modo de trabalhar repercutiram tanto nas cidades como no campo. Com a implantação de novas e revolucionárias tecnologias de automação, robótica e microeletrônica, surgiram novos padrões de produtividade. Ao implantarem sistemas mais flexíveis, as fábricas quebraram a rigidez do fordismo e do taylorismo. Esse novo processo privilegiou o trabalho em equipe, a descentralização da iniciativa, com maior possibilidade de participação, além da exigência de polivalência da mão de obra, já que o trabalhador deve controlar diversas máquinas e processos ao mesmo tempo.

Outra característica dos novos tempos na fábrica foi o enfraquecimento dos sindicatos desde o final da década de 1980. Sem dúvida, foram afetadas a manutenção das conquistas alcançadas e a capacidade de reivindicação de novos direitos.

ALAMY/OTHER IMAGES

Pessoas trabalhando em terceirização de *call center* com sede em Mumbai, na Índia. Os novos padrões de produtividade ensejaram o trabalho em equipe e a descentralização, e exigem a polivalência da mão de obra.

Na segunda metade do século XX, acentuou-se o deslocamento da mão de obra para o setor de serviços. Hoje, há mais trabalhadores no comércio, no transporte e nos serviços de escritório em geral do que nas fábricas ou no campo. Ainda que tenham perdido espaço, as atividades agrícolas e industriais tornaram-se igualmente dependentes do desenvolvimento das técnicas de informação e comunicação, típicas do setor de serviços. De fato, em nosso cotidiano consumimos serviços de publicidade, pesquisa, comércio, finanças, saúde, educação, lazer, turismo etc. Nos escritórios, a comunicação é ampliada e torna-se cada vez mais ágil. Quase instantânea, é veiculada em âmbito mundial pela expansão das redes de telefonia e das infovias.

Infovia
Infraestrutura para transmitir voz, dados e imagens por fibra óptica.

7 Crítica à sociedade administrada

As transformações no mundo do trabalho ocorridas na primeira metade do século XX estimularam a reflexão de inúmeros filósofos, entre os quais os pensadores da Escola de Frankfurt.

Para os frankfurtianos, com a convergência das inovações tecnológicas em curso na primeira metade do século XX, chegamos a um impasse diante da supremacia da ciência e da técnica. De início, apresentadas como libertadoras, elas se converteram em artífices de uma ordem tecnocrática opressora. A técnica aplicada ao trabalho, segundo os ideólogos da Teoria Crítica, provoca a alienação do trabalhador e o esgotamento dos recursos naturais.

ARCHIVES DU 7EME ART/AFP PHOTO

A cantora e atriz Björk como a personagem Selma, protagonista do filme *Dançando no escuro*, do diretor dinamarquês Lars von Trier. Embora não seja o principal tema do enredo, o filme retrata as condições precárias em que muitos operários vivem ainda hoje nas fábricas, incluindo as mulheres.

Saiba mais

A Teoria Crítica, criada pelos membros da Escola de Frankfurt, surgiu na década de 1930 com a fundação do Instituto de Pesquisas Sociais, em Frankfurt, na Alemanha. Reuniu intelectuais de diversas orientações teóricas, como Max Horkheimer, Theodor Adorno, Herbert Marcuse, Walter Benjamin e Erich Fromm. Em uma segunda fase, destacou-se o filósofo alemão Jürgen Habermas. Para mais informações, consulte, na Parte II, o Capítulo 23, "O pensamento contemporâneo".

Na obra *Eclipse da razão,* Horkheimer distingue dois tipos de razão: a *cognitiva* e a *instrumental*. A razão cognitiva, como o nome diz, busca conhecer a verdade. Diz respeito ao saber viver, à sabedoria. A razão instrumental é operacional e tem por foco agir sobre a natureza e transformá-la. Por isso visa à eficácia, à produtividade e à competitividade.

A razão instrumental é a razão pragmática, que serve para qualquer fim, sem averiguar se é bom ou mau. Na sociedade capitalista, os interesses definem-se pelo critério da eficiência, da produtividade e da competitividade. No entanto, onde a técnica é o principal elemento, a pessoa deixa de ser fim para se tornar meio de qualquer coisa que se encontre fora dela. Além disso, na relação com a natureza, que deveria ser de harmonia, prevalecem os interesses de dominação. Na "sociedade da total administração", segundo a expressão de Horkheimer e Adorno, os conflitos são dissimulados e a oposição desaparece.

Horkheimer critica a razão pragmática que se explicita no projeto de dominação da natureza e adverte:

> "... a história dos esforços humanos para subjugar a natureza é também a história da subjugação do homem pelo homem."
>
> HORKHEIMER, Max. *Eclipse da razão*. Rio de Janeiro: Editorial Labor do Brasil, 1976. p. 116.

Uma civilização do lazer?

3.3 Biblioteca do estudante: Leitura complementar

O lazer é uma criação da civilização industrial. Surgiu como fenômeno de massa com características específicas que nunca existiram antes do século XX. É uma expressão histórica da nossa época, um contraponto explícito ao período de trabalho e uma necessidade imprescindível para se ocupar de atividades livres, não obrigatórias.

As lutas contra as extensas jornadas de trabalho promoveram lentamente resultados significativos. O tempo para o lazer foi um deles. Os trabalhadores conquistaram mais tempo para o descanso e o entretenimento, com direito a diminuição da jornada de trabalho para oito horas, a semana de cinco dias e a férias. Foi o início de uma nova era, a civilização do lazer, que se instaurou inclusive como indústria e que tomou contornos mais definidos com a intensificação da automação do trabalho.

Criou-se então o "tempo liberado", que não pode ser confundido com o "tempo livre". O tempo liberado é gasto com transporte, obrigações familiares, sociais, políticas ou religiosas, enquanto o tempo propriamente livre, de lazer, é aquele que sobra após a realização de todas as funções que exigem obrigatoriedade. Então, o que é lazer? Vejamos o que diz um especialista no assunto:

CESAR DINIZ/PULSAR IMAGENS

Ciclistas no Parque do Povo, no bairro do Itaim Bibi, em São Paulo, em março de 2011. Expressão histórica de nossa época, a sociedade do lazer é uma necessidade e uma conquista. Com o tempo, ganhou importância e virou indústria.

> "[...] o lazer é um conjunto de ocupações às quais o indivíduo pode entregar-se de livre vontade, seja para repousar, seja para divertir-se, recrear-se e entreter-se ou, ainda, para desenvolver sua informação ou formação desinteressada, sua participação social voluntária ou sua livre capacidade criadora, após livrar-se ou desembaraçar-se das obrigações profissionais, familiares e sociais."
>
> DUMAZEDIER, Joffre. *Lazer e cultura popular*. São Paulo: Perspectiva, 1973. p. 34.

Podemos identificar três funções solidárias no lazer:

- descanso e, em decorrência, liberação da fadiga;
- equilíbrio psicológico – para compensar o esforço no trabalho – e o genuíno direito ao divertimento, à recreação, ao entretenimento. O lazer oferece a oportunidade de expansão da nossa vida imaginária, por meio da mudança de lugar, de ambiente, de ritmo, seja em viagens, jogos ou esportes, seja em atividades que privilegiem a ficção, o sonho, a crítica, como o cinema, o teatro, a literatura, os *shows*, a leitura;
- participação social mais livre e, com isso, o desenvolvimento pessoal; procura desinteressada de amigos, de aprendizagem voluntária, o que estimula a sensibilidade e a razão e facilita as condutas inovadoras.

Fica claro que o lazer ativo não significa simplesmente deixar passar o tempo livre, mas é aquele que dá prazer à pessoa e ao mesmo tempo a modifica como ser humano. Não se pretende com isso prescrever antecipadamente o que seria uma boa ou má ocupação do tempo livre. Qualquer tipo de lazer é ativo quando somos seletivos, sensíveis aos estímulos recebidos e compreendemos de modo crítico o que vemos, sentimos e apreciamos. Por exemplo, duas pessoas que assistem ao mesmo filme podem ser ativas ou passivas de acordo com a maneira como comparam, apreciam, julgam e decidem por si mesmas, independentemente de modismos ou de propagandas massificantes.

Obstáculos ao lazer

O tempo de lazer adquire uma importância cada vez maior, constituindo-se como um dos grandes desafios do terceiro milênio. Isso é o que afirma o sociólogo italiano Domenico de Masi, ao lembrar o longo e terrível período em que os empregados trabalhavam amontoados nas fábricas, separando de modo brutal trabalho e vida. Segundo ele, hoje nossa sociedade teria todas as condições de realizar o sonho do não trabalho e do ócio criativo, isto é, do ocupar-se com atividades sem a pressão de tempo e que permitam "a elevação do espírito e a produção das ideias". Seria esse um sonho possível?

A questão apresenta inúmeros desafios. Por exemplo: Que alternativas de escolhas a indústria cultural nos propicia?; Que estímulos nos são dados para a produção e a fruição artísticas?; De que infraestrutura pública dispomos (locais para ouvir música, praças, clubes populares, espaços para prática de esportes e de integração social) para a ocupação do tempo livre em atividades diversas?.

Sabemos, porém, que estamos distantes da expansão da conquista do tempo de lazer, que atualmente sofre inúmeras ameaças. Vejamos alguns motivos:

- severas reestruturações das empresas terceirizam tarefas, o que significa a perda de benefícios antes conquistados;
- os programas de diminuição do quadro de pessoal sobrecarregam os funcionários, que, sob o risco de desemprego, sentem-se obrigados a cumprir jornadas fatigantes para atingir as metas de produtividade estabelecidas pelas empresas;
- o teletrabalho, também chamado de *home office* ou trabalho remoto, apesar do aparente conforto de proporcionar o trabalho em casa, confunde horários de trabalho com momentos de lazer, com evidente prejuízo tanto para o trabalho quanto para o lazer, gerando estresse e frustração;
- a flexibilização do contrato de trabalho faz com que o trabalhador assuma vários empregos de jornadas curtas;
- o enfraquecimento dos sindicatos, que sempre defenderam os interesses dos trabalhadores.

Seria possível reverter esse quadro, visto que a mecanização e a robotização até agora não cumpriram a função de ampliar o tempo de lazer das pessoas?

Para onde vamos?

As formas de trabalhar mudam conforme a época e o lugar, assim como variam as concepções sobre as atividades humanas. Nas últimas décadas presenciamos transformações extremamente rápidas, que alteraram nosso modo de vida.

No início do século XX, a introdução da produção em série nas linhas de montagem foi um fenômeno marcante, apesar dos efeitos alienantes no campo do trabalho e do consumo. Nada se compara, porém, ao impacto causado no final do milênio pela implantação da tecnologia avançada da automação nas fábricas, nos escritórios e no campo, bem como da comunicação em tempo real, proporcionada pelas tecnologias digitais da informação.

Tudo isso, de modo geral, aumenta nossa responsabilidade, tanto no plano pessoal como no coletivo. Apesar dos benefícios alcançados pela nossa civilização, há um grande número de pessoas excluídas do sistema. E o desequilíbrio ecológico agrava-se a cada dia. O importante é que se verifique, a todo momento, em que medida as atividades do trabalho, consumo e lazer estão a serviço da humanização e da sustentabilidade do planeta, e em que momentos se desviam desses objetivos principais.

Leitura analítica

Capital humano e capacidade humana

"Na análise econômica contemporânea, a ênfase passou, em grande medida, de ver a acumulação de capital primordialmente em termos físicos a vê-la como um processo no qual a qualidade produtiva dos seres humanos tem uma participação integral. Por exemplo, por meio da educação, aprendizado e especialização, as pessoas podem tornar-se muito mais produtivas ao longo do tempo, e isso contribui enormemente para o processo de expansão econômica. Em estudos recentes sobre crescimento econômico [...], a ênfase dada ao 'capital humano' é bem maior do que a de estudos semelhantes realizados não muito tempo atrás.

Como essa mudança se relaciona à visão do desenvolvimento – desenvolvimento como liberdade? [...] Mais particularmente, podemos indagar qual é a relação entre a orientação para o 'capital humano' e a ênfase sobre a 'capacidade humana' [...]? Ambas as abordagens parecem situar o ser humano no centro das atenções, mas elas teriam diferenças além de alguma congruência? [...] Essas duas perspectivas não podem deixar de estar relacionadas, uma vez que ambas se ocupam do papel dos seres humanos e, em particular, dos potenciais efetivos que eles realizam e adquirem. Mas o aferidor usado na avaliação concentra-se em realizações diferentes.

Congruência
Concordância.

Aferidor
Base de comparação.

[...] Vejamos um exemplo. Se a educação torna uma pessoa mais eficiente na produção de mercadorias, temos então claramente um aumento do capital humano. Isso pode acrescer o valor da produção na economia e também a renda da pessoa que recebeu a educação – ao ler, comunicar-se, argumentar, ter condições de escolher estando mais bem informada, ser tratada com mais consideração pelos outros etc. Os benefícios da educação, portanto, excedem seu papel como capital humano na produção de mercadorias. A perspectiva mais ampla da capacidade humana levaria em consideração – e valorizaria – esses papéis adicionais também. Assim, as duas perspectivas são estreitamente relacionadas, porém distintas. [...]

O uso do conceito de 'capital humano' – que se concentra apenas em uma parte do quadro [...] é com certeza uma iniciativa enriquecedora. Mas necessita realmente de suplementação. Pois os seres humanos não são meramente meios de produção, mas também a finalidade de todo o processo.

[...] De fato, o papel dos seres humanos, mesmo como instrumentos de mudança, pode ir muito além da produção econômica (para a qual comumente aponta a perspectiva do 'capital humano') e incluir o desenvolvimento social e político. Por exemplo, [...] a expansão da educação para as mulheres pode reduzir a desigualdade entre os sexos na distribuição intrafamiliar e também contribuir para a redução das taxas de fecundidade e de mortalidade infantil. A expansão da educação básica pode ainda melhorar a qualidade dos debates públicos. Essas realizações instrumentais podem ser, em última análise, importantíssimas – levando-nos muito além da produção de mercadorias convencionalmente definidas

Ao buscar uma compreensão mais integral do papel das capacidades humanas, precisamos levar em consideração: 1) sua relevância *direta* para o bem-estar e a liberdade das pessoas; 2) seu papel *indireto*, influenciando a mudança *social*; e 3) seu papel *indireto*, influenciando a produção *econômica*."

SEN, Amartya. *Desenvolvimento como liberdade*. São Paulo: Companhia das Letras, 2000. p. 331-336.

Questões

1. Explique quais são as semelhanças e as diferenças entre os conceitos de "capital humano" e de "capacidade humana".
2. Qual é a crítica que o autor faz à sociedade?
3. Interprete o texto de Amartya Sen usando o conceito frankfurtiano de razão instrumental.

Atividades

Retomando os conteúdos

1. Estabeleça a distinção entre a concepção de trabalho na Antiguidade e na Idade Moderna.

2. Releia a citação de Foucault no tópico "A era do olhar: a disciplina" e explique a relação que o filósofo estabelece entre disciplina, utilidade e obediência.

3. Qual é a crítica que os frankfurtianos fazem à sociedade administrada?

Aprofundando os conceitos

4. Quais são as críticas que podemos fazer ao taylorismo e ao fordismo?

5. A era da flexibilização do trabalho exige que todos os trabalhadores sejam alfabetizados, mas também que se ofereça outro tipo de educação para os jovens, diferente do tradicional. Explique por quê.

6. La Fontaine viveu na França do século XVII. Escreveu várias fábulas, entre as quais "A cigarra e a formiga", que muitos conhecem. Estabeleça a relação entre essa fábula e a nova maneira de organizar a disciplina do trabalho. Em seguida, pensando nos tempos atuais, invente outro final para a história.

7. Leia o texto abaixo e responda às questões.

> "O *site* norte-americano Magnify, especializado no tratamento e armazenamento *on-line* de vídeos, divulgou em abril [2011] os resultados de uma pesquisa feita anualmente sobre os hábitos dos internautas. Do total de entrevistados, 76,7% responderam que leem *e-mails* e os respondem à noite ou no fim de semana, enquanto 57,4% disseram nunca desligar os telefones celulares. [...] E outros 35,2% costumam responder a demandas do trabalho quando estão com os filhos. Uma das conclusões dos autores é que 'o tempo pessoal e o período de trabalho se misturam, tanto que nem o meio da noite ficou de fora dos limites'."
>
> SIQUEIRA, André. Jornada sem-fim. In: *Carta Capital*. São Paulo: Confiança, n. 646, 18 maio 2011. p. 52.

a) Segundo o artigo, estudos recentes equiparam os trabalhadores da era tecnológica aos proletários dos séculos XIX e XX. Em que sentido é possível fazer essa comparação?

b) Quais são os prejuízos dessa nova situação para os trabalhadores?

8. Contraponha as três ordens de convivência humana: do *trabalho*, da *intimidade pessoal* e da *vida pública*, considerando que na primeira prevalecem os valores econômicos, na segunda, os valores pessoais, e na terceira, os valores da coletividade. Analise como ocorrem conflitos entre essas ordens, de modo que, em determinadas circunstâncias, alguns valores acabam prevalecendo indevidamente sobre outros.

9. Sísifo, personagem da mitologia grega, foi condenado pelos deuses a empurrar uma pedra até o alto de uma montanha, de onde ela tornava a cair sem cessar. Compare esse mito ao trabalho alienado.

10. Com seu colega, façam um levantamento de tipos de lazer que mais atraem os jovens. Em seguida, discutam em que sentido a mesma atividade pode ser alienante para uns, mas significativa e enriquecedora para outros.

Dissertação

11. Elabore uma dissertação com o tema: "O trabalho dignifica o ser humano: quando isso é verdade? Quando é engano?".

Aprenda mais

Panóptico moderno – fim da privacidade?

Além de alterar a maneira como as pessoas se relacionam, as recentes tecnologias digitais da informação possibilitam a coleta e o armazenamento de todo tipo de informação pessoal que geramos, muitas vezes sem o nosso consentimento. Como consequência, a relação entre público e privado mudou, criando um olhar onipresente que dissimula o controle social.

Vida digital

Na internet, qualquer pessoa pode bisbilhotar a vida dos outros usuários, assim como está sujeita a isso, uma vez que disponibiliza imagens e informações pessoais. A vida virtual de uma pessoa é também de interesse de empresas. Redes sociais, buscadores e outros serviços da internet lucram vendendo as informações que coletam dos usuários: comentários, *e-mails*, perfis, cadastros e tudo o que compartilham.

Em 2011, 85% do faturamento da principal rede social proveio da comercialização de dados com empresas interessadas nos dados pessoais que seus usuários compartilharam.

Pela legislação, somente o paciente pode decidir pela divulgação de seus exames. No entanto, 35% das 500 maiores empresas do mundo admitiram ter adquirido informações médicas para contratar ou promover funcionários.

Em 2012, dos 79,9 milhões de brasileiros que tinham acesso à internet (51,5 milhões de celulares também contavam com esse serviço), 90% possuíam perfil em alguma rede social.

Controle no trabalho

Programas que monitoram as atividades dos funcionários e vasculham até seus *e-mails* pessoais são bastante difundidos nas empresas. O que justificaria essa prática é saber se os funcionários estão trabalhando ou se distraindo.

Em uma pesquisa feita nos Estados Unidos, 1/3 das empresas revelou ter demitido pelo menos um funcionário por violação das políticas de *e-mail*, em 2007.

Fontes: SCIENTIFIC AMERICAN BRASIL. Privacidade ameaçada. São Paulo: Ediouro, n. 77, out. 2008. 98 p. IDC. *The 2011 Digital Universe Study: Extracting Value from Chaos*. Disponível em: http://www.emc.com. Acesso em: 15 mar. 2012. ACLU. *What's wrong with public video surveillance?* Disponível em: http://www.aclu.org. Acesso em: 14 mar. 2012. ANATEL. Disponível em: http://www.anatel.gov.br. Acesso em: 12 mar. 2012. *Patient Privacy Rights*. Disponível em: http://patientprivacyrights.org. Acesso em: 14 mar. 2012.

Interesses empresariais

Para as empresas, descobrir o que as pessoas pensam e fazem é comercialmente estratégico. Por isso, investem em meios de saber tudo sobre nós: compram bancos de dados de outras empresas, montam cadastros detalhados e até nos observam nas lojas.

Vigilância governamental

Até mesmo em sociedades democráticas, órgãos governamentais, como a Receita Federal, a polícia e os serviços secretos, investigam seus cidadãos. Escutas telefônicas, vigilância dos espaços públicos e da internet seriam intervenções legítimas em prol da segurança pública e contra fraudes financeiras.

Espaços públicos

Há quem defenda o uso massivo de câmeras de vigilância em espaços públicos, como um "Grande Irmão", o personagem do romance *1984*, de George Orwell, sob a alegação de que a própria sensação da onipresença do poder público evitaria infrações. No entanto, as associações de direitos civis preocupam-se com a perda da privacidade e questionam a legitimidade de ações policiais anteriores aos delitos, como ocorreu com o brasileiro Jean Charles de Menezes, morto pela polícia metropolitana de Londres, em 2005.

1.800.000.000.000.000.000.000 *bytes*

Essa foi a quantidade de dados compartilhados na internet em 2011, o que equivale a 1,1 trilhão de horas de vídeo em alta definição. Não é por acaso que a especialidade de coletar e analisar esse tráfego imenso se chama "mineração de dados".

Questão

Hoje o cidadão comum vive sob a vigilância dos sistemas eletrônicos que estão em todos os lugares: nos prédios residenciais e empresariais, nas lojas, nos *shoppings*, nas ruas e estradas.

- Quais são as vantagens desse aparato? Quais são seus riscos?

Capítulo 4

A arte

1 Estética: a reflexão sobre a arte

Observe essas duas imagens. O espaço de tempo que as separa é de séculos e ambas são expressões artísticas. A escultura grega do século II a.C. representa os ideais de beleza de sua época, focados na harmonia, no equilíbrio e na proporção das formas. A outra, da década de 1980, é do artista norte-americano Basquiat, grafiteiro das ruas de Nova York, que adquiriu fama expondo nas mais famosas galerias do mundo.

BI, ADAGP, PARIS/SCALA, FLORENCE

Detalhe de obra sem título de Jean-Michel Basquiat, 1982.

HERVÉ LEWANDOWSKI/MUSÉE DU LOUVRE, PARIS, FRANCE/OTHER IMAGES

Figura feminina em escultura de mármore do século II a.C., período helenístico.

O contraste entre as duas obras pode nos confundir, levando-nos a perguntar: O que é arte? Como identificar uma obra artística? Se a arte visa à beleza, como pode representar o feio, o trágico, a dor? Será que os críticos são unânimes ao identificar o que é ou não obra de arte? Gosto se discute? É preciso educar a apreciação artística?

Tantos questionamentos fazem parte do que chamamos de *estética*, a reflexão filosófica sobre a arte: o estudo dos *julgamentos de beleza* a respeito da criação e da apreciação artísticas. Etimologicamente, o termo *estética*, do grego *aisthesis*, nos remete aos significados de "sensibilidade", "faculdade de sentir", "compreensão pelos sentidos". De fato, o objeto da estética é aquele que se apreende pelos sentidos e é capaz de provocar diversos tipos de sentimentos em quem o aprecia.

O filósofo alemão Alexander Gottlieb Baumgarten, no século XVIII, introduziu o termo e o conceito moderno de *estética*, definindo-o como o conjunto das teorias da arte que discorrem sobre a pintura, a poesia, a escultura, a música e a dança. Essas expressões artísticas foram chamadas de "belas artes". Como veremos ao longo do capítulo, a arte contemporânea ampliou esse leque de possíveis objetos artísticos. Além do quê, mudou o sentido do que seria a beleza em arte.

A compreensão do conceito de arte não é unânime. Ele tem sido construído por aproximações e distanciamentos, sendo alvo de polêmicas e controvérsias justamente porque a experiência estética não se exprime por conceitos. O que não significa que não se possa elaborar teorias a respeito, mas sim que na história da estética existem inúmeras definições de arte e de beleza, muitas delas conflitantes.

Artesão e artista

Na Antiguidade e na Idade Média, o conceito de arte se encontrava estreitamente ligado ao do fazer artesanal. Tanto é que, em grego, o termo que a designa é *techné*, o mesmo usado para "técnica". Também em latim, *ars* remete à noção do "saber fazer". Os artistas eram considerados pouco mais que artesãos e, com raras exceções, suas obras permaneciam anônimas.

MICHELANGELO BUONARROTI/ SISTINE CHAPEL, THE VATICAN, ROME

A criação de Adão (1508-1512), afresco de Michelangelo Buonarroti. Michelangelo pintou os afrescos do teto da Capela Sistina, no Vaticano, sob o patrocínio do papa Júlio II.

Mecenas
Pessoa rica protetora de artistas. A origem da palavra se deve a um estadista romano (século I a.C.) chamado Mecenas, conhecido como protetor dos artistas.

Foi no Renascimento que as amarras e restrições se romperam. Os artistas ganharam renome, individualidade, autonomia, além de serem disputados pelos mecenas. O enriquecimento da burguesia favoreceu a ampliação do mercado de arte. Sabemos do resultado dessa transformação pelo esplendor renascentista nos mais diversos campos da arte: arquitetura, escultura, pintura, teatro, literatura.

Conservatórios e academias foram criados para o aprimoramento do fazer artístico. Uma nova concepção de arte começou a se delinear, inicialmente, pelo reconhecimento do talento especial do artista, capaz de atividade criadora, mas também por ele produzir algo que não visa a qualquer utilidade senão à apreciação da beleza.

2 O julgamento do gosto

É possível que, ao nos referirmos à beleza, alguns a estejam identificando apenas ao que é bonito, harmonioso, perfeito, completo. No entanto, há obras de arte que privilegiam o feio, o disforme, o dissonante, o horror. Como poderiam ser belas?

Immanuel Kant dizia que a obra de arte não é a representação de uma coisa bela, mas sim "a bela representação de uma coisa". Portanto, a obra pode representar o que for, desde que atraia a nossa atenção, desperte em nós sensações desconhecidas (ou adormecidas) e nos faça perceber a realidade de outra maneira, ainda que de um modo chocante.

Por exemplo, as telas de Francis Bacon (1919-1992) retratam pessoas solitárias, deformadas, mostrando um mundo sombrio. Sua arte é perturbadora, por exprimir a dor e a violência, realidades que fazem parte da vida. A arte, portanto, anseia pela autenticidade, pelo verdadeiro. Para Sartre, a tarefa da arte é nos "restituir o mundo", e não ocultá-lo.

O prazer da apreciação

4.1
Biblioteca do estudante: Leitura complementar

O filósofo Immanuel Kant (1724-1804), na obra *Crítica do juízo*, teorizou sobre a capacidade de formular julgamentos, entre eles, o juízo estético do gosto. É pelo gosto que julgamos um objeto ou representação conforme a satisfação que ele pode nos causar. Em outras palavras, o belo decorre da sensação de prazer provocada pelo objeto quando o apreciamos.

Kant distingue três características do prazer estético: a *apreciação desinteressada*, a *originalidade* e a *exemplaridade da obra*. Vejamos o que significam:

- **Apreciação desinteressada**

A apreciação da obra de arte não tem fins pragmáticos: é desinteressada, pois não visa à aplicação prática imediata, mas apenas ao deleite, à fruição. Isto é, a obra tem um fim em si mesma. Se apreciamos uma igreja gótica, podemos considerá-la bela, independentemente de saber se ela teve ou ainda tem como finalidade o culto religioso, se levou séculos para ser finalizada ou se exigiu o trabalho penoso e não reconhecido de milhares de artesãos anônimos. Nada disso nos interessa quando contemplamos a igreja esteticamente, porque estamos voltados apenas para o prazer ou desprazer que resulta dessa contemplação. Identifiquemos esse tipo de experiência em duas citações de Kant:

"Gosto é a faculdade de julgamento de um objeto ou de um modo de representação, por uma satisfação, sem nenhum interesse. O objeto de uma tal satisfação chama-se *belo*. [...]

O belo é aquilo que, sem conceitos, é representado como objeto de uma satisfação universal."

KANT, Immanuel. *Crítica do juízo*. In: *Textos selecionados*. São Paulo: Abril Cultural, 1980. v. II. p. 215. (Coleção Os Pensadores)

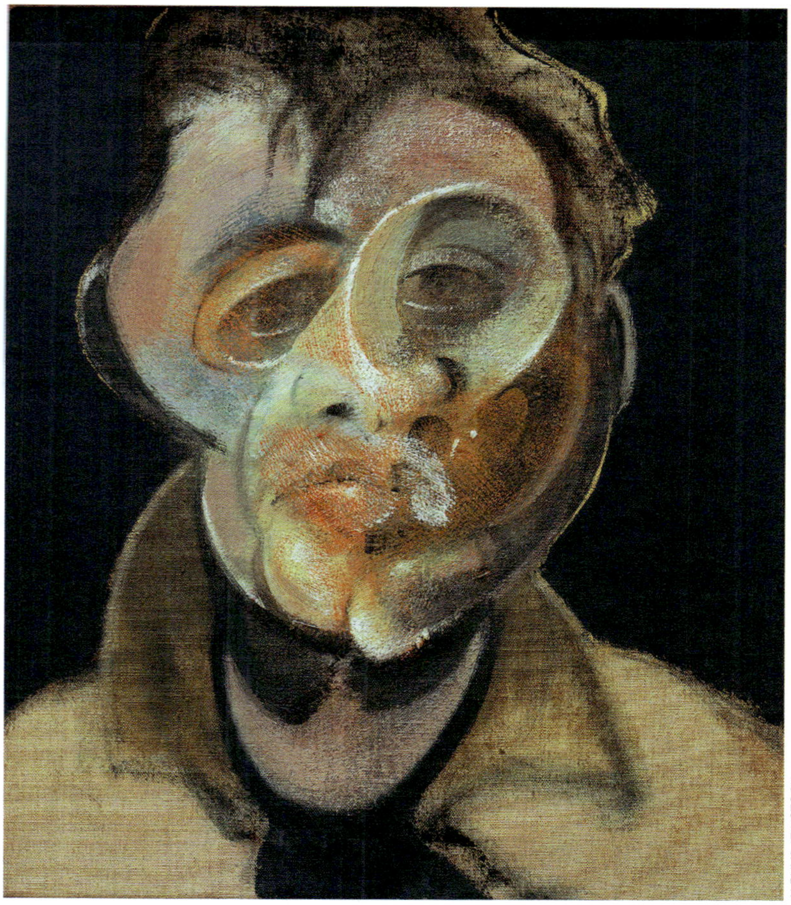

ALBUM/LATINSTOCK

Autorretrato (1969), quadro de Francis Bacon. O pintor irlandês deforma intencionalmente as figuras, inclusive seu próprio rosto.

A percepção da beleza na arte é sentida como satisfação, prazer, fruição. Nesse sentido, essa fruição se apresenta sem conceitos, apenas como juízo estético. Na sequência, Kant acrescenta que o belo agrada universalmente. Não no sentido de que todos devam apreciar a beleza de modo igual, mas sim porque encontramos naquele objeto algo que poderia ser apreciado por todos. Quando lemos um poema que nos agrada, tendemos a mostrá-lo a outras pessoas, nas quais, esperamos, provocará o mesmo prazer.

- **Originalidade**

O talento do artista está em fazer algo novo, e não o que já foi estabelecido por regra. A partir dos mesmos materiais usados no seu tempo – a língua, as notas musicais, as tintas –, o artista torna-se um criador de novas realidades. Com intuição, sentimento e imaginação, ele percebe a realidade de modo diferente ao usual e a obra que produz, por sua vez, provoca uma nova experiência naqueles que a apreciam.

- **Exemplaridade**

Quando a originalidade do artista é reconhecida, sua inovação servirá de modelo, de exemplo transformado em medida e regra de apreciação e será imitada por seguidores durante um certo período.

Transpondo essas ideias para os dias de hoje, percebemos a dinâmica da atividade artística, em que os artistas frequentam museus, leem obras de literatura, ouvem música erudita ou popular. Imitam inicialmente os mestres que os influenciaram, para só então buscar o estilo próprio, aquele que irá, por sua vez, lhes conferir – se conseguirem – a originalidade artística.

Por desafiarem a sensibilidade corrente no seu tempo, os artistas inovadores nem sempre são compreendidos ou aceitos em um primeiro momento. Seguindo o curso dessa dinâmica, o esgotamento de uma tendência exige outra renovação. Esse movimento ocorre também na produção de cada artista, ao passar por fases diferentes em sua vida.

Leitura analítica

O belo

"Mas o que é, então, o belo? Não é uma ideia ou um modelo. É uma qualidade presente em certos objetos – sempre singulares – que nos são dados à percepção [...]. O objeto belo me fala e ele só é belo se for verdadeiro. Mas o que me diz?

Ele não se dirige à inteligência, como o objeto conceitual [...], nem à vontade prática, como o objeto de uso [...], nem à afetividade, como o objeto agradável ou amável: primeiramente ele solicita a sensibilidade para arrebatá-la. E o sentido que ele propõe também não pode ser justificado nem por uma verificação lógica nem por uma verificação prática; é suficiente que ele seja experimentado, como presente e urgente, pelo sentimento. Esse sentido é a sugestão de um mundo. Um mundo que não pode ser definido nem em termos de coisa, nem em termos de estado de alma, mas promessa de ambos; e que só pode ser nomeado pelo nome do seu autor: o mundo de Mozart ou de Cézanne.

Esse mundo singular, entretanto, não é subjetivo. A autenticidade é o critério da veracidade estética. [...] Cada mundo singular é um possível do mundo real. E esse mundo real é, também, o mundo vivido pelos homens.

Sartre, prefaciando uma [...] exposição de pinturas de (Robert) Lapoujade, cujo tema era a tortura e os tumultos, escrevia que 'a arte intima o artista para instalar o reino humano em toda a sua verdade sobre as telas, e a verdade desse reino, hoje, é que a espécie humana abrange carrascos, seus cúmplices e mártires'. Essa verdade, infelizmente, é a mais urgente para nós, hoje, no plano ético e político. Daí ser oportuno que a arte também a assuma.

Mas há outras verdades – inclusive a da compoteira na obra de Cézanne ou dos cavalos na obra de Lapique – que podem ser ditas sem traição pela arte e que podem, também, se ampliar nas dimensões de um mundo. Pois, como Carnap diz da lógica, não há moral na arte: nada de assunto imposto. A única tarefa, e Sartre também o dizia, é 'restituir o mundo'. E o mundo é o inesgotável: ele sempre excede aquilo que vivem – como sua principal solicitude e principal tarefa – os homens de uma época.

Não se pode fazer justiça ao belo sem lhe reconhecer o direito de atualizar o não atual, de dizer os possíveis vividos ou capazes de serem vividos dos quais o mundo está pleno.

Mas se dizemos que uma coisa é bela, atestamos a presença de um signo cuja significação é irredutível ao conceito e que, entretanto, nos atrai e nos empenha, falando-nos de uma natureza que nos fala. O gosto dá ouvidos a essa voz: é suficiente que a ouça, qualquer que seja a mensagem, para que julgue que o objeto estético é belo: belo porque realiza seu destino, porque é verdadeiramente segundo o modo de ser que convém a um objeto sensível e significante."

DUFRENNE, Mikel. *Estética e filosofia*. São Paulo: Perspectiva, 1972. p. 45-47.

Questões

1. Qual é a importância do sentimento na obra de arte?
2. Em que medida pode-se dizer que a arte é subjetiva e ao mesmo tempo universal?

3 Arte e conhecimento

4.2
Biblioteca do estudante: Leitura complementar

A arte é um tipo de conhecimento do mundo e de nós mesmos. Contudo, é um conhecimento diferente da abordagem filosófica ou da abordagem científica. Estas apreendem a realidade pela razão, pelo pensamento discursivo, enquanto a arte organiza o mundo por meio do sentimento e de elementos simbólicos.

Se a obra de arte é fruto da imaginação, da ficção e, portanto, se dá aos sentidos, à sensibilidade, poderíamos nos perguntar como então ela pode buscar o verdadeiro. Como resposta, podemos dizer que, se à arte agradam as metáforas, nem por isso estas a distanciam da realidade. Ao contrário, paradoxalmente, criam condições para melhor entendê-la.

O escritor tcheco Franz Kafka, na novela *A metamorfose*, conta a história de Gregor Samsa, um sujeito como outro qualquer que, certo dia, ao acordar, vê-se transformado em um inseto. Absurdo? Inverossímil? Não, desde que possamos imaginar o que simboliza o processo de desumanização do indivíduo – transformado metaforicamente em animal –, seja pelo trabalho sem prazer e sem sentido, seja pela alienação e conformismo, seja pela insensibilidade das relações afetivas ou por qualquer outro motivo. Cabe ao leitor interpretar por que a obra de arte não é unívoca e sim aberta a múltiplas interpretações. Basta lembrar como as tragédias gregas, escritas há mais de vinte e seis séculos, ainda são lidas e encenadas, lançando luz nova sobre problemas do nosso tempo.

Unívoco
O que só permite uma interpretação.

Convém não entender mal o que representa essa busca do verdadeiro. A arte não visa a reproduzir a realidade como ela é, nem tornar-se simples instrumento de conscientização. Essas duas tendências já foram predominantes, apesar de não caracterizarem a especificidade do fazer artístico. Veremos a seguir três possíveis funções da arte: *naturalista*, *pragmática* e *formalista*.

Função naturalista

Conteúdo multimídia: As funções na arte

Desde os gregos, a arte aparece como imitação da realidade. Imitação que Platão critica por estimular a ilusão e as paixões, desviar o ser humano da contemplação das ideias verdadeiras e da sobriedade necessária ao viver.

Para Aristóteles, a arte é uma invenção que idealiza a representação da realidade ao mostrá-la de modo mais nobre. Não por acaso, basta olhar as esculturas gregas para encontrar nelas os ideais de proporção do corpo humano.

No final do século XIX, alguns movimentos artísticos contestaram o naturalismo na arte, como veremos mais adiante. As obras de arte começaram a se desligar da tirania da imitação do real. A crise do naturalismo se acentuou também devido à era da técnica fotográfica, muito mais fiel à realidade.

Função pragmática

É comum, ainda hoje, as pessoas buscarem uma aplicação prática para a arte: um quadro para enfeitar a sala, um filme para entretenimento, um romance ficcional para defender uma ideia. Ao longo da história, pinturas com temática religiosa instruem os fiéis, templos criam ambientes para favorecer o recolhimento para a oração e a música adequada para inspirar a espiritualidade. Os governos constroem monumentos para rememorar guerras vitoriosas; palácios e túmulos para tornar o poder mais visível aos olhos do povo. Igualmente, artistas politizados recorrem à arte para envolver pessoas pelo que se chamou engajamento.

Engajamento
Ato de voltar-se para a análise da situação concreta em que se vive, com o objetivo de interferir nos acontecimentos sociais e políticos de seu tempo.

O pragmatismo na arte não é criticável, com a condição de não desviá-la de sua característica principal, a apreciação estética e, portanto, desinteressada. Assim comenta o historiador da arte Harold Osborne:

> "Podemos apreciar as obras de arte como veículos de valores não estéticos – morais, sociais, religiosos, intelectuais e outros; a experiência será ainda mais rica por isso. Mas se respondermos diretamente a esses outros valores [...], não estaremos apreciando o objeto esteticamente como obra de arte."
>
> OSBORNE, Harold. *Estética e teoria da arte.* São Paulo: Cultrix, 1970. p. 145.

Saiba mais

A censura política das obras artísticas é uma sombra que acompanha os governos autoritários. O regime stalinista na antiga União Soviética acusava artistas de estarem a serviço da burguesia, ao mesmo tempo que estimulava o "realismo socialista", que exaltava os valores revolucionários. O mesmo aconteceu na Alemanha nazista, quando Hitler chamou de "arte degenerada" a produção artística contemporânea. No Brasil governado pela ditadura militar, foram proibidos livros, músicas, filmes e peças de teatro.

ALBUM/AKG-IMAGES/LATINSTOCK

Amizade dos povos (c.1923), pintura de Stepan Karpov. O realismo socialista, vigente no regime stalinista soviético, destacava o papel pragmático da arte, que deveria estar comprometida com os ideais revolucionários.

Função formalista: a autonomia da arte

A autonomia da arte se expressa pela função formalista, que sobrepõe os aspectos estéticos, formais aos interesses naturalistas e pragmáticos. A arte visa à beleza, construída pela intuição do artista e fruída por meio da sensibilidade. Portanto, o critério para identificar a obra de arte não depende de ser ela "fiel à realidade" nem do questionamento sobre "para o que ela serve", mas de sua capacidade para se oferecer à apreciação puramente estética. Em outras palavras, o que vale são os aspectos formais: o modo de apresentação, a composição dos elementos e como eles se organizam internamente.

Por exemplo, mais do que dizer algo, interessa ao poeta dispor das palavras de modo criativo e provocante. Ao pintor, mais do que a representação fiel da realidade, interessa o arranjo inovador de cores, formas, volumes. Ao músico, o jogo que faz com sons, ritmos e harmonia. Sem dúvida, as transformações de cada época, incluindo os novos recursos disponíveis, estimulam a invenção e suscitam leituras surpreendentes. Assim como a tinta a óleo no Renascimento revolucionou a técnica pictórica, na época contemporânea, os meios digitais desafiam a criação artística.

GALLERY STATENS MUSEUM FOR KUNST, COPENHAGEN

Madame Matisse (1905), quadro de Henri Matisse. Essa tela é bem representativa do movimento pictórico fauvista. As pinceladas largas e pastosas, as formas e cores intensas e audaciosas indicam o abandono da tendência naturalista.

Nunca é demais reforçar que o processo de apreciação da arte supõe a educação da percepção tanto do artista como do fruidor que a contempla, o que ocorre pela convivência frequente com os objetos artísticos.

4 O aprimoramento do gosto

O refinamento do gosto estético se faz pela "frequentação" das obras. Nesse sentido, podemos responder à pergunta corriqueira: "Gosto se discute?".

Em primeiro lugar, existe um aprendizado da fruição estética, como aliás ocorre com muitas experiências na nossa vida. Por exemplo, em um jogo de futebol, o espetáculo é tanto mais apreciado quanto mais as pessoas conhecem as regras, conseguem distinguir os bons jogadores dos medianos e percebem quando alguém se destaca em jogadas engenhosas.

Com a obra de arte ocorre algo semelhante, só que se trata de algo muito mais complexo. Os objetos artísticos estão inseridos em uma cultura, da qual recebem influências e, por sua vez, são elementos constituintes dela. Para compreender essa ligação de polos opostos que não se excluem, existem teóricos de várias áreas do saber que se debruçam sobre o assunto. O professor Jorge Coli explica:

> "Esse discurso (sobre o objeto artístico) é o que proferem o crítico, o historiador da arte, o perito, o conservador de museu. São eles que conferem o estatuto de arte de um objeto. Nossa cultura prevê locais específicos onde a arte pode manifestar-se, quer dizer, locais que também dão estatuto de arte a um objeto. Num museu, numa galeria, sei de antemão que encontrarei obras de arte; num cinema 'de arte', filmes que escapam à banalidade dos circuitos normais; numa sala de concerto, música 'erudita' etc. Esses locais garantem-me assim o rótulo de 'arte' às coisas que apresentam, enobrecendo-as."
>
> COLI, Jorge. *O que é arte*. São Paulo: Brasiliense, 1981. p. 10-11.

Frequentação
Ato de frequentar com assiduidade pessoas ou coisas. No contexto, constante convivência com objetos artísticos e com as teorias que buscam interpretá-los.

Discurso autorizado
Teoria elaborada por quem tem autoridade, no sentido de conhecimento reconhecido em determinado assunto, no caso, a arte.

Portanto o chamado "discurso autorizado" tem importância para que possamos ser iniciados no universo artístico. No entanto, teóricos e críticos não nos dão a chave da compreensão da arte, mesmo porque essa chave não existe: não há regras para definir o que é arte e o que não é. O professor Coli completa:

> "(As elaborações teóricas) iluminam certos aspectos, chamam atenção para outros, constroem relações ligando obras entre si, ou à história, à sociologia, à psicologia, à filosofia. Mas tais análises são sempre parciais, porque a obra acaba sempre escapando do desvendamento total. Os textos nunca são transparências através das quais pode-se 'ver' melhor a obra, cuja riqueza zomba dos cientificismos: qualquer método de análise pode ser eficiente, trazer informações úteis, mas não esgota, nem traduz a 'verdade' da obra."
>
> COLI, Jorge. *O que é arte*. São Paulo: Brasiliense, 1981. p. 120.

Fica claro, portanto, que, além do acesso a essas informações, é importante a frequentação das obras, as que compõem a tradição e também as que estão surgindo no nosso tempo. Só assim iremos aprimorar nossa percepção e sensibilidade e aprender a apreciá-las por nós mesmos.

5 A valorização do artista

Vimos que no Renascimento deu-se a valorização do artista – que passou a se distinguir do artesão – e multiplicou-se a produção de obras sob o patrocínio da Igreja e da burguesia. Sucederam-se diversas tendências e mudaram-se as temáticas. Por exemplo, nas artes pictóricas, os temas predominantes de início eram de caráter religioso, seguindo a tradição da Idade Média. Depois, foram retomados os temas míticos da Antiguidade, ao lado de cenas de ambientes da nobreza e da burguesia, até se voltarem, no século XIX, para o cotidiano das classes populares. Não só os temas mudavam, mas também o significado da arte e a maneira de expressá-la se alteravam.

Esses movimentos não eram aleatórios, porque resultavam de mudanças sociais e econômicas: a ascensão do capitalismo e depois o confronto entre burgueses e proletários. Ao mesmo tempo que refletiam o contexto histórico, os artistas expressavam de maneiras diferentes e inventivas a experiência vivida nos novos tempos, muitas vezes rompendo com o passado.

No século XVIII, a pintura, a escultura e a arquitetura – entre outras artes – sofreram um impulso significativo. O interesse pelas artes estimulou a criação de academias, onde os artistas adquiriam apuro técnico e aprendiam a apreciar as obras-primas do passado. Exposições frequentes atraíam o público burguês, segmento capaz de adquirir as obras de pintores e escultores.

Saiba mais

Academia é o local onde se ensina ou se discute um tema específico. Há academias científicas, artísticas, esportivas, filosóficas etc. O termo *academia* surgiu com a escola de Platão, que reunia seus discípulos nos jardins do ateniense Academos.

6 As primeiras rupturas

Com o tempo, a rigidez dos padrões impedia a criatividade artística. O academicismo produziu uma "arte oficial", o que foi sendo aos poucos contestado. A propósito, o historiador da arte Ernst Gombrich analisa uma tela do pintor francês Gustave Courbet (1819-1877):

> "(Courbet) representou-se a si mesmo caminhando pelo campo com a mochila de pintor às costas, num momento em que era respeitosamente saudado por seu amigo e patrocinador. [...] Para quem estava habituado aos quadros espetaculares da arte acadêmica, essa tela deve ter parecido sobretudo pueril. Não há poses graciosas, linhas fluentes, cores impressionantes. [...] A ideia de um pintor representar-se em mangas de camisa e como uma espécie de andarilho deve ter parecido um ultraje aos artistas 'respeitáveis' e seus admiradores. De qualquer modo, era essa a impressão que Courbet queria causar. Pretendia que seus quadros fossem um protesto contra as convenções aceitas do seu tempo, 'chocassem a burguesia' para obrigá-la a sair da sua complacência e proclamassem o valor da intransigente sinceridade artística contra a manipulação hábil de clichês tradicionais."
>
> GOMBRICH, Ernst Hans. *A história da arte*. Rio de Janeiro: Guanabara Koogan, 1993. p. 403.

GALLERY MUSEE FABRE, MONTPELLIER, FRANCE

Bom dia, mounsieur Courbet (1854), quadro de Gustave Courbet. No século XIX, Courbet provocou uma revolução na arte ao representar o cotidiano como ele é de fato.

Os impressionistas

No final do século XIX, após várias experiências similares, um grupo de artistas também se opôs às convenções da arte acadêmica. Entre eles, estava Edouard Manet, cujas obras não foram aceitas no Salão de Paris, o que levou um grupo de pintores a se reunir no "Salão dos Recusados". Destacaram-se Claude Monet, Pierre-Auguste Renoir, Georges Seurat e outros, chamados pejorativamente de *impressionistas*. Os artistas assumiram a denominação e abriram caminho para a arte contemporânea.

MUSÉE MARMOTTAN MONET, PARIS, FRANCE

Impressão, nascer do sol (1873), pintura de Claude Monet. As pinceladas largas apenas sugerem a realidade que o pintor francês quer representar, uma das características do movimento impressionista.

COLLECTION CENTRE POMPIDOU, DIST. RMN/DROITS RÉSERVÉS/OTHER IMAGESCÓDIGO

Um acontecimento significativo para a efervescência do contexto artístico do início do século XIX foi a invenção da máquina fotográfica, na década de 1820. Até então, os pintores recebiam encomendas de retratos e registro de locais, o que a fotografia viria a fazer melhor, por ser fiel à realidade. Desse modo, as artes plásticas puderam libertar-se da marcante tendência naturalista: mais importante do que aquilo que se pintava ou esculpia era a maneira *como* se lidava com cores e formas. No início do século XX, a desconstrução do naturalismo se expressou em inúmeras tendências, desde o cubismo até o abstracionismo. Daquele tempo para o atual, as linhas das manifestações artísticas se multiplicaram, sobretudo a partir de outros avanços tecnológicos, como veremos.

O tocador de guitarra (1913), quadro de Georges Braque. O advento da máquina fotográfica, em meados do século XIX, levou os pintores a rever o modo de retratar a realidade, fazendo com que deixassem a fidelidade ao objeto retratado em segundo plano.

Leitura analítica

Literatura e direitos humanos

"Acabei de focalizar a relação da literatura com os direitos humanos de dois ângulos diferentes. Primeiro, verifiquei que a literatura corresponde a uma necessidade universal que deve ser satisfeita sob pena de mutilar a personalidade, porque pelo fato de dar forma aos sentimentos e à visão do mundo ela nos organiza, nos liberta do caos e portanto nos humaniza. Negar a fruição da literatura é mutilar a nossa humanidade. Em segundo lugar, a literatura pode ser um instrumento consciente de desmascaramento, pelo fato de focalizar as situações de restrição dos direitos, ou de negação deles, como a miséria, a servidão, a mutilação espiritual. Tanto num nível quanto no outro ela tem muito a ver com a luta pelos direitos humanos.

A organização da sociedade pode restringir ou ampliar a fruição desse bem humanizador. O que há de grave numa sociedade como a brasileira é que ela mantém com a maior dureza a estratificação das possibilidades, tratando como se fossem compressíveis muitos bens materiais e espirituais que são incompressíveis. Em nossa sociedade há fruição segundo as classes na medida em que um homem do povo está praticamente privado da possibilidade de conhecer e aproveitar a leitura de Machado de Assis ou Mário de Andrade. Para ele, ficam a literatura de massa, o folclore, a sabedoria espontânea, a canção popular, o provérbio. Essas modalidades são importantes e nobres, mas é grave considerá-las como suficientes para a grande maioria que, devido à pobreza e à ignorância, é impedida de chegar às obras eruditas. [...]

Para que a literatura chamada erudita deixe de ser privilégio de pequenos grupos, é preciso que a organização da sociedade seja feita de maneira a garantir uma distribuição equitativa dos bens. Em princípio, só numa sociedade igualitária os produtos literários poderão circular sem barreiras, e neste domínio a situação é particularmente dramática em países como o Brasil, onde a maioria da população é analfabeta, ou quase, e vive em condições que não permitem a margem de lazer indispensável à leitura. Por isso, numa sociedade estratificada desse tipo, a fruição da literatura se estratifica de maneira abrupta e alienante. [...]

Nesse contexto, é revoltante o preconceito segundo o qual as minorias que podem participar das formas requintadas de cultura são sempre capazes de apreciá-las – o que não é verdade. As classes dominantes são frequentemente desprovidas de percepção e interesse real pela arte e a literatura ao seu dispor, e muitos dos seus segmentos as fruem por mero esnobismo, porque este ou aquele autor está na moda, porque dá prestígio gostar deste ou daquele pintor. [...]

Portanto, a luta pelos direitos humanos abrange a luta por um estado de coisas em que todos possam ter acesso aos diferentes níveis da cultura. A distinção entre cultura popular e cultura erudita não deve servir para justificar e manter uma separação iníqua, como se do ponto de vista cultural a sociedade fosse dividida em esferas incomunicáveis, dando lugar a dois tipos incomunicáveis de fruidores. Uma sociedade justa pressupõe o respeito dos direitos humanos, e a fruição da arte e da literatura em todas as modalidades e em todos os níveis é um direito inalienável."

CANDIDO, Antonio. Direitos humanos e literatura. In: FESTER, Antonio Carlos Ribeiro (Org.). *Direitos humanos e...* São Paulo: Comissão de Justiça e Paz/Brasiliense, 1989. p. 122-126.

Questões

1. O que significa dizer que a fruição da arte é um bem incompressível?
2. Relacione o teor do texto de Antonio Candido com o tópico deste capítulo "O aprimoramento do gosto".
3. Forme um grupo com seus colegas para relatar quais têm sido as experiências de cada um no campo artístico: se faz algum curso (desenho, pintura, música, literatura, teatro, dança etc.); se frequenta cinema ou teatro; se ouve rádio ou ouve música; se visita museus ou exposições temporárias. Feito o relatório, discutam sobre o tipo de atividade de que gostariam de participar com sua classe.

Estratificação
Em sociologia, processo de divisão da sociedade em grupos distintos de acordo com o prestígio ou a posição social, podendo ser estabelecida também segundo o sexo, a idade etc.

Compressível
Comprimível; o que é capaz de diminuir de volume sob compressão. No contexto, os bens compressíveis são os não essenciais, e os incompressíveis, os que não podem faltar, sob pena de desumanização.

7 A arte da sociedade industrial

Com a Revolução Industrial (século XVIII), deu-se a passagem da manufatura para o sistema fabril. Aquilo que antes fora fruto do trabalho do artesão podia agora ser realizado mais rapidamente pelas máquinas, dando início à era da produção em série. Essa novidade exerceu forte influência na arte.

Vejamos algumas dessas mudanças.

Obras impressas

As primeiras expressões significativas da arte na sociedade industrial se deram na imprensa e na indústria editorial. Embora já existissem livros, jornais e revistas, no século XIX, empresários cuidaram de expandir a distribuição. Em meio ao noticiário, publicavam-se capítulos de histórias, os chamados folhetins. Um dos mais famosos escritores de folhetins foi Alexandre Dumas, pai (1802-1870). Além de fecunda produção, Dumas montou um estúdio em que centenas de pequenas histórias muitas vezes foram supervisionadas por ele, mas escritas por outros. Entre os vários romances de sucesso de público, destacaram-se obras como *O conde de Monte Cristo* e *Os três mosqueteiros*.

Saiba mais

O aposto "pai" e "filho" é usado, aqui, porque o filho de Alexandre Dumas também foi escritor. Embora não tão fecundo como o pai, Alexandre Dumas, filho (1824-1895), escreveu obras de sucesso, entre elas, o romance *A dama da camélias*, depois adaptado para o teatro e para a ópera *La Traviata*, de Giuseppe Verdi.

A novidade daquele período era o artista popular, que satisfazia a fruição do gosto médio do público. Mesmo dependendo de empresários, havia maior liberdade, em comparação com a cultura erudita, que tinha dificuldade de romper padrões conservadores.

Reflita

Os folhetins representaram, no século XIX, um tipo de produção que pode ser considerada a antecessora das novelas contemporâneas. Já naquele tempo, estimulava a imaginação, abordava questões cotidianas, mesmo quando remetia a outras épocas. Seu valor estético tem graus variados de originalidade e ruptura com relação às linguagens tradicionais, mesmo porque visavam ao entretenimento e dependiam do interesse continuado de seus leitores. Por isso, geralmente, como hoje, procuravam se adequar ao gosto médio do espectador.

- Se você assiste às telenovelas contemporâneas, escolha uma que lhe despertou o interesse e discuta com seus colegas os vários aspectos, como temática, forma de abordagem, linguagem, qualidade dos diálogos, atuação dos atores etc.

Surge o cinema

A primeira exibição pública de cinema foi realizada em 1895 pelos irmãos Auguste e Louis Lumière, em Paris. Com o cinematógrafo, projetaram pequenos filmes em preto e branco, sem som, que causaram grande impacto no público. A invenção resultara da intenção de produzir imagens em movimento em um laboratório de física. Por parte dos inventores, mais preocupados em estudar o movimento do que em criar um entretenimento, não havia intenção alguma de utilizar o invento para outro fim além daquele inicial.

O aperfeiçoamento dos aparelhos de reprodução e a ampliação de suas aplicações deram início, no entanto, a uma nova atividade artística A grande novidade da nova arte é que não se tratava de uma obra realizada com as próprias mãos, mas por meio de uma máquina. A magnitude do processo exigia o trabalho em equipe tanto para a produção como para a distribuição. A possibilidade de fazer cópias e atingir um público heterogêneo, em diversos lugares, indicava o nascimento de uma arte industrializada.

O cinema nascente procurou linguagens que distinguissem os filmes comerciais, voltados para o entretenimento, de outros que abriram caminho para o mundo da arte. Em 1919, o primeiro filme dessa categoria foi *O gabinete do Dr. Caligari*, dirigido por Robert Wiene. Esse filme deu início ao movimento estético do expressionismo alemão, que já tinha seguidores nas artes pictóricas.

Na Alemanha, que acabara de ser derrotada na Primeira Guerra Mundial, vivia-se um período de pessimismo e desamparo que transparece na atmosfera sombria desse filme de terror. O cenário estilizado denota influência do cubismo e as figuras oblíquas parecem mais sinistras com o jogo de luz e sombra. Também foram usados recursos cinematográficos como o *flashback*, inédito naquela época.

Outros cineastas também se destacaram, como o austríaco Fritz Lang, que produziu seus filmes na Alemanha e mudou-se para os Estados Unidos; o francês Abel Gance, o espanhol Luís Buñuel, entre outros.

Flashback
Do inglês, "instante anterior". Interrupção da sequência do filme para a inserção de eventos ocorridos anteriormente.

DIVULGAÇÃO

O gabinete do Dr. Caligari (1920), dirigido por Robert Wiene, é considerado o primeiro filme de arte. Inaugurou o expressionismo alemão na arte cinematográfica.

O *design*

Bauhaus
Em alemão significa "casa de construção".

Design
Termo inglês com vários significados: "desenho", "projeto", "propósito". No contexto, "arte industrial". O *designer* é o profissional que cuida da forma, como fica claro no termo alemão *Gestalter*: *Gestalt* significa "forma".

A industrialização lançou no mercado a produção em massa de objetos úteis que antes eram manufaturados. Os artesãos, que perderam seu mercado, lamentaram a fabricação de objetos malformados e sem compromisso com a beleza que a produção em série propiciava. Foi diante dessa situação que surgiu a necessidade das chamadas "escolas de artes e ofícios". De caráter incipiente para o que se propunha, nem sempre essas escolas conseguiam bons resultados, até que, em 1919, o arquiteto alemão Walter Gropius (1883-1969) fundou a Bauhaus, na Alemanha. Essa escola, que propunha a integração da arte na indústria, estabeleceu o advento da arte funcional (a arte não só com função artística, mas também utilitária, de uso) e constituiu um marco para a profissão de *designer*, denominação para o projetista dotado de senso estético que trabalha para a indústria de objetos úteis de grande consumo.

A importância da Bauhaus

O sucesso da Bauhaus se explica pelo desafio que ousou enfrentar: superar a tradicional separação entre artes e ofícios, entre artesão e artista. Para tanto, seus cursos visavam oferecer aos alunos aulas de pintura, escultura, arquitetura, desenho industrial, sempre por meio da prática efetiva. Desse processo faziam parte artistas plásticos a quem mais tarde vieram se juntar personagens de destaque da vanguarda da arte moderna, como László Moholy-Nagy, Marcel Breuer, Wassily Kandinsky, Paul Klee.

A Bauhaus também exerceu influência marcante na renovação da arquitetura. A Revolução Industrial havia produzido novos materiais, como o ferro, o vidro, o cimento e o alumínio. A estrutura metálica sustentando as construções trouxe a possibilidade de eliminar paredes e fazer com que vidros maiores abrissem a obra para o exterior e vice-versa.

A simplicidade das formas, tanto na arquitetura como nos objetos do cotidiano, indica a recusa de simples ornamentos que não exerçam nenhuma função. Em 1933, por pressão do nazismo, a Bauhaus encerrou suas atividades na Alemanha. Mas sua influência foi decisiva não só para a história do *design* e da arquitetura como da própria arte, que a partir daí precisou repensar o seu conceito.

Chaleira Bauhaus, projetada em 1924 por Marianne Brandt. A *designer* alemã estudou na Bauhaus, onde tornou-se professora de *design*.

Cadeira Wassily, projetada em 1925 por Marcel Breuer, *designer* formado pela escola Bauhaus. Funcionalidade aliada à beleza: a armação metálica e as tiras de couro dispensam as molas do estofado.

8 As técnicas de reprodução

As técnicas de reprodução não são novidade. Já existiam há muito tempo, como podemos constatar pela cunhagem de moedas já na Antiguidade, os impressos desde a era de Gutenberg e as gravuras em madeira, metal ou pedra, de datação remota. A diferença é que as cópias realizadas nessas épocas não alcançavam o volume e a rapidez predominante nas reproduções da época contemporânea.

Quando ocorre alguma revolução tecnológica, é frequente as pessoas mais resistentes ao novo lamentarem as "perdas" no que se refere ao já estabelecido. O mesmo aconteceu quando surgiram o rádio, o cinema e a televisão. De início, essas pessoas negavam que a produção mediada por esses veículos pudesse ocupar um espaço no mundo da arte.

Veja o exemplo neste texto indignado de 1930, do escritor francês Georges Duhamel:

> "Tanto o cinema quanto o rádio eliminam aquele fluido misterioso que emana indistintamente do público e do artista e que transforma *cada* concerto, *cada* conferência em uma experiência espiritual *única*. A voz humana alcançou *onipresença*, o gesto humano, *eternidade*, mas ao preço da alma. [...] É de fato o 'declínio do Ocidente'." (*grifos da autora*)

DUHAMEL, Georges.
Citado em: COSTA LIMA, Luiz. Comunicação e cultura de massa.
In: COSTA LIMA, Luiz (Org.). *Teoria da cultura de massa.*
Rio de Janeiro: Saga, s.d. p. 11-12.

As palavras realçadas em itálico indicam o que está sendo lamentado: a perda da *unicidade* da obra. No lugar dela estaria a multiplicidade das coisas produzidas em série. O cinema, por exemplo, tornaria eternamente presente e disponível o ator que, ao apresentar-se em um teatro, seria sempre ele, único; ou o músico em cada um de seus concertos.

A desorientação diante do novo impecia que se percebesse que se configurava uma mudança de paradigma na arte. Era preciso um olhar aberto para o novo, não para ver o que nos foi tirado, mas para entender a realidade em vias de transformação. Para compreender o que está em transformação, vejamos como a arte foi caracterizada ao longo do tempo.

ORION PICTURES/ALBUM/LATINSTOCK

Cena do filme *A rosa púrpura do Cairo* (1985), do diretor nova-iorquino Woody Alen. No século XX, a reprodução técnica se transformou na própria razão de existir de algumas artes, como o cinema.

Valor de culto e valor de exposição

JEAN BERNARD/LEEMAGE/OTHER IMAGES

Máscara do século XX, da República do Congo. Liberta na modernidade de seu caráter ritual, a arte ainda preserva seu valor sagrado, ainda que tenha perdido a sua "alma".

Costuma-se dizer que existe arte desde o homem das cavernas. No entanto, os registros nas pedras das cavernas tinham um sentido mágico. Geralmente ficavam em lugares escuros, o que indica que não serviam para ser vistos, para a fruição estética, porque destinavam-se aos deuses, para que os protegessem nas caçadas e nas lutas. O mesmo acontece com a dança, sempre de caráter ritual.

À medida que aqueles desenhos e objetos se emancipavam do valor ritual, adquiriam *valor de exposição*: passavam a existir para serem vistos. Ao perder o significado religioso, sagrado, podiam ser fruídos pelo espectador. É o que ocorre quando, em um museu, contemplamos os ícones que em um outro momento foram objeto de veneração. Aprendemos desde Kant como a arte visa ao prazer estético puro, liberado das funções religiosas e pragmáticas.

Nesse novo estado, no entanto, ocorreu um fenômeno curioso: ressurgiu um forte "culto" em torno da obra, por ser ela, a percepção de um objeto único por um espectador único. Mais ainda, a obra passa a exercer um fascínio sobre o fruidor, que admira a "beleza" da "arte pura", capaz de satisfazer às "necessidades espirituais", e é instigado a reconhecer a "genialidade" do artista. Na verdade, é como se a obra, embora já profana – não mais religiosa –, provocasse atitudes típicas do culto religioso, bem expressas pela citação anterior de Duhamel, em que ele lamenta que o fator de reprodutibilidade tivesse levado à "perda da alma".

A perda da aura

A concepção de arte elaborada a partir do século XVIII entra em choque com os meios técnicos de reprodução. Para alguns, era impensável atribuir à fotografia e ao cinema o *status* de arte. Diante dessas dificuldades iniciais, o alemão Walter Benjamin (1892-1940), filósofo da Escola de Frankfurt, fez uma análise para entender e aceitar as transformações que ocorriam.

Em um ensaio denominado *A obra de arte na época de suas técnicas de reprodução*, publicado em 1936, observou como as novas técnicas, ao mesmo tempo que causavam impacto, estavam justamente alterando o próprio conceito de arte, ou seja, criando uma nova perspectiva estética. Mais ainda, essas mudanças no modo de percepção eram a expressão das transformações sociais em curso.

Benjamin explica as modificações por meio da noção de aura. A aura decorre da *unicidade*, da *originalidade* e da *autenticidade* do objeto. A obra de arte até então era única e encontrava-se em um único lugar e tempo: *aqui* e *agora*. Por ser única, possui autenticidade, pode ser identificada como obra original e não cópia. Existem técnicas para saber se uma tela é mesmo de Rembrandt ou de um falsário. No segundo caso, ela perderia o valor.

Aura
Etimologicamente, significa "ar", "brisa". O termo possui vários significados, como o conjunto de elementos sutis – como um halo – que envolvem uma coisa, uma pessoa, uma situação; por exemplo, a aura de um santo.

A possibilidade de reprodução, provocada pelas novas técnicas industriais, atinge a aura: não se pode mais identificar o que é original e o que é cópia. Assim diz Benjamin:

> “Multiplicando as cópias, elas transformam o evento produzido apenas uma vez num fenômeno de massas. Permitindo ao objeto reproduzido oferecer-se à visão e à audição, em quaisquer circunstâncias, conferem-lhe atualidade permanente. Esses dois processos conduzem a um abalo considerável da realidade transmitida – a um abalo da tradição, que se constitui na contrapartida da crise por que passa a humanidade e a sua renovação atual. Estão em estreita correlação com os movimentos de massa hoje produzidos. Seu agente mais eficaz é o cinema.”
>
> BENJAMIN, Walter. A obra de arte na época de suas técnicas de reprodução. In: *Textos escolhidos*. São Paulo: Abril Cultural, 1980. p. 8. (Coleção Os Pensadores)

4.3 Visão do especialista

As mudanças sociais a que Benjamin se refere decorrem da proletarização crescente das cidades e da importância cada vez maior das massas. Em decorrência, há a utilização dos novos meios ora para a sua massificação – como fez o nazismo –, ora para a conscientização.

Como vimos, a novidade que representou o cinema fez com que, de início, ele fosse menosprezado como simples diversão, por não convidar à contemplação, critério que pertencia à concepção tradicional de arte. O filósofo francês contemporâneo Gérard Lebrun discorda:

> “... nada me parece mais contestável do que opor a ‘civilização da imagem’ à do intelecto. Seria melhor dizer que a prática das imagens (cinematográficas ou televisionadas) nos força a um exercício intelectual de outro tipo, a uma compreensão mais concisa, a uma leitura mais rápida e, talvez, a um melhor domínio do alusivo.”
>
> LEBRUN, Gérard. A mutação da obra de arte. In: *A filosofia e sua história*. São Paulo: Cosac Naify, 2006. p. 336.

Alusivo
Alegórico, figurado, metafórico.

9 A indústria cultural

4.4 Biblioteca do estudante: Leitura complementar

Outros filósofos da Escola de Frankfurt, como Max Horkheimer e Theodor Adorno, criaram o conceito de *indústria cultural*. Para eles, a chamada cultura de massa deixa de ter origem popular para vincular-se à produção empresarial. Desse modo, tudo se torna objeto de consumo, e por depender do financiamento de empresas, reflete e difunde a ideologia capitalista.

A arte, que deveria provocar um efeito de conscientização e de humanização, permanece tolhida quando a indústria cultural oferece o puro entretenimento, cuja superficialidade entorpece a consciência crítica. E, por se tratar de um negócio, a pretensa arte se transforma em *mercadoria*.

Para que essa degradação não ocorra, a arte deve ser crítica e constituir um espaço de resistência à massificação. Essa advertência continua válida, para que possamos distinguir as produções ideológicas e massificantes daquelas que buscam garantir a autonomia da arte.

Leitura analítica

A aura da obra de arte

"Com o advento do século XX, as técnicas de reprodução atingiram tal nível que, em decorrência, ficaram em condições não apenas de se dedicar a todas as obras de arte do passado e de modificar de modo bem profundo os seus meios de influência, mas de elas próprias se imporem, como formas originais de arte. Com respeito a isso, nada é mais esclarecedor do que o critério pelo qual duas de suas manifestações diferentes – a reprodução da obra de arte e a arte cinematográfica – reagiram sobre as formas tradicionais de arte.

À mais perfeita reprodução falta sempre algo: o *hic et nunc* (aqui e agora) da obra de arte, a unidade de sua presença no próprio local onde se encontra. É a essa presença, única no entanto, e só a ela que se acha vinculada toda a sua história. [...]

O *hic et nunc* do original constitui aquilo que se chama de sua autenticidade. Para se estabelecer a autenticidade de um bronze, torna-se, às vezes, necessário recorrer a análises químicas da sua pátina; para demonstrar a autenticidade de um manuscrito medieval é preciso, às vezes, determinar a sua real proveniência de um depósito de arquivos do século XV. A própria noção de autenticidade não tem sentido para uma reprodução, seja técnica ou não. Mas, diante da reprodução feita pela mão do homem e, em princípio, considerada como uma falsificação, o original mantém a plena autoridade; não ocorre o mesmo no que concerne à reprodução técnica. E isso por dois motivos. De um lado, a reprodução técnica está mais independente do original. No caso da fotografia, é capaz de ressaltar aspectos do original que escapam ao olho e são apenas passíveis de serem apreendidos por uma objetiva que se desloque livremente a fim de obter diversos ângulos de visão; graças a métodos como a ampliação ou a desaceleração, podem-se atingir realidades ignoradas pela visão natural. Ao mesmo tempo, a técnica pode levar à reprodução de situações, onde o próprio original jamais seria encontrado. Sob a forma de fotografia ou de disco permite sobretudo a maior aproximação ao espectador ou ao ouvinte. A catedral abandona sua localização real a fim de se situar no estúdio de um amador; o musicômano pode escutar em domicílio o coro executado numa sala de concerto ou ao ar livre.

Pode ser que as novas condições assim criadas pelas técnicas de reprodução, em paralelo, deixem intacto o conteúdo da obra de arte; mas, de qualquer maneira, desvalorizam seu *hic et nunc*. Acontece o mesmo, sem dúvida, com outras coisas além da obra de arte, por exemplo, com a paisagem representada na película cinematográfica; porém, quando se trata da obra de arte, tal desvalorização atinge-a no ponto mais sensível, onde ela é vulnerável como não o são os objetos naturais: em sua autenticidade. O que caracteriza a autenticidade de uma coisa é tudo aquilo que ela contém e é originalmente transmissível, desde sua duração material até seu poder de testemunho histórico. Como este próprio testemunho baseia-se naquela duração, na hipótese da reprodução, onde o primeiro elemento (duração) escapa aos homens, o segundo – testemunho histórico da coisa – fica identicamente abalado. Nada demais certamente, mas o que fica assim abalado é a própria autoridade da coisa.

Poder-se-ia resumir todas essas falhas, recorrendo-se à noção de *aura*, e dizer: na época das técnicas de reprodução, o que é atingido na obra de arte é a sua *aura*. Esse processo tem valor de sintoma, sua significação vai além do terreno da arte. Seria impossível dizer, de modo geral, que as técnicas de reprodução separaram o objeto reproduzido do âmbito da tradição. Multiplicando as cópias, elas transformam o evento produzido apenas uma vez num fenômeno de massas. Permitindo ao

Hic et nunc
Expressão latina que significa "aqui e agora".

Pátina
Escurecimento do bronze ou cobre devido à exposição ao ar.

objeto reproduzido oferecer-se à visão e à audição, em quaisquer circunstâncias, conferem-lhe atualidade permanente. Esses dois processos conduzem a um abalo considerável da realidade transmitida – a um abalo da tradição, que se constitui na contrapartida da crise por que passa a humanidade e a sua renovação atual.”

BENJAMIN, Walter. A obra de arte na época de suas técnicas de reprodução. In: *Textos escolhidos*. São Paulo: Abril Cultural, 1980. p. 6-8. (Coleção Os Pensadores)

ART SPIEGELMAN

Quadrinho da série *Maus*, do quadrinista norte-americano nascido na Suécia, Art Spiegelman, que trata do tema do holocausto. Inicialmente publicadas em revistas, as duas histórias da série foram reunidas em livro, em volume único, e venceram o tradicional prêmio Pullitzer. Foi a primeira vez que uma *graphic novel* foi contemplada com esse prêmio, que sempre laureou obras literárias convencionais. Sobre a obra, escreveu a revista *Times*: "Spiegelman retrata os nazistas como gatos, os judeus como ratos, os poloneses como porcos e os americanos como cães. Todos são terrivelmente humanos". Tanto as *graphic novels*, também conhecidas como HQs, como as revistas e os livros são produtos da indústria cultural, que chegam ao público pela reprodução técnica.

Questões

1. Explique quais são as características da aura na obra de arte.
2. Explique em que sentido a reprodução técnica quebra o aspecto aurático da obra de arte.

Atividades

Retomando os conteúdos

1. Segundo Kant, quais são as três características do prazer estético? Explique cada uma delas
2. Em que sentido a representação do belo é "sem conceitos"?
3. Por que a obra de arte não é unívoca?
4. Quais são as funções da arte?
5. Qual foi a importância da Bauhaus?

Aprofundando os conceitos

6. Comente a frase do escritor Oscar Wilde citada no prefácio de seu romance *O retrato de Dorian Gray*:

> "Não existem livros morais ou imorais. Os livros são mal ou bem escritos. É tudo."
>
> WILDE, Oscar. *O retrato de Dorian Gray*. São Paulo: Penguin Companhia, 2012. Prefácio.

7. Reúna-se com seu grupo para discutirem, com argumentos, uma das teses a seguir. Depois, exponham a posição do grupo à classe.
   a) A arte tem por função nos divertir e nos fazer esquecer as dificuldades e sofrimentos da vida.
   b) A arte nos coloca diante da realidade, seja ela prazerosa, difícil ou até terrível.

8. Observe a imagem e leia o texto. Em seguida, responda à questão.

> "De uma maçã pintada por um pintor vulgar, se diz: eu a comeria. De uma maçã de Cézanne se diz: que bela!"
>
> SÉRUSIER, Paul. Citado em: GULLAR, Ferreira. *Relâmpagos*: dizer o ver. 2. ed. São Paulo: Cosac Naify, 2007. p. 61.

Explique o significado da citação do pintor Paul Sérusier sobre o conceito da obra de arte.

RMN/MUSÉE D'ORSAY, PARIS, FRANCE/ HERVÉ LEWANDOWSKI/OTHER IMAGES

Maçãs e laranjas (1895-1900), pintura de Paul Cézanne.

Dissertação

9. Pesquise e transcreva o poema integral *Traduzir-se*, de Ferreira Gullar. Em seguida, redija uma dissertação relacionando o que o poeta diz e o que você entende que seja a arte.

Pesquisa

10. Em grupo, façam uma pesquisa sobre pichação e grafite (ou *graffiti*), este último como modo de expressão artística.

Capítulo 5

As formas de crença

1 O que é crença?

Por experiência própria, sabemos como são complicadas as discussões sobre futebol, política ou religião. Cada um tem seu time do coração, opiniões sobre o governo e também crenças religiosas. Se não houver serenidade entre os debatedores e uma certa disposição para ouvir, é bem provável que a discussão se encaminhe para a desavença. Do ponto de vista religioso, ouvir significa reconhecer que a sua fé não é a única no mundo. E que, se as crenças e religiões alheias forem respeitadas, um futuro mais tolerante será melhor para a humanidade.

MUSEUM OF FINE ARTS, BOSTON, EUA/LATINSTOCK

De onde viemos? O que somos? Para onde vamos? (1897), quadro de Paul Gauguin. As indagações do título da tela de Gauguin sobre a origem, a identidade e o destino humanos remetem à reflexão filosófica. Mas desde os primórdios das civilizações essas eram questões religiosas.

Neste capítulo, propomos a abordagem da filosofia da religião. Nossa intenção é apresentar um leque plural de experiências religiosas e de argumentos com que se busca justificá-las, sem contudo ter a pretensão de fundamentá-las, porquanto o fundamento da religião é a fé de cada um.

Tipos de crenças

Quando falamos em *crença*, é comum as pessoas associarem imediatamente esse termo a religião: o crente é aquele que crê, por exemplo, em Deus, na imortalidade da alma, na revelação divina, e assim por diante.

O conceito de crença, porém, é mais extenso. A crença é a adesão a uma proposição que consideramos verdadeira. A crença pressupõe uma disposição psicológica de aceitação, de confiança. Se confio em meu médico, tomarei o remédio prescrito, não porque compreenda como age o medicamento, mas porque reconheço a competência do médico e acredito que me fará bem

Saiba mais

O termo "fé" vem do latim *fides*, mesma raiz de "fiel" e de "fidelidade", conceitos que pressupõem a confiança.
A fé abrange um campo além do religião, porque podemos depositar fé em um amigo ou nos valores que cultuamos. Por isso a "má-fé" é uma forma de hipocrisia, por consistir em enganar o outro ao demonstrar um sentimento que não se tem.

Os diversos graus de crença dependem dos níveis de comprovação racional e objetiva de que dispomos. O senso comum, pelo qual emitimos opiniões, baseia-se em crenças que nos auxiliam a agir no cotidiano de nossas vidas. A vida moral baseia-se em crenças, que submetemos a reflexões a fim de manter ou não suas prescrições. Mesmo a ciência, tão avançada atualmente, depende de crenças, embora as hipóteses científicas sejam mais rigorosas.

Neste capítulo, vamos examinar um tipo especial de crença, aquela que se refere ao sentido estrito de confiança na existência do sobrenatural, isto é, naquilo que ultrapassa as leis da natureza. É essa a instância do mistério, de tudo que não pode ser compreendido ou que independe da compreensão racional e, antes de tudo, requer a adesão pela fé.

2 O mito

Mito
Do grego *mythos*, "palavra", "o que se diz", "narrativa". A consciência mítica é predominante em culturas de tradição oral, quando ainda não há escrita.

O mito é a forma mais remota de crença. Predominou nas comunidades tribais de um modo abrangente. Nelas, os mitos constituem uma expressão de tal poder que se estendem por todas as esferas da realidade vivida. O *sagrado* – a relação entre o indivíduo e o sobrenatural – permeia todos os campos de atividade.

Alguns estudiosos do mito o explicam pela função que desempenha no cotidiano da tribo, ao garantir a tradição e a sobrevivência do grupo. Por exemplo, segundo o mito indígena tupi, a mandioca nasceu do túmulo de uma criança chamada Mandi. A importância desse alimento para a tribo explica o caráter sagrado de que é investido. Outros relatos dão conta da origem do mundo ou dos comportamentos mais adequados à convivência, de modo a oferecer uma compreensão do real e uma orientação para a ação coletiva.

De modo geral, o mito está impregnado do desejo humano de afugentar a insegurança, os temores e a angústia diante do desconhecido, do perigo e da morte. Para tanto, os relatos míticos se sustentam pela crença em forças superiores que protegem ou ameaçam, recompensam ou castigam. Sob esse aspecto, a função do mito não é, primordialmente, explicar a realidade, mas acomodar e tranquilizar o ser humano em um mundo assustador.

Resulta dessas crenças o caráter mágico das danças e das inscrições. Quando os homens pré-históricos faziam pinturas nas paredes das cavernas representando a captura de animais, é provável que não pretendessem enfeitá-las, mas imprimir um caráter mágico a essas ações, para garantir de antemão o sucesso das caçadas. As danças também possuem significado ritualístico, ora para garantir boa colheita, ora para homenagear os mortos, como é o caso do Quarup, realizado pelos povos indígenas do Alto Xingu.

RENATO SOARES/PULSAR IMAGENS

Dança do Quarup na festa dos cinquenta anos do Parque Indígena do Xingu, na aldeia da etnia Kamayur, em Querência, Mato Grosso. Os rituais fazem parte da preservação do mito entre as gerações de um povo.

O mito é uma lenda?

O mito vivo, enquanto serve para a compreensão do mundo em uma comunidade, não é lenda. Antes é uma verdade sustentada pela crença. A verdade do mito resulta de uma intuição compreensiva da realidade, cujas raízes se fundam na emoção e na afetividade. O mito expressa o que desejamos ou tememos e representa como somos atraídos pelas coisas ou como delas nos afastamos.

Não se trata, porém, de uma intuição qualquer. O mito opera no mundo do mistério, pois ele é sempre um enigma a ser decifrado e como tal representa o espanto diante do mundo e das forças sobrenaturais que atuam nele.

Reflita

O *mistério* é algo que não podemos compreender, por ser inacessível à razão e, portanto, dependente da fé. Já um *problema* é algo que ainda não compreendemos, mas para o qual nos esforçamos por encontrar uma resposta.

- Dê exemplos de mistério e de problema.

O mito hoje

E hoje, nas sociedades complexas do mundo contemporâneo, o mito teria desaparecido? Segundo Augusto Comte, fundador do positivismo, o mito pertence a um passado remoto típico do estado teológico, que teria sido superado pela conhecimento científico. Para saber mais sobre o positivismo, você pode consultar, na Parte II, o Capítulo 22, "A filosofia do século XIX".

No entanto, ao criticar o mito e exaltar a ciência, contraditoriamente, o positivismo fez nascer o mito do cientificismo. Ou seja, a crença cega na ciência como única forma de saber possível. Trata-se de reduzir demais o âmbito do nosso conhecimento, pois, ao lado da ciência, existem formas válidas de compreensão, como o senso comum, a filosofia, a arte, a religião.

Além disso, até hoje o mito permanece na raiz da inteligibilidade humana. A função fabuladora persiste nos contos populares, no folclore, mas não só. Por exemplo, palavras como *lar*, *amor*, *pai*, *mãe*, *paz*, *liberdade*, *morte* não se esgotam com explicações racionais. Elas nos remetem a valores arquetípicos, modelos universais que existem na natureza inconsciente de todos nós.

Saiba mais

A palavra *arquétipo* vem do grego *arché*, que significa "princípio", "origem". O arquétipo também pode ser um modelo, um paradigma.

INTERFOTO/LATINSTOCK

O ator Antonio Banderas em cena do filme *A máscara do Zorro*, de 1998, do diretor Martin Campbell. A luta do herói na defesa do bem contra o mal é de certa maneira a expressão de mitos arquetípicos.

Personalidades como artistas, políticos e esportistas, que os meios de comunicação se incumbem de transformar em imagens exemplares, podem representar todo tipo de anseios: sucesso, poder, liderança, atração sexual etc. Por esses motivos, o imaginário das pessoas é exaltado por figuras mitificadas, como as do guerrilheiro Che Guevara, da princesa Lady Diana, da *superstar* Madonna, do automobilista Ayrton Senna. Hoje em dia, com a rapidez da mídia, essas influências tornaram-se múltiplas e também mais fugazes.

O nosso comportamento também é permeado de rituais, mesmo que secularizados, isto é, não religiosos. As comemorações de nascimentos, casamentos e aniversários, a entrada do ano-novo, as festas de formatura e de debutantes, os trotes de calouros guardam semelhança com os ritos de passagem típicos das tribos indígenas.

Há também o lado sombrio dos mitos, quando se expressa sob o signo da morte. O governo totalitário de Hitler alimentou o mito dos arianos como raça pura, desencadeando perseguições que culminaram no genocídio de judeus, ciganos e homossexuais.

Reflita

Os arianos são um subgrupo indo-europeu que veio das estepes da Ásia e se expandiu pela Europa. Segundo a concepção racista do nazismo, deles descendiam os alemães, que constituiriam uma "raça pura". Você já notou como as doutrinas racistas consideram inferiores pessoas ou grupos que são apenas diferentes?

3 O sagrado e o profano

Com o desenvolvimento da agricultura, do pastoreio e do comércio de excedentes, as sociedades tornaram-se mais complexas. Deu-se a especialização das técnicas e dos ofícios, provocando a hierarquização de segmentos sociais, inclusive com o recurso à escravidão.

Assim, floresceram as primeiras grandes civilizações, como Mesopotâmia, Egito, Índia, China e a dos hebreus. Nessas civilizações, o mito continuou como componente importante da cultura, mas as instituições religiosas tornaram-se mais elaboradas, o que permitiu distinguir de modo mais nítido o espaço sagrado dos santuários e o espaço profano da vida cotidiana.

Profano
O que não é sagrado. O termo latino *profanus* é formado pelo prefixo *pro*, "defronte de", e *fanum*, "lugar consagrado", "templo". O profano é o que está defronte do templo, ou seja, fora dele.

A civilização grega surgiu por volta do segundo milênio a.C. Tal como as que a antecederam, nela a religião era politeísta. Os deuses habitavam o Olimpo e eram imortais, embora sua ações fossem semelhantes às dos homens. Às vezes benevolentes, agiam também por inveja, intriga ou vingança. Entre as obrigações a eles devidas, como oferendas, preces e sacrifícios, destacavam-se as peregrinações aos grandes santuários. Um dos mais famosos santuários foi o de Delfos, dedicado ao deus Apolo. Nesse local, costumava-se consultar o oráculo.

O oráculo era a resposta de uma divindade, por intermédio geralmente de uma pitonisa ou sacerdotisa. Essas respostas eram interpretadas com palavras sábias, mas às vezes ambíguas. Muitos vinham de longe para consultas sobre questões pessoais, de negócios ou de política.

No Capítulo 13, "O nascimento da filosofia", veremos como os gregos explicavam a origem dos deuses. Hesíodo, um poeta que viveu no século VIII e começo do VII a.C., reuniu os mitos na obra *Teogonia*, termo que significa "origem de deus". A *teogonia* é também uma *cosmogonia*, já que os mitos relatam como todas as coisas surgiram do Caos – o vazio inicial – para compor a ordem do Cosmo.

ALBUM/AKG-IMAGES/AKG-IMAGES/LATINSTOCK

No detalhe da pintura em vaso grego de c. 440 a.C., Zeus é representado consultando uma pitonisa no Oráculo de Delfos.

Além disso, outras religiões de mistérios difundiram crenças na reencarnação, na vida eterna e na salvação pessoal, aspectos desconhecidos da religião grega oficial. Essas ideias, transmitidas pelo pitagorismo, influenciaram o pensamento de Platão.

No entanto, há expressões do sagrado que não se baseiam na existência de Deus. Por exemplo, no budismo primitivo, o que se buscava é uma vida correta de afastamento dos desejos e de exercícios de aperfeiçoamento pessoal. Ao fechar o ciclo de reencarnações, a existência individual se aniquilaria no Nirvana, dissolvendo-se na existência universal.

Em meio às religiões politeístas, os filósofos gregos já desenvolviam teses sobre um deus único. Outros povos constituíram elaboradas crenças monoteístas, como veremos adiante.

Leitura analítica

A filosofia entre a religião e a ciência

"Os conceitos da vida e do mundo que chamamos 'filosóficos' são produto de dois fatores: um, constituído de fatores religiosos e éticos herdados; o outro, pela espécie de investigação que podemos denominar 'científica', empregando a palavra em seu sentido mais amplo. Os filósofos, individualmente, têm diferido amplamente quanto às proporções em que esses dois fatores entraram em seu sistema, mas é a presença de ambos que, em certo grau, caracteriza a filosofia.

'Filosofia' é uma palavra que tem sido empregada de várias maneiras, umas mais amplas, outras mais restritas. Pretendo empregá-la em seu sentido mais amplo, como procurarei explicar adiante. A filosofia, conforme entendo a palavra, é algo intermediário entre a teologia e a ciência. Como a teologia, consiste de especulações sobre assuntos a que o conhecimento exato não conseguiu até agora chegar, mas, como ciência, apela mais à razão humana do que à autoridade, seja esta a da tradição ou a da revelação. Todo conhecimento definido – eu o afirmaria – pertence à ciência; e todo dogma quanto ao que ultrapassa o conhecimento definido pertence à teologia. Mas entre a teologia e a ciência existe uma Terra de Ninguém, exposta aos ataques de ambos os campos: essa Terra de Ninguém é a filosofia. Quase todas as questões do máximo interesse para os espíritos especulativos são de tal índole que a ciência não as pode responder, e as respostas confiantes dos teólogos já não nos parecem tão convincentes como o eram nos séculos passados. Acha-se o mundo dividido em espírito e matéria? E, supondo-se que assim seja, que é espírito e que é matéria? Acha-se o espírito sujeito à matéria, ou é ele dotado de forças independentes? Possui o Universo alguma unidade ou propósito? Está ele evoluindo rumo a alguma finalidade? Existem realmente leis da natureza, ou acreditamos nelas devido unicamente ao nosso amor inato pela ordem? [...] Existe uma maneira de viver que seja nobre e uma outra que seja baixa, ou todas as maneiras de viver são simplesmente inúteis? Se há um modo de vida nobre, em que consiste ele, e de que maneira realizá-lo? Deve o bem ser eterno, para merecer o valor que lhe atribuímos, ou vale a pena procurá-lo, mesmo que o Universo se mova, inexoravelmente, para a morte? Existe a sabedoria, ou aquilo que nos parece tal não passa do último refinamento da loucura? Tais questões não encontram resposta no laboratório. As teologias têm pretendido dar respostas, todas elas demasiado concludentes, mas a sua própria segurança faz com que o espírito moderno as encare com suspeita. O estudo de tais questões, mesmo que não se resolvam esses problemas, constitui o empenho da filosofia. [...]

A incerteza, na presença de grandes esperanças e receios, é dolorosa, mas temos de suportá-la. [...] Não devemos também esquecer as questões suscitadas pela filosofia, ou persuadir-nos de que encontramos, para elas, respostas indubitáveis. Ensinar a viver sem essa segurança e sem que se fique, não obstante, paralisado pela hesitação é talvez a coisa principal que a filosofia, em nossa época, pode proporcionar àqueles que a estudam."

RUSSELL, Bertrand. *A filosofia entre a religião e a ciência*. Disponível em: www.dominiopublico.gov.br/pesquisa. Acesso em: 20 jul. 2011.

Dogma
Em teologia, aquilo que é fundamental e que deve ser aceito sem discussão.

Questões

1. Organize um esquema com as características da religião e da ciência.
2. Segundo o autor, a filosofia é algo intermediário entre a religião e a ciência. Explique o que a filosofia tem em comum com essas áreas e em que delas se distingue.
3. Você acabou de ler os primeiros três tópicos deste capítulo. Foram examinados os tipos de crenças, os mitos antigos e atuais e a diferença entre o sagrado e o profano. Em que sentido essa abordagem é filosófica?

4 Formas de compreensão do divino

Com a separação entre o sagrado e o profano, constituíram-se as religiões, com seus ritos e práticas institucionalizados. Contudo, variam as formas pelas quais se busca compreender o divino. Vejamos algumas delas, que dividimos em duas tendências: as que se baseiam na crença em Deus e as que são alheias à divindade.

A crença na divindade

Sem pretender esgotar as diversas expressões da crença em Deus, vamos analisar o *teísmo*, o *panteísmo* e o *deísmo*.

Teísmo

A maioria das religiões são teístas, isto é, baseiam-se na crença em Deus. Já vimos que os povos sem escrita transmitem suas crenças oralmente, e que, de modo geral, são politeístas. A crença em um só Deus surge nas religiões mais elaboradas, como o judaísmo, o cristianismo e o islamismo. Essas religiões também apresentam um conjunto de prescrições que se encontram nos livros sagrados, respectivamente, a *Torá*, a *Bíblia* e o *Corão* (ou *Alcorão*). Ampliaremos essa análise mais adiante, ao nos referirmos às provas da existência de Deus.

Teísta
Do grego *theos*, "deus". Refere-se à religião que se baseia na crença no divino.

Saiba mais

O termo *religião* tem origem duvidosa. Segundo alguns, vem do latim *religare*, que significa "religar", "unir de novo". Para outros, viria de *relegere*, "recolher" ou "reler" ("ler com recolhimento") ou, ainda, "congregar", "reunir". No primeiro sentido, a religião liga os seres humanos à divindade; no segundo sentido, a religião congrega uma comunidade em torno de uma veneração ao divino.

DANIEL BAR-ON/AFP PHOTO

Judeus fazem suas orações em Jerusalém, em março de 2011. O judaísmo é uma das religiões teístas.

Panteísmo

Para explicar o panteísmo, precisamos recorrer aos conceitos de *transcendência* e *imanência*. Os teístas creem em um Deus transcendente, isto é, possuidor de uma natureza diferente de todas as coisas e separado do mundo. Já o panteísta conclui pela imanência de Deus, ou seja, Deus está em tudo, Deus e o mundo são um. O radical grego *pan* significa "tudo", portanto, "tudo é Deus".

Para os filósofos estoicos, como Zenão de Cício (século III a.C.), a natureza encontra-se impregnada da razão divina. Portanto, Deus também é corpo, embora seja o mais puro dos corpos, perfeito e inteligente, pelo qual se dá o ordenamento do mundo.

Espinosa concebe Deus como a substância que constitui o Universo inteiro e não se separa de tudo aquilo que produziu: todas as coisas são *modos* da substância infinita. Por isso, Deus é causa imanente dos seus modos, entre os quais se encontra o ser humano.

Segundo alguns intérpretes, Espinosa na verdade seria ateu, porque, ao "dissolver" Deus no mundo, acabaria por negá-lo. Outros discordam que ele tenha sido panteísta ou ateu, mas *panenteísta*, conceito que traz uma sutileza: tudo está em Deus, sem no entanto ser Deus. Sob essa perspectiva, Espinosa teria mantido a diferença entre a substância divina e os seus modos.

Deísmo

O deísmo é a religião natural. Os deístas acreditam em Deus como um ser supremo que teria criado todas as coisas, deixando-as em seguida à sua sorte: seria um "Deus ausente". Desse modo, não estabelecem vínculos com o divino, antes rejeitam os livros sagrados, os cultos e os sacerdotes. Essa concepção prevaleceu no Iluminismo, embora já houvesse defensores no século XVII, na Inglaterra. Foram representantes do deísmo os filósofos John Locke, Voltaire, Jean-Jacques Rousseau, entre outros.

Agnósticos e ateus

A opção de agnósticos e ateus é a que causa mais estranheza, já que a maioria das pessoas possui alguma crença religiosa. Mais que isso, essas pessoas estão sujeitas a preconceitos, por serem identificadas a indivíduos imorais e sem espiritualidade.

Encontramos na história fatos que comprovam essa reprovação. Por exemplo, tanto o tribunal da Santa Inquisição, na Idade Média, como o poder religioso, nas teocracias contemporâneas, punem o ateísmo com severo rigor. Esse fato exigiu dos ateus uma atitude mais cautelosa. Vejamos um comentário do romancista francês André Gide sobre o filósofo Montaigne, que viveu no século XVI:

> "Sempre que Montaigne alude ao cristianismo, fá-lo com mais estranha senão maliciosa impertinência. Ocupa-se amiúde com a religião, jamais com Cristo. Nem uma só vez cita-lhe a palavra. É de duvidar que jamais haja lido os Evangelhos, ou melhor, é certo que jamais os leu seriamente. Suas reverências ante o catolicismo exprimem evidentemente muita prudência. Não se devem esquecer as instruções dadas em 1572 por Catarina de Médici e Carlos IX e que provocaram o massacre dos protestantes em toda a França."

MONTAIGNE, Michel Eyquem de. *O pensamento vivo de Montaigne, apresentado por André Gide.* São Paulo: Martins Editora/Edusp, 1975. p. 21.

Agnosticismo

De modo geral, o agnóstico se abstém de afirmar se Deus existe ou não, alegando a impossibilidade racional de conhecê-lo. Ou seja, não se pode provar que Deus existe nem que não existe, o que o desobriga da adesão a um culto religioso.

Neste tópico, é interessante abrir um parêntese para Kant, grande expressão filosófica do Iluminismo alemão. Na obra *Crítica da razão pura*, ao julgar a capacidade da razão para conhecer, Kant concluiu que todo conhecimento depende dos dados da experiência aliados às formas *a priori* da sensibilidade e do entendimento. Por isso, os conceitos metafísicos – como as ideias de alma, mundo e Deus – não são acessíveis à razão por não pertencerem ao âmbito de nossa experiência possível. Consequentemente, o filósofo se absteve de argumentar sobre elas, porque tanto podemos defender a existência de Deus, como negá-la, sem que se possa chegar a uma conclusão.

Hoje, apressadamente, poderíamos qualificar a posição kantiana de agnóstica, embora o termo ainda nem existisse. No entanto, Kant não era um agnóstico religioso, apenas criticava a metafísica, ao negar a possibilidade de conhecer aquelas verdades pela razão. Kant foi um luterano piedoso, por isso, em outra obra, a *Crítica da razão prática*, recuperou aquelas noções como postulados, ou seja, como pressupostos que permitem explicar a lei moral e seu exercício. Mais adiante voltaremos a examinar a ética kantiana.

Agnóstico
Do grego *a*, "não", e *gnôsis*, "conhecimento". Portanto, aquele que ignora. O termo *agnosticismo* foi criado no século XIX por Thomas Huxley.

Ateísmo

Diferentemente do agnóstico, o ateu opina: ele *acredita*, *crê* que Deus não existe. Trata-se de uma opinião sem provas, assim como o crente tem uma fé sem provas. Os motivos que levam ao ateísmo variam conforme as pessoas. Muitas delas acham insuficientes as crenças vigentes, outras as veem como cerceadoras da autonomia. Há ainda as que preferem relacionar-se com o mundo de uma maneira laica, suportando humanamente – com a razão e o sentimento – as angústias das escolhas, o sofrimento e o enfrentamento co morte.

BRENDAN SMIALOWSKI/ AFP

Pessoas se reúnem em Washington, em março de 2012, para celebrar a não filiação religiosa.

Uma reflexão

Para sua reflexão, destacaremos duas críticas que se costumam fazer a agnósticos e ateus. A primeira afirma que sem Deus não há possibilidade de uma vida ética. A outra crítica é a de que agnósticos e ateus não têm vida espiritual.

• Ateus e agnósticos não têm vida moral?

É comum as pessoas justificarem a obediência às normas morais a partir de imperativos hipotéticos (condicionantes): se você não agir bem, não será feliz, não será amado, ou irá sofrer. Para os crentes, ainda há o temor do castigo divino, que pode se estender até a vida depois da morte.

Recorremos novamente à moral kantiana. Kant rejeitou as concepções éticas que norteiam a ação moral a partir de condicionantes. Para ele, a ação moral se impõe como dever, mas não um dever que é recebido de fora, seja dado por Deus ou pela família. O dever é livremente assumido pelo sujeito capaz de se autodeterminar. O critério para identificar a lei moral é a sua universalidade, ou seja, ao decidir por mim, espero que seja uma norma aceita por todos. Outro critério da validade da lei moral é o respeito pela própria dignidade e a dos outros, de modo a nunca tratar as pessoas como meio, mas sempre como fim.

Com base nesses argumentos, pode-se reconhecer que a razão e o sentimento são capazes de encontrar por si mesmos os caminhos para uma vida moral, que rejeite o egoísmo e a exploração, bem como garantia dos direitos humanos. Esses são os valores consagrados pelo Iluminismo e que repercutem até hoje.

• Ateus não têm espiritualidade?

Antes de tudo, é preciso saber o que se entende por espírito. Segundo algumas religiões, o espírito é algo imaterial, que se distingue da matéria e sobrevive a ela. Se a espiritualidade for a crença em seres sobrenaturais ou em espíritos separados do corpo, que sobrevivem após a morte, certamente os ateus e agnósticos não teriam espiritualidade.

Contudo, o termo *espiritualidade* é mais amplo. Abarca tanto a ideia religiosa de espírito imortal como a ideia laica de mente, pensamento, sentimento. No sentido religioso da palavra, a espiritualidade é a elevação a um estágio superior, o encontro com o divino e o eterno. Do ponto de vista laico, é a capacidade de amar, de criar, de participar de uma comunidade e de defender os valores éticos, políticos e estéticos em que acredita.

Não cabe à filosofia a palavra final, mas identificar as divergências e problematizar a discussão, o que, aliás, é sempre desejável em uma sociedade democrática. O que os filósofos criticam é a intolerância religiosa, quando um grupo pretende impor suas convicções a outros, sejam de religiões diferentes, sejam ateus ou agnósticos.

Espírito
Do latim *spiritus*, "sopro", "vida", "alma", "mente". Em grego, o termo correspondente é *psichê*, "alma", "princípio vital" (seja material ou espiritual).

Reflita

Tolerância e *pluralismo* são dois aspectos da democracia: a sociedade democrática é plural na medida em que aceita as diferentes opiniões, mesmo quando são divergentes. Por isso, aceitar não significa concordar com elas, mas respeitá-las, o que supõe o aprendizado da tolerância.

5 Deus existe?

Pelo que vimos no tópico anterior, a crença em Deus não é unânime, embora a maioria das pessoas seja teísta. Mesmo entre estas existem nuanças que os filósofos tentam esclarecer pela razão, nem sempre com sucesso.

Por exemplo, um tema muito discutido refere-se aos atributos de Deus. Dizer que Deus é infinito, onipotente, onisciente, criador e bom tem sua origem na tradição herdada das religiões monoteístas mais conhecidas. No entanto, nem todos pensam o mesmo sobre a natureza de Deus.

Se relembrarmos a cosmologia de Aristóteles, o Deus do filósofo é o Primeiro Motor Imóvel que impulsiona o movimento do mundo (ver Capítulo 14, "A filosofia no período clássico"). Como para os gregos a matéria é eterna, esse Deus não criou o mundo. E também não é o Deus providente que atende aos pedidos dos crentes, porque é "pensamento que se pensa a si mesmo" e, desse modo, permanece indiferente ao mundo.

Para o teólogo Anselmo de Cantuária (1033-1109), santificado pela Igreja Católica, Deus é inefável, isto é "não pode ser expresso em palavras".

Outra questão sujeita a muitas controvérsias diz respeito às provas da existência de Deus. Vejamos os principais argumentos.

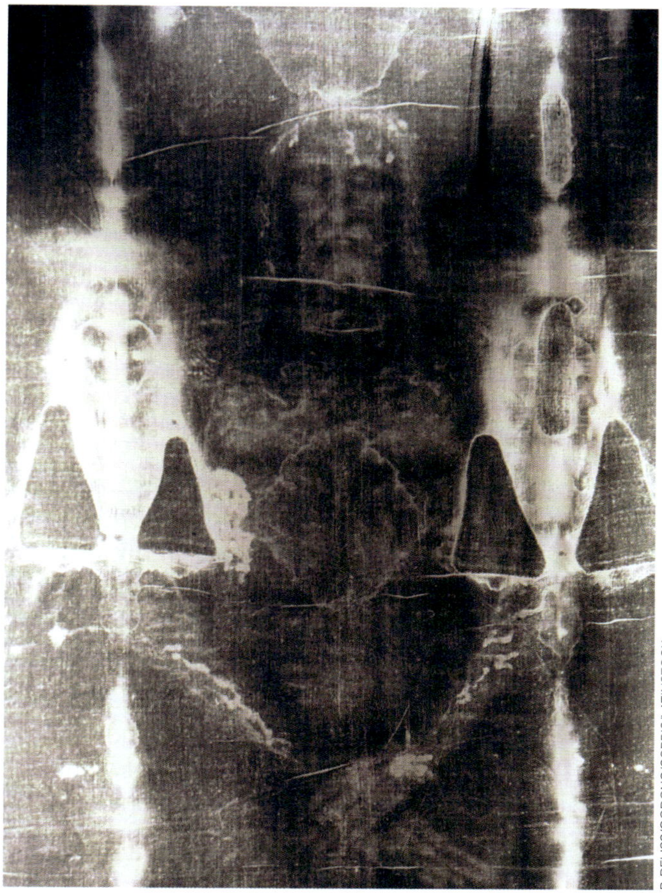

P. DELISS/GODONG/CORBIS/LATINSTOCK

Santo Sudário, ou Sudário de Turim, peça de linho que muitos cristãos acreditam ser o tecido que cobriu o corpo de Cristo após sua morte. Está guardado na Catedral de Turim, na Itália, desde o século XIV, doado em 1983 ao Vaticano pela Casa de Saboia, que o mantinha desde 1357.

Provas da existência de Deus

Vários teólogos e filósofos se debruçaram sobre os argumentos para provar racionalmente a existência de Deus. Um argumento é um encadeamento de proposições que levam a uma conclusão.

5.1 **Biblioteca do estudante:** Leitura complementar

Argumento ontológico

No século XI, Anselmo, arcebispo da Cantuária, Inglaterra, elaborou o mais antigo argumento, posteriormente denominado ontológico. Segundo ele, da *ideia* que temos de Deus, pode-se deduzir a sua *existência*. Se concebemos Deus como um ser perfeito, tão perfeito que nada se pode conceber maior do que ele, concluímos que deveria também ter a perfeição da existência, portanto, Deus existe. Esse argumento chama-se ontológico porque passa da *definição* de Deus – no plano do pensamento – para o plano ontológico, ou seja, para a existência mesma de Deus. É também chamado de argumento *a priori*, por ser elaborado apenas pela razão e não depender da confirmação da experiência.

O argumento ontológico ressurgiu em outros momentos da história da filosofia, inclusive com Descartes e Leibniz. Trata-se, porém, de um argumento que sofreu duras críticas dos mais diversos filósofos. Kant, por exemplo, disse que a existência não está contida no conceito ou na definição de um ser perfeito, por isso a conclusão é indevida.

Onipotente
Que tudo pode.

Onisciente
Que tudo sabe.

Ontologia
O termo *ontologia* surgiu no século XVII. Às vezes é dado como sinônimo de *metafísica*. No contexto, refere-se ao conhecimento do "ser" das coisas, no caso, o "ser" de Deus.

Argumento cosmológico

5.2 Biblioteca do estudante: Leitura complementar

Os demais argumentos são *a posteriori*, porque partem de dados da experiência, de realidades do mundo (cosmo) para chegar a Deus.

O mais conhecido argumento cosmológico é o da relação entre *causa* e *efeito*. Percebemos que todo efeito resulta de uma causa; não podemos fazer esse encadeamento ao infinito, portanto, deve haver um princípio, uma causa que por sua vez seja incausada, ou seja, Deus.

Outra variante é a do *movimento*. Nada se move por si mesmo, mas tudo que se move é movido por outro, por isso precisamos admitir um primeiro ser imóvel. Esses dois argumentos já aparecem com Aristóteles, ao se referir a Deus como Primeiro Motor Imóvel e como Ato Puro (sem potência).

Há mais uma versão: todos os seres são *contingentes*, pois dependem de outro para existir. Só Deus é necessário, porque não depende de nenhum outro para existir. Esses argumentos foram retomados por Tomás de Aquino e aceitos por um grande número de filósofos e teólogos.

No entanto, segundo Bertrand Russell, existe uma contradição no argumento: a conclusão de que Deus é incausado e causa de todas as coisas invalida o argumento porque nega a premissa de que "tudo que existe tem uma causa". Mais ainda, o argumento confunde acontecimentos sobrenaturais (Deus) com os naturais (causalidade, movimento e contingência).

Já vimos que, ao criticar a metafísica, Kant invalidou as tentativas de explicar pela razão a natureza e a existência de Deus. Para ele, a existência de Deus pode ser postulada, não demonstrada: é objeto de fé. O filósofo Simon Blackburn retoma um argumento de David Hume, contrário aos argumentos cosmológicos, e o adapta à época contemporânea:

> "Quando pensamos retrocedendo até ao Big Bang, a nossa próxima questão é a de saber afinal por que razão se deu esse acontecimento. A resposta 'por nenhuma razão' não nos satisfaz porque não nos satisfazemos com acontecimentos que se limitam a acontecer: o ímpeto de explicar atrai-nos. Assim, postulamos a existência de algo diferente, outra causa para lá desta. Mas o ímpeto ameaça agora continuar para sempre. Se apelarmos para Deus neste momento, teremos de perguntar o que causou Deus ou de terminar arbitrariamente a regressão. Mas se exercermos um direito arbitrário de parar a regressão neste momento, poderíamos muito bem tê-lo feito antes, parando no cosmo físico."
>
> BLACKBURN, Simon. *Pense*: uma introdução à filosofia. Lisboa: Gradiva, 2001. p. 170.

Big Bang
Hipótese cosmológica do desenvolvimento inicial do Universo.

Desígnio
Intenção, propósito, ideia de realizar algo.

Analogia
Raciocínio por semelhança. Resulta da comparação entre objetos ou fenômenos diferentes nos quais identificamos semelhança.

Argumento do desígnio

O argumento do desígnio é muito comum e tem força de convencimento. Trata-se de um tipo de explicação por analogia. Sempre nos admiramos com a ordem e a perfeição do Universo, com seus planetas e a regularidade de seus movimentos. Apesar da complexidade do mundo, é surpreendente tomar conhecimento do funcionamento do organismo dos seres vivos e de como eles interagem. Vejam-se as leis ecológicas, de uma harmonia que não pode ser afetada sob pena de desequilíbrio, como bem temos constatado nos últimos tempos. Torna-se portanto impossível afirmar que esse mundo ordenado foi obra do acaso ou negar que teve no início um ser consciente que o concebesse.

Reflita

O artista Tony Tasset colocou uma escultura efêmera em uma praça de Chicago, em 2010. O olho humano fascina pela perfeição, por ser o principal órgão de percepção e pelo seu simbolismo.

Você poderia identificar algum desses simbolismos?

SCOTT OLSON/GETTY IMAGES

Visitantes brincam ao redor da escultura do globo ocular feita pelo artista Tony Tasset e exposta em Chicago, Illinois (Estados Unidos).

Se comparássemos o Universo com um relógio, certamente indagaríamos sobre a capacidade do hábil relojoeiro, responsável por inventar aquele maquinismo. Do mesmo modo que o relojoeiro deve ter feito um projeto, também o Universo teria resultado do desígnio de uma inteligência superior, que é Deus.

O argumento do desígnio provoca adesões e críticas. Estas são muito semelhantes às que serviram para se contrapor aos argumentos cosmológicos. Ou seja, não há necessidade de ir além das explicações da própria natureza para buscar uma solução sobrenatural.

Outra objeção deriva da constatação de que o mundo não é tão maravilhoso assim, porque existe o mal. Como conciliar a bondade e a onipotência de Deus com o mal moral – o sofrimento causado pela injustiça – e com os males naturais, como as catástrofes naturais, as epidemias, as doenças? Essa questão é mais complexa, por isso trataremos dela no próximo tópico.

Uma avaliação sobre os argumentos

Que conclusão podemos extrair dessas controvérsias? Selecionamos apenas alguns argumentos, mas para cada um deles existem réplicas e tréplicas. O que muitos observam, inclusive os religiosos, é que os argumentos fortalecem a fé de quem a tem, mas não convencem os que não creem.

Assim diz o professor James Rachels:

> "As pessoas raramente acreditam em Deus por causa de argumentos. Em vez disso, limitam-se a aceitar os ensinamentos da sua cultura ou acreditam devido a uma convicção interna imperiosa. Os argumentos parecem irrelevantes. [...]
>
> O fato de estes argumentos fracassarem não significa que Deus não possa existir – significa apenas que esses argumentos particulares não provam que exista. [...] Essa conclusão não surpreenderá as pessoas religiosas que, em todo o caso, viram sempre as suas convicções como uma questão de fé, e não de lógica."
>
> RACHELS, James. *Problemas da filosofia*. Lisboa: Gradiva, 2009. p. 52.

6 O problema do mal

PHOTO SCALA, FLORENCE / GLOW IMAGES - MUSEO DEL PRADO, MADRID, ESPAÑA

"O jardim do Éden", aba esquerda do tríptico *O jardim das delícias*, do pintor holandês Hieronymus Bosch. Na pintura, o artista renascentista representa Deus apresentando Eva a Adão.

Quando examinamos o argumento do desígnio para justificar a existência de Deus, deixamos em suspenso a questão do mal. O problema decorre de como conciliar a bondade e a onipotência divina com o mal moral e os males naturais. Inúmeras foram as explicações para justificar essa aparente contradição. Vejamos algumas delas.

Algumas religiões trazem em suas doutrinas a crença em "anjos caídos", ou demônios, que se insurgiram contra Deus e têm como finalidade corromper os seres humanos. O cristianismo introduziu o conceito de *pecado original*, que se refere à desobediência de Adão e Eva a Deus, pecado punido com a expulsão do Paraíso e com a desventura do sofrimento, herdada por toda a humanidade.

O mal moral seria decorrente do livre-arbítrio concedido por Deus. Por ser livre, o ser humano poderia preferir o mal e não o bem. Outros sugerem que o bem absoluto foi prometido para a vida após a morte, portanto os fiéis suportariam os sofrimentos na esperança de vida eterna.

Desde os mais remotos mitos e as mais antigas religiões, essa indagação assalta os crentes. Algumas religiões optaram por aceitar dois princípios, um do *bem* e outro do *mal*. Foi assim com os maniqueus, seguidores do profeta persa Mani (ou Manes), que reuniu crenças de diversas religiões. Desse modo, o mal teria existência real, mas resultante de uma antidivindade.

No entanto, o mal físico traz outro tipo de problema. Enquanto o pecado supõe a transgressão pessoal a ser punida, uma catástrofe, como a provocada por terremotos ou *tsunamis*, atinge indiscriminadamente bons e maus. Assim como doenças incuráveis, que vitimizam crianças e prolongam nelas o sofrimento. É comum as pessoas menos instruídas verem no mal um castigo divino até por faltas que desconhecem.

Teorias sobre o mal

As teorias que relacionam Deus e o mal são inúmeras, muitas delas inconclusivas. Na sequência, daremos uma breve ideia da enormidade de discussões que já foram feitas em torno dessa questão.

O mal como não ser

Agostinho, bispo de Hipona (século XIV), desenvolveu a teoria do mal como não ser. Como veremos no Capítulo 16, "Razão e fé", Agostinho adotara a crença dos maniqueus em dois princípios fundadores: o Bem e o Mal. Depois converteu-se ao cristianismo e aceitou um Deus único, deparando-se então com o problema de explicar a aparente contradição entre a bondade de Deus e a existência do mal.

Na sua teoria sobre o mal, Agostinho concluiu que o mal não tem uma existência real, mas é uma carência, a ausência do bem. Argumentou que, se vemos algo que se corrompe, é porque antes era bom, senão não poderia se corromper. E, caso as coisas fossem privadas de todo o bem, deixariam totalmente de existir.

A doutrina do mal como não ser existia desde a Antiguidade e foi reforçada na Idade Média, inclusive por Tomás de Aquino, principal filósofo da escolástica.

Outras concepções sobre o mal

Kant criticou Agostinho, afirmando que, nos limites da razão, é impossível resolver essa contradição. Resta a nós reconhecer que o mal existe e buscar, do ponto de vista prático, as maneiras de evitá-lo, quando possível.

No século XX, o filósofo francês Paul Ricoeur compreende o mal segundo três respostas que correspondem a três momentos diante da perplexidade do mal.

A primeira resposta é a de ignorância diante do porquê do mal. A pessoa que foi vítima do mal tende a dizer: "não sei por que as coisas acontecem assim"; ou "existe o acaso no mundo".

A segunda é a de lamentação contra Deus: por que Deus permitiu que isso ocorresse? "Até quando, Senhor?".

O terceiro estágio é o da espiritualização da lamentação. Assim diz Ricoeur:

AKG/BIBLE LAND PICTURES/LATINSTOCK

Demônio Pazuzu, Rei dos Espíritos Maus (aproximadamente século VIII), imagem em terracota de entidade da Mesopotâmia. Nos relatos dos mitos e das religiões de todos os tempos e lugares, encontramos os seres malignos que assombram os seres humanos e justificam a existência do mal.

> "[espiritualizar a lamentação] é descobrir que as razões de acreditar em Deus nada têm em comum com a necessidade de explicar a origem do sofrimento. O sofrimento é somente um escândalo para quem compreende Deus como a fonte de tudo o que é bom na criação, incluindo a indignação contra o mal, a coragem de suportá-lo e o élan de simpatia em relação às suas vítimas; então acreditamos em Deus *apesar* do mal."
>
> RICOEUR, Paul. *O mal*: um desafio à filosofia e à teologia. Campinas: Papirus, 1988. p. 51.

5.3 Visão do especialista

Élan
Impulso, movimento afetuoso.

É evidente que esses questionamentos dizem respeito ao crentes, porque ateus e agnósticos não se debruçam sobre eles. A não ser quando os tomam como prova de que Deus não existe, o que, na verdade não teria condições de evidência.

A reflexão sobre o mal intrigou os teólogos, na tentativa de conciliar a bondade divina e a existência do mal. No entanto, essa questão é mais ampla e reaparece no campo da ética, nas discussões sobre os atos morais como *bons* ou *maus*.

Colóquio

Dois modos de chegar a Deus

Blaise Pascal (1623-1662) e René Descartes (1596-1650) viveram na mesma época, mas tinham algumas divergências filosóficas. Enquanto Descartes representa a tendência racionalista, Pascal respeita a razão, mas critica a excessiva confiança nela depositada por Descartes. Os dois textos selecionados mostram em Pascal a valorização da fé e em Descartes, o racionalismo geometrizante que o caracterizou, mesmo quando se refere a Deus.

Texto 1

Fé e razão

"O coração tem suas razões, que a razão não conhece: percebe-se isso em mil coisas. Digo que o coração ama o ser universal naturalmente e a si mesmo naturalmente, conforme aquilo a que se aplique; e ele se endurece contra um ou outro, à sua escolha. Rejeitastes um e conservastes o outro: será devido à razão que vos amais a vós próprios?

É o coração que sente Deus, e não a razão. Eis o que é a fé: Deus sensível ao coração, não à razão.

A fé é um dom de Deus; não imagineis que a consideramos um dom do raciocínio. As outras religiões não dizem isso de sua fé: só davam o raciocínio para atingi-la, o qual, entretanto, não a alcança.

Que distância entre o conhecimento de Deus e o amor de Deus! [...]

Conhecemos a verdade não só pela razão, mas também pelo coração; é desta última maneira que conhecemos os princípios, e é em vão que o raciocínio, que deles não participa, tenta combatê-los. Os pirrônicos, que só têm isso como objetivo, trabalham inutilmente. Sabemos que não sonhamos; por maior que seja a nossa impotência em prová-lo pela razão, essa impotência mostra-nos apenas a fraqueza da nossa razão, mas não a certeza de todos os nossos conhecimentos, como pretendem. Pois o conhecimento dos princípios, como o da existência de espaço, tempo, movimentos, números, é tão firme como nenhum dos que proporcionam os nossos raciocínios. É sobre esse conhecimento do coração e do instinto que a razão deve apoiar-se e basear todo o seu discurso. [...]

Pirrônico
Referente a Pirro de Élida (século III a.C.), filósofo grego cético.

Eis por que aqueles a quem Deus deu a religião pelo sentimento do coração são bem felizes e se encontram legitimamente persuadidos. Mas aos que não têm, só (lha) podemos dar pelo raciocínio, à espera de que Deus [lha]dê pelo sentimento do coração, sem o que a fé é apenas humana e inútil para a salvação."

PASCAL, Blaise. *Pensamentos*.
São Paulo: Abril Cultural. 1973. p. 111-112. (Coleção Os Pensadores)

Texto 2

A existência de um Deus perfeito

"... tendo refletido sobre aquilo que eu duvidava, e que, por consequência, meu ser não era totalmente perfeito, pois via claramente que o conhecer é perfeição maior do que duvidar, deliberei procurar de onde aprendera a pensar em algo mais perfeito do que eu era; e conheci, com evidência, que deveria ser de alguma natureza que fosse de fato mais perfeita. No concernente aos pensamentos que tinha de muitas outras coisas fora de mim, como do céu, da terra, da luz, do calor e de mil outras, não me era tão difícil saber de onde vinham, porque, não advertindo neles nada que me parecesse torná-los superiores a mim, podia crer que, se fossem verdadeiros, eram dependências de minha natureza, na medida em que esta possuía alguma perfeição; e se não o eram, que eu os tinha do nada, isto é, que estavam em mim pelo que eu possuía de falho. Mas não podia acontecer o mesmo com a ideia de um ser mais perfeito do que o meu; pois tirá-la do nada era manifestamente impossível; e, visto que não há menos repugnância em que o mais perfeito seja uma consequência de uma dependência do menos perfeito do que admitir que do nada procede alguma coisa, eu não podia tirá-la tampouco de mim próprio. De forma que restava apenas que tivesse sido posta em mim por uma natureza que fosse verdadeiramente mais perfeita do que a minha, e que mesmo tivesse em si todas as perfeições de que eu poderia ter alguma ideia, isto é, para explicar-me numa palavra, que fosse Deus. A isso acrescentei que, dado que conhecia algumas perfeições que não possuía, eu não era o único ser que existia (usarei aqui livremente, se vos aprouver, alguns termos da Escola); mas que devia necessariamente haver algum outro mais perfeito, do qual eu dependesse e de quem eu tivesse recebido tudo o que possuía. [...]

A mão de Deus (1896), escultura de Auguste Rodin (1840-1917).

Escola
Descartes refere-se à escolástica, movimento teológico-filosófico medieval cujo maior expoente foi Tomás de Aquino (século XIII).

Quis procurar, depois disso, outras verdades, e tendo-me proposto o objeto dos geômetras, que eu concebia como um corpo contínuo, ou um espaço infinitamente extenso em comprimento, largura e altura ou profundidade, divisível em diversas figuras e grandezas, e ser movidas ou transpostas de demonstrações. E, tendo notado que essa grande certeza, que todo mundo lhes atribui, se funda apenas no fato de serem concebidas com evidência, [...] notei também que nada havia nelas que me assegurasse a existência de seu objeto. Pois, por exemplo, eu via muito bem que, supondo um triângulo, cumpria que seus três ângulos fossem iguais a dois retos; mas, apesar disso nada via que garantisse haver no mundo qualquer triângulo. Ao passo que, voltando a examinar a ideia que tinha de um Ser perfeito, verificava que a existência estava aí inclusa, da mesma forma como na de um triângulo está incluso serem seus três ângulos iguais a dois retos, ou na de uma esfera serem todas as suas partes igualmente distantes do seu centro, ou mesmo, ainda mais evidentemente; e que, por conseguinte, é pelo menos tão certo que Deus, que é esse Ser perfeito, é ou existe, quanto sê-lo-ia qualquer demonstração de Geometria.”

DESCARTES, René. *Discurso do método*. São Paulo: Abril Cultural, 1973. p. 55-57. (Coleção Os Pensadores)

Questões

1. Dentro do contexto, o que Pascal quer dizer com a exclamação: “Que distância entre o conhecimento de Deus e o amor de Deus!”?
2. Leia o texto de Descartes e elabore um esquema do encadeamento de ideias feito pelo filósofo.
3. Considerando o tópico em que foram analisados os diversos tipos de prova da existência de Deus, em qual deles se encaixa o pensamento de Descartes? Justifique sua resposta.
4. Sob que aspecto as posições de Pascal e de Descartes convergem e em que eles discordam?

7 Religião e democracia

A democracia é um regime que consente na ampla participação dos cidadãos e dela depende para ser verdadeira. Por ser também pluralista respeita as diferenças entre seus membros e abre os debates para resolver pacificamente os conflitos, sempre inevitáveis. Inevitáveis porque onde há pluralismo, há divergências, e essas não podem ser desprezadas, sob pena de descaracterizá-la. Por isso mesmo, a democracia é o contrário da autocracia, regime em que as decisões ficam a cargo de uma minoria que faz calar os demais.

Sabemos pela história que os governos sempre sofrem a tentação de exercer o poder buscando o pensamento único. Às vezes predomina o aspecto ideológico, como no nazismo racista de Hitler ou na perseguição soviética aos dissidentes do sistema. Outras vezes é o aspecto religioso, em que prevalece uma das religiões, tida como verdadeira e que se impõe à revelia das demais. Estas últimas passam a ser chamadas de *heréticas* e seus seguidores são perseguidos e punidos.

Os exemplos são inúmeros. Sócrates foi acusado de *impiedade*. Esse termo, hoje impregnado pelo sentido de "maldade", significa de fato o comportamento daqueles que são *ímpios*, isto é, que não creem na divindade. Sócrates, que viveu em uma civilização politeísta, foi condenado por não aceitar os deuses da cidade. Além de impiedade, Sócrates sofreu a acusação de corromper os jovens, por criticar os costumes e os governantes. Ou seja, ambas as acusações se configuram como crimes contra a consciência.

Na França do século XVI, o confronto entre seguidores de religiões diferentes culminou tristemente no massacre de protestantes por católicos. O dia dedicado a um santo católico tornou-se conhecido como "Noite de são Bartolomeu".

O período da Ilustração, no século XVIII, foi importante para a discussão a respeito da laicidade dos governos. No entanto, isso não significa que deixaram de existir tentativas – muitas vezes efetivadas – de interferência do discurso religioso na política.

GRÉGORY GINTERDAELE/AMNESTY INTERNATIONAL - AIR, BRUSSELS, BELGIUM

"Os direitos humanos precisam de sua chama. Compre uma vela." Campanha de novembro de 2010 da Anistia Internacional, entidade autogerida, não vinculada a governos, ideologias políticas, interesses econômicos ou religiosos que luta pelos direitos humanos no mundo.

Reflita

Há uma polêmica ainda hoje no Brasil sobre a retirada de crucifixos das repartições públicas.

- Discuta com seus colegas quais são os argumentos favoráveis e os contrários à medida. Em seguida, posicionem-se.

Essas observações realçam o fato de que a permanência de um Estado laico é importante para a democracia e que, portanto, a integração Igreja e Estado representa um risco. É um risco porque a sociedade é plural, não sendo salutar o prevalecimento de uma só orientação. No entanto, isso não significa desprezar os religiosos que atuam em suas comunidades. Se algumas vezes os religiosos foram coniventes com o poder autoritário, em outras exerceram atuação relevante na oposição às ditaduras. O sociólogo francês Alain Touraine, estudioso dos movimentos sociais, confirma:

> "Tal posição é contraditada pela história recente, em particular, da América Latina, na qual determinados movimentos populares urbanos de inspiração religiosa lutaram mais eficazmente contra as ditaduras militares do que as classes médias instruídas, mas quase sempre seduzidas pelas oportunidades de enriquecimento e promoção oferecidas por regimes autoritários que restabeleciam os direitos do mercado."
>
> TOURAINE, Alain. *O que é a democracia?* Petrópolis: Vozes, 1996. p. 235.

Capa do livro *Batismo de sangue*, de Frei Betto, religioso dominicano que foi preso durante o regime militar ao lado de outros frades que acolheram e ajudaram na fuga de jovens militantes que faziam a resistência à ditadura. O livro foi adaptado para o cinema.

O que é fundamentalismo?

Sempre que se fala em fundamentalismo religioso, é comum a imediata relação com religiões islâmicas. No entanto, trata-se de uma parcialidade preconceituosa que oculta o fato de que outras religiões também tiveram manifestações fundamentalistas. Esse tipo de distorção encontra-se presente ao longo da história da humanidade e é representado por grupos radicais, que desejam impor a qualquer custo sua verdade a outros.

Assim, seriam fundamentalistas: entre os cristãos, os cruzados, que, na Idade Média, combatiam os "infiéis" árabes; os inquisidores, que queimavam livros e hereges; os incendiários de mesquitas hindus; os homens-bombas muçulmanos. Todos eles agem em nome de uma fé fanática.

Origem do termo *fundamentalismo*

O comportamento fundamentalista é antigo, mas o termo teve origem nos Estados Unidos. Por volta de 1910 e 1915, foi publicada uma vasta coleção de estudos religiosos, intitulada *The Fundamentals*, que reuniu textos sagrados de teólogos conservadores.

Contudo, o fundamentalismo cristão evangélico naquele país manifestou-se negativamente em diversas ocasiões: na afirmação do criacionismo em oposição à teoria evolucionista de Darwin; na condenação das lutas libertárias de feministas e homossexuais nos anos 1960; na firme atuação nas décadas de 1980-1990, quando atuaram como uma vertente conservadora que lutava contra o que considerava "desagregação Familiar". No último exemplo, a intenção era reafirmar o patriarcalismo, recuperar a santidade do matrimônio, a autoridade do homem sobre a mulher, a retomada do poder paterno sobre os filhos, o sexo voltado para a procriação.

Fanatismo
Zelo excessivo pela religião, intolerância. A palavra *fanatismo* vem do latim *fanum*, que significa "templo", "lugar consagrado". O termo *fanático* é da mesma natureza de *fã*, aquele que demonstra admiração excessiva por um artista, um esportista etc.

O fundamentalismo hoje

Não podemos considerar fundamentalistas todos os cristãos, mas apenas aqueles que agem de forma impositiva, intolerante e fanática. Do mesmo modo, entre os adeptos do islamismo, a acusação só se aplica a certos setores radicais.

Por exemplo, o Afeganistão, país de maioria muçulmana, já havia atingido significativo avanço no processo de modernização. As mulheres frequentavam a universidade, tinham direito de votar e de serem votadas e exerciam profissões liberais. Em 1996, o grupo fundamentalista dos Talebans assumiu o poder. A interpretação radical da religião islâmica impôs restrições e punições severas à população, como amputar mãos e pés de ladrões, açoitar em praça pública os consumidores de bebida alcoólica, exigir que os homens usassem barba, que as mulheres retornassem às atividades domésticas e voltassem a usar a burca, e que as escolas para meninas fossem fechadas. História semelhante já havia ocorrido no Irã, depois da Revolução Islâmica de 1979, que impôs uma república teocrática no país e promoveu a integração entre religião e política.

Burca
Vestimenta que as mulheres devem usar em público em alguns países muçulmanos e que cobre o corpo todo, inclusive os olhos, semiocultos por um tecido em tela. Na Península Arábica a exigência é do niqab, semelhante à burca, mas com os olhos à mostra. Já o xador (ou chador), usado no Irã, cobre o corpo e os cabelos, mas o rosto permanece descoberto.

O que se observa no comportamento de fundamentalistas, seja no Ocidente, seja no Oriente, é que são invariavelmente reativos e conservadores. No caso dos cristãos e dos judeus, a reação se dá na defesa do que eles consideram valores morais e religiosos a serem recuperados. Os fundamentalistas islâmicos, por sua vez, buscam resgatar valores religiosos que estariam ameaçados pela ocidentalização dos costumes. Em ambos os casos, há uma obsessão por retornar ao passado.

Na história em quadrinhos *Persépolis* (Companhia das Letras, 2008), adaptada para animação (*Persepolis*, França, 2007), a jovem cartunista iraniana Marjane Satrapi conta a experiência de viver em um país liberal que depois é submetido a um regime teocrático.

8 Para refletir

A religião é uma dimensão humana relevante relacionada às crenças que ajudam a compreender a realidade, a orientar a ação e a esperar que a vida não termine com a morte, embora nem todas as religiões se enquadrem nessa estreita definição. Diante de um leque muito amplo de expressões religiosas, a filosofia da religião busca tratar dessas questões de uma maneira tão isenta quanto possível. A filosofia não proselitista não tem por objetivo impor conceitos, mas discuti-los.

Essa reflexão nos leva a outra: a necessidade de, em uma sociedade pluralista e democrática, todos – crentes e descrentes – terem seu espaço e liberdade de expressão e respeitarem-se mutuamente.

Leitura analítica

Moral e religião

"Qualquer crença religiosa implica uma determinada concepção de moral, pois as crenças em geral – não só as religiosas, mas também as concepções do mundo explicitamente ateias – contêm necessariamente considerações valorativas sob determinados aspectos da vida, considerações que, por sua vez, permitem formular princípios, normas e preceitos para orientar a ação. As religiões de grande tradição histórica, como o cristianismo, o islamismo ou o budismo, dispõem de doutrinas morais muito elaboradas, nas quais se detalham objetivos, ideais, virtudes, normas etc. Desse modo, o crente de determinada religião recebe – personalizando-a, aceitando-a em consciência como sua própria – a concepção moral do grupo religioso a que pertence, e com ela assimila também um determinado código de normas que para ele terá a dupla condição de código religioso [...] e de código moral. [...]

Por outro lado, uma religião não é apenas um código moral, mas algo mais: é um determinado modo de compreender a transcendência e de se relacionar com ela. Nesse sentido, algumas das prescrições que pertencem ao código moral religioso possuem, na realidade, um caráter estritamente religioso, e portanto não podem ser consideradas prescrições morais propriamente ditas, mesmo que o crente possa sentir-se obrigado do mesmo modo tanto por umas quanto por outras [...]. Por exemplo, quando uma religião ordena a seus seguidores que participem de determinados ritos, ou que se dirijam à divindade com determinadas orações, está estabelecendo prescrições estritamente religiosas, pois tais exigências não são racionalmente exigíveis de toda pessoa enquanto tal.

Por fim, recordemos que nem toda concepção moral faz referência a crenças religiosas, nem tem o dever de fazê-lo. É verdade que, durante séculos, as questões morais costumavam ficar a cargo das religiões, e que seus respectivos hierarcas atuavam e atuam como moralistas para orientar as ações de seus seguidores e tentar influenciar também os que não o são. Mas, em rigor, os preceitos de uma moral religiosa só são obrigatórios para os fiéis da religião em questão. Portanto, uma moral comum exigível a todos, crentes e não crentes, não pode ser uma moral confessional, nem tampouco belicosamente laicista (isto é, oposta à livre existência dos tipos de moral de inspiração religiosa), mas precisa ser simplesmente laica, isto é, independente das crenças religiosas [...]. Desse modo, os diferentes tipos de moral presentes em uma sociedade pluralista podem sustentar – cada uma a partir de suas próprias crenças – uma moral cívica de princípios comumente compartilhados (igual respeito e consideração por todos, garantia de direitos e liberdade básicos para todos) que permita o clima apropriado para que as diferentes concepções morais de caráter geral e abrangente [. .] possam convidar as pessoas a compartilhar seus respectivos ideais mediante argumentos e testemunhos que julguem pertinentes."

CORTINA, Adela; MARTINEZ, Emilio. *Ética*. São Paulo: Loyola, 2005. p. 42-43.

Hierarca
Autoridade superior em assuntos eclesiásticos.

Questões

1. Sob que aspecto religião e moral se acham vinculadas?
2. Em que sentido a moral não se encontra necessariamente vinculada a uma religião?
3. Qual é a importância de garantir o pluralismo nas sociedades contemporâneas?

Atividades

Retomando os conteúdos

1. Faça a distinção entre teísmo, deísmo e panteísmo.

2. Em que consiste o argumento cosmológico para provar a existência de Deus?

3. O que é fundamentalismo religioso?

Aprofundando os conceitos

4. Interprete a citação de Cassirer.

> "No desenvolvimento da cultura humana não podemos fixar um ponto onde termina o mito e a religião começa. Em todo o curso de sua história, a religião permanece indissoluvelmente ligada a elementos míticos e repassada deles."
>
> CASSIRER, Ernst. *Antropologia filosófica*. São Paulo: Mestre Jou, 1972. p. 143.

5. Leia a citação de Montaigne e relacione-a com o que estudamos sobre a intolerância religiosa.

> "Não me parece excessivo julgar bárbaros tais atos de crueldade [a antropofagia de indígenas], mas que o fato de condenar tais defeitos não nos leve à cegueira acerca dos nossos. Estimo que é [...] pior esquartejar um homem entre suplícios e tormentos e o queimar aos poucos, ou entregá-lo a cães e porcos, a pretexto de devoção e fé, como não somente o lemos mas vimos ocorrer entre vizinhos nossos conterrâneos; e isso em verdade é bem mais grave do que assar e comer um homem previamente executado."
>
> MONTAIGNE. *Ensaios*. São Paulo: Abril Cultural, 1972. p. 107. (Coleção Os Pensadores)

Dissertação

6. Leia as duas notas e em seguida escreva uma dissertação respondendo à pergunta: "Se Deus não existe, tudo é permitido?".

> "[...] a qualquer um que já hoje tenha consciência da verdade é permitido organizar-se sobre novos princípios a seu absoluto critério. Nesse sentido, a ele 'tudo é permitido'. E mais: [...] como Deus e a imortalidade todavia não existem, ao novo homem, ainda que seja um só no mundo inteiro, será permitido tornar-se homem-deus e, claro que já na nova função, passar tranquilamente por cima de qualquer obstáculo moral imposto ao antigo homem-escravo, se isso for necessário. Para um deus não existe lei! Onde deus estiver, estará no lugar do deus! Onde eu estiver, aí já será o primeiro lugar... 'tudo é permitido', e basta!"
>
> DOSTOIÉVSKI, Fiódor. *Os irmãos Karamázov*. São Paulo: 34, 2008. v. 2. p. 840-841.

> "A moral, ao contrário do que se costuma crer, não tem nada a ver com a religião, menos ainda com o medo da polícia ou do escândalo. Ou, se esteve historicamente ligada às Igrejas, aos Estados e à opinião pública, só se torna verdadeiramente moral – esta é uma das contribuições decisivas das Luzes – na medida em que se liberta desses vínculos. Foi o que mostraram, cada qual a seu modo, Espinosa, Bayle e Kant. [...] O que é moral? É o conjunto das regras que eu imponho a mim mesmo, ou deveria impor, não com a esperança de recompensa ou o medo de um castigo, o que não passaria de egoísmo, não em função do olhar alheio, o que não passaria de hipocrisia, mas, ao contrário, de maneira desinteressada e livre: porque considero que elas se impõem universalmente (para todo ser razoável) e sem que tenhamos necessidade, para tanto, de esperar ou de temer o que quer que seja."
>
> COMTE-SPONVILLE, André. *Dicionário filosófico*. São Paulo: WMF Martins Fontes, 2011. p. 399-400.

Capítulo 6

A felicidade

1 O que significa ser feliz?

6.1 Biblioteca do estudante: Leitura complementar

"Feliz aniversário!", "Feliz Ano Novo!", "Felicidades!".

As saudações são nossos votos, em situações especiais, para aqueles que estimamos. É o mesmo que, em geral, desejamos para nós: ser feliz. Mas é possível ser feliz? E, afinal, o que é a felicidade?

Para alguns, mais pessimistas, a felicidade é um sonho impossível. Os problemas do cotidiano, os sofrimentos físicos e morais, a fome, a pobreza, a violência, a angústia, o tédio são empecilhos severos para se seguir vivendo. Para outros, como sugere a publicidade, a felicidade estaria nos momentos de consumo, longe do trabalho, com todo o conforto e prazer que o dinheiro pode proporcionar: um carro, um iate, roupas de marca, ausência de sofrimento, um "*dolce far niente*"... Por isso tantos esperam as férias, a aposentadoria ou o prêmio da loteria.

Dolce far niente
Expressão italiana que significa "doce fazer nada".

ST. PETERSBURG, RUSSIAN STATE MUSEUM/SCALA/GLOW IMAGES

O passeio, autorretrato do pintor Marc Chagall com sua mulher Bella. Sobre a grama, a toalha vermelha estendida para o piquenique. Ao fundo, sua aldeia natal, na Rússia. A reciprocidade do amor ou da amizade são expressões desejáveis da felicidade.

Hedonismo
Do grego *hedoné*, "prazer". Corrente filosófica que distingue o prazer como soberano bem. No contexto, trata-se do uso corrente do conceito, que desvirtua o pensamento de Epicuro. Pode-se consultar o Capítulo 15, "Filosofia helenística".

Expressando essa felicidade fantasiosa, em algumas revistas os "famosos" estampam seus sorrisos hedonistas. Já em outras, são expostos com certa maldade a intimidade de relações amorosas malsucedidas, as internações para tratar dependência de drogas ou os detalhes de mais uma cirurgia plástica na luta contra o envelhecimento.

Pelos consultórios médicos passam pessoas com estresse, a doença do nosso tempo. O enfrentamento da depressão estimula a banalização do consumo de psicofármacos – as "pílulas da felicidade". Dessa perspectiva, a felicidade é vista pelo seu avesso: como a não dor, o não sofrimento, a não perda. A essa padronização de comportamentos, Nietzsche chamou de "felicidade de rebanho".

A felicidade não é uma dádiva ou uma busca cega dos bens materiais e do "sucesso". Ela se encontra naquilo que o ser humano faz de si próprio. Apenas as posses não nos tornam felizes, porque a riqueza nunca é um bem em si mesmo, mas um meio para nos propiciar outras coisas. O que se percebe é que muitas vezes as pessoas se afastam da felicidade ao procurá-la onde ela não pode ser encontrada.

Reflita

No livro *Admirável mundo novo*, de Aldous Huxley, o avanço da ciência permite que as pessoas permaneçam sempre jovens e sejam "felizes" por tomarem o *soma*, uma droga que impede a manifestação da tristeza e do sofrimento.

- Seria isso a felicidade?

2 A "experiência de ser"

De maneira geral, a felicidade comporta diversos aspectos. Vamos examinar alguns deles.

- **Sentimento de satisfação**

O sentimento de satisfação depende de como vivemos, da possibilidade de sentirmos alegria, contentamento, prazer. Sabemos que não se trata de uma plenitude, porque esse estado de espírito não ocorre o tempo todo. Por isso a vida feliz não exclui contratempos como a dor, o sofrimento, a tristeza.

Apenas o sentimento de satisfação não é suficiente para explicar a felicidade, porque ela supõe a realização de desejos que, não raro, são conflitantes. Por exemplo, você pode ficar em dúvida entre assistir a um filme ou ficar estudando. Os motivos para decidir são de diversas naturezas: o filme é de um bom diretor e trata de um tema que lhe interessa; ou, então, é puro entretenimento e você precisa se distrair. Por sua vez, o estudo pode ser um prazer ou pode representar, naquele momento, o projeto para alcançar uma boa profissão no futuro. Em qualquer caso, os desejos não são compatíveis e uma decisão satisfaz um deles, mas frustra o outro.

- **Autonomia da decisão**

Outro componente da felicidade é a autonomia da decisão. Toda escolha verdadeira pressupõe a autonomia de agir de acordo com nossos próprios projetos de vida. Não somos livres quando nos deixamos levar por influências externas, o que acontece com frequência nas sociedades massificadas, em que os comportamentos tendem à padronização. Nesse caso, não realizamos nossos desejos, mas os sonhos alheios, geralmente impostos pelo mercado.

- **Reflexão**

Para agir de modo livre, é necessário refletir, a fim de apreciar o que desejamos da vida como um todo, conforme projetos que dão sentido às nossas decisões. É o que o filósofo francês Robert Misrahi chama de "experiência de ser":

> "Nessa experiência, o sujeito não é mais fragmentado ou dispersado entre diversas personalidades (que opõem, por exemplo, a vida profissional e a criação, a atividade utilitária e a atividade estética, a relação burocrática e a relação autenticamente pessoal). Ele se encontra, ao contrário, unificado, ao mesmo tempo em que unifica essas diversas atividades por seu propósito existencial principal. A personalidade unificada se apreende então como adesão afirmativa a si mesma, e essa adesão, vivida como satisfação ou bem-estar existencial, pode ser apreendida como uma espécie de permanência alegre de sua própria identidade. [...] É esse prazer existencial e consciente de ser e de existir como sujeito e como vida que chamamos de *alegria*."
>
> MISRAHI, Robert. *A felicidade*: ensaio sobre a alegria. Rio de Janeiro: Difel, 2001. p. 31-33.

Conceitos interligados

Quando nos referimos à experiência de ser de um sujeito livre, consciente de sua individualidade, entramos no campo da ética. De fato, a reflexão sobre o que fazer da nossa vida para alcançar a felicidade nos coloca diante de escolhas morais. E a moral procura responder à questão: o que devo fazer para viver bem, para saber viver?

Pensar a felicidade depende da maneira pela qual nos relacionamos com as pessoas e dos afetos de amor e ódio que resultam desses encontros ou desencontros; depende da percepção de nosso próprio corpo, com suas emoções e paixões, e o que fazemos com elas; depende ainda da maneira como enfrentamos as perdas e de como entendemos o sentido da morte, sobretudo da nossa própria morte.

Completando: o que é a felicidade se não tivermos com quem compartilhar nossa alegria? Portanto, a felicidade é também a celebração da amizade, do amor e do erotismo.

JAMIE MCDONALD/GETTY IMAGES

Torcedores se confraternizam no Estádio Municipal de Wroclaw, na Polônia, em junho de 2012, durante a partida entre as seleções da República Tcheca e da Polônia pela Eurocopa 2012. A felicidade depende da maneira como nos relacionamos com as pessoas.

Leitura analítica

A felicidade

"Retomemos a nossa investigação e procuremos determinar à luz deste fato de que todo conhecimento e todo trabalho visa a algum bem, quais afirmamos ser os objetivos da ciência política e qual é o mais alto de todos os bens que se podem alcançar pela ação. Verbalmente, quase todos estão de acordo, pois tanto o vulgo como os homens de cultura superior dizem ser esse fim a felicidade e identificam o bem viver e o bem agir como o ser feliz. Diferem, porém, quanto ao que seja a felicidade. [...]

Voltemos novamente ao bem que estamos procurando e indaguemos o que é ele, pois não se afigura igual nas distintas ações e artes; é diferente na medicina, na estratégia, e em todas as demais artes do mesmo modo. Que é, pois, o bem de cada uma delas? Evidentemente, aquilo em cujo interesse se fazem todas as outras coisas. Na medicina é a saúde, na estratégia a vitória, na arquitetura uma casa, em qualquer outra esfera uma coisa diferente, e em todas as ações e propósitos é ele a finalidade; pois é tendo-o em vista que os homens realizam o resto. Por conseguinte, se existe uma finalidade para tudo que fazemos, essa será o bem realizável mediante a ação; e, se há mais de uma, serão os bens realizáveis através dela.

[...] Mas procuremos expressar isto com mais clareza ainda. Já que, evidentemente, os fins são vários e nós escolhemos alguns dentre eles [...], segue-se que nem todos os fins são absolutos; mas o sumo bem é claramente algo de absoluto. Portanto, se só existe um fim absoluto, será o que estamos procurando; [...] chamamos de absoluto e incondicional aquilo que é sempre desejável em si mesmo e nunca no interesse de outra coisa.

Ora, esse é o conceito que preeminentemente fazemos da felicidade. É ela procurada sempre por si mesma e nunca com vistas em outra coisa, ao passo que à honra, ao prazer, à razão e a todas as virtudes nós de fato escolhemos por si mesmos (pois, ainda que nada resultasse daí, continuaríamos a escolher cada um deles); mas também os escolhemos no interesse da felicidade, pensando que a posse deles nos tornará felizes. A felicidade, todavia, ninguém a escolhe tendo em vista algum destes, nem, em geral, qualquer coisa que não seja ela própria. [...] A felicidade é, portanto, algo absoluto e autossuficiente, sendo também a finalidade da ação. [...]

Mas dizer que a felicidade é o sumo bem talvez pareça uma banalidade, e falta ainda explicar mais claramente o que ela seja. Tal explicação não ofereceria grande dificuldade se pudéssemos determinar primeiro a função do homem. Pois, assim como para um flautista, um escultor ou um pintor, e em geral para todas as coisas que têm uma função ou atividade, considera-se que o bem e o 'bem feito' residem na função, o mesmo ocorreria com o homem se ele tivesse uma função. [...]

Ora, se a função do homem é uma atividade da alma que segue ou que implica um princípio racional; [...] se realmente assim é, [...] o bem do homem nos aparece como uma atividade da alma em consonância com a virtude, com a melhor e mais completa.

Mas é preciso ajuntar 'numa vida completa'. Porquanto uma andorinha não faz verão, nem um dia tampouco; e da mesma forma um dia, ou um breve espaço de tempo, não faz um homem feliz e venturoso."

ARISTÓTELES. *Ética a Nicômaco*.
São Paulo: Abril Cultural, 1973. p. 251, 254-256.
(Coleção Os Pensadores)

Questões

1. Aristóteles afirma: "chamamos de absoluto e incondicional aquilo que é sempre desejável em si mesmo e nunca no interesse de outra coisa", e, em seguida, identifica esse bem à felicidade. Justifique essa ideia.
2. Qual é, segundo Aristóteles, a função do ser humano? Em que sentido a conclusão do filósofo faz com que ele relacione ética e felicidade?

3 Amar é uma arte?

É difícil definir o amor, porque a especificidade desse sentimento sempre nos escapa. Assim diz o filósofo francês Roland Barthes:

> "Que é que eu penso do amor? Em suma, não penso nada. Bem que eu gostaria de saber *o que é*, mas estando do lado de dentro, eu o vejo em existência, não em essência. [...] Mesmo que eu discorresse sobre o amor durante um ano, só poderia esperar pegar o conceito 'pelo rabo': por *flashes*, fórmulas, surpresas de expressão, dispersos pelo grande escoamento do Imaginário; estou no *mau lugar* do amor, que é seu lugar iluminado: 'O lugar mais sombrio, diz um provérbio chinês, é sempre embaixo da lâmpada'."
>
> BARTHES, Roland. *Fragmentos de um discurso amoroso*. Rio de Janeiro: Francisco Alves, 1981. p. 50.

Apesar dessas dificuldades, tentemos algumas delimitações do conceito. Em primeiro lugar, na linguagem comum, *amor* é usado em diversas acepções, desde as materiais – o amor ao dinheiro –, até as religiosas, como o amor a Deus. Fala-se também do amor à pátria, ao trabalho e à justiça. É bem verdade que, em algumas dessas acepções, outros termos seriam mais apropriados, tais como o *desejo de posse* do dinheiro, o *interesse* ou *gosto* pelo trabalho, o *empenho moral* na defesa da justiça, e assim por diante.

Tipos de amor

6.2 Visão do especialista

Distinguiremos três tipos de amor: *filia*, ágape e eros.

- **Filia**

O termo grego *filia* (*philia*) geralmente é traduzido como "amizade". Trata-se do amor vivido na família ou entre os membros de uma comunidade. Os laços de afeto que o expressam são, em tese, a generosidade, o desprendimento e a reciprocidade, isto é, a estima mútua.

Além desse sentido geral dado pelos gregos, podemos distinguir a amizade propriamente dita. Nesse caso, um vínculo mais forte une pessoas que se escolhem pelo que cada uma é. Por isso, Aristóteles explica que "os que desejam bem aos seus amigos por eles mesmos são os mais verdadeiramente amigos". E conclui:

> "Mas é natural que tais amizades não sejam muito frequentes, pois que tais homens são raros. Acresce que uma amizade dessa espécie exige tempo e familiaridade. Como diz o provérbio, os homens não podem conhecer-se mutuamente enquanto não houverem 'provado sal juntos'; e tampouco podem aceitar um ao outro como amigos enquanto cada um não parecer estimável ao outro e este não depositar confiança nele. Os que não tardam a mostrar mutuamente sinais de amizade desejam ser amigos, mas não o são a menos que ambos sejam estimáveis e o saibam; porque o desejo da amizade pode surgir depressa, mas a amizade não."
>
> ARISTÓTELES. *Ética a Nicômaco*, VIII, 3. São Paulo: Abril Cultural, 1973. p. 382.

Provar sal juntos
Expressão que indica a convivência prolongada entre pessoas, porque o sal é usado todos os dias no alimento que ambos comem inúmeras vezes um ao lado do outro.

- **Ágape**

Ágape, do grego *agápe*, significa "amor fraterno". Entre os cristãos primitivos, o termo designava as refeições fraternais em que se reuniam ricos e pobres, daí o sentido de caridade, de amar ao próximo como a si mesmo.

2010 MUSÉE DU LOUVRE, PARIS, FRANCE/RAPHAËL CHIPAULT/ALBUM/LATINSTOCK

Psique revivida pelo beijo de amor (1793), escultura do pintor e escultor veneziano Antonio Canova. Na mitologia grega, Eros (Cupido, para os romanos) é o nome do deus do amor. Há várias versões para sua origem e natureza. Geralmente é representado por um belo jovem que flecha os corações para torná-los apaixonados.

Esse tipo de amor não supõe reciprocidade, porque quem ama não espera retribuição. Também não depende do valor moral do indivíduo que é objeto desse amor. Falando em termos profanos – não mais religiosos –, trata-se da benevolência universal, a fraternidade pela qual zelamos pelos outros.

- **Eros**

Eros refere-se às relações amorosas propriamente ditas. Diferentemente das expressões de amor já citadas, a paixão amorosa está associada à exclusividade e à reciprocidade. Por isso, ao contrário da tradição, que caracteriza o ser humano apenas como racional, poderíamos vê-lo também como "ser desejante", tal é a força que impulsiona a busca do prazer e da alegria de conquistar o amado. Esse desejo, porém, não visa apenas a alcançar o outro como objeto. Mais que isso, busca o reconhecimento do amado, quer capturar sua consciência, porque o apaixonado *deseja o desejo do outro*.

Não convém, no entanto, identificar Eros com a sexualidade simplesmente biológica. Diferentemente dos animais, os seres humanos vivenciam a atividade sexual como *erotismo*, como busca psicológica, independente do fim natural dado pela reprodução. Trata-se portanto da atividade do ser que deseja, escolhe, ama, que se comunica com o mundo e com o outro, numa linguagem tanto mais humana quanto mais se exprime de maneira pessoal e única.

4 Platão: Eros e a filosofia

No diálogo *O banquete*, Platão relata um encontro em que os convivas discursam sobre o amor. Vamos destacar dois desses discursos: o de Aristófanes, o melhor comediógrafo da época, e o de Sócrates, o mestre de Platão.

Aristófanes relata um mito sobre a origem do amor. No início os seres humanos eram duplos e esféricos, e os sexos eram três, um deles constituído por duas metades masculinas, outro, por duas metades femininas e o terceiro, andrógino, metade masculino, metade feminino. Por terem ousado desafiar os deuses, Zeus cortou-os em dois para enfraquecê-los. A partir dessa separação, cada metade buscou restaurar a unidade primitiva, de onde surgiu o amor recíproco. E como os seres iniciais não eram apenas bissexuais, foi valorizado o amor entre seres do mesmo sexo, sobretudo o masculino, como expressão possível desse encontro amoroso.

Sócrates, por sua vez, lembra o diálogo que tivera com a sacerdotisa Diotima sobre a origem e a natureza de Eros. Segundo ela, durante o aniversário de Afrodite, Eros nasceu de Poros (Riqueza) e de Pénia (Pobreza). Aos pais Eros deve a inquietude de procurar sair da situação de pobreza e, por meio de certos expedientes, alcançar o que deseja: por isso o amor é a oscilação eterna entre o não possuir e o possuir, um desejo intenso de qualquer coisa que não se tem e se deseja ter.

Uma interpretação

O relato de Aristófanes reforça uma das ilusões da vida amorosa, o desejo de encontrar a própria metade, aquela que irá nos completar e nos retirar da solidão: "ser apenas um, em vez de dois". O encontro amoroso seria a fusão, a completude e, portanto, a felicidade.

Platão, porém, está interessado na fala de seu mestre. Para Sócrates, o amor não é completude, mas falta: "o que deseja, deseja aquilo de que é carente". Portanto, o amor não é fusão, como queria Aristófanes, mas busca constante, porque sempre desejamos aquilo que não temos. Eros é ânsia de ajudar o eu autêntico a se realizar, a se aperfeiçoar.

Nesse sentido, a vontade humana tende para o Bem e para o Belo, só que o faz de maneira gradual: começa atraído pelos belos corpos – a beleza física – até alcançar a beleza espiritual. Veja o que disse Diotima a Sócrates:

> "Eis, com efeito, em que consiste o proceder corretamente nos caminhos do amor ou por outro se deixar conduzir: em começar do que aqui é belo e, em vista daquele belo, subir sempre, como que servindo-se de degraus, de um só para dois e de dois para todos os belos corpos, e dos belos corpos para os belos ofícios, e dos ofícios para as belas ciências até que das ciências acabe naquela ciência, que de nada mais é senão daquele próprio belo, e conheça enfim o que em si é belo."
>
> PLATÃO. *O banquete*. São Paulo: Abril Cultural, 1972. p. 48. (Coleção Os Pensadores)

A sacerdotisa se refere a uma ciência especial, que é a filosofia, capaz de reconhecer o que é o belo em si. Nesse estágio, o indivíduo desliga-se da paixão por determinada pessoa ou atividade, ocupando-se com a pura contemplação da beleza. O amor intelectual é, portanto, superior ao amor sensível. Se na juventude predomina a admiração pela beleza física, o verdadeiro discípulo de Eros amadurece com o tempo ao descobrir que a beleza da alma é mais preciosa que a do corpo.

As conclusões de Platão precisam ser compreendidas, tendo por base sua teoria a respeito das relações entre corpo e alma: enquanto a alma é superior ao corpo, este nada mais é do que a "prisão da alma". Comentários mais completos podem ser encontrados na Parte II deste livro, no Capítulo 14, "A filosofia no período clássico".

Saiba mais

O que é o tão falado *amor platônico*? É o amor em que não mais predominam a sensibilidade e as paixões, mas o prazer intelectual e espiritual.
No entanto, isso não significa que Platão desprezasse o prazer erótico: ao contrário, no diálogo *Fedro* ele mostra como o amor sensual pode tornar-se *amor de sabedoria*.
Assim, Platão estabelece a ligação entre o amor físico e a busca da imortalidade: no encontro com o outro, fecundam-se corpos, mas sobretudo ideias, e estas permanecem.

5 O corpo vivido

Durante muito tempo, os filósofos ocidentais explicaram o ser humano como composto de duas partes diferentes e separadas: o *corpo* (material) e a *alma* (espiritual e consciente). Chamamos de *dualismo psicofísico* essa dupla realidade da consciência separada do corpo. Vimos ser essa a posição de Platão.

Retomado na Idade Média, o dualismo tornou-se mais forte com o cristianismo, que estabeleceu regras rígidas em relação ao corpo, às paixões e sobretudo ao comportamento sexual. Na Idade Moderna, ainda que prevalecesse uma visão mais profana, mais liberta da religião, e envolvida com a ciência nascente, permaneceu a separação entre corpo e mente.

OSTERREICHISCHE GALERIE BELVEDERE, VIENNA, AUSTRIA; AUSTRIAN

O beijo (c. 1907), quadro de Gustav Klimt. Não escolhemos por quem nos apaixonar: a paixão é uma emoção que arrebata, é forte mas fugaz.

No final do século XIX, Nietzsche criticou Sócrates por ter sido o primeiro a encaminhar a reflexão moral em direção ao controle racional das paixões. Para ele, a tendência de desconfiar dos instintos culminou com o ascetismo cristão, que faria o ser humano se sentir culpado e fraco. Orientou-se então no sentido de recuperar as forças vitais, instintivas, subjugadas pela razão durante séculos.

Na mesma direção posicionou-se Sigmund Freud (1856-1939), fundador da psicanálise. A hipótese do inconsciente, ideia mestra de sua teoria, colocou em questão as crenças racionalistas segundo as quais a consciência humana é o centro das decisões e do controle dos desejos. Diante das forças conflitantes dos impulsos, o indivíduo reage, mas desconhece os determinantes de sua ação. Caberia ao processo psicanalítico auxiliá-lo a recuperar o que foi silenciado pela repressão dos desejos.

Saiba mais

Sobre Nietzsche, Freud e Merleau-Ponty, consulte, na Parte II, o Capítulo 22, "A filosofia do século XIX", e o Capítulo 23, "O pensamento contemporâneo".

Eu *sou* meu corpo

Ao lado de Nietzsche e Freud, outra teoria filosófica – a fenomenologia – contribuiu igualmente para reabilitar o corpo e os afetos. Merleau-Ponty foi o filósofo dessa tendência que mais se ocupou com o tema. Para ele, o corpo objetivo é o corpo material, fisiológico, quando estudado pela ciência. Mas meu corpo, como o percebo e o experimento, não constitui algo "fora de mim", por ser um corpo vivo, situado no mundo.

6.3
Biblioteca do estudante: Leitura complementar

Isso significa que não há pura consciência separada do mundo, porque toda consciência tende para as coisas do mundo. Ser uma consciência é, antes, ser uma experiência. O corpo é o primeiro momento da experiência humana porque, antes de ser um "ser que conhece", o sujeito é um "ser que vive e sente". O corpo é nosso "ancoradouro em um mundo", como diz Merleau-Ponty. Não é um obstáculo nem uma coisa que eu *tenho*: eu *sou* meu corpo.

Com o corpo nos engajamos na realidade de inúmeras maneiras possíveis: por meio do trabalho, da arte, do amor, do sexo, da ação em geral. Ao estabelecer contato com outra pessoa, revelo-me por gestos, atitudes, mímica, olhar, enfim, pelas manifestações corporais. Observando o movimento de alguém, não o vejo como uma máquina, mas como gesto expressivo: nunca apenas corporal, porque o gesto diz algo e nos remete à interioridade do sujeito. Um olhar pode significar raiva, desprezo, piedade, súplica ou amor.

Sexualidade e erotismo

A sexualidade humana não é simplesmente biológica. Embora a atividade sexual seja comum aos animais e aos humanos, apenas estes a transformam em atividade erótica. Isso significa que o erotismo é busca psicológica, independentemente do fim natural dado pela reprodução, e se traduz em infinita riqueza de formas que o espírito empresta à sexualidade.

O erotismo é a expressão do ser que deseja, escolhe, ama, que se comunica com o mundo e com o outro. Portanto, Eros leva o indivíduo a sair de si para que, na intersubjetividade, na relação com o outro, possa realizar o encontro.

Trata-se também de uma linguagem tanto mais humana quanto mais se exprime de maneira pessoal e única: a carícia é a palavra do corpo. Por isso mesmo, para alguns, a sexualidade pode tornar-se a expressão da violência.

ERICH LESSING/ALBUM/LATINSTOCK

Nu feminino sentado com o braço direito levantado (1910), quadro de Egon Schiele. O austríaco Egon Schiele (1890-1918), representante do movimento artístico expressionista, teve o seu valor reconhecido em sua época, ao mesmo tempo que chocou o público com figuras que expressam com certa crueza um erotismo agressivo e melancólico.

Colóquio

A relação corpo e mente

Os dois textos que compõem o colóquio refletem momentos distintos do pensamento filosófico (século V a.C. e século XX). No primeiro, extraído do diálogo *Fédon*, Platão relata os últimos momentos de Sócrates antes de ingerir a cicuta. O assunto principal do filósofo com seus discípulos é a imortalidade da alma. A posição de Sócrates sobre a relação hierárquica entre corpo e mente será determinante no pensamento posterior. Já o filósofo francês Merleau-Ponty, representante da corrente fenomenológica, pretende superar o dualismo tradicional e resgatar o corpo e a consciência como dimensões indissolúveis do existir humano.

Texto 1

O corpo como entrave

"*Sócrates* – E agora, dize-me: quando se trata de adquirir verdadeiramente a sabedoria, é ou não o corpo um entrave se na investigação lhe pedimos auxílio? Quero dizer com isso, mais ou menos, o seguinte: acaso alguma verdade é transmitida aos homens por intermédio da vista ou do ouvido, ou quem sabe, se pelo menos em relação a essas coisas não se passem como os poetas não se cansam de nô-lo repetir incessantemente, e que não vemos nem ouvimos com clareza? E se dentre as sensações corporais estas não possuem exatidão e são incertas, segue-se que não podemos esperar coisa melhor das outras que, segundo penso, são inferiores àquela. Não é também este o teu modo de ver?

Símias – É exatamente esse.

Sócrates – Quando é, pois, que a alma atinge a verdade? Temos de um lado que, quando ela deseja investigar com a ajuda do corpo qualquer questão que seja, o corpo, é claro, a engana radicalmente.

Símias – Dizes uma verdade. [...]

Sócrates – E, sem dúvida alguma, ela raciocina melhor precisamente quando nenhum empecilho lhe advém de nenhuma parte, nem do ouvido, nem da vista, nem de um sofrimento, nem sobretudo de um prazer – mas sim quando se isola o mais que pode em si mesma, abandonando o corpo à sua sorte, quando, rompendo tanto quanto lhe é possível qualquer união, qualquer contato com ele, anseia pelo real?

Símias – É bem isso!

Sócrates – E não é, ademais, nessa ocasião que a alma do filósofo, alçando-se ao mais alto ponto, desdenha o corpo e dele foge, enquanto por outro lado procura isolar-se em si mesma?

Símias – Evidentemente! [...]

Sócrates – [...] E é este então o pensamento que nos guia: durante todo o tempo em que tivermos corpo, e nossa alma estiver misturada com essa coisa má, jamais possuiremos completamente o objeto de nossos desejos! Ora, este objeto é, como dizíamos, a verdade. Não somente mil e uma confusões nos são efetivamente suscitadas pelo corpo quando clamam as necessidades da vida, mas ainda somos acometidos pelas doenças – e eis-nos às voltas com novos entraves em nossa caça ao verdadeiro real! O corpo de tal modo nos inunda de amores, paixões, temores, imaginações de toda sorte, enfim, uma infinidade de bagatelas, que por seu intermédio (sim, verdadeiramente é o que se diz) não recebemos na verdade nenhum pensamento sensato. [...] Inversamente, obtivemos a prova de que, se alguma vez quisermos conhecer puramente os seres em si, ser-nos-á necessário separar-nos dele e encarar por intermédio da alma em si mesma os entes em si mesmos. Só então é que, segundo me parece, nos há de pertencer aquilo de que nos declaramos amantes: a sabedoria."

PLATÃO. *Fédon*. São Paulo: Abril Cultural, 1972. p. 72-74. (Coleção Os Pensadores)

Texto 2

A experiência do corpo

"A tradição cartesiana habituou-nos a desprender-nos do objeto: a atitude reflexiva purifica simultaneamente a noção comum do corpo e a da alma, definindo o corpo como uma soma de partes sem interior, e a alma como um ser inteiramente presente a si mesmo, sem distância. Essas definições correlativas estabelecem a clareza em nós e fora de nós: transparência de um objeto sem dobras, transparência de um sujeito que é apenas aquilo que pensa ser. O objeto é objeto do começo ao fim, e a consciência é consciência do começo ao fim. Há dois sentidos e apenas dois sentidos da palavra existir: existe-se como coisa ou existe-se como consciência. A experiência do corpo próprio, ao contrário, revela-nos um modo de existência ambíguo. Se tento pensá-lo como um conjunto de processos em terceira pessoa – 'visão', 'motricidade', 'sexualidade' – percebo que essas 'funções' não podem estar ligadas entre si e ao mundo exterior por relações de causalidade; todas elas estão confusamente retomadas e implicadas em um drama único. Portanto, o corpo não é um objeto. Pela mesma razão, a consciência que tenho dele não é um pensamento, quer dizer, não posso decompô-lo e recompô-lo para formar dele uma ideia clara. Sua unidade é sempre implícita e confusa. Ele é sempre outra coisa que aquilo que ele é, sempre sexualidade ao mesmo tempo que liberdade, enraizado na natureza no próprio momento em que se transforma pela cultura, nunca fechado em si mesmo e nunca ultrapassado. Quer se trate do corpo do outro ou de meu próprio corpo, não tenho outro meio de conhecer o corpo humano senão vivê-lo, quer dizer, retomar por minha conta o drama que o transpassa e confundir-me com ele."

MERLEAU-PONTY, Maurice. *Fenomenologia da percepção*. 6. ed. São Paulo: WMF Martins Fontes, 2011. p. 268-269.

ALFONSE PAGANO/PHOTOLIBRARY RM/GETTY IMAGES

Mulher praticando ioga. O exercício "corporal" não se restringe ao corpo como feixe de músculos, nervos e sangue: corpo e consciência fazem parte da mesma experiência existencial na busca de um sentido para o gesto voluntário.

Questões

1. Faça uma síntese da concepção socrático-platônica sobre a relação corpo-espírito.
2. Na primeira parte do texto de Merleau-Ponty, o filósofo critica as teorias em que prevalece o dualismo corpo e mente. Justifique.
3. Como Merleau-Ponty justifica que o corpo não é um objeto?
4. Segundo a sua opinião, a concepção de Sócrates tem adeptos ainda hoje? Posicione-se a respeito.

6 O vínculo amoroso

O amor é um convite para sair de si. Se a pessoa estiver muito centrada nela mesma, não será capaz de ouvir o apelo do outro. É certo que a criança procura com naturalidade quem melhor preencha suas necessidades, mas quando esse procedimento persiste na vida adulta torna-se impedimento do encontro verdadeiro. Por isso, o exercício do amor é conquista da maturidade.

WALKER ART GALLERY, LIVERPOOL, UK

Eco e Narciso (1903), quadro de John William Waterhouse. Segundo a lenda, ao contemplar seu rosto refletido na água, Narciso apaixona-se por si próprio. Envolvido por sua imagem inatingível, morre ao esquecer de se alimentar. Do mesmo modo, o narcisista "morre" na medida em que torna impossível a ligação com o outro.

Uma aparente contradição

As pessoas consideradas adultas têm sua própria personalidade, que se caracteriza pela autonomia e individualidade. No entanto, o encontro supõe o estabelecimento de vínculos, o que pode parecer contraditório: como é possível um vínculo em que as pessoas não sejam aprisionadas nem se dissolvam na união? Ou seja, como vincular-se a alguém mantendo a autonomia e a individualidade? Examinemos essas contradições.

Vínculo x liberdade

O fascínio é gerador de poder: o poder de atração de uma pessoa sobre a outra. Pessoas apaixonadas solicitam a presença do outro na sua espontaneidade, pois escolhem livremente estar juntas. Na união amorosa, aquele que ama cativa para amar e ser amado livremente. Essa condição de liberdade enriquece a sensibilidade e a personalidade.

Se o amor se manifesta na atração que um exerce sobre o outro, em que momento o poder exercido pelo amor ultrapassa os limites? Em que momento transforma-se em controle e manipulação?

Muitas vezes, o controle excessivo resulta dos ciúmes. Temos ciúmes porque tememos perder quem amamos. Se este alguém dá densidade à nossa emoção e nos enriquece a existência, sofremos com a ideia da perda. Não queremos dizer que o ciúme não exista também nas relações maduras, mas isso não justifica que o "zelo" obstrua a liberdade do outro. Já o ciúme exacerbado é o desejo de posse e domínio integral do outro.

Vínculo x alteridade

Outro desafio das relações amorosas é o de conciliar vínculo e alteridade. O amor deve ser uma união, com a condição de cada um preservar a própria integridade; o amor faz com que dois seres estejam unidos e, contudo, permaneçam separados. Manter a alteridade é "permanecer outro", é evitar a fusão. É exigir respeito, não no sentido moralista, nem como temor que resulta da autoridade imposta. Respeito é a capacidade de ver a pessoa como tal e reconhecer sua individualidade singular. O que pressupõe aceitar a pessoa como ela é, e não como queremos que ela seja. O amor maduro é livre e generoso, portanto, funda-se na reciprocidade, não na exploração: o outro não é alguém de quem nos servimos.

Ciúme
Medo de perder alguma coisa. Do latim *zelumen*, de *zelus*, "zelo", "cuidado".

Alteridade
Do latim *alter*, "outro". Condição do que é outro, distinto.

Reflita

Segundo um relato da mitologia grega, um assaltante chamado Procusto aprisionava os viajantes e os adaptava a uma cama de ferro: se eram pequenos, os alongava; se eram grandes, os mutilava para que diminuíssem de tamanho.

- Quantos tiranos Procustos encontramos nos mais ternos namorados, ansiosos por adequar o parceiro à sua própria medida?

A relação amorosa, como aspiração ao mesmo tempo de desejo de união e de preservação da alteridade, dimensiona a ambiguidade na qual o ser humano é lançado. Os sentimentos gerados também são ambíguos, porque, em qualquer vínculo há o que ganhamos, mas também há o que perdemos. Não conseguir viver essa ambiguidade leva certas pessoas a procurar a fusão com o outro, que representa a perda da individualidade. Ou, então, a recusar o envolvimento por temer a perda de si mesmo. No entanto, compartilhar a intimidade do outro pode ser um modo enriquecedor de afirmar a própria identidade.

Amor e perda

O risco do amor é a perda, seja pela morte de um dos parceiros, seja pela separação, ambas dolorosas e difíceis. A separação em vida representa a morte do outro em minha consciência e a minha morte na consciência do outro. Por exemplo, quando não mais somos amados ou quando deixamos de amar; ou, ainda, quando o amor recíproco permanece vivo, mas circunstâncias incontornáveis levam ao rompimento dos laços.

Quando a perda é sentida de modo intenso, a pessoa precisa de um tempo para se recompor, porque o tecido do seu ser passa inevitavelmente pelo ser do outro. Apenas depois de um período de luto, poderá ser alcançado novo equilíbrio. Uma característica dos indivíduos maduros é saber integrar a possibilidade da morte ao cotidiano da sua vida.

Nos vínculos duradouros, diversas "mortes" ou perdas permeiam nossas vidas, porque ao longo do tempo as relações amorosas mais duradouras criam novas configurações. Talvez por isso haja os que evitam o aprofundamento das relações: preferem não viver a experiência amorosa para não ter de viver o risco da perda.

Reflita

Por que será que atualmente os vínculos amorosos se dissolvem tão facilmente?

Família Brasil, charge de Luís Fernando Verissimo publicada em *O Estado de S. Paulo*, 6 abr. 2008.

LUIS FERNANDO VERÍSSIMO

7 As mutações de comportamento

As mudanças institucionais que começaram a ocorrer nas décadas de 1980 e 1990 representam complexas reações à antiga ordem da sociedade patriarcal. Transformações culturais significativas decorrentes da predominância do setor de serviços, da intensificação da vida urbana, da entrada na era da informática e da comunicação.

As crianças e os adolescentes desse período cresceram convivendo com diferentes padrões de conduta. A família adquiriu formatos plurais, como divorciados que se casam novamente, formação de núcleos monoparentais (constituídos apenas pela mãe ou pelo pai), uniões informais entre homem e mulher e entre pessoas do mesmo sexo etc. Por decorrência, também os jovens comportam-se com mais liberdade sexual que nas gerações que os antecederam.

Ao mesmo tempo, movimentos estimulados por grupos religiosos reivindicam o retorno aos padrões da família tradicional, a indissolubilidade do casamento e a condenação das uniões homoafetivas. Esse estado de coisas multifacetado repercute na configuração das relações amorosas e nas expectativas em torno do que é ser feliz.

Vejamos alguns obstáculos que se interpõem ao projeto de felicidade.

O individualismo

Um aspecto marcante da contemporaneidade é que vivemos uma época hedonista e individualista. Cada um se volta com mais intensidade para si mesmo, na busca da realização dos desejos aqui e agora. A busca de prazer imediato e a recusa em suportar frustrações são comportamentos que não se conciliam com o delicado trabalho das relações afetivas, porque estas se constroem ao longo da convivência entremeada por dificuldades e contradições.

No mundo da satisfação imediata, do prazer aqui e agora, o desejo de emoções fortes substitui os amores cuja intensidade passional se atenua com o tempo, pois a paixão é fugaz por natureza. Se as pessoas cada vez mais têm medo da dor, do sofrimento, da perda, daí resultam relações superficiais, os chamados "amores breves".

A corpolatria

Após longa tradição de desvalorização do corpo e das paixões, de seu controle e normatização, surge a tendência aparentemente transgressiva da liberação e do resgate do corpo. No final do século XX, disseminou-se o culto do corpo visando a garantir a beleza.

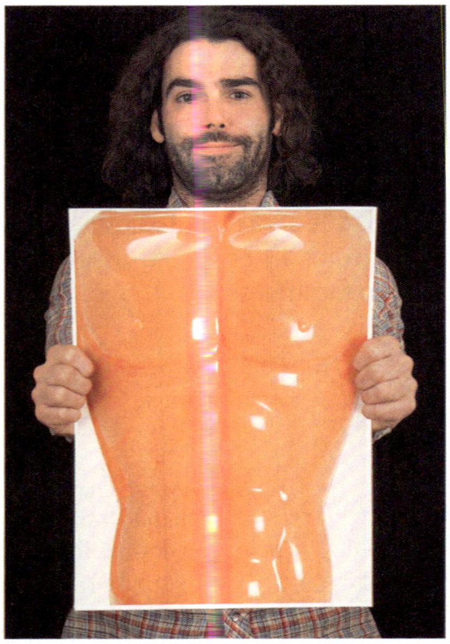

JOHN RENSTEN/GETTY IMAGES

Jovem segura imagem de torso musculoso simulando o imaginário dos corpólatras, que valorizam o corpo mais do que tudo.

Não estaria sendo recolocada a antiga dicotomia corpo-mente, só que agora de maneira invertida? O que se tem observado é o cultivo do corpo de modo cada vez mais impositivo, extrapolando a mera preocupação com a saúde, o bem-estar e a beleza. O que se observa é a tirania das dietas alimentares, os exercícios modeladores, a "construção do corpo" (*body building*) por meio de cirurgias plásticas que nunca parecem satisfatórias. Trata-se do culto da juventude e da beleza pelas gerações que têm medo de envelhecer e de morrer.

O consumismo

Consumir é um ato humano por excelência, que nos permite atender a necessidades vitais, próprias da sobrevivência, como alimentar-se, vestir-se e ter onde morar. Mas não só. O consumo abrange também tudo o que estimula o crescimento humano em suas múltiplas e imprevisíveis direções. Sendo assim, oferece condições para nos tornarmos melhores.

O consumo degenera em consumismo quando se torna um fim em si mesmo, e não um meio. Nesse caso, provoca desejos nunca satisfeitos, um sempre querer mais. A ânsia do consumo perde toda relação com as necessidades reais, o que leva as pessoas a gastar mais do que precisam e, às vezes, mais do que têm.

Os centros de compras se transformam em "catedrais do consumo", verdadeiros templos cujo apelo constante às novidades torna tudo descartável e rapidamente obsoleto. Com as facilidades da internet, compram-se e vendem-se coisas, serviços, ideias, sem precisar sair de casa.

8 Felicidade e autonomia

A turbulência e a novidade das mudanças ocorridas a partir das últimas décadas do século XX, que modificaram os padrões de comportamento em nível mundial, explicam a perplexidade de muitos.

Há os que denunciam o braço invisível da alienação em condutas aparentemente autônomas. Sob essa ótica, concluem não haver propriamente autonomia, porque os mecanismos de repressão encontram-se na própria sociedade e são exercidos como instrumentos de controle dos desejos, seja para estimulá-los, seja para reprimi-los.

Outros veem as mudanças com bons olhos, e refletem sobre essas questões de modo mais otimista. Apesar de indicarem os riscos, realçam aspectos positivos devido à variedade de comportamentos alternativos que permitem maior autonomia e personalização. Para o filósofo francês Gilles Lipovetsky, as mudanças do nosso tempo são inevitáveis. Na nova ordem coabitam fenômenos de massificação e de personalização, de individualismo exacerbado e de individualidade responsável.

Começamos este capítulo constatando que a felicidade não se separa do processo de constituição da identidade de cada um de nós, de nossa "experiência de ser". E que a busca da felicidade não é solitária, mas realiza-se na intersubjetividade, isto é, na relação com os outros: depende das amizades, do amor, do erotismo e, nesse sentido, de como compreendemos nosso corpo, os sentimentos e nossa relação com os outros.

Depende de cada um estar alerta em suas escolhas.

Leitura analítica

O pós-hiperconsumo

"Com o capitalismo de consumo, o hedonismo se impôs como um valor supremo e as satisfações mercantis, como o caminho privilegiado da felicidade. Enquanto a cultura da vida cotidiana for dominada por esse sistema de referência, a menos que se enfrente um cataclismo ecológico ou econômico, a sociedade de hiperconsumo prosseguirá irresistivelmente em sua trajetória. Mas, se novas maneiras de avaliar os gozos materiais e os prazeres imediatos vierem à luz, se uma outra maneira de pensar a educação se impuser, a sociedade de hiperconsumo dará lugar a outro tipo de cultura. A mutação decorrente será produzida pela invenção de novos objetivos e sentidos, de novas perspectivas e prioridades na existência. Quando a felicidade for menos identificada à satisfação do maior número de necessidades e à renovação sem limite dos objetos e dos lazeres, o ciclo do hiperconsumo estará encerrado. Essa mudança sócio-histórica não implica nem renúncia ao – bem-estar material, nem desaparecimento da organização mercantil dos modos de vida; ela supõe um novo pluralismo dos valores, uma nova apreciação da vida devorada pela ordem do consumo volúvel. Muitas são as razões que levam a pensar que a cultura da felicidade mercantil não pode ser considerada um modelo de vida boa. São suficientes, no entanto, para invalidar radicalmente seu princípio?

[...] Temos de reconhecer a legitimidade da frivolidade hedonística ao mesmo tempo que a exigência da construção de si pelo pensamento e pelo agir. A filosofia dos antigos procurava formar um homem sábio que permanecesse idêntico a si próprio, querendo sempre a mesma coisa na coerência consigo e na rejeição do supérfluo. Isso é de fato possível, de fato desejável? Não o creio. Se, como sublinha Pascal, o homem é um ser feito de 'contrariedades', a filosofia da felicidade não tem de excluir nem a superficialidade nem a 'profundidade', nem a distração fútil nem a difícil constituição de si mesmo. O homem muda ao longo da vida e não esperamos sempre as mesmas satisfações da existência. [...]

No quadro de uma problemática 'dispersa', não é tanto o próprio consumismo que compete denunciar, mas sua excrescência ou seu imperialismo, constituindo obstáculo ao desenvolvimento da diversidade das potencialidades humanas. Assim, a sociedade hipermercantil deve ser corrigida e enquadrada em vez de posta no pelourinho. Nem tudo é para ser rejeitado, muito é para ser reajustado e reequilibrado a fim de que a ordem tentacular do hiperconsumo não esmague a multiplicidade dos horizontes da vida. Nesse domínio, nada está dado, tudo está por inventar e construir, sem modelo garantido. Tarefa árdua, necessariamente incerta e sem fim, a conquista da felicidade não pode ter prazo.

[...] A cada dia, a felicidade tem de ser reinventada e ninguém detém as chaves que abrem as portas da Terra Prometida: sabemos apenas pilotar sem instrumentos e retificar ponto por ponto, com mais ou menos sucesso. Lutamos por uma sociedade e uma vida melhor, buscamos incansavelmente os caminhos da felicidade, mas o que nos é mais precioso – a alegria de viver –, como ignorar que sempre nos será dada por acréscimo?"

GILLES, Lipovetsky. *A felicidade paradoxal*. São Paulo: Companhia das Letras, 2007. p. 367-370.

Questões

1. Identifique no texto de Lipovetsky as características negativas e as positivas do que ele denomina cultura da felicidade mercantil.
2. O título "O pós-hiperconsumo" denota o otimismo de Lipovetsky. Explique por quê. Em seguida, posicione-se a respeito.
3. Posicione-se a respeito da felicidade.

Atividades

Retomando os conteúdos

1. Dê as características da felicidade elencadas no tópico 2, "A experiência de ser", e desenvolva uma delas. Se for o caso, indique outra característica que você considera importante e que não foi contemplada.

2. Descreva a distinção entre os três tipos de amor: *filia*, ágape e eros.

3. O que é o amor platônico?

4. Por que a noção de vínculo amoroso traz em si uma aparente contradição?

Aprofundando os conceitos

5. Observe a foto e leia a citação de Merleau-Ponty. Em seguida, responda às questões propostas.

BONGARTS/GETTY IMAGES

Nas Olimpíadas de Los Angeles, em 1984, a maratonista suíça Gabrielle Andersen-Schiess cruzou a linha de chegada 23 minutos após a primeira colocada. Estava trôpega e exausta, mas não desistiu, apesar da quase falência do corpo. Quando chegou, o público a aplaudiu de pé.

"Observou-se com profundidade que a dor e a fadiga nunca podem ser consideradas como causas que 'agem' sobre minha liberdade, e que, se sinto dor ou fadiga em um momento dado, elas não vêm do exterior, elas sempre têm um sentido, elas exprimem minha atitude em relação ao mundo. [...] Minha fadiga me detém porque não gosto dela, porque escolhi de outra maneira o meu modo de ser no mundo, e porque, por exemplo, não procuro estar na natureza, mas antes fazer-me reconhecer pelos outros."

MERLEAU-PONTY, Maurice. *Fenomenologia da percepção*. 6. ed. São Paulo: WMF Martins Fontes, 2011. p. 591.

a) Embora não saibamos exatamente que sentido teria para a maratonista suportar a tal ponto a fadiga, imagine algum motivo que a tivesse levado a resistir até o fim.

b) Esse esforço extremo nos leva a refletir sobre os atletas que, para enfrentar as competições, ultrapassam os limites do próprio corpo ou fazem uso de *doping*. Posicione-se a respeito.

6. Comente a frase de Erich Fromm.

"O amor infantil segue o princípio: 'Amo porque sou amado'. [...] O amor imaturo diz: 'Amo porque necessito de ti'. Diz o amor maduro: 'Necessito de ti porque te amo'."

FROMM, Erich. *A arte de amar*. Belo Horizonte: Itatiaia, 1960. p. 65-66.

7. A partir do poema, discuta com seus colegas os desencontros amorosos.

Quadrilha

"João amava Teresa que amava Raimundo
que amava Maria que amava Joaquim que amava Lili
que não amava ninguém.
João foi para os Estados Unidos, Teresa para o convento,
Raimundo morreu de desastre, Maria ficou para tia,
Joaquim suicidou-se e Lili casou com J. Pinto Fernandes
que não tinha entrado na história."

ANDRADE, Carlos Drummond de. *Reunião*. 10. ed. Rio de Janeiro: José Olympio, 1980. p. 191.

Dissertação

8. Leia o texto a seguir.

"É em nome da felicidade que se desenvolve a sociedade de hiperconsumo. A produção de bens, os serviços, as mídias, os lazeres, a educação, a ordenação urbana, tudo é pensado, tudo é organizado, em princípio, com vista à nossa maior felicidade. Nesse contexto, guias e métodos para viver melhor fervilham, a televisão e os jornais destilam conselhos de saúde e de forma, os psicólogos ajudam os casais e os pais em dificuldade, os gurus que prometem a plenitude multiplicam-se. [...] Passamos do mundo fechado ao universo infinito das chaves da felicidade: eis o tempo do *treinamento* generalizado e da felicidade 'modo de usar' para todos."

LIPOVETSKY, Gilles. *A felicidade paradoxal*: ensaio sobre a sociedade de hiperconsumo. São Paulo: Companhia das Letras, 2007. p. 336-337.

No texto acima, o autor critica o ideal de felicidade que predomina na sociedade do hiperconsumo ao usar os termos "*treinamento* generalizado" e "felicidade 'modo de usar'". Com base no que foi discutido neste módulo, escreva um texto para justificar essa crítica. Ao final, não se esqueça de fazer um parágrafo em que você apresenta a sua opinião a respeito.

De olho no Enem e nos vestibulares

1. **(Enem-MEC)** A sociedade atual testemunha a influência determinante das tecnologias digitais na vida do homem moderno, sobretudo daquelas relacionadas com o computador e a internet. Entretanto, parcelas significativas da população não têm acesso a tais tecnologias. Essa limitação tem pelo menos dois motivos: a impossibilidade financeira de custear os aparelhos e os provedores de acesso, e a impossibilidade de saber utilizar o equipamento e usufruir das novas tecnologias. A essa problemática dá-se o nome de exclusão digital. No contexto das políticas de inclusão digital, as escolas, nos usos pedagógicos das tecnologias de informação, devem estar voltadas principalmente para:

a) proporcionar aulas que capacitem os estudantes a montar e desmontar computadores, para garantir a compreensão sobre o que são as tecnologias digitais.

b) explorar a facilidade de ler e escrever textos e receber comentários na internet para desenvolver a interatividade e a análise crítica, promovendo a construção do conhecimento.

c) estudar o uso de programas de processamento para imagens e vídeos de alta complexidade para capacitar profissionais em tecnologia digital.

d) exercitar a navegação pela rede em busca de jogos que possam ser "baixados" gratuitamente para serem utilizados como entretenimento.

e) estimular as habilidades psicomotoras relacionadas ao uso físico do computador, como *mouse*, teclado, monitor etc.

2. **(Enem-MEC)** Os meios de comunicação funcionam como um elo entre os diferentes segmentos de uma sociedade. Nas últimas décadas, acompanhamos a inserção de um novo meio de comunicação que supera em muito outros já existentes, visto que pode contribuir para a democratização da vida social e política da sociedade, à medida que possibilita a instituição de mecanismos eletrônicos para a efetiva participação política e disseminação de informações.

Constitui o exemplo mais expressivo desse novo conjunto de redes informacionais a:

a) Internet.

b) Fibra ótica.

c) TV digital.

d) Telefonia móvel.

e) Portabilidade telefônica.

3. **(Enem-MEC)**

"'Pecado nefando' era expressão correntemente utilizada pelos inquisidores para a sodomia. Nefandus: o que não pode ser dito. A Assembleia de clérigos reunida em Salvador, em 1707, considerou a sodomia 'tão péssimo e horrendo crime', tão contrário à lei da natureza, que 'era indigno de ser nomeado' e, por isso mesmo, nefando."

NOVAIS, F.; MELLO E SOUZA, L. *História da vida privada no Brasil*. São Paulo: Companhia das Letras, 1997. v. 1. (adaptado)

O número de homossexuais assassinados no Brasil bateu o recorde histórico em 2009. De acordo com o Relatório Anual de Assassinato de Homossexuais (LGBT – Lésbicas, Gays, Bissexuais e Travestis), nesse ano foram registrados 195 mortos por motivação homofóbica no país.

Disponível em: www.alemdanoticia.com.br. Acesso em 2[illegible] abr. 2010. (adaptado)

A homofobia é a rejeição e menosprezo à orientação sexual do outro e, muitas vezes, expressa-se sob a forma de comportamentos violentos. Os textos indicam que as condenações públicas, perseguições e assassinatos de homossexuais no país estão associados:

a) à baixa representatividade política de grupos organizados que defendem os direitos de cidadania dos homossexuais.

b) à falência da democracia no país, que torna impeditiva a divulgação de estatísticas relacionadas à violência contra homossexuais.

c) à Constituição de 1988, que exclui do tecido social os homossexuais, além de impedi-los de exercer seus direitos políticos.

d) a um passado histórico marcado pela demonização do corpo e por formas recorrentes de tabus e intolerância.

e) a uma política eugênica desenvolvida pelo Estado, justificada a partir dos posicionamentos de correntes filosófico-científicas.

4. (Enem-MEC)

"Quem construiu a Tebas de sete portas?

Nos livros estão nomes de reis.

Arrastaram eles os blocos de pedra?

E a Babilônia várias vezes destruída. Quem a reconstruiu tantas vezes?

Em que casas da Lima dourada moravam os construtores?

Para onde foram os pedreiros, na noite em que a Muralha da China ficou pronta?

A grande Roma está cheia de arcos do triunfo.

Quem os ergueu? Sobre quem triunfaram os césares?"

BRECHT, B. *Perguntas de um trabalhador que lê.* Disponível em: http://recantodasletras.uol.com.br. Acesso em: 28 abr. 2010.

Partindo das reflexões de um trabalhador que lê um livro de História, o autor censura a memória construída sobre determinados monumentos e acontecimentos históricos. A crítica refere-se ao fato de que:

a) os agentes históricos de uma determinada sociedade deveriam ser aqueles que realizaram feitos heroicos ou grandiosos e, por isso, ficaram na memória.

b) a História deveria se preocupar em memorizar os nomes de reis ou dos governantes das civilizações que se desenvolveram ao longo do tempo.

c) os grandes monumentos históricos foram construídos por trabalhadores, mas sua memória está vinculada aos governantes das sociedades que os construíram.

d) os trabalhadores consideram que a História é uma ciência de difícil compreensão, pois trata de sociedades antigas e distantes no tempo.

e) as civilizações citadas no texto, embora muito importantes, permanecem sem terem sido alvos de pesquisas históricas.

5. (Enem-MEC)

"Homens da Inglaterra, por que arar para os senhores que vos mantêm na miséria?

Por que tecer com esforços e cuidado as ricas roupas que vossos tiranos vestem?

Por que alimentar, vestir e poupar do berço até o túmulo esses parasitas ingratos que exploram vosso suor – ah, que bebem vosso sangue?"

SHELLEY. Os homens da Inglaterra. Citado em: HUBERMAN, L. *História da riqueza do homem.* Rio de Janeiro: Zahar, 1982.

A análise do trecho permite identificar que o poeta romântico Shelley (1792-1822) registrou uma contradição nas condições socioeconômicas da nascente classe trabalhadora inglesa durante a Revolução Industrial. Tal contradição está identificada:

a) na pobreza dos empregados, que estava dissociada da riqueza dos patrões.

b) no salário dos operários, que era proporcional aos seus esforços nas indústrias.

c) na burguesia, que tinha seus negócios financiados pelo proletariado.

d) no trabalho, que era considerado uma garantia de liberdade.

e) na riqueza, que não era usufruída por aqueles que a produziam.

6. (UEL-PR)

BETTMANN/CORBIS/LATINSTOCK

O ator e diretor Charlie Chaplin em cena do filme mudo *Tempos modernos*, de 1936.

"Parece que enquanto o conhecimento técnico expande o horizonte da atividade e do pensamento humanos, a autonomia do homem enquanto indivíduo, a sua capacidade de opor resistência ao crescente mecanismo de manipulação das massas, o seu poder de imaginação e o seu juízo independente sofreram aparentemente uma redução. O avanço dos recursos técnicos de informação se acompanha de um processo de desumanização. Assim, o progresso ameaça anular o que se supõe ser o seu próprio objetivo: a ideia de homem.”

HORKHEIMER, Max. *Eclipse da razão*. Rio de Janeiro: Labor do Brasil, 1976. p. 6.

Com base no texto, na imagem e nos conhecimentos sobre racionalidade instrumental, é correto afirmar:

a) A imagem de Chaplin está de acordo com a crítica de Horkheimer: ao invés de o progresso e da técnica servirem ao homem, este se torna cada vez mais escravo dos mecanismos criados para tornar a sua vida melhor e mais livre.

b) A imagem e o texto remetem à ideia de que o desenvolvimento tecnológico e o extraordinário progresso permitiram ao homem atingir a autonomia plena.

c) Imagem e texto apresentam o conceito de racionalidade que está na estrutura da sociedade industrial como viabilizador da emancipação do homem em relação a todas as formas de opressão.

d) Enquanto a imagem de Chaplin apresenta a autonomia dos trabalhadores nas sociedades contemporâneas, o texto de Horkheimer mostra que, quanto maior o desenvolvimento tecnológico, maior o grau de humanização.

e) Tanto a imagem quanto o texto enaltecem a inevitável instrumentalização das relações humanas nas sociedades contemporâneas.

7. **(UEL-PR)** Leia o texto a seguir.

“[...] seria possível reconstituir a história da arte a partir do confronto de dois polos, no interior da própria obra de arte, e ver o conteúdo dessa história na variação do peso conferido seja a um polo, seja a outro. Os dois polos são o valor de culto da obra e seu valor de exposição. [...] À medida que as obras de arte se emancipam do seu uso ritual, aumentam as ocasiões para que elas sejam expostas.”

BENJAMIN, W. A obra de arte na era de sua reprodutibilidade técnica. In: BENJAMIN, W. *Magia e técnica, arte e política*: ensaios sobre literatura e história da cultura. 7. ed. São Paulo: Brasiliense, 1994. p. 172.

Com base no texto e nos conhecimentos sobre o pensamento de Walter Benjamin, é correto afirmar:

a) O resgate da aura artística da obra de arte promovido pela reprodutibilidade técnica amplia sua função potencialmente democratizadora, permitindo o acesso de um número maior de pessoas à sua contemplação.

b) O declínio da aura da obra de arte, decorrente de sua crescente elitização e das novas técnicas de reprodução em série, reforça seu valor tradicional de culto e amplia a percepção estética das coletividades humanas.

c) A arte, na sociedade primitiva, tinha por finalidade atender aos rituais religiosos, por isso possuía um caráter aurático vinculado ao valor de culto, o qual se perde com o avanço da reprodutibilidade técnica, na época moderna.

d) O cinema manifesta-se como uma obra de arte aurática, pois suscita em cada um dos espectadores uma forma singular e única de se relacionar com o objeto artístico no interior do qual mergulha e nele se distrai.

e) O que determina o esvaziamento da aura da obra de arte reproduzida tecnicamente é a sua reclusão e a perda do valor de exposição, o que restringe o acesso das massas, que se tornaram alienadas.

8. **(UEL-PR)** Leia o texto a seguir.

“Dizem a meu respeito: ‘Alguém me disse que eu não via as mulheres tal como as representava, ao que respondi – Se encontrasse alguma assim na rua, fugiria apavorado. Antes de mais nada, não crio uma mulher, faço um quadro’.”

MATISSE, H. *Escritos e reflexões sobre a arte*. São Paulo: Cosac Naify, 2007. p. 180.

Com base no texto e nos conhecimentos sobre a obra de Matisse, assinale a alternativa correta.

a) Matisse referia-se à forma como procedia em relação ao seu modo de trabalhar, no qual era importante a visualização que tinha da rua, a fim de captar a luz do ambiente externo e a forma como incide nas pessoas.

b) Matisse, ao afirmar que sua preocupação era a de fazer quadros e não uma mulher, deixava clara a sua afinidade com o movimento surrealista, que tinha como característica as deformações.

c) A afirmação de Matisse nos faz confirmar o que de fato era uma das suas maiores preocupações como artista: os estudos sobre luminosidade, implicando nas descobertas que fez a partir dos recortes.

d) Matisse referia-se a um fato pictórico, lhe interessava o jogo empreendido com os elementos dos quais dispunha cores, diversos tipos de linhas, a superfície branca e as relações entre todos eles.

e) A afirmação nos leva a constatar a preocupação plástico-formal do artista, principalmente no que diz respeito aos aspectos que tornam evidente o rompimento de fronteiras entre desenho, pintura e escultura.

9. (UFMG) Observe este quadro.

BI, ADAGP, PARIS/SCALA, FLORENCE

A reprodução proibida (1937), quadro de René Magritte.

Agora, leia esta citação:

"A imaginação não é, como sugere a etimologia, a faculdade de formar imagens da realidade; ela é a faculdade de formar imagens que ultrapassam a realidade."

BACHELARD, Gaston. *A água e os sonhos*. São Paulo: Martins Fontes, 1968. p. 17-18.

Redija um texto estabelecendo uma correlação entre o quadro e a citação.

10. (UEL-PR)

"Em suma, o que é a aura? É uma figura singular, composta de elementos espaciais e temporais: a aparição única de uma coisa distante, por mais perto que ela esteja. Observar, em repouso, numa tarde de verão, uma cadeia de montanhas no horizonte, ou um galho, que projeta sua sombra sobre nós, significa respirar a aura dessas montanhas, desse galho. Graças a essa definição, é fácil identificar os fatores sociais específicos que condicionam o declínio atual da aura. Ele deriva de duas circunstâncias, estreitamente ligadas à crescente difusão e intensidade dos movimentos de massas. Fazer as coisas 'ficarem mais próximas' é uma preocupação tão apaixonada das massas modernas como sua tendência a superar o caráter único de todos os fatos através da sua reprodutibilidade."

BENJAMIN, W. A obra de arte na era de sua reprodutibilidade técnica. In: BENJAMIN, W. *Magia e técnica, arte e política*: ensaios sobre literatura e história da cultura. São Paulo: Brasiliense, 1985. p. 170.

Com base no texto e nos conhecimentos sobre Benjamin, assinale a alternativa correta.

a) Ao passar do campo religioso ao estético, a obra de arte perdeu sua aura.

b) Ao se tornarem autônomas, as obras de arte perderam sua qualidade aurática.

c) O declínio da aura decorre do desejo de diminuir a distância e a transcendência dos objetos artísticos.

d) O valor de culto de uma obra de arte suscita a reprodutibilidade técnica.

e) O declínio da aura não tem relação com as transformações contemporâneas.

11. **(UEL-PR)** Com relação à concepção de arte contemporânea e de pintura em geral, considere as afirmativas a seguir:

I. A pintura, como roga a tradição, ainda nos dias de hoje tem como princípio fundamental a tela e a tinta.

II. O desenho é fundamentalmente o que antecede a pintura, devendo para tanto obedecer a todos os critérios para que se preestabeleça uma boa obra.

III. Na contemporaneidade rompe-se com as questões de fronteiras e especificidades entre as diferentes técnicas como pintura, escultura, desenho, entre outras.

IV. É menos pertinente hoje pensar em definições para um trabalho artístico; é importante, sobretudo, observar as relações entre contexto, objeto e a própria história da arte.

Assinale a alternativa correta.

a) Somente as afirmativas I e II são corretas.
b) Somente as afirmativas I e IV são corretas.
c) Somente as afirmativas III e IV são corretas.
d) Somente as afirmativas I, II e III são corretas.
e) Somente as afirmativas I, III e IV são corretas.

12. **(UEL-PR)** Observe a imagem a seguir.

MUSEU HERMITAGE, SÃO PETERSBURGO, RÚSSIA

A dança (c. 1909), pintura de Henri Matisse.

Com base na pintura de Matisse e nos conhecimentos sobre as vanguardas europeias, considere as afirmativas a seguir.

I. Matisse utiliza o equilíbrio entre a cor e o traço; a aparente simplicidade reitera certo lirismo da pintura.

II. Os trabalhos de Matisse fazem parte de um contexto caracterizado por experimentações para transcender a natureza.

III. A pintura faz parte de um momento da pesquisa artística de Matisse em que buscava uma rígida estruturação formal em suas composições.

IV. Nessa imagem, Matisse expressou sentimentos dramáticos, tais como a solidão, a morte e o abandono, notados nos elementos compositivos.

Assinale a alternativa correta.

a) Somente as afirmativas I e II são corretas.
b) Somente as afirmativas I e IV são corretas.
c) Somente as afirmativas II e IV são corretas.
d) Somente as afirmativas I, II e III são corretas.
e) Somente as afirmativas II, III e IV são corretas.

Sugestões

Para ler

O apanhador no campo de centeio, de J. D. Salinger. Rio de Janeiro: Editora do Autor.

Adolescente observa e relata com olhar crítico sua sociedade, a hipocrisia que percebe nela, os falsos valores, os objetivos de vida que não são os seus. Após a publicação da obra, que teve ampla repercussão, o autor passou a viver recluso, retirando-se do convívio social.

A liberdade, de Alexandre de Oliveira Torres Carrasco. São Paulo: WMF Martins Fontes, 2011. (Coleção Filosofias: o prazer de pensar)

O autor inicia sua abordagem pelas situações corriqueiras da liberdade, aprofunda sua reflexão tomando como base o pensamento estoico e a leitura de Montaigne e conclui com um contraponto entre Sartre e Merleau-Ponty.

A hora da estrela, de Clarice Lispector. São Paulo: Rocco.

Macabea, uma jovem imigrante nordestina, ingênua e semianalfabeta, sonha em ter uma vida melhor em São Paulo. Último romance de Clarice Lispector, a história mostra a experiência de ser diferente numa sociedade em que não se respeitam as diferenças. A história foi adaptada por Suzana Amaral para o cinema, em 1986, tendo recebido vários prêmios no Brasil e no exterior.

A metamorfose, de Franz Kafka. São Paulo: Companhia das Letras.

Certa manhã, um caixeiro-viajante descobre que se transformou em um monstruoso inseto. Obra clássica, aberta a múltiplas interpretações graças ao inusitado de seu relato; traz implícita uma feroz crítica ao modo de vida da época em que Kafka viveu, ou seja, o início do século XX.

A caverna, de José Saramago. São Paulo: Companhia das Letras.

História de um oleiro, sua filha e seu genro. O romance é uma espécie de parábola que discorre sobre a passagem do trabalho artesanal para o mundo industrial: o oleiro, que se vê excluído do mundo do trabalho, e o genro, submetido à nova ordem social e econômica. A caverna é uma clara alusão ao mundo das sombras de Platão, relatado em seu "Mito da Caverna".

O que é arte, de Jorge Coli. São Paulo: Brasiliense.

Obra de iniciação, apresenta em linguagem acessível as principais características da arte, suas várias tentativas de conceituação por parte de teóricos e críticos. A referência a artistas de todas as épocas é recorrente ao longo do livro.

Questões de arte: o belo, a percepção estética e o fazer artístico, de Cristina Costa. São Paulo: Moderna.

Introdução ao estudo da arte, a obra oferece um recorte sociológico em relação ao fazer artístico, num enfoque que dá especial atenção à relação entre o homem e a arte, sempre procurando contextualizá-la no cotidiano do leitor comum. Abrange as manifestações artísticas contemporâneas, com ênfase às que resultaram das transformações tecnológicas.

Explicando a filosofia com arte, de Charles Feitosa. Rio de Janeiro: Ediouro.

Uma introdução à filosofia em que é feita uma parceria entre filosofia e arte: cada tema é abordado com base em obras de arte, numa ampla abrangência que vai dos renascentistas ao desenho dos Simpsoms, passando por elementos da cultura *pop* contemporânea, como o *rock* e filmes como *Matrix*.

Persépolis, de Marjane Satrapi. São Paulo: Companhia das Letras.

História em quadrinhos autobiográfica, ilustrada pela própria autora, uma iraniana filha de pais politizados num mundo em transição entre a república liberal e a república teocrática. Satrapi relata sua infância no Irã antes da queda do Xá Reza Pahlavi e a instalação da República Islâmica, em 1979. A partir dos dez anos, ela foi obrigada a usar o véu (chador) e vivenciou a crescente opressão do governo teocrático, até mudar-se para Paris.

Para assistir

O enigma de Kaspar Hauser

Direção de Werner Herzog. Alemanha, 1974.
Relata um fato verídico ocorrido na cidade alemã de Nurenberg, em 1828: numa praça da cidade, surge um dia um jovem que vivera afastado da convivência humana, provavelmente desde a infância, que não sabia sequer falar e trazia apenas uma carta na mão explicando sua história. A partir daí começa sua educação, cercada pela curiosidade da população, num emblemático caso sociológico de aculturação.

O milagre de Anne Sullivan

Direção de Arthur Penn. Estados Unidos, 1962.
Anne Sullivan é a professora que conseguiu trazer a menina Helen Keller, então com sete anos de idade e que havia nascido com deficiência visual e auditiva, para o mundo da luz, do conhecimento e dos símbolos, portanto, da cultura.

O menino selvagem

Direção de François Truffaut. França, 1969.
No século XVIII, uma criança selvagem de doze anos é encontrada numa floresta da França. Não apresentava qualquer sinal de socialização: não falava, caminhava com a ajuda das mãos, apenas mostrava ter no olfato seu sentido mais desenvolvido. Um professor toma o caso para si e resolve socializar o menino, dando início à sua educação.

Na natureza selvagem

Direção de Sean Penn. Estados Unidos, 2007.
Baseado em fatos reais, conta a história de um rapaz de família rica que abandona tudo para ter uma vida livre, sem precisar sequer de dinheiro. Depois de circular pelos Estados Unidos, viaja para o Alasca, onde vivencia uma situação trágica.

Domésticas – O filme

Direção de Fernando Meirelles e Nando Olival. Brasil, 1997.
Filme em que cinco empregadas domésticas contam seu cotidiano, as dificuldades do trabalho, a relação sempre tumultuada com os patrões (embora estes não apareçam na história) e suas esperanças. Embora o tom seja muitas vezes de comédia, o filme acaba por mostrar uma brutal realidade, nem sempre visível.

Arquitetura da destruição

Direção de Peter Cohen. Alemanha, 1994.
O fenômeno do nazismo é interpretado neste documentário por meio da estética imposta por Hitler, segundo o mito que o impulsionava: a beleza e a pureza racial. "Beleza", para ele, significava retornar aos gregos e romanos e aos mitos germânicos e condenar toda arte contemporânea como degenerada.

Amadeus

Direção de Milos Forman. Estados Unidos, 1984.
A vida do compositor austríaco Wolfgang Amadeus Mozart, um gênio da música, é relatada por Salieri, também compositor, e que invejava o talento de Mozart.

Cinema Paradiso

Direção de Giuseppe Tornatore. Itália, 1988.
Um cineasta famoso recorda-se da infância em uma cidadezinha da Sicília, na Itália. Logo após a Segunda Guerra, fascinado pelo cinema, o menino assistia aos filmes da cabine do projecionista, que se tornou seu amigo.

Basquiat – traços de uma vida

Direção de Julian Schnabel. Estados Unidos, 1996.
Jean-Michel Basquiat, artista pobre norte-americano que faz grafites nas ruas de Manhattan, é descoberto pelo ícone da cultura *pop*, Andy Warhol. A partir daí, o jovem grafiteiro conhece uma rápida ascensão, meteórica, sendo reconhecido internacionalmente. Sua ascensão, porém, não dura muito.

Shakespeare apaixonado

Direção de John Madden. Estados Unidos, 1998.
Ambientado em 1593, o filme mostra o dramaturgo William Shakespeare em um momento de bloqueio criativo, em que não conseguia terminar a peça que havia começado a escrever. Nesse momento de crise criativa, Shakespeare conhece um grande amor.

Cópia fiel

Direção de Abbas Kiarostami. França/Irã/Itália, 2010.
Um teórico da arte inglês vai à Toscana, na Itália, para lançar um livro sobre a cópia na arte que tem como título *Cópia fiel*. Lá ele conhece a proprietária de uma galeria de arte. Saem para passear e passam a desenvolver um jogo de verdades e mentiras que aos poucos vai sendo revelado para o espectador.

Persepolis

Direção de Vincent Paronnaud e Marjane Satrapi. França, 2007.
Filme de animação, baseado na história em quadrinhos homônima (ver comentário sobre a HQ).

Homens e deuses

Direção de Xavier Beauvois. França, 2010.
Baseado em fatos verídicos, o filme relata a história de frades católicos franceses que construíram um mosteiro nas montanhas argelinas. Eles viviam em harmonia com os habitantes muçulmanos, aos quais prestavam assistência médica, mas a situação se complica quando surge um grupo de terroristas e os os frades insistem em permanecer no mosteiro. O filme é uma reflexão sobre a coragem e a tolerância religiosa de ambas as partes.

Lutero

Direção de Eric Till. Alemanha/Estados Unidos, 2003.
História do reformador religioso Martin Lutero que, no século XVI, criticou as práticas do catolicismo e rompeu com a Igreja, abrindo caminho para a Reforma Protestante.

Rainha Margot

Direção de Patrice Chéreau. França/Itália/Alemanha, 1994.
No século XVI, na França, a jovem católica Marguerite, filha de Catarina de Medicis, deve se casar com o protestante Henrique de Navarra, a fim de aproximar as duas igrejas. O casamento, realizado no dia de são Bartolomeu, desencadeou uma chacina em que os católicos mataram milhares de protestantes. O episódio ficou conhecido como "A noite de são Bartalomeu".

Santo forte

Direção de Eduardo Coutinho. Brasil, 1999.
Documentário sobre religião dirigido por Eduardo Coutinho, considerado o maior documentarista brasileiro. O diretor tomou o depoimento de pessoas de uma favela do Rio de Janeiro, estimulando-as a falar sobre sua religiosidade. O resultado é um rico mosaico em que católicos, evangélicos, umbandistas e membros de outras crenças falam espontaneamente sobre sua relação com o sagrado e com o sobrenatural.

Pequena miss *Sunshine*

Direção de Jonathan Dayton e Valerie Faris. Estados Unidos, 2006.
Comédia que satiriza os costumes norte-americanos, sobretudo a busca do sucesso, da fama e da busca de um padrão ideal de beleza.

Para navegar

www.sobresites.com/filosofia

Este *site*, cujo editor é Luiz Fontenelle, indica vários outros *links* sobre filosofia que poderão ser consultados por professores e alunos.

www.afilosofia.no.sapo.pt

Site de Portugal sobre filosofia.

www.macvirtual.usp.br

Site de um dos mais importantes museus de arte moderna e contemporânea da América Latina, o Museu de Arte Contemporânea da USP, criado em 1963.

www.mam.org.br

Site do Museu de Arte Moderna de São Paulo (MAM), fundado em 1948, um dos mais importantes museus da América Latina, com mais de 5 mil obras dos artistas mais expressivos da arte moderna e contemporânea brasileira e uma programação de atividades culturais e educativas, com cursos, oficinas e visitas monitoradas.

http://www.adorocinema.com.br/

Site com indicações e comentários de filmes.

Unidade 2

O conhecimento

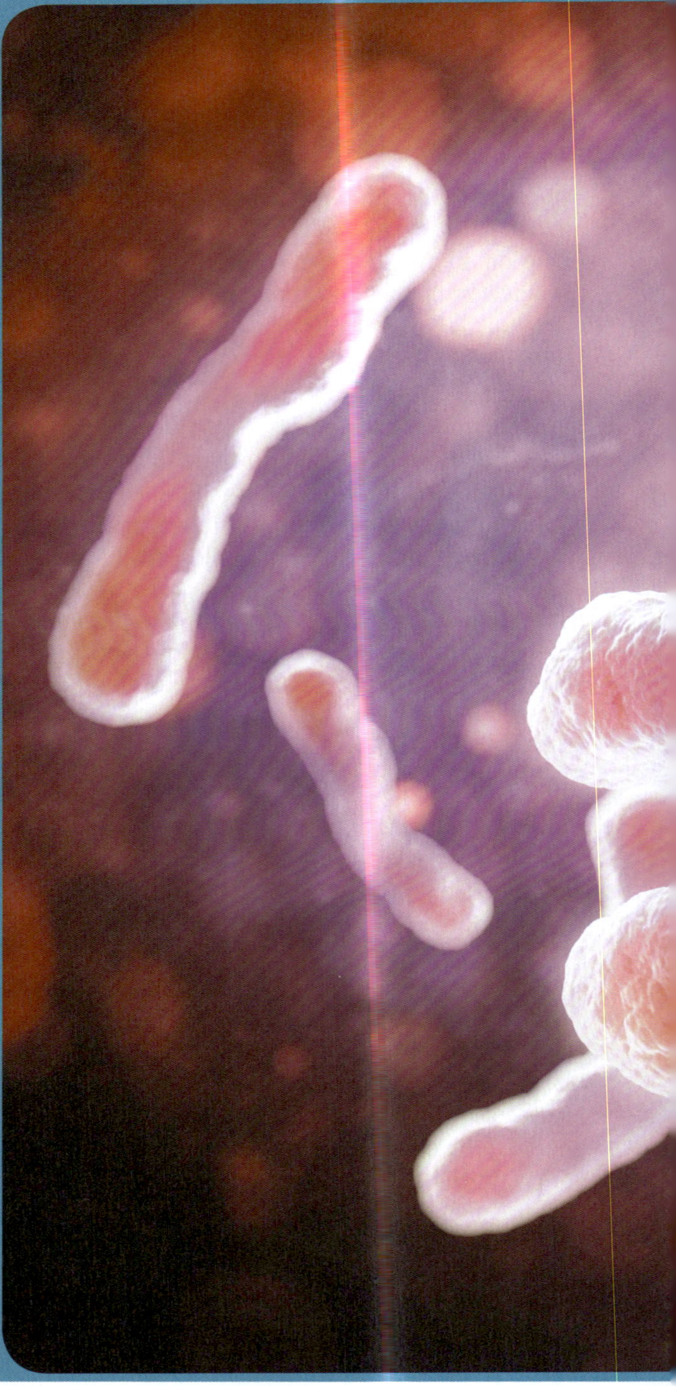

Investigação do conhecimento, agradável e útil

"Desde que o *entendimento* situa o homem acima dos outros seres sensíveis, e dá-lhe toda vantagem e domínio que tem sobre eles, consiste certamente num tópico, ainda que, por sua nobreza, merecedor de nosso trabalho de investigá-lo. O entendimento, como o olho, que nos faz ver e perceber todas as outras coisas, não se observa a si mesmo; requer arte e esforço situá-lo a distância e fazê-lo seu próprio objeto. Qualquer que sejam as dificuldades que estejam no caminho dessa investigação, por mais que permaneçamos na escuridão sobre nós mesmos, estou seguro de que toda luz que possamos lançar sobre nossas mentes, todo conhecimento que possamos adquirir de nosso entendimento não será apenas muito agradável, mas nos trará grande vantagem ao orientar nossos pensamento na busca de outras coisas."

LOCKE, John. *Ensaio acerca do entendimento*. São Paulo: Abril Cultural, 1973. p. 145. (Coleção Os Pensadores)

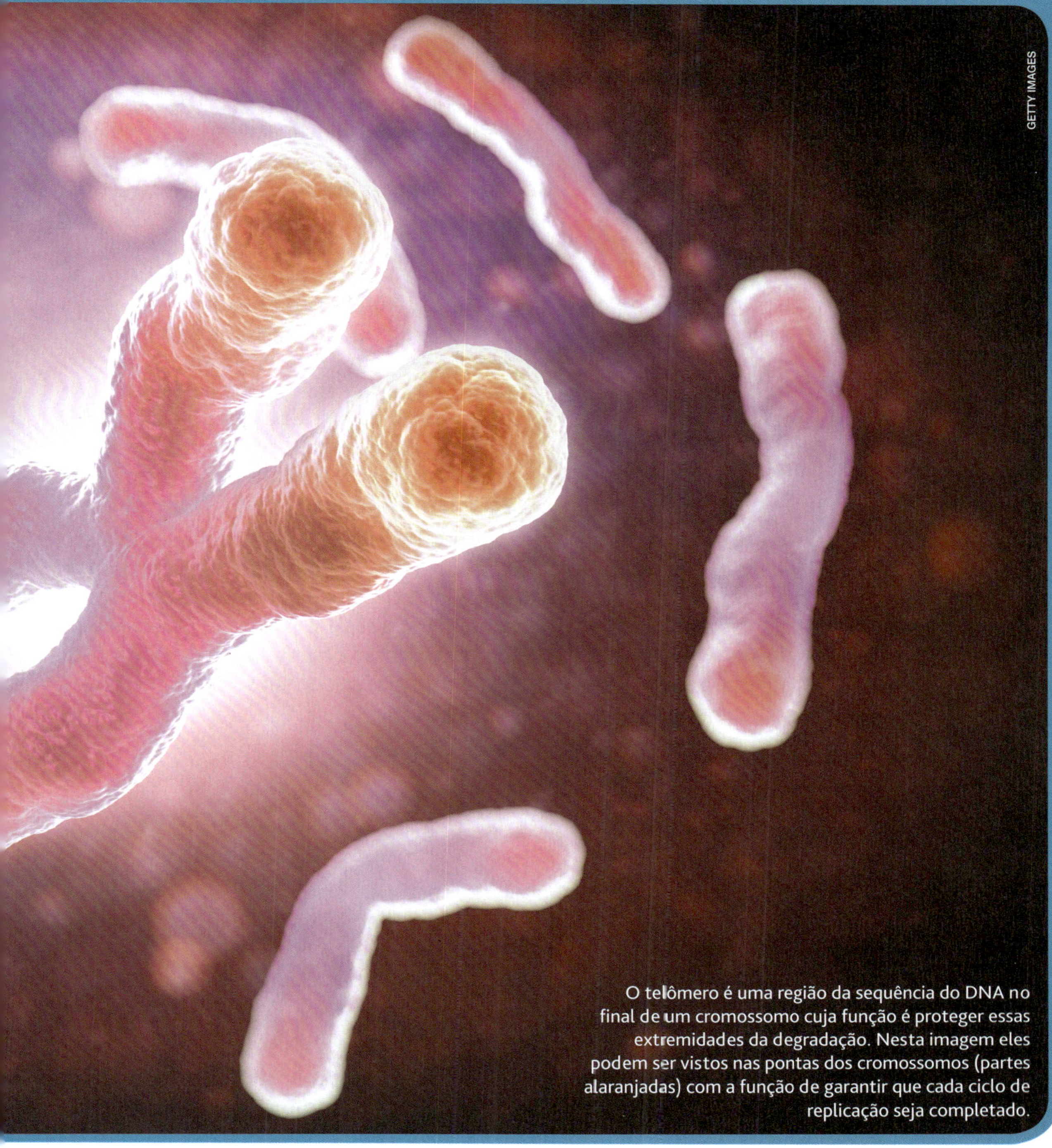

O telômero é uma região da sequência do DNA no final de um cromossomo cuja função é proteger essas extremidades da degradação. Nesta imagem eles podem ser vistos nas pontas dos cromossomos (partes alaranjadas) com a função de garantir que cada ciclo de replicação seja completado.

Capítulo 7
Conhecimento e verdade

M. C. ESCHER FOUNDATION

Relatividade (1953), litografia de Maurits C. Escher (1898-1972), na qual o artista brinca com a nossa percepção.

A primeira impressão que se tem diante de uma obra de Escher é de estranhamento. Observe, na parte superior da imagem, uma escada e duas pessoas movendo-se na mesma direção. Uma, no entanto, parece descer, enquanto a outra parece subir. Logo abaixo, a parede ao lado daquela que sobe é o solo da outra que se encontra sentada. Outras figuras se posicionam, sempre invertendo a percepção que temos de horizontal e de vertical. Essa obra nos instiga a pensar: será que tudo o que vejo é mesmo real? E se tudo for ilusão dos meus sentidos? Convivo com pessoas que pensam de modo tão diferente de mim, como se vivessem em outra realidade. O que é o real? Qual a garantia de que a realidade não seja um sonho? Já tive certezas tão arraigadas e que se dissolveram com o tempo: teria eu me enganado? E agora, estaria certo? Que garantias tenho das minhas certezas?

Alguém pode dizer que há coisas de que não se pode duvidar porque são evidentes. Essa evidência, contudo, talvez não seja mais do que o hábito, o costume, pois muitas verdades me foram incutidas desde a infância. Num plano maior, também os povos se enganam. Basta lembrar que, antes de Copérnico e Galileu, parecia óbvio que o Sol girasse em torno da Terra, enquanto nosso planeta permanecia fixo no centro do Universo. Isso significa que nem as ciências podem nos garantir certezas? E, se puderem, que tipo de certeza elas nos dão?

1 O ato de conhecer

Tradicionalmente, costuma-se definir *conhecimento* como o modo pelo qual o sujeito se apropria do objeto pelos sentidos e pela inteligência. Podemos distinguir entre o *ato* e o *produto* do conhecimento.

- O *ato do conhecimento* diz respeito à relação que se estabelece entre o sujeito que conhece e o objeto a ser conhecido. Mas podemos ter por objeto de conhecimento também a própria mente, quando percebemos nossos afetos, desejos e ideias.
- O *produto do conhecimento* é o que resulta do ato de conhecer. Ou seja, o conjunto de saberes acumulados e recebidos pela cultura, bem como os saberes que acrescentamos à tradição: as crenças, os valores, as ciências, as religiões, as técnicas, as artes, a filosofia etc.

Neste capítulo, vamos privilegiar o primeiro aspecto: o *ato de conhecer*.

2 Modos de conhecer

De que maneiras apreendemos o real? Geralmente consideramos o conhecimento como um *ato da razão*, pelo qual encadeamos ideias e juízos para chegar a uma conclusão. Essas etapas compõem o nosso *raciocínio*. No entanto, conhecemos o real também pela intuição. Vejamos a diferença entre *intuição* e *conhecimento discursivo*.

A intuição

A *intuição* é um conhecimento imediato – alcançado sem intermediários –, um tipo de pensamento direto, uma visão súbita. Por isso a intuição é inexprimível: como poderíamos explicar em palavras a sensação do vermelho? Ou a intensidade do meu amor ou ódio? A intuição é também um tipo de conhecimento que não se demonstra. No entanto, foi responsável por grandes saltos no saber humano, materializados nas invenções e nas descobertas.

Intuição
Do latim *intuitio*, do verbo *intueor*, "olhar atentamente", "observar". Intuição é, portanto, uma "visão", uma percepção sem conceito.

A intuição se expressa de diversas maneiras, entre as quais destacamos a *empírica*, a *inventiva* e a *intelectual*.

a) A *intuição empírica* é o conhecimento imediato baseado em uma experiência que independe de qualquer conceito. Ela pode ser:

- sensível, quando percebemos pelos órgãos dos sentidos: o calor do verão, as cores da primavera, o som do violino, o odor do café, o sabor doce do açúcar;
- psicológica, quando temos a experiência interna imediata de nossas percepções, emoções, sentimentos e desejos.

b) A *intuição inventiva* é a do sábio, do artista, do cientista, quando descobrem soluções súbitas, como uma hipótese fecunda ou uma inspiração inovadora. Na vida diária também enfrentamos situações que exigem verdadeiras invenções súbitas, por exemplo, o diagnóstico de um médico ou a solução prática de um problema do dia a dia. Segundo o matemático e filósofo Henri Poincaré, enquanto a lógica nos ajuda a demonstrar pelo raciocínio, a invenção só é possível pela intuição.

c) A *intuição intelectual* procura captar diretamente a essência do objeto. Descartes, quando chegou à consciência do *cogito* – o eu pensante –, considerou tratar-se de uma *primeira verdade* que não podia ser provada, mas da qual não se poderia duvidar: *Cogito, ergo sum*, que em latim significa "Penso, logo existo". Foi com base nessa intuição primeira (a existência do eu como ser pensante) que o filósofo construiu sua teoria.

AKG/LATINSTOCK

O matemático e físico Arquimedes (c.285-212 a.C.) retratado em litografia da época, de autoria desconhecida. Sábio grego, Arquimedes foi incumbido pelo rei de descobrir se o ourives usara menos ouro na confecção de sua coroa. Ele chegou à resposta quando percebeu que, ao banhar-se em uma banheira, deslocava certa quantidade de água que era igual ao volume de seu corpo quando este imergia. Pensou então que se o volume de água deslocado pela coroa não fosse idêntico ao mesmo peso de ouro puro, a coroa não seria só de ouro. Nesse momento, gritou: "*Eureka!*" ("Descobri!"). O sábio intuíra não só a solução para a dúvida do rei, mas, principalmente, um dos mais fecundos princípios da hidrostática sobre a densidade dos corpos.

Discurso
Do latim *discursus*, literalmente "ação de correr para diversas partes, de tomar várias direções". Chamamos *discurso* à exposição de um raciocínio.

Conhecimento discursivo

Para compreender o mundo, a razão vai além das informações concretas e imediatas recebidas por intuição e organiza-as em conceitos ou ideias gerais. Esses conceitos e ideias são devidamente articulados pelo encadeamento de juízos e raciocínios, levando a demonstrações e conclusões. Portanto, o conhecimento discursivo, ao contrário da intuição, precisa da palavra, da linguagem.

Por ser mediado pelo *conceito*, o conhecimento discursivo é *abstrato*. *Abstrair* significa "isolar", "separar de". Fazemos abstração ao isolarmos um elemento que não está separado na realidade. Vejamos alguns exemplos:

- Quando vemos um copo, temos a imagem dele, uma representação mental de natureza sensível, concreta e particular; por exemplo, um copo de cristal verde lapidado. Já a ideia de copo é abstrata, porque não se refere àquele copo particular, mas a qualquer copo, independentemente da cor, da forma ou do material de que é feito: a noção abstrata de copo diz respeito a qualquer recipiente geralmente cilíndrico, sem asa e sem tampa e que serve para beber líquidos.
- O número "2", na matemática, diz respeito à quantidade, e não a duas pessoas ou duas frutas. A matemática faz abstração ao reduzir as coisas, que têm peso, dureza e cor, a pura quantidade.
- As ciências em geral baseiam-se em abstrações para estabelecer as leis. Quando dizemos que o calor dilata os corpos, abstraímos as características que distinguem cada corpo para considerar apenas os aspectos comuns àqueles corpos. Em outras palavras, nos referimos ao "corpo em geral" enquanto submetido à ação do calor. Quanto mais abstrato o conceito, mais distante ele fica da realidade concreta. Esse artifício da razão é importante porque torna possível a elaboração de leis gerais explicativas.

Como se dá, então, o conhecimento? Ao afastar-se do vivido, a razão enriquece o conhecimento pelas noções abstratas que permitem a interpretação e a crítica da realidade. Esse distanciamento, porém, como enfatizam alguns filósofos, ao mesmo tempo que oferece ganhos, pode representar um empobrecimento da experiência intuitiva que temos do mundo e de nós mesmos. Por isso, o conhecimento se faz pela relação contínua entre *intuição* e *razão*, *vivência* e *teoria*, *concreto* e *abstrato*.

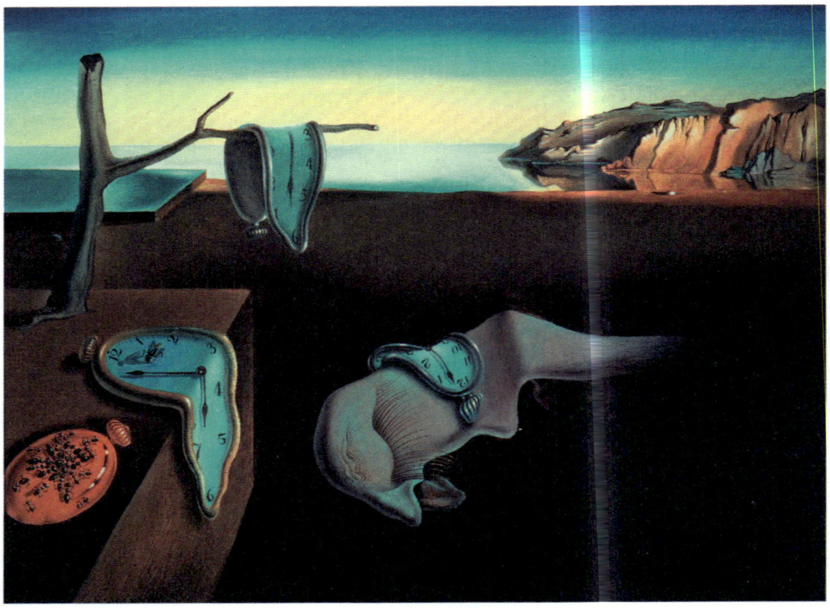

ALBUM/LATINSTOCK - MUSEU DE ARTE MODERNA (MOMA) DE NOVA IORQUE

A persistência da memória (1931), quadro de Salvador Dalí (1904--1989). A tela surrealista de Dalí provoca as indagações: O que é o tempo? Seria uma realidade externa a nós ou depende apenas do nosso entendimento?

3 A verdade

Agora nos perguntamos: quando podemos considerar que um conhecimento é verdadeiro? E o que é a verdade? O que alguém quer dizer quando afirma que uma proposição é verdadeira?

Primeiro, vamos comparar o conceito de *verdade* com o de *veracidade* e o de *realidade*.

- *Verdade* e *veracidade*: suponhamos que alguém me diz que há um lado da Lua que nunca é visto da Terra. Se eu lhe perguntar: "Isso é verdade?", a indagação pode ter dois sentidos.

O primeiro é o de verificar se meu interlocutor está me dizendo uma verdade ou se está mentindo. Nesse caso, indago pela veracidade da frase, que nos coloca diante de uma constatação moral: o indivíduo veraz é o que não mente.

O segundo sentido é propriamente epistemológico: quero saber se a afirmação de meu interlocutor é *verdadeira* ou *falsa*. Para tanto, indago se a proposição corresponde à realidade, se já foi comprovada, se a fonte de informação é digna de crédito ou não. É esse tipo de verdade que iremos discutir neste capítulo.

Proposição
Uma frase com sujeito, verbo e predicado e que pode ser verdadeira ou falsa. O mesmo que juízo. Por exemplo: o copo é verde; o calor dilata os corpos etc.

Epistemológico
Do grego *epistêmê*, "ciência", "conhecimento". Relativo à teoria do conhecimento.

Tira do cartunista norte-americano Bill Watterson publicada em *O Estado de S. Paulo*, 18 de maio de 2008. O personagem Calvin não teve um comportamento veraz: ele simula uma dor intensa que não sente de fato.

- *Verdade* e *realidade*: embora diferentes, esses dois conceitos são frequentemente confundidos na linguagem cotidiana. O real é o que diz respeito às coisas: um colar, um quadro, uma flor. Delas não dizemos se são verdadeiras ou falsas, elas simplesmente *são*, existem.

Dizemos que algo é verdadeiro quando uma proposição expressa um fato do mundo. Assim, quando afirmamos "Este colar é de ouro", a proposição é verdadeira se, de fato, se trata de ouro. E é falsa caso se trate de outro material.

Portanto, o falso ou o verdadeiro não está na coisa em si, mas no *juízo*. Ao beber o líquido escuro que me parecia café, emito os juízos: "Este líquido não é café" e "Este líquido é cevada". Portanto, a verdade (ou falsidade) se dá quando afirmamos ou negamos algo sobre uma coisa, e esses juízos correspondem (ou não) à realidade.

Estamos diante de um primeiro sentido de verdade: *um juízo verdadeiro é aquele que corresponde aos fatos*. Ainda que essa *definição* pareça óbvia e esteja de acordo com o senso comum, há uma outra questão que diz respeito ao *critério* de verdade: podemos mesmo *saber* como as coisas são de fato?

4 Podemos alcançar a certeza?

A certeza é o resultado de nossa adesão ao que consideramos verdadeiro. Para entendermos as mudanças ocorridas ao longo da história da filosofia sobre as possibilidades de conhecimento da verdade, vamos distinguir duas tendências principais: o *dogmatismo filosófico* e o *ceticismo*.

O dogmatismo

Dogma
Dogma, em grego, significa "doutrina", "ensinamento". *Dogmatikós*, "o que se funda em princípios" ou aquilo que é "relativo a uma doutrina".

Há vários significados para o conceito de dogmatismo. Vejamos o sentido do *senso comum* e o sentido *filosófico* do termo.

O dogmatismo do senso comum

De acordo com o senso comum, o dogmatismo designa as certezas não questionadas do nosso cotidiano. De posse do que supõe verdadeiro, a pessoa fixa-se na certeza e abdica da dúvida. O mundo muda, os acontecimentos se sucedem e o dogmático permanece petrificado diante dos conhecimentos que ele recebeu como algo acabado. Resistindo ao diálogo, teme o novo e não raro tenta impor aos outros o seu ponto de vista, às vezes recorrendo à intransigência e à prepotência.

Na política, o dogmatismo nega o pluralismo – a possibilidade de existirem diferentes pontos de vista – e abre caminho para a doutrina oficial do Estado ou do partido único. É o que ocorre nas ditaduras, com todas as suas decorrências, como a censura e a repressão.

ROGER VIOLLET/GETTY IMAGES

O ditador italiano Benito Mussolini (1883-1945) condecora adolescente membro da Juventude Fascista em 1925. O fascismo foi uma das expressões do dogmatismo na política.

O dogmatismo filosófico

A filosofia sempre exerceu uma função crítica das opiniões não refletidas. Como então falar em dogmatismo filosófico? A expressão *dogmatismo filosófico* adquiriu um sentido específico com Immanuel Kant, no século XVIII. Para ele, antes de ter certeza ou de duvidar, seria preciso examinar o que a faculdade da razão pode de fato conhecer. Ou seja, como os filósofos que o precederam não haviam se colocado essa questão, Kant fez a crítica da razão para examinar as possibilidades e os limites dessa razão.

Kant chegou à conclusão de que não somos capazes de conhecer ideias metafísicas, que estão além da experiência sensível, como a existência de Deus, a imortalidade da alma, a liberdade. Vale observar que não se trata ainda de ceticismo, embora Kant tenha aberto o caminho para posturas céticas posteriores.

Reflita

Discuta com seu colega sobre algumas formas de dogmatismo no meio em que vocês vivem.

O ceticismo

O cético tanto observa e pondera que, por fim, acaba concluindo que o conhecimento é algo impossível. Essa impossibilidade se refere aos casos mais radicais de ceticismo, embora as tendências moderadas sejam mais comuns. Nestas últimas, o cético suspende provisoriamente qualquer juízo ou admite apenas uma forma restrita de conhecimento, reconhecendo os limites para a apreensão da verdade. Vejamos alguns representantes do ceticismo.

Ceticismo
Concepção segundo a qual nada se pode conhecer com certeza; nas tendências radicais, o conhecimento é impossível; nas moderadas, o cético suspende provisoriamente qualquer juízo.

Górgias

Na Antiguidade grega, o filósofo sofista Górgias de Leontini (século IV a.C.), um mestre da retórica, desenvolveu três teses:

- o ser não existe;
- se existisse alguma coisa, não poderíamos conhecê-la;
- se a conhecêssemos, não poderíamos comunicá-la aos outros.

Nessas três teses, Górgias separa *o ser*, *o pensar* e *o dizer*. Desse modo, critica os pensadores que identificam o pensamento do real com a realidade das coisas. O seu ceticismo é uma maneira de dizer que o ser não se deixa desvelar pelo pensamento.

Pirro

O grande representante do ceticismo foi Pirro de Élida (século IV-III a.C.). Ao acompanhar o imperador macedônio Alexandre Magno em suas expedições de conquista, Pirro teve oportunidade de conhecer povos com valores e crenças diferentes. Como geralmente fazem os céticos, confrontou a diversidade de convicções, bem como as filosofias contraditórias, abstendo-se, no entanto, de aderir a qualquer certeza. Para Pirro, a atitude coerente do sábio é a suspensão do juízo e, como consequência prática, a aceitação com serenidade do fato de não poder discernir o verdadeiro do falso. Além do aspecto epistemológico, para ele essa postura tem um caráter ético, porque aqueles que se prendem a verdades indiscutíveis estão fadados à infelicidade, já que tudo é incerto e fugaz.

7.1
Biblioteca do estudante: Leitura complementar

Outros céticos

No Renascimento, o filósofo francês Montaigne assumiu posições céticas ao se opor ao pensamento medieval. Fez críticas às crenças arraigadas que se apresentam como certezas e refletiu sobre as influências sociais e pessoais que relativizam a verdade.

No século XVIII, o irlandês David Hume adotou um ceticismo atenuado ao referir-se às crenças que nos orientam no cotidiano. Elas são de natureza teórica ou prática e podem ser corretas ou incorretas.

7.2
Biblioteca do estudante: Leitura complementar

Para os céticos, deve-se renunciar às certezas sobre as coisas e submeter toda informação à dúvida constante.

HERMES/AGE FOTOSTOCK/GRUPO KEYSTONE

Leitura analítica

Conhecimento e verdade

Absoluto
Como substantivo, o absoluto é o ser que existe por si mesmo. No contexto, é usado como adjetivo, caracterizando tudo o que é completo, total. Por exemplo, poder absoluto, saber absoluto, verdade absoluta.

"Conhecimento e verdade são [...] dois conceitos diferentes. Mas também são solidários. Nenhum conhecimento é a verdade; mas um conhecimento que não fosse nada verdadeiro não seria um conhecimento (seria um delírio, um erro, uma ilusão...). Nenhum conhecimento é absoluto; mas só é um conhecimento – e não simplesmente uma crença ou uma opinião – pela parte de absoluto que comporta ou autoriza.

Seja, por exemplo, o movimento da Terra em torno do Sol. Ninguém pode conhecê-lo absolutamente, totalmente, perfeitamente. Mas sabemos que esse movimento existe e que se trata de um movimento de translação. As teorias de Copérnico e de Newton, por mais relativas que sejam (já que são teorias), são mais verdadeiras e mais seguras – logo, mais absolutas – do que as de Hiparco ou de Ptolomeu. Do mesmo modo, a Teoria da Relatividade é mais absoluta [...] do que a mecânica celeste do século XVIII [...]. Que todo conhecimento é relativo não significa que todos os conhecimentos se equivalem. O progresso de Newton e Einstein é tão inconteste quanto o que vai de Ptolomeu a Newton.

[...]

No entanto, não se deve confundir *conhecimentos* com *ciências*, nem reduzir aqueles a estas. Você conhece seu endereço, sua data de nascimento, seus vizinhos, seus amigos, seus gostos, enfim, mil e uma coisas que nenhuma ciência ensina nem garante. A percepção já é um saber, a experiência já é um saber, ainda que vago [...], sem o qual qualquer ciência seria impossível. 'Verdade científica' não é portanto um pleonasmo: há verdades não científicas e teorias científicas que descobriremos um dia não serem verdadeiras.

[...]

Formidável fórmula de Marcel Conche, a propósito de Montaigne. Sem dúvida temos certezas, várias das quais nos parecem certezas de direito (certezas absolutamente fundamentadas ou justificadas); mas 'a certeza de que há certezas de direito nunca é mais que uma certeza de fato'. Cumpre concluir que a certeza mais sólida, a todo rigor, não prova nada: não há provas *absolutamente* probatórias.

Devemos então renunciar a pensar? De jeito nenhum. 'Pode ser que haja demonstrações verdadeiras', observa Pascal, 'mas não é certo.' De fato, isso é coisa que não se pode demonstrar – já que toda demonstração a supõe. [...] Que tudo

LIGHTPOET/SHUTTERSTOCK

Jovem aspira flores brancas de jasmim. A percepção já é um saber.

é incerto, não é uma razão para parar de buscar a verdade. Porque tampouco é certo que tudo é incerto, observava ainda Pascal, e é isso que dá razão aos céticos ao mesmo tempo que os impede de prová-lo. [...] O ceticismo não é o contrário do racionalismo; é um racionalismo lúcido e leva às últimas consequências – até o ponto em que a razão, por rigor, chega a duvidar da sua aparente certeza. Pois o que prova uma aparência?

A sofística é outra coisa: não pensar que nada é certo, mas pensar que nada é verdadeiro. Isso nem Montaigne nem Hume jamais escreveram. Como, se tivessem acreditado, teriam podido filosofar e por que teriam filosofado? O ceticismo é o contrário do dogmatismo. A sofística, o contrário do racionalismo ou mesmo da filosofia. Se nada fosse verdadeiro, que restaria da nossa razão? Como poderíamos discutir, argumentar, conhecer? 'A cada qual sua verdade'? Se fosse assim, já não haveria verdade nenhuma, porque ela só vale se for universal. [...] Quem não vê os perigos que aí se escondem? Se podemos pensar qualquer coisa, podemos fazer qualquer coisa: a sofística conduz ao niilismo, assim como o niilismo leva à barbárie.

[...]

Niilismo
Do latim *nihil*, "nada". É a posição de quem não acredita em nada ou de quem perdeu valores e objetivos.

LEBRECHT/MIRRORPIX/DIOMEDIA

Componentes da banda de *punk rock* inglesa Sex Pistols em rua de Londres, em julho de 1976. O movimento *punk* nasceu na periferia de Londres nos anos 1970 caracterizado pela negação dos valores tradicionais da sociedade, um sentimento muito próximo do nihilismo.

É por isso que é necessário buscar a verdade, como dizia Platão, 'com toda a alma' – e tanto mais por não ser a alma outra coisa, talvez, que essa busca mesma.

E é por isso que, também, nunca acabaremos de buscar. Não porque não conhecemos nada, o que não é muito verossímil, mas porque nunca conhecemos tudo. O grande Aristóteles, com seu habitual senso de proporção, diz uma coisa impecável: 'A busca da verdade é ao mesmo tempo difícil e fácil: ninguém pode alcançá-la absolutamente, nem deixá-la escapar totalmente'.

Entre a ignorância absoluta e o saber absoluto, há lugar para o conhecimento e para o progresso dos conhecimentos."

COMTE-SPONVILLE, André. *Apresentação da filosofia*. São Paulo: Martins Fontes, 2002. p. 57-64.

Questões

1. Explique o que significa afirmar que nenhum conhecimento é absoluto, mas cada conhecimento tem uma parte de absoluto.
2. Se os conhecimentos não são absolutos, pode-se dizer que são relativos, isto é, que todos os conhecimentos se equivalem e que a verdade depende de cada um?
3. Que distinção é feita entre o ceticismo e a sofística?
4. Posicione-se a respeito da oposição dogmatismo *versus* ceticismo.

5 Teorias sobre a verdade

Que critério nos permite reconhecer a verdade e distingui-la do erro? Ou seja, que condições a verdade exige para ser aceita como tal? Quando podemos afirmar que algo é verdadeiro? O critério de verdade mais frequente entre os filósofos é o da *evidência*. Veremos os filósofos que são adeptos dessa teoria e aqueles que contemporaneamente a criticam.

ALE CABRAL/FUTURA PRESS

Como um eterno retorno, as pessoas se aglomeram na estação Sé do metrô, em São Paulo, em horário de *rush*, em setembro de 2009. A verdade é a representação do mundo como ele é ou como nos aparece? No romance *A insustentável leveza do ser*, o escritor Milan Kundera comenta o mito do eterno retorno, de Nietzsche, um dos filósofos que criticaram o conceito de verdade como representação e correspondência: "O eterno retorno é uma ideia misteriosa, e Nietzsche, com essa ideia, colocou muitos filósofos em dificuldade: pensar que um dia tudo vai se repetir tal com foi vivido e que essa repetição ainda vai se repetir indefinidamente! O que significa esse mito insensato?".

O critério da evidência

Desde Aristóteles, predominou a *teoria da correspondência*, segundo a qual é verdadeira a proposição que corresponde a um fato da realidade. O filósofo francês René Descartes (século XVII) baseou-se nesse critério para concluir que a evidência primeira não é a de um fato exterior, mas da realidade do seu próprio pensamento. Com base nessa constatação, construiu seu pensamento filosófico.

Embora tenha adeptos ainda hoje, a teoria da correspondência tem recebido muitas críticas pela dificuldade de explicar o que significa uma proposição corresponder a um fato. Em outras palavras, a verdade é a representação do mundo como ele realmente é ou como nos aparece? Afinal, se temos acesso aos fatos apenas pelas nossas crenças, e essas crenças não são verificadas por outros meios a não ser por elas mesmas, como garantir que nosso pensamento corresponde aos fatos?

Diante desses questionamentos, o racionalismo, confiante de que há um mundo objetivo a ser desvendado pela razão, começou a sofrer abalos. Vimos que Hume e Kant colocaram em questão o critério de verdade dos antigos. Foi na segunda metade do século XIX e no começo do XX, no entanto, que diversos filósofos intensificaram as críticas ao conceito de verdade como representação e correspondência.

Saiba mais

O filósofo francês Paul Ricoeur criou a expressão "mestres da suspeita" para designar os pensadores Karl Marx, Friedrich Nietzsche e Sigmund Freud. Segundo Ricoeur, foram eles os que primeiramente suspeitaram das ilusões da consciência por meio dos seguintes conceitos: *ideologia* (Marx), *metáfora* (Nietzsche) e *inconsciente* (Freud).

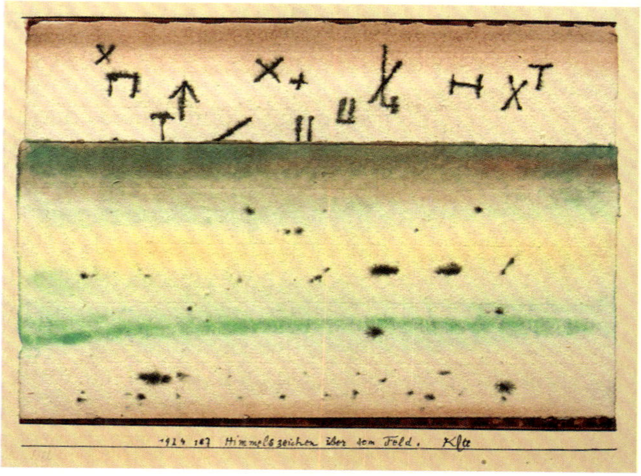

ALBUM / AKG-IMAGES/LATINSTOCK - KEMPER ART MUSEUM, ST. LOUIS - EUA

Sinal do céu acima da caixa (Sinais celestes acima do campo) (1924), quadro de Paul Klee (1879-1940).

6 A verdade como horizonte

No correr da história humana, existiram diversas maneiras de compreender o que é a verdade. O critério da evidência prevaleceu na Antiguidade e na Idade Média. Sofreu alterações na Modernidade, com Descartes, que não renunciou à possibilidade do conhecimento. Posteriormente, as posições conflitantes entre dogmáticos e céticos nos ensinaram a desconfiar das certezas, postura que se tornou mais aguda na contemporaneidade.

Aceitar o movimento contínuo entre certeza e incerteza supõe recusar o ceticismo radical e o dogmatismo, suportando melhor o espanto, a admiração, a controvérsia. Isso não significa renunciar à procura do conhecimento, porque conhecer é dar sentido ao mundo, interpretar a realidade é descobrir a melhor maneira para agir.

A verdade continua como um propósito humano necessário e vital, que exige a liberdade de pensamento e o diálogo, para que os indivíduos compartilhem as interpretações possíveis do real.

BARNEY BURSTEIN/BURSTEIN COLLECTION/CORBIS/LATINSTOCK

Obra sem título (1965) do artista francês Jean-Pierre Vasarely (1934-2002), conhecido como Yvaral, que pertenceu ao movimento da Op Art, surgido nos anos 1950. A Op Art (termo que se origina de *optical art*, "arte óptica") caracteriza-se por imagens, em geral abstratas e em preto e branco, que exploram o movimento, a vibração e a instabilidade, colocando em dúvida as certezas do olhar humano.

Colóquio

Racionalismo filosófico e materialismo dialético

Leia dois textos que representam posições antagônicas sobre o alcance da verdade e se, de fato, podemos ou não atingi-la.

O primeiro foi escrito por Descartes, representante do racionalismo filosófico, doutrina que surgiu no século XVII e que admite a razão como única fonte de conhecimento válido. O que não significa negar a existência do mundo, mas sim afirmar que a realidade percebida pelos sentidos só pode ser compreendida por meio de demonstrações intelectuais.

O segundo texto é dos fundadores do socialismo científico, Karl Marx e Friedrich Engels, que viveram no século XIX. Desenvolveram o método do materialismo dialético, segundo o qual a história deve ser entendida a partir dos conflitos que surgem entre classes antagônicas. No texto escolhido é discutido como a ideologia mascara o conflito para manter a dominação de uma classe sobre a outra.

7.3 Visão do especialista

Texto 1

Penso, logo existo

“Porque os nossos sentidos nos enganam às vezes, quis supor que não havia coisa alguma que fosse tal como eles nos fazem imaginar. E, porque há homens que se equivocam ao raciocinar, mesmo no tocante às mais simples matérias de Geometria, e cometem aí paralogismos, rejeitei como falsas, julgando que estava sujeito a falhar como qualquer outro, todas as razões que tomara até então por demonstrações. E, enfim, considerando que todos os mesmos pensamentos que temos quando despertos nos podem também ocorrer quando dormimos, sem que haja nenhum, nesse caso, que seja verdadeiro, resolvi fazer de conta que todas as coisas que até então haviam entrado no meu espírito não eram mais verdadeiras que as ilusões de meus sonhos. Mas, logo em seguida, adverti que, enquanto eu queria assim pensar que tudo era falso, cumpria necessariamente que eu, que pensava, fosse alguma coisa. E, notando que esta verdade: *eu penso, logo existo* era tão firme e tão certa que todas as mais extravagantes suposições dos céticos não seriam capazes de a abalar, julguei que podia aceitá-la, sem escrúpulo, como o primeiro princípio da Filosofia que procurava. [...]

Compreendi por aí que era uma substância cuja essência ou natureza consiste apenas no pensar e que, para ser, não necessita de nenhum lugar, nem depende de qualquer coisa material.”

Paralogismo
Raciocínio falso, sem a intenção de enganar, no que se distingue do sofisma.

DESCARTES, René. *Discurso do método*. São Paulo: Abril Cultural, 1973. p. 54-55. (Coleção Os Pensadores)

Texto 2

A ideologia

“As ideias da classe dominante são, em cada época, as ideias dominantes; isto é, a classe que é a força *material* dominante da sociedade é, ao mesmo tempo, sua força *espiritual* dominante. A classe que tem à sua disposição os meios de produção material dispõe, ao mesmo tempo, dos meios de produção espiritual, o que faz com que a ela sejam submetidas, ao mesmo tempo e em média, as ideias daqueles aos quais faltam os meios de produção espiritual. [...]

A divisão do trabalho de que já tratamos [...], como uma das forças principais da história até aqui, expressa-se também no seio da classe dominante como divisão do trabalho espiritual e material, de tal modo que, no interior dessa classe, uma parte aparece como os pensadores dessa classe (seus ideólogos ativos, conceptivos, que fazem da formação de ilusões dessa classe a respeito de si mesma seu modo principal de subsistência), enquanto os outros relacionam-se com essas ideias e ilusões de maneira mais passiva e receptiva, pois são, na realidade, os membros ativos dessa classe e têm pouco tempo para produzir ideias e ilusões acerca de si próprios. [...]

Se, na concepção do decurso da história, separarmos as ideias da classe dominante da própria classe dominante e se as concebermos como autônomas, [...] sem nos preocuparmos com as condições de produção e com os produtores dessas ideias, [...] então podemos afirmar, por exemplo, que, na época em que a aristocracia dominou, os conceitos de honra, fidelidade etc. dominaram, ao passo que na época da dominação da burguesia dominaram os conceitos de liberdade, igualdade etc. É o que, em média, imagina a própria classe dominante. Tal concepção da história, comum a todos os historiadores, especialmente desde o século XVIII, defrontar-se-á necessariamente com o fenômeno de que ideias cada vez mais abstratas dominam, isto é, ideias que tomam cada vez mais a forma de universalidade. Com efeito, cada nova classe que toma o lugar da que dominava antes dela é obrigada, para alcançar os fins a que se propõe, a apresentar seus interesses como sendo o interesse comum de todos os membros da sociedade, isto é, para expressar isso mesmo em termos ideais: é obrigada a emprestar às suas ideias a forma de universalidade, a apresentá-las como sendo as únicas racionais, as únicas universalmente válidas.”

JOÃO PRUDENTE/PULSAR IMAGENS

Monumento em homenagem aos pracinhas brasileiros que lutaram na Segunda Guerra Mundial, em frente à Igreja do Senhor Bom Jesus, em Campo Belo, Minas Gerais. Os gregos antigos construíam cenotáfios (monumentos fúnebres em memória de alguém cujo corpo não se encontra no túmulo) para indivíduos de identidade conhecida. Modernamente os imaginários nacionalistas criaram a ideia do "soldado desconhecido", em honra de quem são prestadas homenagens em datas propícias. Segundo Marx, para alcançar os fins a que se propõem, as classes dominantes apresentam sua ideologia como o interesse comum de todos os membros da sociedade, isto é, em termos universais.

MARX, Karl e ENGELS, Friedrich. *A ideologia alemã*. 4. ed. São Paulo: Hucitec, 1984. p. 72-74.

Questões

1. Descartes começa duvidando de tudo, mas pode-se dizer que sua dúvida é metódica. Justifique, com base no texto, por que ele não é um cético.
2. Na sequência do *Discurso do método*, Descartes constrói sua filosofia partindo da ideia do *cogito*, o ser pensante. Em seguida, prova a existência de Deus, certeza que, por sua vez, será garantia para afirmar que o mundo – e o meu corpo – existem de fato. Em que sentido o pensamento de Descartes representa um tipo de dogmatismo filosófico?
3. Releia o texto de Marx e Engels e destaque suas principais ideias.
4. Com base no texto de Marx e Engels, explique por que esses filósofos são críticos da teoria da correspondência.

Atividades

Retomando os conteúdos

1. Quais são as principais características do conhecimento intuitivo?

2. O que é o conhecimento discursivo? Dê exemplos diferentes dos já citados.

3. Leia a citação de George Kneller e explique o que se ganha e o que se perde com a abstração.

> “A ciência elimina a maior parte da aparência sensível e estética da natureza. Poentes e cascatas são descritos em termos de frequências de raios luminosos, coeficientes de refração e forças gravitacionais ou hidrodinâmicas.”
>
> KNELLER, George F. *A ciência como atividade humana*. Rio de Janeiro: Zahar, 1980. p. 149.

4. Leia o trecho e responda às questões.

> “O filósofo é crítico, embora não seja cético. Não desespera da verdade, mas recusa todas as certezas, considerando-as provisórias e sujeitas a serem relativizadas por novos argumentos.”
>
> ROUANET, Sérgio Paulo. *As razões do Iluminismo*. São Paulo: Companhia das Letras, 1987. p. 20.

a) O que é um filósofo cético?

b) O que é dogmatismo filosófico?

c) É possível recusar tanto o ceticismo como o dogmatismo? Justifique sua resposta.

Aprofundando os conceitos

5. Observe as reproduções de quadros dos pintores Johannes Vermeer (1632-1675) e Han van Meegeren (1889-1947). Meegeren foi um falsário que imitava o estilo dos pintores holandeses. Apesar de falsas, suas telas eram tão boas que foram adquiridas pelo Museu de Amsterdã. Em seguida, responda às perguntas.

AKG/LATINSTOCK

Mulher de azul lendo uma carta (c.1665), quadro de Johannes de Vermeer (1632-1675).

RIJKSMUSEUM, AMSTERDAM

Mulher escrevendo uma carta (c.1935), quadro de Han van Meegeren (1889-1947).

a) Em que sentido as pinturas de Vermeer e de Meegeren são reais?

b) E em que sentido a tela de Meegeren é falsa?

Dissertação

6. Desenvolva uma dissertação com o seguinte tema: “A razão funciona dentro de nós e entre nós”. (Fernando Savater)

Capítulo 8 Instrumentos do pensar: a lógica

1 O que é lógica?

8.1 Biblioteca do estudante: Leitura complementar

Imaginemos uma discussão em que uma adolescente insiste em sair e sua mãe se recusa a deixar. Ao pedir explicações, a filha recebe como resposta um redondo "não" e se aborrece, pois odeia quando a mãe diz "sim, porque sim!" e "não, porque não!". A adolescente reclama porque deseja ser vista como adulta. Ela quer apenas que a conclusão "Portanto, você não pode sair" venha antecedida por argumentos que justifiquem o impedimento, isso porque somente assim ela também poderia usar seus contra-argumentos...

© JOAQUIN SALVADOR LAVADO (QUINO), EM POTENTES, PREPOTENTES E IMPOTENTES. 2003

Desenho do cartunista argentino Quino em *Potentes, prepotentes e impotentes*. São Paulo: Martins Fontes, 2003. p. 36. Nessa charge, o quadrinista argentino Quino contrapõe duas formas de poder: o poder da força e o das ideias. Aquele que faz calar as ideias pela força faz uma pergunta irônica ao intelectual, desprezando a disputa das ideias.

Embora as discussões sejam importantes nas relações humanas, em muitas delas o que interessa nem sempre são o rigor e a correção do raciocínio, mas os aspectos psicológicos do discurso com os quais pretendemos persuadir o outro a respeito de nossas posições. É assim que a adolescente quer persuadir a mãe, o político tenta convencer seu eleitor, o advogado defende seu cliente, um publicitário atrai o consumidor para comprar um produto.

Sob esse aspecto, constatamos que muitas vezes o político pode partir de enunciados que não são verdadeiros ou o advogado pode desviar o assunto para proteger seu cliente. Exagerando um pouco, lembremos o pensador inglês Chesterton, para quem o pior louco é aquele que tudo perdeu, menos a razão. Basta lembrar que um paranoico é capaz de desenvolver um pensamento coerente e chegar à conclusão de que está sendo perseguido, mas sustentado por enunciados cuja verdade depende somente da sua imaginação.

Portanto, a lógica faz parte do nosso cotidiano. Na família, no trabalho, no lazer, nos encontros entre amigos, na política, sempre que nos dispomos a conversar com as pessoas usamos argumentos para expor e defender nossos pontos de vista.

Ainda que o caráter persuasivo do discurso seja importante na prática, neste capítulo nos interessam apenas os seus aspectos lógicos, e não os psicológicos.

Se a lógica é um instrumento necessário para as mais simples discussões, tanto melhor se soubermos o que sustenta nossos raciocínios, o que os torna válidos e em que casos são incorretos. O estudo da lógica serve para organizar as ideias de modo mais rigoroso, para que não nos enganemos em nossas conclusões.

Lógica
Termo derivado do grego *lógos*, "razão". O sentido primeiro de *lógos* é "palavra", "linguagem", o que remete à linguagem como expressão do pensamento.

Saiba mais

Aristóteles (século IV a.C.) foi o primeiro filósofo que organizou a lógica de maneira sistemática e com amplitude. O próprio filósofo, porém, não denominou seu estudo de lógica, palavra que só apareceu mais tarde. Suas obras sobre lógica estavam reunidas com o título de *Órganon*, que em grego significa "instrumento", ou seja, um recurso que ajuda a proceder corretamente no pensar.

Comecemos por apresentar alguns dos conceitos que serão usados no capítulo:

- *termo*: é o conceito, uma palavra ou expressão: "homem"; "animal racional";
- *proposição*: é o juízo, isto é, uma frase em que se afirma ou se nega uma coisa de outra: "o homem é um animal racional"; "nenhum homem é vegetal";
- *argumento*: é o raciocínio, um encadeamento de proposições que nos levam a uma conclusão; esse processo se chama *inferência*;
- *premissas*: são as proposições que antecedem e levam à conclusão.

Inferência
Do latim *inferre*, "levar para". No contexto, o que leva a uma conclusão.

2 Termo e proposição

8.2 Biblioteca do estudante: Leitura complementar

A *proposição* é um enunciado no qual afirmamos ou negamos um *termo* de outro. No exemplo "Todo cão é mamífero" (Todo C é M), temos uma proposição em que o termo "mamífero" é atribuído ao termo "cão".

a) Qualidade e quantidade das proposições

As proposições podem ser distinguidas pela *qualidade* e pela *quantidade*:

Quanto à *qualidade*, são *afirmativas* ou *negativas*, conforme vimos nos dois exemplos anteriores.

A *quantidade* se refere à extensão do termo que designa o *sujeito* de uma proposição. Em outras palavras, a extensão é a amplitude de um termo, isto é, a coleção de todos os seres que o termo designa no contexto da proposição.

Vejamos inicialmente a extensão do sujeito da proposição:

- *geral* (total ou universal): quando a extensão do sujeito se refere à totalidade: Todo C é M.
- *particular*: quando a extensão do sujeito é de *um* ou de *alguns* indivíduos da espécie: "Este cão é bravo" ou "Algum cão é bravo", respectivamente.

Exemplos reunindo quantidade e qualidade:

- "Todo cão é mamífero": proposição universal afirmativa;
- "Nenhum animal é mineral": universal negativa;
- "Algum metal não é sólido": particular negativa;
- "Sócrates é mortal": singular afirmativa.

b) A extensão do predicado da proposição

Em lógica, no entanto, é importante também identificar a extensão do predicado da proposição. Observe os seguintes exemplos:

1. Todo paulista é brasileiro (Todo P é B)

Nessa proposição, o termo "paulista" tem extensão total (refere-se a todos os paulistas); já no predicado "brasileiro", tem extensão particular (não é tomado universalmente), ou seja, uma parte dos brasileiros é composta de paulistas.

2. Nenhum brasileiro é argentino (Todo B não é A)

O termo "brasileiro" é total, porque se refere a todos os brasileiros; e o termo "argentino" também é total, porque os brasileiros estão excluídos do conjunto de todos os argentinos.

3. Algum paulista é solteiro (Algum P é S)

Ambos os termos têm extensão particular: alguns paulistas e alguns dentre a totalidade dos solteiros.

4. Alguma mulher não é justa (Alguma M não é J)

O termo "mulher" tem extensão particular e o termo "justa" tem extensão total, ou seja, existe uma mulher que não está no conjunto das pessoas justas.

3 Quadrado de oposições

Com base na classificação das proposições segundo a quantidade e a qualidade, são possíveis diversas combinações, que podem ser visualizadas pelo chamado *quadrado de oposições*. Trata-se de um diagrama que explicita as relações entre proposições contrárias, subcontrárias, contraditórias e subalternas.

Vamos identificar cada proposição com uma letra: **A** (gerais afirmativas), **E** (gerais negativas), **I** (particulares afirmativas) e **O** (particulares negativas). Para exemplificar, partimos da proposição geral afirmativa "Todo F é G":

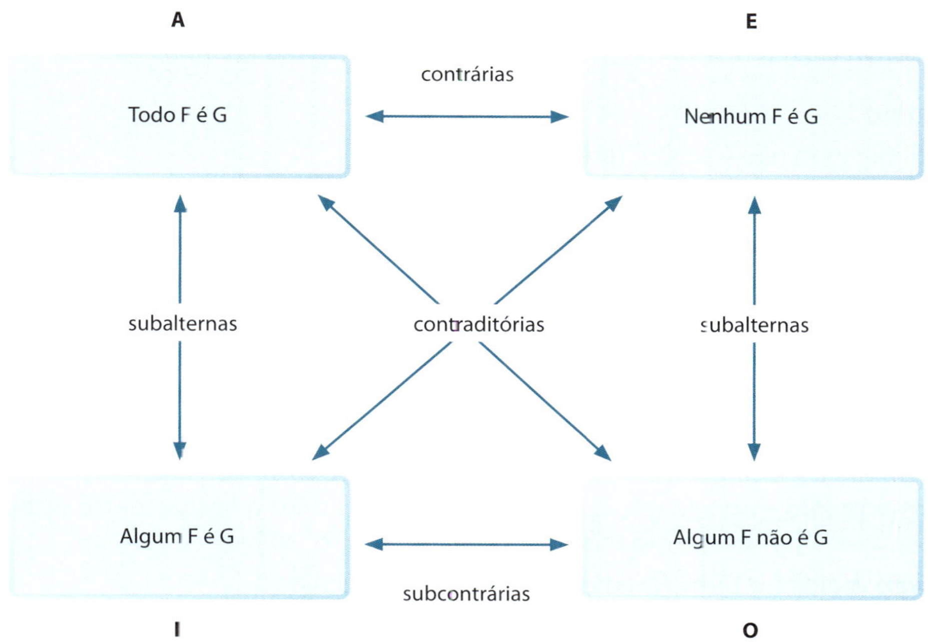

Agora observe:

- As proposições contraditórias (**A** e **O**) e (**E** e **I**) não podem ser ambas verdadeiras ou ambas falsas. Se considerarmos verdadeira a proposição "Todos os homens são mortais", "Algum homem não é mortal" será falsa.
- As proposições contrárias (**A** e **E**) não podem ser ambas verdadeiras, embora possam ser ambas falsas: se "Todo homem é mamífero" for verdadeira, "Nenhum homem é mamífero" será falsa. Já "Todo homem é justo" e "Nenhum homem é justo" podem ser ambas falsas.
- As proposições subcontrárias (**I** e **O**) não podem ser ambas falsas, mas ambas podem ser verdadeiras, ou uma verdadeira e a outra falsa: "Algum homem é justo" e "Algum homem não é justo" podem ser verdadeiras. Mas, se "Algum cão é gato" é falsa, então "Algum cão não é gato" é verdadeira.
- Quanto às subalternas, se **A** é verdadeira, **I** é verdadeira; se **A** é falsa, **I** pode ser verdadeira ou falsa; se **I** é verdadeira, **A** pode ser verdadeira ou falsa; se **I** é falsa, **A** é falsa. Se **E** é verdadeira, **O** é verdadeira; se **E** é falsa, **O** pode ser verdadeira ou falsa; se **O** é verdadeira, **E** pode ser verdadeira ou falsa; se **O** é falsa, **E** é falsa.

Saiba mais

Os *princípios da lógica* não são demonstráveis, mas constituem os pressupostos dos argumentos lógicos:
Identidade – um enunciado verdadeiro é verdadeiro: A = A
Não contradição – nenhum enunciado pode ser verdadeiro e falso ao mesmo tempo.
Terceiro excluído – um enunciado é verdadeiro ou falso: não há um terceiro valor.

4 A argumentação

Pelo que vimos, a lógica trata de *argumentos* e *inferências*. Uma argumentação se sustenta por duas ou mais premissas que levam a uma conclusão. Existem regras para estabelecer de forma correta as operações do pensamento e identificar as argumentações não válidas. Desse modo, a lógica nos ajuda a evitar *contradições*.

Exemplo 1

O mercúrio não é sólido. (premissa maior)

O mercúrio é um metal. (premissa menor)

Logo, algum metal não é sólido. (conclusão)

Estamos diante de uma argumentação composta de três proposições em que a última, a *conclusão*, deriva logicamente das duas anteriores, chamadas *premissas*.

Aristóteles denomina *silogismo* esse tipo de argumentação. Em grego, *silogismo* significa "ligação": a ligação de dois termos por meio de um terceiro. No exemplo, há os termos "mercúrio", "metal" e "sólido". Conforme a posição que ocupam na argumentação, os termos podem ser *médio*, *maior* e *menor*:

- **termo médio** é aquele que aparece nas premissas e faz a ligação entre os outros dois: "mercúrio" é o termo médio, que liga "metal" e "sólido";
- **termo maior** é o termo predicado da conclusão: "sólido";
- **termo menor** é o termo sujeito da conclusão: "metal".

Seguem outros exemplos de silogismos:

Exemplo 2

Todos os cães são mamíferos.

Todos os gatos são mamíferos.

Logo, todos os gatos são cães.

Nesse silogismo, as premissas são verdadeiras e a conclusão é falsa; a argumentação é inválida.

Exemplo 3

Todos os homens são louros.

Pedro é homem.

Logo, Pedro é louro.

A primeira premissa é falsa e, apressadamente, concluímos que o raciocínio não é válido. Engano: estamos diante de um argumento logicamente válido, isto é, que não fere as regras do silogismo — mais adiante veremos por quê.

Exemplo 4

Todo inseto é invertebrado.

Todo inseto é hexápode (tem seis patas).

Logo, todo hexápode é invertebrado.

Nesse caso, todas as proposições são verdadeiras. No entanto, a inferência é inválida.

AKG/LATINSTOCK

Quadrado mágico, detalhe do portal oeste da Igreja da Sagrada Família, em Barcelona, Espanha, projeto do arquiteto catalão Antoni Gaudí, construída entre 1883 e 1926. Desde tempos remotos, a humanidade se coloca desafios lógicos. Nesse quadrado mágico, a soma das linhas, colunas e diagonais resulta sempre em 34.

Verdade e validade

Diante das avaliações feitas no tópico anterior, é preciso esclarecer como saber quando os argumentos, aparentemente válidos, são inválidos e vice-versa. Primeiramente, vamos distinguir os conceitos *verdade* e *validade* a fim de identificar verdadeiro/falso e válido/inválido.

- Apenas as *proposições* podem ser identificadas como *verdadeiras* ou *falsas*; uma proposição é verdadeira quando corresponde ao *fato* que expressa: por isso a proposição "Todos os homens são louros" é falsa.
- Apenas os *argumentos* podem ser considerados *válidos* ou *inválidos* (e não verdadeiros ou falsos); um argumento é válido quando sua conclusão é *consequência lógica* de suas premissas: por isso o exemplo 3, apesar de ter a primeira proposição falsa, constitui um raciocínio correto, como poderemos constatar com as regras do silogismo.

Saiba mais

Nossa capacidade cognitiva é desenvolvida pela educação. O psicólogo Jean Piaget (1896-1980) estudou quatro fases do desenvolvimento mental: a inteligência evolui a partir dos níveis da motricidade, da intuição, da inteligência operatória até que, na adolescência, pode-se exercitar o pensamento abstrato, formal, hipotético-dedutivo, ou seja, aquele que habilita o adolescente a aprender lógica!

As oito regras do silogismo nos auxiliam a identificar se um argumento é válido ou inválido. Vejamos quais são elas:

1. O silogismo só deve ter três termos (o maior, o menor e o médio).
2. De duas premissas negativas nada resulta.
3. De duas premissas particulares nada resulta.
4. O termo médio nunca entra na conclusão.
5. O termo médio deve ser pelo menos uma vez total.
6. Nenhum termo pode ser total na conclusão sem ser total nas premissas.
7. De duas premissas afirmativas não se conclui uma negativa.
8. A conclusão segue sempre a premissa mais fraca (se nas premissas uma delas for negativa, a conclusão deve ser negativa; se uma for particular, a conclusão deve ser particular).

Agora vamos retomar os quatro argumentos que serviram de exemplos a fim de comentá-los, começando pelos não válidos (2 e 4):

- **Exemplo 2 (Todos os cães...)**: o termo médio, que aparece na primeira e na segunda premissas, é "mamífero" e faz a ligação entre "cão" e "gato". Segundo a regra 5 do silogismo, o termo médio deve ter pelo menos uma vez extensão *total*, mas nas duas proposições ele é *particular*, ou seja, "Todos os cães são (alguns dentre os) mamíferos" e "Todos os gatos são (alguns dentre os) mamíferos".
- **Exemplo 4 (Todo inseto...)**: os três termos são "inseto", "hexápode" e "invertebrado". O termo menor, "hexápode", tem extensão *particular* na premissa menor: "Todo inseto é (algum) hexápode", mas na conclusão é tomado *em toda extensão* (todo hexápode). Portanto, fere a regra 6.

Quanto aos dois outros exemplos, o 1 e o 3, exercite você mesmo aplicando neles todas as regras a fim de confirmar sua validade.

LUIS FERNANDO VERISSIMO

Tira do livro *As cobras*, p. 13, de Luís Fernando Veríssimo. De duas proposições negativas não se segue conclusão alguma. Mas a cobra da direita não se aborrece com a questão lógica, e sim com o alarmismo de sua amiga.

Leitura analítica

Descoberta e justificação

8.3 Visão do especialista

"Sherlock Holmes é um bom exemplo de pessoa com soberbos poderes de raciocínio. Sua habilidade ao inferir e chegar a conclusões é notável. Não obstante, a sua habilidade não depende da utilização de um conjunto de regras que norteiam o seu pensamento. Holmes é muito mais capaz de fazer inferências do que o seu amigo Watson. Holmes está disposto a transmitir seus métodos ao amigo, e Watson é um homem inteligente.

Infelizmente, contudo, não há regras que Holmes possa transmitir a Watson, capacitando-o a realizar os mesmos feitos do detetive. As habilidades de Holmes defluem de fatores como a sua aguda curiosidade, a sua grande inteligência, a sua fértil imaginação, seus poderes de percepção, a grande massa de informações acumuladas e a sua extrema sagacidade. Nenhum conjunto de regras pode substituir essas capacidades.

Se existissem regras para inferir, elas seriam regras para descobrir. Na realidade, o pensamento efetivo exige um constante jogo de imaginação e de pensamento. Prender-se a regras rígidas ou a métodos bem delineados equivale a bloquear o pensamento. As ideias mais frutíferas são, com frequência, justamente aquelas que as regras seriam incapazes de sugerir. É claro que as pessoas podem melhorar as suas capacidades de raciocínio pela educação, através da prática, mediante um treinamento intensivo; isso tudo, porém, está longe de ser equivalente à adoção de um conjunto de regras de pensamento. Seja como for, ao discutirmos as específicas regras da Lógica veremos que elas não poderiam ser encaradas como adequados métodos de pensar. As regras da Lógica, se fossem aceitas como orientadoras dos modos de pensar, transformar-se-iam numa verdadeira camisa de força.

O que acabamos de dizer pode causar certo desapontamento. Frisamos, de modo enfático, o lado negativo, esclarecendo aquilo que a Lógica não pode fazer. (...) Mas, então, para que serve a Lógica? A Lógica oferece-nos métodos de crítica para avaliação coerente das inferências. É nesse sentido, talvez, que a Lógica está qualificada para dizer-nos de que modo deveríamos pensar. Completada uma inferência, é possível transformá-la em argumento, e a Lógica pode ser utilizada a fim de determinar se o argumento é correto ou não. A Lógica não nos ensina *como inferir*: indica-nos, porém, que inferências podemos *aceitar*. Procede ilogicamente a pessoa que aceita inferências incorretas.

Para poder apreciar o valor dos métodos lógicos, é preciso ter esperanças realistas quanto ao seu uso. Quem espera que um martelo possa efetuar o trabalho de uma chave de fenda está fadado a sofrer grandes desilusões; quem sabe servir-se de um martelo conhece sua utilidade.

A Lógica interessa-se pela justificação, não pela descoberta. A Lógica fornece métodos para a análise do discurso, e essa análise é indispensável para exprimir de modo inteligível o pensamento e para a boa compreensão daquilo que se comunica e se aprende."

SALMON, Wesley C. *Lógica*. Rio de Janeiro: Guanabara/Koogan, 1987. p. 28-29.

Questões

1. É adequado recorrer ao personagem de Sherlock Holmes para explicar o que a lógica *não é*? Justifique.
2. Explique como, a partir da metáfora do martelo e da chave de fenda, o autor delimita e explicita o campo da lógica.

5 Tipos de argumentação

Tradicionalmente, consideramos os seguintes tipos de argumentos: a *dedução*, a *indução* e a *analogia*.

Dedução

Os quatro silogismos examinados anteriormente (páginas 18 e 19) são exemplos de dedução. Acrescentamos que o silogismo válido é um raciocínio que parte de pelo menos uma proposição geral e cuja conclusão pode ser uma proposição geral ou uma proposição particular.

Nos exemplos (válidos) a seguir, a primeira dedução parte de premissas gerais e chega a uma conclusão também geral; no segundo caso, a conclusão é particular:

Todo brasileiro é sul-americano.
Todo paulista é brasileiro.
Todo paulista é sul-americano.

Todo brasileiro é sul-americano.
Algum brasileiro é índio.
Algum índio é sul-americano.

No entanto, nem sempre a dedução aparece assim estruturada, sendo necessário montar o argumento para identificá-la. Veja um exemplo:

"Na prova de Física, uma questão se referia a um caso específico, do qual foram fornecidos os dados no enunciado. Os alunos deveriam lembrar-se de uma lei e aplicá-la aos dados a fim de resolver o problema".

O professor esperava que o aluno fizesse um raciocínio dedutivo, pois a lei, que é geral, foi aplicada a um caso, que é particular.

A dedução é um modelo de rigor, mas é estéril, na medida em que não nos ensina nada de novo, apenas organiza o conhecimento já adquirido. Isso significa que a conclusão nada acrescenta àquilo que foi afirmado nas premissas. Condillac, filósofo francês do século XVIII, compara a lógica aos parapeitos das pontes, que apenas nos impedem de cair, mas não nos fazem ir adiante. No entanto, se a dedução não inova, não significa que não tenha valor algum, pois sempre fazemos deduções para extrair consequências e é preciso investigar quando essas inferências são válidas ou não.

IMAGEBROKER/DIOMEDIA

Parapeito da Pont de Fragn, sobre o Rio Mosa, em Liège, na Bélgica. O filósofo Condillac comparava a lógica aos parapeitos das pontes: "nos impedem de cair, mas não nos fazem ir adiante".

Indução

A indução por enumeração é uma argumentação pela qual, a partir de diversos dados singulares constatados, chegamos a proposições universais. Enquanto na dedução as premissas constituem razão suficiente para se derivar a conclusão, na indução, ao contrário, chega-se à conclusão a partir de evidências parciais.

Nesse tipo de argumento, ocorre uma generalização indutiva, que pode ser de dois tipos:

a) A *indução completa* é aquela em que cada um dos elementos de um conjunto apresenta condições de ser examinado, como neste caso:

"A visão, o tato, a audição, o gosto, o olfato (que chamamos sentidos) têm um órgão corpóreo. Portanto, todo sentido tem um órgão corpóreo".

b) A *indução incompleta* é aquela em que de *alguns* elementos conclui-se a totalidade.

Seguem dois exemplos:

- Esta porção de água ferve a cem graus, e esta outra, e esta outra...; logo, a água ferve a cem graus;
- O cobre é condutor de eletricidade, e o ouro, o ferro, o zinco, a prata também. Logo, todo metal é condutor de eletricidade.

Diferentemente do argumento dedutivo, o conteúdo da conclusão da indução incompleta *excede* o das premissas. Por isso, a conclusão da indução tem apenas *probabilidade* de ser correta. Ainda assim, é preciso examinar se a amostragem é significativa e se existe número suficiente de casos que permita a passagem do particular para o geral.

Por exemplo: ao fazer uma pesquisa de intenção de voto, um instituto consulta amostras significativas de diversos segmentos sociais, segundo metodologia científica. Ao considerar que, entre os eleitores da amostra, 25% votarão no candidato X e 10% no Y, conclui que a totalidade dos eleitores votará segundo a mesma proporção da amostragem pesquisada.

Apesar da aparente fragilidade da indução, trata-se de uma forma muito fecunda de pensar. Ela é responsável pela fundamentação de grande parte dos nossos conhecimentos na vida diária e de muita valia para as ciências experimentais. Além disso, a indução é utilizada em previsões, quando partimos de alguns casos da experiência presente e inferimos que ocorrerão com a mesma regularidade futuramente.

Cabe ao lógico especificar as condições sob as quais devemos tomar a indução como correta.

Analogia

Analogia (ou raciocínio por semelhança) é uma *indução parcial* ou imperfeita. Por meio da analogia, passamos de um ou de alguns fatos singulares para uma outra enunciação singular ou particular. Da comparação entre objetos ou fenômenos diferentes, inferimos pontos de *semelhança*. Observe: "Paulo sarou de suas dores de cabeça com este remédio. Logo, João há de sarar de suas dores de cabeça com este mesmo remédio"; "O macaco foi curado da tuberculose com tal soro; logo, os seres humanos serão curados da tuberculose com o mesmo soro".

É claro que o raciocínio por semelhança fornece apenas probabilidade, e não certeza. Mas desempenha papel importante na descoberta ou na invenção, tanto no cotidiano como na ciência, na tecnologia e na arte. Grande parte de nossas conclusões diárias baseia-se na analogia. Como neste exemplo: "Li um bom livro de Graciliano Ramos. Vou ler outro desse autor, pois deve ser igualmente bom". Ou neste: "Fui bem atendido nesta loja. Voltarei a comprar aqui, pois serei bem atendido novamente".

Convém observar, porém, se os diferentes objetos comparados obedecem ao *critério de relevância* para chegar a uma conclusão. Assim, as analogias podem ser *fortes* ou *fracas*, dependendo da relevância das semelhanças estabelecidas.

Por exemplo: quando as conclusões de experiências biológicas feitas em cobaias são estendidas a seres humanos, geralmente a analogia é forte. Embora a fisiologia de ambos os seres não seja idêntica, as semelhanças tornam a analogia adequada e fecunda.

A analogia é fraca quando a conclusão se baseia em considerações *irrelevantes*. Por exemplo, desejo comprar uma nova geladeira que funcione bem e com recursos sustentáveis, tal como a do meu vizinho. Se eu levar em conta as semelhanças de cor e espaço interno, a analogia será fraca. Será forte se, ao contrário, considero a marca e o modelo.

DAILY HERALD ARCHIVE/SSPL/GETTY IMAGES

O cientista Alexander Fleming (1881-1955), trabalhando em seu laboratório, em junho de 1943. Quando Fleming cultivava colônias de bactérias, observou que elas morriam em torno de uma mancha de bolor que se formara. Se o bolor destruía as bactérias, supôs que aquele fungo poderia ser usado como medicamento: assim foi descoberta a penicilina. Trata-se de um raciocínio por analogia.

6 Falácias

A *falácia*, ou *paralogismo*, é um tipo de raciocínio incorreto, apesar de ter a aparência de correção. A falácia é conhecida também como *sofisma*, embora a esse respeito alguns estudiosos façam uma distinção: a falácia seria um engano involuntário, enquanto o sofisma teria a intenção de enganar o interlocutor.

São inúmeros os tipos de falácia, por isso vamos nos restringir a alguns poucos.

Falácias formais

As falácias formais ocorrem quando as regras do raciocínio correto são contrariadas ou não se atende às regras da inferência válida. Lembremos os quatro exemplos de argumentos analisados neste capítulo.

Vimos que os exemplos 2 e 4 eram inválidos, por infringirem, respectivamente, as regras números 5 e 6. Já no exemplo número 3, apesar de formalmente correto, a conclusão deriva de premissa falsa. Portanto, todos eles são exemplos de falácias.

Tira de Frank & Ernest no jornal *O Estado de S. Paulo*, ago. 2008. E você, já evitou sua falácia lógica hoje?

Falácias não formais

As falácias não formais são de diversos tipos: muitas decorrem da irrelevância das premissas, que não estabelecem a conclusão; outras são generalizações apressadas, que partem de falsas causas ou se baseiam em preconceitos; e assim por diante. Geralmente exercem a função psicológica de convencer, ao mobilizar emoções como entusiasmo, medo, hostilidade ou reverência.

Vejamos algumas delas.

- O *argumento de autoridade* não é totalmente impertinente, desde que a autoridade seja um especialista no assunto. Mas torna-se irrelevante se, por exemplo, recorrermos à autoridade de um cientista para justificar posições religiosas ou à de um jogador de futebol para fundamentar política. Trata-se de recurso muito comum na publicidade, quando artistas famosos "vendem" desde sabonetes até ideias, como as propostas políticas de um candidato.
- O *argumento contra o homem* é um tipo de argumento de autoridade "às avessas", no sentido de ser pejorativo e ofensivo. Ocorre quando não aceitamos uma conclusão por estar baseada no testemunho de alguém que depreciamos. Por exemplo, desvalorizar a filosofia de Francis Bacon porque ele perdeu seu cargo de chanceler da Inglaterra depois de serem constatados atos de desonestidade em sua gestão; ou, então, desmerecer o valor musical de Wagner por causa de sua adesão a movimentos antissemitas; ou, ainda, desconsiderar o testemunho de um mendigo na cena de um crime.
- A *falácia de acidente* ou de *generalização apressada* é um tipo de falácia indutiva: diante de um erro médico, concluímos apressadamente que a medicina é inútil. Ocorre também quando uma regra geral é julgada válida em circunstâncias particulares e acidentais em que não seria aplicável. Por exemplo, quando ainda não havia lei a respeito, ocorria de um cego ser impedido de entrar com seu cão em locais proibidos para animais.

- A *falácia da conclusão irrelevante* (ou ignorância da questão) consiste em se afastar da questão, desviando a discussão. Um advogado habilidoso, que não tem como negar o crime do réu, enfatiza que ele é bom filho, bom marido, trabalhador etc.; um vereador acusado de realizar gastos sem autorização da Câmara põe em relevo a importância e a urgência das despesas; o deputado que defende o governo acusado de corrupção não se detém nos fatos devidamente comprovados, mas discute questões formais do relatório da comissão de inquérito ou enfatiza o pretenso revanchismo dos deputados oposicionistas.
- As falácias de *petição de princípio*, ou *círculo vicioso*, supõem conhecido o que é objeto da questão. "Tal ação é injusta porque é condenável, e é condenável porque é injusta."; "A nudez pública é imoral, porque é uma ofensa à moralidade."; "A liberdade de pensamento é fundamental em uma democracia porque a democracia depende da livre expressão."

ALBUM/LATINSTOCK

Gravura de Gustave Doré (1832-1883) para o romance *O engenhoso fidalgo D. Quixote de La Mancha*, escrito por Miguel de Cervantes Saavedra (1547-1616), que mostra o fidalgo visitando novamente as praias de Barcelona, onde foi derrotado. Dom Quixote vive entre a realidade e o sonho: enfrenta um rebanho de ovelhas como se fosse um exército de inimigos, luta contra gigantes que não passam de moinhos de vento. No leito de morte, volta à lucidez e reconhece seus disparates. Podemos aproveitar a metáfora para identificar as falácias formais, em que a conclusão parte de falsa premissa, seja ela uma "certeza" preconceituosa ou um temor paranoico.

- Nas falácias de *ambiguidade*, também chamadas *semânticas* ou *de equívoco*, os conceitos ou enunciados não são suficientemente esclarecidos ou os termos são empregados com sentidos diferentes nas diversas etapas da argumentação. Por exemplo: "O fim de uma coisa é a sua perfeição; a morte é o fim da vida; logo a morte é a perfeição da vida". Nesse exemplo, o termo *fim* é usado em dois sentidos diferentes como se fossem o mesmo.
- As *falácias de falsa causa* (ou *post hoc*) são muito comuns e representam as inúmeras inferências que fazemos no cotidiano ao tomarmos como causa o que não é a causa real. Por exemplo: "Não levo minha namorada em jogo do meu time, porque da última vez que a levei meu time perdeu: ela é 'pé frio'!"; "Sempre faço minhas provas com uma camisa vermelha, desde a primeira vez em que me dei bem com ela".

Post hoc
Do latim, "após isto". A expressão completa é: *Post hoc ergo propter hoc*, "após isto, logo por causa disto".

Leitura analítica

O debate argumentativo

"A formação de uma comunidade efetiva dos espíritos exige um conjunto de condições.

O mínimo indispensável à argumentação parece ser a existência de uma linguagem em comum, de uma técnica que possibilite a comunicação.

[...]

O conjunto daqueles aos quais desejamos dirigir-nos é muito variável. Está longe de abranger, para cada qual, todos os seres humanos. [...] Há seres com os quais qualquer contato pode parecer supérfluo ou pouco desejável. Há seres aos quais não nos preocupamos em dirigir a palavra, há outros também com quem não queremos discutir, mas aos quais nos contentamos em ordenar.

Com efeito, para argumentar, é preciso ter apreço pela adesão do interlocutor, pelo seu consentimento, pela sua participação mental. Portanto, às vezes é uma distinção apreciada ser uma pessoa com quem outros discutem. O racionalismo e o humanismo dos últimos séculos fazem parecer estranha a ideia de que seja uma qualidade ser alguém com cuja opinião outros se preocupem, mas, em muitas sociedades, não se dirige a palavra a qualquer um, como não se duelava com qualquer um. Cumpre observar, aliás, que querer convencer alguém implica sempre certa modéstia da parte de quem argumenta, o que ele diz não constitui uma 'palavra do Evangelho', ele não dispõe dessa autoridade que faz com que o que diz seja indiscutível e obtém imediatamente a convicção. Ele admite que deve persuadir, pensar nos argumentos que podem influenciar o interlocutor, procupar-se com ele, interessar-se por seu estado de espírito.

Os seres que querem ser importantes para outrem, adultos ou crianças, desejam que não lhes ordenem mais, mas que lhes ponderem, que se preocupem com suas reações, que os considerem membros de uma sociedade mais ou menos igualitária. Quem não se incomoda com um contato assim com os outros será julgado arrogante, pouco simpático, ao contrário daqueles que, seja qual for a importância de suas funções, não hesitem em assinalar por seus discursos ao público o valor que dão à sua apreciação.

[...]

Fazer parte de um mesmo meio, conviver, manter relações sociais, tudo isso facilita a realização das condições prévias para o contato dos espíritos. As discussões frívolas e sem interesse aparente nem sempre são desprovidas de importância, por contribuírem para o bom funcionamento de um mecanismo social indispensável."

PERELMAN, Chaïm e OLBRECHTS-TYTECA, Lucie.
Tratado da argumentação: a nova retórica.
São Paulo: Martins Fontes, 1996. p. 17.

Questões

1. Explique a frase do texto: "às vezes é uma distinção apreciada ser uma pessoa com quem outros discutem".

2. Localize no texto alguma passagem que justifique por que é tão difícil argumentar quando o assunto é religião, política e... futebol.

3. Em que sentido a disposição para argumentar é típica do comportamento democrático?

7 A lógica simbólica

COLEÇÃO PARTICULAR

Autorretrato probabilístico (1967), obra de Waldemar Cordeiro. O artista plástico Waldemar Cordeiro é um representante da arte eletrônica: as repetidas palavras *sim* e *não* remetem ao sistema binário, usado na linguagem informática.

Abrimos este tópico com a obra do artista plástico brasileiro Waldemar Cordeiro. Pioneiro da arte eletrônica (*arteônica*), tornou-se figura importante no cenário internacional. A repetição das palavras *sim* e *não* refere-se ao fato de que toda computação se baseia no *sistema binário*, isto é, composto de apenas dois elementos: sim ou não; tudo ou nada; ligado (*on*) ou desligado (*off*); falso ou verdadeiro. O sistema binário implementa os circuitos eletrônicos dos computadores e a linguagem informática.

Antes, uma observação: o fato de hoje a lógica simbólica ser mais usada não significa que a lógica clássica tenha sido abandonada. Ao contrário, ela continua como instrumento eficaz para a análise da validade dos argumentos e serve de base para as novas lógicas que a complementam e às que a ela se opõem.

Nasce um novo instrumento

Até o século XIX, a lógica aristotélica não passou por mudança essencial, apesar de ter sofrido as mais diversas críticas. Na Idade Moderna, Francis Bacon e René Descartes criticaram os procedimentos silogísticos da escolástica medieval por serem estéreis. Por isso, procuravam um novo método que possibilitasse a invenção e a descoberta, sem se restringir à demonstração do já sabido. As preocupações com o método das ciências foram retomadas por Stuart Mill no século XIX, mas foi no final daquele século que se configurou a chamada *lógica simbólica*.

Saiba mais

As grandes modificações introduzidas na lógica ocorreram a partir do final do século XIX, com os lógicos George Boole (1815-1864) e Gottlob Frege (1848-1925). A reflexão sobre a natureza da linguagem em geral foi responsável pelo surgimento da *filosofia analítica*, influenciando pensadores como Rudolf Carnap, Bertrand Russell e Ludwig Wittgenstein.

As vantagens da lógica simbólica estão no fato de ela ter criado uma *linguagem artificial* que introduz maior rigor e se configura, portanto, como instrumento mais eficaz para a análise e a dedução formal. Ao desenvolver uma linguagem técnica específica, evitam-se as conotações emocionais que perturbam o raciocínio e os equívocos que tanto se prestam à ambiguidade e à falta de clareza.

Com os símbolos, letras e outros recursos, podem-se expressar argumentos com uma série de premissas (e não apenas duas), vários termos (além dos três do silogismo). Também é possível variar os tipos de proposições além daqueles clássicos propostos por Aristóteles, o que permite uma análise mais acurada de situações as mais diversas.

Vamos apresentar os dois passos da lógica simbólica que serão estudados na sequência:

- a *lógica proposicional* (ou cálculo proposicional) utiliza símbolos para representar as proposições e as conexões que se estabelecem entre elas. São usadas letras do alfabeto, números, parênteses, chaves e sinais específicos. Por exemplo, as proposições podem ser ligadas por meio de conjunção (e), disjunção (ou...), implicação (se... então...), equivalência (se e somente se...);
- a *lógica de predicados* (ou cálculo de predicados) envolve os *quantificadores*, que podem ser *universais* e *existenciais* e que se expressam pelas palavras "qualquer", "todo", "cada", "algum", "nenhum", "existe".

A vantagem das novas notações é a de expressar uma rica variedade de estruturas lógicas de que a lógica clássica não seria capaz.

8 Lógica proposicional

A lógica proposicional (ou cálculo proposicional) é uma parte da lógica simbólica que estuda as formas de argumentos em uma linguagem artificial, com símbolos utilizados para representar as proposições e as conexões que se estabelecem entre elas.

Como exemplo, veja a forma desse argumento, em que são usados alguns símbolos da lógica proposicional:

Se Pedro estuda, então será aprovado. $P \rightarrow Q$

Pedro não foi aprovado. $\sim Q$

Logo, Pedro não estudou. $\sim P$

Ou seja: $[(P \rightarrow Q). \sim Q] \rightarrow \sim P$

O que fizemos? Usamos uma letra para cada proposição (P e Q) com os conectivos que serão explicados a seguir. Na quarta linha, todo o argumento foi expresso com os novos símbolos.

Veremos inicialmente as proposições simples e as compostas e adiante os enunciados complexos.

Proposições simples e compostas

As *proposições simples* não contêm outra proposição como seu componente: "O senador renunciou".

As *proposições compostas* são as que se unem mediante *conectivos*, assim chamados justamente porque fazem a conexão, a junção entre as proposições. Os conectivos lógicos são os seguintes: "não", "e", "ou", "se..., então...", "se e somente se...". Esses conectivos constituem, respectivamente, as proposições negativas, conjuntivas (relativas ao ato de juntar), disjuntivas (as que separam), de implicação (ou condicionais) e de equivalência (ou bicondicionais).

Para esses conectivos foram criados símbolos que os identificam. As representações que iremos utilizar não são as únicas, por isso indicamos também algumas outras.

Símbolos dos conectivos

a) A *negação* usa o conectivo "não", representado por um til "~".

b) A *conjunção* usa conectivo "e", representado por um ponto ".". Outros preferem "&" ou "∧".

c) A *disjunção* usa o conectivo "ou", simbolizado por "v" ou por "w", porque a disjunção pode ser de dois tipos:

- O "v" indica a *disjunção inclusiva*, que admite também ambas as alternativas: "Pedro alimenta-se de peixe ou salada". Nesse caso, ele pode comer peixe, salada ou ambos os alimentos.
- O "w" indica a *disjunção exclusiva*. Nesse caso, trata-se de apenas um ou outro. Por exemplo, quando lemos o cardápio do restaurante: "Na oferta especial você pode escolher carne ou massa", isso significa que uma escolha exclui a outra.

d) A *implicação* é o enunciado *condicional*, que usa o conectivo "se..., então...", representado por "→". Outros preferem "⊃".

e) A *equivalência* (bicondicionalidade ou bi-implicação) usa o conectivo "... se e somente se...", representado pelo sinal "↔".

Nos exemplos seguintes, usamos as letras "p" e "q" para indicar as proposições:

a) Negação:

"Há água em Marte": p.

"*Não* há água em Marte": ~p.

b) Conjunção:

"João tem febre *e* Antônio está bem de saúde": p . q.

c) Disjunção:

"À tarde leio ou saio para andar" (supondo serem inclusivas): p v q

"Está chovendo *ou* o tempo está seco" (certamente são exclusivas): p w q.

d) Implicação (condicional)

"*Se* João tem febre, *então* deve ficar em casa": p → q.

e) Equivalência

"João permanece em casa *se e somente se* estiver com febre": p ↔ q.

Tabelas de verdade

As tabelas de verdade são usadas para identificar todas as atribuições possíveis de valores de verdade aos argumentos. Vimos que os valores de verdade são *bivalentes*, ou seja, toda proposição é verdadeira ou falsa, não havendo outro valor de verdade que ela possa tomar.

Dizemos então que:

- os enunciados verdadeiros têm o valor de verdade verdadeiro (V).
- os enunciados falsos têm o valor de verdade falso (F).

Retomaremos os cinco conectivos para aplicar em cada um deles a *tabela de verdade*, a fim de identificar os valores de verdade das proposições.

- **Negação**

Uma proposição "p" qualquer pode ser verdadeira ou falsa. No caso de ser verdadeira, sua negação é falsa. No caso de ser falsa, sua negação é verdadeira.

p	~p
V	F
F	V

Ou seja, se é verdadeiro que "Há água em Marte" (p), é falso dizer que "Não há água em Marte" (~p) e vice-versa.

- **Conjunção**

Para duas proposições "p" e "q" quaisquer, seus valores de verdade podem ser combinados de quatro maneiras, conforme tabela a seguir. A conjunção será verdadeira somente no caso de ambas as proposições serem verdadeiras.

p	q	p . q
V	V	V
V	F	F
F	V	F
F	F	F

Lê-se assim a primeira linha abaixo da risca: se "João tem febre" é verdadeiro e "Antônio está bem de saúde" é verdadeiro, a conjunção será verdadeira: "Sendo 'p' verdadeiro e 'q' verdadeiro, 'p' e 'q' são verdadeiros". Esse é o único caso em que a conjunção será verdadeira.

- **Disjunção**

Como vimos, a disjunção tem dois sentidos diferentes: pode ser *inclusiva* ou *exclusiva*.

Disjunção inclusiva

p	q	p v q
V	V	V
V	F	V
F	V	V
F	F	F

Disjunção exclusiva

p	q	p w q
V	V	F
V	F	V
F	V	V
F	F	F

Observe que a diferença, nas duas tabelas, é notada na primeira linha abaixo da risca. A disjunção exclusiva é falsa quando ambas as proposições são verdadeiras. Ou seja, "ler" ou "sair para andar" podem ser ambas verdadeiras, enquanto "tempo chuvoso" ou "tempo seco" são exclusivas.

- **Implicação (condicional)**

No enunciado condicional, afirma-se que uma sentença implica outra.

p	q	p → q
V	V	V
V	F	F
F	V	V
F	F	V

Segundo o exemplo dado "Se João tem febre então deve ficar em casa", isso significa que do enunciado "João tem febre" (p) conclui-se que "ele deve ficar em casa" (q). Portanto, um enunciado condicional verdadeiro não pode ter o antecedente verdadeiro e o consequente falso.

- **Equivalência**

Enquanto a sentença condicional estabelece uma relação de sentido único, a relação de equivalência é bicondicional, porque se dá nos dois sentidos. A tabela de verdade é a seguinte:

p	q	p ↔ q
V	V	V
V	F	F
F	V	F
F	F	V

Por exemplo: "João permanece em casa" (p) "se e somente se estiver com febre" (q). Nesse caso, o bicondicional é verdadeiro quando ambos os enunciados têm o mesmo valor de verdade, e falso quando têm valores de verdade diferentes.

Simbolização de sentenças

Quando os enunciados são mais complexos do que os vistos até aqui, precisamos usar outros sinais de pontuação, além dos símbolos de que já lançamos mão, para evitar ambiguidades.

Aliás, o mesmo acontece na matemática. Por exemplo: na expressão $3 \times 5 + 4$, o resultado será diferente se agruparmos os números de uma forma $(3 \times 5) + 4$ ou de outra $3 \times (5 + 4)$. No primeiro caso o resultado é 19 e no segundo, 27. Daí a necessidade de se usar parênteses ou chaves.

Vamos exercitar usando os exemplos que constam dos livros de Paulo Roberto Margutti Pinto, *Introdução à lógica simbólica,* e de Irving Copi, *Introdução à lógica*. Tente sozinho e só depois confira as respostas.

1. Simbolize as sentenças usando como referência as letras sublinhadas:

a) Além da péssima <u>d</u>istribuição de renda no país, continua a <u>c</u>orrupção.

b) Se hoje é <u>q</u>uinta-feira, então amanhã será <u>s</u>exta.

Respostas:

a) D . C b) $Q \rightarrow S$

2. Traduza as variações do enunciado a seguir a partir dos símbolos que aparecem na sequência (aqui ainda não nos preocupa a verdade ou a falsidade das sentenças).

Exemplo:

"A <u>l</u>inguagem da economia é o economês e os <u>e</u>conomistas falam economês": L . E.

Exercícios:

a) ~L

b) ~(L . E)

c) $L \leftrightarrow E$

d) $(L\ .\ \sim E) \rightarrow L$

e) (L v ~E) . (~L . E)

Respostas:

a) A linguagem da economia não é o economês.

b) Não é o caso, ao mesmo tempo, que a "linguagem da economia é o economês" e que "os economistas falam economês".

c) A linguagem da economia é o economês se e somente se os economistas falam economês.

d) Se a linguagem da economia é o economês e se os economistas não falam economês, então a linguagem da economia é o economês.

e) Ou a linguagem da economia é o economês ou os economistas não falam economês. Além disso, a linguagem da economia não é o economês e os economistas falam economês.

Não é o caso
Em lógica, é comum usar essa expressão para substituir o *não*.

3. "Se A, B e C são enunciados verdadeiros e X, Y e Z são enunciados falsos, quais são os verdadeiros dentre os enunciados seguintes"? (Para a resposta é preciso consultar as tabelas de verdade.)

a) (C v Z) . (Y v B)

b) ~B v C

c) ~[(~Y v Z) v (~Z v Y)]

d) [A . (B v C)] . ~[(A . B) v (A . C)]

Respostas:

a) Verdadeiro. Como exemplo, vamos explicitar com a tabela de verdade apenas este exercício.

(C v Z) . (Y v B)

V F F V

V V

V

Os exercícios seguintes serão resolvidos por você. Diante das chaves, lembre-se de como você trabalha em matemática.

b) Verdadeiro. c) Falso. d) Falso.

9 A lógica de predicados

Vamos agora tratar da *lógica de predicados*, mas, tendo em vista o caráter introdutório deste capítulo, não nos estenderemos aqui além de algumas noções iniciais.

Já tínhamos explicado que a *lógica de predicados* (ou *cálculo de predicados*) envolve os *quantificadores*, que se expressam pelas palavras "qualquer", "todo", "cada", "algum", "nenhum", "existe". Os quantificadores podem ser *universais* e *existenciais*.

O *quantificador universal* é representado pelo símbolo ∀, que significa "qualquer que seja" ou "para todo".

O *quantificador existencial* é representado pelo símbolo ∃, usado em proposições particulares iniciadas por "algum", "para pelo menos um", "para algum".

As *constantes individuais* são simbolizadas com letras minúsculas, de preferência a primeira letra dos nomes próprios, por exemplo, "Sócrates" é simbolizado por "s". Para os predicados são usadas letras maiúsculas: na sentença "Sócrates é humano", "H" simboliza "humano".

As *variáveis individuais* são simbolizadas por letras minúsculas x, y, z, para representar objetos individuais.

Além dessas notações, continuamos usando os conectivos lógicos já conhecidos.

Vamos agora aos exemplos:

a) "Todo S é P" pode ser expresso assim: Qualquer que seja x, se x é S, então x é P.

Ou seja: ∀x (Sx → Px)

b) "Nenhum humano é mortal" pode ser formalizado assim: Qualquer que seja x, se x é H, então x não é M.

Ou seja: ∀x (Hx → ~ Mx)

c) Neste exemplo precisamos recorrer ao *quantificador existencial*: Algum humano é mortal. Podemos dizer: Para pelo menos um x, x é H e x é M. Ou, então: Existe um x, tal que x é H e x é M (cujo conectivo é uma conjunção).

Ou seja: ∃x (Hx . Mx)

d) Algumas coisas são **b**rancas e algumas não são **b**rancas.

∃xBx . ∃x~Bx

e) Se nada é **c**inza, então não existem **t**ernos **c**inza.

(∃x~Cx) →~ ∃x (Tx . Cx)

10 A importância da lógica

A *lógica clássica* continua importante até hoje para a arte da argumentação, para a compreensão dos diversos tipos de raciocínio e para identificar falácias.

A *lógica simbólica* é uma expressão mais recente da lógica clássica, agora refinada pelos recursos simbólicos que a tornam mais precisa e sem ambiguidades. Sua importância cresceu com o desenvolvimento da ciência e da tecnologia. Neste último quesito citamos a sua contribuição em setores os mais diversos: controle de tráfego, como retirar dinheiro no caixa eletrônico, distrairmo-nos com os joguinhos computadorizados e digitar comandos no computador. Ao acionar um ícone que se encontra na barra de ferramenta do computador, nem sempre sabemos estar ativando uma função matemática que é um caso particular da lógica simbólica.

Leitura analítica

Uma análise breve

"A matemática – dizia Bertrand Russell – é uma ciência em que não sabemos do que estamos falando nem se o que estamos dizendo é verdade."

▸ "Também neste caso o enunciado nos deixa sem palavras. Mas por razões um pouco diferentes das do enunciado anterior. O que bloqueia aqui nossa pesquisa é que a ideia proposta – e não por alguém que 'nada sabe do assunto'! – está totalmente na contramão do que se fala a respeito da matemática, ciência prestigiadíssima, modelo de 'ciência exata', absolutamente indispensável hoje em quase todos os campos, capaz de validar não só o nível intelectual de quem quer que seja como também a 'cientificidade' de qualquer processo mental que se pretenda sério.

- Como compreender então tal afirmação?

  Em primeiro lugar, livrando-nos precisamente de todas essas ideias preestabelecidas: abandonando-as e voltando à pura e simples consideração do que constitui a matemática. E do que fala a matemática?

  Nesse ponto, o exame das *definições* seria instrutivo: ao contrário do colega que estuda a natureza, o matemático, por definição, *cria seu objeto*. Por definição, ele não descreve uma realidade exterior e independente do espírito humano, como aves ou água: é definindo o triângulo ou o círculo que ele o cria.

- Prolongaríamos essa reflexão à luz da *axiomática* que introduz em matemática um verdadeiro primado da relação lógica. Os sistemas constituem então *puro jogo mental* a partir das imensas possibilidades combinatórias dos diferentes conceitos e das leis que podem regê-los. Portanto, aí, "*do que* se está falando exatamente?".

▸ "Também não se sabe – dizia Russell – se, em matemática, o que estamos dizendo é verdade". A que estaria ele aludindo? O que parece constituir a verdade de uma proposição em matemática e, por extensão, em ciência e em tudo que se pretenda rigoroso, e não fantasioso?

PETER STACKPOLE/TIME LIFE PICTURES/GETTY IMAGES

Bertrand Russell em sua mesa, na Universidade da Califórnia, em Los Angeles (janeiro de 1940).

Axiomática
Teoria formada por um conjunto de noções primitivas admitidas sem demonstração, os axiomas. Além de "o todo é maior que a parte", há outro exemplo: "duas coisas iguais a uma terceira são iguais entre si."

"Postulamática"
As aspas indicam tratar-se de uma palavra inventada, que reúne os conceitos de *postulado* e de *axiomática*. A intenção é mostrar que mesmo a axiomática não teria mais a evidência que lhe é atribuída: o axioma, de certo modo, também seria um postulado. Um exemplo de postulado: "por um ponto fora de uma reta passa uma e só uma paralela a essa reta".

- O fato de ter sido *demonstrado*! E nesse caso, *convenhamos*, que eficácia! Instrumentos e métodos foram minuciosamente elaborados para tanto. Mencionaríamos o raciocínio de tipo dedutivo de rigor absoluto, capaz de possibilitar a generalização que faz o raciocínio progredir. Assim também, mencionaríamos a possibilidade de substituições e outros procedimentos operatórios que permitem provar conclusões. Portanto, tudo é demonstrado!... *Tudo?* E os *pontos de partida*? As definições são 'dadas', e o que dizer dos axiomas, dos postulados? Embora os axiomas sejam totalmente indemonstráveis, temos a impressão de que são tranquilamente aceitáveis como tais, já que sua evidência é irrefutável ('o todo é maior que a parte', por exemplo).
- Contudo, essa evidência que nos parece ser o critério da verdade não procederia simplesmente do fato de haver conformidade com as leis que regem nossos processos mentais? Em outras palavras, será que não revelaria pouco mais que uma *concordância do pensamento consigo mesmo? Mas será que isso é verdade... de verdade?* – diria Russell.

Quanto ao postulado, não tem sequer essa evidência do axioma! (recordar aqui o que ele é, e mostrar de que maneira a axiomática deveria ser chamada com mais justiça de 'postulamática').

Assim, se a matemática, na 'verdade' de seus teoremas, se baseia por inteiro num sistema puramente convencional surgido da natureza mesma do espírito humano, compreende-se melhor o que B. Russell queria dizer ao afirmar que, no caso dessa ciência, 'não se sabe se o que ela diz é verdadeiro'.

▶ Restaria então abordar **as questões filosóficas que tal perspectiva suscita**: primeiro, refletindo sobre o papel que a matemática desempenha em relação aos outros conhecimentos, papel de instrumento, mas também de modelo que permite construir esquemas explicativos.

A partir daí, à luz desses elementos, pareceria importante retomar a questão do *status* do próprio conhecimento humano."

ARONDEL-ROHAUT, Madeleine. *Exercícios filosóficos*. São Paulo: Martins Fontes, 2000. p. 129-131.

Questões

1. Qual é a diferença fundamental entre o matemático e o cientista quanto ao seu objeto de estudo?
2. Russell afirma que o matemático não pode ter certeza se o que se diz é verdadeiro. Justifique.
3. Do mesmo modo que a matemática, a lógica também parte de princípios indemonstráveis. Quais são eles?
4. Leia os dois textos a seguir e justifique-os com base nos elementos levantados na leitura analítica.
   a) Diferentemente da geometria plana de Euclides, o russo Nikolai Lobatchevski pressupôs o espaço de curvatura negativa, na qual é possível traçar infinitas paralelas a uma reta. Outro matemático, Bernhard Riemann, construiu sua geometria em um espaço de curvatura positiva, na qual não existem paralelas.
   b) Na época contemporânea, surgiram diversas lógicas não clássicas. Entre elas, estão as *polivalentes*, assim chamadas porque rejeitam as lógicas clássicas, em cujas tabelas de verdade só consta o valor verdadeiro ou falso. Ou então, a lógica paraconsistente, que lida com inconsistências e dados incompatíveis, isto é, que criou um sistema que pode envolver contradições.

Atividades

Lógica clássica

1. Utilize o quadrado de oposições para responder às questões a seguir, referentes à proposição: "Todo vegetal é ser vivo".

- Identifique suas proposições contrárias, contraditórias, subalternas e subcontrárias.

2. Observe o silogismo e analise-o conforme se pede.

Toda violeta é roxa.
Toda violeta é flor.
Logo, toda flor é roxa.

a) Identifique as premissas e a conclusão.

b) Qualifique as proposições segundo a verdade ou a falsidade.

c) Identifique a quantidade e a qualidade das proposições (geral ou particular, afirmativa ou negativa).

d) Identifique a quantidade do predicado de cada proposição.

e) Identifique os três termos que compõem o silogismo.

f) Aplique as regras do silogismo para verificar se o argumento é válido ou não. Justifique sua resposta.

3. Leia com atenção os itens e identifique se os argumentos são *indução*, *dedução* ou *analogia*. Justifique a resposta usando os conceitos aprendidos.

a) Entrou em cartaz um novo filme de Pedro Almodóvar. Vou assistir, porque é bem provável que irei gostar, pois gostei de seu primeiro filme.

b Diversos metais, tendo sido aquecidos, se dilataram, o que nos fez concluir que o calor dilata os corpos.

c) Aplicando a teoria da gravitação universal, podemos calcular a massa do Sol e dos planetas e explicar as marés.

4. Identifique o tipo de falácia dos argumentos:

a) O pensamento é um produto do cérebro, logo o pensamento é um atributo da matéria orgânica.

b) O advogado argumenta que seu cliente não deve ser condenado porque é bom pai, bom filho e a família depende dele para seu sustento.

c) Todos os homens são racionais. Ora, as mulheres não são homens, portanto, as mulheres não são racionais.

d) Não confio nos políticos. Tive um vizinho que foi vereador e saiu da Câmara enriquecido.

Lógica simbólica

Exercícios de simbolização de sentenças

5. De acordo com os exemplos sobre simbolização de sentenças, simbolize as sentenças a seguir usando como referência as letras destacadas em negrito:

a) O **p**residente é oriundo das camadas pobres da população.

b) Não li o **l**ivro nem assisti ao **f**ilme.

c) Você passará na **p**rova se e somente se **e**studar muito.

d) Ou não **j**anto ou tomo uma **s**opa.

6. Observe as letras sentenciais e as sentenças. Em seguida, atenda às questões:

R = Os terroristas fazem **r**eféns.

T = Os **t**erroristas exigem que os países retirem suas tropas do Iraque.

E = Os reféns são **e**xecutados.

P = Os **p**aíses retiram suas tropas.

Agora, traduza essas expressões:

a) P w E

b) P . ~E

c) ~E ↔ P

d) (R . T) → (~P → E)

7. Se A e B são enunciados verdadeiros e X e Y são enunciados falsos, aplique as tabelas de verdade nos enunciados a seguir para examinar quais são verdadeiros.

a) (A v B) . (X . Y)

b) ~X → (A w Y)

c) [Y → (A . B) . X]

Lógica de predicados: notação

8. Faça a tradução usando os quantificadores universais ou existenciais, as variáveis e as constantes.

a) Alguns **h**umanos não são **j**ustos.

b) Nenhuma **b**aleia é **p**eixe.

c) Todos os **v**ereadores são **r**epresentantes dos munícipes.

d) Algumas **p**essoas são **t**ímidas.

e) Nenhum **p**laneta é **e**strela.

f) Todos os **m**amíferos são **v**ertebrados.

Capítulo 9

O conhecimento científico

1 Ciência e senso comum

9.1 **Biblioteca do estudante:** Leitura complementar

A reflexão sobre a ciência e as implicações decorrentes do emprego da tecnologia são importantes para entender o mundo de hoje e para investigar os fins para os quais temos orientado nosso saber e nosso poder.

Há muito tempo o conceito de ciência faz parte das culturas mais antigas, geralmente para indicar algum tipo de conhecimento teórico superior. O significado variou conforme a época ou o pensador, mas apenas no século XVII configurou-se o conceito moderno de ciência, quando Galileu estabeleceu os novos métodos de investigação da física e da astronomia. Posteriormente, outras ciências aprimoraram seus métodos, com enorme repercussão sobre a tecnologia. O novo saber ampliou a capacidade humana de conhecer a natureza e de agir sobre ela. Para conhecer essa história, consulte, na Parte II, os capítulos e tópicos que tratam de ciência.

FRED MERZ/THE NEW YORK TIMES/LATINSTOCK

Nos últimos anos os físicos do Large Hadron Collider (LHC) vinham monitorando o caos subatômico de prótons em colisão em busca de novas partículas e forças da natureza. A foto mostra um eletroímã supercondutor no Cern (Organização Europeia para Pesquisa Nuclear), em Genebra, Suíça, em agosto de 2010. Em julho de 2012, a pesquisa foi coroada com a descoberta do Bóson de Highs, a "partícula de Deus".

Círculos concêntricos próximo à cidade inca de Cuzco, no Peru, em foto de 2006. No período pré--colombiano, os incas detinham amplos conhecimentos de hidráulica e de cultivo de vegetais. Nos círculos concêntricos de Moray, pesquisadores encontraram inúmeros tipos de sementes, o que garante a hipótese de que, nesse local, havia uma espécie de laboratório agrícola para testar o cultivo de cereais e legumes. Isso porque a plantação em diversos terraços permitia o plantio em condições de temperatura e irrigação diferentes.

O senso comum

Ao afirmarmos que a ciência é conquista recente da humanidade, a indagação que nos vem à mente é sobre que tipo de conhecimento existia antes da revolução científica. Pois é inevitável reconhecer as inumeráveis conquistas técnicas das civilizações, em todos os tempos.

Ou seja, antes de a física se tornar uma ciência, diversos povos já sabiam como fazer as embarcações flutuarem, como construir palácios, aquedutos, sistemas de irrigação. Antes da ciência da biologia, já identificavam inúmeras doenças e seu tratamento. Antes da química, já havia oficinas de metalurgia e tingimento. E antes da economia, os Estados já sabiam como administrar os bens públicos.

É antigo o anseio humano por tornar o mundo inteligível. As civilizações desenvolveram o conhecimento e a técnica conforme o *senso comum* pelo uso espontâneo da razão e da imaginação. Às vezes por tentativa e erro, outras vezes por dedução ou indução. E, por fim, pela tradição que acumulava o saber de cada povo, tornando-o cada vez mais elaborado. Contudo, o conhecimento que resulta do senso comum sofre de limitações, por ser muitas vezes impreciso, fragmentário e quase sempre preso a interesses práticos imediatos.

Mais propriamente, poderíamos dizer que o senso comum é um conjunto de *crenças*, já que o recebemos pela tradição, de modo espontâneo e não crítico. Não há, porém, por que desprezar esse conhecimento tão universal nem desconsiderar o grande volume de saberes já adquiridos ao longo da história humana, cuja aplicação se mostrou fecunda.

2 Distinção entre senso comum e ciência

Vamos mostrar as diferenças entre o senso comum e a ciência, inicialmente por meio de exemplos adaptados de *La estructura de la ciencia*, de Ernest Nagel.

Pelo senso comum percebemos que a roda facilita o transporte de cargas sem precisar explicar as forças de fricção. Do mesmo modo, conhecer o uso medicinal de certas ervas não significa identificar suas propriedades ou compreender como se dá sua ação no organismo.

O camponês sabe plantar e colher conforme aprendeu com seus pais, usando técnicas herdadas de seu grupo social. Esse saber empírico sofre lentas transformações em decorrência de acontecimentos casuais com os quais esse grupo se depara. Contudo, se em determinado momento a adubagem deixar de proporcionar os efeitos desejados, ele terá dificuldade em identificar os motivos. Por sua vez, o conhecimento científico terá mais elementos para corrigir condutas e adaptá-las a novas situações.

Pelo senso comum, sabemos que a água congela quando a temperatura abaixa "o suficiente". A imprecisão característica desse tipo de conhecimento é evitada pela ciência, que possui instrumentos de medição. Além disso, o cientista pode verificar a variedade de condições em que ocorre a solidificação dos líquidos, seja o caso da água, do leite, dos refrigerantes, e tem condições de explicar ainda por que um poço congela e o oceano não.

A partir desses exemplos, examinamos algumas características pelas quais esses dois tipos de conhecimento se contrapõem.

Particular/geral

O conhecimento proporcionado pelo senso comum é *particular*. Ou seja, restringe-se a uma pequena amostra da realidade, com base na qual são feitas generalizações muitas vezes apressadas e imprecisas. Os dados observados costumam ser selecionados de maneira não muito rigorosa. Em outras palavras, conclui-se para todos os objetos o que vale para um ou para um grupo de objetos observados.

Já as leis científicas são *gerais* no sentido de que não valem apenas para os casos observados, e sim para todos os que a eles se assemelham. Afirmações como "o peso de qualquer objeto depende do campo de gravitação" ou "a cor de um objeto depende da luz que ele reflete" ou, ainda, "a água é uma substância composta de hidrogênio e oxigênio" são válidas para todos os corpos, todos os objetos coloridos ou qualquer porção de água, e não apenas para aqueles que foram objeto da experiência. Dizendo de outra maneira, as explicações da ciência são *sistemáticas e controláveis pela experiência*, o que permite chegar a conclusões gerais.

A velha cozinheira (1618), pintura de Diego Velázquez (1599-1660). Não é preciso efetuar uma investigação científica para cozinhar um ovo, basta a experiência proporcionada pelo senso comum.

Fragmentário/unificador

O conhecimento espontâneo é fragmentário, pois não estabelece conexões em situações em que estas poderiam ser verificadas. Por exemplo: pelo senso comum não é possível perceber qualquer relação entre o orvalho da noite e o "suor" que aparece na garrafa retirada da geladeira; nem entre a combustão e a respiração, que é uma forma de combustão discreta relacionada à queima dos alimentos no processo digestivo para obter energia.

Já o conhecimento científico é unificador, por ter a capacidade de fazer as referidas conexões. Às vezes essas conexões são muito abrangentes, como ocorreu com Isaac Newton. Segundo um relato não comprovado, Newton teria intuído a lei da gravitação universal ao associar a queda de uma maçã à "queda" da Lua. Ou seja, a Lua não cai sobre a Terra porque está a uma distância em que sofre a atração da Terra, mas não o suficiente para cair sobre ela: se por acaso se aproximasse, haveria de cair. Essa é uma maneira simples de explicar o caráter unificador dessa teoria, que nos permite associar fenômenos aparentemente tão díspares como o movimento da Lua, as marés, as trajetórias dos projéteis e a subida dos líquidos nos tubos delgados.

Subjetivo/objetivo

O senso comum é frequentemente subjetivo, porque depende do ponto de vista individual e pessoal e pode ser condicionado por sentimentos ou afirmações arbitrárias. Por exemplo, às vezes é difícil reconhecer o valor profissional de uma pessoa se temos antipatia por ela. Ao observar o comportamento de povos com costumes diferentes dos nossos, tendemos a julgá-los baseados em nossos valores e considerá-los estranhos, ignorantes, engraçados ou até desprezíveis.

O mundo construído pela ciência aspira à objetividade. É objetivo o conhecimento imparcial, que independe das preferências individuais e que resulta da descentralização do sujeito que conhece pelo confronto com outros pontos de vista. No caso das ciências, as conclusões podem ser testadas por qualquer outro membro competente da comunidade científica.

Ambiguidade/rigor

Para ser precisa e objetiva, a ciência dispõe de uma linguagem rigorosa cujos conceitos são definidos para evitar ambiguidades. A linguagem torna-se cada vez mais precisa à medida que utiliza a matemática para transformar qualidades em quantidades. A "matematização" da ciência adquiriu grande importância no método de Galileu. Ao estabelecer a lei da queda dos corpos, por exemplo, Galileu mediu o espaço percorrido e o tempo que um corpo leva para descer o plano inclinado. Ao final das observações, registrou a lei numa formulação matemática.

Os instrumentos de medida (balança, termômetro, dinamômetro, telescópio etc.) também permitem a verificação objetiva dos fenômenos. Com eles, tem-se a oportunidade de superar a percepção imediata, imprecisa e subjetiva da realidade.

Diferentemente do senso comum, as explicações científicas são formuladas em enunciados gerais, alcançados pelo exame das diferenças e semelhanças das propriedades dos fenômenos, de modo que um número pequeno de princípios explicativos possa unificar um grande número de fatos.

REUTERS/NASA/LATINSTOCK

O telescópio espacial Hubble em imagem da Nasa, de maio de 2009. Em 1990, o telescópio foi colocado em órbita fora da atmosfera da Terra, o que melhorou de modo significativo o registro das imagens.

Resumindo, a ciência moderna nasceu quando se tornou possível determinar o objeto específico de investigação e criar um método confiável pelo qual se estabelecesse o controle desse conhecimento. São os métodos rigorosos que possibilitam demarcar um conhecimento sistemático, preciso e objetivo. A descoberta de relações universais entre os fenômenos permite a previsão de acontecimentos e também a ação sobre a natureza de maneira mais segura.

3 A comunidade científica

Uma comunidade científica pode ser entendida como o conjunto dos indivíduos que se reconhecem e são reconhecidos como possuidores de conhecimentos específicos na área da investigação científica. São os membros dessa comunidade que se avaliam reciprocamente a respeito dos resultados de suas pesquisas. Os diversos canais de comunicação entre os cientistas são as sociedades científicas, os congressos, as revistas especializadas, as conferências e muito mais.

Até pouco tempo atrás, as grandes realizações científicas eram fruto de gênios individuais. Hoje em dia, cada vez mais o trabalho da ciência é feito em equipe. Não queremos abordar aqui as ambiguidades do conceito de comunidade científica — que pode ocultar divergências de interesses e conflitos de poder —, e sim mostrar sua importância para a discussão e o estabelecimento do método científico e para a produção da ciência.

É nesse sentido que o filósofo francês Gérard Fourez comenta:

> “Afinal, um laboratório terá uma boa *performance* tanto por seu pessoal ser bem organizado e ter acesso a aparelhos precisos como por raciocinar corretamente. A fim de produzir resultados científicos, é preciso também possuir recursos, acesso às revistas, às bibliotecas, a congressos etc. É preciso também que, nas unidades de pesquisa, a comunicação, o diálogo e a crítica circulem. O método de produção da ciência passa, portanto, pelos processos sociais que permitem a constituição de equipes estáveis e eficazes; subsídios, contratos, alianças sociopolíticas, gestão de equipes etc. Mais uma vez, a ciência aparece como um processo humano, feito por humanos, para humanos e com humanos.”
>
> FOUREZ, Gérard. *A construção das ciências*: introdução à filosofia e à ética das ciências. São Paulo: Editora Unesp, 1995. p. 94-95.

Mais ainda, não se imagine que essas conclusões só serão aceitas se forem consideradas indubitáveis. É preciso retirar do conceito de ciência a falsa ideia de ser ela a única explicação da realidade, um conhecimento “certo” e “infalível”. Há muito de construção nos modelos científicos e, às vezes, torna-se necessário aceitar até teorias incompatíveis entre si. Por exemplo, a teoria corpuscular e a ondulatória, ambas utilizadas para explicar aspectos diferentes do fenômeno luminoso, permaneceram válidas por muito tempo porque cada uma delas conseguia explicar fenômenos diferentes. Além disso, a ciência está em constante evolução e suas teorias, ainda que comprovadas, são de certo modo provisórias.

ZOMI/GETTY IMAGES

Cientistas examinando plantas em estufa, Japão, 2008. Desde Arquimedes a ciência foi um trabalho para inventores e gênios solitários. A ciência contemporânea é realizada por várias equipes em grandes laboratórios financiados por empresas multinacionais, universidades e governos.

Leitura analítica

A ciência na Grécia antiga

9.2 Visão do especialista

"A ciência grega [...] não constituiu uma tecnologia verdadeira porque não aperfeiçoou a física. Mas por que, ainda uma vez, ela não o fez? Pelo que parece, porque não procurou fazê-lo. E isso, sem dúvida, porque ela acreditava que não era factível.

De fato, fazer a física no nosso sentido do termo – e não naquele dado a esse vocábulo por Aristóteles – quer dizer aplicar ao real as noções rígidas, exatas e precisas das matemáticas, e, antes de tudo, da geometria. Uma tarefa paradoxal, caso houvesse, porque a realidade, aquela da vida cotidiana, no meio da qual nós vivemos, não é matemática. Nem mesmo matematizável. Ela é do domínio do movimento, do impreciso, do "mais ou menos", do "aproximado". [...] Resulta disso que querer aplicar as matemáticas ao estudo da natureza é cometer um erro e um contrassenso. Não há na natureza círculos, elipses ou linhas retas. É ridículo querer medir com exatidão as dimensões de um ser natural: o cavalo é sem dúvida maior que o cão, e menor que o elefante, mas nem o cão, nem o cavalo, nem o elefante têm dimensões estrita e rigidamente determinadas: há em tudo uma margem de imprecisão, de "jogo", de "mais ou menos" e de "aproximado".

Essas são as ideias (ou atitudes) às quais o pensamento grego permaneceu obstinadamente fiel, quaisquer que tenham sido as filosofias das quais eles as deduziam; jamais ela [a ciência grega] quis admitir que a exatidão pudesse ser deste mundo, que a matéria deste mundo, de nosso mundo para nós, do mundo sublunar pudesse encarnar os entes matemáticos [...]. Ela admitia, em compensação, que a exatidão fosse apenas dos Céus, que os movimentos absolutos e perfeitamente regulares das esferas e dos astros fossem conforme as leis da mais estrita e da mais rígida geometria. Mas justamente os Céus, não a Terra. E por essa razão, a astronomia matemática é possível, mas a física matemática, não. Também a ciência grega [...] jamais tentou matematizar o movimento terrestre, e [...] usar na Terra um instrumento de medida e mesmo medir o que quer que fosse além das distâncias. Ora, é por meio do instrumento de medida que a ideia de exatidão toma posse deste mundo, e o mundo da exatidão chega para substituir o mundo do 'mais ou menos'."

KOYRÉ, Alexandre. Du monde de l'à-peu-près à l'univers de la précision. In: *Études d'histoire de la pensée philosophique*. Paris: Gallimard, 1995. p. 342. (tradução da autora)

Factível
Realizável.

Paradoxal
Pensamento aparentemente correto, mas que apresenta uma contradição.

Saiba mais

Segundo a concepção grega, o mundo sublunar, literalmente "mundo sob a Lua", era o mundo terrestre imperfeito, enquanto o mundo supralunar, o céu, era perfeito e constituído pela Lua, os planetas, as estrelas. Para saber mais, consulte, na Parte II, no Capítulo 14, "A filosofia no período clássico", o tópico sobre a astronomia de Aristóteles.

Questões

1. Com base no texto, explique por que, na Antiguidade, a física ainda não era uma ciência no sentido moderno.
2. Por que, para os gregos, só se poderia aplicar a geometria no estudo da astronomia, e não no da física?
3. Explique por que o autor qualifica a ciência grega com a expressão "mais ou menos" e por que, com a ciência moderna, a expressão deixou de ser aplicada.

4 Ciência e valores

Que valores são importantes para o cientista? Em primeiro lugar, podemos dizer que a ciência visa ao valor *cognitivo*, isto é, o cientista quer conhecer, sem se preocupar, em um primeiro momento, com a aplicação prática do conhecimento. No entanto, veremos que o trabalho científico envolve, além de valores cognitivos, valores *éticos* e *políticos*.

Valores cognitivos

Examinaremos inicialmente as três características relativas aos valores cognitivos da ciência: a *imparcialidade*, a *autonomia* e a *neutralidade*.

- **Imparcialidade**

A imparcialidade consiste em aceitar como científicas apenas as teorias que passaram pelo crivo de rigorosos padrões de avaliação. O método utilizado deve ser explicitado, e a série de dados empíricos que sustentam a conclusão pode ser verificada por qualquer membro da comunidade científica. Só então a teoria será aceita ou rejeitada.

Já ocorreram situações em que a teoria derivou de uma fraude e que, por diversas circunstâncias, não houve condições de ser desmascarada. Um exemplo de parcialidade mal-intencionada foi a "descoberta" de um crânio e uma mandíbula em 1911, na Inglaterra, atribuídos a um ancestral hominídeo. O arqueólogo Charles Dawson simplesmente juntara um crânio humano relativamente recente à mandíbula de um símio. Escureceu as peças para parecerem velhas e limou os dentes. Apenas quarenta anos depois a fraude foi descoberta por meio de novas técnicas de datação. Não se conhecem os motivos da parcialidade do arqueólogo e de seus colaboradores, mas certamente o interesse deles não era cognitivo, ou seja, não visava a conhecer a realidade como tal.

- **Autonomia**

A autonomia refere-se às condições independentes das investigações. Segundo se espera, as instituições científicas devem estar isentas de pressões externas para definir suas agendas voltadas para a produção de teorias imparciais e neutras.

Exemplos de situações de perda de autonomia dos cientistas já ocorreram. Lembremos que Galileu Galilei precisou interromper seus estudos sobre o geocentrismo porque foi julgado e condenado pela Inquisição, o braço religioso que ainda tinha força no século XVII. Na primeira metade do século XX, na então União Soviética, o governo de Joseph Stalin apoiou o biólogo Trofim Lysenko, cuja teoria contraditava as leis de Gregor Mendel, até hoje considerado o pai da genética. Por questões ideológicas, os cientistas mendelianos foram perseguidos e presos. Em resumo, a censura à ciência é intolerável.

- **Neutralidade**

O conhecimento científico é neutro porque, em tese, não deve atender a nenhum outro valor a não ser o cognitivo. No processo de investigação propriamente dito, as convicções pessoais no campo da moral e da política não devem interferir no andamento e nas conclusões científicas. Ou seja, a nacionalidade, a etnia, a religião, a classe social do cientista são irrelevantes para se atingir a verdade científica. Aliás, a interferência desses fatores, que são extrínsecos à pesquisa, é prejudicial à ciência porque a faz perder a objetividade.

Valores éticos e políticos

Dissemos que o conhecimento científico deve ser neutro, o que garante a racionalidade e a objetividade das pesquisas. No entanto, é preciso dizer também que, sob outros aspectos, a neutralidade científica é um mito. Não se trata de incoerência, mas da necessidade de reconhecer que o poder da ciência e da tecnologia é ambíguo, porque pode estar a serviço do conjunto da humanidade ou apenas de uma parte dela. Por isso, a atividade do cientista e do técnico deve ser acompanhada por reflexões de caráter moral e político, para que sejam postos em questão os fins que orientam os meios que estão sendo utilizados.

As altas cifras destinadas às pesquisas exigem o apoio financeiro de instituições públicas e privadas, desejosas de subvencionar os trabalhos que mais lhes interessem e que nem sempre estão focados na saúde e no bem-estar das pessoas. É o caso, por exemplo, da "indústria da guerra", que, desde há muito, alimenta a corrida armamentista e exige o constante desenvolvimento da ciência e da tecnologia no campo militar.

O grande risco da excessiva interferência econômica nas ciências pode ser ilustrado pelas conquistas obtidas na engenharia genética, que levam grandes corporações a buscar justificativas legais para patentear, por exemplo, as descobertas realizadas com a manipulação do código genético de sementes, os chamados alimentos transgênicos.

São também objetos de debates acalorados as possibilidades de clonagem de seres humanos, a partir do sucesso obtido com a aplicação da técnica em animais. No entanto, o temor de que cientistas se encaminhem para a clonagem humana tem desviado — e confundido — as discussões em torno das pesquisas com células-tronco, sobretudo aquelas que não são extraídas do embrião propriamente dito, mas da medula óssea ou do cordão umbilical. As vantagens das novas pesquisas estariam na prevenção e cura das mais diversas doenças. Voltaremos a examinar essas questões no capítulo 10, "Entre o bem e o mal", no tópico "Ética aplicada".

Resumindo: os procedimentos metodológicos da ciência devem ser neutros quando têm em vista apenas a racionalidade científica. Mas não são neutros quanto aos fins que orientam suas pesquisas nem quanto aos objetivos a que se destinam suas descobertas. Estas últimas exigem discussões éticas e políticas.

REUTERS/KYODO/LATINSTOCK

Pombos sobrevoam o Memorial da Paz, em Hiroshima, no Japão, em 6 de agosto de 2010, para marcar o 65º aniversário do bombardeio atômico sobre a cidade. A cúpula, ao fundo, foi a única construção que ficou de pé em Hiroshima após a explosão da bomba atômica, em 1945. Foi mantida no mesmo estado e hoje tem esse nome como um símbolo pelo fim das armas nucleares e para que os atos bárbaros praticados por nações "civilizadas" não sejam esquecidos.

5 A responsabilidade social do cientista

Pelo que vimos, não há como aceitar que a exigência da neutralidade da ciência se resuma à procura do "saber pelo saber". A ciência encontra-se no contexto moral e político do seu tempo, e o cientista tem uma responsabilidade social da qual não pode abdicar.

Essas observações nos levam a refletir sobre a formação do cientista, que não se restringe apenas ao aprendizado de conteúdos, metodologias e práticas de pesquisa. Mais do que isso, o futuro cientista precisa ter condições de examinar os pressupostos de seu conhecimento e de sua atividade, de se perceber como pertencendo a uma comunidade e de identificar os valores subjacentes à sua prática.

Qual é o papel da filosofia com relação à ciência e suas aplicações? Seu compromisso repousa na investigação dos fins e das prioridades a que a ciência se propõe, na análise das condições em que se realizam as pesquisas e nas consequências das técnicas utilizadas.

Leitura analítica

Um exemplo de falta de neutralidade

"De uma forma muito sumária, a 'revolução verde' baseia-se no seguinte fenômeno: duas variedades de trigo [...] de baixo rendimento podem ser produzidas isoladamente e, a partir delas, devem ser geradas sementes híbridas que produzem plantas de alto rendimento, com produtividades muito maiores do que aquelas obtidas por plantas que se desenvolveram a partir das sementes fecundadas regularmente nos campos. (As variedades 'puras' de baixo rendimento são obtidas por separações, realizadas na forma de ensaio e erro, das sementes fecundadas nos campos.) O fenômeno é real e suas célebres aplicações têm sido amplamente aclamadas. Contudo, essas aplicações requerem certas condições: a utilização de extensões de terra relativamente grandes, mecanização, alto consumo de água, fertilizantes, pesticidas etc., cujas consequências são movimentos migratórios para as cidades, desemprego, ruptura social, poluição, deterioração do solo e devastação ecológica. Ou seja, as aplicações poderiam não ser propícias e, na verdade, ser prejudiciais aos valores da estabilidade social e ecológica.

Além disso, em grande medida, a semente transformou-se numa mercadoria (em lugar de uma entidade biológica produzida anualmente como parte integrante da safra e que apenas ocasionalmente necessitava ser reposta por outras compradas), e a agricultura do Terceiro Mundo tornou-se mais inserida na economia internacional de modo que favoreça os interesses das empresas agrícolas, de um setor dos proprietários de terras e de algumas indústrias afins, os sustentáculos dos valores do controle baconiano. A aplicação tem favorecido alguns valores e não outros, e não se pode fazer com que favoreça a todos."

LACEY, Hugh. *Valores e atividade científica.* São Paulo: Discurso Editorial, 1998. p. 79-80.

Terceiro Mundo
No período da Guerra Fria, era o nome atribuído aos países subdesenvolvidos (hoje, *grosso modo*, chamados de "emergentes"), em contraposição aos países capitalistas desenvolvidos (Primeiro Mundo) e aos países do bloco socialista (Segundo Mundo).

Controle baconiano
Concepção do filósofo Francis Bacon (1561-1626), para o qual "conhecimento é poder", poder de controle científico sobre a natureza. Consulte, na Parte II, o Capítulo 19, "Racionalismo e empirismo".

Questões

1. Explique o que significa a "revolução verde".
2. O que significa dizer que "a semente transformou-se numa mercadoria"?
3. Em que sentido o texto mostra que o uso das sementes híbridas representa "um exemplo de falta de neutralidade"? Posicione-se a respeito.

6 Os métodos das ciências

DERBY MUSEUM AND ART GALLERY, DERBY - UK

Um filósofo palestra sobre o planetário onde uma lâmpada é colocada no lugar do Sol (1766), quadro de Joseph Wright. A tela do pintor inglês é do século XVIII, período em que a nova ciência despertava interesse do público. Um modelo mecânico do sistema solar mostra o movimento da Terra e da Lua em torno do Sol, simulado por uma lâmpada de gás.

As ciências avançam a partir de problemas que desafiam a compreensão dos cientistas. Mesmo quando solucionados, surgem outros que, por sua vez, exigem novas pesquisas, revelando o caráter histórico e provisório das conclusões. O que nos interessa em um primeiro momento é indagar sobre os procedimentos dos cientistas diante dos problemas. Ou seja, qual é o método (ou quais são os métodos) da ciência?

Para alcançar um objetivo determinado, seja uma ação, seja a explicação de um fenômeno, é preciso agir com método, um conjunto de procedimentos racionais, ordenados, que nos "encaminhem" em direção à verdade procurada ou à ação desejada.

O método já merecia atenção desde a Antiguidade. Foi somente a partir do século XVII, no entanto, que se intensificou o interesse pelas questões metodológicas. Destacaram-se nessa investigação pensadores como René Descartes, Francis Bacon, John Locke, David Hume e Baruch Espinosa. No mesmo período, Galileu Galilei provocou uma revolução na ciência ao desenvolver o método da física, baseado na "matematização", na observação e na experimentação. (Para saber mais, consulte, na Parte II, o Capítulo 18, "Rupturas da modernidade".)

O rigor do método científico fez crescer a confiança em desvendar os segredos da natureza. Essa confiança baseava-se na profunda crença na ordem e racionalidade do conhecimento do mundo.

A classificação das ciências

Inicialmente restrito à física e à astronomia, o método científico universalizou-se, servindo de modelo e inspiração para as outras ciências particulares que se destacavam aos poucos do corpo da filosofia natural. À medida que as ciências se tornavam autônomas, surgiu a necessidade de classificá-las. Atualmente, costuma-se considerar:

- *ciências formais*: matemática e lógica.;
- *ciências da natureza* (ou *ciências naturais*): física, química, biologia, geologia, geografia física etc.;
- *ciências humanas* (ou *ciências culturais*): psicologia, sociologia, antropologia, economia, história, geografia humana, linguística, etnologia etc.

As classificações, embora ajudem a sistematizar e a organizar, são sempre provisórias e insuficientes. Tanto que, atualmente, cada vez mais os pesquisadores tendem a ultrapassar os limites dessas ciências, o que fez nascer as *ciências híbridas*. São assim chamadas porque rompem as clássicas fronteiras ao reunir simultaneamente especialidades novas de pesquisadores e técnicos de áreas diversas. Por exemplo, os estudos de genética reúnem especialistas de engenharia, informática, medicina e biologia.

Método
Do grego *meta*, "ao longo de", e *hodós*, "via, caminho". Portanto, "caminho para chegar a um objetivo".

Assim diz Isaac Epstein:

"A bioengenharia no seu sentido bioquímico estuda métodos para conseguir biossínteses de produtos animais e vegetais. No seu sentido médico, a bioengenharia provê meio artificial para corrigir funções morfológicas ou fisiológicas defeituosas. Os bioengenheiros são cientistas e técnicos interdisciplinares que usam a engenharia, a física e a química para desenvolver instrumentos ou engenhos que imitam as ações de seres vivos, próteses, órgãos artificiais etc."

EPSTEIN, Isaac. *Divulgação científica*: 96 verbetes. Campinas: Pontes, 2002. p. 43.

Neste capítulo veremos as ciências da natureza, cujo método experimental começou a ser implantado no início da modernidade. Em seguida, examinaremos o método das ciências humanas.

7 O método experimental

9.3
Biblioteca do estudante: Leitura complementar

O método experimental das ciências da natureza passa pelas seguintes etapas: *observação*, *hipótese*, *experimentação*, *generalização* (*lei*) e *teoria*. Vale advertir, porém, que nem sempre o processo segue necessariamente essa ordem, porque existem variações no procedimento que vamos descrever.

Comecemos por Claude Bernard (1813-1878), médico e fisiólogo francês conhecido não só por suas experiências em biologia, mas também pelas reflexões sobre o método experimental. É possível identificar as etapas do método científico observando uma experiência que Claude Bernard realizou com coelhos:

a) Ele percebeu que os coelhos trazidos do mercado tinham a urina clara e ácida, característica dos animais carnívoros (*observação*).

b) Como sabia que os coelhos têm a urina turva e alcalina, por serem herbívoros, o médico supôs que aqueles coelhos não se alimentavam havia muito tempo e transformaram-se, pela abstinência, em verdadeiros carnívoros, vivendo do seu próprio sangue (*hipótese*).

c) Bernard fez variar o regime alimentar dos coelhos, dando a alguns alimentação herbívora e a outros, carnívora; repetiu a experiência com um cavalo (*controle experimental*).

d) No final, enunciou que, "em jejum, todos os animais se alimentam de carne" (*generalização*).

Vamos explicar, a seguir, cada etapa da experiência de Bernard.

Observação

A observação comum que fazemos no cotidiano é com frequência fortuita, feita ao acaso, nem sempre orientada por propósitos específicos. A observação científica, ao contrário, é rigorosa, precisa, metódica, com a intenção de explicar os fatos e, mais do que isso, já orientada por uma teoria. No exemplo dos coelhos, o fato de a urina deles estar clara e ácida chamou a atenção de Claude Bernard, porque ele já sabia que os animais herbívoros têm urina turva e alcalina.

Quando apenas nossos sentidos não são suficientes para a observação, o cientista recorre a instrumentos que lhe emprestem maior precisão e menos subjetividade. Por exemplo, é mais objetivo medir a temperatura pelo termômetro do que pelo tato.

Hipótese

A hipótese é a explicação provisória dos fenômenos observados, a interpretação antecipada que deverá ser ou não confirmada. Diante da interrogação sugerida pelo problema, a hipótese propõe uma solução. Portanto, o papel da hipótese é reorganizar os fatos de acordo com uma ordem e tentar explicá-los provisoriamente.

Qual é a fonte da hipótese? A formulação da hipótese não depende de procedimentos mecânicos, mas de engenhosidade. Nessa etapa do método científico, o cientista pode ser comparado ao artista que, inspirado, descobre uma nova forma de expressão. Muitas vezes a descoberta resulta de um *insight*. Nesse sentido, a construção de hipóteses é um processo heurístico, de invenção e descoberta.

Para mostrar que a hipótese não é algo que "salta aos olhos", lembremos como um problema prático levou à descoberta da pressão atmosférica. Em 1643, ao limpar os poços de água de Florença, percebeu-se que a água não subia mais de 18 braças (10,33 metros). O físico e matemático Evangelista Torricelli, discípulo de Galileu, elucidou o problema pela hipótese da pressão atmosférica.

Torricelli testou sua hipótese da seguinte maneira: encheu um tubo com mercúrio – que é cerca de catorze vezes mais pesado que a água –, mergulhou-o em um recipiente de mercúrio e viu que o líquido do tubo desceu até a altura de 76 centímetros e não mais. A parte livre do tubo era o vácuo.

Além dessa descoberta, Torricelli estabeleceu a lei do escoamento dos líquidos e inventou o barômetro – que mede a pressão atmosférica e as variações do clima. Assim podemos saber por que os jogadores que saem de uma cidade praiana, por exemplo, devem chegar dias antes para adaptar-se à altitude de uma cidade como La Paz, na Bolívia, com 3.600 metros, onde o ar fica mais rarefeito.

Não convém, entretanto, mistificar a formulação da hipótese, apresentando-a como algo misterioso. Mesmo em casos que nitidamente resultaram de intuição adivinhadora, esta é sempre antecipada por conhecimentos, diante dos quais a descoberta representa apenas o momento culminante.

Hipótese
Do grego *hypó*, "debaixo de", "sob", e *thésis*, "proposição". Hipótese é o que "está sob a tese", o que está suposto, o ponto de partida de uma demonstração.

Insight
Termo inglês que significa "iluminação súbita", "clarão", "lampejo".

Heurístico
Relativo ao verbo grego *heurísko*, "descobrir". É a mesma raiz da expressão *Eureka!*, "Descobri!".

THE GRANGER COLLECTION, NOVA YORK/OTHER IMAGES – COLEÇÃO PARTICULAR

Evangelista Torricelli com o barômetro, gravura do século XIX, de autoria desconhecida. Torricelli inventou o barômetro, instrumento que mede a pressão atmosférica.

Tipos de raciocínio

Além da imaginação criadora, vários tipos de raciocínio orientam o cientista na proposição de uma hipótese, como a *indução*, a *dedução* e a *analogia*.

- **Indução:** trata-se da generalização de casos diferentes e particulares; por exemplo, na experiência da queda dos corpos, Galileu supõe que todos os corpos caem ao mesmo tempo, independentemente do peso.
- **Raciocínio hipotético-dedutivo:** raciocínio que parte de uma hipótese, da qual são tiradas consequências que podem ser comprovadas empiricamente. Por exemplo, a hipótese da teoria da relatividade de Einstein partiu da suposição do desvio da luz por um campo gravitacional, o que foi verificado em 1919, por ocasião de um eclipse.
- **Analogia:** raciocínio que estabelece relações de semelhança entre fenômenos; por exemplo, o modelo atômico de Bohr é feito por analogia ao modelo do sistema solar; conclusões em experiências feitas com animais são transpostas para os humanos etc.

Outros detalhes sobre indução, dedução e analogia podem ser encontrados no Capítulo 8, "Instrumentos do pensar: a lógica".

Experimentação

A *experimentação* consiste em uma observação provocada para fim de controle da hipótese. Enquanto a observação é o estudo de fenômenos como se apresentam naturalmente, a experimentação é o estudo dos fenômenos em condições determinadas pelo experimentador.

Um exemplo clássico de controle experimental foi realizado por Louis Pasteur com rebanhos de ovelhas, na França. Os criadores de ovelhas estavam sofrendo perdas no rebanho devido ao bacilo do carbúnculo (antraz), uma doença infecciosa e letal. Pasteur preparou uma vacina com bactérias enfraquecidas de carbúnculo e levantou a hipótese da imunização. Separou sessenta ovelhas da seguinte maneira:

a) em dez não aplicou tratamento algum;

b) vacinou 25, nas quais inoculou após alguns dias uma cultura contaminada pelo bacilo do carbúnculo;

c) não vacinou as 25 restantes, em que também inoculou a cultura contaminada.

Depois de algum tempo, verificou que as 25 ovelhas não vacinadas morreram, as 25 vacinadas sobreviveram; comparadas às dez que não tinham sido submetidas a tratamento, constatou que não sofreram alteração de saúde.

MUSÉE D'ORSAY, PARIS

Louis Pasteur retratado por Aristide Edelfelt, em 1885. O cientista francês teve grande importância no estudo das origens da vida e fez descobertas de aplicação prática que contribuíram para a prevenção de doenças, como as vacinas, e estudos sobre a propagação dos microrganismos.

A experimentação proporciona condições privilegiadas de observação, porque permite:

- repetir os fenômenos;
- variar as condições de experiência;
- tornar mais lentos os fenômenos muito rápidos: o plano inclinado de Galileu tornou possível observar a queda dos corpos;
- simplificar os fenômenos: para estudar a variação de volume, mantém-se constante a pressão dos gases.

Vimos que toda observação está impregnada de teoria, o que é igualmente verdadeiro para a experimentação. Por exemplo, é impossível observar diretamente a evolução darwiniana, que se processou durante muitas gerações. Mesmo assim é uma hipótese válida, na medida em que unifica e torna inteligível um grande número de dados. Outras informações a respeito podem ser encontradas na Parte II, Capítulo 24, "A ciência contemporânea".

Contudo, quando a experimentação refuta a hipótese – o que acontece inúmeras vezes –, o cientista deve recomeçar com outra hipótese, e outra, e mais outra...

Generalização

A análise dos fenômenos nos leva à formulação de *leis*, enunciados que descrevem regularidades ou normas. Na fase de experimentação, são analisadas as variações dos fenômenos: observadas as relações constantes, torna-se possível generalizar. Por exemplo, se a temperatura de um gás aumentar, mantida a mesma pressão, então o seu volume aumentará. Descobre-se aí a relação constante entre os fenômenos: sempre que a temperatura do gás aumentar, o seu volume aumentará, e não poderá deixar de aumentar.

Tipos de generalização

As generalizações podem ser de dois tipos: as *leis empíricas* e as *leis teóricas*.

- **Leis empíricas**

As leis empíricas (ou leis particulares) são inferidas de alguns casos particulares. Por exemplo, a lei da queda dos corpos, a lei dos gases ou, ainda, a lei segundo a qual "o calor dilata os corpos", ou "os mamíferos produzem sua própria vitamina E".

Nem sempre, porém, é possível alcançar a universalidade rigorosa. Nesses casos, existem leis estatísticas baseadas em *probabilidades*, procedimentos especialmente valiosos nos casos em que ocorre um grau acentuado de acaso. Por exemplo: em biologia, as questões sobre mutação; em estudos sociais, uma pesquisa sobre o poder de compra de determinado segmento ou sobre a escolha de candidatos em eleições.

- **Leis teóricas**

As leis teóricas ou teorias propriamente ditas são leis mais gerais que se caracterizam pelo seu caráter unificador e heurístico.

a) O caráter unificador consiste na abrangência da teoria que reúne diversas leis particulares sob uma perspectiva mais ampla. Por exemplo, a teoria da gravitação universal de Newton engloba leis referentes a domínios distintos, como as leis planetárias de Kepler e a lei da queda dos corpos de Galileu.

b) O caráter heurístico consiste no poder de descoberta. A teoria da gravitação universal permite calcular a massa do Sol e dos planetas, explicar as marés etc.

Portanto, a teoria não só unifica o saber adquirido, articulando leis isoladas, como também é fecunda, ao possibilitar novas investigações.

8 A ciência como construção

Conteúdo multimídia: Filosofia da ciência

Distinguimos os passos da construção da ciência por meio das fases de hipótese, lei e teoria. Contudo, de certo modo todos esses passos são hipotéticos porque supõem diferentes graus de comprovação. É fato que existe grande diferença entre a primeira hipótese não comprovada pelos fatos e outra suficientemente testada e corroborada pelos fatos – como a teoria da gravitação universal de Newton. Mesmo esta última poderá ser contestada sob algum aspecto, como de fato ocorreu quando Einstein desenvolveu a teoria da relatividade.

Einstein partiu de pressupostos diferentes daqueles utilizados por Newton e chegou a conclusões também diferentes. Nesse caso, a teoria da relatividade de Einstein teria descartado a teoria newtoniana da gravitação universal? Certamente que não. A teoria newtoniana não foi abandonada, mas foram identificados os seus limites. Ou seja, quando se trata do microcosmo (interior do átomo) ou do macrocosmo (Universo), a teoria newtoniana mostra-se insuficiente, por isso a necessidade de recorrer à teoria da relatividade.

SIMON SPIERER COLLECTION, GENEVA, SWITZERLAND

A condição humana (1933), pintura de René Magritte. Ao olharmos essa obra, temos a impressão inicial de que sobre o cavalete há uma tela representando fielmente a paisagem externa. Podemos comparar essa ilusão à mesma ilusão daqueles que veem a ciência como espelho da realidade.

Consideremos, ainda, o exemplo da teoria da luz. Newton admitia a emissão corpuscular da luz, enquanto Fresnel, no século XIX, desenvolveu a teoria ondulatória. Qual teoria é a verdadeira? As duas são incompatíveis entre si e explicam diversos fenômenos ópticos, como a refração, a reflexão e a interferência.

Afinal, o que podemos esperar de uma lei?

Leiamos o físico Pierre Duhem:

> “Os termos simbólicos que ligam uma lei da física [...] são abstrações produzidas por um trabalho de análise lento, complicado, consciente, o trabalho secular que elaborou as teorias físicas. [...] Segundo a adoção de uma ou outra teoria, a lei muda de sentido, de sorte que ela pode ser aceita por um físico que admite tal teoria e rejeitada por um outro físico que admite outra teoria. [...] uma lei da física é uma relação simbólica cuja aplicação à realidade concreta exige que se conheça e que se aceite todo um conjunto de teorias.”

DUHEM, Pierre. Algumas reflexões acerca da física experimental. In: *Ciência e filosofia*. São Paulo: Faculdade de Filosofia, Letras e Ciências Humanas da Universidade de São Paulo, 1989. n. 4. p. 109-110.

O sucessivo alternar de teorias que se completam, se contradizem ou são abandonadas indica que a ciência não é um conhecimento certo, infalível, nem as teorias são o reflexo do real. Por isso, nas discussões entre filósofos da ciência, a teoria científica aparece como construção da mente, hipótese de trabalho, modelo. Mesmo assim, é ela que torna possível a previsão e a ação, a descrição de relações entre elementos, embora sem a garantia de certeza definitiva.

Corroborar
Confirmar.

Leitura analítica

O que é uma experiência da física?

"O que é uma experiência da física? [...] Produzir um fenômeno físico dentro de condições tais que se possa observá-lo exata e minuciosamente, com o auxílio de instrumentos apropriados, não é esta a operação que todo o mundo designa por estas palavras: uma experiência da física?

Entremos em um laboratório; aproximemo-nos dessa mesa repleta de vários aparelhos: uma pilha elétrica, fios de cobre recobertos de seda, cadinhos cheios de mercúrio, bobinas, uma barra de ferro que sustenta um espelho. Um observador introduz em pequenos orifícios a haste metálica de uma ficha cuja extremidade é feita de ebonite; o ferro oscila e, pelo espelho ao qual está ligado, transmite-se sobre uma régua de celuloide uma faixa luminosa da qual o observador segue os movimentos. Isso é, sem dúvida, uma experiência: esse físico observa minuciosamente as oscilações do pedaço de ferro. Perguntemos agora o que ele faz; responderá: 'estudo as oscilações da barra de ferro que sustenta o espelho'? Não; ele responderá que mede a resistência elétrica de uma bobina. Se nos surpreendermos, se lhe perguntarmos que sentido têm essas palavras e que relação elas têm com os fenômenos que ele constatou, que constatamos ao mesmo tempo que ele, responderá que esta questão necessitaria de explicações bastante longas e nos mandará fazer um curso de eletricidade.

IDAHO STATE JOURNAL, JOE KLINE/AP PHOTO/GLOW IMAGES

A garota Emma Hyde vê seu cabelo ficar em pé durante uma experiência com eletricidade estática na Idaho State University, em Idaho, em abril de 2007.

Com efeito, a experiência que vimos ser feita, como toda experiência da física, comporta duas partes: consiste, em primeiro lugar, na observação de certos fenômenos; para fazer essa observação, basta estar atento e ter os sentidos suficientemente apurados; não é necessário saber física. Em segundo lugar, ela consiste na *interpretação* dos fatos observados; para poder fazer esta interpretação não basta ter a atenção de sobreaviso e o olho exercitado, é preciso conhecer as teorias admitidas, é preciso saber aplicá-las, é necessário ser físico. Todo homem pode, se vê claramente, seguir os movimentos de uma mancha luminosa sobre uma régua transparente, ver se caminha para a direita ou para a esquerda, se se detém neste o naquele ponto; não tem necessidade, para isso, de ser um grande cientista; mas se ignorar a eletrodinâmica, não poderá concluir a experiência, não poderá medir a resistência da bobina."

DUHEM, Pierre. Algumas reflexões acerca da física experimental. In: *Ciência e filosofia*. São Paulo: Faculdade de Filosofia, Letras e Ciências Humanas da Universidade de São Paulo, n. 4, 1989. p. 87-88.

Questões

1. Relacione o texto de Duhem com a frase de Claude Bernard: "Experimenta-se com a razão".
2. Reúna-se em grupo com os colegas para levantar alguns exemplos de observações feitas em aulas de laboratório (de física, química ou biologia), a fim de corroborar as afirmações de Duhem.

9 O método das ciências humanas

Desde muito cedo, os assuntos referentes ao comportamento humano foram objeto de estudo da filosofia. Mas apenas no século XIX as ciências humanas começaram a buscar seu próprio método e um objeto que as diferenciasse da filosofia. As dificuldades eram muitas. Como abordar esse objeto de estudo com objetividade? Testando hipóteses pela experimentação? Generalizando observações até descobrir leis gerais? Não é necessário muito esforço para perceber quais seriam os desafios diante da especificidade desse novo objeto das ciências: o ser humano.

Enquanto as ciências da natureza têm como objeto algo que se encontra fora do sujeito que conhece, as ciências humanas têm como objeto o próprio sujeito cognoscente. Podemos, portanto, imaginar quais são os desafios da economia, da sociologia, da antropologia, da psicologia, da geografia humana, da história para pesquisar com isenção aquilo que diz respeito ao próprio sujeito tão diretamente.

Examinemos algumas das dificuldades para estabelecer seu método.

• Complexidade

A complexidade dos fenômenos humanos, sejam psíquicos, sociais ou econômicos, resiste às tentativas de simplificação. Em física, por exemplo, ao estudar as condições de pressão, volume e temperatura, é possível simplificar o fenômeno tornando constante um desses fatores. O comportamento humano, entretanto, resulta de múltiplas influências, como hereditariedade, meio, impulsos, desejos, memória, bem como da ação da consciência e da vontade. Imagine como é complexo avaliar a motivação do linchamento ou da vaia. Ou examinar as causas que determinam a escolha da profissão. Ou, ainda, o que leva os indivíduos a matar ou trair.

PETER SHERRARD/AXI/GETTY IMAGES

O ser humano não pode ser explicado na sua generalidade. Mesmo um clone constituiria outro indivíduo, singular, com uma história personalíssima.

• Experimentação

É sempre difícil identificar e controlar por experimentos os diversos aspectos que influenciam os atos humanos. Os motivos são diversos: a natureza artificial dos experimentos pode falsear os resultados, a motivação varia conforme os sujeitos e as instruções do experimentador podem ser interpretadas de maneiras diferentes. Além disso, a repetição do fenômeno poderia alterar os efeitos, já que o indivíduo, como ser afetivo e consciente, nunca vive uma segunda situação de maneira idêntica à anterior.

Certos experimentos trazem restrições de caráter moral, por não ser lícito submeter o ser humano a situações que ponham em risco sua integridade física, psíquica ou moral. Por exemplo: as reações de pânico num grupo de pessoas presas numa sala em chamas só podem ser objeto de apreciação eventual no caso de ocorrer um acidente. Jamais a situação poderia ser provocada para fins de estudo.

ALBUM/AKG/LATINSTOCK

Composição com vermelho, amarelo e azul (1939-1942), pintura do holandês Piet Mondrian. Nesse quadro, vemos a "matematização" do espaço. O pintor buscou as formas mutáveis e puras da natureza e transformou-as em formas geométricas permanentes.

• "Matematização"

A passagem da física aristotélica para a física clássica de Galileu deu-se pela transformação das *qualidades* em *quantidades*. Desse fato, pode-se concluir que a ciência será tão rigorosa quanto mais ela for "matematizável". Ora, esse ideal é problemático com relação às ciências humanas, cujos fenômenos são essencialmente qualitativos. Por isso, nos casos em que é possível aplicar a matemática, são utilizadas técnicas estatísticas, com resultados sempre aproximativos e sujeitos a interpretação.

Algumas dessas ciências, como é o caso da psicanálise, não fazem uso da matemática ou da experimentação, embora outras teorias psicológicas, como as comportamentalistas, recorram não só às experiências em laboratório como à matemática e à estatística.

• Subjetivismo

A subjetividade diz respeito às características do sujeito, aquilo que o torna pessoal e singular. Do ponto de vista do conhecimento, o subjetivismo é a projeção de sua visão de mundo na interpretação dos fatos. Ora, vimos que as ciências da natureza aspiram à objetividade, a uma avaliação que seja aceita por todos, o que supõe um distanciamento da subjetividade. Para tanto, as ciências da natureza utilizam instrumentos de controle para testar as hipóteses, além da facilidade de examinar um objeto que é exterior a si mesmo. No caso das ciências humanas, o sujeito que conhece é o próprio objeto que se quer conhecer, circunstância que torna mais difícil a neutralidade. Como exemplos de risco de subjetividade, lembramos a dificuldade do historiador ao interpretar fatos históricos enquanto estão sendo vivenciados, ou de um sociólogo que analisa a instituição da família sendo que, como todos, ele pertence a uma.

• Liberdade

As leis das ciências da natureza supõem o *determinismo*, segundo o qual, para tudo podemos procurar uma causa. As regularidades na natureza tornam possível estabelecer leis e por meio delas prever a incidência de um fenômeno. Como isso seria possível, se admitirmos a liberdade humana? Mesmo se concordarmos que o ser humano sofre condicionamentos, estes seriam da mesma natureza e intensidade dos que ocorrem com os seres inertes? Para saber mais sobre a liberdade, consulte o capítulo 10, "Entre o bem e o mal".

Todas essas dificuldades não foram mencionadas com o objetivo de provar a inviabilidade de as disciplinas humanas se constituírem como ciências, afinal elas estão aí, algumas consolidadas, outras procurando o seu espaço. Apenas servem para pontuar as diferenças entre as ciências da natureza e as ciências humanas e que tipo de metodologia adotar, dependendo do objeto. Ou seja, o método utilizado depende, de certa maneira, dos pressupostos filosóficos que embasam a visão de mundo do cientista.

A diversidade de métodos

Apesar das dificuldades das ciências humanas em encontrar seu método próprio, elas aí estão. De modo geral, podemos identificar duas tendências mais marcantes: a naturalista e a humanista.

Tendência naturalista

De início, houve muita influência das teorias positivistas, que pretendiam adequar as ciências humanas ao modelo das ciências da natureza. Essa primeira orientação, chamada de *tendência naturalista*, enfatizou a experimentação e a medida.

Vamos exemplificar recorrendo aos métodos da psicologia. De início, destacaram-se as teorias do comportamento, que visavam estudar apenas a conduta humana ou a conduta animal observável. Foram descartados os aspectos da consciência, por serem considerados inacessíveis à observação científica.

Um dos principais representantes da tendência comportamentalista foi o psicólogo norte-americano Burrhus Skinner (1904-1990). Ele ampliou pesquisas já iniciadas sobre o reflexo condicionado pelo russo Ivan Pavlov (1849-1936), criando o método da ciência do comportamento, também conhecida como *behaviorismo*.

Positivismo
Filosofia criada por Augusto Comte, no século XIX. Segundo Comte, a humanidade teria atingido sua maioridade com as chamadas ciências positivas, caracterizadas pela precisão do método.

Libido
Do latim *libitus*, "desejo", "vontade".

Tendência humanista

Outros estudiosos que se orientaram pela tendência *humanista* argumentavam que a especificidade das ciências humanas exigia um método diferente daquele das ciências da natureza. Estudar esse objeto – o ser humano – supõe reconhecer a sua complexa individualidade, liberdade e consciência moral.

Na linha humanista, podemos destacar a psicanálise, teoria do médico austríaco Sigmund Freud (1856-1939), que se desenvolveu a partir da hipótese do *inconsciente*. Para a psicanálise, todos os nossos atos são constituídos tanto por manifestações exteriores, representadas pela nossa conduta cotidiana, em sociedade, como por significados ocultos, que podem ser interpretados.

Para Freud, a maior parte das funções psíquicas ocorre no inconsciente, sede das pulsões (ou impulsos), forças internas que provocam tensões, como as de natureza sexual e as associadas à agressividade. Freud chama de libido a energia que se encontra na base da pulsão sexual. De difícil definição, a libido pode ser entendida como a manifestação dinâmica da energia sexual na vida psíquica. No capítulo citado anteriormente, "A ciência contemporânea", há mais informações sobre a psicanálise.

10 Para concluir

Como vimos, a ciência grega era qualitativa. De Galileu até os tempos atuais, passados cerca de quatrocentos anos, a ciência se fragmentou em diversas especialidades. Sua transformação ocorreu na razão direta do aperfeiçoamento dos instrumentos de medida. Os instrumentos ampliaram o conhecimento científico e este, por sua vez, os tornou cada vez mais precisos: um círculo virtuoso. No século XIX, foi a vez de as ciências humanas buscarem o seu estatuto de ciências, com todas as dificuldades que esse projeto pressupunha.

Atualmente, cabe às novas gerações refletirem sobre as conquistas da ciência e da tecnologia. Quando reverenciarmos o valor cognitivo de suas descobertas, não nos esqueçamos de que esse saber desencadeia consequências, e estas precisam ser sempre avaliadas sob o ponto de vista ético e político.

Colóquio

Duas correntes da psicologia

Apresentamos dois textos com posições antagônicas. No primeiro, o psicólogo comportamentalista Burrhus Skinner explica a importância da aplicação dos reflexos condicionados na terapia de distúrbios psicológicos. O segundo texto, do filósofo francês Maurice Merleau-Ponty, defende a psicanálise.

Texto 1

O âmbito dos reflexos condicionados

"O uso dos reflexos condicionados no controle prático do comportamento dá uma boa medida de seu campo de ação. Os reflexos relativos à economia interna do organismo raramente são de importância prática para outras pessoas, mas pode haver ocasiões em que estejamos interessados em fazer alguém ruborizar-se, ou rir, ou chorar, e então recorremos a estímulos condicionados ou incondicionados.

[...] Também usamos o processo para dispor o controle do comportamento em ocasiões futuras. Na educação patriótica e religiosa, por exemplo, as respostas emocionais a bandeiras, insígnias, símbolos e rituais estão condicionadas de modo que esses estímulos sejam eficazes em ocasiões futuras. Uma das 'curas' comumente propostas para o fumar ou beber excessivo consiste em adicionar substâncias que induzam a náuseas, indisposições e outras consequências da bebida e do fumo. Quando mais tarde a bebida e o fumo forem vistos ou provados, respostas semelhantes são eliciadas como resultado do condicionamento. Essas respostas podem competir com o comportamento de beber e fumar, como que lhes 'tirando toda a graça'. Um condicionamento dessa espécie consiste no tratamento de um sintoma, e não da causa, mas isso ajuda o paciente a parar de beber ou fumar por outras razões.

[...]

Eliciar
No contexto, provocar.

WARNER BROS. PICTURES/ALBUM/LATINSTOCK

O ator Malcolm McDowell (em primeiro plano, à direita, como o personagem Alex), em cena do filme *Laranja mecânica*, de 1971, do diretor norte-americano Stanley Kubrick. Alex é integrante de uma gangue de malfeitores. Para refrear seus impulsos, ele é submetido a um tratamento na prisão que tem por base o reflexo condicionado. A medida gera polêmica quanto à eficácia e às questões éticas implicadas no tratamento.

Outro problema prático comum é o de eliminar respostas condicionadas. Por exemplo, podemos querer reduzir as reações de medo eliciadas por pessoas, animais, incursões aéreas, ou combates militares. Seguindo os métodos do experimento com reflexo condicionado, apresentamos um estímulo condicional e omitimos o estímulo reforçador responsável pelo seu efeito. Um passo decisivo no tratamento da gagueira, por exemplo, é a extinção de reações de ansiedade ou embaraço geradas por pessoas irresponsáveis que riram do gago ou foram impacientes com eles. [...] A terapia consiste apenas no encorajamento da conversação de modo que o estímulo assim automaticamente gerado possa ocorrer sem ser reforçado."

SKINNER, Burrhus. *Ciência e comportamento humano*. 10. ed. São Paulo: Martins Fontes, 1998. p. 61-64.

Texto 2

A sexualidade

"A sexualidade não é [...] um ciclo autônomo. Ela está ligada interiormente ao ser cognoscente e agente inteiro. [...] Aqui nós reencontramos as aquisições mais duráveis da psicanálise. Quaisquer que tenham sido as declarações de princípio de Freud, as investigações psicanalíticas resultam de fato não em explicar o homem pela infraestrutura sexual, mas em reencontrar na sexualidade as relações e as atitudes que anteriormente passavam por relações e atitudes *de consciência*, e a significação da psicanálise não é tanto a de tornar biológica a psicologia quanto a de descobrir um movimento dialético em funções que se acreditavam 'puramente corporais', e reintegrar a sexualidade no ser humano. [...] Mesmo em Freud seria um erro acreditar que a psicanálise exclui a descrição dos motivos psicológicos e se opõe ao método fenomenológico: ao contrário, ela (sem o saber) contribuiu para desenvolvê-lo ao afirmar, segundo a expressão de Freud, que todo ato humano 'tem um sentido', e ao procurar em todas as partes compreender o acontecimento, em lugar de relacioná-lo a condições mecânicas. No próprio Freud, o sexual não é o genital, a vida sexual não é um simples efeito de processos dos quais os órgãos genitais são o lugar, a libido não é um instinto, quer dizer, uma atividade naturalmente orientada a fins determinados, ela é o poder geral que o sujeito psicofísico tem de aderir a diferentes ambientes, de fixar-se por diferentes experiências, de adquirir estruturas de conduta. É a sexualidade que faz com que um homem tenha uma história. Se a história sexual de um homem oferece a chave de sua vida, é porque na sexualidade do homem projeta-se sua maneira de ser a respeito do mundo, quer dizer, a respeito do tempo e a respeito dos outros homens. Existem sintomas sexuais na origem de todas as neuroses, mas esses sintomas, se os lemos bem, simbolizam toda uma atitude, seja por exemplo uma atitude de conquista, seja uma atitude de fuga. Na história sexual, concebida como a elaboração de uma forma geral de vida, podem introduzir-se todos os motivos psicológicos, porque não há mais interferência de duas causalidades e porque a vida genital está engrenada na vida total do sujeito."

MERLEAU-PONTY, Maurice. *Fenomenologia da percepção*. São Paulo: Martins Fontes, 1999. p. 218-219.

Dialético
Conceito de vários significados, de acordo com o pensador que o estiver empregando. No contexto, é o processo de ultrapassar dois aspectos aparentemente contraditórios: o corpo e a consciência.

Método fenomenológico
No contexto, refere-se ao método usado por Merleau-Ponty, na sequência do pensamento de Edmund Husserl. De modo muito simplificado, a fenomenologia é o método que pretende examinar os fenômenos, ou seja, aquilo que aparece à consciência. Consultar, na Parte II, o Capítulo 23, "O pensamento contemporâneo".

Questão

- A partir dos trechos selecionados, explique as diferenças entre os dois métodos de psicologia.
  a) "Um condicionamento desta espécie consiste no tratamento de um sintoma, e não da causa." (Skinner)
  b) "Todo ato humano tem um sentido."; "Procurar em todas as partes compreender o acontecimento, em lugar de relacioná-lo a condições mecânicas." (Freud, segundo Merleau-Ponty)

Atividades

Retomando os conteúdos

1. Faça um quadro comparando as características do senso comum com as do conhecimento científico.

2. Relacione o trabalho do cientista quando cria uma hipótese com o trabalho do artista.

3. Explique por que os estudiosos das primeiras ciências humanas tentavam adequar o método das ciências da natureza aos seus procedimentos. Dê exemplos.

Aprofundando os conceitos

4. Faça a distinção entre as diversas etapas do método experimental a partir do exemplo do texto.

> "Claude Bernard descobriu que o sangue de todos os animais contém açúcar, mesmo que não o tenham ingerido (o que contrariava uma ideia, comum na época, de que o açúcar existente nos animais provém exclusivamente dos alimentos). Ele supôs que deveria haver um órgão capaz de armazená-lo sob uma forma particular e restituí-lo quando necessário (essa suposição foi sugerida por analogia com o mundo vegetal: uma planta transforma a glicose em amido, que é armazenado). Foi dosando a taxa de glicose ao longo de todo o percurso do sangue, partindo do intestino, que Claude Bernard descobriu o órgão regulador, cuja existência supusera: o fígado. Mas durante a dosagem de açúcar em fígados de animais, certa vez, demorando-se para fazer a segunda dosagem, ele verificou maior quantidade de açúcar e concluiu que "o tecido do fígado vai se enriquecendo com açúcar continuamente, durante certo tempo após a morte". Reiniciou as experiências com fígado lavado e pôde demonstrar que o fígado reserva a glicose sob a forma de glicogênio."

Texto adaptado de D. Huisman e A. Vergez. *Compêndio moderno de filosofia*. v. II: O conhecimento. 3. ed. São Paulo: Freitas Bastos, 1978. p. 191-192.

5. A lei da atração universal de Newton permite calcular a massa do Sol e dos planetas, explicar as marés, as variações da gravidade em função da latitude, tendo possibilitado, inclusive, a descoberta de Netuno, planeta até então desconhecido. De acordo com o exposto, atenda às questões.

a) De que tipo é a lei da atração universal de Newton?

b) De acordo com o exemplo dado, explique as funções dessa lei.

6. Identifique, na citação a seguir, as características da pesquisa científica contemporânea.

> "A descoberta de Crick e Watson [a molécula do DNA] foi o ponto culminante de oitenta anos de pesquisas realizadas por numerosos cientistas. Durante seu trabalho conjunto de dezoito meses, Crick e Watson avançaram por trinta ou quarenta etapas discerníveis, umas bem-sucedidas, outras malogradas, no caminho para a solução decisiva, cada etapa derivando ou dependendo de um fato ou teoria científica existente, e cada qual atribuível a um predecessor ou contemporâneo – pessoas como Bragg, Chargaff, Pauling, Donahue, Wilkins e Franklin."

BRODY e BRODY. *As sete maiores descobertas científicas da história*. São Paulo: Companhia das Letras, 2007. p. 373.

7. Leia o trecho e responda à pergunta.
Em *Psicanálise e teoria da libido*, Freud afirma:

> "Psicanálise é o nome:
> 1. de um procedimento de investigação dos processos psíquicos, que de outra forma seriam dificilmente acessíveis;
> 2. de um método de tratamento dos transtornos neuróticos, que se alicerça nessa investigação;
> 3. de uma série de concepções psicológicas adquiridas por esse meio, e que se fundem progressivamente numa nova disciplina científica."

DORTIER, Jean-François. *Dicionário de ciências humanas*. São Paulo: WMF Martins Fontes, 2010. p. 709.

Com base na citação, percebe-se que Freud considera seu método científico. No entanto, outros pensadores discordam que a psicanálise seja uma *ciência*, porque a hipótese do inconsciente não apresenta condições de ser comprovada, o que é imprescindível em qualquer teoria que se pretenda científica.
As duas posições representam diferentes tendências da configuração dos métodos das ciências humanas: explique quais são elas. Justifique sua resposta.

Dissertação

8. Desenvolva um texto argumentativo para persuadir um amigo de que a teoria científica não é um "reflexo" do real.

De olho no Enem e nos vestibulares

Capítulo 7. Conhecimento e verdade

1. (Enade/Cespe) – 2005

> "Pirro afirmava que nada é nobre nem vergonhoso, justo ou injusto; que, da mesma maneira, nada existe do ponto de vista da verdade; que os homens agem apenas segundo a lei e o costume, nada sendo mais isto do que aquilo. Ele levou uma vida de acordo com essa doutrina, nada procurando evitar e não se desviando do que quer que fosse, suportando tudo, carroças, por exemplo, precipícios, cães, nada deixando ao arbítrio dos sentidos."
>
> Diógenes Laércio.
> *Vidas e sentenças dos filósofos ilustres.*

Com base nesse texto, julgue as conclusões propostas nos itens a seguir.

I – Pirro foi um crítico do relativismo moral.

II – Os homens agem apenas segundo a lei e o costume.

III – Pirro não se desviava de nada, porque nada é mais isto que aquilo.

IV – Pirro levou uma vida de acordo com o arbítrio dos sentidos.

V – Pirro achava que nada existe do ponto de vista da verdade.

Estão certos apenas os itens

a) I, II e IV.

b) I, III e V.

c) I, IV e V.

d) II, III e IV.

e) II, III e V.

2. **(Uel-2011)** O principal problema de Descartes pode ser formulado do seguinte modo: "Como poderemos garantir que o nosso conhecimento é absolutamente seguro?" Como o cético, ele parte da dúvida; mas, ao contrário do cético, não permanece nela. Na Meditação Terceira, Descartes afirma: "[...] engane-me quem puder, ainda assim jamais poderá fazer que eu nada seja enquanto eu pensar que sou algo; ou que algum dia seja verdade que eu não tenha jamais existido, sendo verdade agora que eu existo [...]"

DESCARTES. René. *Meditações Metafísicas.* Meditação Terceira. São Paulo: Nova Cultural, 1991. p. 182. (Coleção Os Pensadores)

Com base no enunciado e considerando o itinerário seguido por Descartes para fundamentar o conhecimento, é correto afirmar:

a) Todas as coisas se equivalem, não podendo ser discerníveis pelos sentidos nem pela razão, já que ambos são falhos e limitados, portanto o conhecimento seguro detém-se nas opiniões que se apresentam certas e indubitáveis.

b) O conhecimento seguro que resiste à dúvida apresenta-se como algo relativo, tanto ao sujeito como às próprias coisas que são percebidas de acordo com as circunstâncias em que ocorrem os fenômenos observados.

c) Pela dúvida metódica, reconhece-se a contingência do conhecimento, uma vez que somente as coisas percebidas por meio da experiência sensível possuem existência real.

d) A dúvida manifesta a infinita confusão de opiniões que se pode observar no debate perpétuo e universal sobre o conhecimento das coisas, sendo a existência de Deus a única certeza que se pode alcançar.

e) A condição necessária para alcançar o conhecimento seguro consiste em submetê-lo sistematicamente a todas as possibilidades de erro, de modo que ele resista à dúvida mais obstinada.

3. **(Uel-2010)** Leia o texto de Platão a seguir.

> "Logo, desde o nascimento, tanto os homens como os animais têm o poder de captar as impressões que atingem a alma por intermédio do corpo. Porém relacioná-las com a essência e considerar a sua utilidade, é o que só com tempo, trabalho e estudo conseguem os raros a quem é dada semelhante faculdade. Naquelas impressões, por conseguinte, não é que reside o conhecimento, mas no raciocínio a seu respeito; é o único caminho, ao que parece, para atingir a essência e a verdade; de outra forma é impossível."
>
> PLATÃO. *Teeteto*. Tradução de Carlos Alberto Nunes. Belém: Universidade Federal do Pará, 1973. p. 80.

Com base no texto e nos conhecimentos sobre a teoria do conhecimento de Platão, considere as afirmativas a seguir:

I. Homens e animais podem confiar nas impressões que recebem do mundo sensível, e assim atingem a verdade.

II. As impressões são comuns a homens e animais, mas apenas os homens têm a capacidade de formar, a partir delas, o conhecimento.

III. As impressões não constituem o conhecimento sensível, mas são consideradas como núcleo do conhecimento inteligível.

IV. O raciocínio a respeito das impressões constitui a base para se chegar ao conhecimento verdadeiro.

Assinale a alternativa correta.

a) Somente as afirmativas I e II são corretas.

b) Somente as afirmativas II e IV são corretas.

c) Somente as afirmativas III e IV são corretas.

d) Somente as afirmativas I, II e III são corretas.

e) Somente as afirmativas I, III e IV são corretas.

Capítulo 8. Instrumentos do pensar: a lógica

4. (UFRJ-2009) É comum, entre filósofos, admitir-se que toda tese filosófica deve estar apoiada em razões que a justifiquem, e que justificar uma tese é apresentar argumentos. Tais argumentos consistiriam em um discurso no qual, a partir de alguns itens supostos, outros itens resultam. Os itens supostos são chamados de premissas do argumento, e o que resulta é denominado sua conclusão. Alguns argumentos são chamados de argumentos dedutivos. Nesse tipo de argumento, dada a verdade das premissas, a conclusão necessariamente é verdadeira. Outros são chamados de argumentos indutivos. Nesses, dada a verdade das premissas, a conclusão provavelmente é verdadeira.

Considere então os seguintes argumentos:

[A] Todo animal é mortal

Todo homem é animal

Logo, todo homem é mortal

[B] Todos os cisnes até hoje observados são brancos

Jojô é um cisne

Logo, Jojô é branco

Com base na explicação dada, identifique qual dos dois argumentos, A ou B, é um argumento dedutivo. Justifique sua resposta.

5. (Enade-2005) Suponha que um jornalista econômico tenha escrito o seguinte comentário: “O ministro afirma que a economia vai bem, apesar da crise política. Mas ele não é um economista e, além do mais, tem interesse em apresentar uma imagem positiva do país aos investidores. Logo, não é verdade que a economia vai bem”.

Julgue os itens abaixo, relativos ao raciocínio apresentado pelo jornalista.

I – É um exemplo de generalização apressada.

II – É um argumento inválido.

III – É uma falácia, não um argumento.

IV – É um argumento *ad hominem*.

V – É um exemplo de apelo à autoridade.

Estão certos apenas os itens

a) I e III.

b) II e IV.

c) II e V.

d) III e IV.

e) IV e V.

6. (Enem-2009)

Aumento do efeito estufa ameaça plantas, diz estudo.

“O aumento de dióxido de carbono na atmosfera, resultante do uso de combustíveis fósseis e das queimadas, pode ter consequências calamitosas para o clima mundial, mas também pode afetar diretamente o crescimento das plantas. Cientistas da Universidade de Basel, na Suíça, mostraram que, embora o dióxido de carbono seja essencial para o crescimento dos vegetais, quantidades excessivas desse gás prejudicam a saúde das plantas e têm efeitos incalculáveis na agricultura de vários países.”

O Estado de S. Paulo, 20 set. 1992, p. 32.

O texto acima possui elementos coesivos que promovem sua manutenção temática.

A partir dessa perspectiva, conclui-se que

a) a palavra "mas", na linha 3, contradiz a afirmação inicial do texto: linhas 1 e 2.

b) a palavra "embora", na linha 4, introduz uma explicação que não encontra complemento no restante do texto.

c) as expressões: "consequências calamitosas", na linha 2, e "efeitos incalculáveis", na linha 6, reforçam a ideia que perpassa o texto sobre o perigo do efeito estufa.

d) o uso da palavra "cientistas", na linha 3, é desnecessário para dar credibilidade ao texto, uma vez que se fala em "estudo" no título do texto.

e) a palavra "gás", na linha 5, refere-se a "combustíveis fósseis" e "queimadas", nas linhas 1 e 2, reforçando a ideia de catástrofe.

7. (UEL-2008)

Leia o texto a seguir.

"O saber que é poder não conhece nenhuma barreira, nem na escravização da criatura, nem na complacência em face dos senhores do mundo. Do mesmo modo que está a serviço de todos os fins da economia burguesa na fábrica e no campo de batalha, assim também está à disposição dos empresários, não importa sua origem."

ADORNO, T. W. & HORKHEIMER, M. *Dialética do esclarecimento:* fragmentos filosóficos. Tradução de Guido Antonio de Almeida. Rio de Janeiro: Zahar, 1991. p. 20.

Com base no texto e no conhecimento dos conceitos de esclarecimento e racionalidade instrumental em Adorno e Horkheimer sobre o referido saber, é correto afirmar:

a) Seu conteúdo é racional por si mesmo e de natureza crítico-reflexiva.

b) É principalmente técnico e carente de conteúdo racional por si mesmo.

c) Tem uma dimensão reflexiva e seus objetivos são racionais por si mesmos.

d) É caracterizado por forças sobrenaturais indomáveis que animam tudo.

e) Estabelece limites para o domínio nas relações socioeconômicas.

8. (UEL-2008)

"[...] Diderot aprendera que não bastava o conhecimento da ciência para mudar o mundo, mas que era necessário aprofundar o estudo da sociedade e, principalmente, da história. Tinha consciência, por outro lado, que estava trabalhando para o futuro e que as ideias que lançava acabariam frutificando."

FONTANA, J. *Introdução ao estudo da História Geral.* Bauru: Edusc, 2000. p. 331.

Com base no texto, é correto afirmar:

a) As contribuições das ciências naturais são suficientes para melhorar o convívio humano e social.

b) Ideias não passam de projetos que, enquanto não são concretizadas, em nada contribuem para o progresso humano.

c) Diderot considerava importante o conhecimento das ciências humanas para o aprimoramento da sociedade.

d) Para o autor, os historiadores recorrem ao passado, enquanto os filósofos questionam a própria existência da sociedade.

e) A ciência e o progresso material são suficientes para conduzir à felicidade humana.

9. (Enade-2005)

A partir da premissa "é verdade que algum pássaro não voa", obtém-se, por inferência imediata, a conclusão que se segue.

"É falso que todo pássaro voe" porque a premissa afirma a verdade de uma proposição particular negativa, e a conclusão expressa que a respectiva contrária é falsa, o que está de acordo com as leis do quadro de oposições.

Considerando as leis do quadro de oposição entre proposições categóricas e as inferências imediatas autorizadas por esse quadro, assinale a opção correta a respeito dessas asserções.

a) As duas asserções são verdadeiras, sendo a segunda uma justificativa da primeira.

b) As duas asserções são verdadeiras, e a segunda não é justificativa da primeira.

c) A primeira asserção é uma proposição verdadeira, e a segunda, uma proposição falsa.

d) A primeira asserção é uma proposição falsa, e a segunda, uma proposição verdadeira.

e) Tanto a primeira asserção quanto a segunda são proposições falsas.

10. (Enade-2005)

Considerando-se conhecimentos de lógica e de história da filosofia, analise os itens seguintes.

(i) Todos os médicos são mortais.

(ii) Platão, autor de A *República*, é mortal.

(iii) Platão é um médico.

É correto afirmar que o item (iii), no contexto acima, é:

a) uma proposição falsa.

b) um argumento silogístico.

c) um argumento válido.

d) uma proposição inválida.

e) um sofisma.

Capítulo 9. O conhecimento científico

11. (UEL/PR-2004)

"Só há ciência onde a discussão é possível, e só pode haver discussão entre mim e outra pessoa na medida em que eu estou em condições de esclarecer, com suficiente exatidão, o significado das expressões que uso e meu interlocutor possa, também, explicar-me o significado das palavras por ele empregadas."

STEGMÜLLER, Wolfang. *A filosofia contemporânea*. São Paulo: EPU/Edusp, 1977. p. 283.

De acordo com o texto, assinale a alternativa que apresenta uma das características fundamentais do discurso científico.

a) Na ciência devem ser usadas expressões subjetivas.

b) As expressões usadas na ciência devem ser intersubjetivamente inteligíveis.

c) A compreensão intersubjetiva das expressões é irrelevante para as discussões científicas.

d) A objetividade das expressões é uma característica sem importância para a ciência.

e) Na ciência as explicações linguísticas são desnecessárias.

12. (UEL-2005)

"[...] nos tempos antigos era a filosofia que determinava o curso da ciência, o ideal do conhecimento era filosoficamente estipulado; nos tempos modernos, pelo contrário, o ideal científico, físico, do conhecimento passa a determinar o conhecimento metafísico."

BORNHEIM, Gerd. Galileo filósofo. In: *Estudos sobre Galileo Galilei*. Porto Alegre: UFRGS, Secretaria da Educação do Estado do Rio Grande do Sul e Consulado Geral da Itália de Porto Alegre, 1964. p. 78.

Com base no texto e nos conhecimentos sobre a relação entre filosofia e ciência, é correto afirmar:

a) O conhecimento científico, a partir da modernidade, determina o conhecimento filosófico.

b) A ciência antiga obteve maior êxito que a ciência moderna pelo fato de ter sido influenciada pela metafísica.

c) A filosofia moderna, por partir da ciência, finalmente atinge a verdade metafísica buscada pelos antigos.

d) A filosofia moderna, quando comparada às suas versões passadas, possui maior aplicabilidade instrumental.

e) A ciência moderna, quando traduzida para o discurso filosófico, resume-se a um conhecimento metafísico.

Sugestões

Para ler

O que é ceticismo?, de Plínio Junqueira Smith. Rio de Janeiro: Zahar.

Obra que apresenta o ceticismo como é discutido na atualidade, explicando o desafio que essa corrente filosófica representa contra o conhecimento humano e analisando as principais críticas que lhe foram dirigidas.

Os ensaios, de Michel de Montaigne. São Paulo: Companhia das Letras.

Obra clássica, publicada em 1580, acessível e de leitura prazerosa, é uma das fundadoras da filosofia moderna, tendo alçado Montaigne à condição de "pai" do ceticismo moderno, e fundadora de um novo gênero literário, o ensaio.

Montaigne, de Marcelo Coelho. São Paulo: Publifolha.

Este livro, de caráter introdutório, apresenta a vida do filósofo e humanista francês Michel de Montaigne. Para o jornalista Marcelo Coelho, autor da obra, "antes que um pensamento, o que Montaigne oferece ao leitor é um *modo de pensar*".

Nietzsche, de Oswaldo Giacoia Júnior. São Paulo: Publifolha.

Obra que apresenta a vida de Nietzsche e mostra a importância de conhecer o pensamento do filósofo alemão, um dos pensadores mais inquietos da filosofia moderna.

Lógica, de Abílio Rodrigues. São Paulo: WMF Martins Fontes, 2011. (Coleção Filosofias: o prazer de pensar – volume 9)

Obra com abordagem didática em que o autor parte das noções mais elementares da lógica clássica até chegar à análise das chamadas lógicas "não clássicas".

O sujeito do conhecimento, de Érico Andrade. São Paulo: WMF Martins Fontes, 2011. (Coleção Filosofias: o prazer de pensar – volume 15)

Livro de caráter introdutório com linguagem acessível no qual o autor expõe o nascimento da noção de sujeito do conhecimento por meio do pensamento de René Descartes e seus desdobramentos, como a crítica empirista, a reelaboração kantiana, a retomada fenomenológica e a mudança operada em seu tratamento por Wittgenstein.

Para assistir

Matrix (trilogia)

(EUA, 1999). Direção de Andy e Larry Wachowski.
Pleno de efeitos visuais, a trilogia *Matrix* é uma série de filmes de ficção científica em que as pessoas ficam conectadas a um computador e vivem em uma realidade virtual, o que leva ao questionamento sobre o que é o real.

Show de Truman

(EUA, 1998). Direção de Peter Weir.
À semelhança dos programas do tipo *reality show*, em que os telespectadores acompanham o cotidiano dos "personagens", nessa história Truman não sabe que é televisionado nem que tudo na sua vida é ilusório.

Para navegar

Sobre *sites*

www.sobresites.com/filosofia
Este *site*, cujo editor é Luiz Fontenelle, indica vários outros *links* sobre filosofia que poderão ser consultados por professores e alunos.

www.afilosofia.no.sapo.pt
Site de Portugal sobre filosofia.

http://comciencia.br/comciencia
Revista eletrônica de jornalismo científico publicada pela Sociedade Brasileira para o Progresso da Ciência (SBPC).

Scielo

www.scielo.org
A *Scientific Eletronic Library On-line* (Scielo) é uma publicação eletrônica de periódicos científicos voltada para países em desenvolvimento. No Brasil, tem a cooperação da Fundação de Amparo à Pesquisa do Estado de São Paulo (Fapesp), do Conselho Nacional de Desenvolvimento Científico e Tecnológico (CNPq) e de outras instituições.

Jornal da Ciência

www.jornaldaciencia.org.br
Órgão da Sociedade Brasileira para o Progresso da Ciência (SBPC).

Unidade 3

Ética e política

O desafio da ética e da política

"A situação humana é um problema ético para o ser humano. O que se pensa aqui com 'situação do ser humano'? Poder-se-ia pensar na atual situação da humanidade, a saber, no desafio da razão moral, que está inerente ao perigo de uma guerra nuclear de extermínio, ou no perigo ainda maior de uma destruição da eco ou biosfera humana: [...] aqui, por primeira vez na história mundial, transcorrida até agora, se torna visível uma situação na qual os homens, em face do perigo comum, são desafiados a assumir coletivamente a responsabilidade moral. Em todo caso, [...] poder-se-ia caracterizar o elemento novo da atual situação da humanidade: o novo problema consistiria, portanto, na necessidade de uma *macroética*. Nela – além da responsabilidade moral de cada um em face de seu próximo, e também além da responsabilidade do político, no sentido convencional da 'razão de Estado' – tratar-se-ia de organizar a responsabilidade da humanidade ante os efeitos principais e colaterais de suas ações coletivas em medida planetária."

APEL, Karl-Otto. *Estudos de moral moderna*. Petrópolis: Vozes, 1994. p. 193-4.

O ator Jack Nicholson como o personagem Coringa, eterno vilão da série *Batman* (1989), do diretor Tim Burton. Nos filmes de super-heróis, a dicotomia entre o bem e o mal é um tema recorrente.

WARNER BROS/DC COMICS/ALBUM CINEMA/LATINSTOCK

Capítulo 10

Entre o bem e o mal

1 O que é moral?

O que é ser moral? Para que ser moral? As respostas a essas duas questões são cruciais para orientar nossa conduta em relação aos outros e a nós mesmos. O que entendemos por "bem" ou por "mal" pode definir que tipo de pessoa queremos ser e que compromisso temos com os valores éticos e morais.

Como ninguém nasce moral — mas torna-se moral —, é preciso um esforço de *construção* do sujeito ético. Essa empreitada, porém, nem sempre atinge os níveis mais altos de amadurecimento.

Vejamos por quê.

GALLERIA NAZIONALE D'ARTE ANTICA, ROME

Narciso (c.1595), pintura de Caravaggio (1573-1610). No mito grego, Narciso morre enamorado pela própria imagem refletida na água. Esse mito representa aqueles que não conseguem sair de si mesmos e descobrir o outro: ser moral é reconhecer o outro como um outro-eu.

O anel de Giges

Na sua obra A *República*, Platão relata a lenda sobre um anel que tornaria invisível quem conseguisse virar o engaste para dentro. Foi o que teria acontecido ao pastor Giges, que vivia a serviço do rei da Lídia. Após ter se salvado de um terremoto, ele retirou de um cadáver o referido anel. Ao perceber que podia ficar invisível quando quisesse, entrou no castelo, seduziu a rainha, tramou com ela a morte do rei e obteve o poder.

Reflita

Esse mito nos faz pensar sobre os motivos que estimulam ou coibem uma ação. Se pudesse ficar invisível em uma loja, você roubaria um computador, por exemplo? Ou o que seria determinante para que, mesmo invisível, você não roubasse?

É assim que certas pessoas costumam se comportar. Agem bem para serem recompensadas ou para parecer boas e justas ao olhar do outro. Ou então, agem apenas para evitar punição, por exemplo, não cometendo infração de trânsito se houver um policial por perto, mas transgredindo a lei quando ninguém as vigia.

Em todos esses casos, seus atos não resultam de convicção pessoal sobre a justeza de seu comportamento. Por isso, não dizem respeito aos níveis mais altos de moralidade. Ao contrário, todos os comportamentos descritos — ainda quando seus autores são adultos — pertencem ao mundo infantil. Isso porque é natural que a criança aja de acordo com regras dadas pela autoridade (pais, professores, sociedade), tendo em vista evitar o castigo ou ser recompensada.

Heteronomia
Do grego *héteros*, "outro", "diferente" e *nomos*, "lei". Ação determinada por outro.

Autonomia
Do grego *autós*, "si mesmo". Capacidade de se guiar por si próprio.

A autonomia do sujeito moral

Tornar-se um *sujeito moral* significa ultrapassar o nível do comportamento infantil. Chamamos de *heterônoma* a moral infantil, por ser regulada exteriormente pelo meio social. À medida que o adolescente ou o adulto passam a decidir por si mesmos, podem exercer sua *autonomia*.

As indagações de Calvin remetem ao conflito entre a heteronomia e a autonomia: o bem é o que outros querem que eu faça?

Não se pense, porém, que autonomia significa o mesmo que individualismo. O ato moral não diz respeito apenas ao *indivíduo* — fechado em si mesmo —, mas à pessoa aberta à intersubjetividade, isto é, capaz de conviver em uma comunidade. O que não significa, evidentemente, nos esquecermos de nós mesmos. Por isso, a moral é um movimento constante entre o que é bom para nós e o compromisso e respeito que temos com os outros.

Sob essa perspectiva, a moral não é um instrumento de subjugação e de constrangimento, mas sim de *humanização*. Ela se traduz na busca do convívio enriquecedor, que proporciona a criação de um mundo mais justo.

2 Ética e moral

Os conceitos de moral e de ética, ainda que diferentes, são com frequência usados como sinônimos. No entanto, podemos estabelecer algumas diferenças entre eles, embora essas definições variem conforme o filósofo.

- *Moral* é o conjunto de regras que determinam o comportamento dos indivíduos em um grupo social. Em um primeiro momento, o sujeito moral é aquele que age bem ou mal na medida em que acata ou transgride as regras morais admitidas em determinada época ou por um grupo de pessoas. No entanto, essa definição é incompleta, por isso mais adiante voltaremos a ela para complementá-la.

A moral diz respeito à ação moral concreta, quando nos perguntamos: O que devo fazer? Como devo agir em determinada situação? O que é certo? O que é condenável?, e assim por diante.

- *Ética* ou *filosofia moral* é a reflexão sobre as noções e princípios que fundamentam a vida moral. Esses princípios e noções dependem da concepção de ser humano tomada como ponto de partida. Por exemplo, à pergunta "O que são o bem e o mal?", respondemos diferentemente caso o fundamento da moral esteja na ordem cósmica, na vontade de Deus ou em nenhuma ordem exterior à própria consciência humana.

Do ponto de vista da ética, podemos ainda perguntar: Há uma hierarquia de valores a obedecer? Se houver, o que é o bem supremo? A felicidade? O prazer? A utilidade? O dever? A justiça? Igualmente, é possível questionar: Os valores têm conteúdo determinado, universal, válido em todos os tempos e lugares? Ou, ao contrário, são relativos: "verdade aquém, erro além dos Pireneus", como criticava Pascal? Haveria possibilidade de superarmos as posições contraditórias do *universalismo* e do *relativismo*?

Moral
Do latim *mos, moris*, "costume", "maneira de se comportar regulada pelo uso"; e *moralis, morale*, adjetivo referente ao que é "relativo aos costumes".

Ética
Do grego *ethos*, "costume".

LUCAS LACAZ RUIZ/FOLHAPRESS

Em janeiro de 2011, no centro de São José dos Campos, interior de São Paulo, um advogado cadeirante foi agredido por um delegado de polícia ao ser questionado sobre a utilização de vagas para deficientes na rua. O delegado havia estacionado na vaga sem ser deficiente. Certos adultos só agem de modo civilizado quando vigiados.

3 Caráter histórico e social da moral

Em um primeiro momento, os valores morais são herdados. Ao nascermos, o mundo cultural é um sistema de significados já estabelecido, de tal modo que aprendemos desde cedo as regras de comportamento. Existe, portanto, uma moral constituída, segundo a qual se distingue o ato moral do imoral.

As regras morais variam conforme o tempo e o lugar, bem como dependem das formas de relacionamento e das práticas de trabalho. À medida que as relações se alteram, ocorrem modificações nas normas de comportamento coletivo. Essas mudanças eram mais lentas antigamente, mas foram se acelerando a partir da segunda metade do século XX.

STAPLETON HISTORICAL COLLECTION

Representação do interior de um harém no Cairo, Egito, no século XIX. Alguns povos aceitam a poligamia, enquanto outros são monogâmicos. Para uns o casamento é indissolúvel, mas há países que permitem o divórcio. Essas normas dependem das religiões, dos costumes e de determinações legais.

4 Dever e liberdade

Dissemos que a moral é o conjunto de regras que orientam o comportamento dos indivíduos de um grupo. No entanto, é preciso acrescentar que a moral depende da livre e consciente aceitação das normas. À exterioridade da moral contrapõe-se a necessidade da adesão mais íntima. É assim que saímos do mundo infantil para nos tornarmos adultos.

10.1
Biblioteca do estudante: Leitura complementar

A ampliação do grau de consciência e de liberdade, e, portanto, de responsabilidade pessoal no comportamento moral, introduz um elemento contraditório entre a norma vigente e a escolha pessoal. Se aceitarmos unicamente o caráter social da moral, o ato moral reduz-se ao cumprimento da norma estabelecida e de valores dados e não discutidos. Nessa perspectiva, a educação moral visaria apenas a inculcar nas pessoas a correta observância das regras e o medo às sanções pela não observância das normas.

Por sua vez, aceitar como predominante a interrogação do indivíduo que apenas tem em vista seus próprios interesses destrói a moral. O ser humano não é um Robinson Crusoé em uma ilha deserta, mas "com-convive" com as outras pessoas e qualquer ato seu compromete os que o cercam. Cabe ao sujeito moral viver as contradições entre os dois polos: o social e o pessoal, a tradição e a inovação. Não há como optar por apenas um desses aspectos, porque ambos constituem o próprio tecido da moral.

Dizendo de outro modo, também a decisão voluntária cria um "dever ser" que resulta da consciência da obrigação moral. Nesse caso, o dever moral não se cumpre por imposição externa, mas conforme a norma livremente assumida. Eis aí por que o ato moral supõe ao mesmo tempo dever e liberdade.

Sanção
No contexto, sanção social, pela qual um comportamento é objeto de aprovação ou reprovação (geralmente é mais usado nesse segundo sentido).

Imperativo categórico
Expressão usada por Immanuel Kant para caracterizar o ato verdadeiramente moral. Segundo ele, o imperativo categórico é sempre incondicionado, ou seja, a ação é boa em si e não por ter como objetivo outra coisa. De modo diferente, no *imperativo hipotético* a pessoa age bem visando a alcançar outro fim. Para saber mais, consulte o Capítulo 21, "Concepções políticas".

Virtude
Do latim *vir*, "homem", "varão". *Virtus* é "poder", "força", "capacidade". O termo grego para virtude é *areté*, que significa "excelência", "mérito".

Saiba mais

Vontade distingue-se de *desejo*. O desejo não depende de escolha, surge involuntariamente em nós. Já a vontade supõe a disposição consciente para agir e depende do poder de reflexão para satisfazer ou não o desejo.

Essa flexibilidade não deve ser interpretada como defesa do relativismo, em que todas as formas de conduta são aceitas indistintamente. O professor José Arthur Gianotti assim se expressa:

> "Os direitos do homem, tais como em geral têm sido enunciados a partir do século XVIII, estipulam condições mínimas do exercício da moralidade. Por certo, cada um não deixará de aferrar-se à sua moral; deve, entretanto, aprender a conviver com outras, reconhecer a unilateralidade de seu ponto de vista. E com isso está obedecendo à sua própria moral de uma maneira especialíssima, tomando os imperativos categóricos dela como um momento particular do exercício humano de julgar moralmente. Desse modo, a moral do bandido e a do ladrão tornam-se repreensíveis do ponto de vista da moralidade pública, pois violam o princípio da tolerância e atingem direitos humanos fundamentais."
>
> GIANOTTI, José Arthur. Moralidade pública e moralidade privada. In: NOVAES, Adauto (Org.) *Ética*. São Paulo: Companhia das Letras / Secretaria Municipal de Cultura, 1992. p. 245.

5 A virtude

10.2
Biblioteca do estudante: Leitura complementar

Costuma-se relacionar a pessoa virtuosa a alguém amável, dócil, cordato, capaz de renúncia e sempre disposto a servir aos outros. Trata-se, porém, de uma representação inadequada e muitas vezes perigosa. Segundo Nietzsche, é a "moral de escravos" que funda as falsas virtudes na fraqueza, no servilismo, na renúncia do amor de si e, portanto, na negação de valores vitais.

A virtude, como disposição para querer o bem, exige a coragem de assumir os valores escolhidos e enfrentar os obstáculos que dificultam a ação. Por isso, a noção de virtude não se restringe a um ato ocasional e fortuito, mas resulta do *hábito*, portanto envolve a repetição e a continuidade do agir moral. É nesse sentido que Aristóteles disse que "uma andorinha não faz verão" e que "um breve espaço de tempo não faz um homem venturoso. Ou seja, a virtude é resultado de aprendizado ao longo da vida".

O historiador da filosofia Christian Descamps afirma:

> "Basta um quase nada, um não-sei-quê para que o ato de generosidade se revele como cálculo sórdido. Se sou generoso para que louvem minha generosidade, se amo para que me amem, meus atos não possuem mais verdade."
>
> DESCAMPS, Christian. *As ideias filosóficas contemporâneas na França*. Rio de Janeiro: Jorge Zahar, 1991. p. 84.

Sórdido
Indigno, repugnante.

Leitura analítica

Moral da ambiguidade

"O que caracteriza a situação da criança é que ela se encontra jogada num universo que não contribuiu para constituir, que foi moldado sem ela e que lhe aparece como um absoluto ao qual não pode senão submeter-se. Aos seus olhos, as invenções humanas – as palavras, os costumes, os valores – são fatos consumados inelutáveis como o céu e as árvores, ou seja, o mundo em que vive é o mundo do sério, já que o específico do espírito de seriedade é considerar os valores como coisas estabelecidas. [...] O mundo verdadeiro é o dos adultos, onde não lhe é permitido senão respeitar e obedecer. Ingenuamente vítima da miragem do para-outro, crê no *ser* dos seus pais, dos seus professores: considera-os como as divindades que estes procuram em vão ser e cuja aparência se comprazem em imitar diante de olhos ingênuos. As recompensas, as punições, os prêmios, as palavras de elogio ou de censura insuflam na criança a convicção de que existe um bem, um mal, fins em si, como existe um sol e uma lua. [...] E é nisso que a condição da criança, ainda que possa ser, em outros aspectos, infeliz, é metafisicamente privilegiada: a criança escapa normalmente à angústia da liberdade; pode ser, a depender de sua vontade, indócil, preguiçosa; seus caprichos e suas faltas dizem respeito somente a ela, não pesam sobre a terra, não poderiam perturbar a ordem serena de um mundo que existia antes dela, sem ela, no qual está em segurança por sua própria insignificância; pode fazer impunemente tudo o que lhe agradar, sabe que nada acontecerá por causa disso, tudo está dado; seus atos não comprometem nada, nem mesmo a si própria.

[...] É muito raro que o mundo infantil se mantenha além da adolescência. Desde a infância, já suas falhas se revelam; no espanto, na revolta, no desrespeito, a criança pouco a pouco se interroga: por que é *preciso* agir assim? A que isto é útil? E se eu agisse de outra forma, que aconteceria? Ela descobre sua objetividade, descobre a dos outros. E, quando chega à idade da adolescência, todo seu universo se põe a vacilar, porque percebe as contradições que os adultos opõem uns aos outros, bem como suas hesitações, suas fraquezas. Os homens cessam de lhe aparecer como deuses e, ao mesmo tempo, o adolescente descobre o caráter humano das realidades que o cercam: a linguagem, os costumes, a moral, os valores têm sua fonte nessas criaturas incertas; chegou o momento em que será chamado a participar também dessa operação; seus atos pesam sobre a terra tanto quanto os dos outros homens, ser-lhe-á preciso escolher e decidir. Compreende-se que tenha dificuldade em viver esse momento de sua história e reside nisso, sem dúvida, a causa mais profunda da crise da adolescência: é que o indivíduo deve, enfim, assumir a sua subjetividade. [...] Em face dessa situação nova, que pode ele fazer? É nesse momento que se decide; se a história, que se poderia chamar natural, de um indivíduo – sua sensualidade, seus complexos afetivos etc. – depende sobretudo de sua infância, é a adolescência que surge como o momento da escolha moral: então a liberdade se revela e é preciso decidir que atitude tomar diante dela. Sem dúvida, essa decisão pode sempre ser novamente posta em questão, mas, na realidade, as conversões são difíceis, porque o mundo nos devolve o reflexo de uma escolha que se confirma através desse mundo que ela modelou.

[...] Existir, é *fazer-se* carência de ser, é *lançar-se* no mundo: pode-se considerar como sub-homens os que se ocupam em paralisar esse movimento original; eles têm olhos e ouvidos, mas fazem-se, desde a infância, cegos e surdos, sem amor, sem desejo. Essa apatia demonstra um medo fundamental diante da existência, diante dos riscos e da tensão que ela implica; o sub-homem recusa essa *paixão* que é a sua condição de homem, o dilaceramento e o fracasso desse impulso em direção ao ser que nunca alcança seu fim; mas, com isso, é a existência mesma que ele recusa.

BEAUVOIR, Simone de. *Moral da ambiguidade*. Rio de Janeiro: Paz e Terra, 1970. p. 29-36.

Espírito de seriedade
"Sério" é tomado pelos existencialistas no sentido pejorativo, como o ser humano de má-fé que finge escolher, mas vive de acordo com valores dados.

Para-outro
Contraponto à exigência do ser humano de tornar-se um "ser-para-si".

Questões

1. O que significa dizer que a criança não é propriamente um ser livre?
2. Em que sentido a adolescência é o momento privilegiado da construção da consciência moral?
3. O que você entendeu pela frase: "Existir é fazer-se carência de ser"?

6 Podemos ser livres?

SCALA, FLORENCE/GLOW IMAGES - GALLERIA PALATINA, FLORENCE, ITALY

As três parcas (c.1550), Francesco Salviati (1510-1563). As parcas ou moiras ("destino" em grego) são divindades da mitologia que controlam o destino humano: Clotos tece os fios, Láquesis os coloca no fuso e Átropos corta o fio que mede a vida de cada mortal.

Será que ser livre é fazer o que se quer? O ato voluntário depende apenas da nossa capacidade de decidir a partir de nossos desejos e opiniões? A resposta não é simples.

Vejamos o que nos diz sobre isso o filósofo espanhol Fernando Savater:

> "A noção de 'voluntário' não é tão clara como parece. Em sua *Ética a Nicômano,* Aristóteles imagina o caso de um capitão de um navio que deve levar uma certa carga de um porto para outro. No meio da travessia despenca uma enorme tempestade. O capitão chega à conclusão de que só pode salvar o barco e a vida de seus tripulantes se jogar a carga pela borda para equilibrar a embarcação. De modo que ele a joga na água. Pois bem, ele a jogou porque quis? É evidente que sim, pois poderia não se ter livrado dela e arriscar-se a morrer. Mas é evidente que não, pois o que ele queria era levá-la até seu destino final, caso contrário teria ficado sossegado em casa, sem zarpar! De modo que a jogou querendo... mas sem querer.
>
> Não podemos dizer que a tenha jogado involuntariamente, nem que jogá-la fosse sua vontade. Às vezes poder-se-ia dizer que atuamos voluntariamente... contra a nossa vontade."

SAVATER, Fernando. *As perguntas da vida.* São Paulo: Martins Fontes, 2001. p. 105-6.

7 Três concepções de liberdade

Conteúdo multimídia: As três concepções de liberdade

Para caminhar um pouco mais nessas questões, vejamos algumas teorias sobre a antiga controvérsia se o ser humano é livre ou não.

1986 WATTERSON / DIST. BY UNIVERSAL UCLICK

Os personagens Calvin e Haroldo em tira de Bill Watterson. São Paulo: Conrad, 2007. p. 41. Calvin e seu tigre de pelúcia Haroldo questionam o determinismo e a liberdade absoluta. O humor da tira de Bill Watterson está no contraste entre o mundo adulto e a expectativa de Calvin, ainda submetido ao controle dos pais.

O livre-arbítrio

Segundo uma antiga posição filosófica, que remonta a Aristóteles (século IV a.C.), tanto a virtude como o vício dependem da vontade do indivíduo. Trata-se do conceito de liberdade incondicional, pela qual podemos agir de uma maneira ou de outra, independentemente das forças que nos constrangem.

É bem verdade que, na Grécia Antiga, a liberdade era exercida na vida pública, no espaço da pólis, em que os cidadãos livres faziam política. Ou seja, o conceito de liberdade restringia-se à vida pública, mas não dizia respeito à vida privada. Na vida doméstica, o chefe de família exercia poder inquestionável sobre mulheres, crianças e escravos.

Pólis
Do grego *pólis*, "cidade". Mais propriamente, cidade-Estado, como eram compreendidas as cidades autônomas da Grécia antiga. Consulte, na Parte 2, o Capítulo 13, "O nascimento da filosofia".

O enfoque da liberdade interior, relacionada ao indivíduo, apareceu nas discussões dos primeiros teólogos cristãos, entre eles o bispo Agostinho de Hipona (354-430), um dos que introduziram o conceito de livre-arbítrio como faculdade da razão e da vontade. Ou seja, se a razão conhece, é a vontade que decide e escolhe. Para saber mais, consulte o Capítulo 16, "Razão e fé".

A noção de livre-arbítrio permaneceu na história, principalmente na tradição cristã. Influenciou também pensadores da filosofia moderna, tais como Descartes, Leibniz e Kant, que, embora de maneiras diferentes, reafirmaram a faculdade do indivíduo de se autodeterminar a partir apenas de sua consciência.

Veja o verbete sobre livre-arbítrio do dicionário de Japiassú e Marcondes:

> "*Livre-arbítrio* – Faculdade que tem o indivíduo de determinar, com base em sua consciência apenas, a sua própria conduta; [...] liberdade de autodeterminação que consiste numa decisão, independentemente de qualquer constrangimento externo, mas de acordo com os motivos e intenções do próprio indivíduo."
>
> JAPIASSÚ, Hilton; MARCONDES, Danilo. *Dicionário básico de filosofia*. 3. ed. Rio de Janeiro: Jorge Zahar, 1996. p. 165.

Santo Agostinho, quadro de Sandro Botticelli (1445-1510). O teólogo e filósofo Agostinho de Hipona viveu no final da Antiguidade e seu pensamento fecundou a chamada filosofia cristã medieval.

O determinismo

Outra posição referente à liberdade, mas contrária ao livre-arbítrio, é a do determinismo. Segundo o princípio do determinismo, tudo que existe tem uma causa, o que garante a validade das leis científicas, que se sustentam pela forte probabilidade de certas causas produzirem sempre os mesmos efeitos. Por exemplo, ao aquecer uma barra de ferro, ela se dilata: a dilatação é um efeito inevitável, que não pode deixar de ocorrer. Por isso, o conhecimento das leis da natureza permite que possamos desenvolver a tecnologia. Portanto, o mundo explicado pelo princípio do determinismo não é o mundo da liberdade.

Positivismo e ciências humanas

Não demorou para que o determinismo, conceito básico para a explicação nas ciências da natureza, passasse também a ser usado para compreender os fenômenos humanos.

Para o filósofo francês Augusto Comte (1798-1857), principal expoente da doutrina positivista, o espírito humano teria passado por diversas fases até atingir o estado positivo. Trata-se do estágio de maturidade intelectual, quando é atingido o conhecimento científico, por ele considerado superior.

O termo *positivo* significa, para Comte, o conhecimento que pode ser comprovado pela experiência e permite enunciar leis universais. Portanto, para que a ciência sociológica se tornasse positiva, deveria recorrer ao método das ciências experimentais.

JIM SUGAR/CORBIS/LATINSTOCK

Em treinamento no interior de uma aeronave, astronautas flutuam em ambiente sem gravidade, em outubro de 1987, no Texas, Estados Unidos. Segundo a lei da gravidade, todo corpo solto no espaço tende a cair. Foi o conhecimento dessa lei que permitiu aos cientistas simular a gravidade zero, na qual as pessoas e os objetos flutuam.

Hippolyte Taine, discípulo de Comte, afirmava que toda vida humana social depende de três fatores: a *raça*, o *meio* e o *momento*. Para ele, o ato humano não é livre, mas causado por esses fatores, dos quais não pode escapar. Se nossos atos são motivados, sem que conheçamos o que nos mobiliza a agir, a liberdade humana não passaria de ilusão.

A concepção determinista do comportamento humano refletiu-se em diversos campos, como, por exemplo, na literatura e na psicologia. De fato, a influência positivista se fez sentir na constituição inicial do método das ciências humanas ao se pretender seguir o modelo das ciências da natureza. A psicologia comportamentalista norte-americana foi herdeira da visão determinista, admitindo que o ser humano apenas tem a ilusão de ser livre, porque, na verdade, desconhece as causas que atuam sobre ele.

Um dos principais representantes desse pensamento foi o psicólogo Burrhus Skinner. Ao lado de suas obras científicas, baseadas em experimentos com animais, escreveu o romance *Walden II*, uma utopia em que todos os atos humanos seriam cientificamente planejados e controlados. Assim ele diz:

> “Num certo sentido, Walden II é predeterminada, mas não como é determinado o comportamento de uma colmeia. A inteligência, não importa quanto seja modelada e ampliada por nosso sistema educacional, ainda funcionará como inteligência. Será usada para descobrir soluções para problemas, aos quais uma colmeia rapidamente sucumbiria. O que o plano faz é manter a inteligência no caminho certo, antes para o bem da sociedade do que para o indivíduo inteligente.” [...]
>
> Eu nego que liberdade sequer exista. Devo negá-lo, ou meu programa seria absurdo. Não se pode ter uma ciência sobre um assunto que salte caprichosamente. Talvez não possamos nunca *provar* que o homem não é livre; é uma suposição. Mas o sucesso crescente de uma ciência do comportamento torna isso cada vez mais plausível.”

SKINNER, Burrhus. *Walden II* – uma sociedade do futuro. São Paulo: E.P.U., 1975. p. 252-255.

Liberdade situada

Diante dessas duas tendências, a do livre-arbítrio e a do determinismo, ainda é possível encontrar uma terceira posição, a da *liberdade situada*, ou, expressa de outra forma, da *liberdade em ação*. Sob essa perspectiva, reconhecemos ser determinados, mas igualmente livres. Como explicar essa aparente contradição?

É verdade que todos nós dependemos de condições não escolhidas. Nascemos em uma determinada família, recebemos por herança o nosso sexo a língua materna, a classe social a que pertencemos, o momento histórico vivido, o local em que passamos nossa infância, a escola que frequentamos (ou a lacuna que ela representará, se dela formos excluídos). Além disso, temos talentos ou limitações psicológicas e sofremos acasos benéficos ou contrariedades, que acabam por orientar nossa vida em direção diversa à de nossas expectativas.

Admitir esses condicionamentos não significa, porém, que não temos possibilidade de agir com liberdade. É justamente a consciência que temos da nossa história e do conhecimento das causas que atuam sobre nós que nos possibilita realizar uma ação transformadora a partir de um projeto de vida. A liberdade é *construída* na ação, na prática, conforme os desafios que se apresentam. As soluções não decorrem apenas da escolha entre alternativas dadas, mas exigem imaginação criadora, invenção, "ardis da razão".

O filósofo francês Alain — pseudônimo de Émile-Auguste Chartier (1868-1951) — diz que, na infância, pensava que os barcos iam sempre para onde o vento os empurrava. Um velejador hábil, porém, os manobra, e, fazendo ziguezagues, avança contra o vento, pela própria força do vento.

Assim, a causalidade não é ignorada, mas a ação livre concretiza-se no trabalho do indivíduo como ser consciente e prático. Desse modo, não somos totalmente determinados, embora condicionados por limites iniciais.

A compreensão do tema da liberdade poderá ser ampliada: com Espinosa, no Capítulo 19, "Racionalismo e empirismo", e com Merleau-Ponty e Sartre, no Capítulo 23, "O pensamento contemporâneo".

IVO GONZALEZ / AGÊNCIA O GLOBO

Lars Grael e Marcelo Jordão em disputa de vela na seletiva para a Olimpíada, na Baía da Guanabara, em 2008. Os velejadores conhecem o determinismo do vento, mas com sua habilidade conseguem levar a embarcação na direção que desejam.

Um exemplo

AFP - THE ART ARCHIVE, MUSÉE CARNAVALET PARIS, GIANNI DAGLI ORTI

"Clube de mulheres republicanas" (1791--1892), ilustração sobre a Revolução Francesa de autoria dos irmãos Lesueur no final do século XVIII. Os desenhos mostram mulheres recolhendo donativos para a causa feminista estimulada por Olympe de Gouges.

A escritora inglesa Virginia Woolf, na obra *Um teto todo seu*, partiu de uma hipótese interessante para criar a história. Inventou uma irmã fictícia do teatrólogo Shakespeare, que viveu no século XVI. Essa irmã seria tão talentosa como ele e desejava viajar para Londres, tornar-se atriz e escrever peças de teatro. Mais adiante, porém, a autora conclui que tal empreitada naquela época seria impossível. Primeiramente, porque, por ser mulher, a personagem havia recebido uma educação voltada para os trabalhos do lar. Além disso, caso se rebelasse contra o casamento acertado pelos pais, seria surrada e fechada em um quarto ou confinada em um convento. Se fugisse em busca do seu sonho, seria rejeitada, porque naquela época as mulheres estavam proibidas de ser atrizes e os homens ririam de seus projetos. Por fim, vivendo sozinha na cidade grande, sucumbiria a todos os perigos a que estaria exposta em uma sociedade e em um tempo que negava à mulher sua liberdade. Nesse cenário, Virginia Woolf sugere que, se a mulher não conseguir se sustentar com seu próprio dinheiro, não conseguirá ter "um teto todo seu", que pode ser entendido como sua autonomia e liberdade.

Durante os trezentos anos que separam Shakespeare da segunda metade do século XX, quando teve início a emancipação feminina, muitas mulheres sofreram revezes quando tentaram desatar essas amarras. No século XVIII, em pleno momento da Declaração dos Direitos do Homem, na França, a escritora autodidata Olympe de Gouges "ousou" escrever a Declaração dos Direitos da Mulher e da Cidadã e conclamou as mulheres a se rebelarem. Muito combativa, havia se entusiasmado com a Revolução Francesa. Com o tempo, passou a criticar a violência e a pena de morte, imposta pelos revolucionários a seus opositores. Como continuou a escrever em favor da igualdade entre os sexos, foi guilhotinada em 1793, em um ato que serviu como advertência a todas as mulheres quanto à sua posição, que deveria ser no lar, e não na vida pública.

O exemplo da mulher pode servir para outras lutas de emancipação travadas diante de condições históricas adversas à experiência da liberdade, tanto entre grupos discriminados quanto na vida pública como um todo.

A liberdade como projeto e ação

Ninguém nasce livre, torna-se livre. A liberdade não é algo dado, mas resulta de um projeto de ação. Trata-se de uma tarefa árdua, em que os desafios muitas vezes independem do sujeito. Os descaminhos surgem quando a liberdade é sufocada, como nos casos de escravidão, prisão injusta, exploração no trabalho, governo autoritário. Ou quando nós próprios dela abdicamos por comodismo, medo ou insegurança.

Construir a liberdade, porém, não se reduz a um esforço solitário, de indivíduos isolados. Os grupos da sociedade civil são importantes como formadores de consciência, para instigar a ação coletiva no sentido de garantir a expressão dos diversos tipos de liberdade.

Leitura analítica

A liberdade

10.3 Visão do especialista

"O que é então a liberdade? Nascer é ao mesmo tempo nascer do mundo e nascer no mundo. O mundo está já constituído, mas também não está nunca completamente constituído. Sob o primeiro aspecto, somos solicitados, sob o segundo, somos abertos a uma infinidade de possíveis. Mas esta análise ainda é abstrata, pois existimos sob os dois aspectos *ao mesmo tempo*. Portanto, nunca há determinismo e nunca há escolha absoluta, nunca sou coisa e nunca sou consciência nua. Em particular, mesmo nossas iniciativas, mesmo as situações que escolhemos, uma vez assumidas, nos conduzem como que por benevolência. A generalidade do 'papel' e da situação vem em auxílio da decisão e, nesta troca entre a situação e aquele que a assume, é impossível delimitar a 'parte da situação' e a 'parte da liberdade'. Torturam um homem para fazê-lo falar. Se ele se recusa a dar os nomes e os endereços que querem arrancar-lhe, não é por uma decisão solitária e sem apoios; ele ainda se sente com seus camaradas e, engajado ainda na luta comum, está como que incapaz de falar; ou então, há meses ou anos, ele afrontou essa provação em pensamento e apostou toda a sua vida nela; ou enfim, ultrapassando-a, ele quer provar aquilo que sempre pensou e disse da liberdade. Esses motivos não anulam a liberdade, mas pelo menos fazem com que ela não esteja sem escoras no ser. Finalmente, não é uma consciência nua que resiste à dor, mas o prisioneiro com seus camaradas ou com aqueles que ele ama e sob cujo olhar ele vive. [...]

[...] Sou uma estrutura psicológica e histórica. Com a existência recebi uma maneira de existir, um estilo. Todos os meus pensamentos e minhas ações estão em relação com essa estrutura, e mesmo o pensamento de um filósofo não é senão uma maneira de explicitar seu poder sobre o mundo, aquilo que ele é. E, todavia, sou livre, não a despeito ou aquém dessas motivações, mas por seu meio. Pois esta vida significante, esta certa significação da natureza e da história que sou eu, não limita meu acesso ao mundo, ao contrário ela é meu meio de comunicar-me com ele. É sendo sem restrições nem reservas aquilo que sou presentemente que tenho oportunidade de progredir, é vivendo meu tempo que posso compreender os outros tempos, é me entranhando no presente e no mundo, assumindo resolutamente aquilo que sou por acaso, querendo aquilo que quero, fazendo aquilo que faço que posso ir além. Só posso deixar a liberdade escapar se procuro ultrapassar minha situação natural e social recusando-me em primeiro lugar assumi-la, em vez de, através dela, encontrar o mundo natural e humano."

MERLEAU-PONTY, Maurice. *Fenomenologia da percepção*. São Paulo: Martins Fontes, 1999. p. 608-11.

Questão

1. Explique com suas palavras o que Merleau-Ponty quer dizer com as seguintes frases:

a) "Nascer é ao mesmo tempo nascer *do* mundo e nascer *no* mundo".

b) "Nunca há determinismo e nunca há escolha absoluta, nunca sou coisa e nunca sou consciência nua".

c) "Sou livre, não a despeito ou aquém dessa motivações, mas por seu meio."

8 Ética aplicada

Conforme vimos até aqui, pode parecer estranho referir-se a uma ética aplicada. Pois, se a ética é uma reflexão sobre a moral, ela é também prescritiva, no sentido de já indicar a melhor conduta. Nesse sentido, a ética diz respeito ao indivíduo na sua relação com os outros.

No entanto, a partir da primeira metade do século XX, a discussão sobre a moral foi impactada por inúmeros acontecimentos inéditos. As duas guerras mundiais e os totalitarismos trouxeram o espectro do uso de armas de destruição em massa, de massacres e genocídios. Mais recentemente, na década de 1960, grandes questões estimularam as discussões sobre a extensão de direitos civis a minorias excluídas da sociedade, bem como sobre as reivindicações de uma nova ética sexual. A esse novo estado de coisas, veio juntar-se o risco da manipulação genética, decorrente dos avanços da biologia. Outros problemas, como a degradação do ambiente, a pobreza, a injustiça social e a exploração do trabalho também estimularam o debate público entre conservadores e radicais.

As perguntas que se colocam são as seguintes: Como agir ante essas questões radicalmente novas? Tudo que é tecnicamente possível será ético e socialmente aceitável? O progresso é sempre desejável, sem que investiguemos suas consequências e seus usos? O trabalho do cientista é neutro? Para responder a essas indagações, não mais bastavam o testemunho dos especialistas nem as teorizações dos filósofos. Era urgente ampliar o debate para ouvir especialistas de diversas áreas e o público em geral.

A ética aplicada é, portanto, um ramo contemporâneo da filosofia que nos coloca diante do desafio de deliberar sobre problemas práticos que exigem a justificação racional. Por isso, exige o *diálogo multidisciplinar*, incluindo a opinião dos mais diversos profissionais, conforme o campo da pesquisa. Por exemplo, participam especialistas de áreas como medicina, biologia, direito, teologia, economia, sociologia, antropologia, política, psicologia, filosofia etc. Além, evidentemente, das pessoas comuns, leigas no assunto, mas que, afinal de contas, sofrem o impacto dessas alterações.

BETTMANN/CORBIS/LATINSTOCK

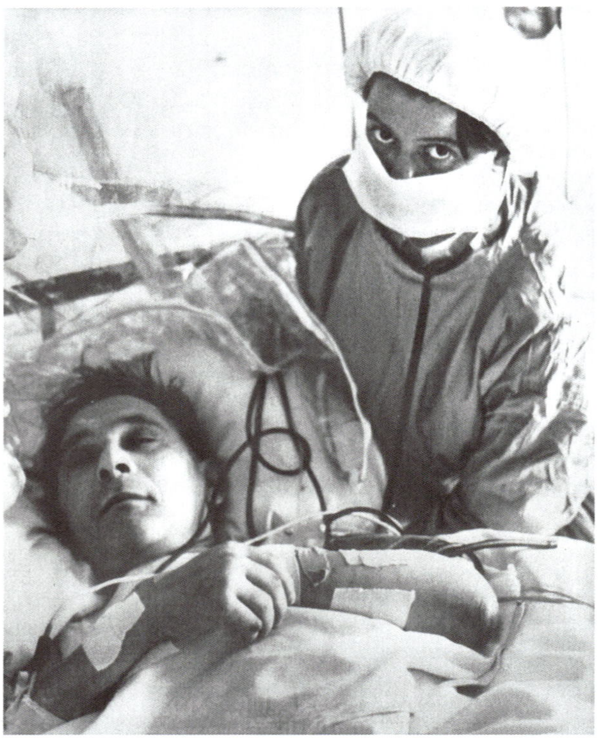

Enfermeira atende paciente de transplante de coração no Hospital Groote Schuur, na Cidade do Cabo, África do Sul, em dezembro de 1967. Nesse ano, o dr. Christiaan Barnard fez o primeiro transplante de coração humano. Onze anos depois, nasceu o primeiro bebê de proveta, gerado por inseminação artificial ou fertilização *in vitro*.

A ética da responsabilidade

A questão ambiental deu a partida no movimento, que se estendeu ao campo da saúde pública e da segurança alimentar. Por exemplo, percebemos o envolvimento da sociedade civil e do governo em torno de epidemias como a doença da "vaca louca" e de gripes letais, como a aviária e a H1N1. Despertaram igual atenção os debates sobre alimentos transgênicos, obesidade infantil, reprodução assistida, eutanásia e tantos outros.

Com relação ao meio ambiente, já percebemos muitos sinais de alerta. Há, porém, quem duvide que realmente venha a ocorrer uma hecatombe. Contudo, poderíamos arriscar? Por isso, no final da década de 1960 a Alemanha adotou o *princípio de precaução*, que depois se difundiu para outros países até ser incorporado no direito internacional.

Diante desses fatos, surgiu uma nova noção de responsabilidade, que não mais se restringe ao âmbito das relações intersubjetivas. A novidade da ética aplicada está no fato de se estender às relações entre agentes coletivos – comunidades, empresas, administrações, governos –, dos quais é exigida responsabilidade para com a sustentabilidade, em nome do meio ambiente e das gerações futuras.

Ao longo do debate contemporâneo, os teóricos da ética aplicada se orientaram em vários ramos. Aqui, destacaremos três deles: a *bioética*, a *ética ambiental* (ou *ecoética*) e a *ética dos negócios*.

REGIS BOSSU/SYGMA/CORBIS/LATINSTOCK

Casa em fazenda nas montanhas Harz, perto de Göttingen, na Alemanha, local em que uma floresta de pinheiros foi lentamente destruída pela chuva ácida. O vento carrega por milhares de quilômetros a poluição da queima de carvão e de petróleo, que, ao reagir com a água, provoca a chuva ácida, com prejuízos para a saúde humana, a flora, a fauna, além de corroer os monumentos de mármore.

9 A bioética

A *bioética* se expandiu em razão da chamada terceira revolução da biologia. A biologia molecular e a biotecnologia abriram um campo antes impensável para a engenharia genética. O debate se intensificou diante de questões como a manipulação do genoma humano, a escolha do sexo do filho, o descarte de embriões humanos, a clonagem reprodutiva e a clonagem para fins terapêuticos, a transgenia, os vegetais e animais híbridos, a biopirataria, os experimentos com seres humanos e animais, entre inúmeros outros temas.

Em todas essas descobertas, há aspectos positivos de melhoria da qualidade de vida, tais como a prevenção e cura de alguns cânceres ou a esperança de que outras doenças, como Parkinson ou Alzheimer, se tornem curáveis. Esse conhecimento, porém, pode levar à tentativa de controle: e se uma empresa tiver acesso à "identidade genética" do funcionário que deseja contratar? Certamente escolherá os que não têm tendência a desenvolver doenças graves, procedimento semelhante ao ideal nazista da eugenia, ou seja, "melhorar" a "raça" humana.

Nas discussões sobre bioética, o diálogo se estabelece em condições delicadas devido ao conflito de valores, uma vez que os horizontes ideológicos nunca são homogêneos. Já pensaram como pode ser o debate sobre aborto, eutanásia e descarte de embriões humanos entre um teólogo e um filósofo agnóstico?

Os comitês de bioética

O cuidado com o comportamento ético do médico é antigo. No século V a.C., o grego Hipócrates, conhecido como o "pai da medicina", apresentou o primeiro código de ética médica. Mas foi apenas no século XIX que surgiram, na Inglaterra e nos Estados Unidos, os códigos de ética profissional contemporâneos.

Sabemos que os códigos de ética médica tradicionais apresentam normas genéricas a respeito do comportamento desejável do profissional. Já os comitês de bioética são de outra natureza. Nestes, trata-se de questões concretas, decorrentes do avanço da medicina e por isso mesmo inéditas. Como agir? Não basta mais apenas a competência técnica e científica do médico, é necessário ampliar o leque de debatedores.

A fim de organizar a reunião de pessoas oriundas de áreas tão díspares, a partir da década de 1970 surgiram os primeiros comitês de ética. A exigência era a disponibilidade do diálogo, a clara formulação dos dilemas médicos/morais e suas implicações.

A propósito das primeiras atitudes que revelam a necessidade de regulamentar pesquisas com seres humanos, leia o comentário do biólogo José Roberto Goldim:

> "Em 1973, o senador Edward Kennedy propôs ao Congresso norte-americano a criação de uma Comissão sobre Qualidade da Assistência à Saúde – Experimentação em Humanos. Essa nova proposta foi desencadeada pelo impacto causado pela divulgação dos experimentos realizados em Tuskegee e no Hospital Geral da Universidade de Cincinnati. O primeiro foi um longo estudo – que durou 40 anos – de acompanhamento da evolução do quadro clínico de pacientes negros portadores de sífilis, que não receberam tratamento. O segundo, um estudo patrocinado pelo Departamento de Defesa dos Estados Unidos sobre os efeitos de radiações sobre seres humanos, realizado com pacientes oncológicos."

Disponível em: http://revistabioetica.cfm.org.br/index.php/revista_bioetica/article/viewFile/340/408. Acesso em: 25 nov. 2011.

Com o tempo, a iniciativa estendeu-se à maioria dos grandes hospitais, onde se formaram pequenos comitês de bioética, com o intuito de discutir os problemas com que seus profissionais se deparavam no exercício da profissão.

Temas de bioética

São inúmeros os temas que interessam à reflexão sobre bioética. Vejamos alguns deles.

A relação paciente/médico

A relação entre o paciente e seu médico é permeada por vários dilemas, tais como: dizer ao paciente a verdade sobre sua doença; manter segredo médico; como agir com doentes que se recusam a ser medicados ou pais que, por questão religiosa, proíbem certos procedimentos em seus filhos, como a transfusão de sangue.

ADEM ALTAN/AFP/GETTY IMAGES

Em Ancara, capital turca, um grupo de mulheres fez manifestação em junho de 2012 contra os planos do governo de proibir ou limitar a prática do aborto na Turquia.

As técnicas de procriação

Com o desenvolvimento da genética e da tecnologia, o ato de procriar tornou-se mais complexo sob muitos aspectos.

- **o aborto:**

O início da vida humana é um problema ético quando se tem em vista justificar ou não o aborto. Ou, no caso de permiti-lo, até que período de gestação o aborto poderia ser realizado. Outra questão é decidir as circunstâncias que tornam possível o aborto terapêutico, para salvar a vida da gestante ou interromper a gestação de feto malformado. No Brasil, um pedido de interrupção de gravidez de um feto anencefálico (sem o cérebro) chegou aos tribunais em 2004 e o caso foi amplamente discutido na mídia.

Sabemos que o aborto já foi legalizado em muitos países, enquanto em outros, geralmente devido a pressões de grupos religiosos, há resistência quanto à aprovação da lei. Por sua vez, a proibição cria um problema de saúde pública, pois as clínicas clandestinas nem sempre oferecem condições adequadas para os procedimentos, o que provoca elevado número de mortes ou consequências adversas para a saúde da mulher. Além, evidentemente, dos embaraços com a justiça.

- **reprodução assistida:**

A reprodução assistida é um recurso que possibilita implantar mais de um embrião para assegurar a gravidez. No entanto, o que fazer quando ocorre gravidez múltipla? Poderiam ser selecionados somente alguns fetos? E quanto aos embriões não implantados, qual seria o seu destino: o descarte ou o uso em experiências científicas?

Ainda no tópico da reprodução assistida, há o recurso do aluguel de útero, quando o bebê é gestado em outra mulher.

Em situações não garantidas por laços estreitos afetivos, de quem será a criança caso a "mãe de aluguel" se recuse a entregar o recém-nascido ou se os pais genéticos desistirem dele por algum motivo? Ou, ainda, é lícito uma mulher cobrar pelo serviço de alugar sua barriga?

O envelhecimento e o morrer

Os avanços da medicina favoreceram o prolongamento da vida, de modo que muitos idosos necessitam de cuidados especiais da família. Quando os filhos trabalham e não têm condições, seriam necessárias casas de repouso adequadas para abrigá-los, o que nem sempre é uma realidade.

- **cuidados paliativos:**

Por sua vez, a assistência médica torna-se excessiva quando mantém artificialmente a vida, prolongando o sofrimento de doentes terminais. Por isso, já existem instituições que adotam a medicina paliativa, um tipo de atendimento aos pacientes incuráveis. Nesse procedimento, não é utilizada a terapêutica invasiva para manter a vida artificialmente. Ou seja, nem retarda nem apressa a morte, mas apenas alivia a dor, oferecendo o conforto possível ao doente. Alega-se que, pelos critérios de justiça e benevolência, aliados aos conhecimentos médicos, seria possível reconhecer o momento para esperar que a morte venha naturalmente, sem adiá-la inutilmente por meios artificiais.

Não existe, porém, unanimidade em acatar essa orientação por parte de médicos e familiares. E mesmo quando é aceita, resulta de um debate ético entre médicos, parentes e o doente, quando este ainda se mantém lúcido.

- **eutanásia:**

Eutanásia. Do grego *eús*, "bom", e *thanatos*, "morte", literalmente "boa morte". O termo foi introduzido pelo filósofo inglês Francis Bacon, no século XVII.

Diferentemente dos cuidados paliativos, a eutanásia é uma maneira de provocar a morte de modo deliberado, seja de um doente terminal ou de alguém que deseja morrer em face da vida insuportável causada por doença crônica. Em ambos os casos, a motivação alegada para realizar a eutanásia é a compaixão, a atitude de não deixar sofrer quando o sofrimento é excessivo.

A eutanásia pode ser passiva ou ativa: passiva, ao serem interrompidos os cuidados médicos, desligando-se os aparelhos; ou ativa, quando uma ação provoca a morte.

Como exemplo de eutanásia passiva, podemos citar o caso vastamente divulgado pela mídia em 2005, da norte-americana Terry Schindler Schiavo. Ela tinha 41 anos e havia quinze encontrava-se em coma vegetativo, ligada a sondas que a mantinham viva. A luta judicial foi conturbada, porque o pedido para desligamento dos aparelhos, feito pelo marido, tinha a discordância dos pais dela. Finalmente, a justiça concedeu a autorização. Do segundo tipo, lembramos o caso real do espanhol Ramón Sampedro, relatado no filme *Mar adentro*, que teve sua solicitação negada pela justiça.

Atualmente, a eutanásia é criminalizada na maioria dos países, inclusive no Brasil. No entanto, em outros a legislação regulamenta a sua prática, entre eles a Holanda e a Bélgica. Há os que a permitem em casos específicos, mediante critérios bastante rigorosos, a fim de evitar abusos, desvios de intenção, oportunismo e má-fé.

Ainda a respeito da temática da morte, vale realçar os inúmeros casos de "morte lenta" dos que não têm acesso a tratamento de saúde devido ao problema social da pobreza. Ou as situações em que não lhes é oferecido um atendimento médico digno. Na ampla gama de excluídos estão os portadores de doenças mentais e os dependentes químicos, quando pertencem a segmentos sociais desprotegidos, sem apoio para o tratamento.

São infindáveis os temas relativos à bioética. Por exemplo, os riscos de intervenções no patrimônio genético do ser humano; doações de órgãos; cirurgias transexuais; experiências com animais; manipulação da personalidade e intervenção no cérebro, entre outros procedimentos.

10 Ética ambiental

A *ética ambiental* trata das relações do ser humano com a natureza, a fim de garantir sua sustentabilidade. Por sua vez, também se ocupa com as consequências nefastas dessa relação, tais como a poluição industrial e agrícola, o esgotamento de recursos naturais, agressões que provocam o desequilíbrio do ecossistema (chuvas ácidas, efeito estufa etc.) e colocam em risco o destino do planeta.

Também entra na discussão sobre ecologia a má distribuição de renda, que obriga grande parcela da população mundial a viver em estado de fome e de miséria.

Antecedentes

Até a segunda metade do século XX, prevaleceu uma ética antropocêntrica, pois a ética dizia respeito ao indivíduo e à sua relação com os demais. Quanto à natureza, era concebida como algo que estava a serviço do ser humano, podendo ser explorada de acordo com suas conveniências.

Antropocêntrico
Do grego *anthopos*, "homem": o que está centrado no ser humano.

Lembremos a revolução científica do século XVII, em que foi descoberta uma nova maneira de compreender a realidade e agir sobre ela. O nascimento da ciência moderna representou o ponto de partida para a transformação tecnológica que modificou a face da Terra e o *modus vivendi* de todas as sociedades.

Naquele século, filósofos como Francis Bacon e Descartes louvavam o novo saber que tornaria o ser humano "mestre e senhor da natureza". Diante dessa ideia de domínio, de poder crescente sobre as forças da natureza, ainda não se podia vislumbrar, porém, os efeitos danosos percebidos com as primeiras chaminés das fábricas movidas a carvão, nos séculos XVIII e XIX.

Na década de 1970, na Europa, América do Norte e Austrália, a consciência do perigo levou à concepção da ética do meio ambiente. A expansão do conceito de ética além da atenção exclusiva com o ser humano nos fez voltar o olhar para a fauna, a flora, enfim, a Terra como um todo com seu ecossistema.

NASA/CORBIS/LATINSTOCK

A Terra vista da Lua pelos astronautas à frente da missão Apolo 11, em 1969. Para o astronauta Michael Collins, foi uma emoção contemplar a nossa frágil morada em "delicado azul e branco".

Desenvolvimento sustentável

> "Conta-se que Mahatma Gandhi, ao ser perguntado se, depois da independência, a Índia perseguiria o estilo de vida britânico, teria respondido:
>
> '...a Grã-Bretanha precisou de metade dos recursos do planeta para alcançar sua prosperidade; quantos planetas não seriam necessários para que um país como a Índia alcançasse o mesmo patamar?'
>
> A sabedoria de Gandhi indicava que os modelos de desenvolvimento precisam mudar. Os estilos de vida das nações ricas e a economia mundial devem ser reestruturados para levar em consideração o meio ambiente."

Disponível em: www.wwf.org.br/natureza_brasileira/questoes_ambientais/desenvolvimento_sustentavel. Acesso em: 26 nov. 2011.

Essa citação encontra-se no *site* acima indicado, da associação WWF-Brasil (*World Wide Fund for Nature*), voltada para os assuntos de preservação do meio ambiente. Lá também encontramos a definição aceita pelas Nações Unidas para o conceito de *desenvolvimento sustentável*: "o desenvolvimento capaz de suprir as necessidades da geração atual, sem comprometer a capacidade de atender às necessidades das futuras gerações. É o desenvolvimento que não esgota os recursos para o futuro".

O que nos importa aqui é investigar os motivos pelos quais chegamos a essa situação. Já apontamos alguns indícios ao nos referirmos ao desenvolvimento tecnológico, cujos efeitos começaram a ser percebidos ainda no século XVIII. No entanto, não é essa a questão principal. Caso contrário, estaríamos lamentando todo progresso da ciência e os benefícios indiscutíveis da tecnologia para nosso bem-estar.

Assim dizem Cortina e Martínez:

> "Existe um amplo acordo em que o problema ecológico, como ocorre também no problema da fome, não é de caráter técnico, mas moral. Sabemos em grande medida tudo o que é necessário para evitar a contaminação da ecosfera, assim como sabemos os meios adequados para fazê-lo. A questão, do ponto de vista ético, é bem clara: a consciência moral alcançada nas sociedades democráticas modernas (o que vimos chamando de *ética cívica*) inclui o imperativo moral de progredir no reconhecimento efetivo dos direitos humanos, incluído o direito a usufruir um meio ambiente saudável, que faz parte dos chamados 'direitos da terceira geração'."

CORTINA, Adela; MARTÍNEZ, Emílio. *Ética*. São Paulo: Loyola, 2005. p. 169.

O que significa essa declaração? Veremos no Capítulo 12, "Violência e Direitos humanos", que os direitos da terceira geração são os direitos coletivos, ecológicos, pela paz e pelo usufruto universal dos bens da civilização. Portanto, a discussão sobre ecoética liga-se estreitamente às questões da má distribuição de renda, do compromisso cego com uma economia predatória que visa tão somente ao lucro. E, o mais importante, a falta de solidariedade para resolver um problema que é comum a todos.

O documentário *Lixo extraordinário* (ver sugestões de filmes no final desta unidade) exprime de modo sensível o contraste entre o lixo produzido pelos "civilizados" urbanos e o dia a dia dos catadores que ali ganham seu sustento fazendo reciclagem do material. O "lixão" que serve de cenário para boa parte do filme é um dos maiores aterros sanitários do mundo, situado na periferia do Rio de Janeiro. O artista plástico

Vik Muniz fotografou alguns desses catadores e os incumbiu de selecionar os objetos do lixo mais adequados para compor imensos quadros a partir das fotos.

Além do sucesso da empreitada, que obteve repercussão internacional, aqueles catadores tiveram uma experiência ímpar de criação artística. A indagação que nos acompanha no final do filme é: o que será feito daqueles catadores depois daquela rica experiência transformada em documentário? A pergunta não pretende depreciar a iniciativa, por ter sido pontual, mas mostrar que precisamos estender os direitos humanos, a produção e fruição da arte a todos. Quanto aos privilegiados, resta a reflexão sobre o consumo exacerbado, o desperdício e a falta de conscientização de uma população que é incapaz de reciclar o próprio lixo.

02 FILMES/DIVULGAÇÃO

No documentário *Lixo extraordinário* (2010), o artista plástico Vik Muniz realizou obras compartilhadas com alguns catadores de lixo de um aterro sanitário do Rio de Janeiro.

Documentos internacionais

As tentativas de superação do impasse se expressam nos encontros internacionais para debater os problemas e chegar a um acordo sobre as metas a serem alcançadas e à definição de compromissos para realizá-las.

Em 1968 formou-se o Clube de Roma, composto por membros de diversos países, incluindo cientistas, intelectuais e políticos de relevância. Em 1972 um documento que examinava com detalhes os riscos do aumento da população mundial e o crescimento do capital industrial foi apresentado.

Nos anos seguintes, diversos documentos e relatórios deram continuidade aos debates: a Eco-92, realizada no Rio de Janeiro, em 1992; o Protocolo de Kyoto (1997), no Japão; a Convenção de Estocolmo, na Suécia, em 2001. Outros encontros internacionais estão previstos para futuro próximo.

Saiba mais

Em Kyoto, em 1997, os representantes de diversas nações assumiram o compromisso de redução das emissões de gás, mas a Austrália e os Estados Unidos se recusaram a assinar o protocolo, alegando que o corte da emissão afetaria suas economias. Enquanto não for possível resolver esse dilema entre lucro e proteção ambiental, estaremos impotentes diante das forças econômicas.

Além do esforço das nações – nem sempre bem-sucedido como se desejaria –, resta o processo de educação das pessoas e das empresas para assumirem a cidadania ativa a fim de realizarem a sua parte na defesa do planeta.

11 Ética dos negócios

A *ética dos negócios*, além da ética profissional a que cada indivíduo se submete, levanta questões sobre a responsabilidade social das empresas, sob alguns aspectos que iremos examinar.

Negócios... são apenas negócios?

Você já deve ter ouvido frases desse tipo: "todo mundo tem seu preço", "o mundo dos negócios é uma selva", "cada um por si, Deus por todos", "toda empresa tem em vista apenas o lucro". Essas afirmações, e muitas outras, estigmatizam o mundo dos negócios, entendido como o espaço onde vence a força do dinheiro e no qual tudo é permitido.

É verdade que muitos fatos confirmam essa visão, mas não seria o caso de reconhecer as empresas que se recusam a ser corruptíveis e indiferentes ao próximo?

JOAQUÍN SALVADOR LAVADO (QUINO) - POENTES, PREPOTENTES E IMPOTENTES, P. 60.

Quadrinho do cartunista Quino, do livro *Potentes, prepotentes e impotentes*, p. 60. A charge de Quino satiriza o que muitos consideram o único interesse dos empresários: o lucro. A ética dos negócios visa destacar outros aspectos que já fazem parte das empresas éticas.

As empresas sociais

Na empresa tradicional, o compromisso é principalmente com o lucro e com os acionistas. Contudo, já existem empresas que admitem ser possível conciliar lucro e ganhos sociais. Nesse caso, o compromisso estende-se a todos os que têm vínculos com elas.

Vejamos como se estabelecem os vínculos na empresa responsável socialmente.

- **Compromisso com os funcionários:**

A empresa assume o compromisso com os funcionários no sentido de oferecer salários dignos, seleção sem discriminação, boas condições de trabalho, planos de saúde, creche etc.

UNITED MEDIA/IPRESS

Frank e Ernest, personagens de Bob Thaves, em tira publicada em *O Estado de S. Paulo*, em 28 de junho de 2009. O cartunista ironiza os padrões de consumo gerados pelos baixos salários.

Reflita

"A Levi Strauss é considerada uma empresa socialmente responsável, entre outras razões, porque destina anualmente US$ 20 milhões para entidades filantrópicas, [...] [mas] sofreu o assédio de ativistas dos direitos humanos quando foi acusada de manter relações com fabricantes indonésios, que impõem uma disciplina humilhante a seus trabalhadores e os pagam muito mal."

SROUR, Robert Henry. *Ética empresarial, a gestão da reputação.* Rio de Janeiro: Campus, 2003. p. 322-3.

Em que sentido o comportamento da empresa é ambivalente? O que seria preciso para que não persistisse esse contraste de atuações?

- **Compromisso com os consumidores:**

Para manter sua credibilidade, a empresa deve oferecer produtos confiáveis, sem ludibriar o consumidor no que diz respeito ao peso, aos elementos constituintes do produto, à data de validade, à procedência da matéria-prima, aos riscos eventuais tanto a pessoas como a animais.

Os direitos do consumidor são resguardados pelo Código de Defesa do Consumidor, pela Fundação de Proteção e Defesa do Consumidor (Procon), que instalou unidades em cada estado brasileiro; os abusos da publicidade enganosa ou desleal com a concorrência recebe apoio do Conselho Nacional de Autorregulamentação Publicitária (Conar).

- **Compromisso com os concorrentes:**

A expansão maciça de algumas indústrias decorre às vezes da concorrência desleal. Ela ocorre em procedimentos como *dumping*, caso em que a empresa reduz excessivamente o preço de um produto por algum tempo, até excluir do mercado as concorrentes menores ou levá-las à falência.

Outra restrição à concorrência é o *cartel*, quando empresas do mesmo ramo combinam um preço comum para se beneficiar e ao mesmo tempo prejudicar outras menores, o que restringe a concorrência e impede a inovação. Os dois procedimentos indicados, além de antiéticos, constituem crime.

- **Compromisso com os órgãos governamentais:**

O *lobby* (que em inglês significa literalmente "salão", "corredor") é uma prática pela qual pessoas ou grupos exercem pressão sobre o poder público a fim de influenciar decisões de seu interesse ou evitar que outras lhe sejam prejudiciais.

Não se trata de prática antiética em si, porque representa um esforço para esclarecer e pressionar os políticos, em especial do poder legislativo, sobre determinado assunto. O objetivo do *lobby* é que sejam promulgadas leis adequadas ao bom funcionamento de determinado setor que atendam a interesses coletivos. Como exemplo, a aprovação de experiências com células-tronco embrionárias, importantes para a cura de diversas doenças. Por ser assunto polêmico, porque supõe o uso de embriões humanos, os cientistas se esforçam por esclarecer os parlamentares sobre os procedimentos, enquanto os que são contrários também expõem suas razões.

Os *lobbies* adquirem caráter perverso quando os interesses são prejudiciais à coletividade. É o caso de poderosos grupos econômicos que, mediante corrupção de funcionários e legisladores, pressionam para a aprovação de projetos de lei ou para obter créditos que favorecem grupos particulares. Uma grande pressão, por exemplo, é feita por latifundiários cujas monoculturas se alastram mediante a devastação de florestas.

RLLORD

Avalanche de caixas de leite e suco a caminho da reciclagem. Uma multinacional, além de produzir embalagens, desenvolve o procedimento de recolha das usadas para reciclá-las: compromisso com a sustentabilidade.

- **Compromisso com o ambiente:**

Cabe às empresas garantir a sustentabilidade, evitando impactos sobre o ambiente. Não é permitido, por exemplo, desmatar indiscriminadamente, ou descartar resíduos tóxicos nas águas e na terra; assim como é obrigatório usar filtros de ar e impedir a expansão de odores que incomodem os moradores da região, entre outras ações.

Há empresas que desenvolvem práticas ecologicamente corretas a fim de economizar. Isso é possível com o aproveitamento da luz natural e da água da chuva, ou com o tratamento adequado de água para reutilização. Alguns supermercados estimulam o uso de sacolas de papel ou tecido e oferecem grandes recipientes para coleta seletiva de lixo.

- **Compromisso com a comunidade:**

Já existem diversas ações indicativas de respeito empresarial pela comunidade. Por exemplo, uma empresa investe em uma orquestra para crianças pobres; outra mantém uma praça ajardinada; um hospital privado instala um posto para atender gratuitamente à população de uma favela; uma escola abre outra unidade em uma região de crianças carentes ou um curso de alfabetização de adultos.

Essas ações não dizem respeito direto aos produtos ou ao atendimento aos clientes das empresas, pois a finalidade estrita é atender às necessidades do entorno. É bem verdade que iniciativas desse tipo resultam em isenção de impostos para as companhias, além de credibilidade e reconhecimento, o que beneficia a imagem corporativa.

Em resumo, ainda há muito a ser feito, pois a transformação de mentalidade não ocorre de repente, sobretudo quando se trata de concepções culturalmente arraigadas, preconceitos e estereótipos que dificultam um novo olhar sobre nossas ideias e ações. Em especial se pensarmos no egoísmo humano e no sentimento de cobiça, que podem levar à venalidade e à corrupção.

12 O que esperar?

Não há receitas para o agir bem: o compromisso conosco, com os outros, com as gerações futuras exige um estado de alerta constante. Viver moralmente não é simples nem fácil. Não depende da introjeção irrefletida das normas herdadas nem da arbitrária decisão subjetiva, mas se enraíza na aprendizagem da solidariedade, do reconhecimento da dignidade de si mesmo e dos outros.

Como, porém, participar da construção de um mundo moral?

Os problemas éticos que presenciamos na atualidade não se resolvem apenas por tentativas isoladas de educação ética do indivíduo. Além dessa educação, é preciso também vontade política de alterar as condições sociais geradoras de doenças sociais como a violência, a exploração, a corrupção, o descaso pela miséria humana. Ao que acrescentamos a agressão à natureza.

Dito de outro modo: não basta "reformar o indivíduo" para "reformar a sociedade". Um projeto moral desligado de um projeto político destina-se ao fracasso. Os dois processos caminham juntos, pois formar o ser humano plenamente moral só é possível na sociedade que também se esforça para ser justa e democrática.

Venalidade
Atitude de funcionário público que exige ou aceita vantagens pecuniárias indevidas no exercício do cargo.

Leitura analítica

Ética na era da ciência

"Quem reflete sobre a relação entre ciência e ética na moderna sociedade industrial planetária se defronta, a meu ver, com uma situação paradoxal. Pois, de um lado, a carência de uma ética universal, isto é, vinculadora para toda a sociedade humana, nunca foi tão premente como em nossa era, que se constituiu numa civilização unitária, em função das consequências tecnológicas promovidas pela ciência. De outro lado, a tarefa filosófica de uma fundamentação racional de um ética universal jamais parece ter sido tão complexa, e mesmo sem perspectiva, do que na idade da ciência. Isso porque a ideia da validez intersubjetiva é, nesta era, igualmente prejudicada pela ciência: a saber, pela ideia cientificista da 'objetividade' normativamente neutra ou isenta de valoração.

[...] Se, em vista das consequências, hoje possíveis, de ações humanas, distinguirmos entre uma microesfera (família, matrimônio, vizinhança), uma mesoesfera (patamar da política nacional) e uma macroesfera (destino da humanidade), então será facilmente demonstrável que as normas morais, atualmente eficazes entre todos os povos, ainda estão sempre predominantemente concentradas na esfera íntima [...]; já na mesoesfera da política nacional elas estão, em larga escala, reduzidas ao impulso arcaico do egoísmo grupal e da identificação grupal, enquanto as decisões propriamente políticas valem como 'razão de estado' moralmente neutra. Mas, quando é atingida a macroesfera dos interesses humanos vitais, o cuidado por elas ainda parece estar confiado, primariamente, a relativamente poucos iniciados. A essa situação no setor da moral conservadora, no entanto, se contrapõe recentemente uma situação de natureza totalmente diversa, na esfera dos efeitos de ações humanas, sobretudo de seus riscos: como resultantes da expansão planetária e envolvimento internacional da civilização técnico-científica, os efeitos das ações humanas – por exemplo, no âmbito da produção industrial – devem ser localizados atualmente, em larga escala, na macroesfera dos interesses vitais comuns da humanidade. A dimensão, eticamente relevante, deste fenômeno se torna ainda mais nítida se tomarmos em consideração [...] a ameaça que paira sobre a vida humana. Se até pouco tempo atrás a guerra podia ser interpretada como instrumento [...] de expansão espacial da espécie humana, através do confinamento dos eventualmente mais fracos em regiões desabitadas, essa concepção está hoje definitivamente superada pela invenção da bomba atômica: desde então o risco destruidor das ações bélicas não se restringe mais à micro ou mesoesfera de possíveis consequências, mas ameaça a existência da humanidade no seu todo. O mesmo se dá hoje em dia com os efeitos principais e colaterais da técnica industrial. Isso se tornou gritantemente claro nos últimos anos com a descoberta da progressiva poluição ambiental. [...]

Pela primeira vez, na história da espécie humana, os homens foram praticamente colocados ante a tarefa de assumir a responsabilidade solidária pelos efeitos de suas ações em medida planetária. Deveríamos ser de opinião que, a essa compulsão por uma responsabilidade solidária, deveria corresponder a validez intersubjetiva das normas, ou pelo menos do princípio básico de uma ética da responsabilidade."

APEL, Karl-Otto. *Ética na era da ciência*. Petrópolis: Vozes, 1994. p. 71-74.

Paradoxal
Pensamento ou argumento que, aparentemente correto, encontra-se em oposição a verdades aceitas.

Validez intersubjetiva
A validade de uma norma quando aceita pela relação entre os sujeitos.

Questões

1. No final do primeiro parágrafo, o autor explica que, segundo uma certa ideia cientificista (que ele condena), a ciência deveria ser objetiva e neutra (isenta de valoração). Reveja, no Capítulo 9, "O conhecimento científico", o tópico "Valores éticos e políticos" e explique o que o autor quis dizer com essa frase.
2. Por que o autor lamenta o fato de que apenas uns poucos "iniciados" estão atentos à ética voltada para a macroesfera?
3. A partir do bloco sobre ética aplicada, dê exemplos que confirmem a tentativa contemporânea de um nascimento da consciência de responsabilidade solidária em termos universais.

Atividades

Retomando os conteúdos

1. Explique os conceitos de *heteronomia* e de *autonomia* como indicativos do desenvolvimento moral.

2. Contraponha em linhas gerais o livre-arbítrio e o determinismo.

3. É comum colocar a culpa pela degradação da natureza no desenvolvimento tecnológico, o que é verdadeiro em parte. Mais do que isso, o problema ecológico é sobretudo um problema moral. Justifique.

4. Por que não é contraditório afirmar que a vida moral supõe a aceitação livre das normas, ao mesmo tempo que tem um caráter histórico e social?

Aprofundando os conceitos

5. Como Kant compreende a relação entre o pensamento e a liberdade de expressão?

> "Certamente podemos dizer: a liberdade de *falar* ou de *escrever* pode nos ser subtraída por um poder superior, mas não a de *pensar*. Entretanto, quais seriam a amplitude e a justeza de nosso *pensamento*, se nós não pensássemos em uma comunidade com outros aos quais *comunicaríamos* nossos pensamentos e que nos comunicariam os seus! Pode-se dizer que esse poder exterior, que rouba aos seres humanos a liberdade de *comunicar* em público seus pensamentos, lhe retira também a liberdade de *pensar*."
>
> KANT, Immanuel. *Que signifie s'orienter dans la pensé?* Paris.: Éditions Garnier Flammarion, 1991. p. 69.

6. Leia a citação e responda às questões:

> "Ao contrário de outros seres, animados ou inanimados, nós homens podemos inventar e escolher, em parte, nossa forma de vida. Podemos optar pelo que nos parece bom, ou seja, conveniente para nós, em oposição ao que nos parece mau e inconveniente. Como podemos inventar e escolher, podemos nos enganar, o que não acontece com os castores, as abelhas e as térmitas [cupins]. De modo que parece prudente atentarmos bem para o que fazemos, procurando adquirir um certo saber-viver que nos permita acertar. Esse saber-viver, ou arte de viver, se você preferir, é o que se chama de ética."
>
> SAVATER, Fernando. *Ética para meu filho.* São Paulo: Martins Fontes, 1993. p. 31.

a) O autor diz que "podemos inventar e escolher, em parte, nossa forma de vida". Por que ele afirma que isso se dá em parte?

b) Explique por que a ética é a dimensão que separa a ação humana da animal.

c) Por que da escolha livre supõe responsabilidade ética?

7. No documentário *Uma verdade inconveniente* (ver outros dados nas Sugestões do final desta unidade), Al Gore discorre sobre aquecimento global e critica os Estados Unidos e a Austrália por não terem assinado o Protocolo de Kyoto. Em resposta a Al Gore, o então ministro da Indústria australiano, Ian Macfarlane, retrucou:

> "É a interpretação de um fato por um homem e acho que, enquanto for classificado como 'não fictício', pode ser qualificado como incorreto."
>
> Agencia EFE. Disponível em: www.noticias.terra.com.br. Acesso em: 11 set. 2006.

Pesquise o que foi o Protocolo de Kyoto e comente a resposta de Ian Macfarlane usando o conceito de "princípio de precaução".

Trabalho em grupo

8. Reúna-se num grupo com seus colegas. Imaginem que vocês trabalham numa agência de publicidade encarregada de criar uma campanha para convencer empresários a:

a) eliminar os diversos tipos de poluição do ambiente provocada pelas empresas;

b) destinar verbas para atender às necessidades da população local;

c) conscientizar produtores agrícolas para o uso responsável dos agroquímicos;

d) estimular consumidores a comprar produtos orgânicos.

Dissertação

9. Faça uma dissertação com base na citação de Guimarães Rosa, relacionando-a com a vida moral:

> "Viver – não é? – é muito perigoso. Porque ainda não se sabe. Porque aprender-a-viver é que é viver, mesmo."
>
> ROSA, João Guimarães. *Grande sertão: veredas.* Rio de Janeiro: Nova Fronteira, 1986.

Capítulo 11

Filosofia política

1 Política: para quê?

Conteúdo multimídia: *Cidadão Kane*

Na conversa diária, usamos a palavra *política* em vários sentidos. Por exemplo, para alguém muito intransigente, aconselhamos ser "mais político". Falamos também em "política" da empresa, da escola ou da Igreja, quando nos referimos à estrutura de poder interno. Existe ainda o sentido pejorativo dessa palavra, como quando falamos de "politicagem", falsa política em que predominam os interesses particulares sobre os coletivos.

Afinal, de que trata a política?

A política é a arte de governar, de gerir o destino da cidade. É a atividade por excelência que diz respeito à vida pública. Etimologicamente, política vem do termo grego *pólis*, que significa "cidade".

Não podemos imaginar um povo sem alguma forma de política. Só que nem todos tiveram oportunidade de analisar criticamente esse modo de agir coletivo. De fato, a política como reflexão surgiu na Grécia, nos séculos V e IV a.C. Ou seja, além da prática da vida política, Platão e Aristóteles elaboraram teorias sobre essa atividade.

Desde então, em uma longa tradição de teorias políticas, os filósofos ora conceituam o que já se encontra em vias de transformação na sociedade, ora projetam ações revolucionárias para o futuro. O liberalismo de Locke, em pleno período do desenvolvimento da burguesia, no século XVII, é um exemplo do primeiro caso. As teorias de Marx e Engels, dois séculos depois, ilustram a segunda situação, por terem inspirado as revoluções libertárias que se sucederam depois delas, em especial a revolução socialista soviética de 1917. Abordaremos algumas dessas questões na Parte II, no Capítulo 22, "A filosofia do século XIX", à medida que tratarmos dos problemas que desafiaram os pensadores no correr da história.

Apesar das diferenças entre as diversas teorias políticas, todas elas vinculam política e poder. É o que veremos a seguir.

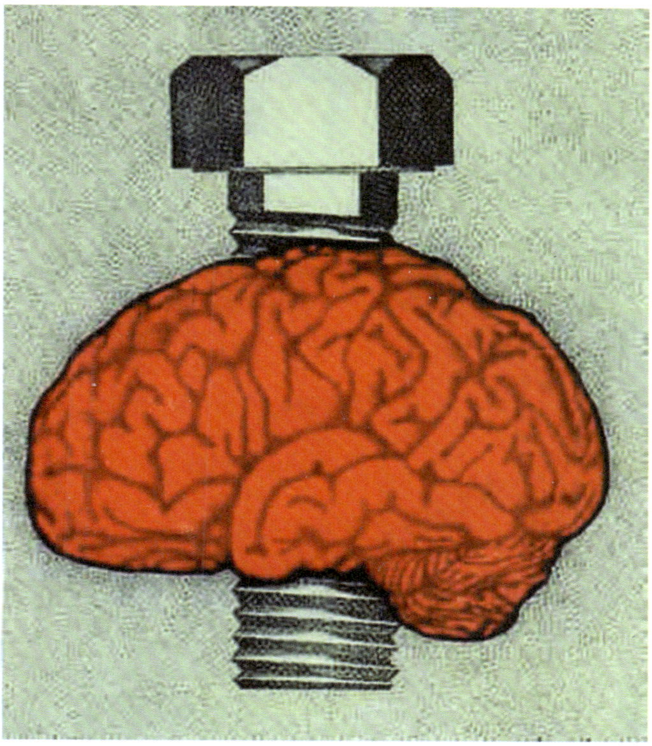

CLAUDIO TOZZI/ACERVO DO ARTISTA

Pintura sem título (1977), de Claudio Tozzi. O artista participou de movimentos de resistência à ditadura brasileira na década de 1960. Realizou uma série de gravuras de um parafuso que, segundo ele, é um objeto altamente estético. Certamente essa apreciação tem também um sentido político. Você saberia interpretá-la?

2 Poder e força

A política trata das relações de *poder*. Poder é a capacidade ou a possibilidade de agir, de produzir efeitos desejados sobre indivíduos ou grupos humanos. Portanto, o poder é uma relação ou um conjunto de relações pelas quais indivíduos ou grupos interferem na atividade de outros indivíduos ou grupos.

O poder supõe dois polos:

- *quem* exerce o poder;
- *sobre quem* o poder é exercido.

Todos nós temos poderes de produzir coisas, criar, punir, controlar, comandar, agraciar. Pais, professores, gerentes, sacerdotes exercem poderes em seu campo de atuação. Mas, para exercer o poder, é preciso ter *força*, aqui entendida como instrumento de prática do poder. Não necessariamente a força física, a violência, pois esta é apenas um dos tipos possíveis de força.

11.1 Visão do especialista

Assim diz o filósofo francês Gérard Lebrun:

> "Se, numa democracia, um partido tem peso político, é porque tem *força* para mobilizar um certo número de eleitores. Se um sindicato tem peso político, é porque tem *força* para deflagrar uma greve. Assim, *força* não significa necessariamente a posse de meios violentos de coerção, mas de meios que me permitam influir no comportamento de outra pessoa. A força não é sempre (ou melhor, é rarissimamente) um revólver apontado para alguém; pode ser o charme de um ser amado, quando me extorque alguma decisão (uma relação amorosa é, antes de mais nada, uma relação de forças; conferir as *Ligações perigosas*, de Laclos). Em suma, a força é a canalização da potência, é a sua determinação. E é graças a ela que se pode definir a potência na ordem nas relações sociais ou, mais especificamente, políticas."
>
> LEBRUN, Gérard. *O que é poder*. São Paulo: Brasiliense, 1981. p. 11-12. (Coleção Primeiros Passos)

Reflita

No romance *Ligações perigosas*, de Choderlos de Laclos, a história se passa nos ambientes luxuosos da nobreza francesa decadente, no período que antecedeu a Revolução Francesa, no século XVIII. Relata uma aposta feita entre dois nobres cujo desafio seria seduzir uma bela mulher casada, tímida e fiel ao marido. No entanto, uma vez desencadeado o jogo de sedução – um jogo de forças –, os acontecimentos fogem do controle dos "jogadores", porque, ainda que artificialmente provocada, da atração pode florescer o sentimento verdadeiro. Reflita: sob que aspectos é imoral a aposta feita pelos dois nobres?

WARNER BROTHERS / ALBUM/LATINSTOCK

Os atores John Malkovich e Michele Pfeiffer em cena do filme *Ligações perigosas*, de 1988, dirigido por Stephen Frears. O filme se baseia no romance do escritor francês Choderlos de Laclos, do século XVIII.

Leitura analítica

Por que a política?

"A moral é solitária (ela só vale na primeira pessoa); toda política é coletiva.

É por isso que a moral não poderia fazer as vezes de política, do mesmo modo que a política não poderia fazer as vezes de moral: precisamos das duas, e da diferença entre as duas!

Uma eleição, salvo excepcionalmente, não opõe bons e maus, mas opõe campos, grupos sociais ou ideológicos, partidos, alianças, interesses, opiniões, prioridades, opções, programas... Que a moral também tenha uma palavra a dizer é bom lembrar (há votos moralmente condenáveis). Mas isso não nos poderia fazer esquecer que ela não faz as vezes nem de projeto nem de estratégia. O que a moral propõe contra o desemprego, contra a guerra, contra a barbárie? Ela nos diz que é preciso combatê-los, claro, mas não como temos maiores oportunidades de derrotá-los. Ora, politicamente, é o como que importa. Você é a favor da justiça e da liberdade? Moralmente falando, é o mínimo que se espera de você. Mas, politicamente, isso não lhe diz nem como defendê-las nem como conciliá-las. Você deseja que israelenses e palestinos tenham uma pátria segura e reconhecida, que todos os habitantes de Kosovo possam viver em paz, que a globalização econômica não se produza em detrimento dos povos e dos indivíduos, que todos os idosos possam ter uma aposentadoria decente, todos os jovens uma educação digna desse nome? A moral aplaude, mas não lhe diz como aumentar nossas possibilidades de, juntos, alcançar esses objetivos. E quem pode acreditar que a economia e o livre jogo do mercado bastam para tanto? O mercado só vale para as mercadorias. Ora, o mundo não é uma. Ora, a justiça não é uma. Ora, a liberdade não é uma. Que loucura seria confiar ao mercado o que não é para se comercializar! Quanto às empresas, elas tendem antes de mais nada ao lucro. Não as critico por isso: é a função delas, e desse lucro todos nós necessitamos. Mas quem pode acreditar que o lucro baste para fazer que uma sociedade seja humana? [...]

Por que a política? Porque não somos nem santos nem apenas consumidores, porque somos cidadãos, porque devemos ser cidadãos e para que possamos permanecer cidadãos.

[...] Não basta esperar a justiça, a paz, a liberdade, a prosperidade... É preciso agir para defendê-las, para aprimorá-las, o que só se pode fazer eficazmente de forma coletiva e que, por isso, passa necessariamente pela política. Que esta não se reduza nem à moral nem à economia, já insisti o bastante. O que não significa, lembremos para terminar, que ela seja moralmente indiferente ou economicamente sem alcance."

COMTE-SPONVILLE, André. *Apresentação da filosofia*. São Paulo: Martins Fontes, 2002. p. 34-6.

Questões

1. Com base no texto de Comte-Sponville, faça um esquema comparativo entre as características da moral e da política. Em seguida, compare economia e política.
2. Às vezes, no vale-tudo da propaganda eleitoral, certos candidatos se dizem "do bem", ou então afirmam que são bons maridos, bons pais ou bons empresários. Essas qualificações valem para constatar se serão bons políticos? Justifique sua resposta.

3 A institucionalização do poder

A força física é condição *necessária e exclusiva* do Estado para o funcionamento da ordem na sociedade, mas não constitui condição suficiente para a manutenção do poder. Ele precisa ter *legitimidade*, que se configura pelo consentimento dos governados.

O início desse processo ocorreu na Idade Moderna, quando o poder político tornou-se *institucionalizado*, isto é, estabelecido por meio de leis. À tese medieval de que todo poder emana de Deus, contrapôs-se a teoria da origem social do pacto feito com o consentimento dos indivíduos. O fortalecimento das monarquias nacionais permitiu ao Estado deter a posse de um território e o tornou apto para fazer e aplicar leis, recolher impostos, ter um exército.

Ao se atribuir ao Estado o privilégio do uso da força, retirou-se do indivíduo, ou de grupos, o papel de "fazer justiça com as próprias mãos", por exemplo, o que representou um ganho no processo civilizatório. As instâncias do poder legítimo passaram a depender do que chamamos *estado de direito*, no qual todo julgamento é feito por meio de leis estabelecidas, procedimento que favoreceu o florescimento da democracia.

4 O desafio democrático

Neste tópico veremos a questão da complexidade da *democracia*. A arte de governar, de gerir os destinos da cidade supõe o talento de criar convergências ao mesmo tempo em que é mantido o pluralismo de convicções. O governo democrático precisa lidar com os conflitos sem recorrer à violência, sobretudo quando prevalecem interesses particulares. Cabe à democracia superar a tradição de mando e obediência, que mantém passivos os cidadãos. A democracia depende do esforço coletivo e nunca conseguirá se estabelecer por completo, já que sempre haverá conflitos e muito ainda "por fazer".

No entanto, as respostas autoritárias não faltaram na história da humanidade, sobretudo quando o Estado cala as dissidências na tentativa de impor o pensamento único. Quem viveu em períodos de governos ditatoriais ou leu o suficiente para conhecer seus porões sabe que é melhor apostar na democracia, apesar das dificuldades dessa experiência coletiva e de sua fragilidade.

O que é democracia?

11.2 **Biblioteca do estudante:** Leitura complementar

A palavra *democracia* é de origem grega e significa "governo do povo", "governo de todos os cidadãos". Também é invenção grega, além da elaboração teórica e da implantação do regime democrático na pólis. Em Atenas, no século V a.C., a ágora — a praça pública — era o local de encontro dos cidadãos, onde se exercitava a arte de discutir os problemas da cidade.

Saiba mais

A palavra *democracia* é formada por dois termos de origem grega: *démos* e *kratía*. Em um sentido mais primitivo, *démos* designava os diversos distritos que constituíam as dez tribos em que a cidade de Atenas fora dividida pelo legislador Clístenes, no século VI a.C. Posteriormente, passou a significar genericamente "povo" ou "comunidade de cidadãos". Já o termo *kratía* deriva de *krátos*, "governo", "poder".

THE BRIDGEMAN ART LIBRARY/GRUPO KEYSTONE - BIRMINGHAM MUSEUMS AND ART GALLERY, ENGLAND

Uma audiência em Atenas (séc. XIX), pintura de *Sir* William Blake Richmond (1842--1921). O pintor inglês retratou o hábito criado pelos gregos de discutir questões políticas em praça pública.

Há quem menospreze a novidade da democracia grega, lembrando que, em Atenas, apenas cerca de 10% dos cidadãos eram autorizados a participar das assembleias. Delas se achavam excluídos mulheres, escravos e estrangeiros. No entanto, é notável a invenção desse modelo de regime, em que a política aristocrática é substituída pela participação dos cidadãos, independentemente de sua classe social. Pelo menos conceitualmente, a democracia grega possuía os três valores que a caracterizaram naquele momento histórico: *igualdade*, *liberdade* e *participação*.

Saiba mais

Em algumas póleis gregas do século V a.C., a escolha dos políticos era feita por sorteio, para que qualquer um pudesse ser alternadamente "governante e governado". Esse tipo de regime não era representativo como o nosso, pois as decisões eram tomadas diretamente pela assembleia popular. Tratava-se, portanto, de uma *democracia direta*. Para ampliar as informações, consulte o Capítulo 14, "A filosofia no período clássico".

Essa primeira expressão de democracia encontrou, ao longo da história, teóricos e ativistas que a desejaram reviver. Ela foi se constituindo de maneira lenta e irregular, ora acentuando um valor e desprezando outros, como, aliás, ocorre até hoje.

Recorramos então ao jurista e filósofo italiano Norberto Bobbio para uma definição provisória de democracia:

> “Por *democracia* se entende um conjunto de regras (as chamadas regras do jogo) que consentem a mais ampla e segura participação da maior parte dos cidadãos, em forma direta ou indireta, nas decisões que interessam a toda a coletividade.”
>
> BOBBIO, Norberto. *Qual socialismo?* – discussão de uma alternativa. Rio de Janeiro: Paz e Terra, 1983. p. 55-6.

5 Democracia e cidadania

Como o próprio nome indica, *cidadão* é quem pertence à cidade. Não só: é também aquele que participa do poder. Trata-se da dimensão pública de todos nós, pela qual nos envolvemos na discussão de nosso destino comum. Para que os interesses particulares não se sobreponham aos coletivos, o cidadão precisa aprender a distinguir entre o *público* e o *privado*.

O cidadão é um sujeito de *direitos* e *obrigações*, entre os quais podemos destacar:

- **Direitos civis**: consistem, entre outros, na vida, na segurança, na propriedade, na igualdade perante a lei e na liberdade de pensamento, expressão, religião, opinião e movimento.
- **Direitos sociais**: são os direitos à saúde, à educação, ao trabalho, ao lazer, ao acesso à cultura, bem como à proteção em caso de desemprego, doenças etc.
- **Obrigações**: pagamento de impostos, responsabilidade coletiva, solidariedade e participação efetiva, o que significa desempenhar uma cidadania ativa, muito além do importante ato de votar.

CHARLES SILVA/O TEMPO/AGÊNCIA ESTADO

Em greve havia 98 dias, professores estaduais participavam de uma manifestação no centro de Belo Horizonte, Minas Gerais, em setembro de 2011. Cerca de trinta deles estavam acorrentados ao Pirulito da Praça Sete.

Cidadania ativa

Para participar de sua comunidade como cidadão ativo, o indivíduo deve ser politizado — já que ninguém nasce cidadão. Caso contrário, na sociedade predominará a apatia ou o risco de manipulação.

Aprende-se cidadania no próprio exercício de cidadania, o que pode ser realizado nos mais diversos espaços: em casa, na rua, no trabalho, na escola. Não basta discursar sobre cidadania, se nesses locais prevalecerem relações autoritárias, atitudes de egoísmo, falta de respeito, ausência de compromisso com o bem comum. Aliás, muitos desses discursos são vazios e carregados de má-fé, caso não apresentem projetos efetivos para a conquista de espaços de atuação política do cidadão.

Leitura analítica

Democracia e conhecimento

"As definições de democracia, como todos sabem, são muitas. Entre todas, prefiro aquela que apresenta a democracia como o 'poder em público'. Uso essa expressão sintética para indicar todos aqueles expedientes institucionais que obrigam os governantes a tomarem as suas decisões às claras e permitem que os governados 'vejam' como e onde as tomam.

Na memória histórica dos povos europeus, a democracia apresenta-se pela primeira vez através da imagem da ágora ateniense, a assembleia ao ar livre onde se reúnem os cidadãos para ouvir os oradores e então expressar sua opinião erguendo a mão. Na passagem da democracia direta para a democracia representativa (da democracia dos antigos para a democracia dos modernos), desaparece a praça, mas não a exigência de 'visibilidade' do poder, que passa a ser satisfeita de outra maneira, com a publicidade das sessões do Parlamento, com a formação de uma opinião pública através do exercício da liberdade de imprensa, com a solicitação dirigida aos líderes políticos de que façam suas declarações através dos meios de comunicação de massa. [...]

A definição da democracia como poder em público não exclui naturalmente que ela possa e deva ser caracterizada também de outras maneiras. Mas essa definição capta muito bem um aspecto pelo qual a democracia representa uma antítese de todas as formas autocráticas de poder. O poder tem uma irresistível tendência a esconder-se. Elias Canetti escreveu de maneira lapidar: 'O segredo está no núcleo mais interno do poder'. É compreensível também porque: quem exerce o poder sente-se mais seguro de obter os efeitos desejados quanto mais se torna invisível àqueles aos quais pretende dominar. [...]

À estratégia do poder autocrático pertence não apenas o não dizer, mas também o dizer em falso: além do silêncio, a mentira. Quando é obrigado a falar, o autocrata pode servir-se da palavra não para manifestar em público as suas próprias reais intenções, mas para escondê-las. Pode fazê-lo tanto mais impunemente quanto mais os súditos não têm à sua disposição os meios necessários para controlar a veracidade daquilo que lhes foi dito. Faz parte da preceptiva dos teóricos da razão de Estado a máxima de que ao soberano é lícito mentir. Que ao soberano fosse lícita a 'mentira útil' não foi dito apenas pelo 'diabólico' Maquiavel. Mas também por Platão, mas também por Aristóteles, mas também por Xenofonte. Sempre foi considerada uma das virtudes do soberano o saber simular, isto é, fazer parecer aquilo que não é, e saber dissimular, isto é, não fazer parecer aquilo que é. Jean Bodin, que contudo se confessa ardentemente antimaquiavélico, reconhece que Platão e Xenofonte permitiam aos magistrados mentir, como se faz 'com crianças e com os doentes'. A comparação dos súditos com crianças e com doentes fala por si só. As duas imagens mais frequentes nas quais se reconhece o governante autocrático são aquela do pai ou do médico: os súditos não são cidadãos livres e saudáveis. São ou menores de idade que devem ser educados, ou doentes que devem ser curados. Uma vez mais a ocultação de poder encontra sua própria justificação na insuficiência, quando não na completa indignidade do povo. O povo, ou não deve saber, porque não é capaz de entender, ou deve ser enganado, porque não suporta a luz da verdade."

BOBBIO, Norberto. *Teoria geral da política*: a filosofia política e as lições dos clássicos. Rio de Janeiro: Campus, 2000. p. 386-7, 389, 399.

Questões

1. Enuncie qual é a definição preferida de Norberto Bobbio para *democracia* e explique o que ela significa. Em seguida, como ele próprio diz que existem outras definições igualmente aceitáveis, enuncie mais algumas.
2. No texto, o autor retoma em um momento a imagem da ágora ateniense e depois se refere às metáforas da criança e do doente. Explique como essas metáforas se contrapõem à imagem da ágora. Em seguida, dê sua opinião a respeito.
3. Pensando na fragilidade da democracia, discuta como os dois valores enunciados — o da liberdade de imprensa e o da formação da opinião pública — podem ser deturpados, mesmo na democracia.

Preceptivo
Relativo a preceito, lição, recomendação.

6 Vivemos em uma democracia?

Será que o Brasil vive em um regime democrático? Haverá quem responda, sem titubear, que sim. Como justificativa, lembraria que, após os anos sombrios da ditadura militar, iniciados pelo golpe militar de 1964, o Brasil começou a recuperar as liberdades perdidas: as eleições livres, a liberdade de pensamento e de expressão, a liberdade de imprensa, o ressurgimento das associações representativas da sociedade civil, como partidos, sindicatos e diretórios estudantis, a não repressão a reivindicações e greves etc.

No entanto, preferimos dizer que o Brasil é e *não* é uma democracia. Para melhor entender essa ambiguidade, vamos nos apoiar novamente em Norberto Bobbio, que, em seu *Dicionário de política*, faz uma distinção entre "democracia formal" e "democracia substancial".

- A *democracia formal* consiste no conjunto das instituições características desse regime: voto secreto e universal, autonomia dos poderes, pluripartidarismo, representatividade, ordem jurídica constituída, liberdade de pensamento e de expressão, pluralismo, e assim por diante. Trata-se, propriamente, das "regras do jogo" democrático, que estabelecem os meios pelos quais a democracia é exercida.
- A *democracia substancial* diz respeito não aos meios, mas aos fins, aos resultados do processo. E entre esses valores, destaca-se a *efetiva* — e não apenas *ideal* — igualdade jurídica, social e econômica. Portanto, a democracia substancial avalia os conteúdos alcançados: se de fato todos têm moradia, educação, emprego, acesso à cultura etc.

ORIENTAL TOUCH / MASTERFILE / OTHER IMAGES

A menina da foto, que vive em condições precárias numa favela de Manila, nas Filipinas, é um exemplo de não aplicação da democracia substancial, aquela que diz respeito aos resultados alcançados de fato pela democracia formal.

Observando os mais diversos países, constatamos que em alguns pode haver democracia formal sem que se tenha conseguido estender a todos as promessas da democracia substancial: seria o caso dos países liberais, incluindo-se aí o Brasil.

Em outros, a democracia substancial é implantada sem que haja a formal. É o caso das democracias *para o povo*, mas não *pelo povo*, tal como ocorreu em um determinado período em países socialistas, como em Cuba e na antiga União Soviética, atual Rússia. Naquelas experiências políticas, a erradicação do analfabetismo e a ampliação do sistema de saúde (ainda que em outros aspectos, como emprego e moradia, não se tenha alcançado o mesmo êxito) caminharam ao lado da censura aos intelectuais e da perseguição aos dissidentes. Portanto, não havia democracia formal.

7 Campos do exercício democrático

A fim de melhor compreender as contradições dos governos ditos democráticos, vamos examinar como os dois aspectos da democracia — o formal e o substancial — se expressam em quatro campos possíveis do exercício democrático: o *político*, o *social*, o *econômico* e o *jurídico*.

Democracia política

O coração da democracia está no reconhecimento do valor da coisa pública, separada dos interesses particulares. No dizer do filósofo francês Claude Lefort, na democracia ninguém é "proprietário" do poder, que é um "lugar vazio". Por isso, o poder democrático é rotativo e seus governantes são escolhidos pelo voto para representar o povo. É preciso desconfiar daqueles que se apegam indefinidamente ao poder.

O acesso ao poder na democracia política é ascendente, fazendo-se "de baixo para cima", pela escolha popular e com a garantia de uma oposição efetiva. Por isso, é importante a regulamentação do sistema pluripartidário livre e do sufrágio universal e secreto, bem como a exigência de transparência da ação dos políticos.

A democracia é, por excelência, o espaço do conflito de interesses. Para que o conflito não seja camuflado, deve ser administrado pelo debate público de ideias, evitando-se a violência. No entanto, será que o consenso é sempre possível, ou seja, a aceitação comum das regras após as discussões? Na verdade, mesmo quando o consenso é alcançado, por exemplo, por meio de uma lei, a insatisfação de alguns não desaparece por encanto, o que dará oportunidade a futuras reivindicações.

A efetivação do exercício democrático ocorre paralelamente à multiplicação dos órgãos representativos da sociedade civil, de modo a ativar a participação dos cidadãos em geral. Esses grupos tanto podem ser ocasionais quanto permanentes na representação de interesses de setores da coletividade. Alguns exemplos emblemáticos são as associações de bairros, os mutirões, os partidos políticos, os sindicatos, as organizações não governamentais (ONGs). Os objetivos dessas mobilizações são os mais diversos: defesa da ecologia, combate à violência, interesses dos sem-teto e dos sem-terra, denúncia de torturas, proteção de testemunhas de crimes que sofrem ameaças etc.

Sufrágio universal
Sistema em que os eleitores são todos os cidadãos com capacidade legal para o voto. Mais propriamente, o processo histórico da extensão do voto para incluir os mais pobres, as mulheres, os analfabetos.

Gênero
Termo com vários significados. No contexto, refere-se aos gêneros masculino e feminino. Quando se trata de discriminação, é mais provável referir-se à mulher, vítima mais frequente desse tipo de preconceito.

Democracia social

Em uma democracia social, embora as pessoas sejam diferentes e participem de grupos diversos, ninguém pode ser discriminado devido às suas posses, ao gênero ou à etnia a que pertence, à sua crença ou à orientação sexual. Todos devem ter igual acesso a bens materiais como moradia, alimentação e atendimento médico, e aos bens culturais em todos os níveis (educação, profissionalização, lazer, arte).

Do ponto de vista formal, a Constituição brasileira garante esses direitos, mas estamos muito longe de vê-los implementados na prática. Basta olhar as estatísticas dos vários tipos de exclusão no Brasil.

Saiba mais

A cada cinco segundos morre uma criança no mundo por doença relacionada à falta de alimento. Esses dados estão no *site* da FAO (Organização das Nações Unidas para a Agricultura e Alimentação): https://www.fao.org.br.

Democracia econômica

A democracia econômica consiste na justa distribuição de renda, na oferta de iguais oportunidades de trabalho, contratos livres, sindicatos fortes. Esses aspectos formais podem levar ou não à efetiva democracia substancial.

Vimos no Capítulo 3, "Trabalho e lazer", que a relação entre empregados e empregadores sofreu variações ao longo dos anos nas várias fases do sistema capitalista. Com o fenômeno da *globalização*, a economia mundializou-se, fortalecendo as grandes empresas. A tecnologia cada vez mais refinada foi introduzida nas fábricas e alcançou também o campo, estimulando o agronegócio.

É preciso destacar, porém, que o promissor agronegócio está centrado na monocultura de exportação, o que significa incentivo menor para a produção de alimentos básicos, fundamental para matar a fome de boa parte da população. Como vimos na leitura analítica de Hugh Lacey, no Capítulo 9, "O conhecimento científico", só os pobres perdem quando a semente, um valor vital, transforma-se em mercadoria.

O desemprego estrutural, outra face do desenvolvimento tecnológico, é um problema da economia mundial e um fator de exclusão social. Embora o Brasil tenha conseguido um salto importante na luta contra a miséria, a situação ainda inspira cuidados.

Ao se examinar esse quadro, percebe-se que a expansão da economia nem sempre resulta no bem-estar e na liberdade das pessoas. Como seu foco principal é a produção de mercadorias, o reflexo na educação é imediato, já que o mercado precisa de mão de obra qualificada, o que se costuma chamar de investimento no "capital humano". Vimos, no referido capítulo sobre o trabalho (Capítulo 3), a advertência dos filósofos frankfurtianos e, mais recentemente, do enconomista Amartya Sen, entre muitos outros. Segundo eles, onde o lucro é o principal objetivo, prevalecem a competição e a busca de eficácia, que se sobrepõem propriamente aos interesses da formação humana global.

Em outras palavras, os seres humanos não são apenas "meios de produção", mas representam o objetivo final de todo o processo econômico. O que se constata, no entanto, é que, apesar de toda a riqueza produzida, ainda prevalece a desigualdade social.

RODRIGO BALEIA/AGÊNCIA ESTADO

Vista aérea de solo sendo preparado para o plantio de soja em Alta Floresta, no norte do Mato Grosso, na região do bioma amazônico, em agosto de 2008. Segundo o economista Amartya Sen, a expansão da economia se sobrepõe aos interesses humanos.

Democracia jurídica

A democracia jurídica é uma das conquistas das nações que defendem a igualdade perante a lei. Trata-se de fato relativamente recente na história, pois se deve inicialmente aos esforços da burguesia do século XVIII para derrubar os privilégios da nobreza. Sabemos o que significou o fato de os representantes da burguesia terem tomado assento na Assembleia francesa, da qual, até então, se achavam excluídos. Participar da elaboração das leis e defender os interesses que até então eram desconsiderados foi relevante e culminou na Revolução Francesa de 1789.

ALBUM / AKG-IMAGES/LATINSTOCK - ONU, NEW YORK, EUA

Versão ilustrada da Declaração dos Direitos do Homem e do Cidadão, de Jean Jacques-François Le Barbier, de 1789, uma das mais importantes conquistas da Revolução Francesa.

Aquele também foi o chamado “Século das Luzes”, o auge da Ilustração, movimento intelectual que defendia a liberdade de pensamento e de ação para todos. A Revolução celebrou os ideais da Declaração dos Direitos do Homem e do Cidadão, que inspiraram a construção da ordem jurídica valorizada daí em diante. Segundo aquele documento, ninguém mais poderia ser submetido à servidão, à escravidão nem a penas cruéis, além de ter garantias de liberdade de locomoção, pensamento e agremiação nos limites estabelecidos pela lei. Veremos, no próximo capítulo, as repercussões contemporâneas dessas conquistas no tocante aos direitos humanos.

Alguém poderia lembrar que a ação do Estado pode exercer o recurso à violência, por atribuirmos a ele o poder de julgar os atos dos cidadãos e, conforme o caso, cercear sua liberdade. No entanto, são as leis que permitem o ordenamento da sociedade e impedem a ação de grupos a partir de seus interesses particulares. Ou, ainda, que façam “justiça com suas próprias mãos”. Portanto, se a lei limita a liberdade, ao mesmo tempo é ela que a garante.

A democracia jurídica substancial depende de como funcionam de fato as instituições. Esse funcionamento se materializa na elaboração de leis que representem os interesses da população, na autonomia e agilidade do Poder Judiciário, na polícia eficiente, com aparato adequado para coibir ou punir o crime, no respeito à Constituição.

Apesar desses avanços, bem sabemos, existem entraves nas diversas instâncias de poder a que nos referimos. No Brasil, por ocasião da Constituinte de 1988, questões sobre reforma agrária, aposentadoria e verbas para a educação pública sofreram pressões as mais diversas, nem sempre visando ao interesse coletivo.

A longa tradição dos porões da ditadura preserva ainda hoje focos de tortura e maus-tratos nos presídios, conforme denúncias de grupos de defesa dos direitos humanos, incluindo-se aí a Anistia Internacional. Além disso, nossa justiça é lenta e cara.

Convém reconhecer, porém, que houve sensível melhora após a Constituição de 1988, que positivou valores sociais, estimulando decisões jurídicas para garanti-los. Na mesma linha, tornou o Ministério Público — órgão que defende os interesses da sociedade — mais atuante no exercício de suas funções.

Enfim, mesmo que existam leis injustas, somente nas democracias o cidadão poderá criticá-las e propor sua alteração.

Leitura analítica

Liberdade e igualdade

"A primeira ampliação do conceito de liberdade ocorreu com a passagem da teoria da liberdade como não impedimento para a teoria da liberdade como *autonomia*, quando 'liberdade' passou a ser entendida não mais apenas como o não ser impedido por normas externas, mas o dar leis a si próprios, e portanto não tanto como o não ter leis, como entendia Hobbes, mas sim como o obedecer a leis estabelecidas por nós para nós mesmos. Com o conceito de autonomia, a liberdade não consiste mais na ausência de leis, mas sim na presença de leis internamente desejadas e internamente estabelecidas. Quando afirmou, no *Contrato social*, que a liberdade é 'a obediência à lei que prescrevemos a nós mesmos', Rousseau deu-nos a mais perfeita definição desse novo conceito de liberdade, que pode bem ser definida como rousseauniana. Com base nesse conceito de liberdade como autonomia nasceu a teoria da liberdade política como desenvolvimento das liberdades civis, ou da forma democrática de regimento como desenvolvimento e integração puramente e originariamente liberal. [...]

Também o conceito de igualdade é extremamente amplo e pode ser enriquecido por diferentes conteúdos. Tal como ocorreu com a história do direito de liberdade, a história do direito à igualdade também se desenvolveu por sucessivos enriquecimentos. Dizer que nas relações humanas deve ser aplicado o princípio da igualdade significa muito pouco, se não forem especificados ao menos dois aspectos: 1) igualdade em quê? 2) igualdade entre quem? [...]

Com relação à primeira pergunta, 'igualdade em quê?', a Declaração Universal responde que os seres humanos são iguais 'em dignidade e direitos'. A expressão seria extremamente genérica se não devesse ser entendida no sentido de que os 'direitos' sobre os quais fala são precisamente os direitos fundamentais enunciados em seguida. O que na prática significa que os direitos fundamentais enunciados na Declaração devem constituir uma espécie de mínimo denominador comum das legislações de todos os países. É como se disséssemos, em primeiro lugar, que os seres humanos são livres [...], e posteriormente se acrescenta que são *iguais no gozo dessa liberdade*. [...]

Com relação à segunda pergunta, 'igualdade entre quem?', a Declaração responde que, no que se refere aos direitos fundamentais, todos os seres humanos são iguais, ou seja, responde afirmando uma igualdade *entre todos*, e não apenas entre os pertencentes a esta ou aquela categoria. Isso significa que, em relação aos direitos fundamentais enumerados na declaração, todos os seres humanos devem ser considerados pertencentes à mesma categoria. Como tenhamos chegado ao reconhecimento de que os seres humanos, todos os seres humanos, pertencem à mesma categoria em relação aos direitos fundamentais cada vez mais amplos, não pode ser nem de longe resumido. [...]

O processo de justiça é um processo ora de diversificação do diverso, ora de unificação do idêntico. A igualdade entre todos os seres humanos em relação aos direitos fundamentais é o resultado de um processo de gradual eliminação de discriminações e portanto de unificação daquilo que ia sendo reconhecido como idêntico: uma natureza comum do homem acima de qualquer diferença de sexo, raça, religião etc."

BOBBIO, Norberto. *Teoria geral da política*: a filosofia política e as lições dos clássicos. Rio de Janeiro: Campus, 2000. p. 488-92.

Questões

1. Em que sentido o autor afirma que o conceito contemporâneo de liberdade deriva de Rousseau e não de Hobbes?
2. Sob que aspectos podemos entender o conceito de igualdade?
3. Quais são as dificuldades da política contemporânea em alcançar o equilíbrio entre liberdade e igualdade?

8 Os riscos da democracia

Dissemos que a democracia está sempre "por fazer" e que, além disso, é frágil. Sua fragilidade não é propriamente uma "fraqueza", porque, em essência, ela não se move pela imposição e pelo autoritarismo, mas está aberta à discussão, ao pluralismo, ao conflito não violento, o que significa maturidade política. Ao mesmo tempo, porém, encontra-se sempre ameaçada pela intolerância dos que desejam se impor pela força.

Vimos também que às vezes há uma distância muito grande entre a democracia formal e a democracia substancial. Daí decorre a importância da cidadania ativa, a fim de exigir o cumprimento das leis ou a alteração delas, quando se tornam fonte de privilégios. Para tanto, é necessária a transparência dos atos do Estado.

Sempre haverá aqueles que pretendem homogeneizar os pensamentos e as ações. Um risco sempre presente é o de determinados grupos sucumbirem à tentação de "restabelecer a ordem" e a hierarquia, ou seja, impor um governo autoritário.

A negação da democracia

Na noite de 10 de maio de 1933, numa praça em Berlim, os nazistas queimaram mais de 20 mil livros, revistas, fotografias e publicações de filósofos, cientistas, poetas, de escritores judeus e homossexuais, pacifistas, antimilitaristas, obras sobre sexualidade e assuntos considerados contrários ao nazismo.

No mesmo local, o governo alemão erigiu em 2006 um monumento com o nome dos autores de algumas obras queimadas, para que aquele sinistro acontecimento não seja esquecido ou se repita. Embaixo da praça foi construída uma biblioteca subterrânea com prateleiras vazias, que podem ser vistas através de um piso de vidro.

ALBUM / AKG-IMAGES/LATINSTOCK

Em 1933, em Berlim, Hitler mandou queimar livros considerados inconvenientes ao nazismo.

Reflita

No monumento construído na praça em que os nazistas queimaram os livros, há uma placa com esta frase do poeta Henrich Heine: "Onde se queimam livros, no final também se queimam pessoas". Reflita sobre a censura na cultura.

É importante examinar algumas formas de poder que não se confundem com as expressões tradicionais de despotismo e de tirania impostas ao longo da história, mas são algumas experiências de totalitarismo vividas após a Primeira Guerra Mundial e que surgiram em países de elevado grau de cultura e civilização, como a Alemanha e a Itália que nos interessa agora examinar. Veremos também os regimes autoritários implantados na América Latina a partir da década de 1960.

9 Regimes totalitários

11.3 Biblioteca do estudante: Leitura complementar

O totalitarismo foi um fenômeno político do século XX que mobilizou de modo surpreendente grandes segmentos da sociedade de diversos países. O totalitarismo de direita, conservador, instalou-se na Alemanha nazista e na Itália fascista; o de esquerda, de orientação comunista, desenvolveu-se na União Soviética, na China e no Leste Europeu.

Nazismo e fascismo

O *fascismo* predominou na Itália com Mussolini, desde 1922, e o *nazismo,* na Alemanha com Hitler, desde 1933. Finda a Segunda Guerra Mundial, em 1945, Mussolini foi morto e Hitler suicidou-se. O nazismo alemão e o fascismo italiano, apesar de diferentes em alguns aspectos, apresentavam características principais em comum:

MONDADORI/GETTY IMAGES

O chefe do governo italiano, Benito Mussolini, participa da inauguração dos primeiros assentamentos rurais em Agro Pontino, Pomezia, na Itália, em outubro de 1939.

- Interferência do Estado em todos os setores: na vida familiar, econômica, intelectual, religiosa e no lazer. Nada restava de privado e autônomo. A intenção era a difusão da ideologia oficial.
- Ausência de pluralismo partidário, instituição básica da democracia liberal. O partido único, rigidamente organizado e burocratizado, promovia a identificação entre o poder e o povo.
- Criação de organismos de massa: sindicatos de todos os tipos, agrupamentos de auxílio mútuo, associações culturais de trabalhadores de diversas categorias, organizações de jovens, crianças e mulheres, círculos de escritores, artistas e cientistas.
- Exaltação da disciplina e mistificação da figura do chefe.

Saiba mais

O lema fascista era "Crer, obedecer, combater" e Mussolini era conhecido como *Duce* ("aquele que conduz"). Hitler era chamado de *mein Führer* ("meu condutor", "meu chefe") e costumava dizer: "Tu não és nada, o teu povo é tudo". Como podemos perceber, nesses termos, *Duce* e *Führer*, os sinais do totalitarismo?

- Subordinação dos Poderes Legislativo e Judiciário ao Poder Executivo.
- Concentração pelo Estado de todos os meios de propaganda. O objetivo era veicular a ideologia oficial às massas, forjando convicções inabaláveis e manipulando a opinião pública. Para garantir a base de apoio popular, geralmente apelava aos sentimentos e à imaginação das pessoas, e não à razão.
- Formação da polícia política (*Gestapo*, na Alemanha; Organização para a Vigilância e a Repressão ao Antifascismo, a *Ovra*, na Itália), que controlava enorme aparelho repressivo.
- Campos de concentração e de extermínio, como o de Auschwitz, na Polônia.
- Controle de informações por meio da censura, tanto de notícias quanto da produção artística e cultural.
- Valorização das disciplinas de moral e cívica, visando à educação de crianças e jovens: estímulos à força de vontade, à disciplina, ao amor à pátria. A educação física recebia atenção especial, tendo em vista o ideal de corpos perfeitamente sadios.
- O nazismo alemão teve conotação fortemente racista e baseava-se em teorias supostamente científicas para valorizar a "raça" ariana. Segundo essa teoria, pessoas brancas, altas, fortes e inteligentes constituíam um grupo "mais puro" e superior. Desse modo, justificaram-se a perseguição e o genocídio de judeus, de ciganos, "raças" consideradas inferiores, e de homossexuais, tidos como degenerados.

Raça. Divisão arbitrária de grupos humanos com as mesmas características hereditárias. Usamos aspas, no texto, para indicar que, segundo os atuais estudos de etnologia e antropologia, o conceito de raça não é científico, constituindo apenas construções sociais e culturais que sustentam o preconceito.

CHRISTEL GERSTENBERG/CORBIS/LATINSTOCK

ANDREA JEMOLO/SCALA, FLORENCE/GLOW IMAGES

À esquerda, cartaz de propaganda comemorativo do décimo ano do terceiro movimento da Juventude do Reich de Hitler. A suástica, símbolo adotado por Hitler para o nazismo, tem origem mística. Entre budistas e brâmanes, é um símbolo auspicioso, que indica boa sorte e felicidade. À direita, um emblema que materializa a palavra *fascismo*, do italiano *fascio*, "feixe", e remete aos machados usados pelos funcionários que acompanhavam os magistrados da Roma antiga para executar as decisões da justiça. Os cabos compridos eram reforçados com varas atadas e simbolizavam o poder do Estado e a unidade do povo em torno do líder.

As doutrinas totalitárias influenciaram outros governos: em Portugal, com o controle do poder por Oliveira Salazar, e na Espanha, com o general Francisco Franco. Sob alguns aspectos, também tiveram reflexos no movimento da Ação Integralista Brasileira, fundada por Plínio Salgado em 1932.

Egocrata
Poder centrado no Eu. Do latim *ego*, "eu", e do grego *krátos*, "poder".

Stalinismo

Após a Revolução Russa de 1917, Lênin governou a então chamada União Soviética até sua morte precoce, em 1924. Foi então substituído por Josef Stálin, que instalou um regime totalitário que durou até 1953.

O totalitarismo stalinista teve diversas características semelhantes ao nazismo e ao fascismo, tais como:

- Partido único onipotente.
- Ausência de liberdade de imprensa e de expressão.
- Perseguição aos políticos dissidentes, que eram reprimidos pela *Tcheka*, a polícia política.
- Existência de campos de trabalhos forçados, os *gulags*.
- Difusão da ideologia dominante em todos os setores e atividades.

Stálin era chamado de "Pai de Todos". Mas o escritor dissidente Alexander Soljenitsin referia-se a ele como o egocrata, ser todo-poderoso que apaga a distinção entre a esfera do Estado e a da sociedade civil.

Desse modo, ao mesmo tempo que mobiliza as massas, o totalitarismo, seja de direita, seja de esquerda, destrói a autonomia dos indivíduos. Ao arregimentá-los com base em uma ideologia imposta pelo terror, visa evitar a dissidência. A espionagem onipresente, pela polícia política ou pela atmosfera de delação até no núcleo familiar, expõe as pessoas a uma vigilância permanente e à ameaça de expurgo, prisão, deportação e morte.

Após a morte de Stálin (1953), iniciou-se o processo de "desestalinização". Seu sucessor, Nikita Kruchev, criticou o dogmatismo e o culto à personalidade e denunciou os crimes e a violência do líder anterior.

AFP PHOTO

Monumento a Stalin, em Praga, em foto de 1950, mostrando o então líder soviético à frente de uma linha de trabalhadores. O criador da estátua, o escultor tcheco Otakar Svec, se suicidou um dia antes da inauguração. Após a saída de Stalin, o novo líder, Nikita Kruschev, ordenou em 1962 que a estátua fosse destruída. A imponência do monumento visa provocar impacto: o "culto da personalidade" é uma marca do poder autocrático, que Stálin soube muito bem cultivar.

Uma reflexão: a banalidade do mal

A filósofa alemã de origem judaica, Hannah Arendt (1906-1975), foi a Jerusalém, em 1961, para assistir ao julgamento do carrasco alemão Adolf Eichmann, que, durante o governo nazista, tivera participação ativa no extermínio de judeus. Suas impressões e reflexões sobre o caso foram registradas no livro *Eichmann em Jerusalém, um relato sobre a banalidade do mal*, publicado em 1963. Em outra obra, *Origens do totalitarismo*, a filósofa continuou tentando compreender esse fenômeno político.

O que ela interrogava era o contraste entre aquela figura aparentemente nada demoníaca de um homem comum que, no entanto, fora capaz de tantas atrocidades. O que levaria pessoas desse tipo a se engajarem em uma política que exige obediência absoluta? O que as faz cumprir essas ordens?

Arendt acredita que essas pessoas pertencem às massas politicamente neutras e indiferentes que constituem a maioria da população, fato que, por si só, não seria causa suficiente para desencadear o totalitarismo. No entanto, a situação modifica-se quando elas se sentem pressionadas por crises econômicas, com inflação e desemprego. Nesse caso, mesmo não comprometidas com a política, essas pessoas tornam-se insatisfeitas e caem na desesperança quanto ao futuro. Para Hannah Arendt, é fundamental compreender essa condição do aparecimento do "homem de massa" na Europa:

> "A principal característica do homem de massa não é a brutalidade nem a rudeza, mas o seu isolamento e a sua falta de relações sociais normais. [...]
>
> Os movimentos totalitários são organizações maciças de indivíduos atomizados e isolados. Distinguem-se dos outros partidos e movimentos pela exigência de lealdade total, irrestrita, incondicional e inalterável de cada membro individual."
>
> ARENDT, Hannah. *Origens do totalitarismo*. São Paulo: Companhia das Letras, 1999. p. 366, 373.

JEAN-PHILIPPE KSIAZEK/AFP PHOTOCÓDIGO

Empunhando cruzes de madeira, manifestantes do movimento de extrema-direita Juventude Nacionalista caminham para a catedral Saint-Jean, em Lyon, na França, em janeiro de 2012, entoando palavras de ordem ("A França para os franceses!", "Nem direita, nem esquerda, mas nacionalista!") em homenagem aos soldados franceses mortos no Afeganistão. Ainda hoje, partidos de extrema-direita apoiam grupos neonazistas que assumem a defesa do Estado forte e expressam de modo violento sua intolerância racial.

É nesse sentido que Hannah Arendt pensou no conceito de "banalidade do mal". A intenção não foi negar o horror do holocausto ou das formas institucionalizadas do terror – pois nenhum mal é banal –, mas expor que o mal cometido pode aparecer como se fosse banal. Eichmann cumpria ordens como um funcionário dedicado, com total submissão a valores externos, não questionados. Ou seja, quanto menos politizados e críticos forem os indivíduos, mais completamente se deixarão sujeitar às regras cujos fundamentos não buscam conhecer.

A descrição de Hannah Arendt nos alerta sobre o risco de circunstâncias políticas que favoreçam o reaparecimento de movimentos totalitários, em especial quando pensamos no fortalecimento de partidos de ultradireita e seu discurso xenófobo e racista. Ou quando ficamos sabendo de atuações violentas de grupos neonazistas contra imigrantes. Estes, na verdade, procuram emprego e subsistência nos países ricos, em um mundo cada vez mais injusto na distribuição de bens e riquezas.

Xenofobia
Aversão ao que é estrangeiro ou vem de fora.

10 Regimes autoritários

Os regimes autoritários costumam ser identificados indevidamente com os governos totalitários. O que há de comum entre eles é que ambos cerceiam as liberdades individuais em nome da segurança nacional, recorrem à maciça propaganda política, exercem a censura e dispõem de aparelho repressivo. No Brasil, por exemplo, desde Getúlio Vargas havia o Departamento de Ordem Política e Social (Dops), que controlava e fichava pessoas suspeitas de agirem contrariamente ao sistema. Esse departamento teve suas funções intensificadas no período da ditadura militar pós-1964.

Nos regimes autoritários, porém, não há uma ideologia de base que sirva "para a construção da nova sociedade" e não há mobilização popular para lhes dar apoio. Ao contrário, em vez de doutrinação política e de incentivo ao engajamento ativista – ainda que dirigido –, predomina a despolitização, que leva à apatia política. O clima de repressão violenta gera medo e desestimula a ação política da sociedade civil.

Retrato oficial da Junta Militar (1971), pintura de Fernando Botero. O artista colombiano Fernando Botero, crítico das ditaduras latino-americanas, satiriza os governos militares. O governante aparece cercado pelos representantes da artilharia e da cavalaria, enquanto sua mulher tem no colo o primogênito já fardado, como que predestinado à sucessão. No alto das cabeças, voam moscas, sugerindo o odor de algo podre.

ACERVO DESCONHECIDO

Sempre que possível, os governos autoritários procuram manter a aparência de democracia: permitem a existência de partidos de oposição, mas apenas de uma oposição formal, que nunca se realiza na prática. Mesmo o partido do governo é mero apêndice do Poder Executivo.

O governo autoritário também nomeia militares para a burocracia estatal, enquanto a elite econômica conta com oficiais das forças armadas nos postos-chave. Os militares saem do quartel para integrar a instituição política mais importante da nação. Foi o que aconteceu por ocasião do golpe militar de 1964, que impôs o regime autoritário no Brasil durante duas décadas. Na América Latina, outros países também passaram pela experiência autoritária, como o Uruguai, a Argentina e o Chile.

11 Para não concluir

A democracia não dispõe de um modelo a ser seguido, porque é algo que se constrói pelo enfrentamento dos conflitos de opiniões divergentes, a partir de situações concretas e tendo em vista o bem comum. Por isso, o equilíbrio das forças políticas é sempre instável, o que exige atenção constante para os riscos de desvio do poder.

No mundo contemporâneo, com as crises sucessivas do modelo financeiro mundial, cresceram os índices de desemprego nos países ricos. Do mesmo modo, o confronto com imigrantes tem despertado ódios, fortalecendo os movimentos neonazistas. Em alguns países árabes, como o Irã e o Afeganistão, que já foram democracias, a população sofre sob governos teocráticos.

A condição do fortalecimento da democracia depende da politização das pessoas, para que estejam atentas aos acontecimentos de seu tempo e possam se tornar mais participantes e conscientes da vida pública.

Teocracia
Literalmente, "poder divino". Do grego *teo*, "Deus", e *krátos*, "poder".

Leitura analítica

Educação após Auschwitz

"A exigência de que Auschwitz não se repita é a primeira de todas para a educação. [...]

A reflexão a respeito de como evitar a repetição de Auschwitz é obscurecida pelo fato de precisarmos nos conscientizar desse elemento desesperador, se não quisermos cair presas da retórica idealista. Mesmo assim é preciso tentar, inclusive porque tanto a estrutura básica da sociedade como os seus membros, responsáveis por termos chegado onde estamos, não mudaram nesses vinte e cinco anos [1940-1965]. Milhões de pessoas inocentes — e só o simples fato de citar números já é humanamente indigno, quanto mais discutir quantidades — foram assassinadas de uma maneira planejada. Isto não pode ser minimizado por nenhuma pessoa viva como sendo um fenômeno superficial, como sendo uma aberração no curso da história, que não importa, em face da tendência dominante do progresso, do esclarecimento, do humanismo supostamente crescente. O simples fato de ter ocorrido já constitui por si só expressão de uma tendência social imperativa. [...]

[...] É preciso reconhecer os mecanismos que tornam as pessoas capazes de cometer tais atos, é preciso revelar tais mecanismos a eles próprios, procurando impedir que se tornem novamente capazes de tais atos, na medida em que se desperta uma consciência geral acerca desses mecanismos. [...] A educação tem sentido unicamente como educação dirigida a uma autorreflexão crítica. Contudo, na medida em que, conforme os ensinamentos da psicologia profunda, todo caráter, inclusive daqueles que mais tarde praticam crimes, forma-se na primeira infância, a educação que tem por objetivo evitar a repetição precisa se concentrar na primeira infância. [...]

[...] O único poder efetivo contra o princípio de Auschwitz seria autonomia, para usar a expressão kantiana; o poder para a reflexão, a autodeterminação, a não participação.

[...] Mas aquilo que gera Auschwitz, os tipos característicos ao mundo de Auschwitz, constituem presumivelmente algo de novo. Por um lado, eles representam a identificação cega com o coletivo. Por outro, são talhados para manipular massas, coletivos, tais como os [líderes nazistas] Himmler, Höss, Eichmann. Considero que o mais importante para enfrentar o perigo de que tudo se repita é contrapor-se ao poder cego de todos os coletivos, fortalecendo a resistência frente aos mesmos por meio do esclarecimento do problema da coletivização. Isso não é tão abstrato quanto possa parecer ao entusiasmo participativo, especialmente das pessoas jovens, de consciência progressista. O ponto de partida poderia estar no sofrimento que os coletivos infligem no começo a todos os indivíduos que se filiam a eles. Basta pensar nas primeiras experiências de cada um na escola. É preciso se opor àquele tipo de *folk-ways*, hábitos populares, ritos de iniciação de qualquer espécie, que infligem dor física — muitas vezes insuportável — a uma pessoa como preço do direito de ela se sentir um filiado, um membro do coletivo. A brutalidade de hábitos tais como os trotes de qualquer ordem, ou quaisquer outros costumes arraigados desse tipo, é precursora imediata da violência nazista. Não foi por acaso que os nazistas enalteceram e cultivaram tais barbaridades com o nome de 'costumes'. Eis aqui um campo muito atual para a ciência. Ela poderia inverter decididamente essa tendência da etnologia encampada com entusiasmo pelos nazistas, para refrear essa sobrevida simultaneamente brutal e fantasmagórica desses divertimentos populares."

ADORNO, Theodor W. Educação após Auschwitz. In: *Educação e emancipação*. Rio de Janeiro: Paz e Terra, 1995. p. 119-22, 125, 127-9.

Questões

1. Segundo Adorno, qual é o comportamento social que concorreu para a deformação da personalidade dos algozes de Auschwitz?
2. Ainda segundo o autor, o que seria necessário para evitar que reapareçam novos Eichmanns?
3. Posicione-se a respeito dos trotes de calouros, comuns em nossas universidades.

Auschwitz
Cidade polonesa onde, em 1940, os nazistas instalaram quatro campos de concentração para extermínio de judeus e outros detentos.

Atividades

Retomando os conteúdos

1. Qual é a importância da experiência grega de democracia para a reflexão contemporânea sobre esse conceito?

2. No ideal da democracia grega, há três pilares: igualdade, liberdade e participação. Discuta em que medida esses valores são ou não alcançados na democracia brasileira.

3. Qual é a diferença entre democracia direta e democracia representativa? Como poderíamos introduzir, no sistema representativo, elementos da democracia direta?

4. Liste as características principais dos Estados totalitários.

5. As ditaduras desvalorizam o ideal democrático de cidadania. Justifique a afirmação usando o conceito de representatividade e de estado de direito.

6. Quais são as diferenças entre autoritarismo e totalitarismo?

Aprofundando os conceitos

7. Leia o seguinte excerto de Hannah Arendt:

> "À violência é sempre dado destruir o poder; do cano de uma arma desponta o domínio mais eficaz, que resulta na mais perfeita e imediata obediência. O que jamais poderá florescer da violência é o poder."
>
> ARENDT, Hannah. *Da violência*. Brasília: Editora da UnB, 1985. p. 29.

Justifique por que Arendt não reconhece poder nos atos violentos.

8. Levante a letra completa da música "Cálice", composta por Chico Buarque de Hollanda e Gilberto Gil, em 1973, que começa assim: "Pai, afasta de mim esse cálice [...] de vinho tinto de sangue". Observe que o primeiro verso reproduz a fala de Cristo, antevendo seu martírio. Além disso, há um jogo com a palavra *cálice*, que pode ser ouvida como "cale-se". A partir desses indícios, identifique e explique que críticas ao regime militar estão presentes nessa canção. Fundamente sua resposta com argumentos e trechos da letra.

9. A partir da citação, explique o que é *poder ascendente* e *poder descendente*:

> "A democracia é subversiva no sentido mais radical da palavra porque onde chega, subverte a concepção tradicional de poder [...] segundo a qual o poder — político ou econômico, paterno ou sacerdotal — desce do alto para baixo."
>
> BOBBIO, Norberto. *Qual socialismo?* Discussão de uma alternativa. 2. ed. Rio de Janeiro: Paz e Terra, 1983. p. 64.

10. Analise esse artigo da Constituição brasileira a partir do ponto de vista de quem *tem* propriedades e daqueles que *não as têm*. Estes últimos estariam nas mesmas condições de igualdade que os primeiros quanto à liberdade econômica e jurídica?

> "Art. 5º: Todos são iguais perante a lei, sem distinção de qualquer natureza, garantindo-se aos brasileiros e aos estrangeiros residentes no País a inviolabilidade do direito à vida, à liberdade, à segurança e à propriedade." (*Constituição da República Federativa do Brasil*, 1988.)

11. Com base no que foi visto neste capítulo, comente a seguinte citação:

> "Cidadão: o membro de uma Cidade, na medida em que participa do poder soberano (senão seria apenas um súdito) e se submete a ele (senão seria rei)."
>
> COMTE-SPONVILLE, André. *Dicionário filosófico*. São Paulo: Martins Fontes, 2003. p. 100.

Pesquisa

12. Com o seu grupo, faça entrevistas com parentes e conhecidos sobre o que eles entendem por "ética na política". Em seguida, elabore um texto com a análise das respostas, usando os conceitos aprendidos neste capítulo.

Dissertação

13. Tema: "Uma má democracia é sempre preferível a uma boa ditadura" (Norberto Bobbio)

Capítulo 12

Violência e direitos humanos

1 A violência que salta aos olhos

SVEN KAESTNER/AP PHOTO

Pablo Picasso (1881-1973) foi também um grande defensor dos direitos humanos e da paz mundial. Neste lenço, feito pelo pintor espanhol para um festival pela paz em Berlim, em 1951, o que Picasso desejava representar com as quatro faces e a pomba da paz ao centro?

Quando nos assustamos com o aumento da violência e reclamamos da falta de segurança, em geral estamos falando de casos como assassinatos, roubos, sequestros, estupros, brigas e outros infortúnios. Quase sempre, os acontecimentos que aguçam nossos temores são os que envolvem personalidades famosas ou pessoas do nosso círculo restrito de convivência. Tomamos conhecimento da violência pela mídia ou amargamos a proximidade da dor.

Em nível mundial, temos notícias sobre as guerras ou o risco de atentados terroristas. Mas isso tudo pode parecer distante do nosso cotidiano, por ocorrer em outros países, às vezes do outro lado do mundo. Aqui vamos tratar desses e de outros tipos de violência, alguns deles silenciosos, mas que nos atingem igualmente de maneira brutal.

2 O que é violência?

O conceito de *violência* não tem definição simples, depende de circunstâncias e até dos valores da cada cultura. Preferimos analisar diversas expressões da violência até chegarmos a uma compreensão mais ampla e clara.

De modo geral, associamos o ato violento à força física ou psicológica, que envolve um agressor e sua vítima. O ato violento é realizado contra a vontade da vítima e com a intenção de lhe causar dano. Por exemplo, ferir, matar, prender, ameaçar, impedir de agir, roubar, destruir os bens, humilhar, entre outros. Essas agressões visam a, intencionalmente, tirar a vida, a liberdade ou a propriedade, atingir a integridade do corpo ou perturbar o espírito e a dignidade das pessoas.

As forças da natureza

ALBUM / PRISMA / LATINSTOCK

Escultura de Netuno (em grego, Poseidon), produzida entre 1814 e 1823 por Giuseppe Valadier e Ceccarini Giovanni. Poseidon, deus grego, senhor dos mares e dos terremotos, era violento e genioso. Só na mitologia as forças da natureza são atribuídas ao poder voluntário de destruição.

É comum o conceito de violência ser usado de maneira imprecisa, ou pelo menos metafórica, por esse motivo vejamos primeiro o que *não é* violência. Quando dizemos: "A cidade foi varrida por um violento *tsunami*" ou "A ação violenta do veneno impediu o atendimento médico a tempo e a pessoa morreu", o conceito de violência é usado com impropriedade.

Ficamos consternados com a morte de uma pessoa e a destruição de uma cidade, porém o *tsunami* em si não é violento, pois sua ação não é intencional e não envolve disputa, conflito. O fenômeno é natural e resulta da força das águas do mar, devido a maremotos profundos que desencadeiam as ondas gigantes.

Já o veneno age no organismo vivo também segundo leis naturais. Ao estudar a composição química da substância, podemos prever em que medida ela é letal aos seres vivos. Portanto, o veneno não é violento em si.

Nos dois exemplos, estamos diante de *determinismos* da natureza. O *tsunami* e o veneno não são bons ou maus, porque eles não "escolhem" destruir e matar. Apenas os atos humanos são fruto de *deliberação* e podem ser julgados como bons ou maus: a violência é, portanto, um atributo do ser humano livre e como tal constitui uma prática voluntária.

Algumas exceções

Existem atos humanos que, embora pareçam violentos, não podem ser considerados como tal. Nem sempre é fácil e simples fazer essa identificação. Por exemplo, se condenamos como atos criminosos e cruéis o infanticídio ou o abandono de idosos, certamente nos escandalizaremos com povos que matam bebês ao nascer ou abandonam seus pais para morrer, como ocorria em algumas tribos. Esses costumes resultam do estado de extrema pobreza e fome, e geralmente seguem imperativos religiosos que visam a garantir a sobrevivência do grupo.

Em alguns rituais de passagem de tribos indígenas, os jovens permitem incisões em seu corpo e sofrem privações intensas durante algum período. Porém, essas práticas não são julgadas como violentas, mesmo que sejam dolorosas. De fato, elas fazem parte de um ritual pelo qual os jovens devem suportar a dor para ser admitidos no mundo dos adultos.

Do mesmo modo, ninguém acha que o médico cirurgião comete uma violência quando abre o ventre do paciente para extirpar um tumor, pois sua intenção não é ferir, mas salvar. Além disso, a ação ocorre com o consentimento do doente ou de seus familiares.

Em contraposição, certas religiões não admitem a transfusão de sangue e seus seguidores consideram uma violência o médico realizar o procedimento à revelia do paciente ou do responsável por ele. Por sua vez, nesses casos, é o médico que condena a decisão dos pais da criança como violenta. Como se vê, discutir sobre o que é ou não é violência depende muito de tradições, circunstâncias e imperativos religiosos.

NEIL BECKERMAN/TAXI/ GETTY IMAGES

É o tatuado que decide suportar a dor, seja para pertencer a um grupo, por rebeldia ou simplesmente porque deseja um ornamento para o corpo.

3 Tipos de violência

A violência pode se expressar de diversas formas.

A violência do Estado

O Estado moderno, desde o século XVII, centralizou o poder e assumiu o controle do aparelho repressivo constituído por tribunais, polícia, prisões e exército. Assim, tornou-se o único autorizado a usar a violência legítima. No entanto, é necessário ter consciência de que sempre serão as leis o suporte da atuação do Estado.

Assim como o Estado deve agir conforme a legislação, ninguém está autorizado a "fazer justiça com as próprias mãos". Os transgressores são obrigados a se submeter a procedimentos legais de julgamento. Nesse caso, o ideal civilizatório que se configura é o da predominância do estado de direito.

Quanto à violência legítima do Estado, os pensadores se interrogam sobre os limites do recurso legal à violência. A violência do Estado não deve ferir os valores estimados como justiça, liberdade e dignidade, princípios fundamentais da democracia.

12.1 Biblioteca do estudante: Leitura complementtar

Estado de direito
Estado em que impera a lei, a separação dos poderes e a prevalência dos direitos fundamentais do indivíduo e dos direitos sociais e coletivos.

UNIVERSAL PICTURES DO BRASIL /DIVULGAÇÃO

A violência institucional da polícia foi para a tela do cinema. O filme brasileiro *Tropa de elite*, dirigido por José Padilha, expõe à sociedade a urgência de reflexão: o crime pode ser combatido com o uso da força desmedida?

Violência passiva

SAM PANTHAKY/GETTY IMAGES

Trabalhadores indianos se equilibram de forma temerária numa estrutura de aço em Ahmedabad, na Índia, em novembro de 2011. Os altos índices de acidentes de trabalho em geral resultam do não cumprimento de normas de segurança por parte de empregadores. É um comportamento que configura a violência, ainda que aparentemente involuntária.

A violência passiva, ou violência por omissão, ocorre quando deixamos de realizar uma ação que poderia salvar vidas ou evitar sofrimentos. Embora sem aparente intenção, algumas delas podem ter consequências danosas. Por exemplo, se um motorista provoca um acidente de trânsito, convém saber se não houve descuido ou imprudência, mesmo que ele alegue não ter causado os danos de forma voluntária.

Quando uma empresa não usa filtro para impedir a poluição atmosférica, essa omissão é prejudicial à saúde dos funcionários e da população circunvizinha. Graças à vigilância dos ambientalistas nos últimos anos, temos tomado conhecimento de atentados ao equilíbrio da natureza. Trata-se de uma violência que, além de nos agredir, ameaça as gerações futuras.

Reflita

Um homem vai de iate a uma ilha onde haverá uma grande festa de ano-novo. No trajeto, depara com um barco grande naufragando e percebe que algumas vítimas pedem ajuda. Percebe que um pescador já auxilia algumas delas, e como não quer perder a grande noite, afasta-se do local do acidente. O caso pode ser visto como um tipo de violência? Por quê?

Violência psicológica

ULLSTEIN BILD/OTHER IMAGES

A violência psicológica não recorre à força física. Atua sobre a consciência para obrigar alguém a agir de determinado modo. É o caso de um chantagista que ameaça tornar público um segredo que alguém não gostaria que fosse revelado.

Também consiste em violência – embora pareça mais amena ou menos grave – o pai ou o professor que doutrina as crianças com intimidação ou que as manipula para a obediência cega e aceitação passiva da autoridade. Procedimento semelhante ocorre no mundo adulto, quando a manipulação ideológica induz pessoas à adesão, sem crítica, a um projeto qualquer. A influência sobre a consciência e a vontade é tal que o indivíduo acredita estar agindo por sua própria intenção.

Trabalhadores alemães reverenciam Adolf Hitler com a saudação nazista após discurso do *führer* ("guia", "mestre", em alemão) em estaleiro de Hamburgo, em agosto de 1934. Hitler foi um governante carismático que magnetizava os alemães com palavras de ordem. Teve como braço direito na incitação à adesão à guerra Joseph Goebbels, ministro do Povo e da Propaganda, a quem é atribuída a frase: "uma mentira cem vezes dita torna-se verdade".

A violência psicológica também pode ser encontrada nas diversas formas de discriminação e preconceito pelas quais se expressam o racismo (contra negros, indígenas, migrantes, judeus etc.), o sexismo (que discrimina a mulher e os homossexuais), o elitismo (que despreza os pobres), e assim por diante.

Os grupos discriminados sofrem violência psicológica porque sua autoestima é ferida ao serem ridicularizados, inferiorizados, humilhados e tratados como objeto de desprezo. E pior: o preconceito muitas vezes leva à intolerância, que pode gerar violência física.

Violência estrutural

Nas caracterizações da violência apresentadas no início deste capítulo, destacamos o conflito entre dois opositores. Há sempre um autor e uma vítima, que podem ser pessoas ou grupos, e, nessa relação, um lado tem claramente a intenção de fazer mal ao outro. No entanto, nem sempre esse propósito se revela tão evidente, porque existem alguns tipos de violência em que os autores da violência precisam ser desvelados e acusados.

A violência *estrutural* pertence a essa espécie difícil de ser identificada de imediato. Nesse tipo de violência, não fica claro quem é o agressor, conhecemos apenas a vítima, mas também ela não sabe quem poderia ser o responsável pela sua situação. Às vezes acha que todo sofrimento faz parte da "ordem natural das coisas", sem suspeitar de que resulta da ação humana.

Com a ausência de saneamento básico – obrigação do Estado para garantir a saúde da população –, as crianças ficam expostas a riscos. A falta de higiene e a fome prejudicam o desenvolvimento físico e intelectual humano, além de expor as crianças a doenças e à morte precoce. Muitas vezes trata-se da "fome oculta", resultante da ausência de proteínas e vitaminas na alimentação diária.

Não pode ser "natural" haver desigualdades tão acentuadas entre ricos e pobres, tampouco desemprego em massa, trabalho infantil, mendicância, altos índices de prostituição (inclusive de crianças). Essas distorções constituem "doenças da sociedade", falhas de um sistema econômico capaz de acumular riquezas, mas que não se dispõe a distribuí-las com justiça entre os cidadãos. Excluir grande parte da população de bens fundamentais a que tem o mais estrito direito para viver com dignidade cria um estado de violência.

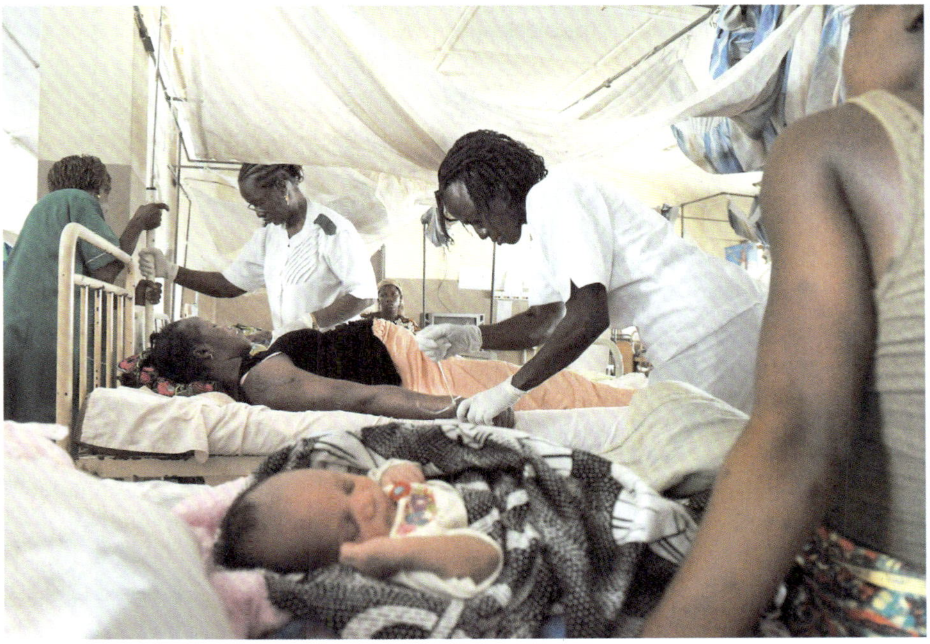

ISSOUF SANOGO/AFP PHOTO

Enfermeiros socorrem mulher grávida em maternidade de Freetown, capital de Serra Leoa, em setembro de 2009, após a secretária-geral Irene Khan (fora do alcance da câmera) ter feito uma visita ao local. Em 2009, a advogada e ativista liderou uma missão em Serra Leoa para lançar uma campanha de redução da mortalidade materna no país, um dos mais elevados do continente africano.

Leitura analítica

A inocente face do terror

"Não há motivo para pensar o contrário. Os cinco garotos que atearam fogo a Galdino Jesus dos Santos, um índio pataxó de 45 anos, são normais. Provavelmente têm pais preocupados com os filhos e tiveram a educação que qualquer garoto de classe média ou rica tem no Brasil. Vão à escola; fazem ginástica ou qualquer outro tipo de esporte; gostam de rock; de moto; de marca de carro; discutem quem é mais rico do que quem; falam de computadores; veem filmes de ação; estudam uma ou duas línguas estrangeiras; passearam na Flórida, em Nova York ou na Europa; sonham com o que serão profissionalmente; discutem sobre sexo, droga e apaixonamento romântico e jamais matariam o vizinho ou o colega de Quadra, por brincadeira ou antipatia. Se fizeram o que fizeram é porque lhes ensinaram, na prática e não no discurso, que um índio não é como eles, não é um igual em humanidade.

Os garotos não são monstros, simplesmente não sabem mais distinguir entre o que é ou não monstruoso, pois foram educados num tempo em que o horror perdeu seu aspecto extraordinário. Não por 'culpa da mídia', como se costuma dizer. A mídia forma hábitos, é claro. Mas nem toda mídia é inescrupulosa e mesmo aquela sórdida, no mais das vezes, vende o que estamos dispostos a aceitar. E o que estamos dispostos a aceitar — falo das elites, obviamente — é o mito de que somos cidadãos de um mundo globalizado pelos artefatos informáticos e pela comunicação via internet. Este mito vem fazendo da elite brasileira um fantoche de interesses comerciais de empresas cuja única preocupação é lucro. Embarcamos quase todos na mão dos irresponsáveis. Tolamente, passamos a acreditar na ideia de que 'comunidade cultural', 'cidadania nacional', 'coletividades ligadas por valores morais' é conversa de comunista ressentido, intelectual vagabundo, perdedor econômico ou franciscano sem batina.

[...] O que estamos fazendo com nossos filhos? Por Deus, o que estamos fazendo com garotos que tinham tudo para ser diferentes e se tornaram frios e brutais candidatos a assassinos, por nossa estupidez?

[...] Que me perdoem os leitores exigentes. Não dá para fazer análise acadêmica quando a atrocidade chega a esse nível. Crueldade gratuita é o limite extremo da barbárie. Esses garotos, repito, não são monstros. Eles simplesmente vêm sendo descerebrados e transformados em bocas, narizes ou braços para a entrada de drogas; corpos desumanizados e reciclados como cabides para artigos de moda e, por fim e o mais grave, amplificadores da crença idiota de que somos habitantes de um delirante lugar entre a Terra e a Lua, onde não existem fome, desemprego, esgotos a céu aberto, analfabetismo, prostituição infantil e uma das piores, senão a pior, concentração de renda do planeta. [...] Vamos mudar, antes que seja tarde. Vamos ensinar a nossos filhos que não há dinheiro, sucesso ou poder que possa transformar o mundo num lugar de solidariedade, amizade e alegria."

COSTA, Jurandir Freire. *Razões públicas, emoções privadas.* Rio de Janeiro: Rocco, 1999. p. 90-2.

Saiba mais

O crime relatado acima ocorreu em Brasília (DF), em 20 de abril de 1997. Dos cinco criminosos, quatro foram condenados a catorze anos de prisão. O quinto garoto foi processado separadamente e estava em liberdade na data em que seus colegas foram condenados (10 de novembro de 2001).

Questões

1. Em que sentido o autor diz que aqueles rapazes são "normais"? Você concorda com ele? Justifique.
2. Quais são as distorções no comportamento dos jovens denunciadas pelo autor?
3. Discuta o significado moral da frase: "Se fizeram o que fizeram é porque lhes ensinaram, na prática e não no discurso, que um índio não é como eles, não é um igual em humanidade".

4 Tipos de violência extrema

A violência pode alcançar patamares inimagináveis quando, além do horror, do sofrimento e da morte, levamos em conta o número de vítimas. É o caso de guerras, massacres, genocídios e atos de terrorismo.

A guerra

A guerra é uma violência institucionalizada entre unidades sociais organizadas, como grupos ou países, que se confrontam de modo violento. É uma atividade militar que deve obedecer a regras, tais como a trégua, o respeito pela população civil e a garantia dos direitos dos prisioneiros, além de instaurar outra ordem jurídica, diferente daquela vigente em tempos de paz. O confronto entre nações é denominado *guerra*. Quando o conflito ocorre entre segmentos de um mesmo país, é chamado de *guerra civil*.

Em tese, o conflito bélico se inicia apenas após o fracasso de tentativas diplomáticas, que pretendem resolver as pendências com diálogo e acordos pacíficos. A diplomacia pode não alcançar seus objetivos em virtude, por exemplo, da prepotência de países hegemônicos mobilizados por interesses econômicos. É o que acontece com os governos que disputam os poços petrolíferos, as riquezas do solo, uma saída para o mar ou a luta por recursos hídricos, como acontece no Oriente Médio.

JOHN CANTLIE/GETTY IMAGES

Foguete é lançado em Sirte, na Líbia, em outubro de 2011, dois meses após a queda de Muammar Gaddafi e a derrubada de seu regime. As guerras atuais usam tecnologia de ponta, com instrumentos precisos, além de armas químicas, biológicas e nucleares. Por trás do comércio e da indústria bélica há muitos interesses econômicos envolvidos.

Saiba mais

Em 1945, depois da Segunda Guerra Mundial, a Organização das Nações Unidas (ONU) foi criada como forma de solucionar pacificamente os conflitos que tendem a se internacionalizar. Apesar de não ser possível negar a importância desse organismo, nem sempre ele consegue evitar a pressão dos países mais poderosos pela defesa de seus interesses acima do bem público mundial. Foi o que ocorreu na invasão do Iraque, em 2003, quando os Estados Unidos deram início aos bombardeios à revelia da ONU.

No mundo inteiro há movimentos pacifistas que atuam contra as guerras. O pacifismo extremado rejeita todo tipo de violência e classifica a guerra como injustificável em qualquer circunstância. Correntes mais moderadas aceitam – com restrições – a "guerra justa" como resposta à violação de um direito ou em defesa da liberdade e contra a servidão, embora reconheçam as dificuldades de explicitar esses limites.

Massacre e genocídio

Apesar de terrível, esperamos que a guerra, como instrumento com regras e leis, obedeça a essas normas e sempre busque a paz. No entanto, passamos ao longo da história por alguns episódios abomináveis, como *massacres* e *genocídios*.

Os massacres ocorrem quando prisioneiros são exterminados e a população civil é atacada, durante a destruição e a pilhagem de cidades.

O genocídio visa ao extermínio deliberado de qualquer grupo étnico. Segundo a ONU, *genocídio* é a "recusa do direito à existência de inteiros grupos humanos". A Convenção de Haia de 1907 estipulou o genocídio como *crime contra a humanidade*, portanto, sujeito a julgamento em tribunal internacional. É por isso que chefes nazistas puderam ir para o banco dos réus, como Eichmann, citado no capítulo anterior, culpado pelo genocídio de milhões de judeus.

Recentemente, em 2002, o ditador Slobodan Milosevic, da ex-república da Iugoslávia, foi julgado por crimes de guerra. E também por crimes contra a humanidade, ao proceder a uma "limpeza étnica" de croatas e muçulmanos durante a guerra civil após a independência da Bósnia.

Terrorismo

O *terrorismo* é um tipo de violência extremada, realizada por meio de atentado. Esse ato ocorre em local e tempo limitados e visa a atingir um alvo com grande impacto, explorando o efeito surpresa e a astúcia.

O terrorismo rompe com qualquer sensação de segurança por ferir e matar indiscriminadamente os inocentes que circulam pelo local do atentado. Por isso, uma vez impetrado, o terror paira como ameaça, que desencadeia a síndrome do medo em toda a população.

Os terroristas atuam em grupos cujos integrantes se envolvem em obrigações mútuas, pactos de fidelidade e segredo. Agem em regiões específicas, reivindicando algum direito que alegam ter-lhes sido negado. Por isso, o atentado terrorista é um ato político em que o agente diz ser vítima de outra violência anterior. Porém, por mais que seus membros aleguem razões políticas fundamentadas, não há como tolerar nem justificar o desfecho trágico dos atentados.

Na Espanha, os membros do grupo separatista ETA (em basco significa "Pátria Basca e Liberdade") que lutaram durante cinquenta anos pela autonomia basca até proclamarem o fim de suas atividades em 2011. Os homens e mulheres-bombas da Palestina lutam contra a ocupação israelense de seus territórios. Esses grupos e tantos outros que lançam mão do terrorismo se declaram "defensores da liberdade" – embora usem a violência.

Leia como o filósofo francês André Comte-Sponville avalia a ação terrorista:

> "Os terroristas são combatentes da sombra, que não respeitam as leis da guerra e não hesitam em atacar, se for o caso, civis ou inocentes. É um motivo suficiente, em todo Estado democrático, para rejeitá-lo e combatê-lo inclusive militarmente. Contra o fanatismo, a razão. Contra a violência cega, a força lúcida."

COMTE-SPONVILLE, André. *Dicionário filosófico*. São Paulo: Martins Fontes, 2003. p. 593.

5 Quem é bárbaro?

No conflito entre Islã e Ocidente, é evidente o maniqueísmo: para os partidários de Bin Laden, o Islã é a única civilização e bárbaro é o Ocidente; enquanto isso, os ocidentais costumam afirmar "a supremacia da civilização ocidental sobre o Islã".

Para evitar esse tipo de raciocínio tendencioso, recorremos ao texto do filósofo francês Francis Wolff, que identificou três sentidos de *barbárie*, conforme diferentes concepções de civilização:

- Civilização como processo de abrandamento de costumes; como refinamento nos modos de cumprir as funções naturais (exemplos: comer, defecar e assoar o nariz); como polidez no trato com os outros. Bárbaros seriam os brutos grosseiros que ignoram as boas maneiras, a "civilidade".
- Civilização como patrimônio das ciências, letras e artes, enfim, um estágio desenvolvido da cultura humana. Os bárbaros seriam os insensíveis ao saber ou à beleza, "aqueles que pilham as igrejas para fundir o ouro que nelas encontra, que queimam os livros ou... destroem as estátuas".
- Civilização como tudo o que, nos costumes, em especial nas relações com outros homens e outras sociedades, parece humano, realmente humano. Trata-se do que pressupõe respeito pelo outro, assistência, cooperação, compaixão, conciliação e pacificação das relações. É o contrário do que se supõe bestial, ou seja, a violência primitiva ou arcaica, a luta impiedosa pela vida.

Sociedades que se orgulham de ter atingido os dois primeiros estágios de civilização podem revelar comportamentos que ferem o terceiro sentido. Os civilizados gregos, por exemplo, aceitavam e adotavam a escravidão; e os conquistadores espanhóis "civilizados" e cristãos dizimaram os astecas, tidos como bárbaros por praticar uma religião que incluía sacrifícios humanos. Os dois casos nos mostram que não existe barbárie oposta à ideia única e simples de civilização, já que povos considerados civilizados são capazes de atos de barbárie.

Maniqueísmo
Chamamos de maniqueísta o comportamento rígido que contrapõe o ser humano em duas categorias: bom ou mau, herói ou bandido, deixando de examinar os fatos na sua complexidade. Nesse novo sentido, o risco do maniqueísmo é a intolerância da qual decorre a violência, quando os "adversários" se convertem em "inimigos".

JOHN MOORE/GETTY IMAGES

Detento do Camp 6, no centro de detenção na Baía de Guantánamo, em Cuba, em foto de março de 2011. O governo dos Estados Unidos, país civilizado, pode ser acusado de barbárie por ter instituído a tortura e a prisão sem formalidades legais em Guantánamo. Durante a era George W. Bush, ali foram presos os suspeitos de vinculação com terroristas, mesmo sem provas. Quatro anos após a eleição de Barack Obama, a promessa de fechamento da prisão ainda não foi cumprida.

Reflita

Os atentados terroristas de 11 de setembro de 2001 às torres gêmeas do *World Trade Center*, em Nova York, e a outros pontos estratégicos de poder dos Estados Unidos foram atribuídos a fundamentalistas islâmicos da facção Al Qaeda, sob a liderança de Osama Bin Laden. No entanto, todos os muçulmanos, indiscriminadamente, acabaram sendo atingidos pela reação e pelo discurso do então presidente norte-americano George W. Bush, que chamou o Islã de "eixo do mal". Você concorda com essa afirmação?

JASON HOOK/AKG-IMAGES/LATINSTOCK

As torres gêmeas do *World Trade Center*, em Nova York, em chamas após o ataque terrorista de 11 de setembro de 2011.

12.2 Visão do especialista

Não podemos conceber uma noção absoluta nem de civilização nem de barbárie. A civilização deve permitir a existência de *diversidade cultural*. Bárbaro é quem não respeita essa ideia, conforme explica o filósofo Francis Wolff:

> "Por isso o ataque de 11 de setembro é de fato um ataque *bárbaro*, e por ser bárbaro é que exige uma resposta civilizada. É bárbaro tanto na forma como no fundo, não por ser organizado por uma religião ou cultura bárbara, mas por ser organizado em nome da ideia do Bem absoluto. E ele exige uma resposta civilizada, ou seja, uma luta sem hipocrisia, não em nome da ideia do Bem ou da civilização, mas em nome da luta pela diversidade da humanidade, da qual todas as civilizações são garantia."

WOLFF, Francis. Quem é bárbaro?. In: NOVAES, Adauto (Org.). *Civilização e barbárie*. São Paulo: Companhia das Letras, 2004. p. 43.

Leitura analítica

Civilização sem guerra

"São bastante complexas as relações entre civilização e guerra. À primeira vista, uma é o contrário da outra. A civilização cresce com a paz – ela depende, mesmo, da paz. Um filósofo como Thomas Hobbes (1588-1679), por exemplo, brande diante de nós o espectro da guerra como aquela situação na qual não há nenhuma das comodidades que dão valor à vida e, mais que isso, como a condição em que nossa vida é solitária, pobre, sórdida e breve.

[...] A grande ideia-chave da ciência política, e da prática política, nas últimas décadas – ou seja, a ideia de que é possível *administrar* os conflitos – é a negação do projeto hobbesiano. À medida que, mais que isso, se percebe que o conflito é produtivo, é fecundo, enterra-se Hobbes, pelo menos aquele Hobbes cuja ideia-matriz era que os conflitos seriam mortíferos. [...]

Será então a guerra deportada para o exterior das sociedades? As civilizações parecem ter se construído, ao longo dos tempos, *excluindo* a guerra de seu interior, mas *dependendo* dela no exterior. Vimos que a exclusão interna significava o silenciamento das oposições, uma paz de cemitérios. Expressões hoje usuais na discussão política, ou que se ouvem em cada esquina, de qualquer pessoa, na crítica aos governos, durante milênios levaram a uma morte cruel e ignominiosa. (Talvez essa constatação constitua o maior elogio que se possa tecer à sociedade democrática de nossos dias.) Vimos também que foi possível *aumentar* o teor de conflito dentro de uma sociedade e, mais que isso, torná-lo fecundo. Mas, e quanto à guerra externa?

[...] Hoje é muito difícil formular qualquer previsão. Podemos estar à beira de um conflito terrível e talvez mundial. Entre a redação destas páginas e sua publicação, muito pode ocorrer. Mas o fato é que se opõem atualmente duas lógicas. Uma é a que se foi construindo ao longo dos últimos séculos e sobretudo décadas: trata-se de levar para as relações internacionais o que conquistamos nas domésticas. Assim como fomos capazes de domesticar o conflito e de aceitar a divergência nas relações com nossos próximos, com os concidadãos, deveremos ser capazes de substituir a guerra e seus avatares nas relações internacionais. Outra lógica, porém, é a do conflito generalizado, da guerra conduzida pelos fundamentalismos de ambos os lados, norte-americano e radical islâmico. Não sabemos qual delas há de vencer. Mas pelo menos acreditemos que instituir um mundo de diálogo e de respeito recíproco depende de nós – e lutemos para que prevaleça o ânimo da paz."

RIBEIRO, Renato Janine. Civilização sem guerra. In: NOVAES, Adauto (Org.). *Civilização e barbárie*. São Paulo: Companhia das Letras, 2004. p. 207-25.

Saiba mais

O texto do filósofo Renato Janine Ribeiro foi publicado em 2004. De lá para cá o mundo passou por uma grave turbulência de cunho financeiro, que teve início com a crise mundial de 2008 e ainda não apresenta um desfecho a curto prazo. No momento (final de 2012), a crise afeta profundamente a União Europeia e os Estados Unidos.

Ignominioso
Que provoca horror, vergonha.

Avatar
Transformação, mutação.

Questões

1. Analisando o conceito de conflito, explique:

a) Por que a concepção de Hobbes sobre o conflito é diferente daquela das democracias contemporâneas?

b) Por que, para Renato Janine Ribeiro, a concepção atual de conflito representa um ganho sobre a anterior, na qual vigorava a "paz de cemitérios"?

2. Posicione-se com argumentos: os fundamentalismos religiosos representam uma ameaça à paz mundial?

6 Paz como concórdia

Quando nos referimos à paz, é preciso advertir que não se trata da "paz dos cemitérios". Esta é alcançada com a destruição dos oponentes ou a imposição de uma retaliação humilhante aos vencidos. Não se trata, portanto, da paz *imposta* com uma "ordem" que mantém a injustiça. Por isso mesmo, o conceito de paz não deveria ser definido com base em negações, como "ausência de conflito" e "não guerra".

Em sentido estrito, a paz é um tipo de ordenamento social em que os conflitos são resolvidos mediante discussão e diálogo. Em sentido bem amplo, a paz só é possível onde existe justiça, bem-estar e relações construtivas entre os grupos. Ou seja, a paz resulta de uma intenção de harmonia que necessita ser construída em conjunto. A isso chamamos de *civilização*.

O conceito de *concórdia* adquire aqui um sentido positivo, por ser a paz compartilhada, construída pela ação comum com o propósito de não deixar prevalecer a violência no convívio humano.

A ciência da paz

Após a Segunda Guerra Mundial, alguns estudiosos dedicaram-se a enfocar a noção de paz sem defini-la pela negação, como não guerra. Nasceu assim a *ciência da paz*, ou *irenologia*, nome que aproveitou o termo grego *eirene*, que significa "paz".

A ciência da paz tem desenvolvido uma pesquisa multidisciplinar, baseada na contribuição de diversas áreas do saber, como ciência política, sociologia, economia, psicologia, história, filosofia e direito internacional. Nasceu de iniciativa da Organização das Nações Unidas para a Educação, a Ciência e a Cultura (Unesco), da qual participaram também pensadores como Bertrand Russell e grupos de várias orientações ideológicas no mundo todo.

A partir da segunda metade do século XX, o desenvolvimento tecnológico aumentou a capacidade destrutiva das armas, colocando em risco a vida no planeta. O temor provocado pela radicalização das guerras gerou, assim, atuação mais firme de grupos pacifistas.

Paralelamente aos organismos mundiais, grupos da sociedade civil estudam e debatem as causas da violência, além de proporem alternativas não violentas para solucionar conflitos. O grande obstáculo tem sido transformar teorias em práticas, o que pressupõe preparar as novas gerações por meio da educação para a paz.

PHOTO SCALA/GLOW IMAGES - MINISTERO BENI E ATT. CULTURALI, ITALIA

A paz, quadro do pintor italiano Baldassare Franceschini (1611-1689). A paz sempre foi uma preocupação dos artistas.

7 A filosofia da não violência

Quando se fala em pacifismo, sempre vem à mente a figura de Mahatma Gandhi (1869-1948), líder da resistência indiana contra a dominação britânica. Suas principais estratégias eram: não colaboração, greve pacífica, jejum, boicote e desobediência civil. Essas estratégias são mais do que meras táticas de resistência passiva, porque se ancoram numa concepção filosófica da "não violência do forte". Por isso Gandhi preferia referir-se à sua doutrina como *satyagraha*, que significa literalmente "força da verdade".

Segundo Gandhi, o compromisso com a verdade exige nunca defender uma causa injusta e denunciar todas as formas de injustiça, tornando transparentes as mentiras e os crimes dos violentos. Significa também saber dialogar de modo objetivo e imparcial, disposto a negociar e a mudar de ideia quando for preciso.

O líder indiano inspirou-se na obra *Desobediência civil*, do norte-americano Henry Thoreau (1817-1862). Gandhi conseguiu ampliar o conceito de Thoreau, que se reduzia à ação individual, dando-lhe uma dimensão coletiva. Como advogado, Gandhi reconhecia a importância do respeito ao estado de direito, porém conclamava as pessoas a desobedecer as leis injustas e arcar com as consequências, que podiam envolver até prisão. A intenção dessa desobediência civil deveria sensibilizar a opinião pública para a denúncia das injustiças.

O grande mérito de Gandhi foi conseguir mobilizar as massas. Por exemplo, na Marcha do Sal (1930), após caminhar a pé durante vários dias até o mar, milhares de indianos recolheram água e a deixaram secar para obter o sal. O propósito era desobedecer às ordens inglesas, que determinavam o monopólio do sal na Índia, proibindo a extração de sal para consumo interno e obrigando os indianos a comprar o produto industrializado. Centenas de pessoas foram presas, incluindo o líder, mas o povo conquistou seu objetivo: a alteração da lei. Outra vitória importante foi o boicote às roupas de origem britânica, o que promoveu o renascimento dos tecidos feitos à mão pelos indianos.

As ideias de Gandhi influenciaram inúmeros ativistas no mundo inteiro, entre eles Martin Luther King (1929-1968), líder negro norte-americano que na década de 1960 empreendeu uma luta contra o *apartheid* em seu país.

Apartheid
Palavra de origem inglesa. Significa "segregação racial".

AFP PHOTO

O pastor norte-americano Martin Luther King discursa em Paris, em 1966, para militantes do Movimento pela Paz. Usando o método da não violência, Luther King tornou-se um ícone da luta pelos direitos civis nos Estados Unidos, na década de 1960. "Eu tenho um sonho de que meus quatro filhos um dia viverão numa nação onde não serão julgados pela cor de sua pele, mas sim pelo conteúdo de seu caráter", anunciou, numa época em que os negros não tinham os mesmos direitos que os brancos.

A participação coletiva e individual

O repúdio à violência e a construção da paz exigem compromissos que a sociedade democrática deve assumir em conjunto. A atuação de governos e de movimentos coletivos é importante para uma convivência não violenta. Do mesmo modo, é fundamental a conscientização individual para refletirmos sobre como cada um de nós se relaciona na família, com os amigos, na rua, no trabalho, com o ambiente. E sobre de que modo estamos engajados na construção de um mundo melhor.

Respeito pelos direitos humanos, comunicação participativa, tolerância e solidariedade, repúdio ao racismo e a qualquer tipo de discriminação: essas são algumas atitudes que podem contribuir para manter a concórdia.

8 Direitos humanos

Direitos humanos: para *todos* os seres humanos. Mas o que é o *ser humano*? Muitos já fizeram essa pergunta, respondendo da forma clássica: "somos animais racionais". Mas temos dúvidas quanto à clareza e precisão dessa definição, haja vista a dificuldade de encontrar uma característica específica e definitiva que nos distinga de todos os outros seres.

COLEÇÃO PARTICULAR

Abu Ghraib 72, quadro de Fernando Botero. O artista colombiano, conhecido pelas robustas figuras que costuma pintar, é um crítico severo do desprezo pelo sofrimento humano. Ele dedicou uma série de telas para documentar as torturas infligidas por soldados norte-americanos aos prisioneiros de Abu Ghraib, penitenciária próxima de Bagdá, Iraque.

Vejamos o comentário divertido do filósofo Comte-Sponville:

> "O que é o homem? Respostas é o que não faltam na história da filosofia. É o homem um animal político, como queria Aristóteles? Um animal falante, como também ele dizia? Um animal de duas patas sem penas, como afirmava com graça Platão? Um animal razoável, como pensavam os estoicos e depois os escolásticos? Um ser que ri (Rabelais), que pensa (Descartes), que julga (Kant), que trabalha (Marx), que cria (Bergson)? Nenhuma dessas respostas, nem a soma delas, me parece totalmente satisfatória."
>
> COMTE-SPONVILLE, André. *Apresentação da filosofia*. São Paulo: Martins Fontes, 2002. p. 125.

Não reconhecemos nossa natureza como claramente definível se considerarmos a incompletude humana, a ambiguidade dos desejos e a possibilidade aberta da liberdade de decisões. Isso posto, teremos de concluir que nosso comportamento também não é previsível.

Podemos acertar, mas também errar. Estamos disponíveis para construir um mundo melhor, mas igualmente para persistir nas ações movidas por egoísmo, inveja e cobiça. Neste último caso, seríamos menos humanos? Os corruptos, os assassinos, os traidores, os fracos não seriam seres humanos?

Ninguém que seja nascido de seres humanos pode ser excluído da humanidade. Não podemos incorrer na soberba de nos considerarmos superiores a alguns, por sermos mais inteligentes ou mais ricos, por pertencermos a uma classe ou religião que julgamos ser melhor. Essas questões nos remetem ao tema dos direitos humanos. Se partirmos do princípio de que cada pessoa é única e insubstituível, devemos concluir que todos são iguais e dignos de respeito.

Admitir que todos somos igualmente cidadãos e que o exercício da tolerância tem como consequência a aceitação das diferenças é reconhecer também o que é intolerável: a escravidão, a submissão doméstica da mulher pelo homem, a inferiorização de etnias, a repressão a grupos religiosos, a ridicularização de homossexuais, a corrupção, a calúnia, o assassinato etc.

Por que, então, se o crime é intolerável, há quem defenda o criminoso? Aliás, por isso mesmo, as organizações que têm como bandeira a preservação dos direitos humanos muitas vezes são acusadas de "defender bandidos". No entanto, o que as organizações de direitos humanos defendem não é o crime ou a impunidade, mas sim que os acusados sejam julgados e, no caso de condenados, punidos de acordo com os termos da lei. Portanto, no estado de direito, os criminosos não devem ser tratados de modo desumano. Caso contrário, estaremos assumindo a mesma atitude que deploramos neles.

A noção de justiça

A discussão a respeito das relações humanas nos leva à indagação sobre a justiça. Entre seus diversos sentidos, a *justiça* pode ser compreendida como "dar a cada um o que é seu". No entanto, embora verdadeira, dessa primeira afirmação pode-se chegar a conclusões diferentes do que hoje chamamos justiça. Por exemplo, na época da aristocracia, os nobres se viam como superiores aos demais. Portanto, o que lhes cabia, por justiça, era um quinhão maior de benefícios e felicidade do que aos demais, que ali estavam para servi-los. Pior ainda é o que ocorria em sociedades escravagistas, nas quais o escravo tinha a sua humanidade reduzida a uma condição de "mercadoria", que pode ser comprada e vendida.

12.3 Biblioteca do estudante: Leitura complementar

Reflita

Entre povos antigos, predominava a "lei de talião": pagava-se o mal com o mesmo mal. Quem roubava tinha a mão cortada, quem matava deveria ser morto, quem estuprava era castrado. Essa lei, no entanto, já significou um avanço, na tentativa de interromper as vinganças de família que faziam sucessivas vítimas. Seria ainda um procedimentos justificável? Dê sua opinião sobre esse tipo de punição.

Equidade
Do latim *aequitas*, "igualdade".

Por isso, juntamos à justiça a noção de equidade: ser justo é realizar a igual distribuição de benefícios e obrigações.

Desse modo, todos recebem o que lhes é devido por justiça. Consequentemente, a justiça supõe a capacidade de identificar situações em que pessoas são diferentes, para sermos justas com elas. Por exemplo, aqueles que têm necessidades especiais – de locomoção, audição, visão, entre outras – possuem direitos especiais: rampas de acesso fácil para os cadeirantes (usuários de cadeira de rodas), permissão para o cego entrar com cães-guia em locais proibidos para animais, e assim por diante.

Contudo, fazer justiça também pressupõe o cumprimento de obrigações. Um motorista deve obedecer às regras de trânsito, em nome da segurança das demais pessoas, passageiros e pedestres, e da sua própria. Caso cometa uma contravenção, deve ser punido com multa ou, dependendo do caso, até com detenção.

Com esses exemplos, percebemos que o conceito de justiça não se restringe às relações éticas entre pessoas, mas é também uma necessidade no âmbito das instituições políticas.

9 Um pouco de história

Muitos pensadores defenderam a igualdade de direitos, mas na prática o que de fato sempre ocorreu foi a sucessão de políticas discriminatórias. Mesmo com o avanço das ideias liberais no século XVII, o conceito de igualdade não se cumpriu.

Como veremos no Capítulo 21, "Concepções políticas", segundo John Locke, um dos teóricos do liberalismo do século XVII, a propriedade é "tudo o que pertence" a cada indivíduo, ou seja, sua vida, sua liberdade e seus bens. Portanto, mesmo quem não possui bens é proprietário de sua vida, de seu corpo, de seu trabalho e, por consequência, dos frutos do seu trabalho. Essa reflexão significava a autonomia do sujeito, não mais dominado por governos absolutos. Levou também à condenação da escravidão.

Naquele momento histórico, deu-se o que hoje chamamos de *primeira geração* (ou *dimensão*) *dos direitos humanos*, livres da opressão de governos arbitrários. A concepção de liberdade de Locke, contudo, não era ampla, pois apenas os que tinham fortuna usufruíam da plena cidadania, podendo votar ou ser votados. Ressalta-se, desse modo, o elitismo que persistia na raiz do liberalismo, já que a liberdade e a igualdade defendidas eram de natureza abstrata, geral e puramente formal.

No século seguinte, em pleno Iluminismo, as ideias de liberdade, igualdade e fraternidade – não por acaso, o lema da Revolução Francesa – fortaleceram-se de maneira significativa. Em suas obras, Kant defendeu a autonomia do sujeito e a sua dignidade, como constatamos no seguinte trecho:

> "Todo ser humano tem um direito legítimo ao respeito de seus semelhantes e está, *por sua vez*, obrigado a respeitar todos os demais. A humanidade ela mesma é uma dignidade, pois o ser humano não pode ser usado meramente como um meio por qualquer ser humano (quer por outros, quer, inclusive, por si mesmo), mas deve sempre ser usado ao mesmo tempo como um fim. [...] Mas exatamente porque ele não pode ceder a si mesmo por preço algum (o que entraria em conflito com seu dever de autoestima), tampouco pode agir em oposição à igualmente necessária autoestima dos outros, como seres humanos, isto é, ele se encontra na obrigação de reconhecer, de um modo prático, a dignidade da humanidade em todo outro ser humano. [...] Contudo, não posso negar todo respeito sequer a um homem corrupto como um ser humano, não posso suprimir ao menos o respeito que lhe cabe em sua qualidade como ser humano, ainda que através de seus atos ele se torne indigno desse respeito."
>
> KANT, Immanuel. *A metafísica dos costumes*. Bauru: Edipro, 2003. p. 306-7.

Ainda do século XVIII data a obra do jurista italiano Cesare Beccaria, *Dos delitos e das penas*, que trata da aplicação das ideias iluministas ao direito. O autor se manifesta contra a tortura, as penas infamantes, os julgamentos secretos, os suplícios tão comuns na história humana. Declara-se também contra a pena de morte e a vingança. Beccaria foi aclamado pelos filósofos enciclopedistas quando esteve na França e suas ideias foram mais tarde reforçadas na Declaração dos Direitos do Homem e do Cidadão, assinada após a Revolução Francesa. Ao voltar à sua terra, Milão, sofreu acusação de heresia e foi perseguido. É significativo refletir sobre como as ideias demoram para frutificar devido à intolerância e a preconceitos arraigados.

RKO/ALBUM/LATINSTOCK

Cena do filme *Os três mosqueteiros* (EUA, 1935), dirigido por Rowland V. Lee. Entre os nobres, o duelo era um costume pelo qual a ofensa à honra dava motivo para desafiar o oponente. O confronto era previamente ajustado entre os dois e no dia e hora marcados ocorria um ritual com a presença de testemunhas e armas iguais escolhidas pelo ofendido. O duelo era a justificação da vingança.

A Declaração Universal dos Direitos Humanos

Com os movimentos socialistas do século XIX, multiplicaram-se as pressões sociais a favor da igualdade, com críticas ao liberalismo político e econômico excludente. Naquele momento histórico, ocorria o que se chamou *a segunda geração dos direitos humanos*: a ampliação dos direitos sociais, iniciado pelos movimentos operários até conseguirem regulamentações legais referentes a salários, férias, descanso semanal, aposentadoria. Esses benefícios, na verdade, só começaram a ser usufruídos no início do século XX.

No século XX, o mundo sofreu os horrores de duas Grandes Guerras, sendo que, na Segunda Guerra, a Alemanha foi palco da extrema barbárie do governo totalitário nazista contra milhões de seres humanos, confinados e executados em campos de extermínio.

Logo após essas atrocidades, em 1948, na recém-criada Assembleia Geral da Organização das Nações Unidas (ONU), as nações-membros assinaram a Declaração Universal dos Direitos Humanos. Esse documento representou um verdadeiro marco na luta pelos direitos humanos. Em seu artigo 1º, lemos: "Todas as pessoas nascem livres e iguais em dignidade e direitos".

RKO/ALBUM/LATINSTOCK

O presidente iraniano, Mahmoud Ahmadinejad (mais visível nas telas), discursa na 66ª. Assembléia Geral da ONU, em Nova York, em 22 de setembro de 2011. A Organização das Nações Unidas (ONU) foi criada para fortalecer a paz, desenvolver entre as nações uma relação baseada no respeito ao princípio da igualdade de direitos e estimular a cooperação internacional nos problemas mundiais.

Embora as decisões da ONU não tenham força de obrigatoriedade, as nações participantes da Assembleia firmaram consenso em torno daqueles valores e inspiraram outros tratados de direitos humanos. Qual foi a novidade? Pela primeira vez, a proteção dos direitos humanos foi expressa em documento de alcance internacional.

Sabemos muito bem que acordos e leis não alteram os costumes – nem os preconceitos – em um passe de mágica. Mas não há como negar que provocam mudanças, ainda que lentas.

Passamos a viver nesse momento a *terceira geração* (*dimensão*) *dos direitos coletivos da humanidade*. Assim explica a socióloga Maria Victoria Benevides:

> "Referem-se esses [direitos coletivos] à defesa ecológica, à paz, ao desenvolvimento, à autodeterminação dos povos, à partilha do patrimônio científico, cultural e tecnológico. Direitos sem fronteiras, ditos de 'solidariedade planetária'. Assim sendo, testes nucleares, devastação florestal, poluição industrial e contaminação de fontes de água potável, além do controle exclusivo sobre patentes de remédios e das ameaças das nações ricas aos povos que se movimentam em fluxos migratórios (por motivos políticos ou econômicos), por exemplo, independentemente de onde ocorram, constituem ameaças aos direitos atuais e das gerações futuras."

SOARES, Maria Victoria Benevides. Cidadania e direitos humanos. In: CARVALHO, José Sérgio (Org.). *Educação, cidadania e direitos humanos*. Petrópolis: Vozes, 2004. p. 61.

10 Retomando a polêmica

Pelo que expusemos, deve ficar claro que é inadequada e injusta a acusação de que os militantes dos direitos humanos são "defensores de bandidos". E mais: costuma-se ainda afirmar que eles não têm compaixão pelas vítimas da violência urbana e criminal.

Como já dissemos, de fato eles estão atentos aos direitos dos bandidos, na medida em que estes são seres humanos, por mais bárbaros que tenham sido seus atos. Por sua vez, a violência contra presos, muitas vezes realizada pelos que deveriam ser os guardiães do cumprimento da lei, também é condenável. Mais ainda quando se trata dos "esquadrões da morte", responsáveis pelo extermínio de suspeitos sem julgamento legal.

E é infundada a suspeita de que os defensores dos direitos humanos não se importam com as vítimas. Basta verificar a atuação deles durante as ditaduras na América do Sul, no período entre 1965 a 1985. Naquela época, eles atendiam vítimas de detenção arbitrária, tortura e assassinato, atos realizados por agentes do regime. As vítimas pertenciam geralmente à classe média, como advogados, jornalistas, estudantes e religiosos, além de operários que atuavam em movimentos sindicais. Os resultados nem sempre foram positivos, devido às circunstâncias políticas, muitas vezes vitimando esses defensores. Com o advento da ordem democrática, as atuações a favor dos direitos humanos de civis se expandiram, de modo a exigir solução jurídica para violências de vários os tipos. Não só as praticadas pela polícia, como as que costumam ocorrer em outros setores da sociedade civil, como a questões relacionadas a racismo, trabalho infantil e escravo, educação, saúde, meio ambiente, presos políticos, desigualdade de gênero e tantas outras.

As ideias distorcidas a respeito do trabalho com a defesa dos direitos humanos refletem portanto o desconhecimento da extensão de sua atuação, que abrange uma ampla gama de setores.

11 As conquistas dos direitos

Os que já usufruem dos direitos humanos talvez não conheçam as dificuldades para que eles fossem conquistados e construídos em séculos de luta contra a opressão e a discriminação.

Quando alguém expressa num *blog* ou no jornal uma opinião contrária ao governo; quando uma pessoa pobre ingressa no Judiciário e exige da prefeitura de sua cidade os remédios necessários para tratar sua doença; quando um indivíduo escolhe a profissão, a cidade para morar, a religião que professa, a escola que frequenta, estão todos eles usufruindo de direitos humanos.

Agora podemos emitir nossa opinião política para apoiar ou divergir. Tivemos acesso ao sufrágio universal, à emancipação feminina, à garantia dos direitos das minorias (negros, indígenas, homossexuais, portadores de deficiências). A criminalização da tortura e da violência contra a mulher também foi possível alcançar sem esforço. São todos exemplos do longo percurso de construção da justiça social.

No entanto, ainda há muito, muito mesmo, a ser feito. E o principal empecilho é quase sempre a arrogância e a incapacidade de superar preconceitos.

Leitura analítica

Direitos Humanos e Anistia Internacional

"'Abra seu jornal em qualquer dia da semana e encontrará a notícia sobre algum lugar do mundo onde alguém é preso, torturado ou executado porque suas opiniões ou sua religião são inaceitáveis para seu governo... O leitor do jornal tem uma revoltante sensação de impotência. No entanto, se esses sentimentos de repulsa em todo o mundo pudessem ser unidos em uma ação comum, algo de eficaz poderia ser feito... O importante é mobilizar a opinião pública'.

Corria o ano de 1961. Um jornal londrino publicou, sob o título 'Os prisioneiros esquecidos', esse chamamento feito por um advogado britânico – Peter Benenson – de pessoas de diferentes origens e crenças para um trabalho pacífico e imparcial pela libertação de milhares de homens e mulheres presos em todos o mundo, apenas por causa de suas convicções ou por suas origens. Esses presos viriam posteriormente a ser chamados 'prisioneiros de consciência', um novo termo que se incorporaria às questões mundiais.

A fúria de Benenson se justificava. Pouco antes ele tomara conhecimento de que dois estudantes haviam sido presos num restaurante de Lisboa e condenados pelo regime de Salazar a sete anos de prisão... por terem feito um brinde à liberdade! Seu primeiro impulso foi apresentar um protesto solene à embaixada portuguesa. Mas logo desistiu, ciente de que manifestações isoladas receberiam apenas o escárnio dos tiranos. Uma ação assim teria de ser maciça para ser eficaz. Era preciso mobilizar as pessoas. Era preciso direcionar a indignação dispersa.

Em um mês, mais de mil pessoas já haviam respondido ao apelo oferecendo ajuda prática. Traduções do artigo foram publicadas na imprensa de outros países. Em seis meses, Benenson anunciava que aquele chamamento sumário estava sendo convertido em um movimento internacional permanente, e afirmava: 'Acreditamos que estes seis primeiros meses mostraram que em um mundo crescentemente cínico existe uma grande reserva latente de idealismo a ser impulsionada'.

Nascia a Anistia Internacional ou *Amnesty International*, como é conhecida na língua do país de origem.

NAVESH CHITRAKAR/REUTERS/LATINSTOCK

Ativistas políticos ostentam cartazes em frente ao escritório das Nações Unidas (ONU), em Kathmandu, no Nepal, em junho de 2012, em protesto contra a inoperância da supervisão da ONU para monitorar e investigar os abusos de direitos humanos na Síria do presidente Bashar al-Assad, país envolto numa sangrenta guerra civil, e também contra o fornecimento de armas da Rússia aos sírios.

Sean Mac Bride, veterano militante da causa dos direitos humanos, ganhador do Nobel da Paz e morto em janeiro de 1988, foi um dos fundadores da AI e recorda em suas memórias que os outros membros da Anistia Internacional já acreditavam que a melhor maneira de se conhecer uma dada sociedade era verificar quem estava em suas prisões.

Os novos membros organizaram-se em grupos. Um trabalho prático para enfrentar a perseguição política que se iniciou. Sindicalistas eram presos na Espanha, dissidentes padeciam longas penas na Alemanha Oriental, detidos na África do Sul eram submetidos à brutalidade e maus-tratos, nos Estados Unidos perseguia-se ativistas de direitos civis, na União Soviética faziam julgamentos políticos. E contra o silêncio oficial dos governos desencadeou-se uma batalha permanente, independentemente da ideologia ou da atitude das autoridades que violavam alguns direitos humanos. Contatavam-se advogados e familiares dos prisioneiros. Cartas e telegramas eram enviados aos governantes e multiplicavam-se as denúncias.

AFP

Sean MacBride, ex-presidente da Anistia Internacional e um de seus fundadores, Prêmio Nobel da Paz, morto em 1988, discursando na tribuna do Congresso de Viena, em setembro de 1973. Para ele, a melhor maneira de se conhecer uma sociedade é verificar quem está em suas prisões.

Apesar da improvisação e da modéstia de seus recursos – o orçamento de 1962 compreendia parcas 7000 libras esterlinas –, o movimento tornava-se conhecido. Passou a incomodar governos e, óbvio, a reação não tardou. O *Izvestia*, jornal soviético, falou de 'sabotadores ideológicos'. E o Departamento de Estado, nos EUA, já no final de 1961, disse ter provas de que a AI era 'um complô vermelho'.

Outros, porém, viriam a chamá-la 'uma conspiração de esperança'."

IDOETA, Carlos Alberto. Direitos Humanos e Anistia Internacional.
In: FESTER, Antonio Carlos Ribeiro. *Direitos humanos e...*
São Paulo: Brasiliense / Comissão Justiça e Paz de São Paulo, 1989. p. 59-61.

Questões

1. O que significa a expressão "prisioneiros de consciência"?
2. A Anistia Internacional não tem força de lei. Como funciona a ação militante?
3. No momento atual (2011), inicia-se instalação de uma missão permanente da AI no Brasil. Investigue qual é o *site* e quais são os principais temas de interesse desses militantes para a defesa dos direitos humanos no nosso país.

Complô vermelho
Expressão da época da Guerra Fria pela qual o Ocidente capitalista acusava o que era considerado ação de comunistas.

Retomando os conteúdos

1. Quais são as vantagens da "violência legítima" do Estado e quais são os seus riscos?

2. Quais podem ser as causas de uma "guerra justa"?

3. Qual é a diferença entre massacre e genocídio?

4. Explique por que concórdia não significa ausência de conflitos.

5. A atitude de não violência proposta por Gandhi não representa fraqueza diante da violência. Por quê?

Aprofundando os conceitos

6. A frase "uma mentira cem vezes dita torna-se verdade", atribuída a Joseph Goebbels, ministro do Povo e da Propaganda de Hitler, durante a implantação do nazismo, representa um tipo de violência. Explique qual e por quê.

7. Atos que negam às pessoas o direito à igualdade são violentos. Mas o motivo da violência também pode ser atribuído ao fato de não se reconhecer a diferença entre as pessoas. Nos itens a seguir, identifique sob que aspectos as pessoas são iguais e em que suas diferenças devem ser respeitadas:

a) criança, adulto e idoso;

b) crente e ateu;

c) heterossexual e homossexual;

d) um homem que anda e um cadeirante.

8. Em 10 de dezembro de 2008, foram comemorados os 60 anos da assinatura da Declaração Universal dos Direitos Humanos. Como você interpreta o logotipo deste pôster? O que significa a frase "Iguais na diferença"?

REPRODUÇÃO / NAÇÕES UNIDAS

Selo comemorativo dos 60 anos da Declaração Universal dos Direitos Humanos.

9. A Lei nº 11.340, de agosto de 2006, conhecida como Lei da Maria da Penha, criou mecanismos para coibir e prevenir a violência doméstica e familiar contra a mulher. No contexto dos Direitos Humanos, a Lei Maria da Penha se configura como uma ação que tem em vista a violência de gênero. Em seu segundo artigo, esclarece:

"Art. 2º Toda mulher, independentemente de classe, raça, etnia, orientação sexual, renda, cultura, nível educacional, idade e religião, goza dos direitos fundamentais inerentes à pessoa humana, sendo-lhe asseguradas as oportunidades e facilidades para viver sem violência, preservar sua saúde física e mental e seu aperfeiçoamento moral, intelectual e social."

Com base nesse texto, responda às questões:

a) Pesquise sobre o significado do título "Lei Maria da Penha".

b) Que motivos sociais e históricos justificariam esse tipo de lei?

c) O que a lei identifica como violência psicológica? Comente como este tipo de violência nem sempre é reconhecido como tal.

10. Identifique quais são as três gerações dos direitos humanos, a época em que se firmaram e quais as características de cada uma delas.

11. Tema para debate: Você é a favor da liberação do porte de armas de fogo?

Diante do medo que acompanha o cidadão na busca de soluções imediatas de autodefesa, há os que consideram importante armar a população. Outros aprovam o recolhimento de armas que estão de posse da população. A fim de propor a discussão sobre as vantagens e riscos em armar as pessoas, os alunos se organizam em círculo, enquanto seis deles se apresentam para ocupar o centro, sendo três a favor da iniciativa de armar a população e três contra. Após a exposição de argumentos, o debate é aberto para a participação do restante da classe.

Dissertação

12. Escolha um dos temas para sua dissertação:

Tema 1: O risco da violência e da xenofobia no mundo globalizado.

Tema 2: Direitos humanos são "direitos de bandidos"? Exponha sua posição.

De olho no Enem e nos vestibulares

1. (UFRJ 2008)

Uma das questões importantes que ocuparam a filosofia ocidental desde seu surgimento diz respeito às nossas decisões e ações. De um lado, alguns filósofos sustentaram que todos os acontecimentos do mundo, inclusive as nossas decisões por realizar ou não uma ação, são inteiramente determinados por leis da natureza diante das quais a vontade humana nada pode. Essa posição é muitas vezes chamada de determinismo. De outro lado, outros filósofos rejeitaram essa concepção determinista por a considerarem incompatível com a tese de que a liberdade é um traço característico das decisões humanas, defendendo que, por sermos livres, está sempre em nosso poder, isto é, sob o poder da nossa vontade, a decisão por realizar ou não uma ação.

Considerando que uma decisão imputável é aquela que pode ser legitimamente atribuída a alguém como seu autor responsável, isto é, alguém capaz de responder por ela, identifique qual das duas doutrinas, a do determinismo ou a da liberdade, tais como acima descritas, é mais compatível com o princípio da imputabilidade. Justifique sua resposta.

2. (UEL 2004)

“– O que significa exatamente essa expressão antiquada: ‘virtude’? – perguntou Sebastião.

– No sentido filosófico, compreende-se por virtude aquela atitude de, na ação, deixar-se guiar pelo bem próprio ou pelo bem alheio – esclareceu o senhor Barros.

– O bem alheio? – perguntou Sebastião.

– Sim – disse o senhor Barros. – É verdade que a coragem e a moderação são virtudes, em primeiro lugar, para consigo mesmo, mas também há outras virtudes, como a benevolência, a justiça e a seriedade ou confiabilidade, ou seja, a qualidade de ser confiável, que são disposições orientadas para o bem dos outros.”

(TUGENDHAT. Ernst; VICUÑA, Ana Maria; LÓPES, Celso. *O livro de Manuel e Camila*: diálogos sobre moral. Trad. de Suzana Albornoz. Goiânia: Ed. da UFG, 2002. p. 142.)

Com base no texto, é correto afirmar:

a) As ações virtuosas são reguladas por leis positivas, determinadas pelo direito, independentemente de um princípio de bem moral.

b) A virtude limita-se às ações que envolvem outras pessoas; em relação a si próprio a ação é independente de um princípio de bem.

c) A ação virtuosa é orientada por princípios externos que determinam a qualidade da ação.

d) Ser virtuoso significa guiar suas ações por um bem, que pode ser tanto em relação a si próprio quanto em relação aos outros.

e) As virtudes são disposições desvinculadas de qualquer orientação, seja para o bem, seja para o mal.

3. (Enade 2005)

Assim, a virtude é uma disposição para agir de uma maneira deliberada, consistindo numa mediania relativa a nós, a qual é racionalmente determinada e como a determinaria o homem prudente. Mas é uma mediania entre dois vícios, um pelo excesso, outro pela falta. Aristóteles, *Ética a Nicômaco*.

Com base no trecho acima, julgue as seguintes conclusões formuladas.

I - A virtude é uma mediania.

II - A mediania é um vício entre dois vícios.

III - O homem prudente determina racionalmente a virtude.

IV - Os vícios são excessos ou faltas.

V - O homem prudente não reconhece o vício.

Estão certas apenas as conclusões

a) I, III e IV.
b) I, IV e V.
c) II, III e IV.
d) II, III e V.
e) II, IV e V.

4. (Enade 2005)

Uma das mais famosas frases de Sartre é “estamos condenados à liberdade”.

De acordo com o dito sartriano,

I - o ser humano é fruto do acaso.

II - não se pode fugir à necessidade de deliberar sobre as próprias ações.

III - não se pode agir livremente.

IV - no universo do humano está a medida das ações e da responsabilidade do homem.

V - o homem é o lobo do homem.

Estão certos apenas os itens

a) I e II.
b) I e III.
c) I e IV.
d) II e IV.
e) IV e V.

5. Fuvest 2012 (ver imagens abaixo)

Observe as charges do Henfil e do Dalcio:

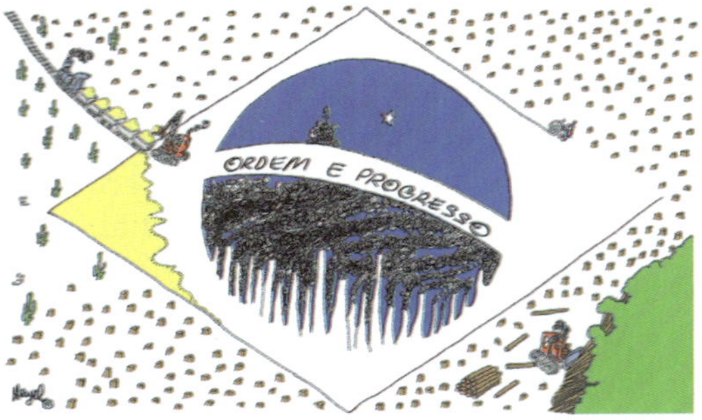

IVAN COSENZA DE SOUZA

DALCIO/CORREIO POPULAR

As charges, respectivamente, dos cartunistas Henfil (1982) e Dalcio (2011) estão separadas por quase trinta anos de história, mas unidas na crítica

a) ao preço, no mercado internacional, da madeira extraída das florestas brasileiras.
b) à presença de capital estrangeiro na exploração de madeiras de florestas no país.
c) à exportação ilegal, via países vizinhos, de madeira extraída das florestas brasileiras.
d) ao desmatamento ostensivo e indiscriminado das florestas brasileiras.
e) ao uso recorrente de queimadas na eliminação de florestas no país.

6. (Enem 2009)

Em fevereiro de 1999, o Seminário Internacional sobre Direito Ambiental, ocorrido em Bilbao, na Espanha, propôs, na *Declaração de Viscaia*, a extensão dos direitos humanos ao meio ambiente, como instrumento de alcance universal. No parágrafo 3º do artigo 1º da referida declaração, fica estabelecido:

"'O direito ao meio ambiente deverá ser exercido de forma compatível com os demais direitos humanos, entre os quais o direito ao desenvolvimento'. No Brasil, o cumprimento desse direito configura um grande desafio. Na Região Amazônica, por exemplo, tem havido uma coincidência entre as linhas de desmatamento e as novas fronteiras de desenvolvimento do agronegócio, marcadas por focos de injustiça ambiental, com frequentes casos de escravização de trabalhadores, além de conflitos e crimes pela posse de terras, muitas vezes, impunes."

Disponível em: www.unicen.com.br/universoverde. Acesso em: 9 maio 2009. (com adaptações).

Promover justiça ambiental, no caso da Região Amazônica brasileira, implica

a) fortalecer a ação fiscalizadora do Estado e viabilizar políticas de desenvolvimento sustentável.
b) ampliar o mercado informal de trabalho para a população com baixa qualificação profissional.
c) incentivar a ocupação das terras pelo Estado brasileiro, em face dos interesses internacionais.
d) promover alternativas de desenvolvimento sustentável, em razão da precariedade tecnológica local.
e) ampliar a importância do agronegócio nas áreas de conflito pela posse de terras e combater a violência no campo.

7. (UEL 2008)

Leia o texto a seguir.

"Os Direitos Humanos têm um pressuposto que é o de reconhecer que aquilo que consideramos indispensável para nós é também para o próximo. Reconhecer esse postulado nos leva a outras dificuldades: definir quais bens materiais e simbólicos são indispensáveis a nós e aos outros, ou ainda, a todos os seres humanos. [...] A distinção entre 'bens compressíveis', como os cosméticos, os enfeites, roupas extras, e bens incompressíveis, como o alimento, a casa, a roupa, não é suficiente para criarmos critérios sobre quais direitos são essenciais. Poderíamos ampliar o entendimento dos bens incompressíveis, que não seriam apenas aqueles que asseguram a sobrevivência física em níveis decentes, mas também os que garantem a integridade espiritual.

Desse modo, seriam bens incompressíveis a alimentação, a moradia, o vestuário, a instrução, a saúde, a liberdade individual, o amparo da justiça pública, a resistência à opressão, e, também, o direito à crença, à opinião, ao lazer e, por que não, à arte e à literatura.”

(CANDIDO, Antonio. *Direitos humanos e literatura*. Disponível em: www.dhnet.org.br/direitos/textos/textos_dh/literatura.html. Acesso em: 7 jul. 2007.)

Com base no texto, assinale a alternativa em que os versos apresentam clara correspondência com a temática.

a) Vamos comer / Vamos comer feijão / Vamos comer / Vamos comer farinha / Se tiver / Se não tiver então ô ô ô ô. (Caetano Veloso, "'Vamo' comer")

b) Bebida é água. / Comida é pasto. / Você tem sede de quê? / Você tem fome de quê? / A gente não quer só comida, / A gente quer comida, diversão e arte. / A gente não quer só comida, / A gente quer saída para qualquer parte. / A gente não quer só comida, / A gente quer bebida, diversão, balé. (Arnaldo Antunes, Marcelo Fromer, Sérgio Britto, "Comida")

c) Fome do cão, fome do cão, fome do cão, fome do cão / O ronco da Lara é da fome do cão / O ronco do bucho é da fome do cão / Fome do cão, fome do cão, fome do cão, fome do cão. (Raimundos, Rumbora e Rodolfo Abrantes, "Fome de cão")

d) Trem sujo da Leopoldina / Correndo correndo / Parece dizer / Tem gente com fome / Tem gente com fome / Tem gente com fome. (João Ricardo Solano Trindade, "Tem gente com fome")

e) Ummmm que fome / Tô com uma fome de leão / Come, come / Vou fazer uma refeição / Come, come / Vou detonar o macarrão / Come, come / Batata, vagem, agrião. (Jairzinho Oliveira, "Comer me faz crescer")

8. (Enem 2009)

JOAQUÍN SALVADOR LAVADO (QUINO)

Quino - Disponível em: <http://www.filosofia.com.br/figuras/charge/49.jpg>. Acesso em: 26 mar. 2009.

“Eu não vou mais precisar de muita força, vou usar todas as que tenho agora” – ele pensou. E ele se lembrou das moscas que rebentam suas perninhas ao tentarem escapar do mata-moscas.”

KAFKA, Franz. *O processo*. Porto Alegre: L &PM Pocket, 2007. p. 258. (Fragmento).

O Controle Social pode ser tomado como um conjunto de penalidades e aprovações, chamadas também de sanções. Estas são aplicadas aos indivíduos pela sociedade para assegurar a conformidade das condutas aos modelos estabelecidos. A imagem e o texto destacam aspectos relativos

a) à garantia de liberdade coletiva pelo uso da força.

b) aos anseios idealistas utópicos perante as convenções sociais.

c) à natureza imitadora da maioria dos indivíduos diante das instituições sociais.

d) à possibilidade de reação e reversão de processos condicionantes.

e) às relações de poder presentes nas sociedades.

Sugestões

Para ler

O bem e o mal, de Angelo Zanoni Ramos. São Paulo: WMF Martins Fontes, 2011. (Coleção Filosofias: o prazer de pensar)

O autor faz uma reflexão filosófica instigante a respeito das relações entre o bem e o mal. Partindo dos filósofos antigos, o autor chega a autores contemporâneos como Hannah Arendt e Paul Ricoeur, num itinerário repleto de conceitos e escrito de forma clara e acessível para o estudante que se inicia em filosofia.

Ética para meu filho, de Fernando Savater, 4. ed. São Paulo: Martins Fontes.

Livro escrito para os jovens, trata da relação entre pai e filho, ao mesmo tempo que procura estimular o desenvolvimento de livre pensadores.

O que é bioética, de Débora Diniz e Dire Guilhem. São Paulo: Brasiliense (Coleção Primeiros Passos).

A partir de um panorama histórico e analítico, as autoras propõem uma introdução aos fundamentos teóricos da bioética. Assim, introduzem os leitores ao tema e convidam todos a refletir sobre os conflitos morais envolvidos no campo da saúde.

Batismo de sangue, de Frei Beto. São Paulo: Casa Amarela, 2000.

Frei Beto relata as torturas sofridas pelo dominicano frei Tito em 1969, no DOI-CODI de São Paulo, que posteriormente o levaram ao desequilíbrio psicológico e ao suicídio. Existe o filme homônimo, dirigido por Helvécio Ratton, de 2007.

O senhor das moscas, de William Golding. São Paulo: Publifolha, 2003. (Coleção Biblioteca da Folha)

Após o naufrágio de um navio em que apenas os adolescentes se salvaram, eles tentam sobreviver em uma ilha onde são obrigados a enfrentar grupos com diferentes concepções de poder.

A revolução dos bichos, George Orwell. São Paulo: Companhia das Letras.

Nessa fábula, os animais se insurgem contra seus donos e instituem uma nova forma de governo. É uma explícita crítica aos regimes totalitários.

Política para meu filho, Fernando Savater. São Paulo: Martins Fontes.

De leitura acessível, o filósofo espanhol faz um apanhado sobre o conceito de política, como se conversasse com o próprio filho.

Democracia, Renato Janine Ribeiro. São Paulo: Publifolha. (Coleção Folha Explica).

A partir de uma revisão histórica, o filósofo discute o que é a democracia moderna e questiona se ainda pode haver democracia.

República, Renato Janine Ribeiro. São Paulo: Publifolha. (Coleção Folha Explica)

Neste livro de iniciação ao assunto, o filósofo Renato Janine Ribeiro analisa os ideais republicanos originais cotejando-os com a monarquia, a corrupção e o patrimonialismo.

O outro, de Franklin Leopoldo e Silva. São Paulo: WMF Martins Fontes, 2011. (Coleção Filosofias: o prazer de pensar)

Franklin Leopoldo e Silva, experiente professor da Universidade de São Paulo (USP), parte de uma problemática muito comum em nossa experiência do mundo: tudo se apresenta como o mesmo e como o outro, como idêntico e como diferente. O autor percorre o pensamento de Platão, Santo Agostinho, Descartes, Sartre, Paul Ricoeur e Lévinas para refletir sobre quem é o outro.

Para assistir

Morango e chocolate

(Cuba/México/Espanha, 1993). Direção de Tomás Gutierrez Alea e Juan Carlos Tabio.
Primeiro filme cubano indicado para o Oscar, "Morango e chocolate" trata do tema da tolerância e da discriminação em relação à homossexualidade no regime cubano.

Crimes e pecados

(Estados Unidos, 1989). Direção de Woody Allen.
O filme narra duas histórias que correm em paralelo e se entrelaçam no final: a de um oftalmologista acuado pela amante, que ameaça revelar o caso entre eles e seus atos ilícitos, e a de um produtor de documentários casado, mas que ama outra mulher.

Em nome de Deus

(Inglaterra/Irlanda, 2002). Direção de Peter Mulan.
Filme que se passa no século XII, narra o amor proibido entre um filósofo e professor comprometido com o celibato e uma bela jovem.

A escolha de Sofia

(Estados Unidos, 1982). Direção de Alan Pakula.
Sofia é uma sobrevivente de um campo de concentração nazista que vive em Nova York entre Nathan, um homem obcecado com o holocausto, com quem vive, e o escritor Stingo, que se apaixona por ela e para quem Sofia conta sua história, que é o enredo do filme.

Juno

(EUA, Canadá, Hungria, 2007).
Direção de Jason Reitman.
Uma adolescente engravida de seu colega de escola. Com o apoio de seus pais e de sua melhor amiga, ela conhece um casal disposto a adotar a criança.

Entre os muros da escola

(França, 2008). Direção de Laurent Cantet.
Documentário sobre uma escola pública de Paris que recebe alunos filhos de imigrantes.

Saneamento básico – o filme

(Brasil, 2007). Direção de Jorge Furtado.
Uma família de uma cidade do interior do Rio Grande do Sul consegue uma verba da prefeitura para fazer um filme em que denuncia a poluição de um rio e conscientiza as pessoas sobre o tratamento de esgoto.

Uma verdade inconveniente

(EUA, 2006). Direção de Davis Guggenheim.
Documentário com apresentação de Al Gore, ex-vice-presidente dos Estados Unidos, que pronunciou inúmeras palestras no mundo todo para alertar sobre os mitos e verdades em torno das mudanças climáticas e os efeitos do aquecimento global.

Lixo extraordinário

(Brasil, 2009). Direção de Lucy Walker, João Jardim e Hank Levine.
Documentário que se passa em um lixão do Rio de Janeiro. Com alguns catadores de lixo, o artista plástico Vik Muniz desenvolve um trabalho de criação compartilhada com resultados surpreendentes.

Bicho de sete cabeças

(Brasil, 2001). Direção de Laís Bodanzky.
Inspirado em fatos reais, o personagem é indevidamente internado em um manicômio depois de o pai encontrar um cigarro de maconha no bolso do filho adolescente. O relato testemunha as condições indignas a que os doentes mentais eram submetidos nos anos 1970.

O ano em que meus pais saíram de férias

(Brasil, 2006). Direção de Cao Hamburger.
O filme conta a vida de um garoto de doze anos que mora em São Paulo e tem a vida mudada de forma drástica, após seus pais saírem de férias deixando-o com o avô. O que ele não sabe é que os pais são militantes fugindo da perseguição da ditadura militar.

Trabalho interno – A verdade da crise

(EUA, 2010). Direção de Charles Ferguson.
Documentário sobre a crise financeira de 2008 iniciada nos Estados Unidos e expandida para o mundo. Realizado a partir de entrevistas com economistas, políticos e jornalistas, põe a nu as relações promíscuas entre governantes, agentes reguladores e a Academia que, forjando uma série de mentiras e condutas criminosas, prejudicaram milhões de pessoas.

Ilha das flores

(Brasil, 1989). Direção de Jorge Furtado.
Partindo da trajetória de um tomate, desde o plantio até o destino final no lixão da Ilha das Flores, perto de Porto Alegre, o filme aborda a desigualdade social no Brasil. Este curta-metragem ganhou prêmios no Festival de Gramado e no Festival de Berlim, entre outros. Tem cerca de 13 minutos.

A vida dos outros

(Alemanha, 2006). Direção de Florian Henckel von Donnersmarck.
Na antiga Alemanha Oriental, Georg e sua companheira são observados pelo agente secreto Wiesler, da Stasi, a polícia secreta alemã. Ele quer encontrar evidências de que o casal conspira contra o governo. A rigidez com que exerce suas funções é completamente abalada durante sua missão.

Arquitetura da destruição

(Alemanha, 1992). Direção de Peter Cohen.
Documentário sobre as preferências estéticas de Hitler e sua condenação da arte contemporânea, que ele chamava de "arte degenerada".

Elefante

(Estados Unidos, 2003). Direção de Gus Van Sant.
O filme parte de um fato real ocorrido nos Estados

Unidos: dois adolescentes mataram vários colegas e professores e depois se suicidaram. Cada um dos personagens dá seu ponto de vista sobre as causas dessa violência, mas o problema real é muito mais complexo do que o que cada um imagina saber.

Memórias do cárcere

(Brasil, 1984). Direção de Nelson Pereira dos Santos. Baseado no livro homônimo de Graciliano Ramos, o filme retoma o período em que o escritor esteve preso por motivos políticos, na época do governo de Getúlio Vargas.

Adeus, Lênin

(Alemanha, 2003). Direção de Wolfgang Becker. Pouco antes da queda do Muro de Berlim, uma militante do partido comunista sofre um ataque cardíaco e entra em coma. Quando recobra a consciência, em meados de 1990, seu filho faz de tudo para que ela não tenha um choque ao ver a ex-Alemanha Oriental ocidentalizada.

Justiça

(Brasil, 2004). Direção de Maria Augusta Ramos. Documentário que trata do sistema judiciário e carcerário do país.

Para navegar

www.sobresites.com/filosofia

Este *site*, cujo editor é Luiz Fontenelle, indica vários outros *links* sobre filosofia, que poderão ser consultados por professores e alunos.

www.afilosofia.no.sapo.pt

Site de Portugal sobre filosofia.

www.amnesty.org

Site oficial da Anistia Internacional, organização que promove a defesa dos direitos humanos em todo o mundo (em espanhol, inglês ou francês).

www.abong.org.br

Site da Associação Brasileira de Organizações Não Governamentais, reúne informações sobre as ONGs nacionais.

www.brasil.gov.br

Portal da República Federativa do Brasil.

www.hrw.org

Site da organização *Human Rights Watch*, com notícias relacionadas a direitos humanos.

www.unesco.org.br

Portal da Organização das Nações Unidas para a Educação, a Ciência e a Cultura. Para pesquisar a atuação da Unesco no campo da paz.

www.transparencia.org.br

A ONG Transparência Brasil tem em vista a denúncia e o combate à corrupção.

www.cdh.org.br

Centro de Direitos Humanos. Organização sem fins lucrativos que visa a fomentar e garantir os direitos humanos civis, políticos, econômicos, sociais e culturais à paz e ao desenvolvimento.

www.wwf.org.br

World Wide Fund for Nature (Fundo Global para a Natureza). *Site* dos representantes no Brasil da associação sem fins lucrativos de uma rede internacional, voltada para a preservação do meio ambiente.

Parte II

História da filosofia

Unidade 4

Filosofia grega antiga

As origens da filosofia

"É no plano político que a razão, na Grécia, primeiramente se exprimiu, constituiu-se e formou-se. A experiência social pode tornar-se entre os gregos o objeto de uma reflexão positiva, porque se prestava, na cidade, a um debate público de argumentos. O declínio do mito data do dia em que os primeiros sábios puseram em discussão a ordem humana, procuraram defini-la em si mesma, traduzi-la em fórmulas acessíveis à sua inteligência, aplicar-lhe a norma do número e da medida. Assim se destacou e se definiu um pensamento propriamente político, exterior à religião, com seu vocabulário, seus conceitos, seus princípios, suas vistas teóricas. [...] A razão grega é a que de maneira positiva, refletida, metódica, permite agir sobre os homens, não transformar a natureza. Dentro de seus limites como em suas inovações, é filha da cidade."

VERNANT, Jean-Pierre. *As origens do pensamento grego.* 2. ed. Rio de Janeiro/São Paulo: Difel, 1977. p. 95.

A morte de Sócrates, pintura de Jacques-Louis David, 1787. A imagem representa o momento no qual o filósofo grego executaria a própria pena de morte bebendo cicuta (veneno).

Capítulo 13

O nascimento da filosofia

1 Por que história da filosofia?

Mais que um saber, a filosofia é uma atitude diante da vida, tanto em situações comuns quanto naquelas que exigem decisões cruciais. Por isso, é preferível não receber passivamente a tradição filosófica como algo superado pelo tempo, mas compreendê-la como uma herança fecunda que estimula a reflexão crítica e autônoma, sempre aberta às reinterpretações atuais.

DORIS POKLEKOWSKI/AKG-IMAGES/LATINSTOCK

Réplica da obra *O pensador*, escultura em bronze de Auguste Rodin, 1906, obra universalmente usada para representar a reflexão filosófica.

Desse modo, não se aprende a história da filosofia apenas como uma informação, como um relato que devemos "memorizar", mas como indagações que faziam sentido em seus respectivos contextos históricos e que ainda hoje produzem efeitos em nós, provocando novas perguntas. A verdade filosófica nunca se dá de modo acabado, porque seu modo de refletir é fundamentalmente problematizador.

Kant, filósofo alemão, assim se refere ao filosofar:

> "Não é possível aprender qualquer filosofia; [...] só é possível aprender a filosofar, ou seja, exercitar o talento da razão, fazendo-a seguir os seus princípios universais em certas tentativas filosóficas já existentes, mas sempre reservando à razão o direito de investigar aqueles princípios até mesmo em suas fontes, confirmando-os ou rejeitando-os."
>
> KANT, Immanuel. *Crítica da razão pura*. São Paulo: Abril Cultural, 1980. p. 208-209. (Coleção Os Pensadores)

De que modo a citação de Kant pode orientar nosso contato com a filosofia? Ela serve para advertir que você mesmo deve aprender a filosofar, porque a filosofia é sobretudo a experiência de um pensar permanente. Ao referir-se a "certas tentativas filosóficas já existentes", Kant está realçando a importância de conhecer a história da filosofia, desde que esse contato sirva para confirmar ou rejeitar essas fontes, ou seja, que estimule o ato autônomo de filosofar.

2 A filosofia nasceu no Ocidente

13.1 Biblioteca do estudante: Leitura complementar

As civilizações orientais desenvolveram-se no norte da África e na Ásia. As mais antigas floresceram desde o final dos anos 4 mil a.C., como as do Egito e da Mesopotâmia. Outras também antigas foram a chinesa, a hindu, a hebraica e a japonesa. Essas civilizações possuíam Estado e religião organizados, escrita – embora de uso restrito e muitas vezes sagrado – e códigos de leis. No Ocidente, entre os séculos XX e XII a.C., diversos povos se estabeleceram na região que hoje chamamos de Grécia, para constituírem a Hélade, terra dos helenos. Nesse espaço surgiu a importante civilização grega.

SCULPIES/ALAMY/OTHER IMAGES

Pirâmides de Giza, no Cairo, Egito, em foto de 2009.

Saiba mais

O chamado *calendário gregoriano* foi adotado no século XVI da nossa era. Elaborado no seio da cultura cristã, definiu o nascimento de Cristo como marco divisório. O calendário vigora até hoje, mas algumas pessoas ainda se confundem com sua datação. Observe os exemplos:

3450 a.C.: metade do 4º milênio a.C. ou século XXXV a.C.

2940 a.C.: 3º milênio a.C. ou século XXX a.C.

970 a.C.: 1º milênio a.C. ou século X a.C.

510 a.C.: 1º milênio a.C. ou século VI a.C.

52 a.C.: século I a.C.

150 da nossa era: século II da nossa era.

1543: século XVI.

Você identificou que cálculo é preciso fazer para não se enganar?

Lógos
Conceito com várias acepções: palavra; linguagem; razão; discurso; norma ou regra; o que é fundamental. Termos derivados: diálogo, dialética, lógica.

O berço da filosofia

Não deixa de ser intrigante a afirmação corrente de que a filosofia surgiu na Grécia, se considerarmos que também no Oriente já havia sábios, como Confúcio e Lao-Tsé (na China), Sidarta Gautama, conhecido como Buda (na Índia), e Zaratustra (na Pérsia, atual Irã). Todos eles foram contemporâneos dos gregos Tales de Mileto, Pitágoras de Samos e Heráclito de Éfeso, considerados os primeiros filósofos.

No entanto, não se pode falar propriamente em filosofia do Oriente. Tratava-se de uma sabedoria que não se desprendia do componente mítico-religioso, enquanto a reflexão dos primeiros filósofos gregos, mesmo quando recebiam influências religiosas, baseava-se na razão (no *lógos*). *Lógos* é teoria que precisa ser fundamentada com argumentos. Por isso, costuma-se considerar a Grécia o berço da filosofia.

É interessante observar que a primazia concedida pelos gregos ao racional ocorreu também com a geometria. Por exemplo, no Egito antigo, os funcionários do faraó dividiam as terras após o refluxo das cheias do Nilo, o que supunha conhecimentos de geometria. Além dos agrimensores egípcios, também hindus e chineses de épocas mais recuadas já sabiam identificar diversas propriedades geométricas. Esses povos também tinham conhecimentos empíricos – baseados na experiência – para construções muitas vezes grandiosas.

Os filósofos gregos Tales e Pitágoras, no entanto, conduziram o conhecimento geométrico a um fim mais amplo. Eram também matemáticos e geômetras, e dedicaram-se à geometria não por um interesse apenas prático, mas para elaborar demonstrações racionais, desenvolvendo assim a geometria de forma abstrata.

Com a medicina grega, ao desvincular-se tanto quanto possível das superstições e da magia, ocorreu um processo semelhante de racionalização. Auxiliado por colegas e discípulos, Hipócrates de Cós (século V a.C.), conhecido como "pai da medicina", realizou registros detalhados de casos e a identificação de várias doenças e formas de tratamento.

GALERIA BRUNNER, COVINGTON, LOUISIANA

Homenagem a Pitágoras, pintura de Marion Drennen, 2006, na qual a artista celebra o filósofo e matemático grego. Na tela há a inscrição "O número regula o Universo". Pitágoras demonstrou o teorema que leva seu nome e generalizou a seguinte relação, válida para todo triângulo retângulo: "O quadrado da hipotenusa é igual à soma dos quadrados dos catetos".

Leitura analítica

A filosofia e sua história

"A relação da filosofia com sua história não coincide, por exemplo, com a relação entre a ciência e sua história. Neste último caso, são duas coisas distintas: por um lado, a ciência e, por outro, o que *foi* a ciência, ou seja, sua história. São independentes; a ciência pode ser conhecida, cultivada e existir à parte da história do que foi. A ciência se constrói partindo de um objeto e do saber que num determinado momento se possui sobre ele. Na filosofia, o problema é ela mesma; além disso, esse problema se formula em cada caso segundo a situação histórica e pessoal em que se encontra o filósofo, e essa situação está, por sua vez, determinada em grande medida pela tradição filosófica em que se encontra inserido: todo o passado filosófico já está incluído em cada ação de filosofar. [...]

Há, portanto, uma inseparável conexão entre filosofia e história da filosofia. A filosofia é histórica, e sua história lhe pertence essencialmente. Por outro lado, a história da filosofia não é uma mera informação erudita a respeito das opiniões dos filósofos, e sim a exposição verdadeira do conteúdo real da filosofia. É, portanto, com todo rigor, filosofia."

MARÍAS, Julián. *História da filosofia*. São Paulo: Martins Fontes. 2004. p. 7.

Questão

- O que significa dizer que a história da ciência não se confunde com a ciência, mas que o fazer filosofia depende da história da filosofia?

Erudito
Aquele que adquire conhecimento pela leitura.

3 Os primeiros tempos da Grécia antiga

Antes de falar sobre o aparecimento dos primeiros filósofos, apresentaremos um rápido panorama histórico da formação dos povos helênicos, a fim de entender que circunstâncias históricas antecederam esse evento.

- **Civilização micênica** (séculos XVI a XII a.C.). Recebeu esse nome devido à cidade de Micenas, na península do Peloponeso, importante centro cultural e político.
- **Tempos homéricos** (séculos XII a VIII a.C.). Os poemas de Homero são a principal fonte de conhecimento desse período, justificando sua denominação. Caracterizaram-se pela transição de uma comunidade rural organizada em clãs familiares para uma sociedade cuja posse da terra tornou-se privilégio de uma aristocracia, intensificando cada vez mais o trabalho escravo.
- **Período arcaico** (séculos VIII a VI a.C.). Com a formação das cidades-Estado (póleis), ocorreram grandes alterações sociais e políticas que culminaram com o surgimento dos primeiros filósofos.

ALBUM / PRISMA/ AKG-IMAGES/LATINSTOCK

Representação do cotidiano urbano na Grécia antiga mostrando uma típica vendedora de ânforas, um tipo de vaso cerâmico de gargalo estreito usado pelos antigos para conservar líquidos e cereais.

Aqueu
Povo indo-europeu que ocupou a Grécia no II milênio a.C.

Virtude
Do latim *vir*, *virtus*; primitivamente, *vir* significava o homem viril, forte, corajoso, virtude de povos guerreiros.

A civilização micênica

Desde o início do II milênio a.C., a civilização micênica reuniu vários povos, sobretudo os aqueus, que se estabeleceram sob o regime de comunidade primitiva. Com o tempo, a figura do guerreiro adquiriu importância cada vez maior, formando-se uma aristocracia militar, cujos chefes mais destacados viviam nos castelos de Tirinto e Micenas, onde, no século XII a.C., governou Agamêmnon.

Próximo ao ano 1100 a.C., a invasão dos dórios provocou grandes transformações na Grécia, que perduraram até o século IX a.C. Muitos aqueus fugiram para a Ásia Menor, onde fundaram colônias que mais tarde prosperaram pelo comércio.

Reflita

A coragem do herói Ulisses estava na força, na destreza das armas, no enfrentamento da morte em batalha com o inimigo. Quais seriam as manifestações de coragem necessárias ao ser humano contemporâneo?

Tempos homéricos

Conteúdo multimídia: Construindo um império

Nesse período (século XII a VIII a.C.), ainda predominava a concepção mítica do mundo, segundo a qual as ações humanas eram influenciadas pelo sobrenatural, pela interferência divina. Os mitos gregos, recolhidos pela tradição, recebiam forma poética e eram transmitidos oralmente pelos cantores ambulantes conhecidos como *aedos* e *rapsodos*, que os recitavam de cor em praça pública.

NIMATALLAH/AKG-IMAGES/LATINSTOCK - MUSEU NACIONAL DE VILLA GIULIA, ROMA

O cegamento de Polifemo, pintura em vaso etrusco, século V a.C. Em relato na *Odisseia*, Odisseu enfrenta o ciclope Polifemo, gigante de um olho só, e consegue cegá-lo com a ajuda de seus companheiros.

Homero

Entre os rapsodos, destacou-se Homero, que teria vivido por volta dos séculos IX ou VIII a.C. Sua existência é questionada e talvez esse nome tenha englobado um grupo de pessoas que recolheram a tradição oral dos mitos gregos. Apesar disso, o nome de Homero passou para a história como o autor das epopeias *Ilíada* e *Odisseia*. A *Ilíada* relata os acontecimentos do último ano da Guerra de Troia, e a *Odisseia*, o retorno do herói Odisseu (Ulisses) a Ítaca, após lutar dez anos na guerra. Essa viagem de volta foi cheia de peripécias, por isso costumamos chamar certos acontecimentos cheios de aventura e imprevistos de *odisseia*.

As epopeias contavam a história grega e, mediante o relato das proezas dos deuses e dos feitos dos antepassados, transmitiam valores culturais e expressavam uma concepção de vida e de virtude. Desde cedo, as crianças decoravam passagens desses poemas, que exerciam uma função pedagógica na vida dos gregos.

As ações heroicas relatadas nas epopeias revelam a crença na constante intervenção dos deuses, ora para auxiliar o protegido, ora para perseguir o inimigo. O indivíduo é presa do destino (*moira*), que é fixo, imutável.

Assim diz o troiano Heitor:

> "Nenhum homem me fará descer à casa de Hades contrariando o meu destino. Nenhum homem, afirmo, jamais escapou de seu destino, seja covarde ou bravo, depois de haver nascido".
>
> HOMERO. *Ilíada*. 9. ed. Rio de Janeiro: Ediouro, 1999. p. 72.

O herói vivia, portanto, na dependência dos deuses e do destino, faltando a ele a noção de vontade pessoal, de liberdade. Mas isso não o diminuía perante as pessoas comuns, ao contrário: ter sido escolhido pelos deuses era sinal de valor e em nada essa ajuda desmerecia a virtude do guerreiro belo e bom, que se manifestava pela coragem e pela força, sobretudo no campo de batalha.

Hesíodo

Outro poeta que teria vivido no final do século VIII e início do VII a.C. foi Hesíodo. Produziu uma obra que tendia a abandonar a poesia impessoal e coletiva das epopeias para tratar também da sua própria experiência. Essa mudança na perspectiva do poeta é indicativa do início do período arcaico.

Apesar de expressarem novas características, as obras de Hesíodo ainda mantiveram a crença nos mitos. Em *Teogonia*, Hesíodo relata as origens do mundo e dos deuses, em que as forças emergentes da natureza vão se transformando nas próprias divindades. Por isso, a teogonia é também uma cosmogonia, na medida em que narra como todas as coisas surgiram do caos para compor a ordem do cosmo.

O aspecto mítico da obra de Hesíodo transparece quando ele relata que do caos surgiu Gaia ou Geia (a Terra, elemento primordial) que, sozinha, deu origem a Urano (o Céu). Em seguida, Gaia uniu-se a Urano, gerando os deuses e as divindades femininas. Um de seus filhos é Cronos, que toma o poder de Urano, seu pai. Por sua vez, Cronos seria destronado por seu filho, Zeus, que se tornou deus do Olimpo.

Hades
É o nome do deus do mundo subterrâneo (Plutão para os romanos). Também designa o mundo dos mortos.

Teogonia
Do grego *theo*, "deus", e *gonia*, "origem", quer dizer "o nascimento dos deuses".

Cosmogonia
Do grego *kósmos*, "mundo", "ordem", "beleza", significa criação do mundo.

Caos
Para os gregos, representava o vazio inicial.

ELECTA/AKG-IMAGES/LATINSTOCK - PALÁCIO NALDI, EMILIA-ROMAGNA, ITÁLIA

Urano e Vesta, afresco de Felice Giani, 1802. Gaia (Terra) gerou Urano (Céu) e juntos deram início ao cosmo.

Saiba mais

Os deuses gregos foram assimilados pelos romanos, mas com outros nomes. Por exemplo, Cronos é Saturno, Zeus é Júpiter, Atena é Minerva, Afrodite é Vênus, e assim por diante. Faça uma pesquisa para completar a lista dos nomes romanos para os deuses gregos.

Período arcaico

No período arcaico, a Grécia atravessou transformações muitos específicas nas relações sociais e políticas, proporcionando a lenta passagem do mito para a reflexão mais racionalizada. Várias lutas denunciavam a crise social e política decorrente do conflito entre a aristocracia rural – dos proprietários de terras e dos guerreiros – e os setores populares representados pelos comerciantes em ascensão.

A nova visão do mundo e do indivíduo que então se esboçava resultou de inúmeros fatores, como, por exemplo:

- a invenção da moeda;
- a redescoberta da escrita;
- a lei escrita por legisladores;
- a fundação das cidades-Estado (póleis);
- o aparecimento dos primeiros filósofos.

THE GRANGER COLLECTION, NEW YORK/OTHER IMAGES

Duas faces de uma moeda grega de prata, de Sybaris, c. 520 a.C., com um touro em relevo.

Se no mundo rural não havia necessidade da moeda, com o crescimento da atividade comercial ela se tornou imprescindível. A reinvenção da escrita estimulou o pensamento crítico, enquanto as leis escritas foram responsáveis pelo acesso dos ricos comerciantes ao poder e posteriormente a uma nova ordem política, a *democracia*. O ambiente da pólis estimulava o debate em praça pública, fazendo nascer a política e o cidadão. As decisões e o poder não emanavam mais dos deuses, mas eram compartilhados e distribuídos no interior da ordem humana.

As reformas da legislação que então ocorreram fundaram a pólis sobre nova base. As modificações aboliram a hierarquia fundada no poder aristocrático das famílias, expressando um ideal igualitário.

Assim afirma Jean-Pierre Vernant, helenista e pensador francês:

> “Os que compõem a cidade, por mais diferentes que sejam por sua origem, sua classe, sua função, aparecem de uma certa maneira ‘semelhantes’ uns aos outros. Esta semelhança cria a unidade da pólis. [...] O vínculo do homem com o homem vai tomar assim, no esquema da cidade, a forma de uma relação recíproca, reversível, substituindo as relações hierárquicas de submissão e de domínio.”
>
> VERNANT, Jean-Pierre. *As origens do pensamento grego*. 2. ed. São Paulo: Difel, 1977. p. 42.

Detalhe de coluna funerária, com data de 400 a.C. e encontrada em Atenas, mostra uma cena de despedida entre um jovem e um homem.

ALBUM / PRISMA/ LATINSTOCK - NATIONAL ARCHAEOLOGICAL MUSEUM, ATHENS, GREECE

Ao se buscar garantir a igualdade perante a lei e o igual direito à palavra na assembleia, nascia o conceito de *cidadania*. Tratava-se, portanto, de uma abertura para o surgimento posterior da democracia naquelas póleis que aspiravam a ela.

Finalmente, uma das consequências dessas transformações foi o aparecimento do filósofo nas colônias gregas da Ásia Menor (atual Turquia) e da Magna Grécia (sul da Itália).

Neste capítulo, que dá início à análise da história da filosofia, pretendemos justificar a tese de que a filosofia nasceu na Grécia. Não como um “milagre” nem como algo que teria acontecido de repente, mas como resultado de uma longa preparação decorrente de transformações econômicas, políticas e sociais, entre elas a fundação das primeiras póleis. A abertura para a discussão facilitou o exercício da reflexão e da divergência de ideias, terreno fértil para o nascimento da filosofia. É nesse sentido que Vernant afirmou que a filosofia é “filha da cidade”.

Leitura analítica

Mito e filosofia

"Um dos aspectos mais fundamentais do saber que se constitui nessas primeiras escolas de pensamento, sobretudo na Escola Jônica, é seu caráter crítico. Isto é, as teorias aí formuladas não o eram de forma dogmática, não eram apresentadas como verdades absolutas e definitivas, mas como passíveis de serem discutidas, de suscitarem divergências e discordâncias, de permitirem formulações e propostas alternativas. Como se trata de construções do pensamento humano, de ideias de um filósofo – e não de verdades reveladas, de caráter divino ou sobrenatural –, estão sempre abertas à discussão, à reformulação, a correções. O que pode ser ilustrado pelo fato de que, na Escola de Mileto, os dois principais seguidores de Tales, Anaxímenes e Anaximandro, não aceitaram a ideia do mestre de que a água seria o elemento primordial, postulando outros elementos, respectivamente o ar e o *ápeiron*, como tendo essa função. Isso pode ser tomado como sinal de que nessa escola filosófica o debate, a divergência e a formulação de novas hipóteses eram estimulados. A única exigência era que as propostas divergentes pudessem ser justificadas, explicadas e fundamentadas por seus autores, e que pudessem, por sua vez, ser submetidas à crítica."

MARCONDES, Danilo. *Iniciação à história da filosofia*: dos pré-socráticos a Wittgenstein. Rio de Janeiro: Jorge Zahar, 1997. p. 27.

Questões

1. De acordo com o texto, explique por que podemos contrapor mito/dogmatismo a filosofia/crítica.
2. Como o autor exemplifica a característica crítica da filosofia?

Filósofos da Grécia antiga

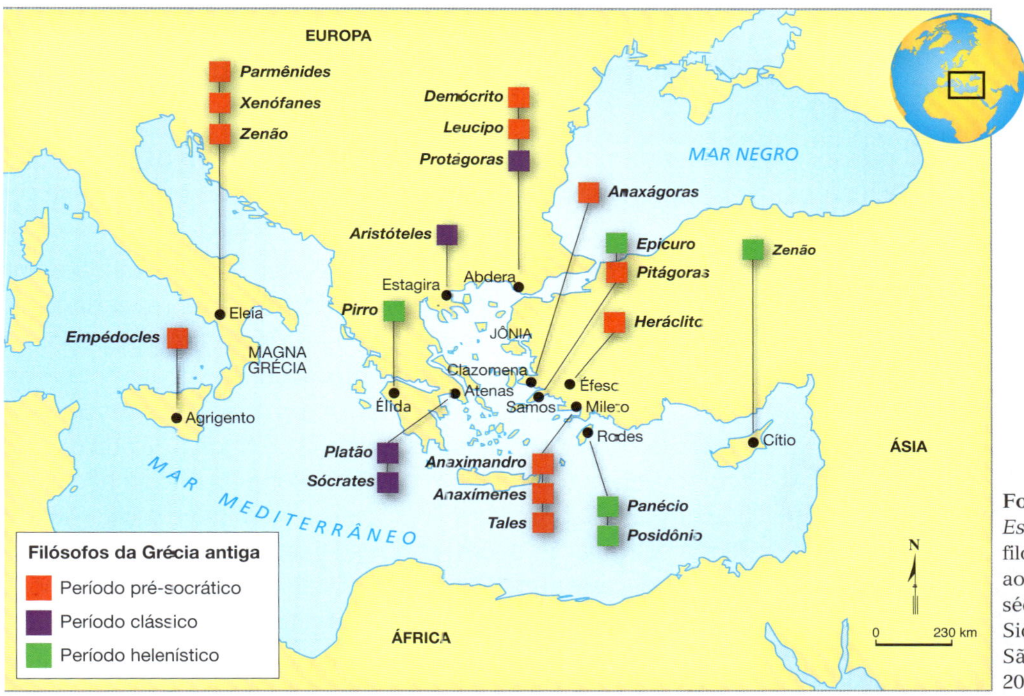

Fonte: *Enciclopédia do Estudante*: história da filosofia: da Antiguidade aos pensadores do século XXI. Bernadete Siqueira Abrão e outros. São Paulo: Moderna, 2008. v. 12. p. 17.

Observe no mapa os principais filósofos gregos que correspondem ao período pré-socrático. Identifique em que região (Jônia ou Magna Grécia) e em que cidade eles se estabeleceram. Em seguida, veja como os filósofos do período clássico (Sócrates, Platão) viviam em Atenas. Embora Aristóteles tenha nascido em Estagira, cidade da Macedônia, foi em Atenas que fundou sua escola. Localize também os filósofos do helenismo, que se deslocaram da Grécia continental e se espalharam pelas ilhas.

4 Períodos da filosofia grega antiga

S. VANNINI/ALBUM/LATINSTOCK

Alexandre, o Grande, representado em escultura de mármore produzida provavelmente em Alexandria, no Egito, entre os séculos I e II a.C.

A filosofia grega antiga corresponde a um longo período que começou por volta do final do século VII a.C. e se estendeu até o século III d.C. Costuma-se dividi-la em três grandes momentos, tendo como referência central a figura de Sócrates.

- **Pré-socráticos**. Os primeiros filósofos surgiram no final do período arcaico, a partir do final do século VII a.C., nas colônias gregas, até o início do século V a.C.
- **Período clássico**. Representou o apogeu da civilização grega (séculos V e IV a.C.). Os principais filósofos foram Sócrates, Platão e Aristóteles.
- **Período helenístico**. Caracterizou-se pela fusão das culturas grega e oriental, devido, primeiramente, à expansão do império de Alexandre, o Grande, e, em seguida, pela conquista romana. Comportou dois momentos:
  - **a)** Período grego (séculos III a.C. a II d.C.), representado pelas correntes filosóficas do epicurismo, estoicismo e ceticismo.
  - **b)** Período romano ou imperial (séculos I a.C. a III d.C.), a partir da expansão do Império Romano.

Saiba mais

No Capítulo 15, "Filosofia helenística", apresentaremos referências geográficas da fase final do período helenístico, quando o foco do pensamento filosófico deslocou-se da Grécia para as regiões do Império Macedônico e do Império Romano.

13.2 Biblioteca do estudante: Leitura complementar

5 A transição para a filosofia: os pré-socráticos

Os pré-socráticos surgiram no final do período arcaico, sendo os primeiros filósofos da história. A nova maneira de pensar apresentada por eles contrastava com o pensamento mítico.

Alguns autores chamaram de "milagre grego" a passagem da mentalidade mítica para o pensamento crítico racional e filosófico, destacando o caráter repentino e único desse processo. Certos estudiosos, no entanto, criticam essa visão simplista, apontando semelhanças entre o relato mítico e o argumento filosófico. Alguns dos primeiros filósofos, por exemplo, descreveram a formação dos seres por união e separação, como Hesíodo o fazia em sua *Teogonia*. Já outros críticos, como Vernant, defendem que a filosofia na Grécia não foi fruto de um salto, do "milagre" realizado por um povo privilegiado, mas sim a culminação de um processo gestado ao longo dos tempos. Como vimos, esse processo se constituiu pela invenção da moeda e pela redescoberta da escrita, pela lei escrita e pela fundação da pólis.

MARSYAS - MUSEU ARQUEOLÓGICO NACIONAL DE ATENAS

Utensílio do cotidiano grego com gravações e inscrições pintadas do alfabeto, s.d.

A escrita foi decisiva para desencadear a reflexão filosófica, porque a postura de quem escreve é diferente daquela de quem apenas fala. Como a escrita fixa a palavra para além de quem a profere, exige maior rigor e clareza, o que estimula o espírito crítico. Além disso, a retomada posterior do que foi escrito – não só por contemporâneos, mas por outras gerações – abre os horizontes do pensamento e proporciona o distanciamento do vivido e o confronto das ideias.

Reflita

O ressurgimento da escrita na Grécia antiga propiciou o nascimento da filosofia. Atualmente, contudo, muitos países apresentam altos índices de analfabetismo. Essa situação constituiria um obstáculo ao desenvolvimento da consciência crítica de seus cidadãos?

Grande parte das obras dos primeiros filósofos foi perdida, restando-nos apenas fragmentos e comentários feitos pelos filósofos posteriores, ou seja, pela doxografia. O centro de suas investigações era a natureza, por isso são conhecidos como *naturalistas*, ou filósofos da *physis*, termo grego para "física", "natureza".

Doxografia
Do grego *doxa*, "opinião", e *graphein*, "escrever". Chama-se *doxografia* à compilação de doutrinas de pensadores. Pode-se conhecer um filósofo não só pelas suas obras, mas também pelo testemunho de pensadores do seu tempo ou posteriores.

Qual foi a novidade desses primeiros filósofos? Até então as explicações sobre a origem e a ordem do mundo tinham por base os mitos transmitidos por Homero e Hesíodo, que constituíam as teogonias e as cosmogonias. Agora, em vez de explicar essa ordem cósmica pela interferência divina, os filósofos buscavam respostas por si mesmos, por meio da razão. Portanto, suas discussões não eram cosmogônicas, mas sim *cosmológicas*. Por sua vez, a teogonia se transformou em *teologia*: o sufixo *lógos* denota o predomínio da razão, da explicação argumentativa.

Saiba mais

"Sem dúvida, o poeta, o adivinho, o sábio, as seitas de mistérios e de iniciação mágico-religiosa não desaparecem subitamente, mesmo porque a pólis não nasce subitamente. Tanto assim que os primeiros filósofos – como Tales de Mileto, Heráclito de Éfeso, Pitágoras de Samos e mesmo um clássico, como Platão – ainda aparecem ligados a grupos e seitas de mistérios religiosos, ao mesmo tempo em que estão envolvidos nas discussões e decisões políticas de suas cidades."

CHAUI, Marilena. *Introdução à história da filosofia*: dos pré-socráticos a Aristóteles. São Paulo: Brasiliense, 1994. v. 1. p. 37.

A *arkhé*

O que intriga os primeiros filósofos é principalmente o *movimento*, conceito que em grego tem um sentido bem amplo, podendo significar "mudança de lugar", "aumento e diminuição", "qualquer alteração ou um movimento substancial", quando alguma coisa é gerada ou se deteriora. Diante disso, eles se perguntam: o que faz com que, apesar de toda mudança, haja algo na realidade que sempre permanece o mesmo? Assim, sob a multiplicidade das coisas, eles buscam a identidade. Ou seja, procuram um *princípio* original e racional (em grego, *arkhé*). O termo *princípio* pode ser entendido como "origem", mas também como "fundamento".

Observe como a filosofia nasce de um problema, uma indagação nova, que procura ir além do já sabido. Por isso, existe uma *ruptura* entre mito e filosofia, porque o mito é uma narrativa cujo conteúdo não se questiona, enquanto a filosofia problematiza e, portanto, convida à discussão. A filosofia rejeita explicações baseadas no sobrenatural. Mais ainda: a filosofia busca a coerência interna e a definição rigorosa dos conceitos e organiza-se em doutrina, surgindo, portanto, como pensamento abstrato.

Vejamos alguns desses primeiros filósofos que, por poderem pensar de modo autônomo, divergiram entre si.

6 Os filósofos jônios: tudo é um

Os primeiros pré-socráticos, como Tales, Anaximandro, Anaxímenes e Heráclito, todos naturais da Jônia, são conhecidos como *monistas*, porque identificam apenas um elemento constitutivo de todas as coisas.

Tales: o princípio é a água

13.3 Visão do especialista

Tales de Mileto (640-548 a.C.), de origem fenícia, viveu em Mileto, na Jônia. É considerado o primeiro filósofo e um dos "sete sábios da Grécia". Foi também matemático, transformando o saber empírico da geometria prática dos egípcios em conhecimento científico. É atribuída a ele a demonstração do seguinte teorema de geometria: dois triângulos são congruentes quando as medidas de dois ângulos e do lado compreendido entre eles são exatamente as mesmas em ambos os triângulos. Teria ainda calculado a altura de uma pirâmide comparando a sombra dela com a sombra de uma estaca de madeira e, como astrônomo, teria previsto um eclipse solar.

Talvez por ter viajado muito e conhecido as cheias do Rio Nilo, intuiu que a água deveria ser o princípio de tudo, por estar ligada à vida, à germinação, mas também à decomposição e à putrefação. Por considerar a água um "deus inteligente", concluiu que "todas as coisas estão cheias de deuses". Como não restou nada do que escreveu – se é que escreveu –, nem todos os relatos a seu respeito são confiáveis.

FEDERICO MENEGHETTI/CUBOIMAGES SRL/ALAMY/OTHER IMAGES

Vista aérea de plantações às margens do Rio Nilo, no Egito, em foto de 1999. O Nilo é um rio de águas perenes, encravado no meio do deserto. Durante as cheias anuais, uma camada de húmus é depositada sobre as terras próximas ao rio, fertilizando-as.

Anaximandro: o princípio é o indeterminado

Anaximandro (610-547 a.C.) representa um avanço em relação a Tales, porque não recorre a um princípio material como a água, e sim ao *ápeiron*, termo grego que significa "indeterminado", "ilimitado", e que daria origem a todos os seres materiais. Desse modo, não se trata de algo que possamos conhecer pelos sentidos, mas pelo pensamento. Para explicar a mudança, Anaximandro recorre à luta dos contrários.

"Como surge o mundo? Por um movimento circular turbilhonante que irrompe em diversos pontos do *ápeiron*. Nesse movimento, separam-se do ilimitado-indeterminado as duas primeiras determinações ou qualidades: o quente e o frio, dando origem ao fogo e ao ar; em seguida, separam-se o seco e o úmido, dando origem à terra e à água. Essas determinações combinam-se ao lutar entre si e os seres vão sendo formados como resultado dessa luta, quando um dos contrários domina os outros. O devir é esse movimento ininterrupto da luta entre os contrários e terminará quando forem todos reabsorvidos no *ápeiron*."

CHAUI, Marilena. *Introdução à história da filosofia*: dos pré-socráticos a Aristóteles. São Paulo: Brasiliense, 1994. v. 1. p. 52.

Anaxímenes: o princípio é o ar

Para Anaxímenes (588-524 a.C.), o princípio é o ar, que, pela rarefação e condensação, faz nascer e transformar todas as coisas. Para ele, porém, o ar é mais do que o aspecto físico de um elemento, porque o termo grego que corresponde ao ar é *pneuma*, que também significa respiração, sopro de vida, espírito: "Como nossa alma, que é ar, nos governa e sustém, assim também o sopro e o ar abraçam todo o cosmo".

Heráclito: tudo flui

Heráclito (544-484 a.C.) nasceu em Éfeso, na Jônia, e também procurou compreender a multiplicidade do real. Para ele, o dinamismo de todas as coisas pode ser explicado pelo fogo primordial, expressão visível da instabilidade, símbolo da eterna agitação do *devir*: "o fogo eterno e vivo, que ora se acende e ora se apaga". Assim diz Marilena Chaui:

"Não se trata do fogo (ou do quente ou do calor) que percebemos em nossa experiência. O fogo-quente-calor de nossa experiência é uma das qualidades determinadas e múltiplas do mundo, juntamente com o frio, o seco, o úmido. O fogo primordial – que Heráclito também chama de *lógos* – é aquilo que, por sua própria natureza e força interna, se transforma em todas as outras e é nelas transformado sem cessar."

CHAUI, Marilena. *Introdução à história da filosofia*: dos pré-socráticos a Aristóteles. São Paulo: Brasiliense, 1994. v. 1. p. 68-69.

DANITA DELIMONT/ GALLO IMAGES/ GETTY IMAGES

Heráclito, escultura em mármore do século XVIII. Museu Vitória e Albert, Inglaterra. Para Heráclito nada existe de permanente a não ser a mudança.

Ao contrário de seus contemporâneos – como Parmênides –, Heráclito não rejeitava as contradições e queria apreender a realidade na sua mudança, no seu devir. Todas as coisas mudam sem cessar, e o que temos diante de nós em dado momento é diferente do que foi há pouco e do que será depois: "Nunca nos banhamos duas vezes no mesmo rio", pois, na segunda vez, não somos os mesmos, e também as águas mudaram.

Para Heráclito, o ser é múltiplo, não apenas no sentido de que há uma multiplicidade de coisas em cada um, mas por ele estar constituído de oposições internas. O que mantém o fluxo do movimento não é o simples surgimento de novos seres, mas a luta dos contrários, pois "a guerra é pai de todos, rei de todos". É da luta que nasce a harmonia, como síntese dos contrários.

Saiba mais

Costuma-se dizer que Heráclito teve a intuição da lógica dialética, que no século XIX foi elaborada por Hegel e depois reformulada por Marx na teoria do materialismo dialético. A lógica dialética admite a contradição entre uma tese e sua antítese.

Leitura analítica

Tales, o primeiro filósofo

Crisálida
Casulo de alguns insetos. No contexto, o sentido figurado de algo que se encontra em estado de preparação.

"A filosofia grega parece começar com uma ideia absurda, com a proposição: a *água* é a origem e a matriz de *todas* as coisas. Será mesmo necessário deter-nos nela e levá-la a sério? Sim, e por três razões: em primeiro lugar, porque essa proposição enuncia algo sobre a origem das coisas; em segundo lugar, porque o faz sem imagem e fabulação; enfim, em terceiro lugar, porque nela, embora apenas em estado de crisálida, está contido o pensamento: 'Tudo é um'. A razão citada em primeiro lugar deixa Tales ainda em comunidade com os religiosos e supersticiosos, a segunda o tira dessa sociedade e nô-lo mostra como investigador da natureza, mas, em virtude da terceira, Tales se torna o primeiro filósofo grego. Se tivesse dito: 'Da água provém a terra', teríamos apenas uma hipótese científica, falsa, mas dificilmente refutável. Mas ele foi além do científico. Ao expor essa representação da unidade através da hipótese da água, Tales não superou o estágio inferior das noções físicas da época, mas, no máximo, saltou sobre ele. As parcas e desordenadas observações de natureza empírica que Tales havia feito sobre a presença e as transformações da água ou, mais exatamente, do úmido, seriam o que menos permitiria ou mesmo aconselharia tão monstruosa generalização; o que o impeliu a esta foi um postulado metafísico, uma crença que tem sua origem em uma intuição mística e que encontramos em todos os filósofos, ao lado dos esforços sempre renovados para exprimi-la melhor – a proposição: 'Tudo é um'.

[...] Quando Tales diz: 'Tudo é água', o homem [...] pressente a solução última das coisas e vence, com esse pressentimento, o acanhamento dos graus inferiores do conhecimento."

NIETZSCHE, Friedrich. A filosofia na época trágica dos gregos, § 3.
In: *Os pré-socráticos*. São Paulo: Abril Cultural, 1973. p. 16.
(Coleção Os Pensadores)

Questões

1. Identifique no trecho selecionado as três razões destacadas por Nietzsche segundo as quais podemos levar a sério a reflexão de Tales de Mileto sobre a água.
2. Em que sentido a reflexão de Tales é filosófica e, portanto, se distingue do mito e da ciência?

13.4 Biblioteca do estudante: Leitura complementar

7 Os pitagóricos: o número é a harmonia

Pitágoras (século VI a.C.) nasceu na Ilha de Samos, na costa da Jônia, mas deslocou-se para Crotona, na Magna Grécia. Quase nada se sabe sobre Pitágoras nem de suas obras. É certo que existiu uma Escola Pitagórica de cunho filosófico-religioso que mantinha a doutrina restrita aos adeptos.

Como matemático, Pitágoras considerava o número o princípio de tudo, desde que se entenda número como a harmonia ou a proporção. Ou seja, o número representa uma *estrutura racional*.

Outra característica interessante do pitagorismo está na influência que mais tarde exercerá sobre Platão. Trata-se de uma sensível mudança na religiosidade grega, até então centrada na tradição homérica e no culto dos deuses do Olimpo. Já os pitagóricos herdaram o *orfismo*, religião vinda da Trácia e baseada nos mistérios órficos e no culto a Dioniso. A diferença se fez na passagem para um culto voltado para a interioridade, de crença na imortalidade da alma, na transmigração das almas, na superioridade da alma sobre o corpo, o que exige *ascese* e *purificação*. Desse modo, a Escola Pitagórica não trata apenas dos aspectos físicos dos princípios do cosmo, mas constrói uma filosofia que visa orientar um determinado modo de vida.

Monocórdio de Pitágoras, xilogravura extraída de *Gafurius' Theorica Musicae*, Milão, 1492, colorida posteriormente. O monocórdio – como o nome diz – é um instrumento de uma corda só. Nele, Pitágoras fez experiências para mostrar que a música se expressa em linguagem matemática. Ao calcular os intervalos entre os diferentes pontos pressionados na corda, descobriu a relação entre as notas musicais e as proporções no seu comprimento.

THE GRANGER COLLECTION, NEW YORK/OTHER IMAGES

8 Os eleatas: o princípio é o ser

Parmênides e Zenão foram os filósofos que atuaram na cidade de Eleia, sul da Magna Grécia, e eram conhecidos como eleatas. A principal característica dessa escola era admitir a imobilidade do ser.

Alguns estudiosos atribuíram a Xenófanes (c. 570-475 a.C.) a fundação da Escola Eleática, mas, de acordo com outros, essa afirmação não procede, porque Xenófanes teria apenas influenciado os eleatas. Nascido na Jônia, Xenófanes viveu exilado na Magna Grécia como um sábio errante, um *aedo*, que recitava suas obras em vários lugares. Era conhecido pelas críticas à religião pública (de Homero e Hesíodo) e às convenções, o que o caracteriza também como um cético.

Parmênides: as coisas *são*

Parmênides (c. 544-c.-450 a.C.) influenciou de modo decisivo o pensamento ocidental. Sua importância decorre da guinada na busca do princípio de todas as coisas: para ele, as coisas são entes, *o ser*.

Assim explica o filósofo espanhol Julián Marías:

> "As coisas, em grego *prágmata*, mostram aos sentidos múltiplos atributos ou propriedades. São coloridas, quentes ou frias, duras ou moles, grandes ou pequenas, animais, árvores, rochas, estrelas, fogo, barcos feitos pelo homem. Mas consideradas com outro órgão, com o pensamento (*nous*), apresentam uma propriedade sumamente importante e comum a todas: antes de ser brancas ou vermelhas, ou quentes, *são*. São, simplesmente. Aparece o ser como uma propriedade essencial das coisas, como o que depois foi denominado um *atributo real*, que só se manifesta para o *nous*. As coisas são agora *onta, entes*."
>
> MARÍAS, Julián. *História da filosofia*. São Paulo: Martins Fontes, 2004. p. 26.

Com base nesse pressuposto, Parmênides criticou a filosofia heraclitiana. Ao "tudo flui" de Heráclito, contrapôs a imobilidade do ser: é absurdo e impensável afirmar que uma coisa pode ser e não ser ao mesmo tempo. O ser é único, imutável, infinito e imóvel. À contradição opõe o princípio segundo o qual "o ser é" e o "não ser não é".

Não há como negar, entretanto, a existência do movimento no mundo, pois as coisas nascem e morrem, mudam de lugar e se expõem em infinita multiplicidade. Segundo Parmênides, o movimento existe, porém, apenas no *mundo sensível*, e a percepção pelos sentidos é ilusória, porque baseada na opinião (*dóxa*, em grego), e, por isso mesmo, ela não é confiável. Só o *mundo inteligível* é verdadeiro, pois está submetido ao princípio que mais tarde Aristóteles chamou de *identidade* e de *não contradição*.

Uma das consequências da teoria de Parmênides é a identidade entre o ser e o pensar: ao pensarmos, pensamos algo que é, e não conseguimos pensar algo que não é. Desse modo, os eleatas abrem caminho para a *ontologia* (estudo do ser), que será objeto dos filósofos do período clássico.

SCALA, FLORENCE/GLOW IMAGES - ELEA (VELIA), MUSEUMS, ITALY

Busto do filósofo pré-socrático grego Parmênides de Eleia, para quem era absurdo pensar que algo pudesse ser e não ser ao mesmo tempo.

Zenão de Eleia: Aquiles e a tartaruga

Zenão de Eleia (século V a.C.) foi o principal discípulo de Parmênides e ficou conhecido pelos exemplos que ilustram o cerne da teoria parmenídia: "pensamos algo que é, e não conseguimos pensar algo que não é". Recorre, então, a uma *aporia*, termo grego que significa "dificuldade insolúvel". Se Aquiles, o mais veloz dos homens, apostasse corrida com uma tartaruga, o mais lento dos animais, e permitisse que ela saísse na frente, jamais poderia alcançá-la. Explicando: para percorrer um espaço de A a B, Aquiles deveria alcançar o ponto M, mas, para chegar a ele, teria de passar por M_1, M_2, M_3, e assim sucessivamente. Por consequência, Aquiles não alcançaria a tartaruga. Veja a ilustração.

BIBLIOTECA DEL ESCORIAS, MADRID

Afresco pintado entre 1588 e 1595, de autoria incerta - Bartolomeo Carducci (1560-1608) ou Tibaldi Pellegrino (1527-1596) -, mostra um homem apontando para duas portas com as inscrições Veritas e Falsitas. O homem é seguido por um grupo de jovens, alguns deles com livros nas mãos. No canto direito do quadro, pode-se ler a inscrição Heleates Zenon.

Evidentemente, isso não quer dizer que Parmênides e Zenão negassem o movimento, mesmo porque é óbvio que Aquiles venceria a tartaruga. Eles ressaltam que o movimento é percebido pelos sentidos, e estes não nos conduzem à verdade; ao contrário, nos colocam diante de aporias, dificuldades insolúveis. Só a razão nos leva à verdade.

9 Os pluralistas: há mais que um princípio

O princípio não é único, como diziam os monistas, mas há múltiplos princípios. Os principais representantes dessa tendência são Empédocles, Anaxágoras e os atomistas Leucipo e Demócrito.

Empédocles: os quatro elementos

Os quatro elementos, terra, água, ar e fogo, constituem a teoria de Empédocles (483-430 a.C.), que nasceu em Agrigento, cidade da atual Sicília, na Magna Grécia. Tudo o que existe deriva da mistura do que ele chama de "raízes" (*rizómata*), movido por uma força interna do amor e do ódio: enquanto o amor une, o ódio separa, num ciclo de repetição eterno. Em um de seus fragmentos, podemos ler:

> "Ainda outra coisa te direi. Não há nascimento para nenhuma das coisas mortais, como não há fim na morte funesta, mas somente composição e dissociação dos elementos compostos: nascimento não é mais do que um nome usado pelos homens."
>
> BORHEIM, Gerd. *Os filósofos pré-socráticos*. 3. ed. São Paulo: Cultrix, 1977. p. 69.

AKG-IMAGES/LATINSTOCK

Homem na balança dos quatro elementos, xilogravura extraída de Francesco Petrarca, *Von der Artzney bayder Glueck*, Augsburg, 1532, colorida posteriormente. A teoria dos quatro elementos – terra, água, ar e fogo – faz parte da tradição de vários povos antigos. A que foi elaborada por Empédocles tornou-se a mais conhecida e aceita na cultura ocidental até o século XVIII.

Como se vê, Empédocles discorda de Parmênides, para quem o ser é imóvel, e também critica a crença de conhecer apenas pelo pensamento, desprezando os sentidos. A teoria dos quatro elementos perdurou por muito tempo. Apenas no século XVIII, ao estabelecer o método científico da química e realizar em laboratório a decomposição da água, Lavoisier provou que aquela teoria clássica era falsa.

Anaxágoras: as sementes e o Nous

HARRY TAYLOR/ DORLING KINDERSLEY/GETTY IMAGES

Para Anaxágoras, as coisas, como esta pequena pedra de diamante, são formadas por pequenas partículas ou sementes agrupadas por uma inteligência cósmica. Foi o primeiro filósofo a sugerir um espírito ordenador do cosmos.

Anaxágoras (499-428 a.C.), nascido em Clazômena, mudou-se para Atenas, onde foi mestre de Péricles. Sustentava que o princípio não é único, nem quatro, como dizia Empédocles, mas as coisas são formadas por minúsculas partículas, as "sementes" (homeomerias ou *spérmata*). Essas sementes foram ordenadas por um princípio inteligente, uma Inteligência cósmica (*nous*, em grego). Por motivos controversos, talvez por ter sido o primeiro a recorrer a um espírito superior que ordena o cosmo e por se recusar a prestar culto aos deuses gregos, foi preso e expulso, precisando abandonar a escola que fundara em Atenas.

Observe como a teoria de Anaxágoras acrescenta às demais a ideia de um espírito ordenador. Alguns teóricos contemporâneos identificam aí as origens do monoteísmo grego. Aristóteles afirma na *Metafísica* (livro I, III) que, entre todos os pré-socráticos, Anaxágoras se destacou como o primeiro a apresentar a concepção de uma inteligência ordenadora, "em comparação aos que anteriormente afirmaram coisas vãs".

Demócrito: os átomos

Leucipo (século V a.C.) foi o fundador da Escola de Abdera, e Demócrito (c. 460--370 a.C.), seu principal seguidor. Mas é possível identificar em Leucipo a predominância de preocupações cosmológicas, enquanto Demócrito desenvolveu também questões éticas, tema que iria adquirir grande importância durante o período socrático. Por isso, pode ser considerado um filósofo de transição.

ELECTA/AKG-IMAGES/LATINSTOCK - GALERIA DE ARTE BRERA, MILÃO

Heráclito e Demócrito, afresco de Donato di Pascuccio di Antonio, conhecido como Bramante, 1487. O artista representa uma velha história sobre Heráclito e Demócrito, segundo a qual o primeiro era o "filósofo que chora" e o outro, o "filósofo que ri". Certamente, para destacar seus diferentes temperamentos, Heráclito era reservado e de poucas palavras, enquanto Demócrito gostava de gozar a vida.

Leucipo e Demócrito representam a corrente dos *atomistas*, por considerarem o elemento primordial constituído por átomos, partículas indivisíveis, não criadas, indestrutíveis e imutáveis. De tão minúsculos, não são percebidos pelos sentidos, mas pela inteligência. Os átomos são dotados naturalmente de movimento e, para fundamentar essa hipótese, desenvolvem a teoria da existência do vazio. Dependendo dos diferentes modos de se agregarem, as coisas são geradas e se corrompem em uma alternância sem fim. A explicação de tudo depende, portanto, dos átomos, do vazio e do movimento. Não existe uma causa inteligente que organize o mundo, que resulte do encontro mecânico, "ao sabor do acaso".

MEHAU KULYK/SCIENCE PHOTO LIBRARY/GETTY IMAGES

Clássico modelo atômico de Niels Bohr mostrado pela arte conceitual computadorizada. Na física quântica, acredita-se que os elétrons não seguem realmente uma órbita definida, mas habitam áreas de probabilidade em torno do núcleo. Tanto o modelo de Bohr quanto as teses da física quântica são desdobramentos das primeiras especulações de Leucipo e Demócrito sobre o átomo, na Grécia antiga.

Com essa teoria, os atomistas tentavam superar a contradição entre Heráclito e Parmênides. Afirmavam que os átomos não têm qualidades sensíveis (sabor, odor, temperatura, cor), mas apenas propriedades geométricas (grandeza e forma). Por isso, a nossa percepção das qualidades sensíveis é objeto apenas de opinião (*doxa*), enquanto o conhecimento verdadeiro é dado pelos átomos. Assim afirma Demócrito: "É opinião o frio e opinião o calor; verdade, os átomos e o vazio".

10 Avaliação do período dos pré-socráticos

Os pré-socráticos deram o primeiro impulso à atividade do filosofar: buscaram a unidade na multiplicidade, examinaram a relação entre o ser e o pensar, desenvolveram a dialética, a arte da discussão, deram os primeiros passos para uma lógica e estimularam a argumentação.

Observe como as discussões dos filósofos pré-socráticos foram assumindo nível maior de sofisticação e rigor, se comparadas às primeiras reflexões da filosofia nascente. Vale lembrar que os últimos filósofos pré-socráticos já adentravam o século V. Anaxágoras foi mestre de Péricles e, pelos diálogos de Platão, sabemos que Sócrates, quando jovem, teria encontrado Parmênides.

Veremos adiante como Platão e Aristóteles tentam superar a oposição entre o pensamento de Heráclito e o de Parmênides, entre movimento e imobilidade, entre os sentidos e a razão.

Colóquio

Antagonismo entre os pré-socráticos

Leia os dois textos, de Parmênides e Heráclito, e, em seguida, responda às questões. Antes, uma explicação: as obras dos pré-socráticos se perderam, restando delas poucos fragmentos e as interpretações feitas pelos doxógrafos. A seleção que escolhemos traz a numeração indicada por Gerd Borheim.

Texto 1

Heráclito de Éfeso (fragmentos)

"1. Este *lógos*, os homens, antes ou depois de o haverem ouvido, jamais o compreendem. Ainda que tudo aconteça conforme esse *lógos*, parece não terem experiência experimentando-se em tais palavras e obras, como eu as exponho, distinguindo e explicando a natureza de cada coisa. Os outros homens ignoram o que fazem em estado de vigília, assim como esquecem o que fazem durante o sono.

2. Por isso, o comum deve ser seguido. Mas, a despeito de o *lógos* ser comum a todos, o vulgo vive como se cada um tivesse um entendimento particular.

8. Tudo se faz por contraste; da luta dos contrários nasce a mais bela harmonia.

12. Para os que entram nos mesmos rios, correm outras e novas águas.

30. Este mundo, igual para todos, nenhum dos deuses e nenhum dos homens o fez; sempre foi, é e será um fogo eternamente vivo, acendendo-se e apagando-se conforme a medida.

51. Eles não compreendem como, separando-se, podem harmonizar-se: harmonia de forças contrárias, como o arco e a lira.

53. A guerra é o pai de todas as coisas e de todas o rei; de uns fez deuses, de outros, homens; de uns, escravos, de outros, homens livres.

88. Em nós, manifesta-se sempre uma e a mesma coisa: vida e morte, vigília e sono, juventude e velhice. Pois a mudança de um dá o outro e reciprocamente."

BORHEIM, Gerd A. (Org.). *Os filósofos pré-socráticos*. 3. ed. São Paulo: Cultrix, 1978. p. 36-41.

Texto 2

Parmênides de Eleia (fragmentos)

2. E agora vou falar; e tu, escuta as minhas palavras e guarda-as bem, pois vou dizer-te dos únicos caminhos de investigação concebíveis. O primeiro [diz] que [o ser] é e que o não ser não é; este é o caminho da convicção, pois conduz à verdade. O segundo, que não é, é, e que o não ser é necessário; esta via, digo-te, é imperscrutável; pois não podes conhecer aquilo que não é – isto é impossível –, nem expressá-lo em palavra.

3. Pois pensar e ser é o mesmo.

6. Necessário é dizer e pensar que só o ser é; pois o ser é, e o nada, ao contrário, nada é: afirmação que bem deves considerar. Desta via de investigação, eu te afasto; mas também daquela outra, na qual vagueiam os mortais que nada sabem, cabeças duplas. Pois é a ausência de meios que move, em seu peito o seu espírito errante. Deixam-se levar, surdos e cegos, mentes obtusas, massa indecisa, para a qual o ser e o não ser é considerado o mesmo e não o mesmo, e para o qual em tudo há uma via contraditória.

8. [...] Por outro lado [o ser] imóvel nos limites de seus poderosos liames é sem começo e sem fim; pois geração e destruição foram afastadas para longe, repudiadas pela verdadeira convicção. Permanecendo idêntico e em um mesmo estado, descansa em si próprio, sempre imutavelmente fixo e no mesmo lugar.

BORHEIM, Gerd A. (Org.). *Os filósofos pré-socráticos*. 3. ed. São Paulo: Cultrix, 1978. p. 54-56.

Imperscrutável
O que não se consegue conhecer.

Questões

1. O que Heráclito quer dizer com "a despeito de o *lógos* ser comum a todos, o vulgo vive como se cada um tivesse um entendimento particular"?
2. De acordo com Parmênides, o que significa o fragmento 3: "Pois pensar e ser é o mesmo"?
3. Identifique em um dos fragmentos uma frase em que Parmênides critica a filosofia de Heráclito.
4. Parmênides e Heráclito, entre os pré-socráticos, produziram as teorias que mais provocaram questionamentos nas filosofias posteriores. Explique por quê.

Atividades

Retomando os conteúdos

1. Por que só aprendemos a história da filosofia quando a abordagem é filosófica?

2. Exemplifique como, além da filosofia, os gregos também racionalizaram outros campos do saber.

3. Nos relatos de Homero, os mortais estão presos ao destino e têm a vida regulada pelos deuses. Que nova visão de mundo começa a ser construída no período arcaico?

4. Indique quais fatores favoreceram o aparecimento dos primeiros filósofos na Grécia antiga.

5. Considerando o pensamento grego, qual é a diferença entre cosmogonia e cosmologia?

6. O que distingue os filósofos monistas dos pluralistas?

Aprofundando os conceitos

7. Leia o trecho a seguir e responda à questão.

> “Em todas as literaturas, a prosa é posterior ao verso, como a reflexão o é à imaginação. A literatura grega não faz exceção à regra, antes a acentua, pois o desnível cronológico entre ambas deve importar uns três séculos. [...] No entanto, [...] há ainda filósofos que exprimem em verso [...], [como] Parmênides e Empédocles [...].”
>
> PEREIRA, Maria Helena Rocha. *Estudos de história da cultura clássica*. 3. ed. Lisboa: Fundação Calouste Gulbenkian, 1970. v. 1. p. 199-200.

De acordo com o texto, que características marcam a diferença entre o mito e a filosofia?

8. Leia este trecho de Aristóteles e atenda à questão.

> “Por causa de sua pobreza, imputada à inutilidade da filosofia, Tales era alvo de escárnio; graças, porém, a seus conhecimentos de astronomia, ele previu, ainda em pleno inverno, que haveria uma abundante colheita de azeitonas; ele obteve, então, algum dinheiro e adquiriu os direitos de uso de todos os lagares em Mileto e em Quios, pagando pouco porque ninguém competia com ele; quando chegou a época da extração do azeite, houve uma súbita procura de numerosos lagares ao mesmo tempo, e sublocando-os nas condições que quis ele ganhou muito dinheiro, provando que para o filósofo é fácil obter lucro quando ele quer, mas não é disto que ele cuida.”
>
> ARISTÓTELES. *Política*. 3. ed. Brasília: Editora UnB, 1997. p. 30 (1259a).

a) Nesse trecho, Aristóteles comenta uma tradição de longa data, que deprecia o filósofo por ocupar-se com questões que não servem para nada. Discuta com o seu colega sobre a validade ou não dessa acusação.

b) No final do trecho, Aristóteles diz que Tales sabe lucrar, mas não é isso que lhe interessa de fato. Explique o que significa esse comentário.

Dissertação

9. Faça uma dissertação sobre o tema “A filosofia é filha da cidade”. Nela você deve descrever e justificar a vinculação entre a fundação da pólis e o nascimento da filosofia.

Debate

10. *Verdade* e *opinião* são dois conceitos antagônicos. Com um grupo de colegas, analisem a importância desse confronto entre os primeiros filósofos. Em seguida, busquem exemplos para explicar de que maneira, atualmente, continua a existir esse tipo de indagação filosófica.

Lagar
Oficina onde são espremidas as azeitonas, retirando-lhes o azeite.

Capítulo 14

A filosofia no período clássico

PHOTO SCALA, FLORENCE/GLOWIMAGES - STANZA DELLA SEGNATURA, VATICANO

A escola de Atenas (c.1512), pintura de Rafael Sanzio.

Esse famoso afresco de Rafael Sanzio, que decora uma das paredes do Vaticano, representa a revalorização da cultura greco-latina, incentivada durante o Renascimento. Vários filósofos e cientistas de épocas diferentes estão reunidos na pintura, tendo ao centro Platão – que aponta para cima, como se indicasse o mundo das ideias, enquanto seu realista discípulo Aristóteles aponta para baixo. À esquerda, de bege, Sócrates dialoga com Xenofonte (de uniforme militar), Ésquines e Alcibíades. Abaixo, a filósofa Hipátia de Alexandria e Parmênides de Eleia. Solitário, sentado na escada, Heráclito escreve. Na mesma direção, à direita, Euclides, rodeado por discípulos, demonstra um teorema com um compasso. Ainda à direita, mais para cima, Ptolomeu, de costas, segura um globo terrestre. Inúmeros outros personagens podem ser identificados: Zenão de Eleia, Pitágoras, Epicuro e até o próprio Rafael, congraçando personalidades desde o século VI a.C. até o Renascimento.

1 Atenas no período clássico

No período socrático ou clássico (séculos V e IV a.C.), o centro cultural grego deslocou-se das colônias da Jônia e da Magna Grécia para a cidade de Atenas. Desse período fazem parte os sofistas, Sócrates e seu discípulo Platão, que por sua vez foi mestre de Aristóteles. Embora ainda discutissem questões cosmológicas, os filósofos ampliaram os questionamentos para outras áreas, como a moral e a política.

Vimos no capítulo anterior que a passagem do mundo rural e aristocrático da Grécia dos tempos homéricos para o período arcaico foi marcada por mudanças na estrutura social, política e econômica e pelo surgimento das póleis. Na cidade de Atenas, a atuação de legisladores como Drácon, Sólon e Clístenes destacou o caráter humano das leis, antes vinculadas ao poder divino. Desse modo, foi sendo construída a ideia de cidadania, ao se possibilitar a todos os atenienses livres a participação na assembleia do povo, na qual eram eleitos os funcionários do Estado.

PRISMA/ALBUM/LATINSTOCK - MUSEU ARQUEOLÓGICO NACIONAL DE NÁPOLES, ITÁLIA

Doríforo (c. 440), cópia em bronze da escultura em mármore de Policleto, do século V a.C. O período clássico da filosofia grega (séculos V e IV a.C.) caracterizou-se pela esplêndida produção nas artes, na literatura e na filosofia, constituindo-se numa herança que fecundou a cultura ocidental.

Reflita

No tempo de Péricles, a democracia ateniense supunha, para os cidadãos, a igualdade de direito perante a lei (*isonomia*) e a igualdade de direito à palavra na assembleia (*isegoria*). Os conceitos de isonomia e isegoria ainda são desejáveis na política atual? Justifique sua resposta.

2 A democracia grega

Por serem os gregos os primeiros a filosofar, também foram eles os primeiros a refletir criticamente sobre a política. Por isso, costuma-se afirmar que eles "inventaram" a política, ou seja, que eles inauguraram o ato de refletir racionalmente sobre o poder e sobre a possibilidade de organização humana da vida coletiva, sem recorrer aos mitos. Um dos resultados dessas discussões foi a elaboração do conceito de **democracia**, posto em prática no século V a.C., época em que Péricles governava Atenas.

14.1 Biblioteca do estudante: Leitura complementar

EMMEPI EUROPE/ALAMY/OTHER IMAGES

Vista da Acrópole de Atenas, Grécia, em 2010. Construída durante o governo de Péricles, a Acrópole de Atenas tornou-se o centro do mundo grego na Antiguidade.

SCALA, FLORENCE/GLOW IMAGES - VATICAN, MUSEO PIO-CLEMENTINO

Busto de Péricles, em cujo governo a democracia ateniense se desenvolveu mais plenamente.

Saiba mais

Nas póleis destacavam-se dois lugares: a *acrópole* e a *ágora*. A acrópole constituía a parte elevada na qual era construído o templo e que também servia de ponto de defesa da cidade. A *ágora* era a praça central destinada às trocas comerciais, onde os cidadãos também se reuniam para debater os assuntos da cidade e resolver problemas legais.

A democracia ateniense atingiu seu maior brilho no século V a.C., na época do governo de Péricles. Embora pudessem participar da assembleia democrática desde o mais rico proprietário até o mais humilde artesão, nem todos os habitantes da pólis eram considerados cidadãos. Da participação política estavam excluídos os estrangeiros, as mulheres e os escravos. Apesar dessas contradições, o ideal democrático representou uma novidade em termos de proposta de poder que, ao longo dos tempos, iria orientar as aspirações humanas por sociedades mais justas.

Saiba mais

Ao lado do esplendor cultural do período clássico, ocorreram diversos confrontos bélicos. As Guerras Médicas (499-479 a.C.) foram um deles, em que a vitória dos gregos sobre os persas fortaleceu o imperialismo de Atenas sobre as demais póleis. A revanche coube a Esparta, que venceu Atenas na Guerra do Peloponeso (431-404 a.C.), dando início à decadência da democracia ateniense. Finalmente, em 338 a.C., o rei Felipe da Macedônia conquistou a Grécia.

3 Os sofistas e a retórica

A importância dos sofistas se deve ao deslocamento do interesse cosmológico, que marcara o período anterior, para as questões que dizem respeito ao ser humano em suas relações com a sociedade. Por meio do debate, foram tratados os mais diversos assuntos, desde política e moral até arte, religião e cultura. Iniciava-se o período humanista, antropológico da reflexão filosófica.

Sofista
O termo *sofista* vem do grego *sophós*, "sábio", ou melhor, "professor de sabedoria". Posteriormente, adquiriu sentido pejorativo para designar aquele que emprega sofismas, ou seja, que usa de raciocínio capcioso, de má-fé, com intenção de enganar.

Os sofistas atuaram em Atenas no século V a.C. Vinham de todas as partes do mundo grego e ocupavam-se de um ensino itinerante, sem se fixar em nenhum lugar. O constante exercício do pensar e a aceitação de opiniões contraditórias deviam-se provavelmente à incessante circulação de ideias.

Os sofistas inauguraram o costume de cobrar pelas aulas, o que causava estranheza, e por isso Sócrates os acusava de "mercenários do saber". No entanto, os sofistas pertenciam geralmente às camadas médias e, por não serem suficientemente ricos, não podiam se dar ao luxo de gozar aquilo que os gregos chamavam de "ócio digno". O ócio digno era o emprego do tempo apenas com a atividade intelectual, costume da aristocracia liberada do trabalho de subsistência, ocupação própria dos escravos.

Coube também aos sofistas a função de elaborar teoricamente e legitimar o ideal democrático da nova classe em ascensão, a dos comerciantes enriquecidos. De fato, até então a aristocracia dependia do valor do nobre guerreiro, enquanto na nova pólis o cidadão erguia-se para reivindicar seu direito ao exercício do poder.

A participação dos sofistas não foi apenas de ordem teórica, mas também prática, voltada para a vida, por ensinarem as técnicas da **retórica**, que é a arte de bem falar, de utilizar a linguagem em um discurso persuasivo. É bem verdade que essa educação destinava-se à elite intelectual, àqueles bons oradores que poderiam, nas assembleias públicas, fazer uso da palavra livre e pronunciar discursos convincentes e oportunos.

A visão pejorativa dos sofistas foi arquitetada sobretudo pelos filósofos do período clássico, Sócrates e Aristóteles, e perdurou por longo tempo. Por deslumbrarem seus alunos com o brilhantismo de sua retórica, foram acusados de não se importarem com a verdade, pois, afeitos à arte de persuadir, reduziriam seus discursos a opiniões relativistas. No entanto, essa fama devia-se aos excessos de alguns deles com relação ao aspecto formal da exposição. E também porque em geral os sofistas estavam convencidos de que a persuasão é o instrumento por excelência do cidadão na cidade democrática. Os melhores deles, porém, buscavam aperfeiçoar os instrumentos da razão, ou seja, a coerência e o rigor da argumentação.

Essa imagem de certo modo caricatural da sofística tem sido revista na tentativa de resgatar sua verdadeira importância. Desde que foram reabilitados por Hegel no século XIX, o período por eles iniciado passou a ser denominado *Aufklärung grega*, imitando a expressão alemã que designa o Iluminismo europeu do século XVIII.

Segundo Werner Jaeger, historiador da filosofia, os sofistas exerceram influência muito forte no seu tempo, vinculando-se à tradição educativa dos poetas Homero e Hesíodo. Sua contribuição para a sistematização do ensino foi notável, devido à elaboração de um currículo de estudos: gramática (da qual são os iniciadores), retórica e dialética. E, na tradição dos pitagóricos, desenvolveram a aritmética, a geometria, a astronomia e a música.

Reflita

Para criticar os sofistas, Platão usava o conceito de *phármakon*, que significa ao mesmo tempo "remédio" e "veneno". É veneno quando a linguagem recorre à eloquência para seduzir, iludir, enganar, adular sem se importar com a verdade. Quando então a linguagem é considerada "remédio"?

4 Principais sofistas

14.2 Biblioteca do estudante: Leitura complementar

Os sofistas fazem parte da época grega clássica. Assim, alguns deles foram interlocutores de Sócrates. Do mesmo modo como ocorreu com os pré-socráticos, só nos restam fragmentos de suas obras, reunidas pelos doxógrafos, além de referências – muitas vezes tendenciosas – feitas por filósofos posteriores. Examinemos dois dos mais importantes sofistas: Protágoras e Górgias.

THE GRANGER COLLECTION, NEW YORK/OTHER IMAGES

Gravura em madeira do século XIX representando o mercado em Atenas na Antiguidade.

Protágoras

Relativismo
Teoria segundo a qual não existem verdades absolutas, porque qualquer afirmação é sempre relativa à pessoa, ao grupo ou ao tempo a que pertence.

Protágoras de Abdera (485-411 a.C.) dizia que "o homem é a medida de todas as coisas". Descontextualizado, esse fragmento torna-se um tanto obscuro. Pode ser entendido de várias maneiras, mas frequentemente é interpretado como a exaltação da capacidade humana de construir a verdade. Assim, o *lógos* não é divino, mas resulta do exercício técnico da razão humana, responsável por confrontar as diversas concepções possíveis da verdade. O que, por sua vez, denota relativismo e subjetivismo, pois a verdade depende das circunstâncias e do lugar em que é discutida.

Esse filósofo foi herdeiro da polêmica dos pré-socráticos entre aparência e realidade, opinião e verdade. Tendeu para os heraclitianos, que defendiam a mudança constante de todas as coisas, afastando-se das teorias eleáticas (de Parmênides) sobre a imobilidade do ser. Fazia sentido seu posicionamento, por viver em uma época de confrontos políticos e da necessária participação do cidadão no debate sobre os destinos da cidade. Em outras palavras, sua frase famosa significa que ninguém detém a verdade ou, pelo menos, sugere que ela possa resultar da discussão entre iguais.

Protágoras escreveu uma obra intitulada *Antilogia* – palavra que significa "contradição" –, na qual ensina a defender posições opostas usando argumentos para cada uma delas. Se alguns o acusaram por isso de estimular a prática dos sofismas, outros viam nele alguém que educava o cidadão para o debate público.

Górgias

Górgias de Leontine (c. 485 a.C.-c. 380 a.C.), assim chamado por ter nascido nessa cidade da Sicília, foi um dos mais famosos oradores da Grécia antiga. Percorreu diversas cidades, inclusive Atenas, e era muito procurado como mestre de retórica. Críticas ao seu desempenho podem ser lidas no diálogo *Górgias*, de Platão, em que Sócrates dialoga com ele.

Do ponto de vista do conhecimento, Górgias era um cético. Criticou o debate dos pré-socráticos sobre verdade e opinião, admitindo que nada podemos conhecer. Desenvolveu três teses:

a) o ser não existe;

b) se existisse alguma coisa, não poderíamos conhecê-la;

c) se a conhecêssemos, não poderíamos comunicá-la aos outros.

O que parece um jogo de palavras significa a separação entre o ser, o pensar e o dizer, aspectos que os filósofos anteriores (e muitos dos que vieram depois) costumam relacionar ao identificar o pensamento do real com a realidade das coisas. Ao contrário, o dizer se faz pela palavra, mas ela é impotente para fazer conhecer o real, apenas comunica opiniões.

Górgias critica o conceito de verdade porque o ser não se deixa desvelar pelo pensamento, restando-lhe o caminho pelo qual a razão busca iluminar os fatos, sem chegar a uma conclusão definitiva.

Como então explicar a sua defesa da retórica? Para Górgias, a retórica não leva à verdade, mas à persuasão. E esta se faz não pela razão, mas pela emoção. Por isso, ao contrário de Protágoras, que destacava o aspecto racional da persuasão, Górgias defende seu caráter emotivo.

ALBUM/AKG-IMAGES/LATINSTOCK

Representação de Górgias de Leontini, sofista grego, em gravura de Johann Georg Mansfeld (1764-1817).

Saiba mais

A verdade, em grego, se diz *aletheia*, termo formado por *a* (prefixo negativo) e *léthe* (esquecimento). Designa literalmente "o não esquecido", "o não oculto", portanto, verdade é o que se desvela, o que é visto, o que é evidente. Como se vê, não era essa a posição tomada por Górgias.

5 Avaliação dos sofistas

Não há como desprezar a contribuição dos sofistas. A sua atividade filosófica deslocou o foco que orientou a filosofia pré-socrática – as questões cosmológicas – para a questão da linguagem e da retórica. Assim, abriu caminho para as discussões antropológicas, em que o ser humano se encontra no centro dos interesses.

Vimos que muitos motivos levaram à visão deturpada sobre os sofistas. É certo que havia enorme diversidade teórica entre os pensadores reunidos sob a designação de sofista, e a sua má fama talvez se devesse a alguns que davam excessiva atenção ao aspecto formal da exposição e da defesa das ideias. Os melhores deles, no entanto, buscavam aperfeiçoar os instrumentos da razão, ou seja, a coerência e o rigor da argumentação. Não bastava dizer o que se considerava verdadeiro, era preciso demonstrá-lo pelo raciocínio. Pode-se dizer que aí se encontra o embrião da lógica, mais tarde desenvolvida por Aristóteles.

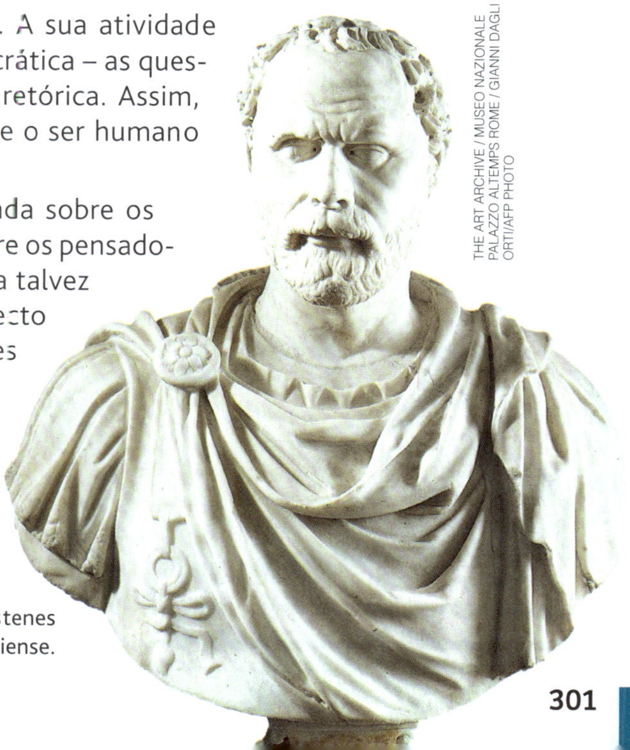

THE ART ARCHIVE / MUSEO NAZIONALE PALAZZO ALTEMPS ROME / GIANNI DAGLI ORTI/AFP PHOTO

Busto de mármore de Demóstenes (384-322 a.C.), estadista e orador ateniense.

Colóquio

A arte da persuasão

Persuadir, convencer, fazer mudar de ideia revela o esforço de alterar convicções e comportamentos. A esse respeito, vamos examinar um texto de Platão sobre o sofista Górgias e outro, contemporâneo, sobre a publicidade.

Texto 1

Górgias: retórica e persuasão

“Górgias: [Por retórica] refiro-me à capacidade de persuadir mediante discursos de juízes nos tribunais, políticos nas reuniões do Conselho, o povo na Assembleia ou um auditório em qualquer outra reunião política que possa realizar-se para tratar de assuntos públicos. E por força dessa capacidade terás o médico e o instrutor de ginástica como teus escravos; quanto ao especialista em finanças, passará a ganhar dinheiro não para si, mas para ti, que possuis a capacidade de discursar e persuadir as multidões.

[...]

Sócrates: Bem, qual é o tipo de persuasão que a retórica cria nos tribunais ou em quaisquer reuniões públicas em torno do justo e do injusto? O tipo do qual extraímos crença sem conhecimento ou aquele do qual extraímos conhecimento?

Górgias: Parece-me óbvio, Sócrates, que é do tipo do qual extraímos crença.

Sócrates: Assim, a retórica, pelo que parece, é uma produtora de persuasão para a crença, e não para a instrução no que diz respeito ao justo e ao injusto.

Górgias: Sim.

Sócrates: Conclui-se que a função do orador não é instruir um tribunal ou uma reunião pública no tocante ao justo e injusto, mas somente levá-los à crença, pois não suponho que pudesse ensinar a uma massa de indivíduos matérias tão importantes em tempo tão curto.”

PLATÃO. *Diálogos II*. Bauru: Edipro, 2007. p. 50 e 54.

Texto 2

A publicidade

“A publicidade serve para dar visibilidade aos produtos. É a ponte que une os dois extremos do mundo mercantilizado: de um lado a produção, de outro a recepção e o consumo. [...] A publicidade tem a tarefa de seduzir os consumidores para a aquisição dos mais variados produtos, transformando-os em bens de imediata necessidade. Seu objetivo é transformar em valor de uso uma mercadoria que só tem valor de troca, ou seja, que foi fabricada apenas para ser vendida e não para suprir determinada carência. Para isso ela se encarrega de criar uma identificação entre o produto e o comprador. Sua posição torna-se estratégica graças ao fato de cada vez mais se produzirem mercadorias que não se diferenciam quase nada entre si: marcas de carros, de telefones celulares, *hits* de um mesmo gênero musical, e assim por diante. O exemplo dos anúncios de marcas de cigarro, quando eram permitidos na mídia brasileira, ilustra muito bem o argumento em questão. Associar uma suposta particularidade de cada um desses produtos a um traço específico da personalidade é a forma pela qual ela logra seu intento.

Ao tentar estabelecer uma identificação entre produto e consumidor, a publicidade pretende realizar o indivíduo como tal. No entanto, como pilar da sociedade de consumo, ela consolida o processo inverso: a castração da individualidade. Não se define o indivíduo pelo incremento de sua capacidade de consumo; indivíduo e consumidor não são termos sinônimos. Na verdade, a publicidade sacrifica o indivíduo, porque reitera sua dependência em relação ao mundo das mercadorias. Em vez de fomentar as autênticas capacidades e qualidades humanas, a publicidade representa a conquista da alma."

SILVA, Rafael Cordeiro. Indústria cultural e manutenção do poder. *Revista Cult*. São Paulo: Bragantini, p. 65, fev. 2011.

Reiterar
Dizer de novo, repetir.

AKG-IMAGES/LATINSTOCK - COLEÇÃO DO PROF. GEORG ZUNDEL-KUNSTHALLE, TUEBINGEN/2011, AUTVIS BRASIL

O que exatamente torna os lares de hoje tão diferentes, tão atraentes?, colagem de Richard Hamilton, 1956. O quadro do artista *pop* inglês prenuncia a grande influência da propaganda na vida das pessoas.

Questões

1. Na fala de Górgias, a retórica tem a função de persuadir. Em que ela se assemelha à publicidade? Em que se distingue dela?
2. Com o seu grupo, faça a defesa de Górgias, bem como da importância da publicidade.

6 Sócrates e o método

Filosofia e Sócrates, quadro de Antonio Canova, c. 1798-1799.

Sócrates (c.470-399 a.C.) nada deixou escrito. Suas ideias foram divulgadas por dois de seus discípulos, Xenofonte e Platão. Nos diálogos de Platão, Sócrates sempre figura como o principal interlocutor. Já o comediógrafo Aristófanes o ridiculariza ao incluí-lo entre os sofistas.

Sócrates costumava conversar com todos, fossem jovens ou idosos, nobres ou escravos. A partir do pressuposto "só sei que nada sei", que consiste justamente na sabedoria de reconhecer a própria ignorância, ele iniciava a busca do saber. O seu método se compõe de duas etapas: a *ironia* e a *maiêutica*.

- **A ironia.** O termo *ironia* significa "perguntar, fingindo ignorar". Trata-se da fase destrutiva do método. Diante do oponente, que se diz conhecedor de determinado assunto, Sócrates afirma inicialmente nada saber. Com hábeis perguntas, desmonta as certezas até que o outro reconheça a própria ignorância ou desista da discussão.
- **A maiêutica.** A *maiêutica* (em grego, "parto") era a segunda etapa do método. Foi assim denominada em homenagem à mãe de Sócrates, que era parteira. Segundo o filósofo, enquanto ela fazia parto de corpos, ele "dava à luz" ideias novas. Após destruir o saber meramente opinativo (a *dóxa*), em diálogo com seu interlocutor, Sócrates dava início à procura da definição do conceito, de modo que o conhecimento saísse "de dentro" de cada um.

14.3 Biblioteca do estudante: Leitura complementar

O processo da maiêutica está bem ilustrado nos diálogos de Platão, e é bom lembrar que, no final, nem sempre se chegava a uma conclusão definitiva: são os chamados diálogos aporéticos.

Aporético
Que diz respeito à aporia (do grego, *a*, "não", "negação", e *poros*, "passagem", portanto, "impasse", "incerteza"). Nos diálogos aporéticos não se chega a uma conclusão, ou porque o interlocutor se retira ou porque a discussão chega a um impasse.

O método de indagação socrático provocou os poderosos do seu tempo, que o levaram ao tribunal e o condenaram à morte. Já seus discípulos encantavam-se com a oportunidade que lhe oferecia o mestre de rever suas certezas. Veja a fala de Mênon, um jovem aristocrata, no diálogo que leva seu nome e que trata da virtude.

> "Sócrates, mesmo antes de estabelecer relações contigo, já ouvia [dizer] que nada fazes senão caíres tu mesmo em aporia, e levares também outros a cair em aporia. E agora, está-me parecendo, e enfeitiças e drogas, e me tens simplesmente sob completo encanto, de tal modo que me encontro repleto de aporia. E, se também é permitida uma pequena troça, tu me pareces, inteiramente, ser semelhante, a mais não poder, tanto pelo aspecto como pelo mais, à raia elétrica, aquele peixe marinho achatado. Pois tanto ela entorpece quem dela se aproxima e a toca, quanto tu parece ter-me feito agora algo desse tipo. Pois verdadeiramente eu, de minha parte, estou entorpecido, na alma e na boca, e não sei o que te responder. E, no entanto, sim, miríades de vezes, sobre a virtude, pronunciei numerosos discursos para multidões, e muito bem, como pelo menos parecia. Mas agora, nem sequer o que ela é, absolutamente, sei dizer. Realmente, parece-me teres tomado uma boa resolução, não embarcando em alguma viagem marítima, e não te ausentando daqui. Pois se, como estrangeiro, fizesses coisas desse tipo em outra cidade, rapidamente serias levado ao tribunal como feiticeiro."
>
> PLATÃO. *Mênon*. Rio de Janeiro/São Paulo: PUC-RJ/Loyola, 2001. p. 47.

14.4 Visão do especialista

Vida e obra

Sócrates (c. 470-399 a.C.) nasceu e viveu em Atenas, na Grécia. Filho de escultor e de parteira, Sócrates conhecia a doutrina dos filósofos que o antecederam e a de seus contemporâneos. Participou da vida política e discutia em praça pública sem nada cobrar, diferentemente dos sofistas, que foram alvo de suas críticas. Não deixou livros, por isso conhecemos suas ideias por meio de seus discípulos, como Xenofonte e sobretudo Platão, cujos primeiros diálogos são mais fiéis ao pensamento do mestre. Acusado de corromper a mocidade e negar os deuses oficiais da cidade, Sócrates foi condenado à morte. Esses acontecimentos finais são relatados no diálogo *Defesa de Sócrates*, de Platão. Em outra obra, *Fédon*, Sócrates discute com os discípulos sobre a imortalidade da alma, enquanto aguarda o momento de beber a cicuta.

ERICH LESSING/ALBUM/LATINSTOCK - MUSEU DO LOUVRE, PARIS

Cópia de um busto de Sócrates atribuída a Lysippos, século IV a.C.

"Só sei que nada sei"

Em *Defesa de Sócrates*, o filósofo se refere às calúnias de que foi vítima. Apesar disso, em certa passagem, Sócrates lembra quando esteve em Delfos, local em que as pessoas consultavam o oráculo no Templo de Apolo para saber sobre assuntos religiosos, políticos ou, ainda, sobre o futuro. Lá, seu amigo Querofonte, ao indagar à pítia se havia alguém mais sábio do que seu mestre Sócrates, ouviu uma resposta negativa.

Oráculo
Resposta da divindade às perguntas feitas pelos devotos. Pode se referir, também, ao local sagrado onde é feita a consulta.

Surpreendido com a resposta recebida, Sócrates resolveu investigar por si próprio quem se dizia sábio. Sua fala é assim relatada por Platão.

"Fui ter com um dos que passam por sábios, porquanto, se havia lugar, era ali que, para rebater o oráculo, mostraria ao deus: 'Eis aqui um mais sábio que eu, quanto tu disseste que eu o era!'. Submeti a exame essa pessoa – é escusado dizer o seu nome: era um dos políticos. Eis, atenienses, a impressão que me ficou do exame e da conversa que tive com ele; achei que ele passava por sábio aos olhos de muita gente, principalmente aos seus próprios, mas não o era. Meti-me, então, a explicar-lhe que supunha ser sábio, mas não o era. A consequência foi tornar-me odiado dele e de muitos dos circunstantes. Ao retirar-me, ia concluindo de mim para comigo: 'Mais sábio do que esse homem eu sou; é bem provável que nenhum de nós saiba nada de bom, mas ele supõe saber alguma coisa e não sabe, enquanto eu, se não sei, tampouco suponho saber. Parece que sou um nadinha mais sábio que ele exatamente em não supor que saiba o que não sei'. Daí fui ter com outro, um dos que passam por ainda mais sábios e tive a mesmíssima impressão; também ali me tornei odiado dele e de muitos outros."

PLATÃO. *Defesa de Sócrates*. São Paulo: Abril Cultural, 1972. v. 2. p. 15. (Coleção Os Pensadores)

AKG-IMAGES/LATINSTOCK - COLEÇÃO SMPK, ANTIKENMUSEUM, BERLIM

Zeus consultando o oráculo em Delfos, detalhe de pintura no interior de um utensílio grego em terracota, c. 440 a.C. Muitas cidades gregas tinham oráculos, nos quais sacerdotisas chamadas de *pítias* ou *pitonisas* atendiam pessoas que vinham de longe para consultá-las sobre problemas pessoais, de negócios ou de política. Em Delfos, um dos mais importantes oráculos, a pítia, em transe, ouvia o deus Apolo. Suas respostas eram interpretadas por sacerdotes com palavras sábias, mas às vezes ambíguas.

Sócrates e o conceito

Conteúdo multimídia: Sócrates

Em suas conversas, Sócrates privilegiava as questões morais. Em muitos de seus diálogos ele investigava o que é a coragem, a covardia, a piedade, a amizade e assim por diante. Tomemos o exemplo da justiça. Após serem enumeradas as diversas expressões de justiça, Sócrates procurava saber o que é a "justiça em si", o universal que a representa. Desse modo, a filosofia nascente precisava inventar palavras novas ou usar as do cotidiano, dando-lhes sentido filosófico. Sócrates utiliza o termo *lógos* (na linguagem comum, "palavra", "conversa"), que passa a significar a razão de algo, ou seja, aquilo que faz com que a justiça seja justiça.

No diálogo *Laques*, ou *Do valor*, os generais Laques e Nícias são convidados a discorrer sobre a importância do ensino de esgrima na formação dos jovens. Sócrates reorienta a discussão ao indagar a respeito de conceitos que antecedem essa discussão, ou seja, o que se entende por educação e, em seguida, por virtude. Entre as virtudes, Sócrates escolhe uma delas e indaga: "o que é a coragem?". Laques acha fácil responder: "aquele que enfrenta o inimigo e não foge do campo de batalha é o homem corajoso". Sócrates dá exemplos de guerreiros cuja tática consiste em recuar e forçar o inimigo a uma posição desvantajosa, mas que nem por isso deixam de ser corajosos. Cita outros tipos de coragem que ultrapassam os atos de guerra, como a coragem dos marinheiros, dos que enfrentam a doença ou os perigos da política e dos que resistem aos impulsos das paixões. Enfim, o que Sócrates procura não são exemplos de casos corajosos, mas o *conceito* de coragem.

No entanto, mais do que buscar o conceito – que muitas vezes não é alcançado nos diálogos –, Sócrates quer levar as pessoas a se conhecerem a si mesmas.

Reflita

Esgrimir

Praticar a arte da esgrima significa também "discutir", "debater". O mesmo ocorre com a palavra *florear*, que significa "usar arma branca com destreza" ou "embelezar um texto".

A arte da esgrima, um dos jogos que os gregos antigos aprendiam nos ginásios, é o assunto inicial do diálogo *Laques*, de Platão. Sabemos que na esgrima os opositores se confrontam a fim de ver quem é mais hábil para vencer a luta.

Releia o item sobre os sofistas e responda às questões.

JAMIE SQUIRE/GETTY IMAGES

Disputa de esgrima nos Jogos Olímpicos de Atenas, em agosto de 2004.

Questões

1. Em que sentido esgrimir com palavras é indicativo das críticas feitas por Sócrates e Platão aos sofistas?
2. Reflita e posicione-se a respeito: "esgrimir com palavras" é um procedimento adequado para a discussão filosófica?

Leitura analítica

O ensino de Sócrates

"O ensino de Sócrates consiste, com efeito, em examinar e pôr à prova não os conceitos, mas os próprios homens, e levá-los a compreender o que eles são. [...] Sua ironia timbra em mostrar-lhes que a tarefa é difícil e que acreditam, erroneamente, que se conhecem intimamente. Finalmente, a doutrina, se é que ele a tem, é que esta tarefa é necessária, porque ninguém é mau voluntariamente, e todo mal deriva da ignorância de si que se toma por conhecimento. O único conhecimento reivindicado por Sócrates é o de saber que nada sabe.

Uma conversação de tal natureza transforma o ouvinte; o contato de Sócrates [...] paralisa e embaraça; leva a refletir sobre si mesmo, a imprimir à atenção uma direção incomum: os temperamentais, como Alcibíades, sabem que encontrarão junto dele todo o bem de que são capazes, mas fogem porque receiam essa influência poderosa, que os leva a se censurarem. É sobretudo a esses jovens, muitos quase crianças, que ele tenta imprimir sua orientação. Se a imputação de corruptor da juventude foi-lhe atribuída, é porque abalava os preconceitos que os jovens haviam recebido da educação familiar. [...] O efeito do exame que Sócrates impõe ao ouvinte no sentido de agir é, com efeito, fazer com que ele perca a falsa tranquilidade, pô-lo em desacordo com suas próprias ideias e propor-lhe, como benefício, o esforço pessoal para reencontrar essa concordância. Sócrates não exercita, portanto, outra técnica que a da maiêutica, a arte obstetra da mãe Fenareta. Extrai das almas o que trazem em si, sem outra pretensão que a de introduzir o bem que elas não trazem senão em germe."

BRÉHIER, Émile. *História da filosofia.* São Paulo: Mestre Jou, 1977. T. 1, v. 1. p. 81-82.

Questão

- Ao analisar o ensino de Sócrates, Émile Bréhier descreve as características de sua filosofia. Indique quais são elas.

7 A Academia de Platão

Platão (428-347 a.C.), nascido de família aristocrática, era na verdade o apelido de Arístocles de Atenas – talvez porque tivesse ombros largos ou o corpo meio quadrado. Após a condenação de Sócrates, seu mestre, viajou por vários lugares, tentou em vão interferir no governo de Siracusa (Sicília) e por fim retornou a Atenas, onde fundou a Academia, assim denominada por estar situada nos jardins do herói ateniense Academo.

Os diálogos platônicos abrangem as várias áreas da filosofia nascente, constituindo a primeira filosofia sistemática do pensamento ocidental. Nota-se a influência socrática nos primeiros diálogos. Platão continuou recorrendo à figura de Sócrates nas obras de maturidade, mas passou a elaborar suas próprias teorias.

DEA/A. DAGLI ORTI/ALBUM/LATINSTOCK - MUSEU ARQUEOLÓGICO NACIONAL, NÁPOLES

Representação da Escola de Atenas (Academia de Platão). Mosaico do século I a.C., originário da cidade de Pompeia.

8 A filosofia de Platão

ALBUM / AKG / LATINSTOCK

Busto do filósofo grego Platão (428-347 a.C.).

A importância de Platão deriva sobretudo de sua teoria do conhecimento, que serve de base para a construção do seu sistema filosófico. Em suas obras, muitas vezes, citou mitos e alegorias, no intuito de tornar mais concreta a exposição e preparar o terreno para exposição mais abstrata de suas ideias. Comecemos pela alegoria da caverna, que consta do livro VII de *A República*.

A alegoria da caverna

Conforme a descrição de Platão, pessoas estão acorrentadas em uma caverna desde a infância, de tal modo que enxergam apenas a parede ao fundo, na qual são projetadas sombras, que eles pensam ser a realidade. Trata-se, entretanto, da sombra de marionetes, empunhadas por pessoas atrás de um muro, que também esconde uma fogueira. Se um dos indivíduos conseguisse se soltar das correntes para contemplar à luz do dia os *verdadeiros objetos*, ao regressar à caverna e comunicar aos seus companheiros o que havia visto, estes o tomariam por louco e não acreditariam em suas palavras.

A alegoria da caverna representa as etapas da educação de um filósofo, desde a saída do mundo das sombras (das aparências) até a chegada ao conhecimento verdadeiro. Após essa experiência, ele deve voltar à caverna para orientar os demais e assumir o governo da cidade. Por isso, a análise da alegoria pode ser feita pelo menos de dois pontos de vista:

- *político* – aquele que contemplou a verdade é o filósofo-político o único que possui a arte de governar.
- *epistemológico* – como o filósofo não mais se engana com as aparências, deve voltar para despertar nos outros o conhecimento verdadeiro.

PAULO MANZI/CID

Ilustração de 2001 representando a alegoria da caverna, de Platão, texto de sua obra *A República* que se tornou um emblema do processo de conhecimento filosófico.

A dialética platônica

A alegoria da caverna é a metáfora que serve de base para Platão expor a dialética dos graus do conhecimento. Sair das sombras para a visão do Sol representa a passagem dos graus inferiores do conhecimento aos superiores: na teoria das ideias, Platão distingue o **mundo sensível**, o dos fenômenos, do **mundo inteligível**, o das ideias.

O mundo sensível, percebido pelos sentidos, é o lugar da multiplicidade e do movimento. É ilusório, pura sombra do verdadeiro mundo. Por exemplo, mesmo que existam inúmeras abelhas dos mais variados tipos, a *ideia de abelha* deve ser una, imutável, a verdadeira realidade.

O mundo inteligível é alcançado pela dialética ascendente, que fará a alma elevar-se das coisas múltiplas e mutáveis às ideias unas e imutáveis. As ideias gerais são hierarquizadas, e no topo delas está a ideia do *bem*, a mais alta em perfeição e a mais geral de todas. Na alegoria da caverna, o Sol é uma metáfora da ideia do bem. Os seres em geral não existem senão enquanto participam do bem. E o bem supremo é também a suprema beleza: o Deus de Platão.

Dialética
No sentido comum, é "discussão", "diálogo". Em filosofia, varia conforme o filósofo. Para Platão, é o método que consiste em distinguir as diferenças e contradições para descobrir a essência. Nos exemplos que se seguem, Platão distingue *opinião* e *ciência*.

Percebemos então que, acima do ilusório mundo sensível, há as ideias gerais, as essências imutáveis, alcançadas pela contemplação e pela depuração dos enganos dos sentidos. Como as ideias são a única verdade, o mundo dos fenômenos só existe na medida em que participa do mundo das ideias, do qual é apenas sombra ou cópia. Trata-se da *teoria da participação*, mais tarde duramente criticada por Aristóteles.

Se lembrarmos o que foi dito a respeito dos pré-socráticos, podemos constatar que Platão procura superar a oposição entre o pensamento de Heráclito, que afirma a mutabilidade essencial do ser, e o de Parmênides, para quem o ser é imóvel. Platão resolve o problema: o mundo das ideias se refere ao "ser parmenídeo", e o mundo dos fenômenos, ao "devir heraclitiano".

JEANNE HATCH/SHUTTERSTOCK

Apesar da variedade de raças de cavalo, com porte e pelagem diferentes, para Platão, um cavalo só é cavalo enquanto participa da "ideia de cavalo em si".

A ascensão dialética

Opinião *(dóxa)*
- Imagens do sensível.
- Realidades sensíveis, crença.

Ciência *(epistéme)*
- Conhecimento matemático, raciocínio hipotético.
- Conhecimento filosófico, intuição intelectiva.

Teoria da reminiscência

Como é possível ultrapassar o mundo das aparências ilusórias? Platão supõe que o puro espírito já teria contemplado o mundo das ideias, mas tudo esquece quando se degrada ao se tornar prisioneiro do corpo, considerado o "túmulo da alma". Pela **teoria da reminiscência**, Platão explica como os sentidos são apenas ocasião para despertar na alma as lembranças adormecidas. Em outras palavras, conhecer é lembrar. Esse conceito se relaciona com a teoria pitagórica da transmigração das almas.

Assim explica Platão no diálogo *Mênon*:

> "Sendo então a alma imortal e tendo nascido muitas vezes, e tendo visto tanto as coisas [que estão] aqui quanto as [que estão] no Hades, enfim, todas as coisas, não há o que não tenha aprendido; de modo que não é nada de admirar, tanto com respeito à virtude quanto ao demais, ser possível a ela rememorar aquelas coisas justamente que já antes conhecia. Pois, sendo a natureza toda congênere e tendo a alma aprendido todas as coisas, nada impede que, tendo [alguém] rememorado uma só coisa – fato esse precisamente que os homens chamam aprendizado –, essa pessoa descubra todas as outras coisas, se for corajosa e não se cansar de procurar. Pois, pelo visto, o procurar e o aprender são, no seu total, uma rememoração."
>
> PLATÃO. *Mênon*. Rio de Janeiro/São Paulo: PUC-RJ/Loyola, 2001. p. 51-52.

Hades
Designa ao mesmo tempo o deus e o mundo dos mortos.

Congênere
Que é do mesmo gênero; similar.

A fala transcrita no texto é de Sócrates, que conversa com Mênon, um jovem aristocrata. Em seguida, para ilustrar a teoria da reminiscência, chama um escravo e lhe pede que examine umas figuras que ele desenha no chão e, por meio de perguntas, o estimula a "lembrar-se" das ideias e a descobrir uma verdade geométrica.

A teoria da alma

Para compreender a ética de Platão, é preciso entender a sua psicologia, ou seja, como ele desenvolve a teoria da alma. Como vimos na descrição da alegoria da caverna, Platão distingue o conhecimento sensível do intelectual, este último superior ao primeiro. Do mesmo modo, há uma nítida separação entre corpo (material) e alma (espiritual), dando origem à teoria chamada de **dualismo psicofísico**.

Segundo a teoria da reminiscência, a alma teria contemplado as ideias antes de encarnar, mas tudo esqueceu ao se unir ao corpo, momento em que ela se degrada e se torna prisioneira. Por isso, como já foi dito, aprender é rememorar.

Em decorrência da união, a alma por sua vez compõe-se de duas partes.

- *Alma superior*, a alma intelectiva.
- *Alma inferior* e irracional, a alma do corpo, que se biparte:
  - **a)** alma irascível, impulsiva sede da coragem, localizada no peito;
  - **b)** alma apetitiva, concupiscível, centrada no ventre e sede do desejo intenso de bens ou gozos materiais, inclusive o apetite sexual.

Escravizada pelo sensível, a alma inferior conduz à opinião e, consequentemente, ao erro, perturbando o conhecimento verdadeiro. Justamente aqui surge a ligação com a ética. O corpo é também ocasião de corrupção e decadência moral, caso a alma superior não saiba controlar as paixões e os desejos. Portanto, todo esforço moral humano consiste no domínio da alma superior sobre a inferior.

Para representar essa divisão, Platão recorre a uma analogia, descrita no diálogo *Fedro*:

> "Compararemos a alma à natureza composta de uma parelha de cavalos alados e um auriga [cocheiro]. Ora, os cavalos e aurigas dos deuses são todos bons e de boa ascendência, ao passo que todos os demais não são de raça pura, mas miscigenada. Para começar, nosso auriga tem sob sua responsabilidade um par de cavalos; em segundo lugar, um de seus cavalos é nobre e de nobre raça, enquanto o outro corresponde a absolutamente o contrário quanto à raça e ao caráter. O resultado, nesse caso, é a condução da biga [carro] revelar-se necessariamente difícil e problemática."
>
> PLATÃO. *Diálogos III*. Bauru: Edipro, 2008. p. 59.

AKG-IMAGES/LATINSTOCK - MUSEU METROPOLITANO DE ARTE, NOVA YORK

Pintura em ânfora grega, de Exekias, c. 540 a.C., retrata cavalos sendo guiados durante a procissão de um casamento. Para Platão, o cocheiro de um carro alado representa a alma racional que controla as duas partes da alma inferior, irascível e apetitiva.

Mais adiante, no mesmo diálogo, Platão, pela boca de Sócrates, explica que a dificuldade em dirigir o veículo é que um dos cavalos é bom e o outro é mau. Um deles, ereto e branco, não precisa do chicote e é guiado pelas palavras de comando e da razão. O outro é pesado e negro, insolente e dificilmente obedece. Cabe ao cocheiro, que simboliza a alma racional, fazer com que a força irascível e colérica do branco se torne coragem e prudência, e a força apetitiva do cavalo negro seja moderada e temperante.

A ênfase posta no papel da razão para dominar as paixões explica como, para Platão, a felicidade está ligada à atividade do sábio, aquele que é capaz de levar uma vida virtuosa e racional.

Saiba mais

O que é o tão falado "amor platônico"? Ele não significa o desprezo pelo amor sensível, como se costuma dizer, mas sim que o delírio amoroso é apenas um estágio para que o indivíduo descubra o amor espiritual e a beleza da alma.

A utopia platônica

Conteúdo multimídia: República de Platão

O pensamento político de Platão encontra-se sobretudo nas obras *A República* e *Leis*. Conforme as circunstâncias da vida de Platão e a situação política e social em que se encontrava Atenas após a derrota para Esparta, é compreensível o seu desalento com a democracia. Por isso, ele apresenta uma utopia em que o governo é confiado não às pessoas comuns, mas aos mais capazes: os filósofos.

Vimos que, segundo a alegoria da caverna, aqueles que se libertam das sombras e se tornam filósofos devem retornar ao meio das pessoas comuns para orientá-las no reto caminho do saber e do agir. A interpretação política decorre da pergunta: "Como influenciar aqueles que não veem?". Cabe ao sábio ensinar, procedendo à educação política, pela transformação das pessoas e da sociedade. Mais que isso, o filósofo deve governar.

Platão imagina então uma cidade utópica, a Calípolis.

Utopia
Do grego *outopos*, "em nenhum lugar", ou seja, aquilo que ainda não existe, mas pode vir a ser.

Calípolis
Do grego *kalós*, "belo", "beleza", e *pólis*, "cidade", ou seja, cidade bela.

Eros triunfante, quadro de Caravaggio, 1602. O pintor retrata Eros celebrando o amor como uma força capaz de desequilibrar as ferramentas da razão.

Platão parte do princípio de que as pessoas são diferentes e, por isso, ocupam lugares e funções diversas na sociedade. Por esse motivo, propõe que o Estado, e não a família, assuma a educação das crianças até os sete anos, evitando a cobiça e os interesses decorrentes dos laços afetivos e das relações humanas inadequadas. O Estado orientaria também para que não se consumassem casamentos entre desiguais, oferecendo melhores condições de reprodução e, ao mesmo tempo, criando instituições para a educação coletiva das crianças.

A educação seria feita em várias etapas, a fim de formar as três classes que compõem a cidade: aqueles que cuidam da subsistência (camponeses, artesãos, comerciantes), os que a defendem (guerreiros) e os que a governam.

Assim, Platão faz a crítica da democracia: se a política é a arte de governar as pessoas com o seu consentimento, e o político é aquele que conhece essa difícil arte, só poderá ser chefe quem conhece a ciência política. Ora, a igualdade só é possível na repartição dos bens, mas nunca no igual direito ao poder, porque, para o Estado ser bem governado, é preciso que "os filósofos se tornem reis, ou que os reis se tornem filósofos".

Portanto, Platão propõe um modelo aristocrático de poder, não uma aristocracia da riqueza, mas aquela em que o poder é confiado aos mais sábios. Ou seja, trata-se de uma sofocracia.

Sofocracia
Do grego *sophós*, "sábio", e *kratia*, "poder".

O filósofo em meditação, tela de Rembrandt, 1632. No ambiente escuro, o halo de luz da janela ilumina o filósofo. Uma escada sugere algo que se busca em um nível superior do conhecimento: seria a verdade, que, segundo Platão, só os filósofos seriam capazes de alcançar?

A herança de Platão

Como vimos, a filosofia de Platão abrangeu um grande leque de problemas. Muitos deles foram provocados pelas polêmicas dos pré-socráticos, sobretudo as teses do imobilismo de Parmênides e o devir heraclitiano, que Platão pretendia superar. A filosofia platônica também foi estimulada pelos sofistas. No esforço de se contrapor criticamente a eles, Platão propunha uma dialética que conduzisse à verdade.

A influência de Platão estendeu-se no helenismo sob a forma do neoplatonismo e foi adaptada à doutrina cristã por Plotino (205-270) e por Agostinho de Hipona (354-430). Até hoje vigoram muitas de suas ideias sobre a relação corpo-alma, a política aristocrática e a crença na superioridade do espírito sobre os sentidos.

Leitura analítica

O que é filosofia

"O filósofo estadunidense Arthur Danto, ao tentar caracterizar a filosofia por meio da exposição do tipo de pergunta que os filósofos levantam, diz algo que fornece um bom indicativo para quem quer saber a respeito da abordagem filosófica: 'Um problema não é genuinamente filosófico, a menos que seja possível imaginar que sua solução consistirá em mostrar como a aparência tem sido tomada pela realidade'. Danto não diz que o filósofo mostra o que é a realidade para o homem comum, para o cientista e para o religioso que, porventura, estariam enganados e vivendo no mundo de meras aparências ou mesmo ilusões ou ideologias. O autor não faz parte daqueles que conferem à filosofia um poder de 'tirar o véu' dos olhos de todos os outros que, enfim, seriam inferiores, presos ao chamado 'senso comum' e a formas ingênuas de pensar. A observação de Danto não coloca o filósofo em um altar, conferindo-lhe poderes que outros não teriam. Não faz dele um líder de vanguarda. O que Danto observa é algo bem mais humilde. Ele nota que a pergunta filosófica genuína tem uma característica especial: ela pressupõe que podemos estar enganados sobre algo e, então, ela aparece não para ter como resposta o que nos daria 'o real e verdadeiro', mas para colocar em nosso horizonte a possibilidade de sabermos como é que nos enganamos."

GHIRALDELLI JR., Paulo. *Caminhos da filosofia*. Rio de Janeiro: DP&A, 2005. p. 14-15.

Questões

1. Identifique no texto passagens que podem ser relacionadas com a alegoria da caverna de Platão.
2. De acordo com o texto, de que modo a posição de Danto contraria a de Platão?

9 A filosofia de Aristóteles

O nascimento da filosofia ocorreu no final do século VII e começo do século VI a.C. Podemos dizer que dois séculos mais tarde, com Aristóteles, a reflexão filosófica já se encontrava amadurecida e sistematizada nas suas diversas áreas.

Mais ainda: que Aristóteles estabeleceu as linhas mestras do principal instrumento do filosofar. Discutiu sobre os primeiros princípios, sobre as proposições e argumentos (indução, dedução e analogia). A partir das regras do silogismo, indicou as maneiras de evitar as falácias e os argumentos inválidos.

Vida e obra

Aristóteles (384-322 a.C.) nasceu em Estagira, na Macedônia. Por isso, às vezes, recebe a designação de *estagirita*. Desde os dezessete anos, frequentou a Academia de Platão, em Atenas. A fidelidade ao mestre foi entremeada por críticas que mais tarde justificou: "Sou amigo de Platão, porém mais amigo da verdade". Após a morte de Platão, em 347 a.C., Aristóteles viajou por diversos lugares. Retornando à Macedônia, foi preceptor do jovem de treze anos que se tornaria Alexandre, o Grande. De volta a Atenas, fundou o Liceu, em 340 a.C., assim chamado por ser vizinho do Templo de Apolo Lício. A filosofia aristotélica às vezes é designada como *peripatética* (do grego *peri*, "à volta de", e *patéo*, "caminhar"), pois Aristóteles e seus discípulos caminhavam pelo jardim do Liceu. Após a conquista da Grécia pelos macedônios, Aristóteles retirou-se para a Ilha de Eubeia, onde faleceu. Suas principais obras são: *Metafísica*, *Organon* (conjunto dos escritos de lógica), *Física*, *Política*, *Ética a Nicômaco*.

SCALA, FLORENCE/GLOW IMAGES - FLORENCE, GALLERIA DEGLI UFFIZI

Representação do filósofo grego Aristóteles.

A metafísica

Entre as diversas contribuições de Aristóteles, destacam-se os conceitos que explicam o "ser em geral", área da filosofia que hoje chamamos de **metafísica**, embora ele próprio usasse a denominação *filosofia primeira*.

Saiba mais

O termo *metafísica* surgiu no século I a.C., quando Andronico de Rodes, ao classificar as obras de Aristóteles, colocou a *filosofia primeira* após as obras de física: ***meta** física*, ou seja, "depois da física". Posteriormente, esse "depois", puramente espacial, foi entendido como "além", por tratar de temas que transcendem a física, ou seja, que estão além das questões relativas ao conhecimento do mundo sensível.

Nas obras *Metafísica* e *Sobre a alma*, Aristóteles desenvolve a sua teoria do conhecimento. O conhecimento sensível e o conhecimento racional são distintos, mas dependem um do outro. Para Aristóteles, a origem das ideias é explicada pela abstração, pela qual o intelecto, partindo das imagens sensíveis das coisas particulares (conhecimento sensível), elabora os conceitos universais (conhecimento racional).

A filosofia primeira não é primeira na ordem do conhecer, já que partimos do conhecimento sensível. Cabe a ela buscar as causas mais universais e, portanto, as mais distantes dos sentidos. Trata-se da parte nuclear da filosofia, na qual se estuda "o ser enquanto ser", isto é, o ser independentemente de suas determinações particulares. É a metafísica que fornece a todas as outras ciências o fundamento comum, o objeto que elas investigam e os princípios dos quais dependem.

Por exemplo, podemos dizer de uma coisa que ela é: *diferente* de todas as outras; ou *semelhante* a algumas outras; ou que pertence a um determinado *gênero* ou *espécie*; que é uma *totalidade* ou apenas uma *parte*; que é *perfeita* ou *imperfeita*, e assim por diante. Estes são conceitos ligados ao *ser*, e cabe à metafísica examiná-los, ou seja, refletir sobre o ser e suas propriedades.

O conhecimento pelas causas

Aristóteles define a ciência como conhecimento verdadeiro, conhecimento pelas causas, por meio do qual é possível superar os enganos da opinião e compreender a natureza da mudança, do movimento. Para tanto, recusa a teoria das ideias de Platão e sua interpretação radical sobre a oposição entre mundo sensível e mundo inteligível.

Para entender a teoria aristotélica, vamos descrever três distinções fundamentais realizadas pelo filósofo: substância/essência-acidente; ato-potência; forma-matéria. Esses conceitos, por sua vez, servem para compreender a teoria das quatro causas.

Substância: essência e acidente

Costuma-se dizer que Aristóteles "trouxe as ideias do céu à terra" porque, para rejeitar a teoria das ideias de Platão, reuniu o mundo sensível e o inteligível no conceito de **substância**: cada ser que existe é uma substância. A substância é "aquilo que é em si mesmo", o suporte dos atributos. Esses atributos podem ser *essenciais* ou *acidentais*.

- A *essência* é o atributo que convém à substância, de tal modo que, se lhe faltasse, a substância não seria o que é.
- O *acidente* é o atributo que a substância pode ter ou não, sem deixar de ser o que é.

Por exemplo, a substância individual "esta pessoa" tem como características essenciais os atributos de humanidade – Aristóteles diria que a racionalidade é a essência do ser humano. Os acidentais são, entre outros: ser idoso ou jovem, gordo ou magro, alto ou baixo, atributos que não mudam o ser humano na sua essência.

PHOTO SCALA, FLORENCE/GLOWIMAGES - STANZA DELLA SEGNATURA, VATICANO

No detalhe de *A Escola de Atenas*, Platão aponta para o alto – o mundo das ideias – enquanto Aristóteles indica a realidade concreta.

Matéria e forma

Além dos conceitos de essência e acidente, Aristóteles recorre às noções de *matéria* e *forma*. Todo ser é constituído de matéria e forma, princípios indissociáveis.

- *Matéria* é o princípio indeterminado de que o mundo físico é composto, é "aquilo de que é feito algo". Quando nos referimos à matéria concreta, trata-se de *matéria segunda*.
- *Forma* é "aquilo que faz com que uma coisa seja o que é". Nesse sentido, a forma é geral (o que faz com que todo animal ou vegetal seja o que é).

A forma é o princípio inteligível, a essência comum aos indivíduos da mesma espécie pela qual todos são o que são, enquanto a matéria é pura passividade e contém a forma *em potência*.

O movimento (devir) é explicado por meio das noções de substância e acidente, de matéria e forma. Para Aristóteles, todo ser tende a tornar atual a forma que tem em si como potência. Por exemplo, a semente, quando enterrada, tende a se desenvolver e a se transformar no carvalho que é em potência.

Potência e ato

Ao explicitar os conceitos de matéria e forma, é necessário recorrer aos de *potência* e *ato*, que explicam como dois seres diferentes podem entrar em relação, atuando um sobre o outro.

- A *potência* é a capacidade de tornar-se alguma coisa, é aquilo que uma coisa poderá vir a ser. Para se atualizar, todo ser precisa sofrer a ação de outro já em ato.
- O *ato* é a essência (a forma) da coisa como ela é aqui e agora.

Não se trata de uma atualização de uma vez por todas, porque cada ser continua em movimento, recebendo novas formas. Os seres vivos nascem e morrem, o feto se transforma em criança e, na sequência, em adolescente, jovem e idoso.

Recapitulando os conceitos aristotélicos. Todo ser é uma substância constituída de matéria e forma. A matéria é potência, o que tende a ser; a forma é o ato. Portanto, o movimento é a forma atualizando a matéria, a passagem da potência ao ato, do possível ao real.

A teoria das quatro causas

As considerações anteriores tornam mais claro o **princípio de causalidade** de Aristóteles: "Tudo o que se move é necessariamente movido por outro". O devir consiste na tendência que todo ser tem de realizar a forma que lhe é própria.

ADAM HART-DAVIS/SCIENCE PHOTO LIBRARY/LATINSTOCK

Imagem em corte mostra semente de fava germinando. A semente, quando enterrada, tende a desenvolver-se e a transformar-se na árvore que é em potência. Para Aristóteles, todo ser tende a tornar atual a forma que tem em si como potência.

Potência
O conceito aristotélico de potência não deve ser confundido com força. Trata-se de uma potencialidade, a ausência de perfeição em um ser que pode vir a possuir essa perfeição.

PHOTO SCALA, FLORENCE/GLOWIMAGES - STANZA DELLA SEGNATURA, VATICANO

Detalhe do afresco *Filosofia* (1508-1511), de Rafael Sanzio. Ao lado do medalhão da filosofia, anjos carregam tabuletas que lembram a base da ciência aristotélica: *causarum cognitio* (conhecimento pelas causas). A tradução para o latim e os anjos expressam a releitura de Aristóteles levada a efeito pelos filósofos cristãos da Idade Média.

Há quatro sentidos para a causa: *material, formal, eficiente e final*. Por exemplo, numa estátua:

- a *causa material* é aquilo *de que* a coisa é feita (o mármore);
- a *causa eficiente* é aquela que dá impulso ao *movimento* (o escultor que o modela);
- a *causa formal* é aquilo que a coisa *tende a ser* (a forma que o mármore adquire);
- a *causa final* é aquilo *para o qual* a coisa é feita (a finalidade de fazer a estátua: a beleza, a glória, a devoção religiosa etc.).

Essas são as causas que explicam o movimento, que para Aristóteles é eterno.

Deus: Primeiro Motor Imóvel

A descrição das relações entre as coisas leva Aristóteles ao reconhecimento da existência de um ser superior e necessário, ou seja, Deus. Se as coisas são contingentes – pois não têm em si mesmas a razão de sua existência –, é preciso concluir que são produzidas por causas exteriores a elas. Dizendo de outro modo, todo ser contingente foi produzido por outro ser, que também é contingente, e assim por diante. Para não ir ao infinito na sequência de causas, é preciso admitir uma primeira causa, por sua vez incausada, um Ser Necessário (e não contingente).

Saiba mais

Para os gregos antigos, a matéria é eterna, portanto, Deus não é criador. Segundo Aristóteles, Deus não conhece nem ama os seres individualmente. Ele é puro pensamento, que pensa a si mesmo, é "pensamento de pensamento". Por isso a teologia aristotélica é filosófica, e não religiosa.

O Primeiro Motor Imóvel – por não ser movido por nenhum outro – é também um puro ato (sem nenhuma potência). Segundo Aristóteles, Deus é Ato Puro, Ser Necessário, Causa Primeira de todo existente. No entanto, como Deus pode mover sendo imóvel? Deus não é o primeiro motor como causa eficiente, mas sim como causa final: Deus move por atração, ele tudo atrai como "perfeição" que é.

A física

Antes de tudo, uma explicação. O termo grego *physis*, que traduzimos por "física", significa propriamente "filosofia da natureza", por isso não se confunde com o que atualmente entendemos por física, mas abrange todos os seres da natureza em movimento. Vejamos alguns pressupostos teóricos nos quais se baseia a física aristotélica.

A teoria do lugar natural

Segundo Aristóteles, os corpos estão em constante movimento retilíneo. Como todos eles buscam o seu lugar natural, os corpos encontram-se em direção ao centro da Terra ou em sentido contrário a ele. Em outras palavras:

- os corpos pesados (graves), como a terra e a água, tendem para baixo, pois esse é o seu lugar natural;
- os corpos leves, como o ar e o fogo, tendem para cima, que é o seu lugar natural.

PAUL DEBOIS/GAP PHOTOS RM / GETTY IMAGES

Aristóteles classificava o fogo como um corpo leve, pois, como o ar, tende para cima.

A partir dessa teoria, Aristóteles explica a queda dos corpos. Um corpo cai porque sua essência é tender para baixo, e seu movimento só é interrompido se algo impedir seu deslocamento. A ciência grega é, portanto, *qualitativa* – não faz uso da matemática, como ocorrerá na modernidade –, porque sua argumentação se baseia na análise das propriedades intrínsecas dos corpos, nas suas essências.

NASA/NATIONAL GEOGRAPHIC/GETTY IMAGES

O telescópio espacial Hubble, em foto da Nasa, uma das aplicações contemporâneas das teorias iniciais de Aristóteles sobre o movimento dos corpos.

Saiba mais

Diante do fenômeno da queda dos corpos, Aristóteles pergunta "*por que* um corpo cai?" e não "*como* cai?". A genialidade de Galileu, no século XVII, está justamente em ter formulado a segunda questão, que busca a *descrição* do fenômeno e não a sua essência. Veremos adiante por que essa diferença foi fundamental para distinguir a ciência antiga da física moderna.

A biologia

A ciência de Aristóteles foi mais valorizada pelas suas contribuições no campo da física e da astronomia, mas é preciso fazer justiça aos seus cuidadosos estudos de zoologia. Criado em uma família de médicos, herdou o gosto pelo assunto e em suas viagens observou atentamente uma infinidade de animais, realizou dissecações para estudar suas estruturas anatômicas e classificou cerca de 540 espécies.

Saiba mais

A biologia de Aristóteles pode ser considerada teleológica, porque nela o comportamento dos seres vivos é explicado pelos fins a que ele se destina. Ou seja, para Aristóteles, tudo o que é vivo tende a atingir a forma que lhe é própria: a semente tem em potência a árvore que virá a ser; as raízes adentram no solo com o fim de nutrir a planta; os patos têm pés com membranas porque têm como fim nadar. A concepção teleológica só foi superada com o desenvolvimento da ciência moderna, sobretudo com Charles Darwin, no século XIX.

Teleologia
Do grego *telos*, "fim", e *lógos*, "estudo". No contexto, explicação pelos fins. Não confundir com teologia, "estudo de Deus".

A astronomia: o cosmo hierarquizado

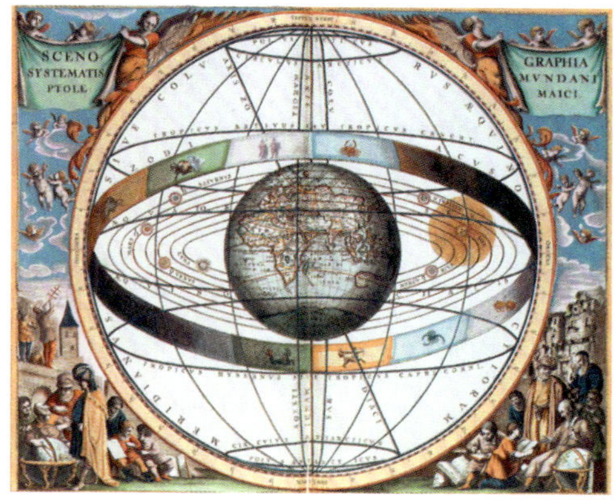

HERITAGE IMAGES/OTHER IMAGES - COLEÇÃO HISTÓRICA STAPLETON

Mapa celeste, de Andreas Cellarius, extraído do *Atlas Celestial*, publicado por Joannes Janssonius em Amsterdã, em 1660-1661. O mapa mostra o modelo geocêntrico de Ptolomeu: esférico, finito, contornado pela esfera das estrelas fixas.

A observação do movimento dos astros é muito antiga. Povos como os babilônios já manifestavam interesse 5 mil anos atrás. Mas foram os gregos que, pela primeira vez, procuraram explicar racionalmente o movimento dos astros para entender a natureza do cosmo.

No século II, Ptolomeu elaborou o modelo astronômico que prevaleceu durante a Antiguidade e a Idade Média: o *geocentrismo*. A teoria geocêntrica, ou seja, da Terra imóvel no centro do Universo, foi aceita até a Revolução Científica do século XVII.

A ênfase na razão não impediu a persistência de certa mística na cosmologia grega. A perfeição era associada ao repouso e o círculo era considerado como forma perfeita, porque o movimento circular não tem início nem fim, além de ser um movimento sem mudança. Acrescente-se a isso a concepção do Universo finito, limitado pela esfera do céu, fora do qual não há lugar, nem vácuo, nem tempo.

Quando Aristóteles se perguntou de onde vem o movimento inicial, concluiu que só pode ser de Deus, o Primeiro Motor Imóvel e Ato Puro. Deus impulsiona a última esfera, a esfera das estrelas fixas, movimento que é transmitido por atrito às esferas contíguas, até a Lua, na última esfera interna. No centro acha-se a Terra, também esférica, mas imóvel.

Segundo a cosmologia aristotélica, o céu é de uma natureza superior à da Terra. Sob essa perspectiva, o Universo divide-se em:

- *mundo supralunar*, constituído pelos céus, que incluem, na ordem, a Lua, Mercúrio, Vênus, o Sol, Marte, Júpiter, Saturno e, finalmente, a esfera das estrelas fixas. As estrelas fixas são formadas por uma substância desconhecida por nós, o *éter* cristalino, inalterável, imperecível, transparente e imponderável (que não se confunde com a substância química hoje conhecida), também chamado de *quinta-essência*, em contraposição aos quatro elementos. Enquanto os corpos celestes são incorruptíveis e perfeitos, não estando sujeitos a transformações, o movimento das esferas é circular, ou seja, o movimento perfeito.
- *mundo sublunar*, corresponde à região da Terra que, embora imóvel, é o local dos corpos em constante mudança, portanto perecíveis, corruptíveis, sujeitos a movimentos imperfeitos, como o retilíneo para baixo e para cima. Os elementos constitutivos são os quatro elementos (terra, água, fogo e ar).

Ao distinguir o mundo supralunar do sublunar – aquele superior a este –, os antigos hierarquizaram céu e Terra. Como consequência, a astronomia e a física constituíam duas ciências distintas. Foi somente na Idade Moderna que Galileu, Descartes e Newton "igualaram céu e Terra", ao aplicar nas duas ciências as mesmas leis.

A ética

Aristóteles aprofundou a discussão a respeito das questões éticas na obra *Ética a Nicômaco*. A ética é a parte da filosofia que nos ajuda a refletir sobre o fim último de todas as atividades humanas, uma vez que tudo o que fazemos visa a alcançar um bem – ou o que nos parece ser um bem. Examinando todos os bens desejáveis, como os prazeres, a riqueza, a honra, a fama, Aristóteles observa que eles visam sempre a outra coisa e não são fruídos por si mesmos. Pergunta-se então pelo sumo bem, aquele que em si mesmo é um fim, e não um meio para o que quer que seja. E o encontra no conceito de "boa vida", de "vida feliz" (do grego *eudaimonia*). Por isso a filosofia moral de Aristóteles é uma *eudemonia*.

Contemplação
O termo grego para contemplação é *theoria*, que inicialmente significava "ver", "observar", e passou a significar "ver com o espírito", "pensar", "conhecer", "contemplar".

Virtude
Do latim *vir*, "homem", "varão", daí *virtus*, "poder", "potência" (ou possibilidade de passar ao ato).

A felicidade

Os prazeres mencionados anteriormente (riqueza, honra etc.) não são condições necessárias para nos conduzirem à felicidade, porque só nos tornarão felizes as ações mais próximas daquilo que é essencialmente peculiar ao ser humano. E o que mais o caracteriza é a *atividade da alma que segue um princípio racional*, ou seja, o exercício da inteligência teórica, da contemplação.

Assim como Platão, Aristóteles reservava ao filósofo o exercício mais complexo da racionalidade. Contudo, reconhecia que também as pessoas comuns aspiram pelo saber e se deleitam com ele, satisfeitas quando esclarecem dúvidas ou compreendem melhor algo que antes lhes parecia confuso.

A virtude

A vida humana, porém, não se resume ao intelecto, e encontra sua expressão na ação, em uma atividade bem realizada. O objetivo é, portanto, combinar certo modo de vida com um princípio racional. Por exemplo, "a função de um tocador de lira é tocar lira, e a de um bom tocador de lira é fazê-lo bem". Ou seja, o bem é a atividade exercida de acordo com a sua excelência ou virtude.

Virtude é a permanente disposição de caráter para querer o bem, o que supõe a coragem de assumir os valores escolhidos e enfrentar os obstáculos que dificultam a ação. Em todos os sentidos dados pela etimologia da palavra *virtude*, a ideia de força e de capacidade persiste. Em moral, a virtude é a força com a qual nos aplicamos ao dever e o realizamos.

É por isso que a vida moral não se resume a um só ato moral, mas é a repetição do agir moral. Em outras palavras, o agir virtuoso não é ocasional e fortuito, mas um hábito, fundado no desejo e na capacidade de perseverar no bem, assim como a felicidade supõe a vida toda e não se reduz a um só momento. A esse respeito, diz Aristóteles:

> "... o bem do homem nos aparece como uma atividade da alma em consonância com a virtude, e, se há mais de uma virtude, com a melhor e mais completa. Mas é preciso ajuntar 'numa vida completa'. Porquanto uma andorinha não faz verão, nem um dia tampouco; e da mesma forma um dia, ou um breve espaço de tempo, não faz um homem feliz e venturoso."
>
> ARISTÓTELES. *Ética a Nicômaco*. São Paulo: Abril Cultural, 1973. p. 256. (Coleção Os Pensadores)

Desse modo, assim como o intelecto se desenvolve pelo exercício da aprendizagem, também a virtude resulta da prática, do hábito.

DIETER KLAR/CORBIS/LATINSTOCK

O músico Jimmy Hendrix se apresentando na Ilha Fehmarn, na Alemanha, em 1970. Um guitarrista que conhece bem seu instrumento e tem talento, se for um excelente intérprete, é chamado de *virtuose*.

O justo meio

A moral não é uma ciência exata e enfrenta a dificuldade de lidar com os afetos fortes das paixões humanas, a fim de submetê-los à ordem da razão. Por isso, Aristóteles desenvolve a teoria da *mediania*, segundo a qual toda virtude é boa quando controlada no seu excesso e na sua falta. Em outras palavras, agir virtuosamente é encontrar o justo meio entre dois extremos, que são chamados *vícios*. Veja alguns exemplos:

- a virtude da coragem pode tornar-se excessiva quando é temeridade (audácia excessiva) e deficiente na covardia;
- "gastar dinheiro" pode significar a virtude da generosidade, da prodigalidade, enquanto seus extremos são a dissipação ou a avareza;
- a virtude da temperança é o meio termo entre voluptuosidade e insensibilidade;
- no trato com os outros, a virtude é a afabilidade, enquanto seus extremos são a subserviência e a grosseria.

Aristóteles adverte, porém, que não é fácil determinar o justo meio, nem quais são os extremos. Pode ser que ao agir de modo temerário uma pessoa classifique o corajoso (que seria prudente) como um covarde. Ou, em determinadas ocasiões, a irascibilidade (ira, irritação) pode não configurar um excesso, quando não se admite a apatia. E afirma:

> "Tais coisas dependem de circunstâncias particulares, e quem decide é a percepção. Fica bem claro, pois, que em todas as coisas o meio-termo é digno de ser louvado, mas que às vezes devemos inclinar-nos para o excesso e outras vezes para a deficiência. Efetivamente, essa é a maneira mais fácil de atingir o meio-termo e o que é certo."
>
> ARISTÓTELES. *Ética a Nicômaco*. São Paulo: Abril Cultural, 1973. p. 278. (Coleção Os Pensadores)

ZAK KENDAL/CULTURA/GLOWIMAGES

Nesta cena em ambiente de trabalho, uma pessoa demonstra sua ira com alguma contrariedade. Teria passado do justo meio? Segundo Aristóteles, no trato com as pessoas, o ideal é manter o meio-termo da cordialidade, cujos extremos são a irascibilidade ou a indiferença. Mas, ainda segundo o filósofo, "às vezes devemos nos inclinar para o excesso e outras vezes para a deficiência".

Justiça e amizade

Segundo Aristóteles, o indivíduo bom é generoso, isto é, não pensa apenas em si, mas orienta-se para atender às dificuldades e às necessidades dos outros. Ao se referir à justiça, Aristóteles recorre aos termos de *proporção* e *igualdade*. Tratar as pessoas com justiça consiste em distribuir os bens em sua devida proporção, o que nos faz lembrar a teoria do justo meio: não se deve dar às pessoas nem demasiado nem de menos. Deve haver uma justa proporção entre o bem atribuído (ou prêmio) e o mérito demonstrado. Além do que, a justiça deve ser distributiva, ao levar em conta a diferença entre as pessoas. Por exemplo, ao servir seus filhos durante a refeição, a mãe oferece quantidades diferentes para cada um, de acordo com a idade, o apetite e as condições de saúde. Até o tipo de alimento varia, quando se trata, por exemplo, de um bebê ou de um adolescente.

Por fim, Aristóteles considera a amizade o coroamento da vida virtuosa, possível apenas entre os prudentes e justos, já que a amizade supõe a justiça, a generosidade, a benevolência, a reciprocidade dos sentimentos. Amar a si e aos amigos de maneira generosa e desinteressada "é o que há de mais necessário para viver".

ACERVO ICONOGRAPHIA

Nas eleições de 1933, para a Assembleia Nacional Constituinte, pela primeira vez as mulheres votaram no Brasil.

A política

Por considerá-la impraticável e autoritária, Aristóteles recusou a utopia platônica. Também não concordou com a sofocracia, que atribui poder ilimitado a apenas uma parte do corpo social, os mais sábios, o que hierarquiza demais a sociedade.

Destacou a importância da *philia*, palavra grega que, embora seja traduzida por "amizade", assume sentido mais amplo quando se refere à cidade. Nesse caso, significa a concordância entre as pessoas com ideias semelhantes e interesses comuns, de onde resultam a camaradagem e o companheirismo. Daí a importância da educação na formação ética dos indivíduos, uma vez que os prepara para a vida em comunidade.

A amizade não se separa da justiça. Essas duas virtudes se relacionam e se complementam, fundamentando a unidade que deve existir na cidade. Se a cidade é a associação de iguais, a justiça é o que garante o princípio da igualdade. Justo é o que se apodera da parte que lhe cabe, é o que distribui o que é devido a cada um.

Quem é cidadão?

Já vimos que a democracia grega excluía da cidadania os estrangeiros, as mulheres e os escravos. Aristóteles mantém essa exclusão. Na obra *Política*, contudo, propõe-se a discutir o que se entende por cidadania, que consiste no direito de participar da vida pública. Assim ele afirma:

> "Um cidadão integral pode ser definido por nada mais nada menos que pelo direito de administrar a justiça e exercer funções públicas; algumas destas, todavia, são limitadas quanto ao tempo de exercício, de tal modo que não podem de forma alguma ser exercidas duas vezes pela mesma pessoa, ou somente podem sê-lo depois de certos intervalos de tempo prefixados; para outros encargos não há limitações de tempo no exercício de funções públicas (por exemplo, os jurados e os membros da assembleia popular)."
>
> ARISTÓTELES. *Política*. 3. ed. Brasília: Editora da UnB, 1997. p. 78.

MARSYAS - MUSEU ARQUEOLÓGICO NACIONAL DE ATENAS

Detalhe de vaso grego originário da Eretria (c. 470-460 a.C.). A imagem mostra um camponês e um escravo com uma criança nos braços. Os escravos eram prisioneiros de guerra ou pessoas que não conseguiram pagar suas dívidas. Quando o escravo acompanhava as crianças ou jovens à escola, era chamado *pedagogo* (*paidós*, "criança", *agogé*, "conduzir", ou seja, "aquele que conduz a criança").

Em seguida, adverte que há outros tipos de cidadania, dependendo da constituição vigente na cidade. Mas também afirma que a definição dada se aplica especificamente à cidadania em uma democracia constitucional (ou politeia).

Na democracia ateniense, os artesãos estavam incluídos entre os cidadãos, caso fossem homens livres e nativos da cidade. Aristóteles, entretanto exclui da cidadania a classe dos artesãos, comerciantes e trabalhadores braçais em geral. Em primeiro lugar, porque a ocupação não lhes permite o tempo de ócio necessário para participar do governo; em segundo lugar, porque, reforçando o desprezo que os antigos tinham pelo trabalho manual, esse tipo de atividade embrutece a alma e torna quem o exerce incapaz da prática de uma virtude esclarecida.

Vale lembrar ainda a polêmica justificativa de Aristóteles da escravidão:

> "Se as lançadeiras tecessem e as palhetas tocassem cítaras por si mesmas, os construtores não teriam necessidade de auxiliares e os senhores não necessitariam de escravos."
>
> ARISTÓTELES. *Política*. 3. ed. Brasília: Editora da UnB, 1997. p. 18.

Reflita

Discuta com seu colega se esse tipo de concepção que inferioriza certos grupos na sociedade ainda é encontrado nos dias atuais. Em caso afirmativo, explicite e posicione-se a respeito.

Para Aristóteles, os homens livres e concidadãos aprisionados em guerras não deveriam ser escravizados, mas sim os "bárbaros" – nome genérico atribuído aos não gregos –, que, considerados "inferiores", possuíam disposição natural para a escravidão. Recomendava apenas que o tratamento do senhor ao escravo não fosse cruel, devendo mesmo serem estabelecidos laços afetivos, como nas antigas famílias dos tempos homéricos, quando os escravos pertenciam ao lar.

As formas de governo

Além de descrever as diversas constituições, Aristóteles estabeleceu uma *tipologia das formas de governo* que se tornou clássica. A tipologia classifica os governos de acordo com os critérios de quantidade de pessoas que governa (um só, um pequeno grupo ou a maioria) e de valor (as boas, que visam o interesse comum, e a más, que são corrompidas).

Aristóteles considerava a monarquia, a aristocracia e a politeia formas corretas e adequadas de exercício do poder. Contudo, preferia a politeia (o governo de muitos, termo equivalente à república), à qual contrapunha a democracia, entendida como a maioria pobre que governa em detrimento da minoria rica.

O bom governo

A teoria política grega orientava-se para a busca dos parâmetros do bom governo.

> "Se dissemos com razão na *Ética* [a Nicômaco] que a vida feliz é a vivida de acordo com os ditames da moralidade e sem impedimentos, e que a moralidade é um meio-termo, segue-se necessariamente que a vida segundo esse meio-termo é a melhor – um meio-termo acessível a cada um dos homens. O mesmo critério deve necessariamente aplicar-se à boa ou má qualidade de uma cidade ou de uma constituição, pois a constituição é um certo modo de vida para uma cidade."
>
> ARISTÓTELES. *Política*. 3. ed. Brasília: Editora da UnB, 1997. p. 143.

O que Aristóteles quer dizer? Que existe uma ligação indissolúvel entre a vida moral e a política, na medida em que as questões do bom governo, do regime justo, da cidade boa dependem da virtude do bom governante, que, pela prudência (*phrónesis*), será capaz de agir visando ao bem comum.

Platão e Aristóteles elaboraram uma teoria política de natureza *normativa* e *prescritiva*, porque pretendiam indicar quais eram as boas formas de governo. E o bom governante é aquele que segue essas normas. Veremos como a tendência normativa do bom governo persistiu na Antiguidade e na Idade Média até ser criticada no século XVI por Maquiavel.

Busto de Clístenes (c.565 a.C.-492 a.C.), o artífice da democracia grega.

10 Para finalizar

Neste capítulo, vimos como o período clássico da filosofia grega foi fértil em oferecer uma ampla gama de discussões, apenas esboçadas anteriormente pelos pré-socráticos. Os sofistas, mestres da retórica, forneceram o embrião da dialética, que seria revisitada por Platão e depois por Aristóteles, que estabeleceu os princípios da lógica formal.

Platão e Aristóteles retomaram a controvérsia entre Heráclito e Parmênides sobre a tensão entre o devir e a imobilidade: Platão com a teoria do mundo das ideias e Aristóteles com a noção de substância. Eles ampliaram as discussões sobre as diversas áreas da filosofia. Suas ideias ressurgiram na Idade Média, adaptadas às teses religiosas dos teólogos cristãos, inicialmente com o neoplatonismo e, depois, na filosofia aristotélico-tomista. Apesar das críticas sofridas, sobretudo pelo aristotelismo, a partir da Idade Moderna a herança grega permanece como referência, principalmente nas áreas de lógica, metafísica, política e ética.

Leitura analítica

A amizade

"A amizade perfeita é a dos homens que são bons e afins na virtude, pois esses desejam igualmente bem um ao outro enquanto bons, e são bons em si mesmos. Ora, os que desejam bem aos amigos por eles mesmos são os mais verdadeiramente amigos, porque o fazem em razão da sua própria natureza e não acidentalmente. Por isso, sua amizade dura enquanto são bons – e a bondade é uma coisa muito durável. E cada um é bom em si mesmo e para o seu amigo, pois os bons são bons em absoluto e úteis um ao outro. E da mesma forma são agradáveis, porquanto os bons o são tanto em si mesmos como um para o outro, visto que a cada um agradam as suas próprias atividades e outras que lhes sejam semelhantes, e as ações dos bons são as mesmas ou semelhantes.

Uma tal amizade é, como seria de esperar, permanente, já que eles encontram um no outro todas as qualidades que os amigos devem possuir. Com efeito, toda amizade tem em vista o bem ou o prazer – bem ou prazer, quer em abstrato, quer tais que possam ser desfrutados por aquele que sente a amizade – e baseia-se numa certa semelhança. E à amizade entre homens bons pertencem todas as qualidades que mencionamos, devido à natureza dos próprios amigos, pois numa amizade dessa espécie as outras qualidades também são semelhantes em ambos: e o que é irrestritamente bom também é agradável, no sentido absoluto do termo, e essas são as qualidades mais estimáveis que existem. O amor e a amizade são, portanto, encontrados principalmente e em sua melhor forma entre homens dessa espécie.

Mas é natural que tais amizades não sejam muito frequentes, pois que tais homens são raros. Acresce que uma amizade dessa espécie exige tempo e familiaridade. Como diz o provérbio, os homens não podem conhecer-se mutuamente enquanto não houverem 'provado sal juntos'; e tampouco podem aceitar um ao outro como amigos enquanto cada um não parecer estimável ao outro e este não depositar confiança nele. Os que não tardam a mostrar mutuamente sinais de amizade desejam ser amigos, mas não o são a menos que ambos sejam estimáveis e o saibam; porque o desejo da amizade pode surgir depressa, mas a amizade não."

ARISTÓTELES. *Ética a Nicômaco*. São Paulo: Abril Cultural, 1973. p. 381-382. (Coleção Os Pensadores)

Questões

1. O que significa dizer que "os homens não podem conhecer-se mutuamente enquanto não houverem 'provado sal juntos'"?
2. Atualmente, com os contatos intensificados pela comunicação virtual, existe maior ou menor chance de se construírem verdadeiras amizades? Discuta esta questão com seus colegas.

Atividades

Retomando os conteúdos

1. Quais são as diferenças temáticas entre os pré-socráticos e os filósofos do período clássico?

2. Qual foi a contribuição lógica e política dos sofistas?

3. De que modo Platão supera as doutrinas dos pré-socráticos Heráclito e Parmênides?

4. Como a metafísica de Aristóteles representa uma crítica à teoria das ideias de Platão?

Aprofundando os conceitos

5. Examine as três citações a seguir e responda às questões levando em conta as características das respectivas tendências filosóficas.

- "O homem é a medida de todas as coisas." (Protágoras)
- "Ora, para nós, é Deus que deverá ser a medida de todas as coisas, muito mais do que o homem, conforme se afirma por aí." (Platão, *As leis*)
- No diálogo *Górgias*, de Platão, o sofista diz a Sócrates que o objetivo da retórica é "poder persuadir por meio de discursos os juízes nos tribunais, os senadores no conselho, o povo na assembleia do povo e em toda outra reunião que seja uma reunião de cidadãos". E completa que a habilidade do retórico consiste "em falar contra todo adversário e sobre qualquer assunto".

a) Qual é a crítica que Platão faz aos sofistas Protágoras e Górgias?

b) Explique por que os filósofos clássicos (Sócrates, Platão e Aristóteles) se opunham aos sofistas.

6. Analise a seguinte citação e explicite a concepção platônica sobre a relação entre corpo e alma.

> "O corpo de tal modo nos inunda de amores, paixões, temores, imaginações de toda sorte, enfim, uma infinidade de bagatelas, que por seu intermédio [...] não recebemos na verdade nenhum pensamento sensato. [...] Inversamente, obtivemos a prova de que, se alguma vez quisermos conhecer os seres em si, ser-nos-á necessário separar-nos dele e encarar por intermédio da alma em si mesma os entes em si mesmo. Só então é que nos há de pertencer aquilo de que nos declaramos amantes: a sabedoria."
>
> PLATÃO. *Fédon*. São Paulo: Abril Cultural, 1973. p. 73-74. (Coleção Os Pensadores)

7. Identifique a que se refere Aristóteles neste trecho.

> "É evidente que há um princípio e que as causas dos seres não são infinitas [...]. Com efeito, não é possível que, como da matéria, isto proceda daquilo até o infinito, por exemplo, a carne da terra, a terra do ar, o ar do fogo e isto sem parar; nem quanto àquilo donde é o movimento [a origem do movimento], sendo por exemplo o homem movido pelo ar, o ar pelo sol, o sol pela discórdia, sem que disso haja um limite."
>
> Aristóteles, *Metafísica*, livro II, capítulo II.

8. Leia o texto abaixo e responda às questões.

> "O que dissemos a propósito da cidade e de sua construção não é uma quimera vã. Sua execução é difícil, mas viável, como dissemos, de uma única maneira: quando assumirem o poder dos governantes – um ou vários – que, sendo verdadeiros filósofos, desprezam as honras que hoje disputam, por considerá-las indignas de um homem livre e despojado e têm na mais alta estima a retidão – e as honras que dela decorrer – assim como a justiça, que considerarão como a mais importante e a mais necessária de todas as coisas."
>
> PLATÃO. *A República*. Brasília: Editora da UnB, 1985. p. 85.

a) Explique em que sentido a afirmação de Platão fundamenta a concepção de sofocracia.

b) Qual é a posição de Aristóteles a respeito?

c) A concepção do governante justo faz parte do pensamento dos dois filósofos. Explique como esse aspecto constitui uma característica importante da concepção política antiga.

Dissertação

9. Aristóteles, ao criticar seu mestre, afirmou que era "amigo de Platão, porém mais amigo da verdade". Faça uma dissertação relacionando essa frase com as características essenciais da filosofia.

Aprenda mais

Cavernas contemporâneas

Lipo, photoshop, botox, silicone, chapinha... um arsenal diversificado de procedimentos cria modelos midiáticos ideais que disseminam padrões de beleza, desejos e hábitos nada saudáveis.

O aumento significativo de distúrbios alimentares, depressão, insatisfação com o corpo e de problemas de sociabilidade entre adolescentes que não se sentem esteticamente adequados aos padrões que circulam na mídia tem mobilizado governos e a sociedade civil.

De olho na magreza excessiva que desfila pelas passarelas, em 2007 o governo italiano e a indústria da moda fizeram um acordo para evitar modelos com aparência doentiamente magra. A Espanha determinou, em 2006, um índice mínimo de massa corpórea (IMC) para essas profissionais e, em 2010, aprovou uma lei que proíbe a exibição de anúncios de TV que exaltem o culto ao corpo entre as 6 e as 22 horas.

O exagero dos retoques feitos por computador em fotos de modelos também preocupa profissionais de saúde nos Estados Unidos. Em 2011, a Associação Médica Americana (AMA) alertou que a disseminação de imagens alteradas digitalmente pode mudar a noção do que é um corpo saudável, especialmente entre jovens. "Temos que parar de expor crianças e adolescentes impressionáveis a propagandas que retratam modelos com corpos só atingíveis com a ajuda de *softwares* de edição de fotos", declarou a conselheira da AMA, Drª Barbara McAneny.

Espelho, espelho meu...

O Brasil está entre os maiores mercados consumidores de produtos de higiene pessoal e beleza. O consumo de cosméticos só cresce: entre 2000 e 2011, esse setor aumentou mais de 350%.

Evolução do mercado brasileiro de produtos de higiene pessoal, perfumaria e cosméticos – bilhões de dólares

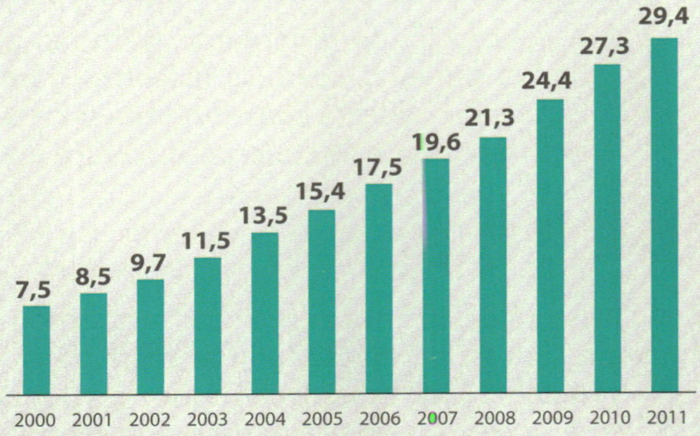

Magras, lisas e turbinadas

A distribuição percentual por tipos de cirurgias realizadas no Brasil em 2010 demonstra a preocupação com uma barriga enxuta, uma pele lisa e seios volumosos. Somados, lipoaspiração, botox e aumento dos seios representam 60% dos procedimentos estéticos realizados no país.

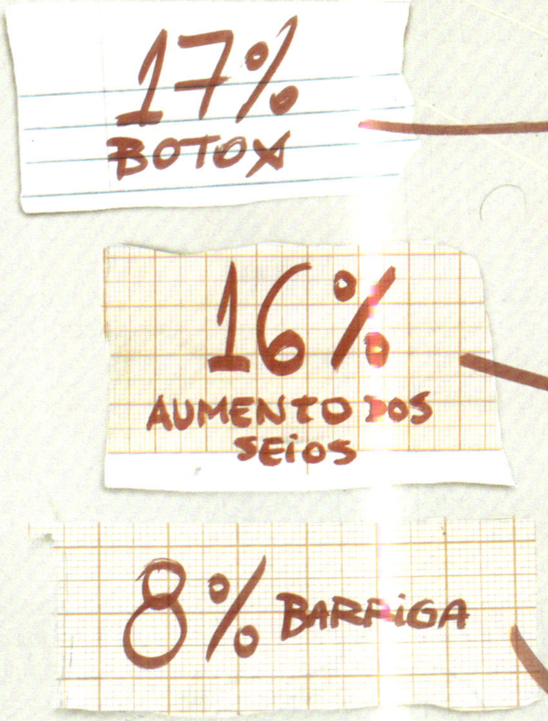

Mágica perversa

Quadril quase mais estreito que a cabeça, pernas tão finas quanto os braços, pele lisa como borracha... Imagens manipuladas no computador, como essa abaixo, são muito comuns na mídia e distorcem a percepção do que é bonito e proporcional, incentivando expectativas impossíveis para pessoas de verdade.

PHOTODISC/GETTY IMAGES

Secas e doentes

- **Uma** em cada **100 adolescentes** no mundo tem anorexia.
- A bulimia atinge até **4** em cada **100 meninas**.
- Estima-se que até **13%** das jovens tenham sintomas parciais de bulimia ou anorexia.
- Até **15%** das meninas do mundo controlam o peso colocando a saúde em risco.
- Cerca de **33%** dos pacientes desenvolvem distúrbios crônicos.
- Jovens anoréxicas têm risco de suicídio **20 vezes maior** do que o geral.

Homens com anorexia

Até os anos 1990 a anorexia era vista como uma doença de mulheres, mas o aumento de casos entre os homens foi tão expressivo que em 2008 o Ambulim, ambulatório de transtornos alimentares da Universidade de São Paulo, sentiu a necessidade de criar uma ala exclusiva para eles. Estudos realizados pela Associação Psiquiátrica Americana, em 2000, estimam que, entre os casos de jovens anoréxicos, até 30% são masculinos.

Fontes: International Society of Aesthetic Plastic Surgery. Disponível em: <www.isaps.org/files/html-contents/ISAPS-Procedures-Study-Results-2011.pdf>. Acesso em: 25 maio. 2012; Organização Mundial de Saúde. Disponível em: <www.who.int/mental_health/evidence/en/prevention_of_mental_disorders_sr.pdf>. Acesso em: 25 maio 2012; Associação Brasileira da Indústria de Higiene Pessoal, Perfumaria e Cosméticos. Disponível em: <www.abihpec.org.br/wp-content/uploads/2012/04/Panorama-do-setor-2011-2012-05-jun-2012.pdf>. Acesso em: 12 jun. 2012; SEIDINGE, Flávia M. Transtornos alimentares – Anorexia/bulimia:aspectos. Disponível em: <2009.campinas.sp.gov.br/saude/programas/curso_cuidados_adolescente/Transtornos_alimentares.pdf>. Acesso em: 27 fev. 2012. Scientific Electronic Library Online. Disponível em: <www.scielo.br/pdf/rpc/v31n4/22399.pdf>. Acesso em: 4 jun. 2012.

Questão

Com base no que você estudou no Capítulo 14 sobre a alegoria da caverna, que semelhanças você estabelece entre a abordagem dos modelos contemporâneos de ideal de beleza e o mundo das ideias de Platão?

Capítulo 15

A filosofia helenística

1 Contexto cultural

15.1 Biblioteca do estudante: Leitura complementar

O helenismo caracterizou-se pela síntese das culturas grega e oriental, promovida pela expansão do Império Macedônico de Alexandre, o Grande, e depois pela conquista romana. Estendeu-se desde o século III a.C. até o século III de nossa era.

Como vimos, as cidades-Estado gregas se rivalizavam em poder e influência desde a época clássica, até que, no século IV a.C., o rei Filipe da Macedônia aproveitou-se dessa situação para conquistar a Grécia. Em seguida, seu filho Alexandre expandiu as conquistas pela Ásia e pela África, construindo um império.

Após a morte precoce de Alexandre, o Grande, em 323 a.C., o Império Macedônico se fragmentou. Por volta do século III a.C., os romanos deram início à sua expansão para fora dos limites da Península Itálica, que atingiu a extensão máxima no século II d.C. Naquele momento, o Império Romano compreendia o sul da Europa, o norte da África e o Oriente Próximo.

PHOTO SCALA, FLORENCE/GLOWIMAGES - MUSEU NACIONAL, NÁPOLES - CORTESIA DO MINISTÉRIO PARA OS BENS E AS ATIVIDADES CULTURAIS

A Batalha de Issus, mosaico do século I a.C. encontrado em Pompeia. A obra representa a batalha de Alexandre, o Grande, contra as tropas persas. Museu Arqueológico Nacional de Nápoles, Itália.

O ideal cosmopolita

Certos historiadores compartilham a ideia de que o helenismo representou um longo momento de decadência em relação ao esplendor da filosofia grega clássica. Além disso, desqualificam os pensadores do novo período como meros seguidores de Platão e Aristóteles. No entanto, outros estudiosos mostram que os novos pensadores estavam, na verdade, mais próximos dos pré-socráticos, desfazendo a ótica depreciativa sobre o helenismo para identificá-lo com um novo modo de ver o mundo e a si mesmo.

De fato, o helenismo ampliou o espaço restrito da pólis grega numa visão cosmopolita que supõe outros tipos de solidariedade. Assim dizem os historiadores da filosofia, Reale e Antiseri:

> "O ideal da pólis é substituído pelo ideal 'cosmopolita' (o mundo inteiro é uma pólis), e o homem-citadino é substituído pelo homem-indivíduo; a contraposição grego-bárbaro em larga medida é superada pela concepção do homem em uma dimensão de igualitarismo universal."
>
> REALE, Giovanni; ANTISERI, Dario. *História da filosofia*: filosofia pagã antiga. 3. ed. São Paulo: Paulus, 2007. v. 1. p. 249.

STEEN LARSEN PHOTOGRAPHY/GETTY IMAGES

Jovem "mochileira" consulta mapa em Copenhagen, na Dinamarca. Em muitos aspectos, o cosmopolitismo que se instaurou no período helenista se assemelha ao cosmopolitismo do mundo contemporâneo, em que a facilidade de deslocamento e de comunicação entre as pessoas faz surgir um intercâmbio maior entre pessoas dos mais diversos países do planeta.

2 Helenismo: período grego

Em um primeiro momento, o helenismo ainda tinha seu epicentro em Atenas. Destacaram-se as correntes do cinismo, epicurismo, estoicismo e ceticismo, que abordaram questões de física, ética e lógica. Das discussões realizadas em suas escolas, participavam não só assíduos discípulos, mas ouvintes ocasionais, pois na nova concepção de filosofia esse tipo de reflexão devia ser acessível a todos. Não por acaso, Epicuro dizia:

> "... que ninguém hesite em se dedicar à filosofia enquanto jovem, nem se canse de fazê-lo depois de velho, porque ninguém jamais é demasiado jovem ou demasiado velho para alcançar a saúde do espírito".
>
> EPICURO. *Carta sobre a felicidade* (a Meneceu). São Paulo: Editora da Unesp, 2002. p. 21.

A referência à "saúde do espírito" denota uma característica comum às escolas helenísticas: enfatizar a discussão sobre a melhor maneira de viver, seja na alegria, seja no infortúnio.

Epicurismo

15.2 Biblioteca do estudante: Leitura complementar

Para os hedonistas, o bem encontra-se no prazer. Segundo o senso comum, costuma-se dizer que a civilização contemporânea é hedonista, por identificar a felicidade com a satisfação imediata dos prazeres, sobretudo pelo consumismo: ter uma bela casa, um carro possante, muitas roupas, frequentar bons restaurantes, ter múltiplas experiências amorosas etc. Essa civilização mostra-se incapaz de tolerar qualquer desconforto, seja uma simples dor de cabeça, seja o enfrentamento de doenças e da morte.

Não é esse, no entanto, o sentido do hedonismo grego, que surgiu com Epicuro de Samos (341-270 a.C.). Segundo a ética epicurista, os prazeres do corpo são causas de ansiedade e sofrimento. Para que a alma permaneça imperturbável, em serenidade (ataraxia), é preciso aprender a gozar os prazeres com moderação.

Epicuro refere-se aos prazeres naturais, como comer e beber, quando se tem fome ou sede, ou repousar, quando se está cansado. Não despreza certos prazeres refinados que nos levam a escolher a boa amizade, a comida e a bebida saborosas e a nos vestirmos bem – desde que com comedimento. Mas despreza os prazeres ligados ao desejo por honras, poder e riqueza, que fatalmente provocam desestabilidade e sofrimento.

Hedonismo
Do grego *hedoné*, "prazer". Corrente filosófica que distingue o prazer como soberano bem.

Ataraxia
Do grego *a* (prefixo de negação) e *taraxia*, "agitação", "perturbação". Portanto, imperturbabilidade, serenidade, típicas do sábio.

Assim diz Epicuro:

15.3 Visão do especialista

"O prazer é o início e o fim de uma vida feliz. Com efeito, nós o identificamos com o bem primeiro e inerente ao ser humano, em razão dele praticamos toda escolha e toda recusa, e a ele chegamos escolhendo todo bem de acordo com a distinção entre prazer e dor.

Embora o prazer seja nosso bem primeiro e inato, nem por isso escolhemos qualquer prazer: há ocasiões em que evitamos muitos prazeres, quando deles nos advêm efeitos o mais das vezes desagradáveis; ao passo que consideramos muitos sofrimentos preferíveis aos prazeres, se um prazer maior advier depois de suportarmos essas dores por muito tempo."

EPICURO. *Carta sobre a felicidade* (a Meneceu). São Paulo: Editora da Unesp, 2002. p. 37-38.

THE BRIDGEMAN ART LIBRARY/GETTY IMAGES - COLEÇÃO PARTICULAR

O jardim dos filósofos, pintura de Antal Strohmayer, de 1834. Os epicuristas eram conhecidos como os "filósofos do jardim", local em Atenas onde celebravam a amizade, aprendendo a cuidar da vida como um belo jardim.

Epicuro também refletiu sobre a morte. Segundo ele, a morte nada significa porque ela não existe para os vivos, e os mortos não estão mais aqui para explicá-la. De fato, quando pensamos em nossa própria morte, podemos nos imaginar mortos, mas não sabemos o que é a experiência do morrer. O filósofo lamenta que a maioria das pessoas fuja da morte como se fosse o maior dos males, mas para ele não há vantagem alguma em viver eternamente. Mais do que ter a alma imortal, vale a maneira pela qual escolhemos viver:

"O sábio, porém, nem desdenha viver, nem teme deixar de viver; para ele, viver não é um fardo e não viver não é um mal. Assim como opta pela comida mais saborosa e não pela mais abundante, do mesmo modo ele colhe os doces frutos de um tempo bem vivido, ainda que breve."

EPICURO. *Carta sobre a felicidade* (a Meneceu). São Paulo: Editora da Unesp, 2002. p. 31.

Saiba mais

Epicuro foi autor de extensa obra, mas pouco restou dela, apenas fragmentos ou citações e comentários de filósofos posteriores. O mesmo ocorreu com os escritos dos estoicos e céticos.

Ferrenho crítico dos mitos e das superstições, Epicuro seguia o materialismo típico do atomismo de Demócrito e considerava que a alma, de natureza material (corpórea), desaparece com a morte. Além disso, para ele os deuses estão distantes dos homens, sem se preocupar com os humanos – não existe a providência divina, como depois dirão os cristãos.

Para aprender e alcançar a felicidade, destaca o "quádruplo remédio": a) os deuses não são temíveis; b) a morte não nos traz riscos; c) o prazer, se entendido corretamente, é um bem para todos; d) a dor não dura ininterruptamente e é facilmente suportável.

Talvez devido ao seu posicionamento quanto à divindade e ao materialismo, sua doutrina foi rechaçada e sua ética mal interpretada como uma defesa irracional de todo tipo de prazer.

Estoicismo

Zenão de Cítio (336-264 a.C.) foi o principal representante do estoicismo. A Escola Estoica era assim chamada porque Zenão, por não ser cidadão ateniense, não podia comprar uma casa. Assim, reunia-se com os discípulos em uma *stoá*, isto é, no pórtico de prédios que formavam uma galeria com colunas. Por isso ficaram conhecidos como estoicos (*stoikós*) ou filósofos do pórtico. Cleanto e Crisipo sucederam Zenão.

MARTIN BEDDALL/ ALAMY/OTHER IMAGES

Pórtico de Átalo reconstruído, antiga Ágora de Atenas, em foto de 2009. Os pórticos eram o ambiente em que Zenão de Cítio se reunia com seus discípulos.

O estoicismo apresenta semelhanças com o epicurismo, como a defesa do materialismo, a negação da transcendência divina e a concepção de filosofia como "arte de viver". No entanto, contrapunha-se a Epicuro por desprezar qualquer tipo de prazer, considerado fonte de muitos males. Para alcançar a ataraxia, devem-se eliminar as paixões – e não apenas moderá-las –, porque elas só provocam sofrimento: a virtude do sábio, portanto, consiste em viver de acordo com a natureza e a razão. Nesse sentido, não é o prazer que traz a felicidade, mas a virtude. É assim que se torna possível atingir a *apatia* – a ausência de paixão.

Outras divergências separam as duas escolas. Enquanto o epicurismo aproveitou o atomismo de Demócrito, os estoicos seguiram Heráclito, com a sua concepção do fogo como *lógos* universal e do universo como harmonia dos contrários.

Ao deus distante dos epicuristas, os estoicos contrapuseram uma concepção panteísta, em que a natureza se encontra impregnada da razão divina. Portanto, deus também é corpo, mas é o mais puro dos corpos, perfeito e inteligente. Por ele se dá o ordenamento do mundo, que está submetido ao destino.

Estar submetido ao destino não significa sucumbir inerte às forças externas, mas procurar entender em que consiste viver conforme a natureza, ou seja, a melhor maneira de conservar o seu ser, de estar em harmonia consigo mesmo. Nisso consiste a aceitação serena do destino. Como é próprio da natureza humana viver racionalmente, cabe à razão substituir o instinto pela vontade, a fim de alcançar a harmonia de vida e, portanto, a sabedoria.

Ceticismo

O grande representante do ceticismo foi Pirro de Élida (360-270 a.C.). Ao acompanhar o imperador macedônio Alexandre Magno em suas expedições de conquista, Pirro teve a oportunidade de conhecer povos com valores e crenças diferentes. Como geralmente fazem os céticos, confrontou a diversidade de convicções, bem como as filosofias contraditórias, abstendo-se, no entanto, de aderir a qualquer certeza. Para ele, a atitude coerente do sábio é a suspensão do juízo (*epoché*) e como consequência prática, a aceitação com serenidade do fato de não poder discernir o verdadeiro do falso.

Além do aspecto epistemológico, essa postura tem um caráter ético. Como tudo é incerto e fugaz, aqueles que se prendem a verdades indiscutíveis estão fadados à infelicidade. Embora Pirro fosse crítico do epicurismo e do estoicismo, ele tinha em comum com aquelas escolas a questão da busca da felicidade por meio da imperturbabilidade.

Cinismo

THE WALTERS ART MUSEUM, BALTIMORE

Diógenes, pintura de Jean-Léon Gérome, 1860. A pintura retrata o modo de vida radical do filósofo cínico Diógenes, que por um tempo viveu num barril, ao lado de seus cães, um modo de dar o exemplo de desprezo pelas riquezas e futilidades da vida cotidiana.

O termo *cinismo* adquiriu hoje um sentido pejorativo. Cínico é o indivíduo sem escrúpulos, hipócrita, sarcástico. Não é esse o significado do movimento que teve como maior representante Diógenes de Sinope (c. 400-c. 325 a.C.), que viveu em Atenas.

A expressão *cinismo* se origina da fusão do termo grego *kyón* e do vocábulo latino *cyno*, "cão". Os cínicos receberam esse nome talvez porque a doutrina tenha sido iniciada por Antístenes no Ginásio Cinosargos. Ou então porque os cínicos desejassem viver de forma simples e sem pudores, como um cão: tudo que é natural poderia ser feito em público, o que escandalizava as pessoas.

Assim como os demais filósofos helenistas, também os cínicos buscavam um novo modo de vida que levasse à felicidade. No entanto, foram eles que mais próximo chegaram do afrontamento aos costumes, devido ao desprezo pelas riquezas, honras e convenções, como se fossem apenas futilidades.

Suas maneiras despojadas foram objeto de inúmeros relatos que testemunham como Diógenes colocou em prática sua teoria. Vivia em um tonel de vinho e alimentava-se do que recebia das pessoas. Diziam que ele andava com uma lanterna, à procura de alguém honesto, certamente como crítica à corrupção. Certa vez, Alexandre Magno, que o admirava, interpelou-o dizendo-lhe que pedisse o que quisesse. Ao que Diógenes respondeu: "Não me faças sombra. Devolve meu sol".

Leitura analítica

A moral epicurista

"A felicidade é mais um estado de repouso do que o exercício que frui de uma capacidade. Ela é tranquilidade plena, muito próxima da serenidade.

Toda a ética epicurista se refere à arte de adquirir e de preservar esse estado da alma, na qual uma parte importante consiste em não se pôr inutilmente em uma situação de necessidade nem em um sentimento de insatisfação. A esse respeito, convém distinguir entre necessidade e desejo. A necessidade é natural, e as necessidades naturais são, naturalmente e com mais frequência, suscetíveis de serem satisfeitas. O desejo, ao contrário, não conhece qualquer limite natural: ele é como uma carência infinita e ao menos excessiva. É fonte de uma insatisfação permanente de ansiedade e até de angústia. Como uma doença da alma. As causas desta são numerosas: a imaginação pessoal (falsas necessidades, ambições irrealizáveis, desejos contraditórios), as imagens vindas de outro (modelos e ideais que não nos convêm), liberdade (e, portanto, possibilidade de errar, de se iludir), má relação com o tempo (viver demasiadamente em função do futuro, que não está presente, ou do passado, que não se pode mudar)...

Viver, levando em conta a experiência do passado e antecipando prudentemente o futuro, constitui o fundamento da possibilidade de fruir da felicidade continuada do instante presente. Pensando bem, a maioria das coisas que chega a perturbar nossa felicidade de viver é de ordem fantasmática. Até a morte é uma ameaça imaginária, porque durante todo o tempo em que ela não está presente não a sentimos e, a partir do momento em que ela está presente, não experimentamos mais nada. Apenas a dor é um mal real, que é preciso esforçar-se para evitar ou suprimir. É indispensável, portanto, jamais deixar que a imaginação triunfe sobre a realidade, uma vez que a imaginação é fonte de insatisfações inúteis e insensatas."

HOTTOIS, Gilbert. *Do Renascimento à pós-modernidade*: uma história da filosofia moderna e contemporânea. Aparecida: Ideias & Letras, 2008. p. 37-38.

Questões

1. Segundo o texto, qual é a diferença entre necessidade e desejo?
2. Com seus colegas, releia a relação das causas do desejo, cujo efeito é a infelicidade. Escolha uma delas e dê exemplos concretos.

3 A Escola de Alexandria

Após a morte de Alexandre e a divisão do Império Macedônico, foi fundado em Alexandria, na foz do Nilo, no Egito, um avançado centro de estudos. O centro era formado por escolas de diversas ciências, um museu e a famosa Biblioteca de Alexandria, que por muitos séculos atraiu intelectuais de vários locais do mundo antigo.

AKG-IMAGES/LATINSTOCK - COLEÇÃO ARCHIV F.KUNST & GESCHICHTE, BERLIM

Saguão da Biblioteca de Alexandria, representado em gravura do século XIX. Centro cultural do helenismo, a biblioteca sofreu diversos danos, desde um incêndio no século I a.C. a saques ao longo dos tempos, até ser totalmente destruída, por volta do século V.

Euclides e Arquimedes: geometria e mecânica

Na Escola de Alexandria, a contribuição de Euclides se destacou logo de início. De 320 a 260 a.C., ele fundou e dirigiu a escola de matemática. Com a obra *Elementos*, sistematizou o conhecimento teórico, apresentando os princípios da geometria: os *conceitos primitivos* e os *postulados*.

Segundo a geometria euclidiana, os conceitos primitivos são o ponto, a reta e o plano, que não se definem, enquanto os postulados são enunciados que devem ser aceitos sem demonstração. Por exemplo, "uma linha reta pode ser traçada de um para outro ponto qualquer". Tais princípios constituem o ponto de partida sobre o qual se constrói o edifício teórico de qualquer demonstração.

A mecânica foi outra ciência que se desenvolveu no centro cultural de Alexandria, cujas bases foram estabelecidas por Arquimedes (287-212 a.C.). A fama deste físico e matemático nos remete a acontecimentos interessantes, embora muitos deles envoltos em lenda. Para defender Siracusa, assediada pelos romanos, Arquimedes teria construído engenhos mecânicos (catapultas) para lançar pedras e também incendiado navios com um sistema de lentes de grande alcance.

Saiba mais

Euclides estabeleceu os princípios da geometria clássica. No fim do século XIX, alguns matemáticos propuseram os princípios de geometrias não euclidianas, igualmente coerentes e rigorosas. Isto, no entanto, não significou anular a geometria formulada por Euclides.

AKG-IMAGES/LATINSTOCK - NORTH WIND PICTURE ARCHIVES

Apreensão de Arquimedes, condução à sua morte, gravura do século XIX baseada na pintura de Gustave Claude Étienne Courtois. Quando os romanos invadiram Siracusa, cidade natal de Arquimedes, o sábio foi morto por um soldado.

Ao descobrir o princípio da hidrostática (lei do empuxo), Arquimedes passou da dimensão puramente técnica ou prática para a especulação teórica e científica, que lhe permitiu descobrir princípios fundamentais da mecânica. Redigiu um tratado de estática, formulou a lei de equilíbrio das alavancas e fez estudos sobre o centro de gravidade dos corpos.

Saiba mais

Você conhece a maneira curiosa pela qual Arquimedes descobriu o princípio da hidrostática? Faça uma pesquisa a respeito.

Galileu viu em Arquimedes o único cientista verdadeiro da Grécia, por ter revelado aspectos fundamentais da experimentação moderna: medidas sistemáticas, determinação da influência de cada fator que atua no fenômeno e enunciado do resultado sob a forma de lei geral.

Ptolomeu: o geocentrismo

Uma das últimas grandes personalidades de Alexandria, já no século II da nossa era, foi o matemático, geômetra e astrônomo Cláudio Ptolomeu. Sua obra *Almagesto* representa o mais importante referencial da astronomia geocêntrica da Antiguidade, tendo exercido influência durante toda a Idade Média, até ser contestada por Copérnico e Galileu.

Saiba mais

Os modelos astronômicos dos gregos eram todos geocêntricos, exceto o de Aristarco de Samos (310-230 a.C.), que propôs um revolucionário modelo heliocêntrico, nunca aceito e até considerado subversivo.

Não devemos, no entanto, superestimar a utilização de instrumentos na fase de investigação científica nem a aplicação prática de seus resultados, levadas a efeito por Arquimedes e outros sábios atuantes em Alexandria. Essa situação constitui uma exceção na produção científica grega, mais voltada para a especulação racional e desvinculada da técnica, tendência que continuaria prevalecendo durante a Idade Média.

Após o século II, o centro de Alexandria sofreu estagnação e entrou em decadência, sobretudo em razão dos sucessivos saques à Biblioteca e ao museu, bem como dos incêndios que apenas anteciparam sua destruição total, provavelmente no século V.

MORANDI BRUNO/HEMIS FR/AFP PHOTO

Interior da atual biblioteca de Alexandria, no Egito, agora sob o nome de *Bibliotheca Alexandrina*, instituição pública de informação e pesquisa que serve a estudantes e ao público em geral, inaugurada em outubro de 2002 na mesma cidade em que, no período helenista, a antiga biblioteca serviu de esteio para grandes pensadores da época. Seu objetivo continua o mesmo da Antiguidade: disseminar o conhecimento entre diferentes povos e nações do mundo.

4 Helenismo: período romano

O Império Romano em sua máxima extensão (século II)

Fonte: DUBY, Georges. *Atlas historique mondial*. Paris: Larousse, 2003. p. 27.

Após o fim do Império Macedônico, chegou a vez de os romanos iniciarem sua expansão. A Grécia foi anexada em 146 a.C., apesar de a resistência aos conquistadores ainda continuar por um tempo. No século II da nossa era, o Império Romano atingiu a sua máxima extensão, abrangendo a Europa, o norte da África e o Oriente Médio, fazendo com que o Mar Mediterrâneo ficasse conhecido como *Mare nostrum* (Nosso mar).

Devido ao contato com os povos orientais, helênicos e de outras regiões, persistiu a cultura cosmopolita aliada à tradição latina. A fusão dessas culturas trouxe um elemento novo, o bilinguismo, pois desde cedo as crianças aprendiam o latim e o grego, sem contar, naturalmente, a língua local.

Na filosofia houve marcante influência da tradição grega, sobretudo porque muitos jovens eram enviados à Grécia para estudar, bem como gregos vinham para Roma. Desse modo, os pensadores romanos ora escreviam em latim, como Cícero, ora em grego, como Marco Aurélio.

Cícero e Lucrécio

Marco Túlio Cícero (106-43 a.C.) foi advogado e senador de Roma. Entremeou as atividades de trabalho e política, escrevendo uma obra que tratou de diversos temas e exerceu grande influência não só em sua época como também na posteridade.

Apoiado em sua vasta erudição e larga experiência com o grego, escolheu o latim para sua escrita, criando os conceitos mais apropriados para a tradução dos textos gregos e ampliando sobremaneira o vocabulário latino. Homem culto e de amplo saber,

Cícero valorizava a fundamentação filosófica do discurso. Famoso pela sua oratória brilhante e contundente, mais de uma vez interferiu nos rumos da política romana, atividade intensa que culminou com seu assassinato.

Do ponto de vista filosófico, sua obra não é original e caracteriza-se pelo ecletismo, isto é, sofreu diversas influências, como do platonismo, do epicurismo e do estoicismo. Recusou o ceticismo e qualquer forma de dogmatismo, porque considerava ser possível chegar a algum tipo de conhecimento pela discussão e eventual consenso:

> "Defenda cada qual o que pensa, pois os juízos são livres. Nós manteremos nossa posição e, não constrangidos pelas leis de nenhuma escola particular a que forçosamente obedeceríamos, sempre buscaremos, em filosofia, o que, em cada coisa, é o mais provável."
>
> CÍCERO. *Tusculanas*. In: CHAUI, Marilena. *Introdução à história da filosofia*: as escolas helenísticas. São Paulo: Companhia das Letras, 2010. v. 2. p. 228.

Em moral, tendeu para o pensamento estoico, mas com adaptações típicas do seu ecletismo. Reconheceu a importância da autoconservação – o amor de si –, mas destacou um aspecto que seria característico da cultura romana, a realização da *humanitas*, entendida como uma cultura predominantemente humanística, cosmopolita e universal. Cícero não valorizava apenas o ideal do sábio, muitas vezes inalcançável, mas defendia a formação do indivíduo virtuoso como ser moral e político.

Apesar da influência do estoicismo, Cícero, de sabedoria universal, teria ajudado a publicar uma obra do poeta latino Lucrécio (98-55 a.C.). Inspirado pela filosofia de Epicuro, Lucrécio desejava livrar os seres humanos de todos os medos, inclusive da religião e das superstições em geral.

Outras tendências

Além do eclético Cícero, outros pensadores foram seguidores dos filósofos gregos. Os representantes do estoicismo latino foram Sêneca, Epicteto e o imperador Marco Aurélio, enquanto os representantes do ceticismo foram Enesidemo e Sexto Empírico.

Lucius Sêneca (c. 4 a.C-65 d.C.) nasceu em Córdoba, na Espanha, e foi educado em Roma. Participou da política, sofrendo grandes revezes. Conselheiro do imperador Nero, ao sair da vida pública foi por ele condenado a cometer suicídio.

Epicteto (c. 50-130) nasceu na Ásia Menor. Levado para Roma como escravo, tornou-se professor de filosofia. Influenciou o pensamento de Marco Aurélio Antonino (121-180).

Sexto Empírico (século III), grego que atuou em Alexandria e em Roma, e Enesidemo (século I a.C.) foram os principais céticos que sofreram a repercussão da influência pirrônica.

Relevo em mármore do século I representando o imperador Marco Aurélio Antonino durante cerimônia no Templo de Júpiter. Além de guerreiro e administrador, o imperador se dedicou à reflexão filosófica, tornando-se um expoente do estoicismo.

ALBUM / AKG-IMAGES/LATINSTOCK

5 Avaliação do período

A avaliação desse período não se restringe apenas ao helenismo, que ampliou a visão restrita da pólis grega e assumiu a dimensão cosmopolita. Essa avaliação também recai sobre a contribuição que toda a filosofia grega trouxe para as gerações subsequentes.

Como dissemos no início, a propósito da importância do estudo da história da filosofia para o próprio filosofar, até hoje Platão, Aristóteles, epicuristas, estoicos e céticos nos colocam desafios sempre retomados pela reflexão filosófica, seja para aproveitarmos seus conceitos, seja para nos contrapormos a eles

Leitura analítica

As bibliotecas na Antiguidade

"Na Grécia, a primeira biblioteca foi estabelecida [em Atenas] por Pisístrato (560-527 a.C.), a qual [...] tinha o caráter de biblioteca pública e pretendia reunir as obras de Homero e outros rapsodos para realizar o que hoje chamaríamos uma primeira edição.

[...] O mutismo da maior parte dos historiadores com relação às bibliotecas gregas parece devido ao fato de que elas pertenceram, em sua maior parte, a particulares, sem falar no fato da transferência de volumes para Alexandria, em quantidades que ignoramos. Eurípides, Aristóteles e Teofrasto são citados como possuidores de boas bibliotecas. O caráter sobretudo oral da literatura grega – peripatética e teatral por excelência, literatura de ginásio, mais para ser ouvida da boca dos próprios autores, sob o azul do céu e o ouro do sol, do que para ser lida em gabinetes fechados e frios, literatura do diálogo e não do monólogo, da discussão e não da meditação, que amava mais o entrechoque das ideias do que o virtuosismo da ideia, literatura de poetas olímpicos, cantores de estádio e oradores políticos, mestre da ágora – poderá, talvez, explicar essa inexistência de bibliotecas que, à primeira vista, nos parece absurda. [...] Não havia razão para que os gregos amassem e, por consequência, guardassem os seus próprios livros: Sócrates é um símbolo que, como tantos outros, nada escreveu. Desprezando profundamente os 'bárbaros', não havia igualmente razão para que amassem e, por consequência, procurassem guardar os livros estrangeiros. Assim, o povo letrado por excelência na Antiguidade, a pátria das letras e das artes, não possuía bibliotecas."

MARTINS, Wilson. *A palavra escrita*: história do livro, da imprensa e da biblioteca. São Paulo: Ática, 1966. p. 76-77.

Peripatético
Palavra originada do grego *peripatetikós*, "passear", "caminhar"; refere-se a Aristóteles, que ensinava caminhando com seus discípulos.

Ginásio
Refere-se ao local em que os gregos faziam ginástica e recebiam aulas de matemática, literatura, geometria.

Questões

1. Que razões explicam a ausência de bibliotecas no período áureo da civilização grega?
2. Por que a criação da Biblioteca de Alexandria, que se tornou importante local de encontro de intelectuais, se tornou possível apenas no período helenístico?
3. Com o seu grupo, faça uma pesquisa para saber como eram os "livros" da Biblioteca de Alexandria.
4. Discuta com seu colega o que representa, neste nosso momento histórico, o confronto entre o livro de papel e os livros digitais.

Atividades

Retomando os conteúdos

1. O que significa dizer que o helenismo se configurou com a passagem da pólis para a cosmópole?

2. Preencha os espaços vazios para identificar o pensamento dos estoicos e dos epicuristas.

> "Para os ______, a virtude consiste em viver na conformidade com a natureza, formulando racionalmente a tendência de cada ser para assegurar a sua conservação, para cooperar com os demais seres e para se harmonizar de modo pleno consigo mesmo. Para os ______, por seu turno, o prazer é que se afigura primordial e a excelência do sábio mede-se pela forma de o obter, mediante um cálculo da intensidade das sensações e das suas consequências."
>
> CAILLÉ, Alain e outros. *História crítica da filosofia moral e política*. Lisboa/São Paulo: Editorial Verbo, 2005. p. 23.

3. Explique por que o sentido comum dado ao conceito de hedonismo nem sempre coincide com o espírito da filosofia epicurista.

4. Faça um fichamento comparando epicuristas e estoicos em suas semelhanças e diferenças.

5. Explique por que Arquimedes representa uma exceção na mentalidade científica antiga.

6. Que relação os filósofos helenísticos do período romano estabeleceram com o helenismo do período grego?

Aprofundando os conceitos

7. Identifique quando a frase se refere ao epicurismo, estoicismo, cinismo ou ceticismo e justifique sua resposta.

a) "Natureza, mundo, deus, fogo são a mesma coisa: a natureza é divinizada e a divindade, naturalizada."

b) "De todas as coisas que nos oferece a sabedoria para a felicidade de toda a vida, a maior é a aquisição da amizade."

c) "A vida virtuosa consistia na independência obtida através do domínio dos desejos e necessidades: a felicidade exige que nada se deseje, para que não se sinta a falta de coisa alguma. Para encorajar as pessoas a renunciar aos desejos criados pela civilização e pelas convenções, empreenderam uma cruzada de escárnio antissocial, na esperança de mostrar, pelo seu próprio exemplo, a frivolidade das ilusões da vida social."

d) "Visto que as coisas são indiferentes ao ser e não ser e que nossas sensações e opiniões são indiferentes ao verdadeiro e ao falso e que não devemos dar-lhes nossa confiança, devemos permanecer sem opinião (*adoxastos*), ou seja, abster-nos do juízo ou, então, suspender o juízo (*epoché*)."

e) "Enquanto alguns dizem que o primeiro impulso dos animais vai em direção ao prazer, eles afirmam que isso é falso. De fato, dizem que o prazer, se existe verdadeiramente, é algo que advém quando a natureza, tendo buscado por si mesma o que se adapta à sua conservação, obteve-o."

Dissertação

8. Leia o trecho seguinte e comente-o, recorrendo aos argumentos de uma das correntes filosóficas analisadas (epicurismo, estoicismo, cinismo). Para finalizar, exponha seu próprio ponto de vista sobre o assunto.

> "Com o capitalismo de consumo, o hedonismo se impôs como um valor supremo e as satisfações mercantis, como o caminho privilegiado da felicidade. Enquanto a cultura da vida cotidiana for dominada por esse sistema de referência, a menos que se enfrente um cataclismo ecológico ou econômico, a sociedade de hiperconsumo prosseguirá irresistivelmente em sua trajetória. Mas, se novas maneiras de avaliar os gozos materiais e os prazeres imediatos vierem à luz, se uma outra maneira de pensar a educação se impuser, a sociedade de hiperconsumo dará lugar a outro tipo de cultura."
>
> LIPOVETSKY, Gilles. *A felicidade paradoxal*. São Paulo: Companhia das Letras, 2007. p. 367.

De olho no Enem e nos vestibulares

1. **(UEL-PR)** Leia atentamente os textos abaixo, respectivamente, de Platão e de Aristóteles.

> “[...] a admiração é a verdadeira característica do filósofo. Não tem outra origem a filosofia.”
>
> PLATÃO. *Teeteto*. Belém: Universidade Federal do Pará, 1973. p. 37.

> “Com efeito, foi pela admiração que os homens começaram a filosofar tanto no princípio como agora; perplexos, de início, ante as dificuldades mais óbvias, avançaram pouco a pouco e enunciaram problemas a respeito das maiores, como os fenômenos da Lua, do Sol e das estrelas, assim como a gênese do universo. E o homem que é tomado de perplexidade e admiração julga-se ignorante (por isso o amigo dos mitos é, em certo sentido, um filósofo, pois também o mito é tecido de maravilhas); portanto, como filosofavam para fugir à ignorância, é evidente que buscavam a ciência a fim de saber, e não com uma finalidade utilitária.”
>
> ARISTÓTELES. *Metafísica*. Porto Alegre: Globo, 1969. p. 40.

■ Com base nos textos acima e nos conhecimentos sobre a origem da filosofia, é correto afirmar.

a) A filosofia surgiu, como a mitologia, da capacidade humana de admirar-se com o extraordinário e foi pela utilidade do conhecimento que os homens fugiram da ignorância.

b) A admiração é a característica primordial do filósofo, porque ele se espanta diante do mundo das ideias e percebe que o conhecimento sobre este pode ser vantajoso para a aquisição de novas técnicas.

c) Ao se espantarem com o mundo, os homens perceberam os erros inerentes ao mito, além de terem reconhecido a impossibilidade de o conhecimento ser adquirido pela razão.

d) Ao se reconhecerem ignorantes e, ao mesmo tempo, se surpreenderem diante do anseio de conhecer o mundo e as coisas nele contidas, os homens foram tomados de espanto, o que deu início à filosofia.

e) A admiração e a perplexidade diante da realidade fizeram com que a reflexão racional se restringisse às explicações fornecidas pelos mitos, sendo a filosofia uma forma de pensar intrínseca às elaborações mitológicas.

2. **(UEL-PR)** Leia o texto de Platão a seguir.

> “Logo, desde o nascimento, tanto os homens como os animais têm o poder de captar as impressões que atingem a alma por intermédio do corpo. Porém, relacioná-las com a essência e considerar a sua utilidade é o que só com tempo, trabalho e estudo conseguem os raros a quem é dada semelhante faculdade. Naquelas impressões, por conseguinte, não é que reside o conhecimento, mas no raciocínio a seu respeito; é o único caminho, ao que parece, para atingir a essência e a verdade; de outra forma é impossível.”
>
> PLATÃO. *Teeteto*. Belém: Universidade Federal do Pará, 1973. p. 80.

■ Com base no texto e nos conhecimentos sobre a teoria do conhecimento de Platão, considere as afirmativas a seguir.

I. Homens e animais podem confiar nas impressões que recebem do mundo sensível, e assim atingem a verdade.

II. As impressões são comuns a homens e animais, mas apenas os homens têm a capacidade de formar, a partir delas, o conhecimento.

III. As impressões não constituem o conhecimento sensível, mas são consideradas como núcleo do conhecimento inteligível.

IV. O raciocínio a respeito das impressões constitui a base para se chegar ao conhecimento verdadeiro.

Assinale a alternativa correta

a) Somente as afirmativas I e II são corretas.

b) Somente as afirmativas II e IV são corretas.

c) Somente as afirmativas III e IV são corretas.

d) Somente as afirmativas I, II e III são corretas.

e) Somente as afirmativas I, III e IV são corretas.

Sugestões

Para ler

Boa-vindas à filosofia, de Marilena Chaui. São Paulo: WMF Martins Fontes, 2011. (Coleção Filosofias: o prazer do pensar). A filósofa Marilena Chaui mostra ao leitor o mundo dos filósofos, analisando a atividade filosófica e as diferentes definições de filosofia.

Epicuro: máximas principais, tradução e notas de João Quartim de Moraes. São Paulo: Loyola.

Este livro traz as opiniões de Epicuro transcritas por Diógenes Laércio por meio de quarenta aforismos que sintetizam a ética epicurista.

Carta sobre a felicidade (a Meneceu), de Epicuro. São Paulo: Editora da Unesp.

Esta *Carta a Meneceu*, de Epicuro, dirigida a outros de seus discípulos, é mais conhecida como *Carta sobre a felicidade*, uma vez que versa justamente sobre a conduta humana, tendo em vista alcançar a saúde do espírito.

Ilíada, de Homero. São Paulo: Penguim Companhia. Existem diversas edições dessa obra de Homero.

A narrativa do regresso de Odisseu (Ulisses) à sua terra natal é considerada uma obra de grande importância na tradição literária ocidental. Episódios da Guerra de Troia e do retorno de Odisseu a Ítaca são alguns dos fatos narrados na epopeia.

Ilíada, de Homero. Rio de Janeiro: Ediouro.

Nove anos após o início da Guerra de Troia, provocada pelo rapto de Helena por Páris, os guerreiros Heitor, por Troia, e Aquiles, pela Grécia, lideram uma batalha épica cuja força narrativa atravessa os anos.

Édipo-Rei, de Sófocles. Porto Alegre: L&PM.

Atormentado pela profecia de Delfos, de que iria matar o pai e desposar a mãe, Édipo tenta fugir de seu destino.

Antígona, de Sófocles. Porto Alegre: L&PM.

Em uma das sete peças sobreviventes do grego Sófocles, Antígona, uma das mais memoráveis personagens femininas já criadas, luta sozinha contra um tirano e seus exércitos, abalando todo um governo.

A República, Livro VII, de Platão. São Paulo: Martins Editora. Neste fragmento da obra, Platão expõe a alegoria da caverna.

Aristóteles, a plenitude como horizonte do ser, de Maria do Carmo B. de Faria. São Paulo: Moderna. (Coleção Logos).

Após tantas críticas à metafísica, assistimos hoje ao renascimento do interesse pelo pensamento aristotélico. Voltar a Aristóteles significa debruçar-se sobre a própria origem da filosofia no Ocidente. O filósofo trabalhou temas que desafiam o homem até hoje, como a natureza, a política, a ética, os princípios fundadores do ser. A leitura de Aristóteles aponta caminhos na aventura do pensar.

Para assistir

Sócrates

Direção de Roberto Rossellini. Itália, França, Espanha, 1971.

O cineasta italiano realizou diversos filmes sobre filósofos para a televisão italiana. Neste filme, situa Sócrates nos últimos dias de sua vida e apresenta diversas falas com trechos de diálogos de Platão. O DVD tem a apresentação do professor Roberto Bolzani.

Arquitetura da destruição

Direção de Peter Cohen. Alemanha, 1994.

O fenômeno do nazismo é interpretado nesse documentário por meio da estética imposta por Hitler, segundo os mitos que o impulsionavam: a beleza e a pureza racial. Para o líder alemão, "beleza" significava retornar aos gregos, aos romanos e aos mitos germânicos e condenar toda arte contemporânea como degenerada.

Matrix

Direção de Andy e Larry Wachowski. Estados Unidos, 1999.

Pleno de efeitos visuais, o filme é uma ficção científica em que as pessoas ficam conectadas a um computador e vivem em uma realidade virtual, o que leva ao questionamento sobre o que é real. É possível estabelecer uma relação com a alegoria da caverna, de Platão.

Para navegar

Sobre *Sites*

www.sobresites.com/filosofia
Este *site*, cujo editor é Luiz Fontenelle, indica vários outros *links* sobre filosofia, que poderão ser consultados por professores e alunos.

www.afilosofia.no.sapo.pt
Site de Portugal sobre filosofia.

Unidade 5
Filosofia medieval

Por que estudar a filosofia medieval?

"Do ponto de vista histórico, a filosofia medieval faz parte, queiramos ou não, julguemos isto bom ou mau, da história do pensamento ocidental. Assim sendo, muitos dos aspectos deste são vinculados direta ou indiretamente a ela. Portanto, se a ignoramos, tornamo-nos incapazes de entender a história de nosso próprio pensamento. [...]

Se quisermos explicitar melhor, [...] podemos dizer que, na medida em que alguém assimilar vitalmente alguma coisa dessa filosofia, esta será para ele um instrumento vivo de pensamento. Trata-se aqui de uma lei geral do pensamento bem posta em relevo pelo historiador e filósofo francês Henri-Irénée Marrou:

'Tudo o que se manifestou certa vez ao homem na luz da verdade pode tornar a se manifestar verdadeiro, se se encontra uma alma que aí se redescubra, e o redescubra'."

NASCIMENTO, Carlos Arthur. *O que é filosofia medieval*. São Paulo: Brasiliense, 1992. p. 78-80.

Nova representação do mundo (1888), xilogravura de Camille Flammarion representando o rompimento com a concepção medieval do mundo e o limiar da modernidade. Até 1974 essa gravura, do século XIX, foi equivocadamente considerada uma obra medieval.

Capítulo 16

Razão e fé

1 Paganismo e cristianismo

Pagão
Aquele que não foi batizado. Assim eram chamados os não cristãos.

Toda a produção intelectual da Antiguidade apresentava diferenças profundas em relação ao pensamento cristão, pois a herança cultural greco-romana era pagã, contrapondo-se ao espiritualismo cristão.

Vamos, então, explicar as diferenças. A religião grega era politeísta e, apesar de os filósofos clássicos terem refletido sobre um princípio ordenador de todas as coisas, tratava-se de um reconhecimento puramente intelectual. Para Platão, é o Demiurgo que ordena o caos; para Aristóteles, é o Primeiro Motor Imóvel. Os gregos não tinham a concepção de criação nem de providência: acreditavam que o divino era indiferente ao destino humano. Além disso, enquanto a lei moral para os gregos derivava da própria natureza, para os cristãos a lei é um mandamento divino e a desobediência constitui pecado. Como novidade, o cristianismo refere-se à "ressurreição dos mortos", pela qual, no final dos tempos, corpo e alma terão vida eterna no paraíso ou no inferno.

BIBI SAINT-POL - COLEÇÕES ESTATAIS DE ANTIGUIDADES, MUNIQUE

Detalhe de um prato ártico (480-470 a.C.) representando Héracles e Atena, a deusa da guerra, da sabedoria e das artes. Atena era uma das principais divindades da Grécia Antiga.

Diante dessas discrepâncias, o cristianismo, inicialmente perseguido, precisou se contrapor às concepções tradicionais para conseguir adeptos para sua fé logo que começou a ser aceito e a se expandir. A principal fonte do cristianismo é a *revelação divina*, ou seja, a manifestação de uma série de verdades ou mandamentos transmitidos por Deus ao homem. A revelação é feita por meio da palavra ou outros signos, geralmente recolhidos nas obras sagradas: no caso do cristianismo, a *Bíblia*, composta do Velho Testamento – herdado dos judeus – e do Novo Testamento, a partir do nascimento de Jesus Cristo.

AKG-IMAGES/LATINSTOCK - COLEÇÃO ARCHIV F.KUNST & GESCHICHTE, BERLIM

A entrega da lei sobre o Monte Sinai, gravura de Gustave Doré, século XIX. A imagem representa a passagem bíblica na qual Moisés recebeu de Deus as as leis destinadas ao povo hebreu.

2 Os primeiros tempos: os apologistas

Os textos bíblicos contêm os fundamentos do cristianismo. A partir do século II, contudo, os teólogos cristãos resolveram adaptar à nova fé os textos dos próprios filósofos pagãos. Os religiosos que se propuseram a elaborar a doutrina foram chamados Padres da Igreja, derivando daí a expressão **patrística**, que denominou a tendência que durante muito tempo ocupou-se com a elaboração do pensamento cristão.

A patrística estendeu-se do século II ao V, sendo simultânea ao período de declínio do Império Romano durante a Antiguidade. Podemos definir dois momentos importantes na patrística:

- os primeiros Padres da Igreja, ou seja, os apologistas (séculos II-IV);
- o auge da patrística, com Agostinho de Hipona (séculos IV e V).

No esforço de converter os pagãos, combater as heresias e justificar a fé, os primeiros Padres da Igreja escreveram obras de apologética. Os mais antigos são os apologistas gregos, entre os quais se destacou Justino (século II), que se tornou mártir e foi posteriormente canonizado, num período em que os cristãos eram perseguidos. Viveu na cidade de Antioquia, região da Síria.

Entre os apologistas latinos, destacou-se Tertuliano de Cartago (c. 155-c. 240), teólogo conhecido pela sua intransigência e fervor na defesa da fé, a ponto de desprezar a filosofia referindo-se a ela como a "mãe de todas as heresias". Em outras palavras, Tertuliano não pretendia conciliar razão e fé, porque esta última deveria bastar.

Em princípios do século III, a cidade de Alexandria, no Egito, tornou-se foco de irradiação no sentido de conciliar razão e fé, processo em que se notabilizaram Clemente de Alexandria e seu discípulo Orígenes.

Heresia
Doutrina que se opõe aos dogmas da Igreja.

Apologética
Própria da apologia, que é um "discurso para justificar, defender ou louvar".

Transcendência
Ato de ultrapassar, de ir além de. No contexto, os valores são transcendentes, porque não são humanos, mas vêm de Deus.

16.1
Biblioteca do estudante: Leitura complementar

Principais temas

Os primeiros defensores da nova religião se debruçaram sobre inúmeros temas. Mas grande parte dos assuntos tratados pelos apologistas se contrapunha à concepção grega de um deus indiferente. Afirmavam a certeza da ligação de Deus com sua criatura, o que levou à discussão sobre a natureza de Deus e da alma, sobre a vida futura, o confronto entre o bem e o mal e a noção de pecado, a fim de reorientar o comportamento moral humano, conforme a ideia de salvação. De acordo com essa perspectiva, os valores são transcendentes, porque resultam de doação divina, o que torna o cristão um ser que teme o castigo divino.

KG-IMAGES/LATINSTOCK - BIBLIOTECA BRITÂNICA, LONDRES

Iluminura do século XIV representando Galahad conduzindo Guinevere de volta ao rei Artur. Durante a Idade Média, a lenda britânica do rei Artur ganhou elementos do cristianismo, como a busca do rei pelo Santo Graal, o cálice sagrado no qual o sangue de Jesus crucificado teria sido recolhido.

Ascetismo
Doutrina moral que preconiza privações e mortificações para alcançar o domínio de si.

JOSEPH MARTIN/AKG-IMAGES/LATINSTOCK - MUSEU NACIONAL DE ARTE ANTIGA, LISBOA

A tentação de Santo Antão, pintura de Hieronymus Bosch, 1500. Nesta tela, com a exaltada imaginação que lhe era peculiar, Bosch retrata Santo Antão em sua ascese.

Fontes

A *Bíblia* foi a principal fonte dos teólogos cristãos, mas isso não impediu que recorressem a outras fontes. Diferentes obras podiam ser adaptadas à nova ordem, dependendo do que havia disponível. Por exemplo, as dos pensadores do helenismo romano, como Cícero, e as dos neoplatônicos, como Plotino (204-270). Também as teorias estoicas foram bem-aceitas pelo cristianismo, ainda na época do Império Romano, fecundando as ideias ascéticas do período medieval. O controle das paixões tinha em vista a vida futura, quando os seres humanos, segundo os teólogos, poderiam realmente ser felizes.

Conteúdo multimídia: *Santo Agostinho*

3 Agostinho, bispo de Hipona

O principal nome da patrística foi Agostinho de Tagaste (354-430) – ou Santo Agostinho, bispo de Hipona (África). É significativo o fato de ter vivido no findar do mundo antigo, quando os bárbaros avançavam sobre o Império Romano. Portanto, Agostinho encontrava-se na fronteira entre um mundo que se extinguia e outro que ele efetivamente ajudou a delinear.

O "homem interior"

Em seu livro *Confissões*, Agostinho relata a luta interna que culminou com sua conversão ao cristianismo. Pode-se dizer que foi a primeira obra autobiográfica, diferente de tudo que fora escrito até então. Ao descrever sua trajetória, ele não se restringe aos fatos, mas mergulha na sua intimidade, nos desenganos, fraquezas e esperanças. Voltar-se para o "homem interior" representou um movimento de elaboração da noção de subjetividade como dimensão que se opõe à exterioridade do mundo. O confronto entre matéria e espírito, corpo e alma constituiu um ponto novo e fundamental na doutrina cristã.

Vida e obra

Na cidade de Tagaste, hoje Souk-Ahras, na Argélia, norte da África, nasceu **Aurélio Agostinho** (354-430). Tornou-se bispo de Hipona e, posteriormente, foi canonizado pela Igreja Católica. Apesar de ter vivido no final da Antiguidade, suas teorias fertilizaram todo o primeiro período da Idade Média. Na juventude, interessou-se pela religião dos maniqueus, o que despertou sua curiosidade pelas questões sobre o bem e o mal. Após um período conturbado, voltado para os prazeres, converteu-se ao cristianismo por influência de sua mãe, Mônica, igualmente canonizada. Adaptou o platonismo à fé cristã e produziu obra abundante, com destaque para *Confissões, De magistro, A cidade de Deus, Sobre a Trindade*.

PHOTO SCALA, FLORENCE/GLOWIMAGES - GALERIA UFFIZI, FLORENÇA - CORTESIA DO MINISTÉRIO PARA OS BENS E AS ATIVIDADES CULTURAIS

Santo Agostinho em seu gabinete, pintura de Sandro Botticelli, 1480.

O livre-arbítrio

A vivência dos conflitos de uma consciência atormentada pela noção do pecado o fez exaltar o poder da vontade. Ou seja, se a razão conhece, é a vontade que decide e escolhe, o que caracteriza o voluntarismo de sua teoria.

Em sua obra *Sobre a livre escolha da vontade* (*De libero arbitrio voluntatis*), Agostinho foi o primeiro a usar o conceito de *livre-arbítrio* como faculdade da razão e da vontade. Isto é, por mais que desejasse continuar desfrutando os prazeres mundanos, a vontade de mudar deveria prevalecer. Como cristão, porém, Agostinho realçava o poder da graça divina, que auxilia a escolher o bem e a rejeitar o mal.

Nesse processo, Agostinho destacou o poder do amor como caridade – amor a Deus e ao próximo –, porque conhecemos pelo amor que "não se entra na verdade senão pela caridade". A propósito, explica o filósofo espanhol Julián Marías:

"O amor bom, isto é, a caridade em seu sentido mais próprio, é o ponto central da ética agostiniana. Por isso, sua expressão mais densa e concisa é o famoso imperativo *ama e faz o que quiseres*".

MARÍAS, Julián. *História da filosofia*. São Paulo: Martins Fontes, 2004. p. 129.

PHOTO SCALA/GLOWIMAGES - VATICAN, PINACOTECA

São Bento liberta um monge da tentação e salva um homem jovem, quadro de Lorenzo Monaco (c.1370-1423).

O bem e o mal

No período em que Agostinho pertenceu à seita dos maniqueus, uma religião persa fundada por Mani (ou Mane), debruçou-se sobre a questão crucial de entender como um Deus sumamente bom pode vir a ser a causa do mal. Por isso os maniqueus afirmavam que o mundo resulta de dois princípios antagônicos: o Bem e o Mal.

Conteúdo multimídia: Fé e razão, segundo Agostinho

Posteriormente, já convertido, Agostinho combateu o maniqueísmo como uma heresia e desenvolveu uma teoria para explicar o que antes parecia ser contraditório. Retomou a discussão sobre o mal, tema longamente debatido por Plotino, concluindo que o mal não tem uma existência real, mas é uma carência, a ausência do bem. Argumenta que, se vemos algo que se corrompe, é porque antes era bom, senão não poderia se corromper. E se as coisas forem privadas de todo o bem, deixariam totalmente de existir. E conclui:

"Portanto, todas as coisas que existem são boas, e aquele mal que eu procurava não é uma substância, pois, se fosse substância, seria um bem. [...] Vi, pois, e pareceu-me evidente que criastes boas todas as coisas, e que certissimamente não existe nenhuma substância que Vós não criásseis. E, porque as não criastes todas iguais, por esta razão, todas elas, ainda que *boas* em particular, tomadas conjuntamente são *muito boas*, pois o nosso Deus criou 'todas as coisas muito boas' [Velho Testamento, *Gênesis*, 1:31]".

16.2 Visão do especialista

AGOSTINHO. *Confissões*. São Paulo: Abril Cultural, 1973. p. 140.

Saiba mais

O conceito de *maniqueísmo* extrapolou o sentido primeiro da religião persa. Chamamos de maniqueísta o comportamento rígido que contrapõe o ser humano em duas categorias: bom ou mau, herói ou bandido, deixando de examinar os fatos na sua complexidade. Nesse novo sentido, o risco do maniqueísmo é a intolerância da qual decorre a violência, quando os "adversários" se convertem em "inimigos".

Deus: a teoria da iluminação

Agostinho retomou a filosofia de Platão por meio de seus comentadores, sobretudo Plotino, e adaptou-a ao cristianismo. Assim, aceitou a dicotomia platônica entre "mundo sensível e mundo das ideias", mas substituiu este último pelas ideias divinas.

A alma é capaz de intuir verdades imutáveis e absolutas. O ser humano, contudo, é imperfeito e inquieto, sempre procurando algo que não tem. Assim, aquelas verdades, superiores à capacidade do ser humano, só podem derivar de Deus, que é a verdade absoluta. Com essa conclusão, Agostinho acredita encontrar a prova da existência de Deus, pois se a mente, que é imperfeita, intui verdades imutáveis, é porque existe a verdade imutável, que é Deus.

16.3 Biblioteca do estudante: Leitura complementar

Dessa forma, Agostinho desenvolveu a **teoria da iluminação**, segundo a qual possuímos as verdades eternas porque as recebemos de Deus. Como o Sol, Deus ilumina a razão e torna possível o pensar correto.

AKG-IMAGES/LATINSTOCK - COLEÇÃO KUNSTHALLE, HAMBURGO

O viajante sobre o mar de névoa, pintura de Caspar David Friedrich, 1818. Principal expoente do romantismo alemão, Caspar David Friedrich buscava expressar o ideal de uma nova relação do homem com a natureza e o tempo

O tempo e a eternidade

Deus criou o mundo do nada. Portanto, se o mundo foi criado, não pode ser eterno. Teria havido, então, um "momento" em que Deus criou o mundo? E "antes" da criação, o que fazia Deus? Agostinho explica que Deus é imutável e eterno, portanto, o tempo não existe para ele. O tempo passa a existir quando ocorre a criação das coisas e para as coisas.

O que é o tempo, portanto? O ser humano percebe o tempo como duração, porque as coisas mudam: tudo começa, se desenvolve e morre. Além disso, o passado já não existe, o futuro ainda não aconteceu e o presente é fugidio, fugaz. O tempo é percebido pela nossa consciência, pela qual no presente o passado existe como memória e o futuro, como expectativa, enquanto o presente é vivido como a visão das coisas presentes. O tempo, portanto, é a duração da alma.

A cidade de Deus

Não podemos esquecer que a obra *A cidade de Deus*, que trata da teologia e da filosofia da história, foi escrita quando o Império Romano desmoronava diante das invasões bárbaras. Nesse período, a religião cristã ainda não era aceita. Seus adeptos sofriam perseguições e muitos atribuíam a decadência política de Roma às novas crenças. Assim, nessa obra, Agostinho refuta as críticas mais comuns e acusa o paganismo.

Ao discutir sobre as relações entre política e religião, refere-se às duas cidades, a "cidade de Deus" e a "cidade terrestre". À cidade terrestre cabe zelar pelo bem-estar das pessoas e pela garantia de justiça. A cidade de Deus, ao contrário do que se poderia pensar, não é apenas o reino de Deus que se sucede à vida terrena, porque as duas cidades não estão apartadas, mas constituem dois planos de existência na vida de cada um. Todos vivem a dimensão terrena vinculada à sua história natural, à moral, às necessidades materiais e ao que diz respeito a tudo o que é perecível e temporal. Por sua vez, a dimensão celeste corresponde à comunidade dos cristãos, a qual vive da fé e se inspira no amor a Deus. A cidade terrestre é o reino do pecado e será aniquilada no fim dos tempos. A cidade de Deus opõe a graça ao pecado e a eternidade à finitude.

Graça
No sentido religioso, significa "dádiva divina", "doação que permite a salvação da alma".

Leitura analítica

Beleza e amor

"Mais ainda do que a beleza do universo físico, é a dos corpos humanos e das almas que nos atrai; por isso é preciso fazer com que nosso amor remonte até aquele que é seu artesão (*Confissões*, IV, 12, 18, I *sq*). Pois a dialética da beleza confunde-se com a do amor. Ora, há uma ordem no amor. Quer em si mesmo, quer em outrem, é preciso amar mais a alma do que o corpo; e essa preferência que se observa na amizade casta, na qual o amigo ama no amigo a fidelidade, a benevolência, isto é, sua alma; mesmo no amor carnal, que a beleza dos corpos abrasa, o amante deseja ser amado de volta, o que significa que de alguma maneira eleva seu amor ao plano da alma. Mas, infinitamente mais do que a própria alma, cumpre amar a Deus; acima dos 'enamorados dos corpos' e também dos 'enamorados das almas', há os 'enamorados de Deus'. A razão é que essa hierarquia dos amores repousa sobre uma ação causal, pela qual a alma, que torna amável o corpo, é ela própria tornada amável por Deus: 'É Deus que torna belas as almas. Com efeito, da mesma maneira que a alma é causa da beleza nos corpos, da mesma maneira Deus o é na alma. Pois só a alma permite ao corpo ser amado: quando o abandona, só resta um cadáver que te faz horror e, qualquer que tenha sido o amor que tenhas tido por esses membros deslumbrantes, apressas-te em enterrá-los. A beleza do corpo é, pois, a alma; a beleza da alma é Deus" (*Tratado sobre o Evangelho de São João*. 32, 2-3).

FÉPIN, Jean. Santo Agostinho e a patrística ocidental. In: CHÂTELET, François (Org.). *História da filosofia*. 2. ed. Rio de Janeiro: Zahar, 1983. v. 2. p. 88-89.

Causal
Relativo a causa, motivo, origem.

Questões

1. Qual é a ordem do amor e da beleza, segundo Agostinho?
2. Compare a concepção de beleza e de amor de Agostinho com a de Platão.
3. Em outras passagens, Agostinho alerta para a dificuldade de se passar de um nível de amor para outro superior. De que necessita o ser humano para essa elevação até Deus?

4 Começa a Idade Média

O período medieval estendeu-se do século V ao século XV. Foram, portanto, mil anos. Torna-se difícil descrever as principais características de um tempo tão longo sem incorrer em simplificações. Embora tenha havido retrocessos em diversos setores, dependendo da época e do lugar, não devemos considerar todo o período medieval como intelectualmente obscuro. Denominações como "a grande noite de mil anos" ou "idade das trevas" resultaram da visão pessimista e tendenciosa que foi divulgada durante o Renascimento.

A cultura medieval é um amálgama de elementos greco-romanos, germânicos e cristãos, sem nos esquecermos da civilização bizantina e da civilização islâmica, que fecundaram de modo brilhante a primeira fase da Idade Média. Enquanto no Ocidente os bárbaros dividiram o antigo Império Romano em diversos reinos, entrando em um período de retração econômica, social e cultural, aqueles povos do Oriente mantiveram uma cultura viva e efervescente. Veja os principais marcos cronológicos.

- Divisão do Império Romano em Império do Ocidente e Império do Oriente (395).
- Império Romano do Oriente ou Império Bizantino (395-1453).
- Idade Média: da queda do Império Romano do Ocidente (476) à tomada de Constantinopla pelos turcos (1453).
- Expansão islâmica: iniciou-se no século VII, estendeu-se para o norte da África e Península Ibérica e retrocedeu com a conquista, pelos cristãos, do último reduto em Granada, Espanha (1492).

Castelo de Taufers, no Vale Tauferer Ahrm, em Bolzano-Bozen, Itália, 2008.

REINHARD HÖLZL/IMAGEBROKER/ALAMY/OTHER IMAGES

5 A Europa cristã medieval

O período inicial, conhecido como Alta Idade Média, foi marcado pelas invasões bárbaras e pela formação dos primeiros reinos germânicos. A desagregação da antiga ordem e a insegurança dos novos tempos forçaram o despovoamento das cidades, provocando um processo acentuado de ruralização, que se estendeu até o século X.

AKG-IMAGES/LATINSTOCK - BIBLIOTECA BRITÂNICA, LONDRES

Carlos Magno sendo coroado pelo papa Leão III, iluminura de manuscrito do século XIV. O Império Carolíngio estendeu-se dos Pirineus à metade norte da Itália.

No contexto de fragmentação do Império Romano, a religião surgiu como elemento agregador. A influência da Igreja se manifestava tanto no plano espiritual quanto no plano político. Para contar com seu apoio, os reis germânicos convertiam-se ao cristianismo.

Apesar da instabilidade e da turbulência iniciais, a herança cultural greco-latina foi resguardada nos mosteiros. Os nobres e os servos não sabiam ler, sendo os monges os únicos letrados. Compreende-se, então, a influência que a Igreja exerceu não só no controle da educação como na fundamentação dos princípios morais, políticos e jurídicos da sociedade medieval.

As escolas

Nos séculos VIII e IX, governantes da dinastia carolíngia promoveram o renascimento cultural de boa parte do Império Carolíngio, com a criação de diversos tipos de escolas em palácios, igrejas e mosteiros. O conteúdo do ensino era o estudo clássico das sete artes liberais, constituídas pelo *trivium* e pelo *quadrivium*.

- O *trivium* era composto de gramática (estudo das letras e da literatura), retórica (história e arte de bem falar) e dialética (lógica, a arte de raciocinar).
- O *quadrivium* compunha-se de geometria, aritmética, astronomia e música.

COLEÇÃO PARTICULAR

Alegoria das sete artes liberais, pintura de Marten de Vos, 1590.

As universidades

A partir dos séculos IX e X, a Europa começou a sofrer transformações profundas. A expansão das cidades, o desenvolvimento do comércio e do artesanato e a formação das corporações e das ligas abalavam o sistema feudal, ao mesmo tempo que traziam um sopro de liberdade, o que estimulava controvérsias. Heresias e ameaças de ruptura da unidade da Igreja anunciavam um novo tempo de contestação e debates em que a razão buscava sua autonomia.

A criação de inúmeras universidades por toda a Europa foi fundamental nesse processo. Talvez a mais antiga tenha sido a Universidade de Salerno (século X), na Itália, que oferecia o curso de medicina. Em seguida, espalharam-se às dezenas por toda a Europa e tornaram-se focos por excelência de fermentação intelectual.

Saiba mais

A palavra *universidade* significava, na Idade Média, qualquer assembleia corporativa. No caso, era a "universidade dos mestres e estudantes".

Universidades europeias (século X ao século XIV)

Fonte: *Atlas Historique Larousse*. Paris: Larousse, 1987. p. 55.

Do século X ao século XIV, foram fundadas mais de oitenta universidades na Europa. Muitas construções daquela época existem até hoje, como o prédio da Universidade de Oxford, na Inglaterra, que data do século XII. No Brasil, cursos superiores foram implantados no século XIX (médico-cirúrgicos, em 1808; jurídicos, em 1827; engenharia civil, em 1874). Mas a primeira universidade data de 1934: a Universidade de São Paulo (USP).

Com o crescimento das heresias, a partir do século XI, a Inquisição ou os Tribunais do Santo Ofício se espalharam pela Europa para apurar os "desvios da fé". Ordens religiosas, sobretudo a dos dominicanos, assumiram o controle, censurando livros e determinando a punição dos dissidentes, inclusive com a morte.

No século XIV, porém, as universidades entraram em decadência, asfixiadas pelo dogmatismo decorrente da ausência de debate crítico.

6 A escolástica

A patrística, influenciada pelo neoplatonismo e solidificada por Agostinho, predominou na cristandade até o século IX, quando outra orientação filosófica começou a tomar corpo. Tratava-se da **escolástica**, assim denominada por congregar diversos pensadores pertencentes a uma "escola". Tornou-se a mais alta expressão da filosofia cristã medieval e alcançou o apogeu no século XIII e início do século XIV, quando seguiu em decadência até o Renascimento.

A questão dos universais

O que são os *universais*?

O **universal** é o conceito, a ideia, a essência comum a todas as coisas. Por exemplo, o conceito de ser humano, animal, casa, bola, cadeira, círculo.

Desde o século XI até o século XIV, uma polêmica marcou as discussões sobre a **questão dos universais**: os gêneros e as espécies têm existência separada dos objetos sensíveis? Dito com outras palavras: este cão existe, mas a espécie "canina" e o gênero "animal" teriam existência real? Seriam realidades, ideias ou apenas palavras?

As principais soluções apresentadas foram: *realismo*, *realismo moderado*, *nominalismo* e *conceptualismo*.

- **Realismo.** O universal tem realidade objetiva (são *res*, ou seja, "coisa", em latim). Essa posição é claramente influenciada pela teoria das ideias de Platão. Seus principais representantes são Anselmo (século X) e Guilherme de Champeaux (século XII).
- **Realismo moderado.** Os universais só existem formalmente no espírito, embora tenham fundamento nas coisas. Tomás de Aquino (século XIII) é seu principal representante.
- **Nominalismo.** O universal é apenas o que é expresso em um nome. Ou seja, os universais são palavras, sem nenhuma realidade específica correspondente. Roscelino (século XI) foi um dos principais nominalistas, cuja tendência reapareceu com algumas nuanças diferentes no século XIV, com o inglês Guilherme de Ockham, franciscano que representou uma reação à filosofia aristotélico-tomista.

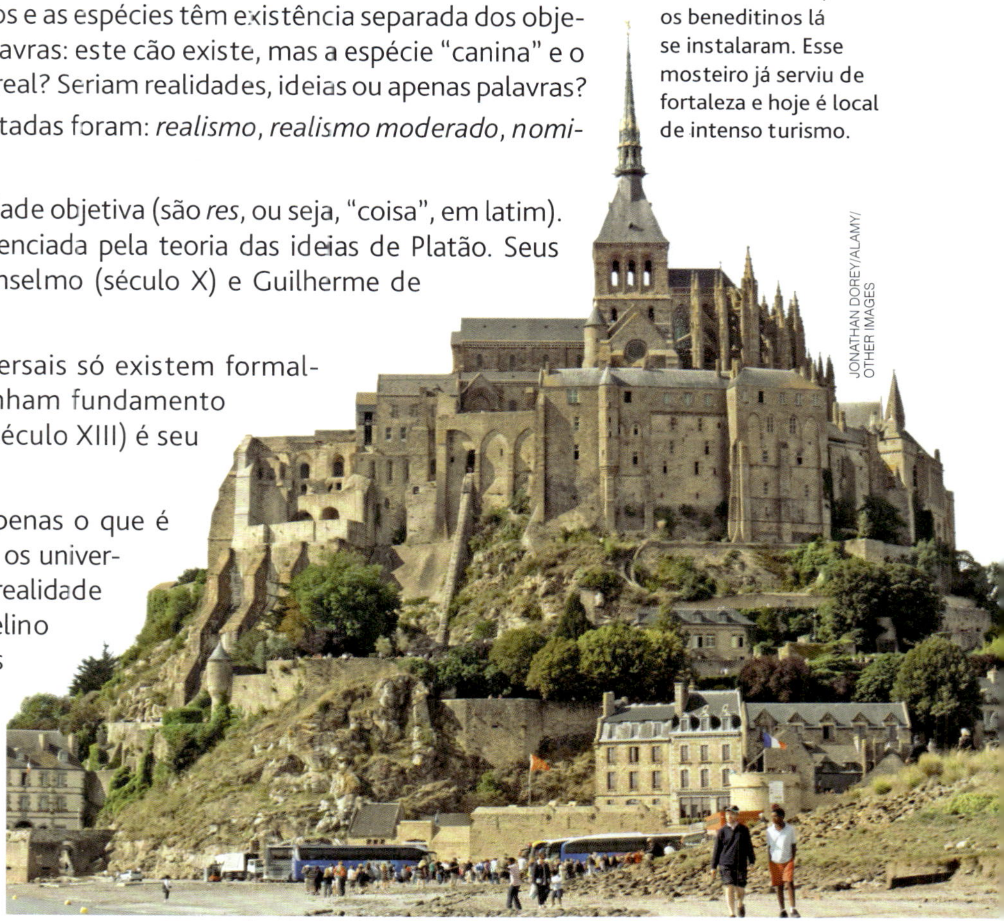

Os mosteiros medievais eram centros de cultura porque guardavam as obras clássicas e estimulavam o trabalho intelectual dos monges voltados para essa atividade. A Abadia do Monte Saint-Michel, na Normandia (França), começou a ser construída no século VIII. No século X, os beneditinos lá se instalaram. Esse mosteiro já serviu de fortaleza e hoje é local de intenso turismo.

JONATHAN DOREY/ALAMY/OTHER IMAGES

- **Conceptualismo.** Posição intermediária entre o realismo e o nominalismo, teve como principal defensor Pedro Abelardo (século XII). Para ele, os universais são conceitos, entidades mentais que existem somente no espírito.

A divergência sobre os universais pode ser analisada a partir das contradições e fissuras que se instalaram na compreensão mística do mundo medieval. Sob esse aspecto, os realistas são os partidários da tradição, e como tais valorizavam o universal, a autoridade, a verdade eterna representada pela fé. Para os nominalistas, o individual é mais real, o que indica o deslocamento do critério de verdade da fé e da autoridade para a razão humana. Naquele momento histórico do final da Idade Média, o nominalismo representou o racionalismo burguês em oposição às forças feudais que desejava superar.

Saiba mais

A questão dos universais não é um problema restrito à Idade Média. Os filósofos empiristas (Hobbes, Hume e Condillac) são nominalistas, ao concluírem que as ideias não existem em si, pois só é possível conhecer algo pela experiência. Nas filosofias contemporâneas, como na filosofia da linguagem, o que é posto em discussão é a relação entre linguagem e realidade.

Reflita

O nome da rosa, romance de Umberto Eco, conta a história de um franciscano inglês, Guilherme de Baskerville, e seu discípulo, o noviço Adso, que chegam a um mosteiro dominicano na Itália, em 1327, para investigar alguns crimes. Guilherme é um filósofo e assim explica ao noviço:

> "Se tu vês alguma coisa de longe e não entendes o que seja, contentar-te-ás em defini-la como um corpo extenso. Quando se aproximar de ti, defini-la-ás como um animal, mesmo que não saibas ainda se é um cavalo ou um asno. E por fim, quando estiver mais perto, poderás dizer que é um cavalo, mesmo que não saibas ainda se Brunello ou Favello. E somente quando estiveres à distância apropriada, verás que é Brunello (ou esse cavalo e não outro, qualquer que seja o modo como decidas chamá-lo). E esse será o conhecimento pleno, a intuição do singular. [...] De modo que as ideias, que eu usava antes para figurar-me um cavalo que ainda não vira, eram puros signos, como eram signos da ideia de cavalo as pegadas sobre a neve: e usam-se signos e signos de signos apenas quando nos fazem falta as coisas."
>
> ECO, Umberto. *O nome da rosa*. Rio de Janeiro: Nova Fronteira, 1983. p. 43.

20TH CENTURY FOXPHOTOS 12/ALAMY/OTHER IMAGES

Cena do filme *O nome da rosa*, dirigido por Jean-Jacques Annaud, baseado no romance de Umberto Eco, 1986.

Questão

- Identifique a tendência na qual poderíamos incluir frei Guilherme de Baskerville a propósito da questão dos universais.

7 Tomás de Aquino: apogeu da escolástica

Durante a primeira metade da Idade Média, os teólogos sofreram influência do neoplatonismo, porque poucas obras de Aristóteles eram conhecidas. Quando os árabes fizeram as primeiras traduções, elas foram lidas pelos cristãos, que as rejeitaram por conter interpretações vistas como perigosas para a fé.

16.4
Biblioteca do estudante: Leitura complementar

No século XIII, Tomás de Aquino teve contato com o pensamento de Aristóteles por meio do árabe Averróis, a quem ele chamava de "o comentador". Seu interesse o aproximou de recentes traduções feitas diretamente do grego e desse modo realizou a mais fecunda síntese do aristotelismo, adequando-o à fé cristã.

Vida e obra

Tomás de Aquino (1225-1274) nasceu na Itália, tornou-se monge dominicano e foi canonizado pela Igreja Católica. Estudou em Nápoles e Colônia (atual Alemanha) e ensinou em Paris. Aquino realizou a mais completa adequação do pensamento aristotélico ao cristianismo, não só em suas obras, mas pelo debate intenso sobre as relações entre razão e fé, transformando a filosofia em "serva da teologia". Trata de temas variados como as provas da existência de Deus, a criação do mundo, a verdade, a ética, a imortalidade da alma, a política. Escreveu extensa obra em que se destacam a *Suma teológica*, a *Suma contra os gentios* e *Questões disputadas*, além de comentários sobre diversos assuntos. No seu tempo, a escolástica atingiu o auge da importância. Por sua contribuição, a filosofia "cristianizada" de Aristóteles influenciou a ação dos padres dominicanos e, mais tarde, dos jesuítas, que desde o Renascimento, e por vários séculos, empenharam-se na educação dos jovens. No século XIX, ressurgiu com força com o movimento neotomista. A ele são atribuídos os epítetos de "Doutor Angélico" e "Aquinate".

ELECTA/OTHER IMAGES - GALERIA DE ARTE BRERA MILÃO

Santo Tomás de Aquino, têmpera de Gentile di Niccolò, parte do políptico *Valle Romita*, 1405-1410.

Convergências e divergências

Tomás de Aquino continuava a valorizar a fé como instrumento de conhecimento, já que, para ele, a revelação era critério de verdade, ou seja, em caso de contradição entre razão e fé, devia predominar a verdade revelada. No entanto, não desconsiderava a importância do "conhecimento natural". Se a razão não pode conhecer, por exemplo, a essência de Deus, pode, no entanto, demonstrar sua existência ou a criação divina do mundo. Sob esse aspecto, a razão continuava como "serva da teologia".

Gentio
Pagão; aquele que não foi batizado; que não pertence à mesma crença; politeísta.

Para explicar o conhecimento, assim como Aristóteles, Tomás de Aquino reconhece a participação dos sentidos e do intelecto. O conhecimento começa pelo contato com as coisas concretas, passa pelos sentidos internos da fantasia ou imaginação até a apreensão de formas abstratas. Desse modo, processa um salto qualitativo desde a apreensão da imagem, que é concreta e particular, até a elaboração da ideia, abstrata e universal.

Ao refletir sobre a relação corpo e alma, Aquino retoma a teoria aristotélica da união entre a matéria-prima e a forma substancial: a alma é a forma substancial do corpo. Quando a alma se separa do corpo pela morte, essa união se desfaz. Nesse momento, prevalece a verdade teológica da imortalidade da alma, pois a natureza espiritual da alma deriva do fato de ter sido criada por Deus, o que garante sua capacidade de subsistir separadamente do corpo.

Ética e política

A ética de Tomás de Aquino segue de perto o pensamento aristotélico. Preserva-se a ideia de bem e de felicidade e a distinção entre os bens que devem ser desprezados e aqueles que devem ser valorizados. Acrescentando a visão cristã, Aquino destaca que toda a criação tem origem em Deus e nele tem o seu fim. Portanto, com o auxílio da revelação e mediante a graça e a fé, pode-se alcançar uma felicidade mais alta, mesmo na vida presente. Pode acontecer, contudo, que esses preceitos, percebidos pela razão e pela fé, não sejam cumpridos por ato da própria vontade. Nesse sentido, Aquino não está se referindo às punições que tradicionalmente são relatadas pelo vulgo, como o inferno, mas ao impedimento de desfrutar da natureza sobrenatural do seu destino, que é o conhecimento de Deus como é em si mesmo.

ANTON - GALERIA DA CANDELABRA, MUSEUS DO VATICANO

Santo Tomás de Aquino se ajoelhando e oferecendo seus trabalhos para a Igreja Católica Romana, afresco de Ludwig Seitz, 1883-1887.

Do ponto de vista político e sob a influência de Aristóteles, Tomás de Aquino debruçou-se sobre temas como o melhor governo e a natureza do poder e das leis. Como no século XIII os tempos já eram outros, Aquino ampliou as discussões sobre o direito internacional, ou seja, os princípios que deviam presidir as relações entre os diversos Estados para garantir a paz. Esse tema irá adquirir importância no século XVI, principalmente com Hugo Grócio.

No entanto, coerente com a visão religiosa do mundo, Aquino concluiu que o Estado conduz o ser humano até certo ponto, quando então é necessário o auxílio de outra instituição, a Igreja Católica, por meio da qual o ser humano atinge seu fim último, que é a felicidade eterna.

Provas da existência de Deus

As chamadas "cinco vias" da prova da existência de Deus estão baseadas na obra *Metafísica*, de Aristóteles, que explica o movimento do mundo pela existência necessária de uma causa primeira, que é o Primeiro Motor Imóvel.

Tomás de Aquino abordou esse tema na *Suma teológica*. Mas devemos ressalvar que, enquanto para Aristóteles Deus é alheio ao mundo, o filósofo cristão introduziu a noção de *providência divina*, de um Deus que age sobre suas criaturas. Vejamos quais são os argumentos racionais que fundamentam um dado que, para o filósofo, advém da fé.

- **Movimento.** Conforme a teoria do ato e potência, só algo em ato pode mover o que existe em potência. Portanto, tudo que se move deve ser movido por outro, pois nada se move por si mesmo. Para evitar uma regressão ao infinito, o que seria absurdo, é necessário concluir que existe um motor que move todas as coisas e não é movido, ou seja, Deus.
- **Causa eficiente.** Nada pode ser causa de si mesmo, senão seria anterior a si mesmo. Por não poder seguir um processo infinito, é preciso admitir uma causa primeira que não é causada, Deus.
- **Contingência e necessidade.** Um ser contingente é aquele cuja existência depende da existência de outro. Mas se todos fossem contingentes, nada existiria, portanto, deve haver um ser necessário, que é Deus.

- **Graus de perfeição.** Todos os seres têm graus diferentes de perfeição, cujas qualidades podem ser comparadas entre si. Mas só um ser teria o máximo de perfeição, ou seja, o máximo de realização de atributos e qualidades: Deus.
- **Causa final (ou argumento teleológico).** Toda a natureza tem uma finalidade, um propósito, caso contrário não haveria ordem. Portanto, deve haver uma inteligência ordenadora, que é Deus.

As cinco vias denotam o esforço de Tomás de Aquino para desenvolver uma "teologia natural", que mais tarde Leibniz chamará de *teodiceia*, ou seja, o conhecimento racional de Deus.

RAMÓN LOPEZ/COMPANHIA PRODUTORA: A. F. CINEMA E VÍDEO

O ator José Dumont em cena do filme *Kenoma* (1988), da diretora Eliane Caffe. Em Kenoma, um povoado primitivo e distante, o artesão Lineu (José Dumont) se dedica há vinte anos à tarefa de construir um antigo sonho da humanidade, o moto-perpétuo, uma máquina autossuficiente, de movimento perpétuo, capaz de produzir seu próprio combustível. Sua existência se converte nessa luta obcecada contra as leis da física, que o frustra a cada tentativa. A máquina idealizada pelo personagem Lineu contraria a teoria de ato e potência, segundo a qual nada se move por si mesmo.

Durante a Baixa Idade Média, a recuperação do aristotelismo por Tomás de Aquino revelou-se um recurso fecundo. No Renascimento e na Idade Moderna, no entanto, a escolástica tornou-se entrave para o desenvolvimento da filosofia e da ciência. Basta lembrar a luta de Galileu e a crítica de Descartes contra o saber intransigente dos escolásticos, fiéis à astronomia e à física aristotélicas e, portanto, avessos às novidades da ciência nascente.

Saiba mais

Ao fazer a crítica da metafísica tradicional, Kant concluiu pela impossibilidade de demonstrar racionalmente a existência de Deus. Para maiores informações, consulte o Capítulo 20: "A Ilustração: o Século das Luzes", na Unidade 7.

THE BRIDGEMAN ART LIBRARY/KEYSTONE - STADELSCHES KUNSTINSTITUT, FRANKFURT-AM-MAIN, GERMANY

Jardim do paraíso (c.1415), pintura alemã do século XV.

Colóquio

Podemos provar a existência de Deus?

Em toda a história da filosofia – inclusive nos tempos atuais –, encontramos diferentes tentativas de explicar a natureza de Deus e de justificar ou negar sua existência. Outros filósofos, mesmo quando são pessoas que creem em Deus – como Kant –, examinam o problema sob um ângulo diferente.

Texto 1

A ciência da revelação

"[...] foi necessário, para a salvação da humanidade, que houvesse uma ciência baseada na revelação, além das ciências filosóficas, que são o resultado das investigações humanas. O destino do homem é Deus, como um fim que não pode chegar a compreender sua razão. [...] Quanto ao que podemos conhecer, por nós mesmos, a respeito de Deus, foi preciso também que o homem fosse instruído pela revelação divina, porque a noção verdadeira de Deus não se pode adquirir unicamente com a razão humana senão por um pequeno número, depois de muitos anos de trabalho, e com muitos erros. E do conhecimento dessa verdade depende a salvação do homem, a qual está em Deus. Por conseguinte, para assegurar e facilitar a salvação do gênero humano, foi necessário que o homem se instruísse nas coisas de Deus por meio de uma revelação divina. Foi igualmente necessário que, fora das ciências filosóficas, que são obra da razão humana, houvesse uma ciência sagrada conhecida pela revelação."

AQUINO, Tomás de. Suma teológica. In: Bernadete Siqueira Abrão e outros. *Enciclopédia do estudante*: história da filosofia: da Antiguidade aos pensadores do século XXI. São Paulo: Moderna, 2008. p. 262.

Texto 2

O problema de Deus

"O discurso filosófico sobre Deus está condenado a fracassar. Em primeiro lugar, porque o método reflexivo procede por determinação e combinação de conceitos: ora, Deus não é um conceito. [...] Não se pode caracterizar Deus senão afirmando-o incaracterizável. Finalmente, Kant mostrou que, supondo mesmo essa essência acessível ao pensamento humano, a existência não poderia ser deduzida dela como consequência necessária.

[...] No Ocidente, não se imagina um ser supremo, cujos atributos não sejam o do Deus dos cristãos: este último é o que implicitamente se aceita, para o validar ou para o combater. Apesar disso, os deuses de Platão, de Aristóteles, de Epicuro, de Marco Aurélio não podem ser compreendidos senão sobre o fundo complexo dos mitos e religiões da época. Outro tanto sucede no remoto Oriente: a implicação extrema dos temas religiosos e dos elementos refletidos é uma das causas da dificuldade que sentimos em penetrar no domínio da meditação exótica, no qual nos encontramos radicalmente expatriados.

[...] O mesmo corte que impede Deus de entrar na necessidade de um discurso obsta a que concluamos, por autoridade de razão, pela sua não existência. O fracasso das tentativas para demonstrar que Deus não existe é, a este respeito, tão significativo como o de todas as tentativas para demonstrar que ele existe. Bastará uma rápida revista dos principais argumentos contra a realidade de Deus para que se evidencie a ineficácia dos mesmos."

GUSDORF, Georges. *Tratado de metafísica*. São Paulo: Nacional, 1960. p. 469; 476-477.

Exótico
O que não é originário do país em que ocorre; estrangeiro.

Questões

1. Sob que aspecto o texto de Georges Gusdorf contradiz o ponto de partida de Aquino?
2. Posicione-se sobre as relações possíveis entre razão e fé.

Atividades

Retomando os conteúdos

1. Qual foi a importância dos padres apologistas no início da patrística?

2. Por que, para os filósofos cristãos da Idade Média, o papel da filosofia não era a busca da verdade?

3. Que modificações Agostinho realizou no pensamento de Platão que justificassem o fato de intelectuais cristãos da Idade Média se basearem nas obras do filósofo mesmo sendo ele pagão?

4. Em que sentido podemos dizer que a universidade medieval foi filha da cidade?

Aprofundando os conceitos

5. Em que sentido a noção de "interioridade" de Agostinho foi inovadora?

6. O problema da relação entre as ideias e as coisas levou os filósofos a se perguntarem "onde estão as ideias das coisas", donde resultaram diversas respostas. Responda às questões.

a) Quais foram as soluções apresentadas pelos filósofos medievais? Explique.

b) De que maneira a divergência entre realistas e nominalistas pode ser interpretada pela análise das contradições que já existiam na sociedade medieval?

7. Leia a citação do papa Pio XI (1922-1939) e responda à questão.

> "De fato, já que a educação consiste, essencialmente, na formação do homem, ensinando-lhe o que deve ser e como deve comportar-se nesta vida terrena para atingir o fim sublime para o qual foi criado, é claro que não pode haver verdadeira educação que não seja inteiramente voltada para esse fim derradeiro."
>
> *Encíclica sobre a educação*, 1929.

- Relacione essa recomendação do papa Pio XI com uma das cinco vias da prova da existência de Deus, de Tomás de Aquino.

8. Sob que aspectos a ética de Tomás de Aquino assemelha-se à de Aristóteles e em que dela difere?

9. Compare a concepção política de Aquino à de Aristóteles e justifique por que o direito internacional inspirou, naquele momento histórico, uma nova reflexão filosófica.

10. Na Idade Média, o Tribunal do Santo Ofício foi responsável pela censura e julgamento político de obras e ações consideradas heréticas. Em que medida ainda hoje a cultura está sujeita a riscos semelhantes?

11. Dissertação

Considerando que as concepções filosóficas medievais incorporaram a herança grega, mas também a rejeitaram sob alguns aspectos, faça uma dissertação com o seguinte tema: "A filosofia é filha do seu tempo, do mesmo modo que mira o futuro".

Capítulo 17 A ciência na Idade Média

1 A ciência no Ocidente cristão

Vimos que, com a queda do Império Romano do Ocidente (476) e a implantação do modo de produção feudal, a cultura greco-romana quase desapareceu. Essa herança cultural foi preservada nos mosteiros pelos monges, únicos letrados em um mundo onde a maioria não sabia ler.

A religião cristã impôs-se como elemento agregador dos inúmeros reinos bárbaros formados após sucessivas invasões. Seus chefes pouco a pouco converteram-se ao cristianismo e a Igreja tornou-se soberana absoluta da vida espiritual no mundo ocidental.

Nesse panorama, conforme as obras de Platão e Aristóteles iam sendo traduzidas, preservava-se a concepção de ciência greco-latina. No período medieval, entretanto, o saber se vinculava aos interesses religiosos e se subordinava aos critérios da revelação, já que a razão humana devia se submeter ao testemunho da fé.

Por esse mesmo motivo, a ciência medieval, influenciada pelo cristianismo, desprezou a herança helenística de Alexandria, bem como as pesquisas dos árabes, a que iremos nos referir adiante. Valorizando o conhecimento teórico em detrimento das atividades práticas, a ciência medieval continuou voltada para a discussão racional e permaneceu desligada da técnica e da pesquisa empírica.

Os instrumentos disponíveis na época eram rudimentares. Não havia sido inventado qualquer aparato para medir a temperatura ou para ampliar a visibilidade, e os dispositivos utilizados para medir o tempo não eram rigorosos, restringindo-se a ampulhetas, clepsidras (relógios de água) e relógios de Sol. Por isso, a ciência medieval não era experimental e permaneceu qualitativa, como na Antiguidade, mesmo porque os recursos disponíveis da matemática ainda eram incipientes para que se procedesse à matematização do mundo físico.

Gravura representando dois mercadores, Kaufmann, Estrasburgo, 1516. Na gravura pode-se ver o ábaco, uma prancheta provida de bolas ou argolas usada para operações de cálculo. O ábaco é um instrumento que surgiu entre as mais antigas civilizações e que existe até hoje, com pequenas variações.

AKG-IMAGES/LATINSTOCK

De fato, questões aparentemente simples, como a notação dos números, feita com os algarismos romanos, dificultava os cálculos. Por exemplo, a divisão do número MDCXXXII por IV é impossível de ser resolvida sem o auxílio do ábaco. Já os algarismos arábicos, apesar de conhecidos desde o século X, só tiveram seu uso generalizado no Renascimento.

Qual era o lugar da ciência no mundo medieval?

Pelo que pudemos observar até aqui, houve relutância ou impossibilidade para que a experimentação e a matematização fossem incorporadas às ciências da natureza. A retomada do pensamento aristotélico reforçou a concepção qualitativa da física, e a astronomia geocêntrica, cujo modelo tinha se originado em Ptolomeu, permaneceu como a última palavra em astronomia até o século XVI.

2 Exceções à tradição

As questões religiosas afastavam os filósofos das discussões referentes à natureza, mas algumas posições divergentes indicam pontos de ruptura que prenunciam de certo modo a crise do modelo científico medieval. Essas divergências podem ser compreendidas pelo renascimento das cidades e pela expansão do comércio: a economia capitalista emergente iria necessitar de outro saber, mais prático e menos contemplativo.

Nesse processo destacam-se o trabalho dos alquimistas e a atuação de frades franciscanos na Inglaterra.

Os alquimistas

A alquimia surgiu de especulações de artesãos metalúrgicos. Apesar da intolerância religiosa, essa prática era conhecida entre os árabes, em Alexandria e no Ocidente cristão, e tornou-se muito conhecida no século XIII. A alquimia foi responsável pelo desenvolvimento de noções sobre ácidos e seus derivados, pela descoberta de novas substâncias químicas, pelo processo para a extração de mercúrio e pelas fórmulas para preparar vidro e esmalte, procedimentos que constituíram o prelúdio da química.

Antropomórfico
Do grego *anthropos*, "homem", e *morphe*, "forma", ou seja, o que toma forma ou assume atributos humanos.

O saber oficial da época, contudo, sempre desdenhou essa atividade por estar vinculada às práticas manuais. Mesmo assim, as técnicas desenvolvidas pelos alquimistas eram guardadas em segredo, e os documentos, de difícil leitura, estavam envoltos em uma aura mística. Muitas vezes, as explicações teóricas antropomórficas conferiam às substâncias inorgânicas características de seres vivos, como se fossem compostos de corpo e alma. Os alquimistas acreditavam na transmutação, isto é, na transferência do espírito de um metal nobre para a matéria de metais comuns. Surgiu daí a busca da "pedra filosofal", que permitiria transformar qualquer substância em ouro. Outro projeto da alquimia foi a procura do "elixir da longa vida".

Para a Igreja, essas práticas tinham um caráter herético e foram proibidas pelo papa em 1317. A Inquisição perseguia os infratores com rigor e muitas vezes condenava-os à fogueira sob acusação de bruxaria.

WHITE IMAGES/PHOTO SCALA, FLORENCE/GLOWIMAGES

O alquimista em busca da pedra filosofal, pintura de Joseph Wright of Derby, 1771. Segundo intérpretes, a busca pela "pedra filosofal" tinha um significado metafórico de transformação e aperfeiçoamento humano, assim como o "elixir da longa vida" significava o cuidado com a saúde.

17.1
Biblioteca do estudante:
Leitura complementar

A Escola de Oxford

Na Inglaterra, a Escola de Oxford representou a renovação da filosofia e das ciências medievais. Segundo alguns autores, a reintrodução das obras de Aristóteles, traduzidas pelos árabes, e de muitas outras no Ocidente deveu-se a Robert Grosseteste e aos seus seguidores franciscanos, o que representou a renovação da filosofia e das ciências medievais.

Grosseteste (c. 1175-1253) viveu na Inglaterra e estimulou a mentalidade científica experimental na primeira metade do século XIII. Foi professor em diversas universidades, ensinando matemática e ciência natural, e escreveu textos sobre astronomia, som e óptica, campo em que desenvolveu uma teoria original sobre a luz. Estimulou a pesquisa, fez uma classificação das ciências e esboçou os passos do procedimento científico, como a observação, o levantamento de hipóteses e sua confirmação.

Em Oxford, onde lecionou para frades franciscanos, Roger Bacon foi o principal discípulo de Grosseteste. Seguidor entusiasmado do mestre, Bacon aplicou o método matemático à ciência da natureza e fez diversas tentativas para torná-la experimental, sobretudo no campo da óptica.

Vida e obra

Roger Bacon (c. 1214-1293), filósofo inglês, estudou em Oxford sob a orientação de Robert Grosseteste e depois ensinou em Paris por dez anos. Conhecido como *Doctor Mirabilis* (Doutor Admirável), escreveu *Opus Majus (Obra maior)* de caráter enciclopédico, em que expõe suas ideias, aprofundadas em outros dois livros. Ao retornar a Oxford, em 1275, ingressou na ordem franciscana. Apesar de argumentar que "ver com seus próprios olhos" não é incompatível com a fé, os medievais continuaram desconfiando de qualquer tipo de experimentação. Como se interessava por astrologia e alquimia, Bacon sofreu várias perseguições, acusado de introduzir "novidades perigosas" que não se enquadravam ao mundo escolástico, motivo pelo qual foi levado à prisão.

AKG-IMAGES/LATINSTOCK

Roger Bacon, gravura de 1650.

3 A contribuição árabe

Os árabes exerceram longa e fecunda influência no continente europeu, cuja herança cultural até hoje pode ser constatada, sobretudo na bela região de Andaluzia, sul da Espanha. A expansão árabe, marcada pela religião islâmica, fundada por Maomé, teve início no século VII. Ocorreu em diversas regiões do Oriente Médio e, depois, por todo o norte da África, alcançando Portugal e Espanha, no início do século VIII. Do século XI ao século XV, os reis cristãos do norte da Península Ibérica pressionaram pouco a pouco os invasores até expulsá-los de seu último reduto, o Reino de Granada, em 1492.

O renascimento cultural árabe iniciou-se no século VIII, em Bagdá. O movimento intensificou-se no século seguinte, com a criação da Casa da Sabedoria, centro de estudos que agregou um corpo de sábios e tradutores de obras científicas vindas da China, Índia, Alexandria e Grécia clássica. Além de traduzirem obras de Platão, Aristóteles e Plotino, criaram observatórios astronômicos e intensificaram estudos de óptica, geografia, geologia e meteorologia.

Na astronomia, os árabes aperfeiçoaram os métodos trigonométricos para o cálculo das órbitas dos planetas, chegando a desenvolver o conceito de seno. São eles os introdutores, no Ocidente, dos algarismos arábicos e os criadores da álgebra. Na medicina, divulgaram as obras de Hipócrates e Galeno, além de realizarem um trabalho original de organização dos seus conhecimentos. Na alquimia, pela sistematização de fatos observados durante várias gerações e de trabalhos de observação e experiências, aceleraram a passagem do ocultismo para o estudo racional e cuidadoso de minerais e metais.

PETER HORREE/ALAMY/OTHER IMAGES

Interior da Mesquita de Córdoba, Andaluzia, Espanha, em foto de 2010. Essa mesquita impressiona pela arquitetura e beleza de ornamentos. É tão grande que, no século XIII, após a Reconquista, uma pequena parte de suas colunas foi demolida para a construção de uma catedral gótica em seu interior.

A filosofia árabe

Na Península Ibérica, foi notável a atuação de Averróis (século XII). Nascido em Córdoba, viveu em Sevilha e no Marrocos. Era médico, astrônomo e filósofo, conservando a mente aberta na discussão dos embates entre fé e razão. Averróis foi um respeitado comentarista do pensamento de Aristóteles, permitindo que os teólogos do Ocidente cristão entrassem em contato com sua obra.

O averroísmo adquiriu adeptos na Universidade de Paris, mas seus seguidores foram duramente criticados devido a divergências de interpretação, sobretudo do ponto de vista religioso. Assim diz o professor José Silveira da Costa:

> "Os seguidores de Averróis, com exceção de Santo Tomás, demonstravam claramente uma mentalidade aberta em relação a uma ciência laica e a uma sociedade civil separada da Igreja, o que caracteriza a postura fundamental do Renascimento e da modernidade".
>
> COSTA, José Silveira. *Averróis*: o aristotelismo radical. São Paulo: Moderna, 1994. p. 62. (Coleção Logos)

A cultura árabe exerceu indiscutível influência no desenvolvimento da ciência, inclusive no Ocidente, entre os séculos VIII e XII. Depois disso, a tensão que sempre existira entre pensamento racional e fé religiosa acabou pendendo para esta última, o que prejudicaria a pesquisa científica independente, provocando a retração da valiosa contribuição árabe.

ORONOZ/ALBUM/LATINSTOCK - CAPELA DOS ESPANHÓIS, IGREJA DE SANTA MARIA NOVELLA, FLORENÇA

Tomás de Aquino e Averróis, detalhe do afresco *Triunfo de Santo Tomás*, de Andrea de Bonaiuto, c.1365. Este afresco celebra Tomás de Aquino, principal teólogo e filósofo da escolástica. No plano inferior encontra-se Averróis.

Leitura analítica

O averroísmo latino

"Aristóteles não entrou sozinho no Ocidente, mas acompanhado de seus comentadores árabes, principalmente Avicena, nascido na Pérsia, e Averróis, da Espanha muçulmana.

[...] Quando Averróis entra em cena, ocorre uma alteração radical [...]. É que, para o pensador cordobês, Avicena havia comprometido seriamente o autêntico pensamento de Aristóteles com uma leitura neoplatônica que tentava harmonizar a filosofia com a revelação islâmica, resultando uma filosofia comprometida com e pela teologia e vice-versa.

Além de não admitir qualquer possibilidade de conciliação entre Platão e Aristóteles, Averróis propõe um retorno, sem concessões, ao autêntico aristotelismo como única forma possível de se fazer boa filosofia. Mais. Para Averróis, fazer filosofia é usar só a razão e, também, interpretar corretamente o pensamento de Aristóteles, para ele a expressão mais perfeita e acabada da razão.

Essas ideias, encampadas incondicionalmente por Siger de Brabante e seus seguidores da Universidade de Paris, constituíram o movimento intelectual conhecido como 'averroísmo latino'.

A posição de Santo Tomás nesse emaranhado de ideias, tendências e conflitos era difícil e delicada, pois, ao optar pelo aristotelismo, rompia com a tradição platônico-agostiniana, incompatibilizando-se com os tradicionalistas e seus aliados na hierarquia eclesiástica. Mas, ao mesmo tempo, por não aceitar o radicalismo racionalista dos seguidores parisienses de Averróis, era acusado de timidez intelectual pelos inovadores exaltados.

Na realidade, Santo Tomás assumiu uma posição absolutamente original, corajosa e revolucionária. Optou por Aristóteles e seguiu a interpretação de Averróis, sem jamais abdicar da autonomia de suas próprias ideias perante a autoridade de ambos. É por isso que o sistema tomista se caracteriza pela presença das mais profundas exigências racionais, que, no entanto, nunca chegam a comprometer o conteúdo essencial da revelação cristã."

COSTA, José Silveira da.
Tomás de Aquino: a razão a serviço da fé. São Paulo: Moderna, 1993. p. 17-19.

ARG-IMAGES/LATINSTOCK - BIBLIOTECA BRITÂNICA, LONDRES

Amalrich de Bena em leitura na universidade, iluminura francesa, c. 1325-1350, extraída das *Crônicas de Saint Denis*. O estudo da filosofia no Ocidente foi bastante influenciado pelo árabes.

Questões

1. O que Averróis herdou de Avicena e em que se afastou dele?
2. Qual foi a influência do averroísmo entre os filósofos cristãos?
3. Qual foi a influência de Averróis sobre Tomás de Aquino?

4 Idade Média: a crise da escolástica

No final da Idade Média, a escolástica padecia com o autoritarismo de seus seguidores, o que provocou nefastas consequências no pensamento filosófico e científico. Posturas dogmáticas, contrárias à reflexão, obstruíam as pesquisas e a livre investigação. O **princípio da autoridade**, ou seja, a aceitação cega das afirmações contidas nos textos bíblicos e nos livros dos grandes pensadores da Antiguidade, sobretudo Aristóteles, impedia qualquer inovação. Os escolásticos eram criticados por privilegiar o *magister dixit*, que em latim significa "o mestre disse". Apesar da resistência dos intelectuais, essa estrutura rígida de ensino estava sendo rompida com o crescimento do poder econômico e político da burguesia e, concomitantemente, com o desenvolvimento do capitalismo comercial.

Desse modo, paralelamente às produções teóricas que justificavam a autoridade da instituição religiosa sobre a instituição política, a sociedade medieval começava a se inclinar para a laicização, isto é, para uma orientação não religiosa. Vimos como se avolumavam as críticas à atuação da Igreja no combate às heresias. Os Tribunais da Inquisição, ao julgarem os chamados "desvios da fé", recorriam à delação anônima, ao julgamento sem advogados, à tortura. Conforme o caso, os livros eram colocados no *Index* ("Índice"), lista das obras proibidas ou que, quando aprovadas, recebiam a chancela *Nihil obstat* ("nada obsta", "nada contra"). Se a acusação fosse muito grave, instaurava-se o julgamento do autor. As penas variavam da prisão perpétua à condenação à morte, geralmente na fogueira.

Saiba mais

A crítica à Inquisição não foi suficiente para determinar o seu fim. No final do século XVI, Giordano Bruno foi condenado e queimado vivo. Acusado de panteísmo, defendia com exaltação poética a doutrina da infinitude do Universo, concebendo-o não como um sistema rígido de seres, articulados em uma ordem dada desde a eternidade, mas como um conjunto que se transforma continuamente. Galileu Galilei, talvez temendo o mesmo destino de Giordano Bruno, abjurou suas convicções no século seguinte.

JASTROW - CAMPO DE' FIORE, ROMA

O julgamento de Giordano Bruno pela Inquisição romana, baixo-relevo de Ettore Ferrari, século XIX.

5 Pensadores pré-renascentistas

AKG-IMAGES/ALBUM/LATINSTOCK-HEIDELBERG UNIVERSITY LIBRARY, GERMANY

O papa e o imperador, miniatura alemã do século XIV representando a relação entre o poder clerical e secular, um dos principais temas de reflexão dos pensadores pré-renascentistas.

No final da Idade Média, alguns pensadores, considerados pré-renascentistas, elaboraram novas ideias que, embora não tenham provocado alterações imediatas, deram início a uma lenta e profunda transformação no pensamento filosófico. O alcance dessas discussões foi amplo, desde a questão das relações entre fé e razão, da separação entre o poder civil e o religioso até a superação da concepção de ciência que vinha desde a Antiguidade.

Guilherme de Ockham

Uma figura importante do período de transição foi Guilherme de Ockham (1300-1349), frade franciscano inglês a quem nos referimos no capítulo anterior ao tratar da questão dos universais. Pela sua defesa do nominalismo, já era possível perceber a ruptura com a concepção tradicional, apegada ao realismo da metafísica de Platão e Aristóteles. Ao afirmar que o universal não é real, mas apenas um termo de alcance lógico, provocou uma "dissolução da síntese da escolástica".

Ockham também defendeu a separação entre fé e religião:

17.2 Visão do especialista

> "Os artigos de fé não são princípios de demonstração nem conclusões, e nem mesmo prováveis, já que parecem falsos para todos, ou para a maioria ou para os sábios, entendendo por sábios os que se entregam à razão natural, já que só de tal modo se entende o sábio na ciência e na filosofia".
>
> Guilherme de Ockham. In: REALE, Giovanni; ANTISERI, Dario. *História da filosofia*: patrística e escolástica. 2. ed. São Paulo: Paulus, 2005. v. 2. p. 299.

Dizendo de outro modo, Ockham critica o mundo das ideias de Platão e as noções aristotélicas de substância e de causa eficiente, o que significa também criticar o próprio tomismo, filosofia que relaciona o tempo todo Deus e o mundo que se busca conhecer. Separar o plano da razão e o da fé não significa desprezar a existência de Deus, mas recusar a pretensão da razão de demonstrar verdades que só devem ser acessíveis pela fé.

Ao recusar as abstrações metafísicas, consideradas dispensáveis, Guilherme de Ockham ficou conhecido pela "navalha de Ockham" ou **princípio da economia**. De acordo com esse princípio, deve-se eliminar, em virtude de sua inutilidade, as entidades admitidas pela escolástica tradicional, ou seja, "não se deve multiplicar os entes se não for necessário".

17.3 Biblioteca do estudante: Leitura complementar

Desde a concepção do nominalismo até a recusa das abstrações inúteis, o pensamento de Ockham estava de acordo com a nova visão de ciência, que primava pela experiência ao valorizar o conhecimento dos seres individuais.

Do ponto de vista político, Guilherme de Ockhan era contra a interferência da Igreja nos assuntos seculares e defendia a autonomia do poder civil em relação ao poder religioso. Suspeito de heresia, Ockham refugiou-se no palácio do imperador Ludovico da Baviera, que, segundo consta, lhe teria dito: "Tu defendes minha espada, eu defendo sua pena (de escrever)". A espada entendida como a defesa do poder secular, e a pena, a liberdade de expressão.

Estado e Igreja

O tema do confronto entre o poder papal e o poder do imperador esteve presente nas polêmicas do final do século XIII e durante o século XIV. Vamos retomar alguns acontecimentos para saber como essa questão se desenvolveu na Idade Média.

As diferentes funções das instituições do Estado e da Igreja podem ser determinadas conforme a natureza dos poderes que exercem.

- A natureza do Estado é secular, temporal, voltada para as necessidades mundanas, e sua atuação é exercida pela força física.
- A Igreja é de natureza espiritual, voltada para os interesses da salvação da alma, e deve encaminhar o rebanho para a religião por meio da educação e da persuasão.

No período medieval, com a ampliação do poder da Igreja, disseminou-se a convicção de que, se toda autoridade vem de Deus, também o Estado deveria se sujeitar aos valores cristãos, além de apoiar a Igreja no cumprimento de sua missão. Com o estreitamento das relações entre política e religião, passou-se a exigir do governante que ele fosse justo, não tirânico, capaz de obrigar todos a obedecer aos princípios da moral cristã.

ELECTA/OTHER IMAGES - PALÁCIO PÚBLICO, SIENA

ELECTA/OTHER IMAGES - PALÁCIO PÚBLICO, SIENA

Na imagem de cima, detalhe do afresco *Alegoria do bom governo*, 1338-1340; abaixo, detalhe do afresco *Alegoria do mau governo*, 1338-1339, ambos de Ambrogio Lorenzetti. Nessas obras fica clara a intenção pedagógica de distinguir as virtudes do bom governo dos vícios do mau governo, de acordo com a tradição teórica da política medieval que identificava o tirano com o próprio demônio.

Agostinismo político

Relembremos Agostinho de Hipona e a teoria das duas cidades, a "cidade de Deus" e a "cidade terrestre". À revelia do autor, esse tema desembocou na doutrina chamada *agostinismo político*, que influenciou todo o pensamento medieval. Ao definir as relações entre o poder do Estado e o da Igreja, concluiu-se pela superioridade do poder espiritual sobre o temporal, explicitada pela expressão da "luta das duas espadas":

THE BRIDGEMAN ART LIBRARY/KEYSTONE - ARXIU DE LA PAERIA, LLEIDA, CATALUNYA, SPAIN

Ilustração do início do século XIV representando o Rei James II (1264-1327), à esquerda, aprovando a constituição no Tribunal de Lleida, em 1301. Jaime II de Aragão herdou o trono da Sicília em 1285. Contudo, seu domínio na Sicília foi contestado pelo papa Honório IV, que o excomungou.

> "A espada espiritual e a espada material pertencem, uma e outra, à Igreja; mas a segunda deve ser manejada a favor da Igreja e a primeira, pela própria Igreja; uma está na mão do padre, a outra na mão do soldado, mas à ordem do padre e sob o comando do imperador".
>
> BERNARDO DE CLARAVAL.
> In: TOUCHARD, Jean. *História das ideias políticas*. Lisboa: Europa-América, 1970. v. 2. p. 81.

A tensão entre os dois poderes assumiu diferentes expressões no decorrer do período, criou inúmeros conflitos entre reis e papas e gerou facções políticas.

Dante e Marsílio

Na Baixa Idade Média, a Península Itálica encontrava-se dividida em inúmeros pequenos Estados independentes. Até 1250, esses Estados estiveram sob a tutela de imperadores alemães. A interferência da Igreja nos negócios políticos e o interesse dos imperadores alemães em recuperar seu antigo domínio desencadearam o conflito entre guelfos (partidários do papa) e gibelinos (partidários do imperador). Estes últimos representavam o ideal de secularização do poder em oposição à ação política da Igreja.

O contexto político italiano influenciou o pensamento de Dante Alighieri e de Marsílio de Pádua, cujas teorias se destacaram naquele momento.

Dante Alighieri

17.4 Biblioteca do estudante: Leitura complementar

Dante Alighieri (1265-1321) foi um poeta italiano. Mais conhecido como autor de *A divina comédia*, também escreveu *A monarquia*, obra em que introduziu teses naturalistas e propôs a eliminação do papel mediador do papa no poder.

> "Ao duplo fim do homem é necessário um duplo poder diretivo: o do sumo pontífice, que, segundo a revelação, conduz o gênero humano à vida eterna, e o do imperador, que, segundo as lições da filosofia, dirige o gênero humano para a felicidade temporal.
>
> [...] Assim, torna-se evidente que a autoridade temporal do monarca desce sobre ele, sem qualquer intermediário".
>
> ALIGHIERI, Dante. *A monarquia*. São Paulo: Abril Cultural, 1973. p. 231. (Coleção Os Pensadores)

Ao desvencilhar a autoridade temporal e política da autoridade do papa e da Igreja, Dante admitia que o governante deve depender diretamente de Deus. Esses pensadores do declínio da Idade Média prenunciavam as novas expressões de poder civil que se sobrepunham ao poder eclesiástico: o particularismo nacional predominando sobre o universalismo da Igreja.

O conjunto desses fatos e teorias contribuiu para a valorização dos poderes seculares. A noção de Estado soberano surgia no centro da formação das monarquias nacionais e se fortalecia com a aliança entre a burguesia e os reis.

Reflita

A pintura de Domenico Michelino representa, na parte esquerda inferior, os que descem, condenados ao inferno; e na montanha com sete patamares estão os que sobem ao purgatório, com esperança de purgar (limpar) seus pecados e ganhar o céu. É assim que, n'*A divina comédia* Dante relata o destino dos pecadores. Mas seu poema, além das críticas morais que faz aos homens de seu tempo, também revela suas preocupações políticas. Leia o trecho do Canto XVI do purgatório:

DOMINGIE RABATTI-AKG IMAGES/LATINSTOCK - CATEDRAL SANTA MARIA DEL FIORE, FLORENÇA

Dante e seu poema "A Divina Comédia", têmpera de Domenico Michelino, 1465.

> "Bem haja Roma, que ao bom mundo, então, ergueu dois sóis, por revelar a estrada ali da terra, e aqui da salvação.
>
> Mas um o outro eclipsou, e uniu-se a espada à pastoral: e, juntos, claramente, não podem bem cumprir sua jornada".

Observe que os "dois sóis" a que ele se refere são os dois poderes, o temporal e o espiritual, que na Roma antiga estariam separados.

Questão

1. Explique o que significam essas duas estrofes do ponto de vista da teoria política de Dante Alighieri. Compare o teor desses versos com a posição de Agostinho.

Marsílio de Pádua

Marsílio de Pádua (c. 1275-1342) era italiano e foi reitor da Universidade de Paris, mas precisou fugir para a Alemanha por causa das suas polêmicas contra a ingerência do poder papal na política secular. Marsílio desenvolveu suas ideias na obra *Defensor da paz*, na qual cabe ao povo o poder de escolher seus governantes, fazendo uso apenas de sua razão e experiência. O Estado deveria ser o resultado de uma construção humana, distinta dos valores religiosos. Mais que isso, era a Igreja que deveria se subordinar ao Estado.

Marsílio foi precursor das ideias republicanas, que defendem a soberania popular e o estado de direito, separando o que é de Deus e o que é dos homens.

6 Balanço final

Neste capítulo, vimos como a ciência e a filosofia gregas foram adaptadas às verdades da fé cristã, tornando-se uma forte tendência do pensamento durante a Idade Média. No entanto, sinais de ruptura e inovação apareceram entre os sábios de Alexandria na Antiguidade, passando pelos árabes e pelos franciscanos da Escola de Oxford, com diferentes esforços para tornar a atividade científica mais experimental e desvinculá-la da filosofia. Essa postura entrava em confronto com os escolásticos, que desejavam manter a tradição.

Finalmente, no fim da Idade Média, pensadores de transição revelaram de modo mais contundente as fissuras da escolástica. Fecundaram ideias que iriam florescer no Renascimento, como a separação entre Igreja e Estado, a liberdade de pensamento, enfim, o humanismo em contraposição à visão teocrática medieval.

Leitura analítica

Um método para chegar a uma verdade provável

"Diante de alguns fatos inexplicáveis, deves tentar imaginar muitas leis gerais, em que não vês ainda a conexão com os fatos de que estás te ocupando: e de repente, na conexão imprevista de um resultado, um caso e uma lei, esboça-se um raciocínio que te parece mais convincente do que os outros. Experimentas aplicá-lo em todos os casos similares, usá-lo para daí obter previsões, e descobres que adivinhaste. Mas até o fim não ficarás nunca sabendo quais predicados introduzir no teu raciocínio e quais deixar de fora. E assim faço eu agora. Alinho muitos elementos desconexos e imagino as hipóteses. Mas preciso imaginar muitas delas, e numerosas delas são tão absurdas que me envergonharia de contá-las. Vê, no caso do cavalo Brunello, quando vi as pegadas, eu imaginei muitas hipóteses complementares e contraditórias: podia ser um cavalo em fuga, podia ser que montado naquele belo cavalo o Abade tivesse descido pelo declive, podia ser que um cavalo Brunello tivesse deixado os sinais sobre a neve e um outro, cavalo Favello, no dia anterior, as crinas na moita, e que os ramos tivessem sido partidos por homens. Eu não sabia qual era a hipótese correta até que vi o despenseiro e os servos que procuravam ansiosamente. Então compreendi que a hipótese de Brunello era a única boa, e tentei provar se era verdadeira, apostrofando os monges como fiz. Venci, mas também poderia ter perdido. Os outros consideraram-me sábio porque venci, mas não conheciam os muitos casos em que fui tolo porque perdi, e não sabiam que poucos segundos antes de vencer, eu não estava certo de não ter perdido. Agora, nos casos da abadia, tenho muitas belas hipóteses, mas não há nenhum ato evidente que me permita dizer qual seja a melhor. E então, para não parecer tolo mais tarde, renuncio a ser astuto agora. Deixa-me pensar mais, até amanhã, pelo menos.'

Entendi naquele momento qual era o modo de raciocinar do meu mestre, e pareceu-me demasiado diferente daquele do filósofo que raciocina sobre os princípios primeiros, tanto que o seu intelecto assume quase os modos do intelecto divino. Compreendi que, quando não tinha uma resposta, Guilherme se propunha muitas delas e muito diferentes entre si. Fiquei perplexo.

'Mas então', ousei comentar, 'estais ainda longe da solução...'

'Estou pertíssimo', disse Guilherme, 'mas não sei de qual.'

'Então não tendes uma única resposta para vossas perguntas?'

'Adso, se a tivesse ensinaria teologia em Paris.'

'Em Paris eles têm sempre a resposta verdadeira?'

'Nunca', disse Guilherme, 'mas são muito seguros de seus erros.'

'E vós', disse eu com impertinência infantil, 'nunca cometeis erros?'

'Frequentemente', respondeu. 'Mas ao invés de conceber um único erro, imagino muitos, assim não me torno escravo de nenhum.'"

ECO, Umberto. *O nome da rosa*.
Rio de Janeiro: Nova Fronteira, 1983. p. 350-351.

Questões

1. Na obra ficcional do escritor italiano Umberto Eco, Guilherme é um frade franciscano Tendo em vista o que lemos no capítulo, qual seria a orientação dele no que diz respeito à ciência?
2. Guilherme responde que, se tivesse certezas, lecionaria teologia em Paris. O franciscano está sendo irônico e faz uma crítica ao modo como se encarava a ciência. Explique por quê.
3. Em que sentido o pensar do frade Guilherme está mais próximo do que hoje se entende por ciência?

Atividades

Retomando os conteúdos

1. Quais eram as características e limitações do estudo das ciências na Idade Média?

2. Explique por que as experiências dos alquimistas na Idade Mádia foram importantes.

3. Qual foi a contribuição dos muçulmanos para a cultura medieval?

4. Cite as principais características do período pré-renascentista, no fim da Idade Média.

Aprofundando os conceitos

5. Leia a citação e a seguir responda às questões.

> "Ernst Renan, filósofo francês do século XIX, foi quem primeiro detectou a influência de Averróis em Santo Tomás, afirmando: 'Santo Tomás é, ao mesmo tempo, o maior adversário e – pode-se afirmar sem paradoxo – o primeiro discípulo do grande comentador. Santo Alberto Magno deve tudo a Avicena; Santo Tomás, como filósofo, deve quase tudo a Averróis'."
>
> José Silveira da Costa. *Averróis*: o aristotelismo radical. São Paulo: Moderna, 1994. p. 57.

a) Por que Tomás de Aquino é considerado o maior adversário e, ao mesmo tempo, discípulo de Averróis?

b) Qual foi a importância dos árabes para a ciência ocidental?

6. Leia os itens de um documento do século XI, atribuído ao papa Gregório VII, e responda às questões.

> "III. Apenas o pontífice romano pode depor ou absolver os bispos.
>
> IX. O papa é o único homem a quem todos os príncipes beijam os pés.
>
> XII. É-lhe permitido depor os imperadores.
>
> XVIII. A sua sentença não deve ser reformada por ninguém e apenas ele pode reformar as sentenças de todos os outros.
>
> XIX. Não deve ser julgado por ninguém.
>
> XXVII. O papa pode dispensar o cumprimento do juramento de fidelidade feito aos injustos."
>
> In: TOUCHARD, Jean (Org.). *História das ideias políticas*. Lisboa: Europa-América, 1970. v. 2. p. 44-45.

a) Identifique nessas prescrições a influência da doutrina do agostinismo político.

b) Quais as críticas que Dante Alighieri, Marsílio de Pádua e Guilherme Ockham fizeram às relações vigentes entre Igreja e Estado?

7. O trecho a seguir refere-se ao pensamento de Marsílio de Pádua. Justifique-o explicando por que a teoria política daquele filósofo se contrapunha à estrutura de poder vigente no século XIV:

"Em matéria de excomunhão, o raciocínio é análogo [ao caso de heresia]: o sacerdote, médico da alma, deve ser consultado; mas é o conjunto dos fiéis na comunidade ou o juiz instituído por ela ou um 'juiz superior' – leia-se: o imperador – que dará o veredito, condenatório ou absolutório." CHEVALLIER, Jean-Jacques. *História do pensamento político*. v. 1. Rio de Janeiro: Zahar, 1982. p. 244.

Pesquisa

8. Faça uma pesquisa sobre a Escola de Oxford, seus principais representantes e sua importância para os estudos científicos medievais.

Seminário

9. Em grupo, preparem a exposição de um seminário a partir do seguinte tema:

"Os fundamentalismos religiosos no século XX e sua influência na política".

Observem que, em diversas tendências religiosas, os fundamentalistas representam uma facção conservadora e dogmática que reage a comportamentos mais flexíveis que, segundo lhes parece, desvirtuam a ortodoxia religiosa. Embora tenha se generalizado a referência aos fundamentalistas islâmicos, eles existem também no cristianismo (protestantismo e catolicismo), bem como no judaísmo.

De olho no Enem e nos vestibulares

1. (Enem) Apesar da ciência, ainda é possível acreditar no sopro divino – o momento em que o criador deu vida até ao mais insignificante dos micro-organismos?

Resposta de Dom Odilo Scherer, cardeal arcebispo de São Paulo, nomeado pelo papa Bento XVI em 2007: "Claro que sim. Estaremos falando sempre que, em algum momento, começou a existir algo, para poder evoluir em seguida. O ato do criador precede a possibilidade de evolução: só evolui algo que existe. Do nada, nada surge e evolui".

LIMA, Eduardo. Testemunha de Deus. *SuperInteressante*, São Paulo, n. 263-A, p. 9, mar. 2009 (com adaptações).

Resposta de Daniel Dennet, filósofo americano, ateu e evolucionista radical, formado em Harvard e Doutor por Oxford: "É claro que é possível, assim como se pode acreditar que um super-homem veio para a Terra há 530 milhões de anos e ajustou o DNA da fauna cambriana, provocando a explosão da vida daquele período. Mas não há razão para crer em fantasias desse tipo."

LIMA, Eduardo. Advogado do Diabo. *SuperInteressante*, São Paulo, n. 263-A, p. 11, mar. 2009 (com adaptações).

Os dois entrevistados responderam a questões idênticas, e as respostas a uma delas foram reproduzidas aqui. Tais respostas revelam opiniões opostas: um defende a existência de Deus e o outro não concorda com isso. Para defender seu ponto de vista,

a) o religioso ataca a ciência, desqualificando a teoria da evolução, e o ateu apresenta comprovações científicas dessa teoria para derrubar a ideia de que Deus existe.

b) Scherer impõe sua opinião, pela expressão "claro que sim", por se considerar autoridade competente para definir o assunto, enquanto Dennett expressa dúvida, com expressões como "é possível", assumindo não ter opinião formada.

c) o arcebispo critica a teoria do *design* inteligente, pondo em dúvida a existência de Deus, e o ateu argumenta com base no fato de que algo só pode evoluir se, antes, existir.

d) o arcebispo usa uma lacuna da ciência para defender a existência de Deus, enquanto o filósofo faz uma ironia, sugerindo que qualquer coisa inventada poderia preencher essa lacuna.

e) o filósofo utiliza dados históricos em sua argumentação, ao afirmar que a crença em Deus é algo primitivo, criado na época cambriana, enquanto o religioso baseia sua argumentação no fato de que algumas coisas podem "surgir do nada".

2. (UFM-MA) O Santo Ofício, também conhecido como Inquisição, foi instaurado em 1223. Sua função era reprimir qualquer manifestação do pensamento, qualquer doutrina que contrariasse os valores e dogmas preconizados pela Igreja. Sobre a Inquisição, assinale o que for **correto**.

a) A instauração da Inquisição acontece no período histórico entre o século XII e XIV, período em que são fundadas algumas das mais importantes universidades europeias.

b) Roger Bacon, considerado um dos maiores filósofos e cientistas do século XIII, defensor do método experimental e pesquisador no campo da ótica, foi condenado à morte pela Inquisição.

c) Galileu Galilei contestou o aristotelismo, defendeu a substituição do modelo ptolomaico do universo e defendeu o modelo heliocêntrico de Copérnico, revolucionando a física e a astronomia. Suas teorias científicas foram consideradas heréticas pela Inquisição e, para evitar a pena de morte, foi obrigado a negá-las.

d) A Inquisição não tinha uma finalidade política, não pretendia defender a supremacia do poder espiritual da Igreja sobre o poder temporal da sociedade laica.

e) A Igreja Católica, desde a criação da Inquisição, demorou nove séculos para reconhecer os erros cometidos contra a ciência e retratar-se das sentenças injustas proferidas contra os cientistas que ousaram revolucionar a ciência.

Sugestões

Para ler

Religião, de Juvenal Savian Filho. São Paulo: WMF Martins Fontes, 2011. (Coleção Filosofias: o prazer de pensar)

Neste volume, Juvenal Savian Filho analisa as críticas e as defesas da Religião, partindo da pergunta: Por que dedicar um livro à Religião em uma coleção de Filosofia? Elas não seriam contraditórias? Se não são, o que faz um filósofo interessar-se pela experiência religiosa? Aborda-se, então, a vivência de fé, bem como seu sentido no conjunto da vida humana.

Deus, de Francisco Catão. São Paulo: WMF Martins Fontes, 2011. (Coleção Filosofias: o prazer de pensar)

Para o autor, para refletir sobre Deus na cultura ocidental é necessário partir de duas tradições distintas: a tradição filosófica iniciada pelos gregos e a tradição religiosa consagrada pelos textos bíblicos. Em linguagem acessível ao estudante, o livro reflete sobre elas e seus cruzamentos, mostrando como se constituiu a questão de Deus.

O nome da Rosa, de Umberto Eco. Rio de Janeiro: Nova Fronteira.

Tomás de Aquino: a razão a serviço da fé, de José Silveira da Costa. São Paulo: Moderna. (Coleção Logos)

Filosofia medieval, de Alfredo Storck. Rio de Janeiro: Zahar. (Coleção Passo a Passo)

Esse livro, de caráter introdutório, oferece um panorama da filosofia no período medieval e analisa sua transmissão, as principais características e as formas literárias de expressão, mostrando que ela não se resume somente à filosofia cristã.

Correspondência de Abelardo e Heloisa, de Paul Zunthor. São Paulo: Martins Editora.

A história de Abelardo e Heloisa é bastante conhecida e ultrapassa qualquer tentativa de classificação. É tragédia, no sentido medieval do termo, ação com final infeliz, mas também comédia, com conclusão regeneradora.

Para assistir

O nome da rosa

Direção de Jean-Jacques Annaud. Alemanha/França, 1986.
Baseado no romance homônimo de Umberto Eco, o enredo se passa em um mosteiro medieval e faz referências a questões da nascente ciência do século XIV.

O destino

Direção de Youssef Chahine. Egito/França, 1997.
O filme trata da vida de Averrois.

Joana D'Arc

Direção de Luc Besson. Estados Unidos, 1999.
No século XV, Joana D'Arc, a "donzela de Lorraine", comandou um exército para impedir que a França caísse nas mãos dos ingleses.

O incrível exército de Brancaleone

Direção de Mario Monicelli. Itália, 1966.
Comédia do reconhecido cineasta italiano que relata as peripécias para se tomar posse de terras, por volta do ano 1000.

Ben-Hur

Direção de William Wyler. Estados Unidos, 1959.
Judah Ben-Hur, um mercador judeu que vive em Jerusalém no século I, é feito escravo numa galera romana por um amigo da juventude que agora é o chefe das legiões romanas na cidade. A vida do ex-mercador passa a ser libertar-se da injusta condenação e retomar sua vida, numa história que revela a moral e os costumes medievais.

Giordano Bruno

Direção de Giuliano Montaldo. França/Itália, 1973.
O filme mostra o processo e a execução do astrônomo, matemático e filósofo italiano Giordano Bruno, um dos percursores da ciência moderna, que no ano 1600 foi queimado na fogueira pela Inquisição, em razão de suas teorias contrárias aos dogmas da Igreja Católica.

Excalibur

Direção de John Boorman. Inglaterra, 1981.
História da espada encantada Excalibur, que o jovem escudeiro Artur arranca da pedra, o que lhe vale o trono da Inglaterra e a possibilidade de unir o reino, envolto em guerra entre senhores feudais.

Para navegar

Sobre *sites*

www.sobresites.com/filosofia
Este *site*, cujo editor é Luiz Fontenelle, indica vários outros *links* sobre filosofia, que poderão ser consultados por professores e alunos.

www.afilosofia.no.sapo.pt
Site de Portugal sobre filosofia.

Unidade 6

Filosofia moderna

A dignidade

"Todo ser humano tem um direito legítimo ao respeito de seus semelhantes e está, *por sua vez,* obrigado a respeitar todos os demais. A humanidade, ela mesma, é uma dignidade, pois um ser humano não pode ser usado meramente como um meio por qualquer ser humano [...], mas deve sempre ser usado ao mesmo tempo como um fim. [...] Mas exatamente porque ele não pode ceder a si mesmo por preço algum (o que entraria em conflito com seu dever de autoestima), tampouco pode agir em oposição à igualmente necessária autoestima dos outros, como seres humanos, isto é, ele se encontra na obrigação de reconhecer, de um modo prático, a dignidade da humanidade em todo outro ser humano."

KANT, Immanuel. *A metafísica dos costumes.* Bauru: Edipro, 2003. p. 306

PHOTO SCALA, FLORENCE/GLOWIMAGES - MUSEU DA CIÊNCIA, FLORENÇA

Galileu e Viviani, pintura de Tito Lessi, 1892. Galileu revolucionou a prática científica com seu método experimental.

Um alquimista em seu laboratório, pintura de Thomas Wyck, século XVII. Apesar de seu caráter não científico, a alquimia foi importante para o desenvolvimento dos procedimentos e conhecimentos da ciência, sobretudo da química.

Capítulo 18 Rupturas da modernidade

1 Renascimento e humanismo

Durante o Renascimento, período que compreende os séculos XV e XVI, ocorreram grandes transformações, cujas tensões já se faziam sentir no final da Idade Média. Examinando o contexto histórico, percebemos que acontecimentos marcantes se configuravam: o surgimento da burguesia, a revolução comercial, o desenvolvimento da economia capitalista, a formação das monarquias nacionais, a Reforma Protestante e as grandes navegações, que levaram à descoberta do Novo Mundo.

Nesse cenário, nascia um novo indivíduo, confiante na razão e no poder de transformar o mundo.

Uma nova mentalidade

Antropocentrismo
Do grego *anthropos*, "humano", portanto, o ser humano como o centro de todas as coisas do universo.

Teocentrismo
Do grego *theo*, "deus", isto é, deus no centro.

Vivia-se um novo momento histórico, do qual podemos destacar algumas características:

- **Antropocentrismo:** enquanto o pensamento medieval era predominantemente teocêntrico, o indivíduo moderno colocou a si próprio no centro dos interesses e decisões. Às certezas da fé, contrapôs-se a capacidade de livre exame, inclusive na religião. Os adeptos da Reforma Protestante defendiam o acesso direto ao texto bíblico, dando a cada um o direito de interpretá-lo.
- **Racionalismo:** ao critério da fé e da revelação, opôs-se o poder da razão de discernir, distinguir e comparar, mantendo uma atitude polêmica perante a tradição e recusando o dogmatismo.
- **Saber ativo:** em oposição ao saber contemplativo, o conhecimento não mais dependia apenas de noções e princípios, mas da própria realidade observada e submetida a experimentações. Como decorrência, o saber adquirido, devido à aliança entre a ciência e a técnica, deveria voltar-se para a realidade a fim de transformá-la. A nova classe comerciante, constituída pelos burgueses, se impunha, valorizando o trabalho e estimulando inventos, como a bússola, o papel, a imprensa e a máquina a vapor, e aperfeiçoando os navios, que se tornaram necessários para o comércio e a indústria em expansão.

THE GRANGER COLLECTION, NEW YORK/OTHER IMAGES

Gutenberg em sua oficina, gravura de autoria desconhecida, sem data. A criação da prensa de tipos móveis, por Gutenberg, desempenhou um papel fundamental na modernidade por divulgar mais rapidamente o conhecimento.

Expressões do humanismo

O conceito de *humanismo* adquiriu sentidos diferentes ao longo da história do pensamento. No Renascimento, significou um renovado interesse pelo humano, em contraposição ao foco do sobrenatural, privilegiado na Idade Média. Deu-se um retorno ao estudo das obras clássicas greco-romanas, mas sem passar pela interpretação teológica medieval. Aliás, no Renascimento houve forte recusa da escolástica, certamente devido à necessidade de desvincular a filosofia da teologia.

Saiba mais

A crítica ao teocentrismo medieval não deve ser entendida como manifestação de um sentimento antirreligioso. A Inquisição, conduzida pela Igreja Católica, atuava com rigor em várias situações, e os confrontos religiosos continuaram ocorrendo, sobretudo entre católicos e protestantes – tendo estes últimos se rebelado contra a autoridade papal.

Artes e letras

O humanismo renascentista também se expressou no florescimento das artes, das letras e do pensamento. Nas artes, a temática religiosa não foi abandonada por completo, mas o *naturalismo* e o *uso da perspectiva* denotavam um novo interesse pela representação do mundo. Pintores, arquitetos, escultores saíram do anonimato e produziram vasta obra ainda hoje admirada. Entre outros, podemos destacar Leonardo da Vinci, Botticelli, Michelangelo, Rafael, Brunelleschi.

Nas letras, o latim continuou sendo aceito como língua culta e ensinada nas escolas. Entretanto, foi lentamente substituído pelas *línguas vernáculas*, próprias de cada país, como o italiano, o francês, o alemão e o inglês.

A criação de Adão, afresco de Michelangelo Buonarroti, 1511. Embora a criação de Adão seja um acontecimento bíblico, Deus e Adão são representados sob o ponto de vista do Renascimento.

ANN RONAN PICTURE LIBRARY/HERITAGE IMAGES/OTHER IMAGES - CAPELA SISTINA, VATICANO

A astronomia

AKG-IMAGES/LATINSTOCK

Nos estudos de astronomia, vale lembrar o monge e astrônomo polonês Nicolau Copérnico (1473-1543), que publicou *Das revoluções dos corpos celestes*. Nessa obra, Copérnico propôs a hipótese da teoria heliocêntrica, contrapondo-se à teoria geocêntrica, cujo principal representante foi Ptolomeu, no século II. A teoria de Copérnico permaneceu praticamente ignorada até o século seguinte, quando Galileu Galilei retomou suas ideias.

A mesma sorte não teve Giordano Bruno (1548-1600), acusado de panteísmo pela Inquisição e queimado vivo por defender a doutrina da infinitude do Universo. O pensador italiano contrariava a concepção católica de um Universo finito, esférico e hierarquizado.

Gravura de Joseph Mulder, 1700. Em 1632, Galileu publicou o *Diálogo sobre os dois máximos sistemas do mundo*: o ptolomaico e o copernicano. No frontispício da edição original aparecem Aristóteles, Ptolomeu e Copérnico.

2 Pensadores humanistas

Vários pensadores exprimiram de maneiras diversas as novas aspirações. O italiano Pico della Mirandola (1463-1494) desenvolveu a doutrina sobre a dignidade humana, afirmando que apenas o ser humano é capaz de ser "artífice de si próprio", capaz de "se fazer". Já o holandês Desidério Erasmo, de Roterdã (1467-1536), embora religioso, fez crítica à Igreja, à escolástica, à hipocrisia e à corrupção dos costumes no clero e na política. Escreveu *Elogio da loucura*, obra crítica e satírica da moral da época, encenada pela própria Loucura.

Montaigne

18.1 Biblioteca do estudante: Leitura complementar

Michel Eyquem de Montaigne (1533-1592), humanista e filósofo francês, foi autor de *Ensaios*, obra redigida em primeira pessoa que reflete sobre os mais diversos assuntos do cotidiano, representando uma inovação na literatura filosófica. O novo modo de escrever foi indicativo dos novos tempos, nos quais se destacava a *subjetividade*: um olhar para dentro de si mesmo e o reconhecimento do uso autônomo da razão.

A postura cética de Montaigne o levou a denunciar com agudeza e ironia os costumes do seu tempo, a hipocrisia e as superstições. Em um período de sangrentas lutas religiosas, criticou os fanatismos responsáveis pela violência.

Contra a tradição da escolástica decadente, estimulou as pessoas a pensarem por si mesmas:

18.2 Visão do especialista

"A verdade e a razão são comuns a todos e não pertencem mais a quem as diz primeiro do que ao que as diz depois. [...] As abelhas libam flores de toda espécie, mas depois fazem o mel, que é unicamente seu e não do tomilho ou da manjerona. Da mesma forma os elementos tirados de outrem, ele os terá de transformar e misturar para com eles fazer obra própria, isto é, para forjar sua inteligência. [...] Que ponha de lado tudo aquilo de que se socorreu e mostre apenas o que produziu. [...] Triste ciência a ciência puramente livresca!"

MONTAIGNE. *Ensaios*. São Paulo: Abril Cultural, 1972. p. 82. (Coleção Os Pensadores)

Libar
Beber, sugar.

Os utopistas

Uma *utopia* é um lugar imaginário. O termo serve para designar uma sociedade ideal ou um ideal de vida proposto. No sentido pejorativo, significa ideal irrealizável, um sonho de visionários.

Utopia

Do grego *ou*, sufixo de negação, e *topos*, "lugar", portanto, "lugar que não existe".

A Calípolis de Platão, descrita em sua obra *A República*, era uma utopia, porque imaginava uma sociedade perfeita governada por filósofos. A obra, no entanto, não atribuía a Calípolis essa denominação ("utopia"), que surgiu apenas no Renascimento.

Tomás Morus (1478-1535) – Thomas More, em inglês – foi chanceler do rei Henrique VIII, da Inglaterra. No fim de sua vida, porém, entrou em conflito com o rei, o que provocou sua decapitação. Tornou-se conhecido com a obra *Utopia*, ou *Tratado da melhor forma de governo*, em que critica o absolutismo monárquico e imagina uma sociedade mais justa, livre do abuso do poder e da desigualdade social. Severo crítico do fanatismo religioso, Tomás Morus propôs em sua obra um tipo de culto ecumênico, em que as diversas crenças conviveriam em absoluta tolerância. Defendia a paz contra as guerras movidas por ambição de dinheiro ou conquista de poder.

PHILIP MOULD LTD, LONDON/THE BRIDGEMAN ART LIBRARY/KEYSTONE - PRIVATE COLLECTION

Retrato de Thomas Morus, pintura de Hans Holbein, o Jovem (c.1498-1543).

Reflita

- A utopia pode ser um sonho impossível, mas também pode ser, às vezes, apenas um "ainda não" que "pode vir a ser". Você concorda? Discuta o tema com seus colegas.

O dominicano italiano Tommaso Campanella (1568-1639) envolveu-se com política e, na tentativa de criar um mundo melhor, esteve preso por mais de duas décadas. Em 1602, escreveu *A cidade do Sol*, também uma utopia, uma "república filosófica", espécie de "comunismo" em que todos vivem em comunidade de bens, sem a posse de propriedades.

3 Maquiavel: a formação do Estado nacional

18.3 Biblioteca do estudante: Leitura complementar

O Estado moderno configurou-se pelo monopólio de fazer e aplicar leis, cunhar moeda, recolher impostos, gerir a administração dos serviços públicos, ter um exército e ser o único a deter o uso legítimo da força. Essas mudanças já se implantavam desde o final do século XIV na maior parte das monarquias nacionais europeias com o fortalecimento do poder real.

Ao contrário da maioria das nações europeias, a Alemanha e a Itália permaneciam fragmentadas em inúmeros Estados, sujeitos a disputas internas e a hostilidades entre cidades vizinhas e de outras nações. Foi em Florença, na Itália dividida, que viveu Nicolau Maquiavel, responsável por elaborar a moderna concepção de política.

Maquiavel republicano

Afirmar que Maquiavel foi um republicano talvez cause estranheza. A leitura apressada de sua obra, *O príncipe*, desencadeou o que ficou conhecido como o *mito do maquiavelismo*. Por esse motivo, atribuiu-se a Maquiavel a defesa do mais completo imoralismo político.

Para nos contrapormos à análise pejorativa da política maquiaveliana, convém examinar as características de duas obras: *O príncipe*, a mais conhecida, e *Comentários sobre a primeira década de Tito Lívio*, na qual Maquiavel desenvolve ideias republicanas.

Vida e obra

Nicolau Maquiavel (1469-1527) não foi apenas um intelectual que teorizou a respeito de política, mas um político que viveu na prática a luta de poder em Florença. A cidade esteve tradicionalmente sob a influência da família Médici, mas encontrava-se por uma década governada pelo republicano Soderini, que o convidou a ocupar a Segunda Chancelaria do governo. Maquiavel desempenhou inúmeras missões diplomáticas na França, na Alemanha e nos diversos Estados italianos, quando entrou em contato direto com reis, papas e nobres. Conheceu o condottiere César Bórgia, empenhado na ampliação dos Estados pontifícios, e viu nele o modelo de príncipe de que a Itália precisava para ser unificada. Após a deposição de Soderini, os Médici voltaram à cena política. Acusado de se opor ao novo governo, Maquiavel foi preso e torturado, recolhendo-se, em seguida, para escrever as obras que o consagraram: *O príncipe*, *Comentários sobre a primeira década de Tito Lívio* e *A arte da guerra*. Escreveu também peças de teatro (como a famosa comédia *A mandrágora*), além de poemas e ensaios diversos.

PHOTO SCALA, FLORENÇA/GLOWIMAGES - PALÁCIO VECCHIO, FLORENÇA

Retrato de Nicolau Maquiavel, pintura de Santi de Tito, século XVI.

O príncipe

À primeira vista, *O príncipe parece* defender o absolutismo e o mais completo imoralismo. Maquiavel explica que pretende entender a verdade dos fatos, e não criar utopias políticas. E diz:

> "Muita gente imaginou repúblicas e principados que nunca se viram nem jamais foram reconhecidos como verdadeiros. Vai tanta diferença entre o como se vive e o modo por que se deveria viver, que quem se preocupar com o que se deveria fazer em vez do que se faz aprende antes a ruína própria, do que o modo de se preservar; e um homem que quiser fazer profissão de bondade é natural que se arruíne entre tantos que são maus.
>
> Assim, é necessário a um príncipe, para se manter, que aprenda a poder ser mau e que se valha ou deixe de valer-se disso segundo a necessidade. [...]
>
> E ainda que não lhe importe [ao príncipe] incorrer na fama de ter certos defeitos estes sem os quais dificilmente poderia salvar o governo, pois que, se se considerar bem tudo, encontrar-se-ão coisas que parecem virtudes e que, se fossem praticadas, lhe acarretariam a ruína, e outras que poderão parecer vícios e que, sendo seguidas, trazem a segurança e o bem-estar do governante."

MAQUIAVEL, Nicolau. *O príncipe*. São Paulo: Abril Cultural, 1973. p. 69. (Coleção Os Pensadores)

República
Do latim *res*, "coisa", portanto, "coisa pública". Republicano é o governo que expressa a vontade popular e que está voltado para o bem comum.

Condottiere
"Comandante", em italiano. No contexto, "soldado mercenário, contratado mediante pagamento".

Comentários

Vejamos agora *Comentários sobre a primeira década de Tito Lívio*. Em meio a inúmeras manifestações de defesa do poder popular, Maquiavel diz:

> "Percebe-se facilmente de onde nasce o amor à liberdade dos povos; a experiência nos mostra que as cidades crescem em poder e em riqueza enquanto são livres. É maravilhoso, por exemplo, como cresceu a grandeza de Atenas durante os cem anos que se sucederam à ditadura de Pisístrato. Contudo, mais admirável ainda é a grandeza alcançada pela república romana depois que foi libertada dos seus reis. Compreende-se a razão disto: não é o interesse particular que faz a grandeza dos Estados, mas o interesse coletivo. E é evidente que o interesse comum só é respeitado nas repúblicas: tudo o que pode trazer vantagem geral é nelas conseguido sem obstáculos. Se uma certa medida prejudica um ou outro indivíduo, são tantos os que ela favorece, que se chega sempre a fazê-la prevalecer, a despeito das resistências, devido ao pequeno número de pessoas prejudicadas."
>
> MAQUIAVEL, Nicolau. *Comentários sobre a primeira década de Tito Lívio*. 2. ed. Brasília: Editora da UnB, 1982. p. 197-198.

A diferença entre as duas obras não significa que Maquiavel tivesse "mudado de ideia", porque elas foram escritas concomitantemente. Podemos interpretar a aparente contradição pela análise de dois momentos diferentes da ação política, que dependem da boa percepção do governante:

- em um primeiro momento, a ação do príncipe na Itália dividida devia visar à conquista do poder e a mantê-lo a qualquer custo;
- posteriormente, alcançada a estabilidade, seria possível e desejável a instalação do governo republicano. E mais: Maquiavel reconhecia o conflito como parte inerente da atividade política, que se realiza pela conciliação de interesses divergentes. Não seria isso a democracia?

Virtù e *fortuna*

Para descrever a ação do príncipe, Maquiavel usa as expressões *virtù* e *fortuna*.

Virtù significa virtude, no sentido grego de força, valor, qualidade de lutador e guerreiro viril. Príncipes de *virtù* são governantes especiais, capazes de realizar grandes obras e provocar mudanças na história. Não se trata, portanto, do príncipe virtuoso segundo os preceitos da moral cristã (que age com justiça, por exemplo), mas sim daquele que tem a capacidade de perceber o jogo de forças da política para então agir com energia, a fim de conquistar e manter o poder.

Fortuna, em sentido comum, significa acúmulo de bens, riqueza. Sua origem está na deusa romana Fortuna, que representa a abundância, mas também é aquela que move a roda da fortuna (ou roda da sorte). No sentido que Maquiavel lhe dá, *fortuna* significa ocasião, acaso, sorte. Para agir bem, o príncipe não deve deixar escapar a ocasião oportuna. De nada adiantaria ser virtuoso, se o príncipe não soubesse ser precavido ou ousado e aguardar a ocasião propícia, aproveitando o acaso ou a sorte das circunstâncias, como observador atento do curso da história.

Roda da fortuna, c. 1520, iluminura que representa a roda da fortuna como símbolo da mutabilidade do poder: enquanto uns o alcançam, outros caem em desgraça.

HERITAGE IMAGES/OTHER IMAGES - BIBLIOTECA BRITÂNICA, LONDRES

No entanto, a *fortuna* de pouco serve sem a *virtù*, pois pode transformar-se em mero oportunismo. Por isso, Maquiavel distingue entre o príncipe de *virtù*, que é forçado pela necessidade a usar da violência visando ao bem coletivo, e o tirano, que age por capricho ou interesse próprio.

Ética e política

Para Maquiavel, a moral política distingue-se da moral privada, uma vez que a ação política não deve orientar-se por uma hierarquia de valores dada *a priori*, como até então era proposto. A nova ética política analisa as ações tendo em vista as consequências, ou seja, os resultados que serão alcançados na busca do bem comum.

Sob essa perspectiva, não se trata de amoralismo, mas de uma nova moral centrada nos critérios da avaliação *do que é útil à comunidade*: se o que define a moral é o bem da comunidade, constitui dever do príncipe manter-se no poder a qualquer custo. Por isso, às vezes, pode ser legítimo o recurso ao mal (o emprego da força coercitiva do Estado, a guerra, a prática da espionagem, o método da violência etc.). O pensamento de Maquiavel nos leva à reflexão sobre a situação dramática e ambivalente do governante: se aplicar de forma inflexível o código moral que rege sua vida pessoal à vida política, sem dúvida colherá fracassos sucessivos, tornando-se um político incompetente.

A autonomia da política

Percebe-se na teoria de Maquiavel o esforço para criar uma nova concepção de política, distanciada da política normativa dos gregos, que privilegiava a imagem do "governante virtuoso", atrelando a política à moral individual. Ao propor a *secularização* da política, Maquiavel desligou-a da tutela religiosa e inaugurou uma nova maneira de conceber a moral na política, pela qual os valores não são dados de antemão, mas dependem da realização dos interesses coletivos.

Cabe, portanto, ao próprio governante estabelecer caminhos. O filósofo francês Claude Lefort nos ajuda a compreender esse desafio:

> "Em definitivo, em nenhum lugar está traçada a via real da política. [...] O príncipe deve acolher a indeterminação e [...] se ele renunciar à ilusória segurança de um fundamento terá a chance de descobrir, na paciente exploração dos possíveis, os sinais da criação histórica, e de inscrever sua ação no tempo."
>
> LEFORT, Claude. *Le travail de l'oeuvre Machiavel*. Paris: Gallimard, 1986. p. 432.

LAPI/ROGER VIOLLET/GETTY IMAGES

Sir Winston Churchill (1874-1965), estadista britânico, em foto de 1944. A moral política apresentada por Maquiavel subordina-se à efetivação dos interesses coletivos por parte dos governantes.

Na mesma tendência da nova política, o jurista francês Jean Bodin (1530-1596) desenvolveu a concepção de **soberania**. O Estado soberano é o que tem a posse de um território no qual o comando sobre seus habitantes se faz pela centralização do poder. Nesse caso, a força torna-se um poder legítimo e de direito. É a soberania que mantém a unidade de todos os membros que formam o corpo da república. Como veremos no próximo capítulo, o conceito de soberania foi fundamental para justificar o poder centralizado das monarquias nacionais no século XVII.

Leitura analítica

O príncipe

1

"[...] Quem se torna senhor de uma cidade tradicionalmente livre e não a destrói, será destruído por ela. Tais cidades têm sempre por bandeira, nas rebeliões, a liberdade e suas antigas leis, que não esquecem nunca, nem com o correr do tempo, nem por influência dos benefícios recebidos. [...] Assim, para conservar uma república conquistada, o caminho mais seguro é destruí-la ou habitá-la pessoalmente."

2

"[...] cada príncipe deve desejar ser tido como piedoso e não como cruel: apesar disso, deve cuidar de empregar convenientemente essa piedade. César Bórgia era considerado cruel, e, contudo, sua crueldade havia reerguido a Romanha e conseguido uni-la e conduzi-la à paz e à fé. O que, bem considerado, mostrará que ele foi muito mais piedoso do que o povo florentino, o qual, para evitar a pecha de cruel, deixou que Pistoia fosse destruída. Não deve, portanto, importar ao príncipe a qualificação de cruel para manter os seus súditos unidos e com fé, porque, com raras exceções, é ele mais piedoso do que aqueles que por muita clemência deixam acontecer desordens, das quais podem nascer assassínios ou rapinagem. É que essas consequências prejudicam todo um povo, e as execuções que provêm do príncipe ofendem apenas um indivíduo. E, entre todos os príncipes, os novos são os que menos podem fugir à fama de cruéis, pois os Estados novos são cheios de perigo."

MAQUIAVEL, Nicolau. *O príncipe*. São Paulo: Abril Cultural, 1973. p. 28; 79-80; 75. (Coleção Os Pensadores)

Comentários sobre a primeira década de Tito Lívio

3

"Não observar uma lei é dar mau exemplo, sobretudo quando quem a desrespeita é o seu autor; é muito perigoso para os governantes repetir a cada dia novas ofensas à ordem pública."

4

"[...] se as monarquias têm durado muitos séculos, o mesmo acontece com as repúblicas; mas umas e outras precisam ser governadas pelas leis: o príncipe que se pode conceder todos os caprichos é geralmente um insensato; e um povo que pode fazer tudo o que quer comete com frequência erros imprudentes. Se se trata de um príncipe e de um povo submetido às leis, o povo demonstrará virtudes superiores às do príncipe. Se, neste paralelo, os considerarmos igualmente livres de qualquer restrição, ver-se-á que os erros cometidos pelo povo são menos frequentes, menos graves e mais fáceis de corrigir."

5

"O legislador sábio, animado do desejo exclusivo de servir não os seus interesses pessoais, mas os do público, de trabalhar não em favor dos próprios herdeiros, mas para a pátria comum, não poupará esforços para reter em suas mãos toda a autoridade. E nenhum espírito esclarecido reprovará quem se tenha valido de uma ação extraordinária para instituir um reino ou uma república. Alguém pode ser acusado pelas ações que cometeu, e justificado pelos resultados destas. E quando o resultado for bom, [...] a justificação não faltará. Só devem ser reprovadas as ações cuja violência tem por objetivo destruir, em vez de reparar."

MAQUIAVEL, Nicolau. *Comentários sobre a primeira década de Tito Lívio*. 2. ed. Brasília: Editora da UnB, 1982. p. 145; 182; 49.

Questões

1. Que ação do príncipe é justificada no fragmento 1?
2. No fragmento 2, Maquiavel exemplifica em que circunstâncias a crueldade pode ser uma solução melhor que a piedade. Em que trecho Maquiavel expõe essa ideia?
3. Sabemos que o cumprimento da lei é um princípio de toda república. Explique como essa noção é desenvolvida nos fragmentos de 3 a 5.
4. Como explicar a aparente contradição entre as obras *O príncipe* e *Comentários*?

4 A Revolução Científica do século XVII

JOSEPH MARTIN/AKG-IMAGES/LATINSTOCK - MUSEU DO PRADO, MADRI

O sentido da visão, pintura de Jan Brueghel, o Velho, e Peter Paul Rubens, 1617. Jan Brueghel, artista flamengo, viveu no século XVII, período de enriquecimento da burguesia e de mudança de mentalidade. Nessa tela, o pintor descreve a riqueza do mundo que nos cerca – objetos e paisagens –, que estimula nosso olhar e chama nossa atenção.

O que ocorreu nesse espaço de tempo – entre o final da Idade Média e o início da Idade Moderna – para mudar o foco do olhar?

De acordo com Aristóteles, há vários graus de conhecimento, que vai do conhecimento sensível até o conhecimento especulativo, não prático, que busca as causas últimas de todas as coisas, a que ele conferia o *status* de "verdadeira ciência". Pela aliança entre ciência e técnica, a Revolução Científica da Idade Moderna mudou radicalmente essa visão, alterando o método de investigação da natureza. Logo se tornou possível e desejável a aplicação prática das descobertas científicas. A ciência deixava de ser uma área da filosofia para seguir seu próprio caminho.

18.4 **Biblioteca do estudante:** Leitura complementar

5 Galileu e o método

Uma das expressões mais claras do racionalismo, que vigorou na Idade Moderna, foi o interesse pelo método, considerado um instrumento capaz de levar a um conhecimento mais seguro. Nesse sentido, destacaram-se as reflexões de Descartes, Bacon e Locke, no âmbito da filosofia, e de Galileu, Kepler e Newton, no campo da ciência. Agora veremos o novo método das ciências. No próximo capítulo, estudaremos os filósofos.

Método
Do latim *metá*, "por meio de", e *hodós*, "caminho". O método é um "caminho por meio do qual" chegamos a um fim, alcançamos determinado objetivo.

A aplicação do método experimental na prática científica por Galileu Galilei representou uma verdadeira revolução: a ciência rompia com a filosofia aristotélico-escolástica e buscava seu próprio caminho. Com a utilização do método experimental, o renascimento das ciências no século XVII não constituiu uma simples evolução, mas uma verdadeira ruptura que implicou outra concepção de saber.

A nova física

Lembremos como Aristóteles explicava o movimento. Os corpos pesados caem porque tendem para baixo, que é o seu "lugar natural". O mesmo ocorre com os corpos leves, que tendem para o alto. Desse modo, a física aristotélica era qualitativa, porque se baseava na compreensão de uma suposta "natureza" pesada ou leve dos corpos.

Galileu, porém, não estava interessado em explicar *por que* os corpos caem e sim *como* caem. Para apurar a observação e facilitar a experiência, Galileu recorreu a técnicas e instrumentos que pudessem auxiliá-lo, dispondo, em sua oficina, de recursos como plano inclinado, termômetro, luneta e relógio de água. Embora ainda fossem engenhocas um tanto primitivas, mostraram-se suficientes para que se abandonasse a ciência especulativa e se caminhasse em direção à construção de uma ciência ativa.

Vida e obra

Galileu Galilei (1564-1642), italiano, lecionou nas universidades de Pisa e de Pádua e foi responsável pela superação do aristotelismo e pelo advento da moderna concepção de ciência. Empreendeu uma mudança radical nos campos da óptica geométrica (lentes, reflexão e refração da luz), termologia (invenção do termômetro), hidrostática, óptica física (teoria sobre a natureza da luz) e, principalmente, no campo da mecânica, da qual lançou os fundamentos. Escreveu *O ensaiador, Diálogo sobre os dois máximos sistemas do mundo, Discursos e demonstrações matemáticas sobre duas novas ciências*. Sua vida foi marcada pela perseguição política e religiosa, por defender a substituição do modelo ptolomaico (geocêntrico) pelo modelo copernicano (heliocêntrico). Condenado pela Inquisição, após ser obrigado a abjurar publicamente suas ideias, foi confinado em prisão domiciliar a partir de 1633.

PHOTO SCALA, FLORENCE/GLOWIMAGES - GALERIA UFFIZI, FLORENÇA - CORTESIA DO MINISTÉRIO PARA OS BENS E AS ATIVIDADES CULTURAIS

Galileu Galilei, pintura de Justus Sustermans, c. 1639.

Saiba mais

Em novembro de 1992, o Vaticano anunciou a reabilitação oficial de Galileu. O papa João Paulo II indicou seis cientistas – entre o quais o brasileiro Carlos Chagas Júnior – para compor a comissão de estudos da Pontifícia Academia de Ciências, a fim de reavaliar a condenação de Galileu. Em 1992, o Vaticano anunciou a sua reabilitação oficial.

PHOTO SCALA, FLORENÇA/GLOWIMAGES - MUSEU DA CIÊNCIA, FLORENÇA

Telescópio de Galileu Galilei, 1630.

Por meio do método experimental, Galileu fez a descrição quantitativa dos fenômenos. Desprezando os aspectos de cor, odor e sabor, que são qualidades subjetivas, investigou o espaço físico nos seus aspectos objetivos, ou seja, naqueles em que se pode aplicar um tratamento matemático.

Assim ele explica:

> “A filosofia encontra-se escrita neste grande livro que continuamente se abre perante nossos olhos (isto é, o Universo), que não se pode compreender antes de entender a língua e conhecer os caracteres com os quais está escrito. Ele está escrito em língua matemática, os caracteres são triângulos, circunferências e outras figuras geométricas, sem cujos meios é impossível entender humanamente as palavras: sem eles nós vagamos perdidos dentro de um obscuro labirinto.”
>
> GALILEI, Galileu. *O ensaiador*. São Paulo: Abril Cultural, 1973. p. 119. (Coleção Os Pensadores)

2010 MUSEU GALILEO - INSTITUTO E MUSEU DE HISTÓRIA DA CIÊNCIA, FLORENÇA

Galileu Galilei e John Milton, pintura de Annibale Gatti, 1874. Note o telescópio de Galileu representado na parte inferior esquerda.

Lei da queda dos corpos

A lei da queda dos corpos foi descrita por Galileu depois de repetidas experiências de uma bola percorrendo um plano inclinado, com o objetivo de medir as relações constantes e necessárias entre o tempo e o espaço percorrido. Em seguida, a lei era traduzida numa forma geométrica. Dessa maneira, a união entre experimentação e matemática permitiu que Galileu abrisse caminho para o surgimento da física moderna, fruto, portanto, de uma **Revolução Científica**.

Galileu realizando a experiência do plano inclinado, afresco de Giuseppe Bezzuoli, séc. XIX. Com o plano inclinado, Galileu introduziu a medida e a experimentação na física nascente.

A astronomia e a geometrização do espaço

A luneta proporcionou a Galileu descobertas valiosas: para além das estrelas fixas, há infindáveis mundos; a superfície da Lua é rugosa e irregular; o Sol tem manchas; em torno de Júpiter existem quatro luas. Como isso é possível?

Vimos que, para os aristotélicos, o Universo é finito, a Lua e o Sol são compostos de uma substância incorruptível e perfeita, e Júpiter, engastado em uma esfera de cristal, não poderia ter luas que a perfurassem. Ao descobrir a Via Láctea, Galileu Galilei contrapôs, a um mundo fechado e finito, a ideia da infinitude do céu.

O astrônomo, pintura de Jan Vermeer, c. 1668. Em pleno século XVII, o pintor flamengo Vermeer revelou a importância da ciência em algumas de suas obras. Na tela, o estudioso de astronomia observa o globo celeste.

Essas descobertas levaram à conclusão de que não há corpos "perfeitos" e "imperfeitos", não há hierarquia entre céu e Terra, o Universo não é finito. Podemos dizer que houve uma "democratização" dos espaços, pois todos se tornaram equivalentes, nenhum sendo superior ao outro. Dessa constatação foi possível concluir que as leis da física aplicam-se igualmente a todos os corpos do Universo.

O filósofo contemporâneo Alexandre Koyré, ao explicar as grandes mudanças que ocorreram no século XVII, diz que elas promoveram simultaneamente a destruição do cosmo e a geometrização do espaço.

Em seu livro *Pensamentos*, Pascal diz o seguinte:

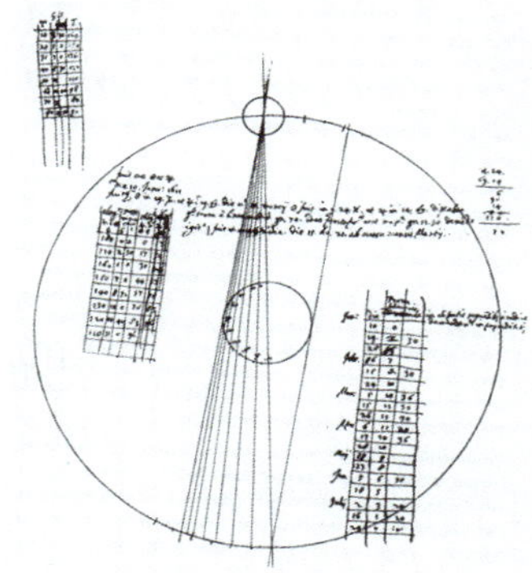

ALBUM/AKG-IMAGES/LATINSTOCK - COLEÇÃO PARTICULAR

Original de desenho e cálculo astronômico feito por Galileu em 1611.

> "O silêncio desses espaços infinitos me apavora."
>
> PASCAL, Blaise. *Pensamentos*, aforismo 206. São Paulo: Abril Cultural, 1973. p. 95. (Coleção Os Pensadores)

Essa frase explicita a angústia de quem, no século XVII, vivenciou a substituição da teoria geocêntrica – aceita durante mais de vinte séculos – pela teoria heliocêntrica. A nova teoria não apenas retirou a Terra do centro do Universo, mas também desconstruiu uma estrutura que ordenava os espaços e hierarquizava o cosmo.

Em 1638, à revelia da Inquisição, foi publicada na Holanda a obra *Discursos e demonstrações matemáticas sobre duas novas ciências*, quando seu autor, Galileu, já cego, ainda se encontrava em prisão domiciliar. A partir desse último e importante trabalho, em que relacionou a hipótese copernicana às leis da mecânica, ligando a ciência da astronomia à física, pode-se dizer que nascia a física moderna e uma nova concepção de astronomia.

6 A síntese newtoniana

Isaac Newton (1642-1727) nasceu no ano em que morria Galileu. Em 1687, ele publicou a obra *Princípios matemáticos de filosofia natural* (conhecida como *Principia*), na qual começa tratando do ramo da física denominado mecânica até chegar à demonstração de todo o sistema solar.

Deve-se a Newton a elaboração da **teoria da gravitação universal**. A teoria científica consiste em um sistema que reúne e explica várias leis referentes a fenômenos naturais diversos. Assim, a teoria de Newton abarca as descobertas acumuladas pelas leis das órbitas celestes de Kepler e aplica-se a todos os corpos: queda livre, pêndulo, movimento planetário etc.

Suas teorias estimularam o desenvolvimento da ciência e permaneceram como parâmetros indiscutíveis durante duzentos anos, até que, na primeira metade do século XX, a teoria da relatividade e a física quântica suplantaram o paradigma newtoniano.

É interessante observar o contraste entre a condenação de Galileu, em 1633, e o fato de Newton ter sido sagrado cavaleiro pelo governo inglês, em 1705, honraria que nunca fora concedida a um estudioso das ciências. A mudança na orientação dos governos em relação às pesquisas científicas é justificada pelas inúmeras conquistas no campo das ciências obtidas no século XVII, tanto com a formulação de leis naturais do ponto de vista teórico como no desenvolvimento da tecnologia. Homens de negócio não ficaram de fora e passaram a investir na atividade científica.

Paradigma
Modelo, padrão; conjunto de teorias, técnicas, valores de uma determinada época e que, de tempos em tempos, entram em crise. No contexto, segundo o filósofo Thomas Kuhn, é a visão de mundo assumida pela comunidade científica em um determinado momento.

Leitura analítica

A Revolução Científica

"Admite-se de maneira geral que o século XVII sofreu, e realizou, uma radicalíssima revolução espiritual de que a ciência moderna é ao mesmo tempo a raiz e o fruto. Essa revolução pode ser descrita, e foi, de várias maneiras diferentes.

[...]

Em minha opinião, no entanto, esses aspectos são [...] expressões de um processo mais profundo e mais fundamental, em resultado do qual o homem, como às vezes se diz, perdeu seu lugar no mundo ou, dito talvez mais corretamente, perdeu o próprio mundo em que vivia e sobre o qual pensava, e teve de transformar e substituir não só seus conceitos e atributos fundamentais, mas até mesmo o quadro de referência de seu pensamento.

Pode-se dizer, aproximadamente, que essa revolução científica e filosófica [...] causou a destruição do cosmos, ou seja, o desaparecimento dos conceitos válidos, filosófica e cientificamente, da concepção do mundo como um todo finito, fechado e ordenado hierarquicamente (um todo no qual a hierarquia de valor determinava a hierarquia e a estrutura do ser, erguendo-se da terra escura, pesada e imperfeita para a perfeição cada vez mais exaltada das estrelas e das esferas celestes), e a sua substituição por um Universo indefinido e até mesmo infinito que é mantido coeso pela identidade de seus componentes e leis fundamentais, e no qual todos esses componentes são colocados no mesmo nível de ser.

Isso, por seu turno, implica o abandono, pelo pensamento científico, de todas as considerações baseadas em conceitos de valor, como perfeição, harmonia, significado e objetivo, e, finalmente, a completa desvalorização do ser, o divórcio do mundo do valor e do mundo dos fatos.

[...]

No entanto, apesar desse tremendo número de elementos, descobertas, teorias e polêmicas que em suas interconexões formam os complexos e comoventes antecedentes e as sequelas da grande revolução, a linha principal do grande debate, os principais passos da estrada que leva do mundo fechado para o Universo infinito destacam-se de modo claro nas obras de alguns grandes pensadores que, compreendendo profundamente sua importância basilar, deram plena atenção ao problema fundamental da estrutura do mundo."

KOYRÉ, Alexandre. *Do mundo fechado ao Universo infinito*. Rio de Janeiro/São Paulo: Forense Universitária/Edusp, 1979. p. 13-15.

Sequela
Consequência, resultado.

Basilar
Básico, fundamental.

Questões

1. Explique o que significa dizer que a ciência moderna é, ao mesmo tempo, a raiz e o fruto da revolução espiritual ocorrida no século XVII.
2. Relacione a frase de Pascal do final do capítulo com o mal-estar sentido no século XVII.
3. No final do texto, Koyré se refere ao "divórcio do mundo do valor e do mundo dos fatos". Explique como isso representa o nascimento da ciência moderna.

Atividades

Retomando os conteúdos

1. O que representa o conceito de humanismo no Renascimento?

2. O que significa o maquiavelismo e por que esse mito não se aplica a Maquiavel?

3. Responda às questões sobre a relação entre moral e política.

a) Qual é a concepção grega e a medieval?

b) O que mudou com a concepção maquiaveliana?

4. Faça uma comparação entre a física de Aristóteles e a física de Galileu.

5. Faça uma comparação entre a astronomia de Ptolomeu e a de Galileu.

6. Relacione o surgimento da ciência moderna com o fortalecimento da burguesia.

7. O que significa dizer que Galileu abandonou o mito do cosmo hierarquizado? O que significam "democratização" e geometrização do espaço físico?

Aprofundando os conceitos

8. Considerando as três características atribuídas à ciência moderna (racionalismo, antropocentrismo e saber ativo), explique como elas também valem para outros setores, como a religião, as artes e a política.

9. Interprete a citação de Claude Lefort sobre o pensamento maquiaveliano:

> "A inteligência da força, mais do que a própria força, está no coração da política".

10. Em uma carta enviada à madame Cristina de Lorena, Galileu escreve:

> "Não me sinto na obrigação de acreditar que o mesmo Deus que nos dotou de sentidos, razão e intelecto tencionava descartar o uso destes e por algum outro meio nos dar o conhecimento que com eles podemos obter [...] A intenção do Espírito Santo é ensinar-nos como se vai para o céu, e não como o céu funciona."
>
> Brody e Brody. *As sete maiores descobertas científicas da história*. São Paulo: Companhia das Letras, 1999. p. 64.

Explique a citação sob dois aspectos:

a) o significado dos sentidos e da razão para a nova ciência.

b) a relação entre ciência e fé.

As questões a seguir estão baseadas na peça *A vida de Galileu*, de Bertolt Brecht (São Paulo: Abril Cultural, 1977). Responda às questões.

11. Em 1968, a peça *A vida de Galileu* foi apresentada no Teatro Oficina de São Paulo, sob a direção de José Celso Martinez e com Claudio Corrêa e Castro no papel principal. Vivia-se o período da ditadura militar e, provocativamente, o diretor optou por vestir os religiosos de verde-oliva. Analise a comparação que ele desejou fazer entre esses dois momentos da história humana.

12. Leia o texto e responda às questões.

> "Terra e céu, para eles, não existem mais. A Terra, porque é uma estrela no céu, e o céu, porque é composto de terras. Não há mais diferença entre o alto e o baixo, entre o eterno e o perecível. Que nós perecemos, sabemos bem. Mas o que eles dizem é que também o céu perece."
>
> (fala do Monge, p. 109.)

a) Qual é o significado de "alto e baixo, eterno e perecível"?

b) Em que medida a nova astronomia "democratiza" o espaço?

13. Galileu tenta convencer um filósofo a ver pelo telescópio os satélites de Júpiter, cuja constatação contraria o sistema ptolomaico. O filósofo responde:

> "Senhor Galileu, antes de aplicarmos o seu famoso telescópio, gostaríamos de ter o prazer de uma disputa. Assunto: é possível que tais planetas existam?".
>
> (p. 78-79).

a) A que escola deveria pertencer esse filósofo, considerando o teor da questão por ele formulada?

b) Em que medida o questionamento do filósofo se contrapõe à proposta de Galileu?

Dissertação

14. Desenvolva uma dissertação com base no seguinte tema: "Em política, o fins justificam os meios".

Capítulo 19

Racionalismo e empirismo

1 As mudanças na modernidade

Chamamos *modernidade* ao período que se esboçou no Renascimento e desenvolveu-se na Idade Moderna, atingindo seu auge na Ilustração, no século XVIII. O paradigma de racionalidade que então se delineava era o de uma razão que busca se libertar de crenças e superstições, fundando-se na própria subjetividade e não mais na autoridade, seja ela política ou religiosa. A modernidade representa, portanto, o ápice de um processo que modificou a imagem do próprio ser humano e da concepção do mundo que o cerca.

O racionalismo foi responsável pelo crescente interesse pelo método. Já vimos, no capítulo anterior, que Galileu introduziu um novo modo de pensar a ciência. A Revolução Científica colocou em xeque a física aristotélica ao quebrar o modelo de compreensão do mundo. O receio de novos enganos levou os filósofos a levantar o problema do conhecimento, o que os obrigou a uma revisão da metafísica.

Proscênio
Parte posterior dos palcos dos teatros, junto à ribalta. Em sentido figurado, cenário, arena, lugar onde acontecem os fatos à vista de todos, ou onde a vida acontece.

IMAGNO/HULTON ARCHIVE/GETTY IMAGES

O ator austríaco Oskar Werner em cena de *Hamlet*, de Shakespeare, no Festival de Salzburgo, em 1970. Alguns autores defendem a tese de que Shakespeare foi o inventor do "eu" na modernidade. De sua época até nossos dias, o indivíduo nada mais fez do que ascender ao proscênio da vida política e sociocultural.

2 O problema do conhecimento: racionalismo e empirismo

Conteúdo multimídia: A teoria do conhecimento

Os filósofos antigos e medievais ocuparam-se sobretudo com o problema do *ser*, perguntando-se: "Existe alguma coisa?", "Isto que existe, o que é?". Com exceção dos céticos, entretanto, os filósofos não tinham questionado a capacidade humana de conhecer, até que, na Idade Moderna, voltaram-se para a teoria do conhecimento. Ou seja, na modernidade, o problema não estava em saber se as coisas são, mas se *nós* podemos eventualmente conhecê-las. Portanto, as perguntas eram outras: "O que é possível conhecer?", "Qual é o critério de certeza para saber se há adequação entre o pensamento e o objeto?".

Das questões epistemológicas, isto é, relativas ao conhecimento, derivou a ênfase que marcaria a filosofia daí por diante. As soluções apresentadas a esse problema deram origem a duas correntes filosóficas: o *racionalismo* e o *empirismo*.

- O **racionalismo** engloba as doutrinas que enfatizam o predomínio do papel da razão no processo do conhecimento. Na Idade Moderna, destacam-se como racionalistas Espinosa, Leibniz e, principalmente, René Descartes.
- O **empirismo** enfatiza o papel da experiência sensível no processo do conhecimento, tendência representada por Francis Bacon, John Locke, David Hume e George Berkeley.

Empirismo
Do grego *empeiría*, "experiência". Conhecimento que se baseia sobretudo nos sentidos e na experiência.

3 O racionalismo cartesiano

19.1 Biblioteca do estudante: Leitura complementar

Descartes é considerado o "pai da filosofia moderna" porque, ao eleger a consciência como ponto de partida da investigação filosófica, abriu caminho para a discussão sobre conhecimento, ciência e ética, sobretudo ao enfatizar a capacidade humana de construir o próprio conhecimento.

O propósito inicial de Descartes era encontrar um método seguro que o conduzisse à verdade indubitável. Procurou-o no ideal matemático, o que significava usar na filosofia o tipo de conhecimento peculiar à matemática. Como sabemos, o conhecimento matemático é inteiramente dominado pelo raciocínio – e não pelos sentidos –, e baseado na ordem e na medida, o que lhe permite estabelecer cadeias de razões para deduzir uma coisa de outra.

Vida e obra

René Descartes (1596-1650) é também conhecido pelo nome latino de Cartesius, por isso seu pensamento é dito "cartesiano". Desde muito jovem, o filósofo interessou-se por matemática, geometria e álgebra. Entre os estudos que desenvolveu, estão a geometria analítica e as chamadas *coordenadas cartesianas*. Conhecedor da ciência de seu tempo, Descartes criticou a educação recebida dos jesuítas, marcada pelo aristotelismo. Ao propor a reconstrução do saber, inaugurou um novo modo de pensar. Viveu em um período conturbado e, por temor da Inquisição após a condenação de Galileu, aceitou o convite da rainha Cristina para morar na Suécia, onde veio a falecer, talvez devido ao rigoroso inverno. Escreveu *Discurso do método*, *Meditações metafísicas*, *Regras para a direção do espírito*, *Tratado do mundo*, *Princípios de filosofia*, *Tratado das paixões da alma*, além de outras obras e inúmeras cartas.

THIERRY LE MAGE/RMN/OTHER IMAGES - MUSEU DO LOUVRE, PARIS

Retrato de René Descartes, pintura de Frans Hals, 1649.

Para tanto, Descartes estabeleceu quatro regras para o método:

- **Da evidência:** acolher apenas o que aparece ao espírito como ideia clara e distinta.
- **Da análise:** dividir cada dificuldade em parcelas menores para resolvê-las por partes.
- **Da ordem:** conduzir por ordem os pensamentos, começando pelos objetos mais simples e mais fáceis de conhecer para só depois lançar-se aos mais compostos.
- **Da enumeração:** fazer revisões gerais para ter certeza de que nada foi omitido.

Vejamos como essas regras foram aplicadas para fundamentar a filosofia.

A dúvida metódica

Conteúdo multimídia: *Descartes*

Descartes busca uma verdade primeira que não seja posta em dúvida. Começa duvidando de tudo: do testemunho dos sentidos, das afirmações do senso comum, dos argumentos de autoridade, das verdades deduzidas pelo raciocínio, da realidade do mundo exterior e da realidade de seu próprio corpo.

Trata-se da **dúvida metódica**, pela qual indaga se poderia encontrar algo que fosse inteiramente indubitável. Por isso, Descartes não é um filósofo cético: ele busca uma verdade.

Cogito, ergo sum

Descartes só interrompe a cadeia de dúvidas quando se depara com o seu próprio ser que duvida:

19.2 Visão do especialista

> "[...] enquanto eu queria assim pensar que tudo era falso, cumpria necessariamente que eu, que pensava, fosse alguma coisa. E, notando que esta verdade *eu penso, logo existo* era tão firme e tão certa que todas as mais extravagantes suposições dos céticos não seriam capazes de a abalar, julguei que podia aceitá-la, sem escrúpulo, como o primeiro princípio da filosofia que procurava."

DESCARTES, René. *Discurso do método*. São Paulo: Abril Cultural, 1973. p. 54.

Saiba mais

O *cogito* cartesiano consiste na frase latina *Cogito, ergo sum*, isto é, "Penso, logo existo". Não se entenda, porém, a conjunção "logo" como a conclusão de um raciocínio dedutivo. Para Descartes, trata-se de uma intuição pura, pela qual o ser pensante é percebido.

O "eu" é puro pensamento, uma *res cogitans* ("um ser pensante"). Portanto, é como se dissesse: "existo enquanto penso". Com essa primeira intuição, Descartes julga estar diante de uma ideia clara e distinta, a partir da qual seria reconstruído todo o saber.

Em seguida, Descartes se pergunta como poderia sair do próprio pensamento e recuperar o mundo do qual tinha duvidado. Inicialmente, indaga se, além da evidência do *cogito*, existiriam no espírito outras *ideias inatas*, verdadeiras, não sujeitas a erro, ideias que viriam da razão e não dos sentidos. A primeira ideia examinada por Descartes depois do *cogito* é a ideia de Deus.

A ideia de Deus

Deus seria a garantia de poder conhecer algo além do meu pensamento que duvida. Mas, e se houvesse um Deus enganador, um gênio maligno que me desse a ilusão do conhecimento? Para prosseguir na cadeia de evidências, Descartes propõe-se provar a existência de Deus. E afirma:

> "Pelo nome de Deus entendo uma substância infinita, eterna, imutável, independente, onisciente, onipotente e pela qual eu próprio e todas as coisas que são (se é verdade que há coisas que existem) foram criadas e produzidas."
>
> DESCARTES, René. *Meditações metafísicas*. São Paulo: Abril Cultural, 1973. p. 115.

Onisciente
Do latim *omnes*, "tudo". Ser que tudo sabe.

Onipotente
Ser que tudo pode.

Mas, se essa ideia de fato existe na mente, o que garante que representa algo real? Ou seja, Deus existe de fato? Uma das provas da existência de Deus é assim formulada: o pensamento desse objeto – Deus – é a ideia de um ser perfeito; se um ser é perfeito, deve ter a perfeição da existência; caso contrário, lhe faltaria algo para ser perfeito. Portanto, ele existe. Uma vez estabelecida, por dedução, a ideia inata de Deus como ser perfeito, o passo seguinte seria indagar sobre a realidade das coisas materiais.

O mundo

A existência de Deus é garantia de que os objetos pensados por ideias claras e distintas são reais. Portanto, o mundo existe de fato. E, entre as coisas do mundo, o meu próprio corpo existe.

Os objetos do mundo externo, porém, chegam à consciência como ideias que têm uma realidade externa. Por isso, Descartes aplicou o seu método para verificar quais dessas ideias são claras e distintas. Rejeitou as qualidades como cor, sabor, peso e som por serem subjetivas e delas não termos ideias claras e distintas. Encontrou na ideia de **extensão** uma propriedade essencial do mundo material e, portanto, uma ideia clara e distinta.

Ao intuir o *cogito*, Descartes já identificara a *res cogitans* ("coisa pensante"); a ela une a *res extensa* ("coisa extensa"), o corpo, também atributo das coisas do mundo. À extensão, acrescentou a ideia de movimento, que Deus injetou no mundo quando o criou.

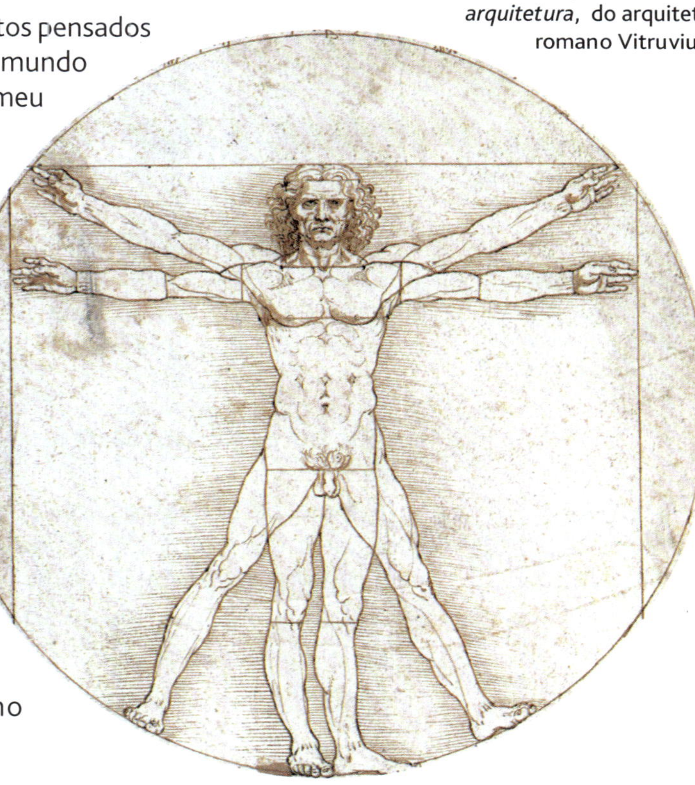

Homem vitruviano ou *Homem de Vitruvius* (c. 1490), desenho das proporções do corpo humano feito por Leonardo da Vinci (1452-1519) para o livro *Da arquitetura*, do arquiteto romano Vitruvius.

PHOTOSCALA, FLORENCE/GLOWIMAGES - GALERIA DA ACADEMIA, VENEZA - CORTESIA DO MINISTÉRIO PARA OS BENS E AS ATIVIDADES CULTURAIS

O dualismo corpo-consciência

No percurso realizado por Descartes, nota-se uma incontestável valorização da razão, do entendimento, do intelecto. Em sua filosofia acentua-se o caráter absoluto e universal da razão, que, partindo do *cogito*, e só com suas próprias forças, descobre todas as verdades possíveis.

Outra consequência do *cogito* é o **dualismo corpo-consciência,** ou dicotomia psicofísica, segundo o qual o ser humano é um ser duplo, composto de substância pensante e substância extensa. Descartes sente dificuldade para conciliar as duas substâncias, cujo antagonismo tornou-se objeto de debates durante os dois séculos subsequentes. De fato, o corpo é uma realidade física e fisiológica: possui massa, extensão no espaço e movimento e é capaz de desenvolver atividades de alimentação, digestão etc. Por isso, está sujeito às leis deterministas da natureza. Por sua vez, as principais atividades da mente, como recordar, raciocinar, conhecer e querer, não têm extensão no espaço nem localização. Nesse sentido, não se submetem às leis físicas.

Estabelecem-se, portanto, dois domínios diferentes: *o corpo*, objeto de estudo da ciência, e *a mente*, objeto apenas de reflexão filosófica. Essa distinção marcará as dificuldades do desenvolvimento das chamadas ciências humanas a partir do final do século XIX.

Reflita

A escultura de Rodin, universalmente usada para representar a reflexão filosófica, exige, ela mesma, nossa reflexão: para Descartes, seria o momento primeiro de introspecção puramente racional, na busca das ideias claras e distintas.

- E você, como interpreta a escultura de Rodin?

THE BRIDGEMAN ART LIBRARY/GRUPO KEYSTONE - MUSEU RODIN, PARIS

O pensador, escultura de Auguste Rodin, 1881.

Panteísmo
Tudo é Deus; Deus é imanente ao mundo. Segundo alguns, Espinosa é *panteísta*, conceito que traz uma sutileza: tudo está em Deus, sem no entanto ser Deus. No caso, a diferença entre a substância divina e os seus modos.

Imanência
Na teologia, significa que Deus faz parte do mundo, não é exterior à natureza.

Transcendência
Na teologia, significa que Deus é separado do mundo que criou e é superior a ele.

4 Espinosa: conhecimento e liberdade

Ainda no século XVII, o racionalista Baruch Espinosa foi autor de uma teoria original ao privilegiar a ética na construção do pensamento. Para ele, o conhecimento humano depende dos tipos de afetos que prevalecem no indivíduo. Vejamos como sua teoria parte de uma concepção inusitada das relações entre Deus e a natureza.

Deus, ou seja, natureza

19.3 Biblioteca do estudante: Leitura complementar

A maior parte dos filósofos concebe Deus como um ser criador e superior ao mundo e que oferece um conjunto de normas de conduta a serem seguidas mediante o controle das paixões. Espinosa não aceita essa tradição e propõe uma teoria panteísta.

Para Espinosa, Deus é a substância que constitui o Universo inteiro e não se separa de tudo aquilo que produziu: todas as coisas são *modos* da substância infinita. Por isso, Deus é *causa imanente* (e não *transcendente*) dos seus modos, entre os quais se encontra o ser humano. Daí a conhecida expressão latina referente a ele: *Deus sive natura* ("Deus ou natureza").

Vida e obra

Baruch Espinosa (1632-1677), filósofo judeu holandês, sofreu inúmeros reveses em sua vida. Acusado de heresia, foi expulso da sinagoga da qual fazia parte. Ocupou-se como polidor de lentes, o que garantia sua sobrevivência, e dedicou-se à reflexão. Escreveu *Tratado da reforma do entendimento*, *Tratado teológico-político* e *Ética*, entre várias obras mal compreendidas e quase nunca lidas, tanto no seu século como nos subsequentes. Sofreu acusações ora de ateísmo, ora de panteísmo. Considerado por muitos um filósofo determinista, no sentido de negar a liberdade humana, Espinosa, ao contrário, criticou toda forma de poder, quer político, quer religioso, ao esclarecer quais são os obstáculos à vida, ao pensamento e à política livres. Investigou o que nos leva à servidão e à obediência, o que permite e o que impede o exercício da liberdade.

PHOTO AUSTRIAN ARCHIVES/SCALA FLORENÇA/GLOWIMAGES - BIBLIOTECA HERZOGLICHE, WOLFENBUETTEL

Retrato de Baruch Espinosa, da escola alemã, séc. XVII.

Para entender como conhecemos e agimos, Espinosa analisa os afetos e apetites humanos "como se tratasse de linhas, de superfícies ou de volumes", construindo assim uma "geometria da afetividade humana". Por isso, a teoria espinosana é com frequência interpretada como *determinista*, isto é, como negadora da liberdade humana. No entanto, as consequências que extraiu da sua ética seguem, no sentido inverso, na direção de uma concepção inovadora da relação corpo-mente e de uma ética da alegria e da liberdade, bem como de uma política de crítica à servidão.

Determinismo e liberdade

Espinosa não nega a causalidade interna (o determinismo), antes a considera adequada para que o ser humano atinja a sua essência. Como, então, entender em que sentido ele defende a liberdade como autodeterminação? Para explicar esse processo, Espinosa usa o conceito de *conatus*, termo latino que significa esforço físico ou moral, mas no sentido de uma tendência natural e espontânea de autoconservação. Assim diz Espinosa:

> "Toda a coisa se esforça, enquanto está em si, por perseverar no seu ser".
>
> ESPINOSA, Baruch. *Ética*. São Paulo: Abril Cultural, 1973. p. 188.

Se é natural que todo ser visa a "perseverar no seu ser", isso significa que queremos existir de acordo com a natureza e não contra ela. É o conhecimento racional que nos permite distinguir os desejos verdadeiros – próprios da nossa natureza – daqueles que nos afastam dela. Apenas se tivermos um *conhecimento adequado* de nós mesmos poderemos nos tornar livres.

Já os falsos desejos decorrem de um *conhecimento inadequado*, por serem estimulados exteriormente e se constituírem fonte de fantasias e ilusões. Os afetos que nos escravizam são aqueles que nos tornam "estranhos a nós mesmos", e dessa maneira impedem a expressão plena de nossa natureza.

Quando a potência de existir – que é o desejo – se realiza conforme nossa natureza, sentimos *alegria*; mas quando ele é contrariado, sentimos *tristeza*. Sentir alegria ou tristeza são dimensões de nossa afetividade. No caso da tristeza, quando nos orientamos por valores exteriores a nós mesmos, nos tornamos heterônomos. Ao contrário, a realização do desejo que atende a uma necessidade positiva nos permite agir para realizar nosso ser, o que nos traz alegria e libertação, porque aumenta nossa potência de ser.

Heteronomia
Do grego *hetero*, "diferente", e *nomos*, "lei". Portanto, nossa ação não é comandada por nós mesmos, mas por outros.

Reflita

- Quando somos obrigados a realizar um trabalho que não escolhemos, quando sofremos sob um governo autoritário que nos obriga a agir e a pensar de modo diferente do que gostaríamos, quando sucumbimos aos apelos consumistas, sentimos a "diminuição do nosso ser". Como Espinosa explicaria esses fatos?

Relação corpo-mente

Paixão
Em grego, *pathos* significa "padecer", "sofrer", no sentido de algo que ocorre no sujeito independentemente de sua vontade. Ao padecer, não somos nós que agimos, mas sofremos a ação de uma causa exterior. Esse sentido vale inclusive para a paixão amorosa: somos "arrebatados" pelo sentimento amoroso.

Na história da filosofia, Espinosa é uma exceção na tentativa de superar a dicotomia corpo-consciência, porque buscou restabelecer a unidade humana. Ao analisar as possibilidades de expressão da liberdade, desafiou a tradição vinda dos gregos. A novidade é a teoria segundo a qual não há relação de hierarquia entre corpo e espírito: nem o espírito é superior ao corpo, nem o corpo determina a consciência.

Vejamos como Espinosa concebe as paixões da alegria e da tristeza. Qual é a diferença entre elas?

- A alegria é a passagem do ser humano de uma perfeição menor para uma maior.
- A tristeza é a passagem do ser humano de uma perfeição maior para uma menor.

A alegria, ao aumentar o nosso ser e a nossa potência de agir (nosso *conatus*), aproxima-nos do ponto em que nos tornaremos senhores dela e, portanto, dignos de ação. Assim, o amor é a alegria do amante, fortificada pela presença do amado ou da coisa amada. Outras expressões da alegria são o contentamento, a admiração, a estima e a misericórdia.

A tristeza afasta-nos cada vez mais da nossa potência de agir, por ser geradora de ódio, aversão, temor, desespero, indignação, inveja, crueldade, ressentimento, melancolia, remorso, vingança etc.

CASTLE ROCK ENTERTAINMENT/ARCHIVES DU 7e ART/DR/PHOTO12/GLOWIMAGES

Cena do filme *Othello*, de Oliver Parker, 1995. Em *Otelo*, de Shakespeare, as paixões tristes da inveja e do ciúme são os componentes da tragédia.

E quanto à alma, qual é sua força e sua fraqueza? A virtude da alma, no sentido primitivo de força, de poder, consiste na atividade de pensar, conhecer. Portanto, sua fraqueza é a ignorância. Quando a alma se reconhece capaz de produzir ideias, passa a uma perfeição maior e é afetada pela alegria. Mas, se em alguma situação a alma não alcança esse entendimento, a descoberta de sua impotência provoca o sentimento de diminuição do ser e, portanto, a tristeza. Nesse caso, a alma está passiva.

As paixões tristes

O que fazer para evitar a paixão triste e propiciar a paixão alegre?

Para Espinosa, a alma não determina o movimento ou o repouso do corpo, nem o corpo leva a alma a pensar, por isso não cabe ao espírito combater as paixões tristes. O que as destruirá só pode ser uma paixão alegre, nas situações em que, de meros joguetes dos nossos afetos, podemos passar a senhores deles. Dessa forma, um afeto jamais é vencido por uma ideia, mas um afeto forte é capaz de destruir um afeto fraco.

Dessa forma, as paixões alegres permitem o desenvolvimento humano, facilitam o encontro das pessoas e nos tornamos ativos, senhores de nossas ações. As paixões tristes impedem o crescimento, corrompem as relações e as orientam para as formas de exploração e destruição.

Leitura analítica

Espinosa

"As translúcidas mãos desse judeu
Na penumbra cinzelam os cristais,
E a tarde que se esvai é medo e frio.
(As tardes sempre às tardes são iguais).
As mãos, bem como o espaço de jacinto
Que empalidece nos confins do gueto,
Quase inexiste para o homem quieto
Que está sonhando um claro labirinto.
Não o perturba a fama, esse reflexo
De sonhos no sonho de outro espelho,
Nem o amor temeroso das donzelas.
Liberto da metáfora e do mito,
Lavra um árduo cristal: o infinito
Mapa daquele que é suas estrelas."

BORGES, Jorge Luis. Espinosa. Citado em: FERREIRA, Maria Luísa Ribeiro. Espinosa a partir de um poema. In: *Revista Conatus – filosofia de Spinoza*, v. 1, n. 2. Disponível em: www.benedictus-despinoza.pro.br. Acesso em: 30 mar. 2011.

Cinzelar
Usar o cinzel, instrumento de metal que serve para esculpir.

Gueto
Bairro onde os judeus eram obrigados a residir separados dos demais.

Questões

1. A partir do que você leu no boxe "Vida e obra", explique por que Espinosa "cinzelava cristais".
2. O que Borges quis dizer em relação a Espinosa: "não o perturba a fama, esse reflexo de sonhos no sonho de outro espelho"?
3. O que significa dizer que Espinosa está "liberto da metáfora e do mito"?
4. O que significa dizer que Espinosa "lavra um árduo cristal: o infinito mapa daquele que é suas estrelas"?

Leitura analítica

O mundo e a consciência

"O dualismo cartesiano e a doutrina da total separação das substâncias levam, no limite, a um estranhamento da consciência em relação ao mundo. Mas hoje sabemos que a consciência não pode ser posta como uma entidade absolutamente autônoma e separada, a não ser em termos estritamente metodológicos. Por isso, somos levados a considerar não apenas o problema das relações *entre* a consciência e o mundo, como também a questão, para nós talvez mais premente, da consciência *no* mundo. Pois o progresso e a obtenção da sabedoria através do correto exercício da razão são inseparáveis da consideração da *história* da humanidade, em que Descartes toca apenas superficialmente. Hoje sabemos que todas as realizações humanas, e mesmo a relação do homem com aquilo que eventualmente o ultrapassa e o transcende, passam pela mediação da história, que é necessariamente o nosso contexto de conhecimento e de ação.

Isso nos leva a procurar saber, principalmente diante do desenvolvimento histórico dos últimos tempos, até que ponto o homem é senhor de suas próprias realizações. Há elementos para acreditar que, embora os *meios* que o progresso técnico e científico colocou à disposição dos homens tenham um alcance incalculável, a capacidade de servir-se de tais meios para promover os *fins* mais compatíveis com a felicidade e a dignidade humanas é limitada. Para Descartes, a *sabedoria* deveria aproximar meios e fins. Mas ele concebia essa relação sem a mediação significativa do desenvolvimento histórico que obrigatoriamente aí se interpõe. A experiência nos ensinou que o progresso do saber nem sempre caminha junto com o progresso da sabedoria e que os homens por vezes parecem ter dificuldades para lidar com os frutos do conhecimento: os produtos da ciência ameaçam voltar-se contra nós. É essa uma perspectiva que contraria completamente as mais autênticas aspirações da filosofia cartesiana, mas que, ainda assim, se coloca como distorção a ser compreendida a *partir* do ideal de conhecimento como domínio e posse da natureza.

Desse modo, podemos dizer que a filosofia de Descartes projeta a luz e a sombra. A consciência humana, através do saber e dos produtos desse saber, pode iluminar o mundo e a vida. Mas, se o progresso do saber não estiver vinculado aos parâmetros de autonomia, liberdade, dignidade e felicidade, o futuro do homem pode apresentar-se como um horizonte sombrio.

Entre essas duas faces da herança cartesiana, cabe ao homem escolher."

SILVA, Franklin Leopoldo e. *Descartes*: a metafísica da modernidade. São Paulo: Moderna, 1993. p. 103-104. (Coleção Logos)

Questões

1. Qual é a distinção feita pelo autor entre consciência **e** mundo e consciência **no** mundo?
2. Em que sentido Descartes teria descartado a história?
3. Explique o que significa dizer que a filosofia de Descartes projetou luz e sombra.

5 Bacon, Locke e Hume: o empirismo inglês

Ao contrário do racionalismo, o empirismo enfatiza o papel dos sentidos e da experiência sensível no processo do conhecimento. A tendência empirista disseminou-se principalmente na Inglaterra. Esta forte tradição empirista remonta às pesquisas realizadas na Universidade de Oxford, no século XIII, como vimos no Capítulo 17 (A ciência na Idade Média).

Veremos na sequência as ideias dos filósofos Francis Bacon, John Locke e David Hume, expoentes do pensamento empirista nos séculos XVII e XVIII.

6 Francis Bacon: saber é poder

Francis Bacon (1561-1626) foi um nobre inglês que fez carreira política e chegou a chanceler no governo do rei Jaime I. Como filósofo, planejou uma grande obra, *Instauratio magna* ("A grande instauração"), da qual faz parte o *Novum organum* ("Novo órgão"), que, por sua vez, tem o significativo subtítulo "Indicações verdadeiras acerca da interpretação da natureza".

De acordo com o espírito da nova ciência moderna, Bacon aspirava a um saber instrumental, mostrando-se crítico severo da filosofia medieval, por ser contemplativa e portanto desinteressada e desvinculada das aplicações práticas. Sobre a lógica aristotélica, argumentava que a dedução é inadequada para o progresso da ciência. Propôs o estudo pormenorizado da indução, considerado um método mais eficiente de descoberta, e insistiu na necessidade da experiência e da investigação rigorosa.

Assim diz Bacon:

> "Os gregos, com efeito, possuem o que é próprio das crianças: estão sempre prontos para tagarelar, mas são incapazes de gerar, pois a sua sabedoria é farta em palavras, mas estéril em obras."
>
> BACON, Francis. *Novum organum*. São Paulo: Abril Cultural, 1973. p. 47. (Coleção Os Pensadores)

HERVÉ LEWANDOWSKI/RMN/OTHER IMAGES - MUSEU D'ORSAY, PARIS

Ninfeias azuis, pintura de Claude Monet, 1916-1919. No final do século XIX e começo do século XX, os pintores impressionistas romperam com a arte tradicional ao pintar ao ar livre, exprimindo a sensação visual das transparências do ar e da água. É possível relacionar o impressionismo ao empirismo, porque o pintor está interessado em transpor para a tela a primeira impressão que se forma na retina quando lança seu olhar para a natureza. Sua mente é, como diriam os empiristas, uma folha em branco. As pinceladas curtas, soltas, as puras manchas de cor e a ausência de contorno correspondem às impressões sensíveis – o ponto de partida do conhecimento na matriz empirista.

Os ídolos

Bacon iniciou seu trabalho pela denúncia dos preconceitos e das noções falsas que dificultam a apreensão da realidade, aos quais chama de ídolos.

- **Ídolos da tribo:** "estão fundados na própria natureza humana, na própria tribo ou espécie humana". São os preconceitos que circulam na comunidade em que se vive. Trata-se da comodidade das verdades dadas e não questionadas, o que é o contrário do espírito científico, cujas hipóteses devem ser confirmadas pelos fatos. Por exemplo, é o caso das generalizações da astrologia, para ele uma falsa "ciência".

  Esses ídolos também levam a explicações antropomórficas, ao se atribuírem à natureza características propriamente humanas. Por exemplo, os antigos diziam que "a natureza tem *horror* ao vácuo", ou então, que "os corpos caem porque eles *tendem* para baixo". Os alquimistas identificam a natureza bruta com o comportamento humano, ao se referir à simpatia e à antipatia de certos fenômenos.
- **Ídolos da caverna:** são os provenientes ou próprios de cada pessoa como indivíduo. E completa:

Ídolo
Do latim *idolum* e do grego *eidolon*, cujo significado é "imagem". Do ponto de vista religioso, é a imagem de uma divindade para ser cultuada. Para Bacon, é a ideia falsa e ilusória.

Foro
Do latim *forum*, "praça pública", "mercado". Em Roma, local do comércio e dos tribunais.

"Cada um [...] tem uma caverna ou uma cova que intercepta e corrompe a luz da natureza; seja devido à natureza própria singular de cada um; seja devido à educação ou conversação com os outros; seja pela leitura dos livros ou pela autoridade daqueles que se respeitam e admiram."

BACON, Francis. *Novum organum*. São Paulo: Abril Cultural, 1973. p. 27. (Coleção Os Pensadores)

Alguns indivíduos observam as diferenças entre as coisas, e outros, as semelhanças; uns são mais contemplativos, outros, mais práticos, e assim por diante.

FRANCESCO IACOBELLI/ALAMY/OTHER IMAGES

Ruínas do Fórum Romano, com destaque para o Arco de Sétimo Severo, Roma, em foto de 2010. O fórum era o centro da vida romana. Assuntos de interesse público e privado eram tratados nos estabelecimentos comerciais, nos templos e nos tribunais que lá se localizavam.

- **Ídolos do mercado (ou ídolos do foro):** são os que decorrem das relações comerciais, nas quais as pessoas se comunicam por meio das palavras, sem perceber que a linguagem tem um efeito perturbador, distorcendo a realidade e nos arrastando para inúteis controvérsias e fantasias. Por exemplo, palavras como "sorte" ou "primeiro motor" referem-se a coisas inexistentes.
- **Ídolos do teatro:** são os "ídolos que imigraram para o espírito dos homens por meio das diversas doutrinas filosóficas e também pelas regras viciosas da demonstração". Por isso, com eles Bacon compara os sistemas filosóficos a fábulas que poderiam ser representadas no palco. Muitas vezes essas doutrinas mesclam-se com a teologia, o saber comum ou as superstições arraigadas.

Reflita

- Discuta com seu colega quais são os principais preconceitos que vigoram no meio em que vocês vivem, seja no país, na escola ou em seus grupos de amizade.

De formigas, aranhas e abelhas

Para Bacon, o método indutivo poderia ser aplicado com rigor apenas após a depuração do pensamento, quando os ídolos deixariam de corromper-lhe. Não se trata, porém, da indução aristotélica, mas de uma indução que se constitui como chave interpretativa. Como a indução baconiana visava estabelecer leis científicas, devia proceder à enumeração exaustiva de manifestações de um fenômeno e ao registro de suas variações, para então testar os resultados por meio de experiências.

Assim Bacon avalia:

"Os que se dedicaram às ciências foram ou empíricos ou dogmáticos. Os empíricos, à maneira das formigas, acumulam e usam as provisões; os racionalistas, à maneira das aranhas, de si mesmos extraem o que lhes serve para a teia. A abelha representa a posição intermediária: recolhe a matéria-prima das flores do jardim e do campo e com seus próprios recursos a transforma e digere."

BACON, Francis. *Novum organum*. São Paulo: Abril Cultural, 1973. p. 69. (Coleção Os Pensadores)

Ideal baconiano

A importância de Bacon decorre da valorização da experiência, fundamental para o desenvolvimento da ciência. Até hoje nos referimos ao ideal baconiano para designar essa esperança desmedida nos benefícios da ciência e do progresso, cujas consequências danosas começamos a sentir no século XX, como a devastação da natureza.

Reflita

- O ideal baconiano, segundo o qual "saber é poder", mostrou-se no século XX como uma experiência danosa ao se buscar o progresso a qualquer custo. Converse com um colega para listar exemplos de como o desenvolvimento tecnológico pode ao mesmo tempo trazer benefícios e causar riscos e danos às pessoas e ao meio ambiente.

7 John Locke: a *tabula rasa*

O filósofo inglês John Locke (1632-1704) elaborou uma teoria do conhecimento na obra *Ensaio sobre o entendimento humano*, que tem por objetivo saber "qual é a essência, qual a origem, qual o alcance do conhecimento humano".

Locke criticou a doutrina das ideias inatas de Descartes afirmando que a alma é como uma *tabula rasa* – tábua sem inscrições –, como um papel em branco ou um pedaço de cera em que não há qualquer impressão. Quis dizer com isso que o conhecimento começa apenas a partir da experiência sensível. Se houvesse ideias inatas, as crianças já nasceriam com elas, além de que a ideia de Deus não se encontra em toda parte, pois há povos sem essa representação ou, pelo menos, sem a representação de Deus como ser perfeito.

BOL/H VOSS/BSIP/GLOWIMAGES

O selo de cera era usado para lacrar documentos, e, em seguida, imprimia-se o carimbo que identificava o remetente. Locke usa o exemplo para comparar com a mente, que inicialmente é igual a uma cera em que ainda nada foi inscrito.

A origem das ideias

Ao investigar a origem das ideias, ao contrário dos filósofos racionalistas, que privilegiavam as verdades de razão – típicas da lógica e da matemática –, Locke preferiu o caminho psicológico ao indagar como se processa o conhecimento. Distinguiu, então, duas fontes possíveis para nossas ideias: a *sensação* e a *reflexão*.

A sensação

A **sensação** resulta de um estímulo externo, pelo qual a mente é modificada por meio dos sentidos. Locke observou que pela sensação percebemos as qualidades das coisas que produzem as ideias em nós. Essas qualidades são *primárias* ou *secundárias*.

- As *qualidades primárias* são objetivas, pois existem realmente nas coisas: a solidez, a extensão, a configuração, o movimento, o repouso e o número.
- As *qualidades secundárias*, ao contrário das primárias, variam de sujeito para sujeito e, como tais, são em parte relativas e subjetivas: a cor, o som, o odor, o sabor etc.

A reflexão

A **reflexão** se processa internamente; é a percepção que a alma tem daquilo que nela ocorre. Assim, a razão reúne as ideias, as coordena, compara, distingue, compõe, ou seja, as ideias entram em conexão entre si. Desse modo, são formadas as *ideias complexas*, por exemplo, as ideias de identidade, existência, substância, causalidade etc.

Como se vê, contrariamente ao pensamento de Descartes, para Locke não existem ideias inatas. E, como as ideias são "construídas" pelo intelecto, não se pode dizer que conhecemos a essência das coisas. As ideias complexas não têm validade objetiva, são apenas nomes de que nos servimos para ordenar as coisas. Portanto, as ideias têm valor prático, e não cognitivo.

Reflita

- Se você leu com atenção o Capítulo 16, "Razão e fé", no qual abordamos a questão dos universais, poderá comparar a posição de Locke sobre as ideias complexas com a posição nominalista do monge inglês Guilherme de Ockham. Quais são as semelhanças?

Se o intelecto sozinho não é capaz de inventar ideias, mas depende da experiência, que fornece o conteúdo do pensamento, como fica para Locke a ideia de Deus, já que todo conhecimento passa necessariamente pelos sentidos? Para ele, só estamos "menos certos" com relação à existência das coisas externas, mas o mesmo não ocorre quando se trata da existência de Deus. Por certeza intuitiva, sabemos que o *puro nada* não produz um ser real. Ora, se os seres reais não existem desde toda a eternidade, eles devem ter tido um começo, e o que teve um começo deve ter sido produzido por algo. Assim, Locke conclui que deve existir um ser eterno, que pode ser denominado Deus.

Como vemos, o empirista Locke recorre a um argumento metafísico para provar a existência de Deus. Veremos a seguir como Hume e Kant retomam esse tema.

8 David Hume: o hábito e a crença

David Hume, filósofo escocês, levou mais adiante o empirismo de Francis Bacon e John Locke. Conforme a tradição empirista, em sua obra *Tratado da natureza humana*, Hume preconiza que a observação e a generalização constituem o método de investigação.

Impressões e ideias

Hume afirma que o conhecimento tem início com as percepções individuais, que podem ser *impressões* ou *ideias*. As **impressões** são as percepções originárias que se apresentam à consciência com maior vivacidade, como as sensações (ouvir, ver, sentir dor ou prazer etc.).

As **ideias** são cópias pálidas das impressões e, portanto, mais fracas. Ou seja, o *sentir* (impressão) distingue-se do *pensar* (ideia) pelo grau de intensidade e pela anterioridade da impressão em relação à ideia. Desse modo, Hume confirma seu empirismo e rejeita as ideias inatas.

Vida e obra

David Hume (1711-1776), filósofo e historiador escocês, foi um estudioso precoce, leitor de obras dos mais diversos teores. Ensaísta brilhante, seu pensamento crítico e naturalista é representativo do Iluminismo, sobretudo pela sua significativa presença na França, onde teve contato com os enciclopedistas. Empirista convicto e conhecedor da evolução científica de sua época, Hume insistiu sobre a impossibilidade de o conhecimento ir além da experiência. A crítica à religião e a postura cética lhe valeram a acusação de ateísmo. A novidade do seu pensamento influenciou decisivamente os filósofos posteriores, seja para rejeitá-lo, seja para levar em conta sua crítica à metafísica. Suas principais obras são: *Tratado da natureza humana*, *Investigação sobre o entendimento humano*, *História da Inglaterra* e *A história natural da religião*, entre outras.

THE BRIDGEMAN ART LIBRARY/KEYSTONE - SCOTTISH NATIONAL PORTRAIT GALLERY, EDINBURGH, SCOTLAND

Retrato do filósofo David Hume (1766) por Allan Ramsay (1713-1784).

As ideias, por sua vez, podem ser complexas, quando as combinamos entre si por meio de associações mentais. Hume dá o exemplo de uma montanha de ouro e de um centauro: são seres imaginários, mas os elementos que associamos para compô-los existem de fato.

As relações de causalidade

Com o exemplo do centauro, constatamos que a imaginação é um feixe de percepções unidas por associação a partir da semelhança, da contiguidade (no espaço ou no tempo) e da relação de causa e efeito. Essas relações não podem ser observadas, pois não pertencem aos objetos. As relações são apenas modos pelos quais passamos de um objeto a outro, de um termo a outro, de uma ideia particular a outra, simples passagens externas que nos permitem associar os termos a partir dos princípios de *semelhança*, de *contiguidade* ou de *causalidade*.

Por exemplo, quando uma bola de bilhar se choca com outra, colocando-a em movimento, não há nada na experiência que justifique denominar a primeira bola como causa do movimento da segunda. A mesma situação se apresenta quando associamos calor e fogo, peso e solidez, ou quando concluímos que o Sol surgirá amanhã porque surgiu ontem e hoje.

Hume negava, portanto, a validade universal do princípio de causalidade e da noção de necessidade a ele associada. O que observamos é a sucessão de fatos ou a sequência de eventos, e não o nexo causal entre esses mesmos fatos ou eventos. É o hábito criado pela observação de casos semelhantes que nos faz ultrapassar o dado e afirmar mais do que a experiência pode alcançar. A partir desses casos, supomos que o fato atual se comportará de forma análoga a fatos anteriores.

PHOTO SCALA, FLORENCE/GLOWIMAGES - GALERIA UFFIZI, FLORENÇA - CORTESIA DO MINISTÉRIO PARA OS BENS E AS ATIVIDADES CULTURAIS

Aquiles e o centauro Quíron, pintura de Pompeo Batoni, 1746. O centauro é fruto da imaginação humana, pois associamos as ideias de cavalo e de homem em uma só figura. Nesta tela, o centauro Quíron, preceptor de Aquiles, herói grego da Guerra de Troia, ensina o discípulo a usar a razão e a força.

O ceticismo

O próprio Hume admitiu seu ceticismo ao reconhecer os limites muito estreitos do entendimento humano. Mais que isso, ponderou que estamos subjugados pelos sentidos e pelos hábitos, o que reduz as nossas certezas a simples probabilidades. Ele recusou a metafísica e, portanto, os princípios *a priori* a que certos filósofos recorreram para justificar nosso conhecimento.

Hume, porém, dizia-se adepto de um ceticismo mitigado, mais brando, e não de um ceticismo extremado como o do grego Pirro. E explicava:

> "Outra espécie de ceticismo *atenuado* que pode ser vantajoso à humanidade e resultar naturalmente das dúvidas e escrúpulos pirrônicos é a limitação de nossas pesquisas aos assuntos que mais se adaptarem à estreita capacidade do entendimento humano."
>
> HUME, David. *Investigação sobre o entendimento humano*. São Paulo: Abril Cultural, 1973. p. 196-197.

Nesse sentido, Hume referiu-se às crenças teóricas e práticas, que podem ser corretas ou incorretas e nos orientam no cotidiano. Não confundir a crença humiana com a crença religiosa. Para Hume, a crença é o conhecimento que não se pode comprovar racionalmente, mas é aceito com base na probabilidade. Já a crença religiosa depende de uma verdade revelada por Deus e é aceita sem contestação.

ALBUM/AKG-IMAGES/LATINSTOCK - MUSEO DOLORES OLMEDO PATIÑO, MEXICO

A coluna quebrada (1944), pintura de Frida Kahlo (1907-1954). A exposição do sofrimento físico da artista mexicana em seus quadros pode ser tomado como um exemplo de ato moral que se materializa na sensação de agrado ou de dor que dele resultam.

Os sentimentos morais

Além da posição inovadora quanto ao conhecimento, Hume também divergia das concepções tradicionais de ética. Desenvolveu uma moral *do sentimento*, segundo a qual são as paixões que determinam a vontade, e não a razão. Isso significa que os atos morais dizem respeito aos sentimentos de aprovação ou desaprovação de nossos atos e às sensações de agrado e prazer ou de dor e remorso que deles resultam. Ou seja, à razão cabe discutir o que é verdadeiro ou falso, enquanto os atos morais requerem juízos de valor, que nos ajudam a identificar nossas ações como boas ou más, como virtude ou vício.

9 Berkeley: o imaterialismo

O bispo irlandês George Berkeley (1685-1753), filósofo do século XVIII, construiu seu pensamento com base nas críticas feitas ao racionalismo de Descartes e aos outros empiristas. Publicou suas ideias no livro *Tratado sobre os princípios do conhecimento humano*, em 1710.

Berkeley foi influenciado pela conclusão da filosofia cartesiana, que separara a mente que conhece do mundo que pretende conhecer. Assim, adotou o **imaterialismo**, negando a possibilidade de conhecermos o mundo. Não se trata de ceticismo, tendência que ele rejeitava, mas da constatação de que a compreensão do mundo se faz de maneira "satisfatória" por meio de nossas sensações e das ideias que delas derivam (aí está o seu empirismo).

Resume essas impossibilidades pela expressão *esse est percipi* ("ser é ser percebido"): o ser das coisas consiste em ser percebido pelo sujeito pensante. Portanto, só a ideia é real, daí o fato de a doutrina de Berkeley ser conhecida como **idealismo**.

Idealismo
Do ponto de vista filosófico, sistema segundo o qual o ser ou a realidade são determinados pela consciência.

10 Para finalizar

Neste tópico vimos que, no século XVII, a questão epistemológica adquiriu um interesse central, que levou os filósofos a investigar o alcance e os limites do conhecimento humano.

Desse modo, duas tendências opostas se confrontaram: o **racionalismo** e o **empirismo**. Os racionalistas confiavam na capacidade humana de atingir verdades universais e eternas, enquanto os empiristas questionavam o caráter absoluto da verdade, pois acreditavam que o conhecimento depende de uma realidade em transformação constante, na qual tudo é relativo ao tempo, ao humano.

Colóquio

Os empiristas

Diversos filósofos do século XVII se opuseram ao racionalismo cartesiano ao enfatizar a experiência no processo do conhecimento. No entanto, as justificativas dadas não são idênticas, por isso podemos falar em "empirismos".

Texto 1

Francis Bacon

"Nosso método, contudo, é tão fácil de ser apresentado quanto difícil de se aplicar. Consiste no estabelecer os graus de certeza, determinar o alcance exato dos sentidos e rejeitar, na maior parte dos casos, o labor da mente, calcado muito de perto sobre aqueles, abrindo e promovendo, assim, a nova e certa via da mente, que, de resto, provém das próprias percepções sensíveis."

BACON, Francis. *Novum organum*. São Paulo: Abril Cultural, 1973. p. 11. (Coleção Os Pensadores)

Texto 2

John Locke

"**15. Os passos pelos quais a mente alcança várias verdades.** Os sentidos inicialmente tratam com ideias *particulares*, preenchendo o gabinete ainda vazio, e a mente se familiariza gradativamente com algumas delas, depositando-as na memória e designando-as por nomes. Mais tarde, a mente, prosseguindo em sua marcha, as vai abstraindo, apreendendo gradualmente o uso dos nomes gerais. Por esse meio, a mente vai se enriquecendo com ideias e linguagem, *materiais* com que exercita sua faculdade discursiva. E o uso da razão torna-se diariamente mais visível, ampliando-se em virtude do emprego desses materiais. Embora a posse de ideias gerais, o uso de palavras gerais e a razão geralmente cresçam juntos, não vejo como isso possa de algum modo prová-las inatas. Concordo que o conhecimento de algumas verdades aparece bem cedo na mente, mas de modo tal que mostra que não são inatas. Pois, se observarmos, descobriremos que isso continua também com as ideias não inatas, mas adquiridas, sendo aquelas primeiras impressas por coisas externas, com as quais as crianças se deparam bem cedo, ocasionando as mais frequentes impressões em seus sentidos. Nas ideias assim apreendidas, a mente descobre que algumas concordam e outras diferem, provavelmente tão logo tenha uso da memória, tão logo seja capaz de reter e receber ideias distintas. Mas, quer isso seja ou não existente naquele instante, uma coisa é certa: existe muito antes do uso de palavras, ou chega antes do que ordinariamente denominamos "o uso da razão". Pois uma criança sabe como certo, antes de poder falar, a diferença entre as ideias de doce e amargo (isto é, que o doce não é amargo), como sabe depois (quando começa a falar) que a amargura e a doçura não são a mesma coisa."

LOCKE, John. *Ensaio acerca do entendimento*. São Paulo: Abril Cultural, 1973. p. 154.

Texto 3

David Hume

"35. Suponha-se que uma pessoa, embora dotada das mais vigorosas faculdades de razão e reflexão, seja trazida repentinamente a este mundo. É certo que tal pessoa observaria de imediato uma sucessão contínua de objetos e um fato sucedendo-se a outro; não seria, porém, capaz de descobrir nada mais. A princípio, não haveria raciocínio que a conduzisse à ideia de causa e efeito, já que os poderes particulares, graças aos quais se realizam todas as operações naturais, não se manifestam aos sentidos; nem é razoável concluir, simplesmente porque um acontecimento em determinado caso precede um outro, que o primeiro é a causa e o segundo é o efeito.

[...]

Suponha-se, agora, que esse homem adquiriu mais experiência e viveu no mundo o tempo suficiente para ter observado uma conjunção constante entre objetos ou acontecimentos familiares: qual é o resultado dessa experiência? Ele infere imediatamente a existência de um objeto do aparecimento do outro. E, sem embargo, nem toda a sua experiência lhe deu qualquer ideia ou conhecimento do poder secreto pelo qual um objeto produz o outro; e tampouco é levado a fazer essa inferência por qualquer processo de raciocínio. No entanto, é levado a fazê-la; e, ainda que esteja convencido de que o seu raciocínio nada tem que ver com essa operação, persiste na mesma linha de pensamento. Há algum outro princípio que o determina a tirar essa conclusão.

36. Esse princípio é o *costume* ou *hábito*. Com efeito, sempre que a repetição de algum ato ou operação particular produz uma propensão de renovar o mesmo ato ou operação sem que sejamos impelidos por qualquer raciocínio ou processo do entendimento, dizemos que essa propensão é um efeito do *hábito*. [...] E é certo que aqui avançamos uma proposição muito inteligível, pelo menos, se não verdadeira, ao afirmar que após a conjunção constante de dois objetos – por exemplo, calor e chama, peso e solidez – somos levados tão somente pelo costume a esperar, após um deles, o aparecimento do outro. Esta hipótese parece ser, mesmo, a única que resolve a dificuldade: por que tiramos de mil exemplos uma inferência que não podemos tirar de um só exemplo, a todos os respeitos igual aos outros? A razão é incapaz de variar desse modo. As conclusões que tira da consideração de um círculo são as mesmas que tiraria da observação de todos os círculos do Universo. Mas ninguém, ao ver um único corpo mover-se depois de ser impelido por outro, poderia inferir que todos os corpos se moverão sob um impulso semelhante. Todas as inferências derivadas da experiência, por conseguinte, são efeitos do costume e não do raciocínio."

HUME, David. *Investigação sobre o entendimento humano*. São Paulo: Abril Cultural, 1973. p. 145-146. (Coleção Os Pensadores)

Questões

1. Identifique, em cada um dos três textos (Bacon, Locke e Hume), alguns trechos que enquadram seus autores no racionalismo, no empirismo ou no ceticismo.

2. A partir da leitura do texto de Locke, explique como, para ele, se dá o conhecimento.

3. Identifique no texto de Hume elementos que indiquem o seu ceticismo.

Atividades

Retomando os conteúdos

1. A dúvida de Descartes o transforma em um filósofo cético?
Justifique sua resposta.

2. Sob que aspectos Locke discorda de Descartes?

3. Qual a principal diferença entre o racionalismo e o empirismo?
Faça um esquema para explicar sua resposta.

Aprofundando os conceitos

4. Atribua as citações seguintes a Descartes ou a Locke e justifique sua resposta.

a) "... penso não haver mais dúvida de que não há princípios práticos com os quais todos os homens concordam e, portanto, nenhum é inato."

b) "Primeiro, considero haver em nós certas noções primitivas, as quais são como originais, sob cujo padrão formamos todos os nossos outros conhecimentos."

5. Leia o texto e responda às questões.

> "A verdadeira causa e raiz de todos os males que afetam as ciências é uma única: enquanto admiramos e exaltamos de modo falso os poderes da mente humana, não lhe buscamos auxílios adequados."
>
> Francis Bacon. *Novum organum*. São Paulo: Abril Cultural, 1973. p. 20. (Coleção Os Pensadores)

a) O que Bacon critica nesse aforismo?

b) Quais seriam os "auxílios adequados" que deveriam ser buscados?

6. Leia o texto e responda às questões.

> "O *hábito* é, pois, o grande guia da vida humana. É aquele princípio único que faz com que nossa experiência nos seja útil e nos leve a esperar, no futuro, uma sequência de acontecimentos semelhante às que se verificaram no passado. Sem a ação do hábito, ignoraríamos completamente toda questão de fato além do que está imediatamente presente à memória ou aos sentidos."
>
> David Hume. *Investigação sobre o entendimento humano*. São Paulo: Abril Cultural, 1973. p. 145-146.

a) Para Hume, qual é o papel do hábito no conhecimento?

b) Explique a relação entre a noção de hábito e o ceticismo de Hume.

7. A partir da citação a seguir, responda:
Por que Espinosa inovou na compreensão do corpo e da alma ao criticar aqueles que deploram as paixões humanas?

Deplorar
Lastimar, lamentar.

> "Os filósofos concebem as emoções que se combatem entre si, em nós, como vícios em que os homens caem por erro próprio; é por isso que se habituaram a ridicularizá-los, deplorá-los ou, quando querem parecer mais morais, detestá-los [...]. Tive todo o cuidado de não ridicularizar as ações dos homens, não as lamentar, não as detestar, mas adquirir delas verdadeiro conhecimento."
>
> Espinosa. *Tratado político*. São Paulo: Abril Cultural, 1973. p. 313-314. (Coleção Os Pensadores)

8. Há em Espinosa estreita ligação entre determinismo e liberdade. Como explicar que ainda assim prevaleça nele a noção de liberdade?

9.

> "Nem o corpo pode determinar a alma a pensar, nem a alma determinar o corpo ao movimento ou ao repouso ou a qualquer outra coisa (se acaso existe outra coisa)."
>
> ESPINOSA, Baruch. *Ética*. São Paulo: Abril Cultural, 1973. p. 185. (Coleção Os Pensadores)

Explique em que sentido a frase de Espinosa representa uma exceção à tradição filosófica a respeito das relações entre corpo e espírito.

Dissertação

10. Razão × paixão e corpo × consciência: faça uma dissertação explicitando as posições divergentes de alguns filósofos a respeito desses aspectos aparentemente contraditórios do ser humano.

Capítulo 20

A Ilustração: o Século das Luzes

1 Contexto histórico

O século XVIII é o período conhecido como Iluminismo, Século das Luzes, Ilustração ou *Aufklärung* (em alemão, "Esclarecimento"). Como as designações sugerem, trata-se do otimismo em reorganizar o mundo humano por meio das luzes da razão.

A convicção de que os poderes humanos seriam capazes de orientar-se sem tutela alguma já motivava, desde o Renascimento, a luta contra o princípio de autoridade. No século XVII, constituíram importante influência a Revolução Científica, levada a efeito por Galileu, bem como o racionalismo e o empirismo, que forneceram o substrato filosófico dessa reflexão.

Na economia, a entrada da máquina a vapor nas fábricas, por volta de 1750, conduziu ao processo que ficou conhecido como Revolução Industrial. A mecanização da indústria alterou definitivamente o panorama socioeconômico.

Na política, os movimentos burgueses se opunham ao poder absoluto dos reis. Esses movimentos eram inspirados pelas concepções liberais elaboradas desde o século anterior pelos filósofos contratualistas, que investigavam a questão da legitimidade do poder, ao mesmo tempo que aspiravam à constituição de um Estado liberal não intervencionista.

Na religião, surgiu o *deísmo*, espécie de "religião natural" em que não haveria lugar para os dogmas e fanatismos.

ROBANA/PHOTO SCALA/GLOWIMAGES - BRITISH LIBRARY

Gravura inglesa retrata crianças trabalhando em minas, nos primórdios da Revolução Industrial. Levou muito tempo para que as novas formas de produção levassem em conta as peculiaridades dos seres humanos.

Saiba mais

O século XVIII foi o período das revoluções burguesas. A burguesia detinha o poder econômico, mas se sentia espoliada do poder político pela nobreza e pelo clero. Ainda no final do século anterior, em 1688, a Revolução Gloriosa destronara a dinastia inglesa dos Stuarts absolutistas, e, em 1789, a dinastia francesa dos Bourbons foi deposta com a Revolução Francesa. No Novo Mundo, ocorreram movimentos com nítida influência dos ideais iluministas, como a Independência dos Estados Unidos (1776), e, no Brasil, a Conjuração Mineira (1789) e a Conjuração Baiana (1798).

2 Principais representantes

Na França, os principais representantes da Ilustração foram os enciclopedistas, já citados no início do capítulo. O ideal desses pensadores era a divulgação das "luzes", com o objetivo de libertar os seres humanos das superstições e da tirania. Sofreram influência principalmente das ideias empiristas, confiando na razão enriquecida pela experiência e por ela controlada. Viam com otimismo os benefícios que o progresso da ciência e da técnica traria para as gerações futuras. Críticos das religiões oficiais, manifestavam-se ora pelo deísmo, ora pelo ateísmo e materialismo.

Montesquieu e Rousseau foram importantes expoentes do Iluminismo, aos quais iremos nos referir no Capítulo 21, "Concepções políticas". Por ora, trataremos de Voltaire, na França, e de Kant, na Alemanha.

Reflita

A grandiosa obra Enciclopédia, composta de 28 volumes, sendo 17 de textos e 11 de estampas, foi editada por Denis Diderot e D Alembert. Contou com mais de cem colaboradores, entre eles figuras de peso como Montesquieu, o próprio D'Alembert, Voltaire, Rousseau, Condorcet, D'Holbach. A obra divide-se em três partes: História (Memória), Filosofia (Razão) e Poesia (Imaginação).
A parte de filosofia inclui a ciência, conhecida também como "filosofia natural". Observe que o subtítulo da obra – *Dicionário analítico de ciências, artes e ofícios* – revela o crescente interesse pelas artes e pelos ofícios, o que representa a valorização do artesão e do trabalho. Nela destaca-se a esperança depositada nos benefícios do progresso da técnica e no poder da razão de combater o fanatismo, a intolerância (inclusive religiosa), a escravidão, a tortura e a guerra.

- Discuta com seu colega em que medida os ideais iluministas foram cumpridos – ou não – ao longo dos séculos subsequentes.

LEBRECHT AUTHORS/OTHER IMAGES

Detalhe do frontispício da *Enciclopédia*, ou *Dicionário analítico de ciências, artes e ofícios*, editada por Denis Diderot e Jean le Rond d'Alembert, com gravura de Charles Nicolas Cochin, o Jovem, 1772. No centro dessa ilustração, vemos a Verdade, envolta em intensa luz, ladeada à esquerda pela Imaginação (a Poesia), prestes a enfeitá-la, e à direita pela Razão (a Filosofia), que lhe retira o manto. Esse gesto faz alusão à palavra grega *alétheia*, "verdade", que etimologicamente significa "não oculto", e, portanto o que é "desvelado", "descoberto", "trazido à luz" pela razão.

Enciclopédia
Do grego *egkuklopaideía*, literalmente significa "ensino circular" (panorâmico); por extensão, "educação completa".

3 Voltaire

Voltaire (1694-1778), pseudônimo de François-Marie Arouet, foi escritor, filósofo e um liberal humanista politicamente ativo. De temperamento irrequieto e língua ferina, indispôs-se com os poderosos, o que resultou em sua prisão e na necessidade de se exilar algumas vezes. Escreveu *O ensaio sobre os costumes*, *O século de Luís XIV*, *A filosofia da história*, *Dicionário filosófico*. No famoso conto filosófico *Cândido, ou do otimismo*, Voltaire usa de ironia para tratar do problema do mal e criticar as instituições políticas e religiosas. Apesar de abominar a religião cristã organizada, Voltaire era deísta. Diferentemente de contemporâneos como Diderot, D'Holbach e La Mettrie, que eram ateus e materialistas, Voltaire acreditava em Deus.

20.1 Biblioteca do estudante: Leitura complementar

Teve contato com os déspotas esclarecidos, reis absolutos que se cercavam de intelectuais, com o objetivo de promover reformas sociais e de adotar um discurso mais racional e tolerante. A intenção era garantir um Estado forte, laico, disposto a intervir em diversas áreas, inclusive na educação. As reformas visavam à modernização, já que os países em que vigorou esse tipo de regime – como Áustria, Prússia e Rússia – eram menos desenvolvidos do que as demais nações europeias. Nesse clima, Voltaire trocou correspondência com Catarina II da Rússia e com Frederico II da Prússia, tendo inclusive morado em Berlim por três anos. Em uma das cartas a Frederico, em clara depreciação do povo e de valorização da elite intelectual, Voltaire aconselhava:

20.2 Visão do especialista

> "Vossa majestade prestará um serviço imortal à humanidade se conseguir destruir essa infame superstição [a religião cristã], não digo na canalha, indigna de ser esclarecida e para a qual todos os jogos são bons, mas na gente de peso".
>
> Voltaire. In: PONCE, Aníbal. *Educação e luta de classes*. 7. ed. São Paulo: Cortez/Autores Associados, 1986. p. 133.

ALBUM/AKG-IMAGES/LATINSTOCK - COLEÇÃO PARTICULAR

Voltaire e Frederico II, da Prússia, na biblioteca de Sanssouci, representados em xilogravura com base em desenho de Philip Grotjohann, de 1900.

Ao contrário, Diderot defendeu uma posição mais democrática. Escrevendo à imperatriz Catarina da Rússia, aconselhava a universalização da instrução:

> "É bom que todos saibam ler, escrever e contar, desde o primeiro-ministro ao mais humilde dos camponeses [...]. Porque é mais difícil explorar um camponês que sabe ler do que um analfabeto."
>
> Diderot. In: PONCE, Aníbal. *Educação e luta de classes*. 7. ed. São Paulo: Cortez/Autores Associados, 1986. p. 133.

Voltaire foi incansável defensor da liberdade de crença e da tolerância. Nos últimos vinte anos de sua vida, o filósofo viveu no Castelo de Ferney, uma propriedade que adquiriu e onde recebia intelectuais, artistas, governantes para jantares e discussões de todo tipo. Construiu um teatro em que eram feitas encenações constantes, além de escrever freneticamente e cuidar da administração de suas terras.

Atento aos acontecimentos de seu tempo, atuou ativamente em vários episódios em que pessoas eram acusadas injustamente por motivos religiosos. Na sequência, transcrevemos uma de suas intervenções mais famosas, que também nos ajuda a compreender um pouco as contradições e a efervescência do período da Ilustração.

Colóquio

O Estado laico

O caso Calas exemplifica a luta pela separação entre Estado e religião, desenvolvida pelos iluministas. Ao denunciar o fanatismo, estes contribuem para o exercício da tolerância, um dos pilares da democracia até hoje, como vemos no texto do filósofo francês contemporâneo Comte-Sponville.

Texto 1

O caso Calas

Huguenote
Assim era chamado o protestante calvinista na França.

"No dia 13 de outubro de 1761, o senhor Calas e sua mulher encontram um de seus filhos enforcado numa barra de madeira, num dos cômodos de sua casa. Chega a polícia, reúne-se uma multidão do lado de fora. Na confusão, alguém diz: 'Marco Antônio foi enforcado por seus pais huguenotes porque se converteu ao catolicismo!'. Um rumor anônimo espalha-se pela cidade. Todas as pessoas que se encontram na casa são presas. O processo é levado ao Parlamento de Toulouse. O jovem morto começa a ser considerado pelo povo como um novo mártir da religião; as irmandades religiosas desfilam nas ruas pedindo reparação; os padres, em seus púlpitos, pedem um castigo exemplar para os supostos assassinos. Uma paixão fanática domina a cidade. O tribunal, sob a pressão da opinião pública, condena o pai à tortura e à morte. A mãe, a empregada e um amigo da família que estava lá no momento da morte são inocentados; o irmão Pedro é banido e as irmãs colocadas num convento. Os bens dos Calas são confiscados.

Algum tempo depois, a notícia chega a Ferney. De início, Voltaire não sabe que partido tomar. Pede a D'Alembert que lhe consiga mais informações sobre o processo. O caso parece importante, pois, se Calas é culpado, matou o filho por fanatismo; se Calas é inocente, o tribunal agiu por motivos religiosos. Em menos de quinze dias Voltaire consegue reunir informações que indicam que se está diante de um assombroso erro judiciário. A partir desse momento, o processo toma conta de seu espírito. Em suas obras, ele sempre havia denunciado o fanatismo tal como ocorrera na história passada. Trata-se, agora, de se engajar numa causa atual.

Voltaire inicia então uma grande campanha, que nós chamaríamos hoje de publicitária, a respeito do processo. Manda vir a Ferney os membros da família e interroga-os longamente. Mobiliza os grandes do reino, escreve cartas às autoridades. Em 1762, publica uma *História de Calas*, seguida de uma carta autografada dos irmãos de Marco Antônio. O povo de Paris começa a se movimentar. O fato se torna objeto de discussão pública. Em 1763, é publicado o *Tratado sobre a tolerância*, no qual a causa dos Calas é apresentada como a própria causa da humanidade. Finalmente, a situação criada por Voltaire é tal que o Parlamento de Paris cassa a decisão do Parlamento de Toulouse. No ano seguinte, o caso é novamente julgado, e a família, considerada inocente, é reabilitada.

RUE DES ARCHIVES/OTHER IMAGES-BIBLIOTHÈQUE NATIONALE DE FRANCE, PARIS

Voltaire prometendo apoio à família Calas, gravura do século XVIII.

O que há de notável em toda essa história é a maneira pela qual Voltaire soube mobilizar a opinião pública em nome da justiça, ao mesmo tempo que alertava para o grande perigo do fanatismo.

O caso Calas é um dos momentos mais brilhantes na luta de Voltaire contra a 'infâmia'. Conta-se que, ao receber em Ferney a notícia da reabilitação, Voltaire abraçou o mensageiro, e, emocionado, disse aos presentes: 'É a filosofia sozinha que obteve esta vitória!'."

NASCIMENTO, Maria das Graças de Souza do. *Voltaire*: a razão militante. São Paulo: Moderna, 1993. p. 15-17. (Coleção Logos)

Texto 2

Tolerância

"Tolerar é deixar fazer o que se poderia impedir ou punir. Não vale como aprovação, nem mesmo como neutralidade. O comportamento que tolero (o sectarismo, a superstição, a tolice...), também posso combatê-lo, em mim ou em outrem. Mas eu me proíbo de proibir: combato apenas por meio de ideias, não da lei ou da força. Isso é amar a liberdade mais que sua própria corrente, o debate mais que a coerção, a paz mais que a vitória.

Deve-se tolerar tudo? Claro que não, pois para tanto seria preciso tolerar o intolerável, inclusive quando ameaça a liberdade, e deixar os mais fracos sem defesa; seria abandonar o terreno aos fanáticos e aos assassinos!

O intolerável existe: é tudo o que tornaria a tolerância suicida ou culpada.

Tolerância não é nem laxismo nem fraqueza. Não é proibir proibir, é apenas proibido proibir o que deve ser protegido (a liberdade de consciência e de expressão, o livre choque dos argumentos e das ideias...) ou o que seria possível combater de outro modo que não pela proibição, sem risco para a liberdade. Dirão que, na prática, essa atitude deixa uma margem considerável de apreciação. Até isso deve ser tolerado. Em que limites? Os do Estado de direito. Por que proibir um grupo totalitário, enquanto ele só agita ideias ou imbecis? Mas se ele viola a lei ou descamba para o terrorismo, a sanção deve ser imediata. Tolerar, então, seria ser cúmplice."

Laxismo
Tolerância excessiva, permissividade. Tendência a ideias conciliatórias. Doutrina que restringe excessivamente a obrigação moral.

COMTE-SPONVILLE, André. *Dicionário filosófico*. São Paulo: Martins Fontes, 2003. p. 596.

Questões

1. Voltaire decidiu dar início à campanha diante da questão: "se Calas é culpado, matou o filho por fanatismo; se Calas é inocente, o tribunal agiu por motivos religiosos". Justifique como, em qualquer uma dessas alternativas, ele se achava movido pelo "espírito iluminista".
2. Ao alcançar seu propósito no caso Calas, Voltaire diz que a vitória se deveu à "filosofia sozinha". Em que sentido a afirmação é válida e em que medida é incompleta?
3. Leia o texto do filósofo Comte-Sponville e explique por que não se pode proibir uma passeata contra ou a favor do nazismo, do aborto, das relações homoafetivas etc.
4. Em grupo, discuta sobre a importância do comportamento tolerante e de quais seriam os limites da intolerância. Procurem exemplos concretos de que tiveram conhecimento na sua vida diária, seja por experiência, seja por informações.

4 Kant: o criticismo

No século XVIII, a ciência newtoniana já estava plenamente constituída, contudo, as questões relativas à *natureza do conhecimento* ainda giravam em torno da controvérsia entre racionalistas e empiristas. Atento a essas dificuldades, Immanuel Kant debruçou-se sobre o assunto, mudando o rumo dessa discussão.

Segundo o próprio Kant, a leitura da obra de Hume o despertou do "sono dogmático" dos filósofos que até então não se questionavam se as ideias da razão correspondem mesmo à realidade. Por isso, voltou seu interesse para a questão da *legitimidade* do conhecimento: "Qual é o verdadeiro valor dos nossos conhecimentos e o que é conhecimento?". Com essa pergunta, Kant colocou a razão em um tribunal para julgar o que pode ser conhecido legitimamente e que tipo de conhecimento não tem fundamento. Por isso, sua filosofia é também conhecida como **criticismo**.

O objetivo de Kant era superar a dicotomia racionalismo-empirismo: condenava os empiristas (tudo que conhecemos vem dos sentidos) e não concordava com os racionalistas (tudo quanto pensamos vem de nós mesmos).

Vida e obra

Immanuel Kant (1724-1804) nasceu na Prússia (Alemanha), em Königsberg, cidade de onde nunca saiu. Era profundamente religioso e levou vida metódica, dedicando-se ao ensino e ao estudo. Foi um dos maiores expoentes do Iluminismo. Alertado pelo ceticismo de Hume, examinou as possibilidades e limites da razão em sua obra *Crítica da razão pura*, na qual indagou sobre "o que podemos conhecer". Em *Crítica da razão prática*, tratou das possibilidades do ato moral ao perguntar "o que devemos fazer". Finalmente, em *Crítica da faculdade do juízo*, investigou os juízos estéticos, distinguindo o belo do agradável e do útil. Defendeu, sobretudo, a autonomia moral do sujeito, a liberdade de pensamento e a "paz perpétua", título de um texto famoso que até hoje merece atenção. Publicou também *Fundamentos da metafísica dos costumes* e *A religião dentro dos limites da simples razão*, entre outras obras.

AKG-IMAGES/LATINSTOCK - SCHILLER-NATIONALMUSEUM, MARBACH

Retrato de Immanuel Kant, de Becker, c. 1768.

Sensibilidade e entendimento

Para superar a contradição entre racionalistas e empiristas, Kant explicou que o conhecimento é constituído de algo que recebemos de fora, da experiência (*a posteriori*) e de algo que já existe em nós mesmos (*a priori*) e, portanto, anterior a qualquer experiência.

- O que vem de fora é a *matéria* do conhecimento: nisso concordou com os empiristas.
- O que vem de nós é a *forma* do conhecimento: concordando com os racionalistas, admitiu que a razão não é uma "folha em branco".

Qual é então a diferença entre Kant e os filósofos que o antecederam? É que, para Kant, matéria e forma *atuam ao mesmo tempo*. Para conhecer as coisas, precisamos da experiência sensível (matéria). Mas essa experiência não será nada se não for organizada por formas da sensibilidade e do entendimento, que, por sua vez, são *a priori* e condição da própria experiência.

A posteriori
Do latim *posterus, posterioris,* "posterior". No caso, o conhecimento que se tem pelos sentidos.

Saiba mais

O pensamento kantiano é conhecido como **idealismo transcendental**. A expressão "transcendental", em Kant, significa aquilo que dá a condição de possibilidade da experiência, ou seja, o conhecimento transcendental é o que trata dos conceitos *a priori* dos objetos, e não dos objetos como existem exteriormente.

A sensibilidade

A **sensibilidade** é a faculdade receptiva pela qual obtemos as representações exteriores. As formas *a priori* da sensibilidade ou intuições puras são o espaço e o tempo. Ou seja, o espaço e o tempo não existem como realidade externa, mas são formas que já existem no sujeito e servem para organizar as coisas. Dizendo de outra maneira, fora de nós estão as coisas, mas quando as percebemos "em cima", "embaixo", "do lado" ou então "antes", "depois", "durante", é porque temos a intuição apriorística do espaço e do tempo. Caso contrário, não poderíamos percebê-las.

O entendimento

O **entendimento** é a faculdade de pensar ou produzir conceitos. Também na faculdade do entendimento Kant identifica formas *a priori*, que são as categorias. Como o entendimento é a faculdade de julgar, de unificar as múltiplas impressões dos sentidos, as categorias funcionam como conceitos puros, que não têm conteúdo, porque, antes de tudo, constituem a condição do conhecimento

Kant identificou doze categorias, entre as quais destacaremos três: a *substância*, a *causalidade* e a *existência*. Quando observamos a natureza e afirmamos que "uma coisa *é* isto", "tal coisa *é causa de* outra" ou "isto *existe*", temos, de um lado, coisas que percebemos pelos sentidos, mas, de outro, algo que lhes escapa, isto é, respectivamente, as categorias de substância, de causalidade, de existência. Essas categorias não vêm da experiência, mas são postas pelo próprio sujeito cognoscente. Portanto, segundo Kant:

SIMONLONG/FLICKR/GETTY IMAGES

> "Nenhum conhecimento em nós precede a experiência, e todo o conhecimento começa com ela. Mas embora todo o nosso conhecimento comece *com* a experiência, nem por isso todo ele se origina justamente *da* experiência. Pois poderia bem acontecer que mesmo o nosso conhecimento de experiência seja um composto daquilo que recebemos por impressões e daquilo que nossa própria faculdade de conhecimento [...] fornece de si mesma. [...] Tais *conhecimentos* denominam-se *a priori* e distinguem-se dos *empíricos*, que possuem suas fontes *a posteriori*, ou seja, na experiência."
>
> KANT, Immanuel. *Crítica da razão pura*. São Paulo: Abril Cultural, 1980. p. 23. (Coleção Os Pensadores)

Interior de floresta tropical na Ilha Bornéu, no sudeste asiático. Para Kant, quando observamos a natureza, temos, de um lado, coisas que percebemos pelos sentidos, mas, de outro, algo que lhes escapa: as categorias de substância, de causalidade e de existência.

As ideias da razão e a metafísica

20.3 Biblioteca do estudante: Leitura complementar

Com sua teoria, Kant pretendia garantir a possibilidade do conhecimento científico como universal e necessário. No entanto, até aqui se tratou do conhecimento fenomênico, isto é, restrito ao conhecimento dos fenômenos, que percebemos inicialmente pelos sentidos e pelo entendimento. Poderíamos, porém, conhecer a "coisa em si", ou seja, o *noumenon*?

O que seria a "coisa em si"? São as ideias da razão para as quais a experiência não nos dá o conteúdo necessário, por exemplo, as ideias de alma, mundo e Deus, justamente os objetos da metafísica. Nesse sentido, o *noumenon* pode ser pensado, mas não pode ser conhecido efetivamente, porque, como vimos, o conhecimento humano limita-se ao campo da experiência.

No entanto, o ser humano sempre aspira a ir além da experiência. Por isso, Kant examinou cada uma das ideias metafísicas, mas chegando sempre a um impasse, que chamou de **antinomia**.

As antinomias

20.4 Biblioteca do estudante: Leitura complementar

Ao examinar cada uma das ideias metafísicas, Immanuel Kant se deparou com as antinomias da razão pura, isto é, com argumentos contraditórios, que se opõem em tese e antítese.

Veja alguns exemplos:

- Há argumentos tanto a favor da liberdade humana quanto contra ela.
- A imortalidade da alma e o seu contrário podem ser justificados.
- Pode-se argumentar tanto que o mundo tem um início e é limitado quanto que é eterno e ilimitado.
- Tanto se argumenta que o mundo existe a partir de uma causa necessária, que é Deus, quanto que não existe uma causa necessária para a existência do mundo, seja Deus ou qualquer outro ser.

Kant concluiu, portanto, não ser possível conhecer as coisas como são em si. Decorre dessa constatação a impossibilidade do conhecimento metafísico. Por isso, devemos nos abster de afirmar ou negar qualquer coisa a respeito dessas realidades. Trata-se de um *agnosticismo*.

Fenômeno
Do grego *phainoménon*, "aparência", "o que aparece" [para nós].

Noumenon
Do grego "o que é pensado"; particípio passado de *noein*, "pensar". Kant usa o termo para designar "a coisa em si", em oposição a "fenômeno".

Antinomia
Do grego *anti-nomía*, "contradição das leis", "conflito da razão consigo mesma".

Agnosticismo
Do grego *a*, prefixo de negação, e *gnosis*, "conhecimento". Para um agnóstico, a razão é incapaz de afirmar ou negar a existência do mundo, a imortalidade da alma e a existência de Deus. Com frequência, o termo ficou reduzido à ideia de Deus, e, nesse caso, distingue-se do ateísmo, que nega taxativamente a existência de Deus.

Saiba mais

Vale destacar que a conclusão de Immanuel Kant sobre a metafísica marcou um momento decisivo na história da filosofia. René Descartes já havia feito críticas à metafísica da Antiguidade, mas foi Kant quem lhe deu um golpe profundo, abrindo o caminho para o que veremos, no fim do século XIX, como "crise da razão".

A moral

Em outra obra, *Crítica da razão prática*, Kant analisou o mundo ético, recolocando as questões da liberdade humana, da imortalidade da alma e da existência de Deus. Essas questões, contudo, são recuperadas como *postulados*, ou seja, pressupostos que permitem explicar a lei moral e seu exercício.

Dizendo de outra maneira, Kant havia concluído ser impossível conhecer as realidades da metafísica, porque a *razão pura* ocupa-se apenas das ideias. Entretanto, a *razão prática* não se volta para o conhecimento, mas sim para a ação moral, que só é possível porque os seres humanos podem agir mediante ato de vontade e autodeterminação. Assim Kant justificou-se: "tive de suprimir o saber para encontrar lugar para a fé".

Saiba mais

O conceito de *fé* tem diversos sentidos e geralmente lhe é atribuído o de crença religiosa. No entanto, para Kant trata-se da fé filosófica, baseada na convicção subjetiva e que, embora não forneça garantia teórica, dá suporte à vida moral.

O formalismo moral

Na *Crítica da razão prática*, Kant tratou das possibilidades do ato moral ao perguntar sobre "o que podemos fazer". Ora, enquanto tudo na natureza age segundo leis, apenas o ser humano age segundo princípios, o que exige dele a capacidade de escolha: portanto, só ele tem uma vontade. Para agir racionalmente, o ser humano precisa de princípios, que são dados pela nossa "consciência moral". Kant chamou nossa consciência moral de **razão prática**, instrumento utilizado para compreender o mundo dos costumes e orientar o indivíduo na sua ação.

Ora, entre os seres vivos, apenas o ser humano é capaz de vida moral, porque seus atos resultam do exercício de sua vontade e são avaliados por ele mesmo como "bons" ou "maus". O que caracteriza uma "vontade boa" é que ela aparece como um mandamento, um *imperativo*.

Soldados iraquianos são detidos por militares norte-americanos após uma batalha, durante a ocupação dos Estados Unidos ao país do Oriente Médio. Segundo Kant, entre os seres vivos somente os seres humanos são capazes de atos morais, avaliados por eles mesmos como bons ou maus.

CHRISTOPHER ANDERSON/MAGNUM PHOTOS/LATINSTOCK

O imperativo

Analisando os princípios da consciência moral, Kant usou o conceito de **imperativo**. Um imperativo pode significar uma ordem qualquer ("faça!", "retire-se!"). Kant especificou esse conceito sob dois aspectos.

a) O **imperativo hipotético** ordena uma ação como meio de alcançar qualquer outra coisa que se queira, ou seja, a ação é boa porque me possibilita alcançar outra coisa além dela. Por exemplo, agir tendo em vista benefícios como sentir prazer, adquirir coisas, alcançar a felicidade, ter sucesso etc.

b) O **imperativo categórico** é o que visa uma ação como necessária por si mesma, ou seja, a ação é boa em si e não por ter como objetivo outra coisa. Portanto, é assim chamado por ser incondicionado, absoluto, voltado para a realização da ação tendo em vista o dever.

Para Kant, a vontade humana é verdadeiramente moral apenas quando regida por imperativos categóricos. Vamos exemplificar, para depois conceituar. Suponhamos a norma moral "não roubar".

- Para a concepção judaico-cristã, o fundamento da norma encontra-se no sétimo mandamento de Deus: "Não furtarás".
- Para os teóricos jusnaturalistas, funda-se no direito natural, comum a todos os seres humanos.
- Para os empiristas (como Locke, Condillac), a norma deriva do interesse próprio, pois o sujeito que a desobedece será submetido ao desprazer, à censura pública ou à prisão.
- Para Kant, a norma enraíza-se na própria natureza da razão. Ao aceitar o roubo e, consequentemente, o enriquecimento ilícito, elevando-se essa máxima (pessoal) ao nível universal, haverá uma contradição: se todos podem roubar, não há como manter a posse do que foi furtado.

Nesse sentido, Kant rejeitou as concepções éticas que norteiam a ação moral a partir de condicionantes, como alcançar o céu, ser feliz ou evitar a dor, ou por qualquer interesse. Pelo imperativo categórico, o agir moralmente funda-se exclusivamente na razão. Mas não se trata de descoberta subjetiva, porque visa à universalidade. Nas palavras de Kant:

> "Age apenas segundo uma máxima tal que possas ao mesmo tempo querer que ela se torne lei universal."
>
> KANT, Immanuel. *Fundamentação da metafísica dos costumes*. São Paulo: Abril Cultural, 1980. p. 129. (Coleção Os Pensadores)

Charge da Escola Francesa, do século XVIII, representando os três estados que compunham a sociedade francesa da época: clero, nobreza e o restante da população. O terceiro estado, representado pelo homem com uma bengala na mão, carrega os dois outros estados, representados pelo nobre e pelo clérigo. De acordo com a charge, o papel dos membros do terceiro estado é sustentar os membros do primeiro e do segundo estados, ou seja, o terceiro estado não é um fim em si mesmo, mas um meio.

THIERRY LE MAGE/RMN/OTHER IMAGES - COLEÇÃO ROTHSCHILD, MUSEU DO LOUVRE, PARIS

Autonomia e dignidade

Todo imperativo impõe-se como dever, mas essa exigência não é heterônoma – exterior e cega –, e sim livremente assumida pelo sujeito que se autodetermina. A ideia de autonomia e de universalidade da lei moral leva a outro conceito: o da dignidade humana, e, portanto, do ser humano como fim, e não como meio para o que quer que seja.

Assim diz Kant:

> "Age de tal maneira que uses a humanidade, tanto na tua pessoa como na pessoa de qualquer outro, sempre e simultaneamente como fim e nunca simplesmente como meio."
>
> KANT, Immanuel. *Fundamentação da metafísica dos costumes*. São Paulo: Abril Cultural, 1980. p. 135. (Coleção Os Pensadores)

A herança kantiana

O próprio Kant descreveu sua filosofia crítica como uma "revolução copernicana". Essa expressão remete a Copérnico, que contrariou a teoria geocêntrica ao apresentar a hipótese da Terra girando em torno do Sol. Do mesmo modo, Kant contestou a metafísica anterior segundo a qual o conhecimento se regulava pelos objetos para afirmar que, ao contrário, são os objetos que devem regular-se pelo nosso conhecimento.

Mesmo fazendo a crítica do racionalismo e do empirismo, o procedimento kantiano redundou em idealismo. Ainda que reconhecesse a experiência como fornecedora da matéria do conhecimento, é o nosso espírito, graças às estruturas *a priori*, que constrói a ordem do Universo.

Da crítica feita por Kant à metafísica, na *Crítica da razão pura*, surgiram duas linhas divergentes entre os filósofos do século XIX:

- a primeira, representada pelos materialistas (Feuerbach, Marx e Engels) e positivistas (Comte);
- a segunda, dos idealistas, que levaram às últimas consequências as teses kantianas, que atribuíam à razão a capacidade de impor formas *a priori* ao conteúdo dado pela experiência (Fichte, Schelling e Hegel).

5 Avaliação do período

O século XVIII representou a culminância de um processo que se construía desde o Renascimento, marcado pela laicização da razão, pela autonomia do pensar e do agir e pela descoberta da subjetividade. Assim, o Iluminismo representou um momento de otimismo na capacidade da razão para realizar um mundo melhor. No entanto, como veremos nos próximos capítulos, se algumas dessas esperanças se consolidaram, muitas outras ainda continuam exigindo de nós mais empenho para o cumprimento das promessas da razão crítica.

Leitura analítica

O que é Esclarecimento?

Sapere aude
Do latim, "ouse saber".

"O *Esclarecimento* é a *saída do homem da condição de menoridade autoimposta*. *Menoridade* é a incapacidade de servir-se de seu entendimento sem a orientação de um outro. Essa menoridade é autoimposta quando a sua causa reside na carência não de entendimento, mas de decisão e coragem em fazer uso de seu próprio entendimento sem a orientação alheia. *Sapere aude!* Tem coragem em servir-te de teu *próprio* entendimento! Este é o mote do Esclarecimento.

Preguiça e covardia são as causas que explicam por que uma grande parte dos seres humanos, mesmo muito após a natureza tê-los declarado livres da orientação alheia [...], ainda permanecem, com gosto e por toda a vida, na condição de menoridade. As mesmas causas explicam por que parece tão fácil outros afirmarem-se como seus tutores. É tão confortável ser menor! Tenho à disposição um livro que entende por mim, um pastor que tem consciência por mim, um médico que me prescreve uma dieta etc.: então não preciso me esforçar. Não me é necessário pensar, quando posso pagar; outros assumirão a tarefa espinhosa por mim; a maioria da humanidade (aí incluído todo o belo sexo) vê como muito perigoso, além de bastante difícil, o passo a ser dado rumo à maioridade, uma vez que tutores já tomaram para si de bom grado a sua supervisão. Após terem previamente embrutecido e cuidadosamente protegido seu gado, para que estas pacatas criaturas não ousem dar qualquer passo fora dos trilhos nos quais devem andar, tutores lhes mostram o perigo que as ameaça caso queiram andar por conta própria. Tal perigo, porém, não é assim tão grande, pois, após algumas quedas, aprenderiam finalmente a andar; basta, entretanto, o exemplo de um tombo para intimidá-las e aterrorizá-las por completo para que não façam novas tentativas.

É, porém, difícil para um indivíduo livrar-se de uma menoridade quase tornada natural. Ele até já criou afeição por ela, e, por suas próprias mãos, é efetivamente incapaz de servir-se do próprio entendimento porque nunca lhe foi dada a chance de tentar. Princípios e fórmulas, estas ferramentas mecânicas de uso racional, ou, antes, de abuso de seus dotes naturais, são os grilhões de uma menoridade permanente. Mesmo aquele que os arrebente não arriscaria mais que um salto sobre o menor dos fossos, pois não está acostumado a semelhante liberdade de movimentação. Por essa razão, há poucos que conseguem, através do aprimoramento do próprio espírito, desprender-se da menoridade e ainda caminhar com segurança.

Contudo, é possível que um público se esclareça a respeito de si mesmo. Na verdade, quando lhe é dada a liberdade, é algo quase inevitável. Pois aí encontrar-se-ão alguns capazes de pensar por si, até mesmo entre os tutores instituídos para a grande massa, que, após se libertarem do jugo da menoridade, espalharão em torno de si o espírito de uma apreciação racional do próprio valor e da tarefa de cada ser humano, que consiste em pensar por si mesmo. Saliente-se aqui que o público, que antes havia sido posto sob este jugo pelos tutores, posteriormente os obriga a tal sujeição quando é atiçado por alguns desses tutores, eles próprios incapazes de atingir o esclarecimento. Assim, é prejudicial plantar preconceitos porque acabam se voltando contra aqueles que o fomentaram. Por esse motivo, só lentamente o público consegue chegar ao esclarecimento. Através de uma revolução sucederá provavelmente a queda de um despotismo pessoal e de uma opressão ambiciosa e dominadora, mas jamais será promovida uma verdadeira reforma na maneira de se pensar; em verdade, apenas novos preconceitos, da mesma maneira que os antigos, servirão de guia da grande massa ignara.

Para o Esclarecimento, porém, nada é exigido além da *liberdade;* e mais especificamente a liberdade menos danosa de todas, a saber: utilizar *publicamente* sua razão em todas as dimensões.[...]

Mas o que o povo não consegue decidir para si mesmo, não deverá um monarca fazê-lo, pois sua legítima autoridade baseia-se no fato de que ele une a vontade geral do povo à sua. Quando ele se presta somente a observar que toda melhoria verdadeira ou presumida esteja de acordo com a ordem civil, então pode deixar seus súditos fazerem aquilo que consideram necessário para a salvação de suas almas; isso não lhe diz respeito. O que lhe cabe é evitar que um impeça violentamente o outro de trabalhar em seu estabelecimento e evolução pessoais.”

KANT, Immanuel. *Que é Esclarecimento?*. In: MARCONDES, Danilo. *Textos básicos de ética*: de Platão a Foucault. Rio de Janeiro: Jorge Zahar, 2007. p. 95-99.

Questões

1. Explique o lema: “Tem coragem de servir-te de teu próprio entendimento”.
2. Quem são os tutores que, atualmente, impedem a humanidade de pensar por si?
3. Por que a passagem para a maioridade é considerada difícil e perigosa?
4. Comente a relação que existe entre política e ética pessoal.

Atividades

Retomando os conteúdos

1. Qual foi a importância da publicação da *Enciclopédia*?
2. Em que sentido pode-se dizer que Voltaire atribuiu um papel social e político à filosofia?
3. Quais são as formas *a priori* da sensibilidade segundo Kant?
4. Explique de que maneira Kant tentou superar o racionalismo e o empirismo.
5. Por que, para Kant, a coisa em si é inacessível ao conhecimento?

Aprofundando os conceitos

6. Hume e Kant tratam do conceito de causalidade. Em que os dois filósofos divergem?
7. Explique o que Kant entende por autonomia e heteronomia no campo da moral.
8. Com base na citação a seguir, explique por que a concepção moral de Kant difere das demais.

> "Age apenas segundo uma máxima tal que possas ao mesmo tempo querer que ela se torne lei universal."
>
> KANT, Immanuel. *Fundamentação da metafísica dos costumes*. São Paulo: Abril Cultural, 1980. p. 129. (Coleção Os Pensadores)

Dissertação

9. Com base nos dois textos abaixo, faça uma dissertação argumentando se, atualmente, os meios de comunicação virtual ajudam as pessoas a saírem da "menoridade", como dizia Immanuel Kant.

> "O que talvez caracterize melhor o século XVIII francês é a efervescência de ideias. Uma efervescência generalizada da inteligência e da sensibilidade, que caminha junto com o uso liberado e confiante das faculdades do homem. A época é favorável à crítica e à imaginação, à polêmica, ao intercâmbio, à comunicação pública, porque é necessário que o humanismo se propague."
>
> HOTTOIS, Gilbert. *Do Renascimento à pós-modernidade*. Aparecida, SP: Ideias & Letras, 2008. p. 149.

> "O ressurgimento, nos quatro cantos do planeta, do racismo e do nacionalismo étnico – que foram os principais ingredientes do nacional-socialismo hitlerista –, o reaparecimento dos fundamentalismos religiosos de toda ordem, por definição hostis à liberdade de pensamento, a proliferação de seitas, a explosão geral de credulidade e de irracionalismo, para não falar do risco que constitui a difusão, pela mídia audiovisual, de ideias estandardizadas que anestesiam o espírito crítico – todos esses fenômenos não fazem temer o triunfo, em escala mundial, de uma verdadeira regressão obscurantista?"
>
> DELACAMPAGNE, Christian. *História da filosofia no século XX*. Rio de Janeiro: Jorge Zahar, 1997. p. 287.

Capítulo 21

Concepções políticas

1 O direito natural

Vimos que, desde o século XVI, as monarquias nacionais da Inglaterra, da Espanha e da França, fundamentadas na teoria do direito divino dos reis, vinham se fortalecendo.

No século XVII, embora o absolutismo real tenha atingido o seu apogeu, já enfrentava inúmeros movimentos de oposição, baseados em ideias liberais. No plano político, a teoria do direito divino dos reis recebia críticas cada vez mais intensas, revelando a tendência do pensamento à *laicização*. No plano econômico, a política mercantilista, conduzida inicialmente pelo absolutismo, favorecia as indústrias nascentes. No entanto, com o desenvolvimento do capitalismo comercial, a burguesia ascendente passou a aspirar à economia livre.

Com esse cenário, as teorias jusnaturalistas contribuíram para a oposição ao absolutismo. O conceito de direito natural já existia antes do século XVII, e consistia na defesa de uma lei universal ditada pela razão humana. No entanto, essa lei encontrava-se frequentemente dependente da lei divina, considerada superior. Foi na Idade Moderna que o conceito de *direito natural* tornou-se laico, desvinculado da religião.

O principal teórico do jusnaturalismo foi o holandês Hugo Grócio (1583-1645).Grócio defendeu um direito universalmente válido para todos os povos, ditado pela razão e independente da religião. O chamado **direito das gentes** forneceu as bases para o que viria a ser o **direito internacional**.

GÉRARD BLOT/RMN/OTHER IMAGES - MUSEU DO LOUVRE, PARIS

Retrato do rei Luís XIV, pintura de Hyacinthe Rigaud, 1701. Na França, Luís XIV, o rei Sol, foi um monarca absoluto. É atribuída a ele a frase que resumia o seu poder: "*L'état c'est moi*" ("O Estado sou eu").

O contratualismo

Thomas Hobbes, John Locke e Jean-Jacques Rousseau elaboraram uma vertente teórica derivada do jusnaturalismo: o **contrato social**. Partindo da hipótese do *estado de natureza*, em que o indivíduo viveria como dono exclusivo de si e dos seus poderes, os contratualistas se perguntavam sobre o motivo que levava as pessoas a se submeterem a um Estado. Assim, buscavam explicar a origem do Estado, ou seja: qual seria a base legal do Estado que lhe confere legitimidade? Para esses filósofos, a legitimidade do poder se fundamentava na *representatividade* e no *consenso*. Veremos como cada um deles tirou conclusões diferentes.

Jusnaturalismo
Do latim *jus*, "justiça". Em outras palavras, doutrina que defende o direito natural.

Saiba mais

Buscar a origem do Estado não significa explicar o seu "começo" ou os seus "primórdios". O termo não deve ser entendido no sentido cronológico, mas sim lógico, ou seja, como busca do princípio do Estado, como entendimento de sua "razão de ser".

2 Hobbes e o poder absoluto do Estado

21.1 **Biblioteca do estudante:** Leitura complementar

Thomas Hobbes (1588-1679), inglês de família pobre, conviveu com a nobreza, de quem recebeu apoio e condições para estudar. Já vimos que, do ponto de vista da teoria do conhecimento, Hobbes representou a tendência empirista. Seu pensamento político está expresso nas obras *De cive* e *Leviatã*.

Estado de natureza

Para Hobbes, no estado de natureza, o ser humano tem direito a tudo:

21.2 Visão do especialista

> "O *direito de natureza*, a que os autores geralmente chamam *jus naturale*, é a liberdade que cada homem possui de usar seu próprio poder, da maneira que quiser, para a preservação de sua própria natureza, ou seja, de sua vida; e, consequentemente, de fazer tudo aquilo que seu próprio julgamento e razão lhe indiquem como meios adequados a esse fim."
>
> HOBBES, Thomas. *Leviatã*. São Paulo: Abril Cultural, 1974. p. 82.

A situação dos indivíduos deixados a si próprios, no entanto, é de anarquia, gerando insegurança, angústia e medo. Os interesses egoístas predominam e cada homem torna-se, no dizer de Hobbes, um lobo para outro homem. As disputas provocam a guerra de todos contra todos, com graves prejuízos para a indústria, a agricultura, a navegação, o desenvolvimento da ciência e o conforto de todos.

THE DEVONSHIRE COLLECTION NATIONAL TRUST PHOTOGRAPHIC LIBRARY/JOHN HAMMOND/THE BRIDGEMAN ART LIBRARY/GRUPO KEYSTONE - HARDWICK HALL, DERBYSHIRE, UK

Nesta pintura de 1676, Thomas Hobbes foi retratado junto a sua principal obra, *Leviatã*, na qual expressou suas ideias sobre a natureza humana, o governo e a sociedade.

O contrato social

Na sequência do raciocínio, Hobbes pondera que o indivíduo reconhece a necessidade de

> "renunciar a seu direito a todas as coisas, contentando-se, em relação aos outros homens, com a mesma liberdade que aos outros homens permite em relação a si mesmo".
>
> HOBBES, Thomas. *Leviatã*. São Paulo: Abril Cultural, 1974. p. 83.

A renúncia à liberdade só tem sentido com a transferência do poder a determinada pessoa ou a um grupo de pessoas. A transferência mútua e voluntária de direitos é o que se chama **contrato**. A nova ordem é, portanto, celebrada mediante um *pacto*, pelo qual todas as pessoas abdicam de sua vontade em favor de "um homem ou de uma assembleia de homens, como representantes de suas pessoas". Desse modo, por não ser sociável por natureza, o ser humano o será por artifício: o medo e o desejo de paz levam os indivíduos a fundar um estado social e uma autoridade política, abdicando de seus direitos em favor do soberano.

A soberania

Para Hobbes, o poder do soberano deve ser absoluto, isto é, total e ilimitado. Cabe ao soberano julgar sobre o bem e o mal, o justo e o injusto, não podendo ninguém discordar, pois tudo o que o soberano faz é investido da autoridade consentida pelo súdito. Por isso, é contraditório dizer que o governante abusa do poder: não há abuso quando o poder é ilimitado.

Alguns autores identificam Hobbes como um defensor do absolutismo real. Vale aqui desfazer esse mal-entendido. Para Hobbes, o Estado pode ser monárquico, quando constituído por apenas um governante, como pode ser aristocrático ou democrático, quando constituído por alguns ou por muitos. O importante é que, uma vez instituído, o Estado não seja contestado. Ser *absoluto* significa estar "absolvido" de qualquer constrangimento. Portanto, o indivíduo abdica da liberdade ao dar plenos poderes ao Estado, a fim de proteger sua própria vida e a propriedade individual.

O poder do Estado é exercido pela *força*, pois só a ameaça da punição pode atemorizar os indivíduos. É o soberano que prescreve leis, escolhe conselheiros, julga, faz a guerra e a paz, recompensa e pune. E ainda pode censurar as opiniões e doutrinas contrárias à paz. Quando, afinal, o próprio Hobbes perguntava se não era muito miserável a condição do súdito diante de tantas restrições, concluiu que nada se compara à condição dissoluta de indivíduos sem senhor ou às misérias da guerra civil.

STEFANO BIANCHETTI/CORBIS/LATINSTOCK-COLEÇÃO PARTICULAR

Gravura de Abraham Bosse para o frontispício da obra *Leviatã*, de Thomas Hobbes, 1651. Na figura, o poder do Estado absoluto foi representado por um gigante cuja carne é a mesma de todos os que a ele delegaram o cuidado de defendê-los, e empunha os símbolos dos poderes civil e religioso.

Saiba mais

No século XVII, Baruch Espinosa elaborou uma teoria política que se contrapunha à teoria de Hobbes, criticando a noção de pacto social. Para Espinosa, todo reconhecimento a um governo deve ser provisório e nada justifica que cada um renuncie aos poderes individuais. Contra a noção de súdito passivo, defendia a liberdade do cidadão para pensar e agir.

3 A teoria política de Locke

AKG-IMAGES/LATINSTOCK

A liquidação do absolutismo inglês ocorreu com a Revolução Gloriosa (1688), que depôs o rei Jaime II. Na gravura de Romeyn de Hooghe, de 1689, Guilherme III é proclamado rei após aceitar a Declaração de Direitos, que limitava sua autoridade e dava mais poderes ao Parlamento.

John Locke (1632-1704), filósofo inglês, era médico e descendia de burgueses comerciantes. Refugiado na Holanda por motivos políticos, Locke retornou à Inglaterra no mesmo navio em que viajava Guilherme de Orange, responsável pela consolidação da monarquia parlamentar inglesa.

Anteriormente, também vimos que Locke representou a tendência empirista na discussão sobre a teoria do conhecimento. Já suas ideias políticas, publicadas na obra *Dois tratados sobre o governo civil*, fecundaram todo o século XVIII, pois forneceram os fundamentos do liberalismo nascente e incentivaram as revoluções liberais ocorridas na Europa e nas Américas

Estado de natureza e contrato

Assim como Hobbes, Locke partiu da concepção segundo a qual os indivíduos isolados no estado de natureza unem-se mediante contrato social para constituir a sociedade civil. Diferentemente de Hobbes, porém, não descreveu o estado de natureza como um ambiente de guerra e egoísmo. O que, então, levaria os indivíduos a abandonar essa situação, delegando o poder a outrem?

Para Locke, os riscos das paixões e da parcialidade são muito grandes no estado natural e podem desestabilizar as relações entre os indivíduos. Por isso, visando à segurança e à tranquilidade necessárias ao gozo da propriedade, todos consentem em instituir o corpo político. Como jusnaturalista, Locke estava convencido de que os direitos naturais humanos subsistem para limitar o poder do Estado. Em última instância, justificava o direito à insurreição, caso o governante traísse a confiança nele depositada.

Portanto, o poder político não deve, em tese, ser determinado pelas condições de nascimento, bem como o Estado não deve intervir, mas garantir e tutelar o livre exercício da propriedade, da palavra e da iniciativa econômica. Mais ainda: para Locke, o poder supremo cabe ao legislativo, ao qual todas as instituições devem se subordinar.

21.3 **Biblioteca do estudante:** Leitura complementar

O conceito de propriedade

Como representante dos ideais burgueses, Locke enfatizou a necessidade de preservação da propriedade. Para ele, em sentido amplo, *propriedade* é "tudo o que pertence" a cada indivíduo, ou seja, sua vida, sua liberdade e seus bens. Portanto, mesmo quem não possui bens é proprietário de sua vida, de seu corpo, de seu trabalho e, por consequência, dos frutos do seu trabalho.

Reflita

Pode parecer óbvio que somos proprietários de nosso corpo, mas, naquele momento, tratava-se de um avanço. Servos e escravos não eram donos de si mesmos e, em certos países, como no caso do Brasil, existiu escravidão legal até o século XIX. Ainda hoje, formas camufladas de trabalho escravo desafiam essas conquistas do liberalismo nascente.

A concepção de liberdade de Locke, contudo, não é ampla, pois apenas os que tinham fortuna usufruíam da plena cidadania, podendo votar ou ser votados. Ressalta-se, desse modo, o elitismo que persistia na raiz do liberalismo, já que a igualdade defendida era de natureza abstrata, geral e puramente formal.

4 Rousseau e a democracia direta

Jean-Jacques Rousseau, suíço que viveu na França no século XVIII, também foi crítico do absolutismo real e teorizou sobre um pacto social que legitimasse o governo. Distingue-se de Hobbes e Locke pela novidade do conceito de *democracia direta*.

Vida e obra

Jean-Jacques Rousseau (1712-1778), filho de um relojoeiro de poucas posses, nasceu em Genebra (Suíça) e viveu em Paris a partir de 1742, onde fervilhavam as ideias liberais. Ao participar de um concurso da Academia de Dijon, ganhou o prêmio ao responder pela negativa ao tema proposto: "O restabelecimento das ciências e das artes terá contribuído para aprimorar os costumes?". Na contramão do movimento iluminista, que depositava no poder da razão humana as esperanças pela construção de um mundo melhor, Rousseau não via com otimismo o desenvolvimento da técnica e do progresso. Fez amizade com Diderot, filósofo que ficou conhecido como enciclopedista, juntamente com Voltaire, D'Alembert e D'Holbach, entre outros. Foi convidado a escrever os verbetes sobre música para a *Enciclopédia*, mas circulava nesse meio como elemento destoante. Teve, inclusive, sérios atritos com Voltaire. Precursor do romantismo, Rousseau produziu ideias que revelavam a carga emocional decorrente de sua sensibilidade exacerbada. Suas principais ideias políticas estão nas obras *Discurso sobre a origem e os fundamentos da desigualdade entre os homens* e *Do contrato social*. Escreveu também obras de pedagogia, como *Emílio*.

GÉRARD BLOT/RMN/OTHER IMAGES - MUSEU ANTOINE LÉCUYER, SAINT-QUENTIN

Retrato de Jean-Jacques Rousseau, pintura de Maurice Quentin de La Tour, 1753.

Uma nova concepção de soberania

21.4
Biblioteca do estudante: Leitura complementar

Para Rousseau, o indivíduo viveria livre e feliz no estado natural. Esse "bom selvagem" sofreu quando a propriedade instaurou a desigualdade entre rico e pobre, poderoso e fraco, senhor e escravo. Portanto, tratou-se de um falso pacto social, pois colocou as pessoas sob grilhões. Mas, de acordo com Rousseau, há que se considerar a possibilidade de outro contrato verdadeiro e legítimo, originado do consentimento unânime pelo qual cada um abdica sem reservas de todos os seus direitos em favor da comunidade.

No entanto, como qualquer indivíduo constitui parte integrante e ativa do todo social, cabendo a ele promulgar as leis, ao obedecer, obedece a si mesmo e, portanto, é livre: "A obediência à lei que se estatuiu a si mesma é liberdade". Isso significa que, para Rousseau, o contrato não faz o povo perder a soberania, pois não é criado um Estado separado dele mesmo.

Ratificar
Confirmar: não confundir com *retificar* ("corrigir").

Inalienável
Que não pode ser cedido.

Sob certo aspecto, trata-se de uma teoria inovadora, pois distingue os conceitos de *soberano* e *governo*. Para Rousseau, o soberano é o corpo coletivo que expressa, por meio da lei, a vontade geral. Isso significa que não há representantes do povo, porque toda lei deve ser ratificada pelo povo, cuja soberania é inalienável.

A vontade geral

SERGIO LIMA/FOLHAPRESS

Em novembro de 2011, manifestantes protestaram em frente ao Palácio do Planalto contra o projeto do Código Florestal que tramitava no Congresso Nacional.

Rousseau preconizava, portanto, a **democracia direta** ou **participativa**, mantida por meio de assembleias frequentes de todos os cidadãos. Também distinguia dois tipos de participação na comunidade: enquanto faz a lei, o indivíduo é *cidadão*, mas é *súdito* enquanto a obedece e a ela se submete.

A *vontade geral* não deve ser entendida como a vontade da maioria, porque a somatória dos interesses particulares pode ser egoísta e não atender o bem comum. O que caracteriza, portanto, a vontade geral é a disposição de legislar não como pessoa privada, mas como pessoa pública. De fato, muitas vezes o que beneficia a pessoa privada pode ser prejudicial ao coletivo. Por isso, a vontade geral não se confunde com a vontade de todos.

Assim Rousseau justificou a obediência à vontade geral:

> "Aquele que recusar obedecer à vontade geral a tanto será constrangido por todo um corpo, o que não significa senão que o forçarão a ser livre, pois é essa a condição que, entregando cada cidadão à pátria, o garante contra qualquer dependência pessoal."
>
> ROUSSEAU, Jean-Jacques. *Do contrato social.* São Paulo: Abril Cultural, 1973. p. 42. (Coleção Os Pensadores)

Por sua singularidade, a concepção política de Rousseau não representa precisamente a tradição liberal. Embora tenha sido um contratualista e tenha se posicionado contra o absolutismo, Rousseau ultrapassou o elitismo de Locke ao propor uma visão mais democrática de poder, o que, sem dúvida, empolgou políticos como Robespierre e até leitores como o jovem Marx. Os aspectos avançados de seu pensamento estão na denúncia da violência dos que abusam do poder conferido pela propriedade, bem como por desenvolver uma concepção baseada na soberania popular e no conceito-chave de vontade geral.

Colóquio

Os contratualistas

Os diversos filósofos que no século XVII trataram de política desenvolveram teorias contratualistas baseadas em teses jusnaturalistas. No entanto, as justificativas para o pacto social, bem como suas consequências, variaram conforme o pensador.

Texto 1

Hobbes

"Pois graças a esta autoridade que lhe é dada por cada indivíduo no Estado, é-lhe conferido o uso de tamanho poder e força que o terror assim inspirado o torna capaz de conformar as vontades de todos eles, no sentido da paz em seu próprio país, e da ajuda mútua contra os inimigos estrangeiros. É nele que consiste a essência do Estado, a qual pode ser assim definida: *uma pessoa de cujos atos uma grande multidão, mediante pactos recíprocos uns com os outros, foi instituída por cada um como autora, de modo a ela poder usar a força e os recursos de todos, da maneira que considerar conveniente, para assegurar a paz e a defesa comum.*

Aquele que é portador dessa pessoa se chama *soberano*, e dele se diz que possui *poder soberano*. Todos os restantes são *súditos*."

HOBBES, Thomas. *Leviatã*. São Paulo: Abril Cultural, 1974. p. 109-110. (Coleção Os Pensadores)

Texto 2

Locke

"Embora em uma comunidade constituída, erguida sobre a sua própria base e atuando de acordo com a sua própria natureza, isto é, agindo no sentido da preservação da comunidade, somente possa existir um poder supremo, que é o legislativo, ao qual tudo mais deve ficar subordinado, contudo, sendo o legislativo somente um poder fiduciário destinado a entrar em ação para certos fins, cabe ainda ao povo um poder supremo para afastar ou alterar o legislativo quando é levado a verificar que age contrariamente ao encargo que lhe confiaram. Porque, sendo limitado qualquer poder concedido como encargo para se conseguir certo objetivo, por esse mesmo objetivo, sempre que se despreza ou contraria manifestamente esse objetivo, a ele se perde o direito necessariamente, e o poder retorna às mãos dos que o concederam, que poderão colocá-lo onde o julguem melhor para garantia e segurança próprias."

LOCKE, John. *Segundo tratado sobre o governo*. São Paulo: Abril Cultural, 1973. p. 99. (Coleção Os Pensadores)

Poder fiduciário
Poder dado em confiança.

Texto 3

Rousseau

"Deve-se compreender, nesse sentido, que, menos do que o número de votos, aquilo que generaliza a vontade é o interesse comum que os une, pois nessa instituição cada um necessariamente se submete às condições que impõe aos outros: admirável acordo entre o interesse e a justiça, que dá às deliberações comuns um caráter de equidade que vimos desaparecer na discussão de qualquer negócio particular, pela falta de um interesse comum que una e identifique a regra do juiz à da parte.

Por qualquer via que se remonte ao princípio, chega-se sempre à mesma conclusão, a saber: o pacto social estabelece entre os cidadãos uma tal igualdade, que eles se comprometem todos nas mesmas condições e devem todos gozar dos mesmos direitos. Igualmente, devido à natureza do pacto, todo o ato de soberania, isto é, todo o ato autêntico da vontade geral, obriga ou favorece igualmente todos os cidadãos, de modo que o soberano conhece unicamente o corpo da nação e não distingue nenhum dos que o compõem. Que será, pois, um ato de soberania? Não é uma convenção entre o superior e o inferior, mas uma convenção do corpo com cada um de seus membros: convenção legítima por ter como base o contrato social, equitativa por ser comum a todos, útil por não poder ter outro objetivo que não o bem geral, e sólida por ter como garantia a força pública e o poder supremo."

ROUSSEAU, Jean-Jacques. *Do contrato social*. São Paulo: Abril Cultural, 1973. p. 56. (Coleção Os Pensadores)

Questões

1. Identifique nos textos de Hobbes e Locke o que neles diferencia o conceito de soberania.
2. Leia o trecho de Rousseau e o compare com os de Hobbes e Locke, explicando em que eles se distinguem.

5 Montesquieu: a autonomia dos poderes

Montesquieu (1689-1755) nasceu perto de Bordéus, na França. Filho de família nobre, seu nome era Charles-Louis de Secondat, barão de la Brède e, posteriormente, barão de Montesquieu. Recebeu formação iluminista com os padres oratorianos e cedo se tornou crítico severo e irônico da monarquia absolutista decadente, bem como do clero. Em *Cartas persas*, obra de sua juventude, satiriza o rei, o papa e a sociedade francesa de seu tempo.

Em *Do espírito das leis*, sua obra mais importante, trata das instituições e das leis e busca compreender a diversidade das legislações existentes em diferentes épocas e lugares. Suas ideias acerca da política o encaminharam para a melhor definição da separação dos poderes, ainda hoje uma das pedras angulares no exercício do poder democrático.

Refletindo sobre o abuso do poder real, Montesquieu concluiu que "só o poder freia o poder"; daí a necessidade de cada poder manter-se autônomo e constituído por pessoas diferentes.

Assim afirma Montesquieu:

> "Quando na mesma pessoa ou no mesmo corpo de magistratura o poder legislativo está reunido ao poder executivo, não existe liberdade, pois pode-se temer que o mesmo monarca ou o mesmo senado apenas estabeleçam leis tirânicas para executá-las tiranicamente.
>
> Não haverá também liberdade se o poder de julgar não estiver separado do poder legislativo e do executivo. Se estivesse ligado ao poder legislativo, o poder sobre a vida e a liberdade dos cidadãos seria arbitrário, pois o juiz seria legislador. Se estivesse ligado ao poder executivo, o juiz poderia ter a força de um opressor.
>
> Tudo estaria perdido se o mesmo homem ou o mesmo corpo dos principais, ou dos nobres, ou do povo exercesse esses três poderes: o de fazer leis, o de executar as resoluções públicas e o de julgar os crimes ou as divergências dos indivíduos."

MONTESQUIEU. *Do espírito das leis*.
São Paulo: Abril Cultural, 1973. p. 157. (Coleção Os Pensadores)

FOLHAPRESS

Em 1968, durante a ditadura militar no Brasil, no governo do General Arthur da Costa e Silva, foi decretado o Ato Institucional nº 5 (AI-5). O Congresso foi fechado por tempo indeterminado e os direitos políticos foram suspensos, além de ser implantada rigorosa censura. Tratava-se do controle total do Poder Executivo sobre os outros poderes: o Legislativo e o Judiciário.

6 O liberalismo clássico

A Revolução Gloriosa, na Inglaterra, foi uma conquista burguesa. O rei tornou-se obrigado a convocar o Parlamento regularmente. Caso contrário, ele não poderia fazer leis ou revogá-las, cobrar impostos ou manter um exército. Instituiu-se o *habeas corpus*, a fim de evitar prisões arbitrárias. Segundo essa garantia constitucional, nenhum cidadão poderia ficar preso indefinidamente sem ser acusado diante dos tribunais, a não ser por meio de denúncia bem definida. Tais ideias subverteram as concepções políticas nos séculos XVII e XVIII.

Mas, afinal, que ideias novas eram essas?

O liberalismo clássico é constituído por um conjunto de ideias éticas, políticas e econômicas da burguesia, em oposição à visão de mundo da nobreza feudal. À burguesia interessava separar Estado e sociedade, entendendo por esta última o conjunto das atividades particulares dos indivíduos, sobretudo as de natureza econômica. Essa separação reduziria igualmente a interferência da esfera privada na esfera pública, já que o poder procurava outra fonte de legitimidade, diferente da tradição e das linhagens de nobreza.

Habeas corpus
Termo latino que significa literalmente "possuir seu corpo". Juridicamente, é a ação judicial que garante a liberdade de locomoção quando esse direito é ameaçado por autoridade legítima.

AMERICAN ART ARCHIVES

Cena da assinatura da Constituição dos Estados Unidos, pintura de Howard Chandler Christy, 1940. As ideias revolucionárias nasceram com os intelectuais europeus, mas a Declaração de Independência dos Estados Unidos (1776) foi aplaudida como o primeiro modelo de república da época. Alguns anos depois, no Brasil, as tentativas de emancipação, por parte das conjurações mineira e baiana, foram reprimidas.

Três aspectos do liberalismo

O liberalismo pode ser entendido sob três enfoques pelo menos: o *político*, o *ético* e o *econômico*.

- O **liberalismo político** surgiu como oposição ao absolutismo real. Enquanto no absolutismo o poder estava fundado no direito divino dos reis, na tradição e na herança, o liberalismo buscou a legitimidade do poder nas teorias contratualistas e no consentimento dos cidadãos. Do pensamento liberal derivaram o aperfeiçoamento das instituições do voto e da representação, a autonomia dos poderes e a limitação do poder central.

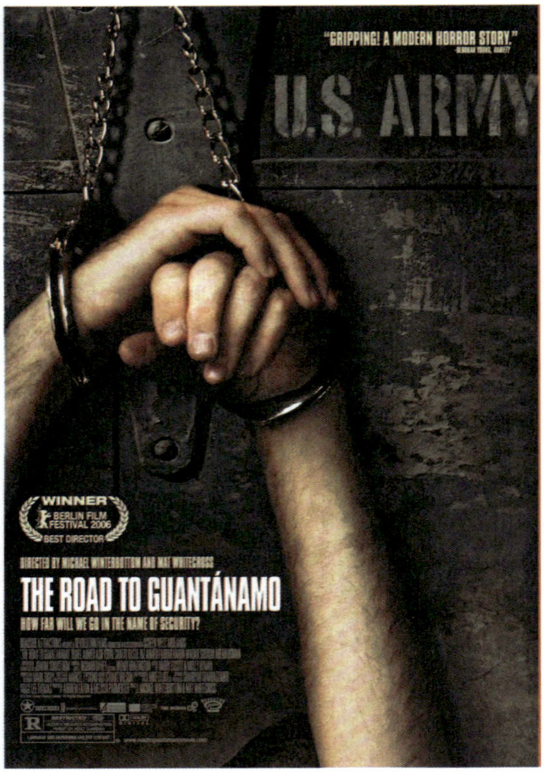

REVOLUTION FILMS/FILMFOUR/SCREEN WEST MIDLANDS/ARCHIVES DU 7e ART/DR/PHOTO12/GLOWIMAGES

- O **liberalismo ético** supõe a prevalência do Estado de direito, que rejeita o arbítrio, as prisões sem culpa formada, a tortura e as penas cruéis. Estimula a tolerância para com as crenças religiosas, ao mesmo tempo que defende os direitos individuais, como a liberdade de pensamento, de expressão e de religião.
- O **liberalismo econômico** opôs-se, inicialmente, à intervenção do rei nos negócios, exercida por meio de procedimentos típicos da economia mercantilista, como a concessão de monopólios e privilégios. A economia liberal consolidou-se com o escocês Adam Smith (1723-1790) e o inglês David Ricardo (1772-1823), que defendiam a propriedade privada dos meios de produção e a economia de mercado baseada na livre iniciativa e competição.

No século XVIII, o italiano Cesare Beccaria, com sua obra *Dos delitos e das penas*, foi precursor das críticas às penas cruéis e ao recurso à tortura para obter confissões. Na imagem, cartaz do filme *Caminho para Guantánamo* (Michael Winterbottom, 2006), baseado em fatos reais.

7 A concepção política da modernidade

ANDRÉ LESSA/AGÊNCIA ESTADO

O novo paradigma da política elaborado durante a Idade Moderna caracterizou-se pelo rompimento com a ideia de "bom governo", que predominou na Antiguidade e na Idade Média. Vimos que, a partir de uma postura realista, pensadores como Maquiavel buscaram compreender o sistema de forças que atuam de fato no seio da sociedade e do poder. Na sequência, Hobbes, Locke e Rousseau, em oposição à visão religiosa medieval, procuraram a ordem racional e laica nos conceitos de soberania e contrato social, consentimento e obediência política, tendo em vista a coesão do Estado e a segurança e liberdade dos indivíduos. Alguns ousaram mais, como Rousseau, cujas convicções democráticas fecundariam o século XIX.

Em meio a posições muitas vezes divergentes, foram esboçadas, na modernidade, as novas linhas que orientaram daí em diante as ideias liberais e os primeiros passos em direção à conquista da cidadania e da democracia.

Jovem segura título de eleitor antes de se dirigir à urna. As eleições são uma das facetas da democracia e do exercício da cidadania.

Leitura analítica

Das leis positivas

“Logo que os homens estão em sociedade, perdem o sentimento de suas fraquezas; a igualdade que existia entre eles desaparece, e o estado de guerra começa.

Cada sociedade particular passa a sentir sua força; isso gera um estado de guerra de nação para nação. Os indivíduos, em cada sociedade, começam a sentir sua força: procuram reverter em seu favor as principais vantagens da sociedade; isso cria, entre eles, um estado de guerra.

Essas duas espécies de estado de guerra acarretam o estabelecimento de leis entre os homens. Considerados como habitantes de um planeta tão grande, a ponto de ser necessária a existência de diferentes povos, existem leis nas relações que esses povos mantêm entre si; é o Direito das Gentes. Considerados como vivendo numa sociedade que deve ser mantida, possuem leis nas relações entre os que governam e os que são governados; e é o Direito Político. Possuem-nas ainda nas relações que todos os cidadãos mantêm entre si: é o Direito Civil.

O Direito das Gentes está naturalmente baseado neste princípio: as diversas nações devem fazer-se, na paz, tanto bem quanto for possível e, na guerra, o mínimo de mal possível, sem prejudicar seus verdadeiros interesses.”

MONTESQUIEU. *O espírito das leis*. São Paulo: Abril Cultural, 1973. p. 35.

Lei positiva
A lei positiva é a lei criada pelos humanos. Trata-se da ordenação jurídica que suplementa e garante o cumprimento da lei natural.

Direito das Gentes
Do latim *jus gentium*. O termo latino *jus, juris* significa “justiça”, “direito”, e *gens, gentis* significa “gente”, mas também “família”, “povo”, “nação”. No contexto, o direito comum às nações.

Questões

1. Explique que tipo de lei deve ser estabelecido diante das relações entre indivíduos, entre governantes e governados e entre nações.
2. Em que sentido a necessidade de leis positivas é decorrente das conquistas da modernidade?
3. Reúna-se com seus colegas. Em seguida, escolham um dos temas sugeridos para realizar uma pesquisa sobre alguns organismos internacionais que atualmente visam ao entendimento entre nações.
   a) Organização das Nações Unidas (ONU).
   b) Organização dos Estados Americanos (OEA).
   c) Direito Internacional dos Direitos Humanos (DIDH).

Atividades

Retomando os conteúdos

1. Os filósofos dos séculos XVII e XVIII eram jusnaturalistas. Explique essa afirmação.

2. Qual foi a importância das teorias contratualistas no movimento contra o absolutismo?

3. Qual foi a novidade do pensamento de Montesquieu?

Aprofundando os conceitos

4. Na letra da canção *Língua*, Caetano Veloso cita Hobbes indiretamente, quando diz: "Sejamos o lobo do lobo do homem".

a) Explique qual é o sentido da frase de Hobbes e o que significa.

b) Interprete o significado do verso de Caetano Veloso.

5. Em que medida as teorias contratualistas representavam o interesse de secularização do poder?

6. O liberalismo tem como característica a crescente preocupação com a individualidade. Como isso acontece nas expressões do liberalismo ético, político e econômico?

7. É comum as pessoas identificarem Hobbes como defensor do absolutismo real. Com base na frase a seguir, refute essa crença e explique o que o filósofo entende por poder "absoluto".

> "*Cedo e transfiro meu direito de governar-me a mim mesmo a este homem, ou a esta assembleia de homens com a condição de transferires a ele teu direito, autorizando de maneira semelhante todas as suas ações.*"
>
> HOBBES, Thomas. *Leviatã*. São Paulo: Abril Cultural, 111. (Coleção Os Pensadores)

8. Leia a citação de Locke e responda às questões.

> "Poderão afirmar que, sendo a idolatria um pecado, não pode ser tolerada. Se disserem que a idolatria é um pecado e, portanto, deve ser escrupulosamente evitada, esta inferência é correta; mas não será correta se disserem que é um pecado e, portanto, deve ser punida pelo magistrado. Não cabe nas funções do magistrado punir com leis e reprimir com a espada tudo o que acredita ser um pecado contra Deus."
>
> LOCKE, John. *Carta acerca da tolerância*. São Paulo: Abril Cultural, 1973. p. 24. (Coleção Os Pensadores)

a) Que característica do liberalismo podemos encontrar nessa citação de Locke?

b) Dê exemplos de fatos que ainda ocorrem na política do mundo contemporâneo e que contrariam esse princípio.

9. Explique a frase de Rousseau, usando os conceitos de sua teoria política.

> "O homem nasce livre, e por toda a parte encontra-se a ferros. O que se crê senhor dos demais, não deixa de ser mais escravo do que eles. Como adveio tal mudança? Ignoro-o. Que poderá legitimá-la? Creio poder resolver esta questão."
>
> ROUSSEAU, Jean-Jacques. *Do contrato social*. São Paulo: Abril Cultural, 1973. p. 28.

Trabalho em grupo

10. Alguns artigos da Constituição brasileira de 1988 referem-se a formas de democracia semidireta, como *plebiscito*, *referendo* e *iniciativa popular* (art. 18, § 3º e 4º; art. 49, XV; art. 61, § 2º). Consulte esses artigos e discuta-os, utilizando conceitos da política de Rousseau.

Dissertação

11. Faça uma dissertação com base na frase de Montesquieu com argumentos sobre a sua atualidade.

> "Para que não se possa abusar do poder é preciso que, pela disposição das coisas, o poder freie o poder."
>
> Montesquieu. *Do espírito das leis*. São Paulo: Abril Cultural. 1973. p. 156. (Coleção Os Pensadores)

Capítulo 18. Rupturas da modernidade

1. (UFMG) Leia este fragmento de poema.

> "E a nova filosofia coloca tudo em dúvida,
> O elemento fogo é deixado de lado,
> O Sol está perdido, e também a Terra,
> E nenhuma sabedoria humana é capaz de guiar essa busca.
> E livremente os homens confessam que este mundo se esgotou,
> Quando procuram nos planetas e no firmamento tanta novidade
> Veem que tudo está de novo pulverizado em átomos,
> Tudo em pedaços, toda coerência se perdeu."
>
> John Donne. *An Anatomy of the world*. 1611.

Nesse fragmento, John Donne, poeta inglês do século XVII, expressa sua inquietação diante da dissolução do cosmos aristotélico por Copérnico. Com base na leitura do poema e considerando outros conhecimentos sobre a Revolução Científica do século XVII, explique a afirmação: "E a nova filosofia coloca tudo em dúvida...".

2. (UEL-PR) Leia o texto a seguir.

> "Certamente, a brusca mudança de direção que encontramos nas reflexões de Maquiavel, em comparação com os humanistas anteriores, explica-se em larga medida pela nova realidade política que se criara em Florença e na Itália, mas também pressupõe uma grande crise de valores morais que começava a grassar. Ela não apenas constatava a divisão entre 'ser' e 'dever ser', mas também elevava essa divisão a princípio e a colocava como base da nova visão dos fatos políticos."
>
> REALE, G.; ANTISERI, D. *História da Filosofia*. São Paulo: Paulinas, 1990. v. 2. p. 127.

Dentre as contribuições de Maquiavel à filosofia política, é correto afirmar:

a) inaugurou a reflexão sobre a constituição do Estado ideal.

b) estabeleceu critérios para a consolidação de um governo tirânico e despótico.

c) consolidou a tábua de virtudes necessárias a um bom homem.

d) fundou os procedimentos de verificação da correção das normas.

e) rompeu o vínculo de dependência entre o poder civil e a autoridade religiosa.

Capítulo 19. Racionalismo e empirismo

3. (Insaf-PE)

> "Mas logo em seguida, adverti que, enquanto eu queria assim pensar que tudo era falso, cumpria necessariamente que eu, que pensava, fosse alguma coisa. E, notando que esta verdade *eu penso, logo existo* era tão firme e tão certa que todas as mais extravagantes suposições dos céticos não seriam capazes de a abalar, julguei que poderia aceitá-la, sem escrúpulo, como o primeiro princípio da filosofia que procurava."
>
> Descartes. *Discurso do método*.

De acordo com o texto e com os conhecimentos sobre o tema, assinale a alternativa correta.

a) Para Descartes, não podemos conhecer nada com certeza, pois tudo quanto pensamos está sujeito à falsidade.

b) O *eu penso, logo existo* expressa uma verdade instável e incerta, o que fez Descartes ser vencido pelos céticos.

c) A expressão *eu penso, logo existo* representa a verdade firme e certa com a qual Descartes fundamenta o conhecimento e a ciência.

d) As extravagantes suposições dos céticos impediram Descartes de encontrar uma verdade que servisse como princípio para a filosofia.

e) Descartes, ao acreditar que tudo era falso, colocava em dúvida sua própria existência.

Capítulo 20. A Ilustração: o Século das Luzes

4. (UEL-PR) Leia o texto a seguir.

> "Como determinamos as regras do que é certo ou errado? Immanuel Kant (1724-1804) responde a essa pergunta da seguinte forma: é moralmente correta a ação que está de acordo com determinadas regras do que é certo, independente da felicidade resultante a um ou a todos. Kant não propõe uma lista de regras com conteúdo previamente determinado – como é o caso dos mandamentos religiosos, por exemplo –, mas formula uma regra para

averiguar a correção da máxima que orienta nossa ação. Essa regra de averiguação é chamada imperativo categórico [...]."

BORGES, M. de L.; DALL'AGNOL, D.; DUTRA, D. V. *O que você precisa saber sobre... ética*. Rio de Janeiro: DP&A, 2002. p.15.

Com base no texto e nos conhecimentos sobre o imperativo categórico kantiano, é correto afirmar:

I. constitui um princípio formal dado pela razão que visa à discriminação das máximas de ação, com a pretensão de verificar quais podem, efetivamente, enquadrar-se numa legislação universal.
II. representa a capacidade de a razão prática, do ponto de vista *a priori*, fornecer à vontade humana um dever incondicional com pretensão de universalidade e de necessidade.
III. compreende um princípio teleológico construído a partir da concepção valorativa do "bem viver" e que se impõe, como condição absoluta, na realização de ações e comportamentos das pessoas em geral.
IV. abrange a sabedoria prática, como condição inata de o ser humano deliberar e proceder, sempre de forma semelhante em relação às demais pessoas, no quesito das ações que envolvem virtude e prudência.

Assinale a alternativa correta.

a) Somente as afirmativas I e II são corretas.
b) Somente as afirmativas II e IV são corretas.
c) Somente as afirmativas III e IV são corretas.
d) Somente as afirmativas I, II e III são corretas.
e) Somente as afirmativas I, III e IV são corretas.

Capítulo 21. Concepções políticas

5. (UEL-PR) Leia o texto a seguir.

"Dado que todo súdito é por instituição autor de todos os atos e decisões do soberano instituído, segue-se que nada do que este faça pode ser considerado injúria para com qualquer de seus súditos, e que nenhum deles pode acusá-lo de injustiça."

HOBBES, T. *Leviatã, ou matéria, forma e poder de um Estado eclesiástico e civil*. São Paulo: Nova Cultural, 1988. p. 109.

Com base no texto e nos conhecimentos sobre o contratualismo de Hobbes, é **correto** afirmar:

a) o soberano tem deveres contratuais com os seus súditos.
b) o poder político tem como objetivo principal garantir a liberdade dos indivíduos.
c) antes da instituição do poder soberano, os homens viviam em paz.
d) o poder soberano não deve obediência às leis da natureza.
e) acusar o soberano de injustiça seria como acusar a si mesmo de injustiça.

6. (UEL-PR)

"Poder-se-ia [...] acrescentar à aquisição do estado civil a liberdade moral, única a tornar o homem verdadeiramente senhor de si mesmo, porque o impulso do puro apetite é escravidão, e a obediência à lei que se estatui a si mesma é liberdade."

ROUSSEAU, Jean-Jacques. *Do contrato social*. São Paulo: Nova Cultural, 1987. p. 37.

Com base no texto e nos conhecimentos sobre a liberdade em Rousseau, é correto afirmar:

a) as leis condizentes com a liberdade moral dos homens devem atender aos seus apetites.
b) a liberdade adquire sentido para os homens na medida em que eles podem desobedecer às leis.
c) o homem livre obedece a princípios, independentemente de eles também valerem para a sociedade.
d) o homem afirma sua liberdade quando obedece a uma lei que prescreve para si mesmo.
e) é no estado de natureza que o homem pode atingir sua verdadeira liberdade.

Sugestões

Para ler

Descartes: a metafísica da modernidade, de Franklin Leopoldo e Silva. São Paulo: Moderna. (Coleção Logos)

Maquiavel: a lógica da força, de Maria Lúcia de Arruda Aranha. São Paulo: Moderna. (Coleção Logos)

Rousseau: a política como exercício pedagógico, de Maria Constança Perers Pissarra. São Paulo: Moderna. (Coleção Logos)

O Iluminismo e os reis filósofos, de Luiz Roberto Salinas Fortes. São Paulo: FTD.

Hobbes, de Maria Isabel Limongi. Rio de Janeiro: Jorge Zahar.

A vida de Galileu, de Bertolt Brecht. In: *Bertolt Brecht:* teatro completo. Rio de Janeiro: Paz e Terra.

Nesta peça de teatro, acompanhamos as vicissitudes de Galileu desde suas descobertas, que contrariavam a astronomia ptolomaica aceita pelos aristotélicos, até sua condenação pela Inquisição.

Para assistir

Descartes (*Cartesius*)

Direção de Roberto Rossellini. França/Itália, 1973.
O pensamento de Descartes encontra-se situado no seu tempo, e as falas giram em torno de suas ideias como filósofo e matemático. No DVD, há uma introdução feita pelo professor Franklin Leopoldo e Silva.

O homem que não vendeu sua alma

Direção de Fred Zinneman. Inglaterra, 1966.
O filme mostra o processo que culminou com a punição e morte do filósofo Thomas More, perseguido pelo rei Henrique VIII na Inglaterra do século XVI, sob a acusação de alta traição.

Pascal

Direção de Roberto Rossellini. França/Itália, 1973.
O filme trata da vida e da filosofia de Blaise Pascal, mostrando seus estudos de matemática, geometria, experiências de física, incluindo a criação da calculadora mecânica. No DVD, há uma introdução feita pelo professor Franklin Leopoldo e Silva.

Danton, o processo da Revolução

Direção de Andrzej Wajda. França/Polônia/Alemanha Ocidental, 1983.

Durante o período do Terror, na França, as posições dos jacobinos foram expostas até o confronto final entre Danton e Robespierre.

Maria Antonieta

Direção de Sophia Coppola. França/Japão/Estados Unidos, 2006.

Neste filme, a diretora optou por mostrar a vida da rainha Maria Antonieta, esposa do rei Luís XVI, com todo luxo e frivolidade da corte francesa, até a chegada da Revolução Francesa às portas do Palácio de Versalhes.

Amadeus

Direção de Milos Forman. Estados Unidos, 1984.
Ao tratar da vida brilhante e da personalidade controvertida do compositor clássico Wolfgang Amadeus Mozart, pode-se conferir o estilo de vida da nobreza em Viena (Áustria) no século XVIII.

As sombras de Goya

Direção de Milos Forman. Estados Unidos/Espanha, 2006.

O filme retrata as convulsões sociais do final do século XVIII. No cenário das perseguições religiosas pela Inquisição católica, a musa do pintor Goya é torturada e mantida presa.

Para navegar

Sobre *sites*

www.sobresites.com/filosofia
Este *site,* cujo editor é Luiz Fontenelle, indica vários outros *links* sobre filosofia que poderão ser consultados por professores e alunos.

www.afilosofia.no.sapo.pt
Site de Portugal sobre filosofia.

Filosofia e ciências humanas

www.consciencia.org

Unidade 7 Filosofia contemporânea

Progresso e bem-estar

"O único progresso humanamente relevante é o que contribui de fato para o bem-estar de todos, e os automatismos do crescimento econômico não bastam para assegurá-lo. O progresso, nesse sentido, não é uma doação espontânea da técnica, mas uma construção intencional, pela qual os homens decidem o que deve ser produzido, como e para quem, evitando ao máximo os custos sociais e ecológicos de uma industrialização selvagem."

ROUANET, Sérgio Paulo. *As razões do Iluminismo*. São Paulo: Companhia das Letras, 1987. p. 32.

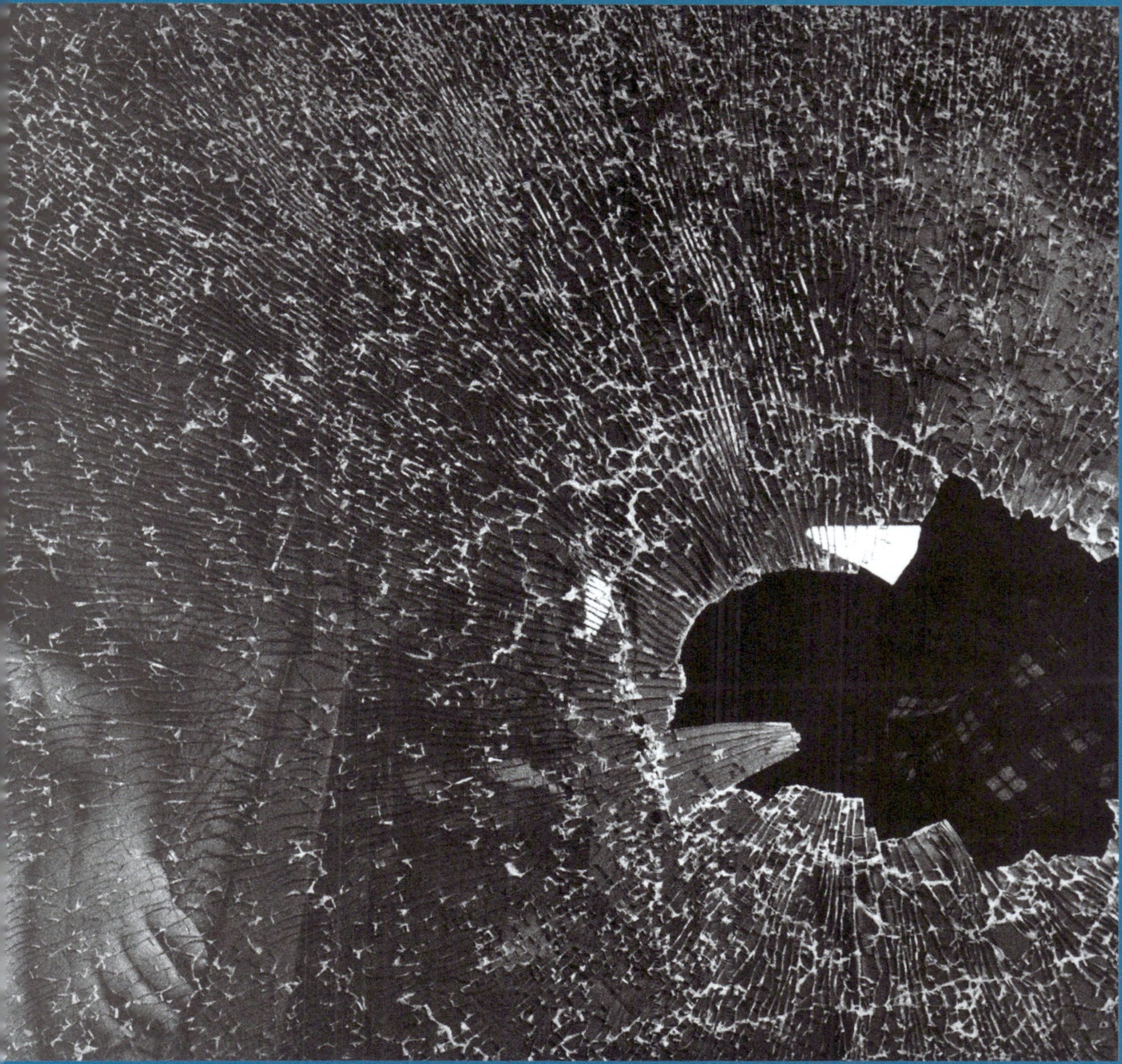

SEBASTIÃO SALGADO / AMAZONAS IMAGES

Fuga de Krajina, Croácia, foto de Sebastião Salgado de 1995. Refugiados sérvios fogem da região croata de Krajina apedrejados pela população local, em meio aos conflitos étnicos que tomaram a ex-república da Iugoslávia, nos anos 1990. O progresso, a ciência e a razão frustraram as expectativas de que seriam suficientes para tornar o ser humano melhor.

Capítulo 22

A filosofia do século XIX

1 Contexto histórico

No século XVIII, a Revolução Industrial ampliou o sistema fabril e aumentou a produção, o que tornou as relações de trabalho cada vez mais complexas. Cidades cresceram, ferrovias foram construídas e surgiram os primeiros navios a vapor. O capitalismo industrial se desenvolvia, acompanhado da expansão do liberalismo.

No século XIX, a burguesia encontrou as condições necessárias para se consolidar no poder. Apesar de se ver ameaçada, na primeira metade do século, pelas forças da nobreza que desejavam restaurar a monarquia, a burguesia se instalou no poder em toda a Europa a partir de 1848.

A opulência econômica e a ascensão da burguesia não conseguiram evitar, no entanto, o contraste cruel entre a riqueza e a pobreza. Os salários muito baixos e a extensa jornada de trabalho, inclusive com mão de obra infantil e feminina, levaram a classe dos proletários a se organizar em *sindicatos*. Os movimentos dos trabalhadores se inspiraram nas ideologias que criticavam o liberalismo burguês, como o *socialismo utópico*, o *anarquismo* e o *socialismo marxista*.

Nesse ambiente de confronto, reivindicava-se a igualdade, um dos ideais da Revolução Francesa. Outras exigências eram a liberdade de imprensa, a defesa do sufrágio universal, a escola elementar laica e gratuita para todos.

Sufrágio universal
Direito de votar estendido a todos os cidadãos, embora naquele momento as mulheres continuassem excluídas.

Do ponto de vista cultural, o século XIX foi marcado pelo movimento romântico que influenciou as artes e a literatura. Na Alemanha, caracterizou-se pelo nacionalismo e pela exaltação da natureza, do gênio, do sentimento e da fantasia. Tratava-se de uma reação ao excessivo racionalismo do período anterior. Mesmo assim, em sua fase final, o romantismo recuperou a cultura clássica e o gosto pela arte e pela filosofia gregas, cujo equilíbrio se contrapôs à impetuosidade do período inicial do romantismo.

JOSEPH MARTIN/AKG-IMAGES/LATINSTOCK - SPMK, NATIONALGALERIE, BERLIM

O monge à beira-mar (detalhe), pintura de Caspar David Friedrich, c. 1809. O pintor David Friedrich produziu inúmeras paisagens que exprimem o "sentimento do sublime", típico do romantismo. Nesta tela, a figura diminuta do monge olhando o mar contrasta com a experiência de fascínio e terror diante do "demasiadamente grande".

2 Liberalismo: liberdade ou igualdade?

As instituições políticas e sociais consolidavam os ideais liberais, sobretudo na Inglaterra e nos Estados Unidos. No entanto, a França enfrentou experiências difíceis e contraditórias. Em 1789, iniciou-se a revolução com bases nos ideais iluministas de igualdade. Proclamou-se os Direitos do Homem e do Cidadão e a república na França. Quatro anos depois do início da revolução, o governo jacobino suspendeu as liberdades civis em nome da ordem pública e instalou o período conhecido como Grande Terror. Na sequência, Napoleão Bonaparte foi coroado imperador e, com Napoleão III, a França se distanciou ainda mais dos ideais democráticos. Tudo parecia contradizer o espírito do Iluminismo.

Jacobino
Partido francês do período da revolução que representava os membros da pequena burguesia.

Reflita

A tela *A Liberdade guiando o povo* inovou sob vários aspectos. Delacroix abandonou os princípios da representação acadêmica, que preferia cenas posadas em ateliê, para buscar na rua a turbulência de um acontecimento daquele momento histórico. Em lugar de personagens importantes, preferiu o povo anônimo. Representou a Liberdade como uma mulher que ergue a bandeira tricolor da França e empunha um mosquete com baioneta. O menino armado simboliza a jovem República. A tela expressa diferentes níveis de tensão: entre classes, jovens e velhos, homens e mulheres, vivos e mortos.

- Com um colega, observem a imagem e tentem localizar algumas dessas oposições.

MAURICE BABEY/AKG-IMAGES/LATINSTOCK - MUSEU DO LOUVRE, PARIS

A Liberdade guiando o povo, pintura de Eugène Delacroix, 1830. Esta tela foi pintada no ano da revolução que depôs o rei Carlos X da França.

Tocqueville

Alexis de Tocqueville (1805-1859), aristocrata de nascimento e conhecido como o "Montesquieu do século XIX", analisou com lucidez as contradições de seu tempo. Em viagem aos Estados Unidos, recolheu informações para sua obra mais famosa, *Democracia na América*, em dois volumes, que foram publicados em 1835 e 1840.

Tocqueville tinha plena consciência de que a implantação da democracia era inevitável, mas seu grande desafio era conciliar *liberdade* e *igualdade*. Ele temia a excessiva concentração de poderes nas mãos do Estado, cujo resultado seria a tirania ou uma sociedade de massa, que anula as diferenças individuais e leva ao conformismo da opinião e à "tirania da maioria". Para evitar esses desequilíbrios, julgava importante a promulgação de leis para garantir as liberdades fundamentais e a vigilância constante do exercício da cidadania.

Alguns autores, ao analisar os temores de Tocqueville quanto aos riscos do igualitarismo, destacam o traço aristocrático da sua visão de mundo. A propósito da tensão entre liberdade e igualdade, Norberto Bobbio comenta a respeito de Tocqueville:

> "Lembram-se da célebre frase com que ele encerra sua obra maior? 'As nações modernas não podem evitar que as condições se tornem iguais; mas depende delas que a igualdade as leve à escravidão ou à liberdade, à civilização ou à barbárie, à prosperidade ou à miséria'."
>
> BOBBIO, Norberto. *Teoria geral da política*: a filosofia política e as lições dos clássicos. Rio de Janeiro: Campus, 2000. p. 270-271.

3 Hegel: o idealismo dialético

O idealismo filosófico surgiu em um ambiente cultural marcado pelo romantismo, pela exaltação da natureza e pelo nacionalismo alemão. Seus principais representantes foram Johann Gottlieb Fichte (1762-1814), Friedrich Schelling (1775-1854) e Georg Hegel (1770-1831). Este último foi quem exerceu maior influência no pensamento posterior.

Vida e obra

Georg Wilhelm Friedrich Hegel (1770-1831) nasceu em Stuttgart, Alemanha. Foi professor nas universidades de Jena, Heidelberg e Berlim. Escreveu inúmeras obras, entre as quais *Fenomenologia do espírito*, *Ciência da lógica*, *Enciclopédia das ciências filosóficas*, *Introdução à história da filosofia* e *Princípios da filosofia do direito*. Outras resultaram das anotações de seus alunos na Universidade de Jena.

A produção filosófica de Hegel representa o último exemplo de teoria sistemática que forma um todo acabado cujas partes se interligam de maneira coesa. Sua influência foi marcante em todo o século XIX.

AKG-IMAGES/LATINSTOCK - SMB, ALTE NATIONALGALERIE, BERLIM

Detalhe do retrato de Friedrich Hegel, feito por Jakob Schlesinger, 1831.

Hegel atribuiu sentidos radicalmente novos a conceitos tradicionais do pensamento ocidental, como *ser*, *lógica*, *absoluto* e *dialética*, o que tornou sua filosofia às vezes hermética e de difícil interpretação. Por exemplo: o conceito de *ser* não é o da metafísica tradicional, mas designa uma realidade em processo, uma estrutura dinâmica. Além disso, nenhum conceito é examinado por si mesmo, mas sempre em relação ao seu contrário: ser-nada, corpo-mente, liberdade-determinismo, universal-particular, Estado-indivíduo. Dizendo de outra maneira, o ser está em constante mudança: esta é a **dialética hegeliana**, inspirada no pré-socrático Heráclito.

GÉRARD BLOT/RMN/OTHER IMAGES - CHÂTEAU DE MALMAISON ET BOIS-PRÉAU, MALMAISON

Napoleão cruzando os Alpes, pintura de Jacques-Louis David, 1801. Hegel admirava Napoleão, até que, em 1807, as tropas francesas acamparam em frente à sua casa, em Jena, na Alemanha.

A dialética

Hegel introduziu uma noção nova, a de que a razão é histórica, ou seja, a verdade é construída no tempo. Trata-se de uma *filosofia do devir*, do ser como processo, como movimento, como vir a ser. Desse ponto de vista, para dar conta da dinâmica do real, surgiu a necessidade de criar uma lógica que não se fundasse no princípio de identidade – que é estático –, mas no princípio de contradição. A nova lógica de Hegel é **dialética**.

O conceito de *história* é igualmente dialético: a história não é a simples acumulação e justaposição de fatos ocorridos no tempo, mas resulta de um processo cujo motor interno é a contradição dialética, que conduz ao autoconhecimento do espírito no tempo.

Em sua principal obra, *Fenomenologia do espírito*, o termo *fenomenologia* remete à noção de fenômeno como aquilo que nos aparece, que se manifesta, na medida em que é um objeto distinto de si, porque nele descobrimos a contradição, que por sua vez será superada em um terceiro momento. Hegel exemplifica as três etapas da dialética com o desenvolvimento da planta, que passa pelo botão, flor e fruto:

- o botão é a afirmação;
- a flor é a contradição, é a negação do botão;
- o fruto é a superação da contradição entre botão e flor.

Contudo, se a flor "nega" o botão, de certa maneira o "conserva", porque essa flor deve seu *ser* ao botão; o mesmo ocorre com o fruto, que nega a flor, mas não a exclui. Ou seja, na superação dialética, o que é negado é ao mesmo tempo mantido. O processo não termina com a síntese do fruto, porque também este deixa de ser o que é quando apodrece. Por esse movimento, a razão passa por todos os graus, desde o da natureza inorgânica, da natureza viva, da vida humana individual até a vida social.

Dialética
Do grego *dialektiké*, termo composto de *lego*, "falar", e *dia*, "através de", "por meio de". Entre os gregos, significifica diálogo, arte da discussão. Em Hegel, explica a mudança pela contradição.

Reflita

O que seria a crise da adolescência senão a contradição entre aquilo que fomos na infância e o que negamos dela? Por isso confrontamos nossos pais e seus valores, ao mesmo tempo que esses valores fazem parte de nós. A maturidade irá superar a contradição, ao nos constituirmos como sujeitos livres até que outras contradições da vida adulta surjam para serem superadas.

- Você viveu ou vive essas contradições em sua adolescência? Dê um exemplo.

O idealismo

HERVÉ LEWANDOWSKI/RMN/OTHER IMAGES - MUSEU DO LOUVRE, PARIS

O que Hegel entende por *espírito?* Num sentido geral, *espírito* (*Geist*, em alemão) é uma atividade da consciência que se manifesta no tempo e se expressa em três momentos distintos:

- o **espírito subjetivo** é o espírito individual, ainda encerrado na sua subjetividade (como ser de *emoção*, *desejo*, *imaginação*);
- o **espírito objetivo** opõe-se ao espírito subjetivo: é o espírito exterior como expressão da vontade coletiva, por meio da moral, do direito, da política. O espírito objetivo realiza-se naquilo que se chama *mundo da cultura*;
- o **espírito absoluto**, ao superar o espírito objetivo, realiza a síntese final em que o espírito, terminando o seu trabalho, compreende-o como sua realização. A mais alta manifestação do espírito absoluto é a filosofia, saber de todos os saberes, quando o espírito, depois de ter passado pela arte e pela religião, atinge a absoluta autoconsciência. Por isso, Hegel chama a filosofia de "*pássaro de Minerva* que chega ao anoitecer", ou seja, a crítica filosófica é feita ao final do trabalho realizado.

Atena, escultura em bronze do período romano (27 a.C.-476 d.C.); descoberta em Beirute. Minerva era a versão latina da grega Atena, deusa da razão, das artes, da literatura e da filosofia, geralmente representada com a coruja, uma ave noturna.

Ao explicar o movimento gerador da realidade, Hegel desenvolveu uma dialética *idealista*: a racionalidade não é mais um modelo a se aplicar, mas é o próprio tecido do real e do pensamento. Na *Filosofia do Direito*, Hegel diz que o mundo é a manifestação da ideia: "o real é racional e o racional é real".

A dialética do senhor e do escravo

Na obra *Fenomenologia do espírito*, há uma passagem importante para compreender a maneira dialética pela qual Hegel explica como a consciência torna-se autoconsciência.

Ao examinar o conceito de *consciência de si,* Hegel descobre que a consciência é movida pelo desejo de exteriorização e, portanto, tende para fora de si, para um "outro", do qual precisa se "apropriar", "dominar": cada eu precisa de outra consciência que o reconheça. E isso se faz pelo confronto, pela luta, pela dominação. Aquele que se arriscou e venceu torna-se o senhor; e o que se intimidou aceita a servidão e trabalha para o senhor.

22.1 Biblioteca do estudante: Leitura complementar

Aos poucos, inverte-se o processo. O senhor, que era forte e dono de si, passa a depender em tudo do servo. Ao se descobrir capaz e independente pelo trabalho, o servo se fortalece. No entanto, seria melhor que não se perpetuasse a relação de confronto e que o reconhecimento fosse mútuo e recíproco.

A concepção de Estado

Hegel criticou as concepções liberais que o antecederam, sobretudo o contratualismo e a noção de "estado de natureza". Para o contratualismo, o indivíduo existe em estado de natureza e constitui o Estado, pois lhe é anterior. Para Hegel, não há como pensar o indivíduo em estado de natureza, pois é o Estado que constitui o indivíduo; portanto, ele é sempre um *indivíduo social*.

Segundo a concepção dialética hegeliana, o Estado sintetiza, numa realidade coletiva, a totalidade dos interesses contraditórios entre os indivíduos. Vejamos:

- a **família** é a síntese dos interesses contraditórios entre seus membros;
- a **sociedade civil** é a síntese que supera as divergências entre as diversas famílias. É a esfera intermediária entre a família e o Estado e o lugar das atividades econômicas, no qual prevalecem os interesses privados; é também o lugar das diferenças sociais entre ricos e pobres e da rivalidade dos profissionais entre si;
- o **Estado** representa a unidade final, a síntese mais perfeita que supera as contradições existentes entre os vários interesses privados. É a esfera dos interesses públicos e universais, pois cada um tem a clara consciência de agir em busca do bem coletivo.

A importância do Estado na filosofia política de Hegel provocou interpretações diversas. Hegel foi considerado um teórico do absolutismo prussiano, e suas ideias foram utilizadas para justificar o totalitarismo no século XX. Vários filósofos insurgiram-se contra essas simplificações deformadoras do pensamento hegeliano, desde o próprio Marx, no século XIX, até Eric Weil, no século XX.

A corte no teatro da Prússia, charge de Rainer Ehrt, 2001. Nota-se Hegel representado entre os chefes de Estado prussianos. Para alguns autores, Hegel teria criado uma justificativa para a política do reinado de Frederico Guilherme III na Prússia.

ALBUM/AKG-IMAGES/EHRT/LATINSTOCK

Leitura analítica

A história como processo

"De resto, não é difícil ver que o nosso tempo é um tempo de nascimento e passagem para um novo período. O espírito rompeu com o mundo de seu existir e do seu representar que até agora subsistia e, no trabalho da sua transformação, está para mergulhar esse existir e representar no passado. Na verdade, o espírito nunca está em repouso, mas é concebido sempre num movimento progressivo. Mas, assim como na criança, depois de um longo e tranquilo tempo de nutrição, a primeira respiração – um salto qualitativo – quebra essa continuidade de um progresso apenas quantitativo e nasce então a criança, assim o espírito que se cultiva cresce lenta e silenciosamente até a nova figura e desintegra pedaço por pedaço seu mundo precedente. Apenas sintomas isolados revelam seu abalo. A frivolidade e o tédio que tomam conta do que ainda subsiste, o pressentimento indeterminado de algo desconhecido, são os sinais precursores de que qualquer coisa diferente se aproxima. Esse lento desmoronar-se, que não alterava os traços fisionômicos do todo, é interrompido pela aurora que, num clarão, descobre de uma só vez a estrutura do novo mundo.

No entanto, esse mundo novo não tem, como não a tem a criança recém-nascida, uma realidade efetiva acabada. E é essencial não deixar de lado esse ponto. O primeiro surgir é, inicialmente, a imediatidade ou o conceito daquele mundo novo. Assim como um edifício não está pronto quando foram postos seus alicerces, assim o conceito do todo que se conseguiu alcançar não é o próprio todo. Se quisermos ver um carvalho na força do seu tronco, na extensão dos seus ramos e na massa da sua folhagem, não nos contentaremos se, em seu lugar, nos for mostrada uma bolota. Desta sorte a ciência, que é a coroa de um mundo do espírito, não está perfeita no seu começo. O começo do novo espírito é o produto de um amplo revolvimento de variadas formas de cultura, o preço de um caminho extremamente intrincado e, igualmente, de muito trabalho e esforço."

Bolota
Fruto do carvalho.

HEGEL, Friedrich. *A fenomenologia do espírito*. São Paulo: Abril Cultural, 1974. p. 16. (Coleção Os Pensadores)

Questões

1. Explique por que para Hegel o espírito nunca está em repouso.
2. Usando o conceito de dialética, explique o que Hegel quer dizer com "salto qualitativo".
3. Relacione a frase final "o começo do novo espírito é [...] o preço de um caminho extremamente intrincado e, igualmente, de muito trabalho e esforço" com os versos de Goethe:

"Sim, entrego-me todo a este pensamento
Que é a conclusão suprema da sabedoria:
Só merece a liberdade e a vida
Aquele que tem de a conquistar todos os dias."

In: GARAUDY, Roger. *O pensamento de Hegel*. Lisboa: Moraes Editores, 1971. p. 161.

4. Discuta com seu colega a respeito dos "saltos qualitativos" que já ocorreram na sua vida ou dos que você espera que ocorram.

4 Os movimentos do proletariado

No início do capítulo, nos referimos ao contexto da Europa no século XIX. A injustiça social e econômica, provocada pela miséria, pela jornada de trabalho excessiva e pela exploração da mão de obra configurava um estado de tensão entre capitalistas e operários, que gerava protestos e movimentos reivindicatórios.

Em 1830 e 1848, grandes movimentos liberais e nacionais, iniciados na França, logo se estenderam por outros países europeus. A partir de 1848, o proletariado procurava expressar sua própria ideologia, oposta ao pensamento liberal.

Sindicatos, conselhos operários, comissões de fábrica, comitês de greve, jornais operários agitavam o ambiente social e político. Em 1864, foi fundada em Londres a Associação Internacional dos Trabalhadores (AIT), que estimulou a realização de congressos em diversos países.

O apoio teórico a esses movimentos encontrava-se em diversas tendências que passaremos a expor.

PHOTO12/ANN RONAN PICTURE LIBRARY/ OTHER IMAGES - MUSEU METROPOLITANO DE ARTE, NOVA YORK

O vagão de terceira classe, pintura de Honoré Daumier, c. 1862. No século XIX, Daumier fez uma dura crítica social às condições de vida a que estavam relegados os trabalhadores.

5 O socialismo utópico

Marx e Engels denominaram as teorias dos socialistas que os antecederam como expressões de um *socialismo utópico*. Contrapunham o socialismo utópico à sua própria teoria, denominada *socialismo científico*. Apesar das críticas de Marx e Engels, os primeiros socialistas exerceram influência no seu tempo e foram importantes para fundamentar a conscientização do proletariado.

Os principais socialistas utópicos foram:

- Robert Owen (1771-1858), industrial e reformador social galês que tentou pôr em prática as concepções socialistas, organizando colônias cooperativas onde a propriedade privada seria totalmente excluída.
- Henri de Saint-Simon (1760-1825), francês de origem aristocrática que estabeleceu o plano de uma sociedade industrial dirigida pelos produtores. Entendia por "produtores" não só a classe operária, mas todos os que criavam, fossem banqueiros, empresários, sábios ou artistas. Seu objetivo era melhorar a sorte da classe mais numerosa e mais pobre.
- Charles Fourier (1772-1837), filósofo e economista francês que, além de criticar o sistema capitalista, pretendia reunir os operários em comunidades de associação voluntária, os *falanstérios*.
- Pierre Joseph Proudhon (1809-1865), francês, foi deputado influente. A desconfiança em relação ao Estado (e a qualquer outra autoridade, como a Igreja) tornou Proudhon um crítico da centralização do poder e da burocracia. Sob esse aspecto, tornou-se inspirador da sociedade anárquica, em que o poder político seria substituído por livres associações entre trabalhadores.

Proletariado
Do latim *proletarius*, "do povo", "das classes desfavorecidas". Por sua vez, *proletarius* vem de *proles*, "prole", "descendência", "filhos". Ou seja, os pobres são "ricos" de filhos.

AKG-IMAGES/LATINSTOCK - COLEÇÃO PRIVADA, PARIS

Crianças no familistério de Guise, gravura de Jean-Baptiste Godin, 1871. A partir do falanstério sugerido por Fourier, outros projetos surgiram. O industrial Jean-Baptiste Godin criou em Aisne, na França, um *familistério* ("lugar de reunião de famílias"), com cuidados de salubridade, iluminação e conforto para alojar seus operários. Na gravura, sala de recreação das crianças, separadas por faixa etária.

6 Marx: materialismo e dialética

No século XIX, a Alemanha ainda se encontrava dividida. A unificação política ocorreria apenas em 1871, após três guerras e muitas tentativas de unificação econômica. Portanto, foi numa Alemanha agitada e cheia de problemas que surgiu o marxismo, elaborado por Karl Marx e Friedrich Engels.

Vida e obra

Karl Marx (1818-1883), filósofo, cientista social, historiador e revolucionário alemão, nasceu em Trier, de uma família judia convertida ao protestantismo. Seu amigo Friedrich Engels (1820-1895), interlocutor intelectual constante, era industrial e pôde, por diversas vezes, ajudar Marx financeiramente nos momentos mais críticos de sua vida pessoal. Marx e Engels exerceram papel chave na Primeira Internacional (Associação Internacional dos Trabalhadores), que tinha em vista aglutinar as ações dos trabalhadores e coordenar suas reivindicações. Juntos escreveram o *Manifesto comunista*, *A ideologia alemã* e *A sagrada família*. Embora suas ideias fossem gestadas em conjunto, Marx escreveu sozinho: *A miséria da filosofia*, *Crítica da economia política* e *O capital*, entre outras. De Engels temos: *Anti-Düring*, *Dialética da natureza* e *A origem da família, da propriedade privada e do Estado*.

ERICH LESSING/ALBUM/LATINSTOCK - MUSEU KARL MARX, TRIER, ALEMANHA

Retrato de Karl Marx.

ERICH LESSING/ALBUM/LATINSTOCK - MUSEU KARL MARX, TRIER, ALEMANHA

Retrato de Friedrich Engels, de 1891.

A elaboração da doutrina marxista sofreu influência da leitura dos economistas ingleses Adam Smith e David Ricardo, da filosofia de Hegel (o conceito de dialética e a nova concepção de história), dos filósofos do socialismo utópico e do materialismo do filósofo alemão Ludwig Feuerbach.

O materialismo dialético

Para Marx, a matéria é a fonte da consciência, e esta é reflexo da matéria. O materialismo marxista, no entanto, distingue-se do materialismo mecanicista ou vulgar. Segundo Marx, os fenômenos materiais são *processos*, e o espírito não é consequência passiva da ação da matéria, podendo reagir sobre aquilo que o determina.

Ao admitir o materialismo, o marxismo opõe-se à filosofia idealista de Hegel, mas aproveita sua concepção de *dialética*. No dizer de Engels a respeito de seu procedimento,

22.2
Biblioteca do estudante: Leitura complementar

> "[...] a dialética de Hegel foi colocada com a cabeça para cima ou, dizendo melhor, ela, que se tinha apoiado exclusivamente sobre sua cabeça, foi de novo reposta sobre seus pés."
>
> ENGELS, Friedrich. Ludwig Feuerbach e o fim da filosofia clássica alemã. In: MARX, Karl; ENGELS, Friedrich. *Antologia filosófica*. Lisboa: Estampa, 1971. p. 136.

Isso significa que Marx e Engels contrapõem o materialismo ao idealismo: não são as ideias que constituem o real, mas a práxis humana, na produção e reprodução da vida social. Marx chama de *práxis* a ação humana transformadora da realidade. Esse conceito não se identifica propriamente com a prática, porque significa a união dialética da teoria e da prática. Isto é, ao mesmo tempo em que a consciência é determinada pelo modo como é produzida a existência, também a ação humana é projetada, refletida, consciente e capaz de modificar a teoria.

O materialismo é dialético por reconhecer a estrutura contraditória do real, que, no seu movimento constitutivo, passa por três fases: a *tese*, a *antítese* e a *síntese*. Ou seja, explica-se o movimento da realidade pelo antagonismo entre o momento da tese e o da antítese, cuja contradição deve ser superada pela síntese.

Desse modo, todos os fenômenos da natureza ou do pensamento encontram-se em constante *relação recíproca*, não podendo ser compreendidos isoladamente fora dos fenômenos que os rodeiam. Os fatos não são átomos, mas pertencem a um todo dialético e, como tal, fazem parte de uma estrutura.

O quarto estado, pintura de Giuseppe Pelizza da Volpedo, 1898-1901. O título da obra sugere que o proletariado seria o novo poder emergente. Os três estados eram, no século XIX, a nobreza, o clero e o "terceiro estado" (a burguesia).

AKG-IMAGES/LATINSTOCK - GALERIA DE ARTE MODERNA, MILÃO

O materialismo histórico

O *materialismo histórico* é a teoria que explica a história por fatores materiais, ou seja, econômicos e técnicos. A história não se explica pela ação dos indivíduos ou pela intervenção divina, como até então era admitido. No lugar das ideias estão os fatos materiais; no lugar dos heróis individuais está a luta de classes. Embora possamos tentar definir o ser humano pela consciência, pela linguagem, pela religião, o que fundamentalmente o caracteriza é o modo pelo qual reproduz suas condições de existência.

Portanto, para Marx, a sociedade estrutura-se em dois níveis: a *infraestrutura* e a *superestrutura*.

- A **infraestrutura** constitui a *base econômica* e engloba as relações do ser humano com a natureza no esforço de produzir a própria existência. Assim, de acordo com o clima (árido ou chuvoso) e os instrumentos de trabalho (pedra, madeira, metal ou eletrônicos), são desenvolvidas certas técnicas que influenciam as relações de produção, ou seja, o modo pelo qual os seres humanos se organizam na divisão do trabalho social. É nesse sentido que, na história, encontramos relações de senhores e servos e de capitalistas e proletários.
- A **superestrutura** constitui o caráter *político-ideológico* de uma sociedade, isto é, a forma como os indivíduos se organizam a partir de suas leis, crenças religiosas, literatura, artes, filosofia, concepções de ciência etc. Para Marx, essas expressões culturais refletem as ideias e valores da classe dominante e, desse modo, tornam-se instrumentos de dominação.

Um exemplo

Vamos exemplificar como, segundo Marx, a infraestrutura *determina* a superestrutura, comparando valores de dois diferentes períodos da história.

A moral medieval valorizava a coragem e a ociosidade da nobreza, ocupada com a guerra, bem como a fidelidade, base do sistema de suserania e vassalagem. Do ponto de vista do direito, o empréstimo a juros era considerado ilegal e imoral em um mundo cuja riqueza era a posse de terras. Já na Idade Moderna, com a ascensão da burguesia, o trabalho foi valorizado e, consequentemente, criticava-se a ociosidade. A legalização do sistema bancário, por sua vez, exigiu a revisão das restrições morais aos empréstimos. A Igreja Protestante confirmou os novos valores por meio da doutrina da *predestinação* e, ao contrário do catolicismo, passou a ver o enriquecimento como sinal de escolha divina.

THE ART ARCHIVE / FINE ART MUSEUM BILBAO/ ALFREDO DAGLI ORTI/AFP PHOTO

O cambista, pintura de Quentin Metsys (1466-1530), representa o banqueiro do início da Idade Moderna, precursor dos bancos contemporâneos, negociando moedas.

Os exemplos citados dizem respeito à passagem do sistema feudal para o sistema capitalista (infraestrutura), que determinou as transformações da moral, do direito e das concepções religiosas (superestrutura). Portanto, para estudar a sociedade, não se deve, segundo Marx, partir do que os indivíduos dizem, imaginam ou pensam, e sim do modo pelo qual produzem os bens materiais necessários à sua vida.

Relações de produção e luta de classes

FR.WIKIPEDIA.ORG

Nesta charge de 1848, o homem do povo com o barrete frígio, símbolo do regime republicano na França, expulsa o burguês que o explora: "Vá dependurar-se em outro lugar!" (*Va te faire pendre ailleurs!*).

Dissemos que a compreensão dialética da história supõe o conflito e a contradição. Vejamos como Marx explica esse processo, por meio dos conceitos de *relações de produção*, *forças produtivas* e *modo de produção*.

- As **relações de produção** são o modo como os seres humanos, a partir de determinadas condições naturais, se organizam para executar uma atividade produtiva, estabelecendo a divisão do trabalho social.
- As **forças produtivas** são o conjunto formado por clima, água, solo, matérias-primas, máquinas, mão de obra e instrumentos de trabalho.
- O **modo de produção** é a maneira de organização das forças produtivas em determinadas relações de produção num dado momento histórico. Por exemplo, no modo de produção capitalista, as forças produtivas, representadas sobretudo pelas máquinas do sistema fabril, determinam as relações de produção, caracterizadas pela existência do dono do capital e do operário assalariado.

As forças produtivas, no entanto, só podem se desenvolver até certo ponto, pois, ao atingirem um estágio avançado, tornam-se inadequadas e entram dialeticamente em contradição com as antigas relações de produção. Surge, então, a necessidade de uma nova divisão de trabalho. A contradição se expressa na *luta de classes*. Denomina-se **luta de classes** o confronto entre duas classes antagônicas quando lutam por seus interesses de classe.

Assim dizem Marx e Engels no *Manifesto comunista*, divulgado em 1848:

> "A história de todas as sociedades que existiram até nossos dias tem sido a história das lutas de classes.
>
> Homem livre e escravo, patrício e plebeu, senhor e servo, mestre de corporação e oficial, numa palavra, opressores e oprimidos, em constante oposição, têm vivido numa guerra ininterrupta, ora franca, ora disfarçada; uma guerra que terminou sempre, ou por uma transformação revolucionária da sociedade inteira, ou pela destruição das suas classes em luta.
>
> [...] Entretanto, a nossa época, a época da burguesia, caracteriza-se por ter simplificado os antagonismos de classes. A sociedade divide-se cada vez mais em dois vastos campos opostos, em duas grandes classes diametralmente opostas: a burguesia e o proletariado."
>
> MARX, Karl; ENGELS, Friedrich. *Manifesto comunista*. São Paulo: Nova Estela, 1980. p. 8-9.

22.3 Visão do especialista

AKG-IMAGES/LATINSTOCK - BIBLIOTECA BRITÂNICA, LONDRES

THE GRANGER COLLECTION, NEW YORK/OTHER IMAGES

À esquerda, iluminura flamenga de Simon Bening, 1520-1525. À direita, gravura de 1835 representando o interior de uma fábrica têxtil. As duas ilustrações representam momentos históricos distintos: o dos camponeses medievais e o dos operários das fábricas da era moderna. Certamente, são diferentes seus instrumentos de trabalho e o modo de produção.

Alienação e ideologia

Na obra *O capital*, Marx explica que a relação de contrato de trabalho entre capitalista e proletário é livre só na aparência. Na verdade, como fica disponível todo o tempo, o operário produz mais do que foi calculado. A parte do *trabalho excedente* não é paga ao operário e serve para aumentar cada vez mais o capital. Denomina-se **mais-valia**, portanto, o valor gerado pelo operário que excede o valor de sua força de trabalho e é apropriado pelo capitalista.

A alienação

De imediato, o operário não é capaz de perceber e reverter esse quadro porque se encontra alienado. O que significa *alienação?* Conferindo o sentido etimológico desse termo, constatamos que a **alienação** consiste na perda da posse de um bem. De que bem se trata?

Para entender, é preciso lembrar que Marx retoma a temática hegeliana do trabalho como condição de liberdade. É pelo trabalho que o ser humano se confronta com a natureza e, ao mesmo tempo que a modifica, também transforma a si mesmo, humaniza-se.

No entanto, Marx nega que a ordem econômica do capitalismo seja capaz de possibilitar a igualdade entre as partes, porque o trabalhador perde mais do que ganha. O produto do seu trabalho é apropriado pelo burguês, que determina o salário, o horário e o ritmo de trabalho. Nesse caso, o trabalhador deixa de ser o centro de si mesmo para ser comandado de fora, por forças que não mais controla. O resultado é tornar-se estranho, alheio a si próprio: é o fenômeno da alienação

A alienação do proletário também é acompanhada de sua desumanização. Ao vender sua força de trabalho mediante salário, o proletário não só se transforma em mercadoria, mas também as mercadorias tornam-se mais valiosas que o trabalhador.

Alienação
Do latim *alienare, alienus,* "que pertence a outro". Alienar, portanto, é "tornar alheio", é "transferir para outrem o que é seu".

A ideologia

Por sua vez, o que faz com que a alienação não seja percebida é a **ideologia**. Em outras palavras, vimos que, segundo Marx, as ideias, as condutas e os valores que permeiam a concepção de mundo de determinada sociedade representam os interesses da classe dominante. Ao serem estendidas às classes dominadas, como se fossem universais, ajudam a manter a dominação e o *status quo*. Desse modo, a ideologia camufla a luta de classes ao representar a sociedade como una, harmônica e sem conflitos.

ROGER DE LA HARPE/AFRICA IMAGERY/OTHER IMAGES

No século XIX, Marx já advertia que, ao mesmo tempo que se produz a mercadoria, produz-se o consumidor. Certamente não imaginava a construção de verdadeiros santuários de consumo, como são os atuais *shoppings centers*. Na imagem, interior de um *shopping center* em Umhlanga, Durban, na África do Sul, em 2009.

A crítica ao Estado

Ao se estender em sua crítica, Marx avalia que a ideologia esconde o fato de que o Estado expressa os interesses da classe dominante. Trata-se de uma concepção negativa, segundo a qual o Estado perpetua as contradições sociais e só aparentemente visaria ao bem comum. Portanto, o Estado é um mal a ser extirpado.

Decorre desse pressuposto a necessidade da *revolução*, seguida por um Estado provisório, a *ditadura do proletariado*, período de fortalecimento da classe operária e de enfraquecimento da burguesia. Esta primeira fase corresponde ao **socialismo**. A segunda fase, chamada **comunismo**, define-se pela supressão da sociedade de classes e, finalmente, pelo desaparecimento do Estado.

7 O anarquismo: principais ideias

É comum as pessoas identificarem anarquismo com "caos", "bagunça". Na verdade, não se trata disso. O princípio que rege o anarquismo é a preferência pela organização voluntária do poder em oposição ao Estado, considerado nocivo e desnecessário. Para os anarquistas, o Estado e a propriedade podem ter contribuído em determinado momento histórico para o desenvolvimento humano, mas depois passaram a restringir sua emancipação. Além do Estado, os anarquistas repudiam a estrutura hierárquica da Igreja e defendem o ateísmo como condição de autonomia moral do ser humano, liberto dos dogmas e da noção de pecado.

Anarquismo
Do grego *an*, "sem", e *arché*, "princípio", "origem", "poder", ou seja, "sem governantes".

Proudhon e seus filhos, pintura de Gustave Courbet, 1865. Socialista utópico e crítico da propriedade capitalista e do autoritarismo dos comunistas, Proudhon teve contato com o anarquista Bakunin, que o considerava "o mestre de todos nós".

O anarquismo está baseado na organização não coercitiva dos seres humanos, regida pela cooperação e pela aceitação dos membros da comunidade. Na ausência de instituições autoritárias, as tendências cooperativas humanas não encontrariam impedimentos para florescer, se desenvolver e realizar a ordem social.

Na sociedade estatal, a ordem social é artificial, pois está estabelecida sobre uma pirâmide de poder, que define a estrutura da sociedade através da decisão hierárquica, imposta de cima para baixo. Na sociedade anarquista, com autodisciplina e cooperação voluntária, a ordem social expressa-se naturalmente. Por isso, os anarquistas repudiam inclusive a criação de partidos, por prejudicarem a espontaneidade de ação, tendendo a se burocratizar e a centralizar o poder. Também temem as estruturas teóricas, por isso seus representantes apreciam o movimento vivo e não tanto a doutrina.

A intenção dos movimentos anarquistas está em inverter a pirâmide de poder do Estado por meio do princípio da *descentralização*, possível nas formas mais diretas de relação, como o contato "cara a cara". As decisões seriam tomadas nos núcleos vitais das relações sociais, ou seja, nos bairros e em locais de trabalho. Quando esse encontro não for possível, por envolver outros segmentos, devem ser criadas federações. O importante é manter contínua participação, colaboração e consulta direta entre as pessoas envolvidas.

Os anarquistas foram contemporâneos de Marx, mas dele se distanciaram por conta da teoria da ditadura do proletariado. Acusavam-no de não perceber que a rígida oligarquia de funcionários públicos e tecnocratas tenderia a se perpetuar no poder. O mais brilhante anarquista foi Mikhail Bakunin (1814-1876), filho de ricos aristocratas russos. Tornou-se revolucionário graças à influência do francês Pierre-Joseph Proudhon, que já vimos entre os chamados socialistas utópicos. Bakunin participou de rebeliões e esteve preso por um tempo na Sibéria. Sua obra é vigorosa e apaixonada, porém mal organizada, pois Bakunin era sobretudo um ativista.

O anarquismo ressurgiu timidamente depois da Segunda Guerra Mundial e recrudesceu na década de 1960 com jovens de vários países da Europa e da América, inclusive no movimento estudantil de 1968, em Paris.

Leitura analítica

A ideologia alemã

"A produção de ideias, de representações, da consciência, está, de início, diretamente entrelaçada com a atividade material e com o intercâmbio material dos homens, como a linguagem da vida real. O representar, o pensar, o intercâmbio espiritual dos homens aparecem aqui como emanação direta de seu comportamento material. O mesmo ocorre com a produção espiritual, tal como aparece na linguagem da política, das leis, da moral, da religião, da metafísica etc. de um povo. Os homens são os produtores de suas representações, de suas ideias etc., mas os homens reais e ativos, tal como se acham condicionados por um determinado desenvolvimento de suas forças produtivas e pelo intercâmbio que a ele corresponde até chegar às suas formações mais amplas. A consciência jamais pode ser outra coisa do que o ser consciente, e o ser dos homens é o seu processo de vida real. [...]

Totalmente ao contrário do que ocorre na filosofia alemã, que desce do céu à terra, aqui se ascende da terra ao céu. Ou, em outras palavras: não se parte daquilo que os homens dizem, imaginam ou representam, e tampouco dos homens pensados, imaginados e representados para, a partir daí, chegar aos homens em carne e osso; parte-se dos homens realmente ativos e, a partir de seu processo de vida real, expõe-se também o desenvolvimento dos reflexos ideológicos e dos ecos desse processo de vida. [...]

Não é a consciência que determina a vida, mas a vida que determina a consciência. Na primeira maneira de considerar as coisas, parte-se da consciência como do próprio indivíduo vivo; na segunda, que é a que corresponde à vida real, parte-se dos próprios indivíduos reais e vivos, e se considera a consciência unicamente como *sua* consciência. [...]

As ideias da classe dominante são, em cada época, as ideias dominantes; isto é, a classe que é a *força material* dominante da sociedade é, ao mesmo tempo, sua força *espiritual* dominante. A classe que tem à sua disposição os meios de produção material dispõe, ao mesmo tempo, dos meios de produção espiritual, o que faz com que a ela sejam submetidas, ao mesmo tempo e em média, as ideias daqueles aos quais faltam os meios de produção espiritual. [...]

A divisão do trabalho, [...] como uma das forças principais da história até aqui, expressa-se também no seio da classe dominante como divisão do trabalho espiritual e material, de tal modo que, no interior dessa classe, uma parte aparece como os pensadores dessa classe (seus ideólogos ativos, conceptivos, que fazem da formação de ilusões dessa classe a respeito de si mesma seu modo principal de subsistência), enquanto que os outros relacionam-se com essas ideias e ilusões de maneira mais passiva e receptiva, pois são, na realidade, os membros ativos dessa classe e têm pouco tempo para produzir ideias e ilusões acerca de si próprios."

MARX, Karl; ENGELS, Friedrich. *A ideologia alemã*.
4. ed. São Paulo: Hucitec, 1984. p. 36-38; 72-73.

Questões

1. A frase "a filosofia alemã, que desce do céu à terra" faz referência a qual filósofo? E a frase "aqui se ascende da terra ao céu" possui que significado?
2. Identifique outra passagem que reforce a segunda frase da questão anterior.
3. Explique os dois últimos parágrafos usando os conceitos de infraestrutura e de superestrutura. Como Marx compreende a dominação de classes a partir desses conceitos?

8 Comte: o positivismo

Após a Revolução Industrial, no século XVIII, ciência e técnica tornaram-se aliadas, provocando modificações jamais suspeitadas. Basta lembrar que, antes da máquina a vapor, era usada apenas a energia natural (força humana, das águas, dos ventos, dos animais) e, por mais que tenha havido avanços nas técnicas adotadas pelos diversos povos através dos tempos, nunca um novo modo de produzir energia foi tão crucial como a obtida pelo vapor.

A exaltação diante dos novos saberes levou à concepção do *cientificismo*, que se caracteriza pela excessiva valorização da ciência, considerada o único conhecimento possível. O rigor do método das ciências da natureza deveria, portanto, ser estendido a todos os campos de conhecimento e de atividades humanas.

A doutrina positivista teve como principal representante o francês Augusto Comte (1798-1857). Nascido nesse ambiente cientificista, o próprio filósofo ajudou a exacerbar a valorização da ciência. Em sua obra *Curso de filosofia positiva*, propôs-se a examinar como ocorreu o desenvolvimento da inteligência humana desde os primórdios, a fim de dar as diretrizes de como seria melhor pensar a partir do progresso da ciência.

Osíris, deus do submundo; detalhe de um mural datado de c. 1290-1220 a.C. No Egito antigo, o culto à natureza mistura-se com o nascimento das divindades. Osíris é verde porque representa a fertilidade da terra, ao mesmo tempo que é o senhor da vida, da morte e da ressurreição. Para Comte, essas crenças denotam o estado teológico pelo qual passaram as antigas civilizações.

WERNER FORMAN ARCHIVE/GLOWIMAGES - TUMBA DE NEFERTARI, TEBAS

A lei dos três estados

Comte diz ter descoberto uma grande lei fundamental, segundo a qual o espírito humano passou por três estados históricos diferentes: o *teológico*, o *metafísico* e, finalmente, o *positivo*.

- No estado **teológico**, as explicações dos fenômenos supõem uma causalidade sobrenatural. Os fenômenos da natureza, a origem dos seres, os costumes são explicados pela ação dos deuses.
- No estado **metafísico**, os agentes sobrenaturais são substituídos por forças abstratas, por noções absolutas pelas quais são explicadas a origem e o destino do Universo. Por exemplo, na sua metafísica, Aristóteles explica a queda dos corpos pela essência dos corpos pesados, cuja natureza os faria "tender para baixo", para o seu "lugar natural".
- No estado **positivo**, que decorreu do desenvolvimento das ciências modernas, as ilusões teológicas e metafísicas foram superadas pelo conhecimento das relações invariáveis dos fatos, por meio de observações e do raciocínio, que visam a alcançar leis universais.

É nesse sentido que Comte diz:

> "Todos os bons espíritos repetem, desde Bacon, que somente são reais os conhecimentos que repousam sobre fatos observados. Essa máxima fundamental é evidentemente incontestável, se for aplicada, como convém, ao estado viril de nossa inteligência."
>
> COMTE, Augusto. *Curso de filosofia positiva*. São Paulo: Abril Cultural, 1973. p. 11.

O positivismo retomou a orientação daqueles que aproveitaram a crítica feita por Kant à metafísica, no século XVIII. E levou às últimas consequências o papel reservado à razão de descobrir as relações constantes e necessárias entre os fenômenos, ou seja, as leis *invariáveis* que os regem.

A sociologia, ciência soberana

O positivismo desconsiderou as expressões míticas, religiosas e metafísicas. E à filosofia, que papel lhe foi reservado? Segundo Comte, cabe a ela a sistematização das ciências, a generalização dos mais importantes resultados da física, da química, da história natural.

Comte afirmava ser o fundador da *sociologia*, e definiu-a como *física social*, por considerar a sociedade um como um organismo coletivo. Entusiasmou-se por teorias que analisavam a inteligência humana pela sua origem orgânica e que buscavam delimitar a localização das faculdades mentais no cérebro.

Saiba mais

O positivismo influenciou o nascimento das ciências humanas no fim do século XIX e início do século XX. Deu o suporte metodológico à sociologia e à psicologia nos moldes de ciência objetiva. Trataremos dessas questões no capítulo final desta Unidade.

AUGUSTO MALTA/ACGRJ

Cortiço típico dos retratados nos romances de Aluísio Azevedo, localizado nos fundos de dois prédios da Rua do Senado, no Rio de Janeiro, em foto de 1906.

Baseando-se nesses estudos, Comte concluiu que apenas uma elite seria capaz de desenvolver a parte frontal do cérebro, sede da faculdade superior da inteligência e dos sentimentos morais. Já a maioria das pessoas seria dominada pela afetividade, causadora da instabilidade social. Caberia àquela elite assumir o poder para, em nome da harmonia e da ordem social, garantir o "progresso dentro da ordem". É o próprio Comte que afirma: "Nenhum grande *progresso* pode efetivamente se realizar se não tende finalmente para a evidente consolidação da *ordem*". Como se vê, diferentemente de Marx, Comte pretendia, com sua teoria, evitar toda e qualquer turbulência social.

Saiba mais

A literatura naturalista do século XIX exemplifica bem a tendência ao materialismo e ao determinismo, típicos do positivismo. São comuns as descrições de personagens que agem como simples joguetes do meio, da raça, do momento. Nos romances *O mulato* e *O cortiço*, de Aluísio Azevedo, o negro e o pobre seriam condicionados pelas circunstâncias, das quais não conseguem escapar.

A religião da humanidade

A rígida construção teórica de Comte culminou com a concepção da *religião positivista*. Não deixa de parecer incoerente a criação de uma religião, pois, no contexto do seu pensamento, o estado teológico é o mais arcaico e infantil da humanidade. No entanto, desde seus primeiros escritos já aparecia essa noção de espiritualidade, que não se confundia com a religião tradicional. Diante do poder espiritual arruinado de seu tempo, Comte via a necessidade de refundá-lo em princípios não teológicos, por meio da criação de uma Igreja Positivista, principalmente para convencer o proletariado a abandonar o projeto revolucionário.

A religião do positivismo integra a sociedade dos vivos na comunidade dos mortos, na trindade formada pelo Grande Ser (a humanidade), pelo Grande Feitiço (a Terra) e pelo Grande Meio (o Universo). Estabelece o enquadramento da sociedade, que abriga os indivíduos das convulsões históricas e promove, então, o milagre da harmonia social.

O positivismo no Brasil

O positivismo exerceu grande influência no pensamento latino-americano. Em 1876, foi fundada a Sociedade Positivista do Brasil por Miguel Lemos e Teixeira Mendes. Foram eles também os idealizadores da bandeira brasileira, com o seu dístico "Ordem e Progresso".

Os adeptos do positivismo geralmente eram jovens da pequena burguesia comercial de cidades em crescimento, cujo anseio pela industrialização se contrapunha aos interesses dos proprietários de terra. Participavam também militares, médicos e engenheiros, o que denotava a valorização do conhecimento científico.

TASSO MARCELO/AGÊNCIA ESTADO

Interior da Igreja Positivista do Brasil, Rio de Janeiro, 2005. A Igreja, onde ainda funciona o Apostolado Positivista do Brasil, está situada na cidade do Rio de Janeiro, construída segundo orientações expressas de Augusto Comte. Nas paredes laterais, treze bustos homenageiam grandes personalidades, responsáveis pelos progressos na ciência, na indústria, nas artes, na arquitetura, como Moisés, Homero, Aristóteles, Dante e Gutenberg. No altar principal, uma pintura de Clotilde de Vaux, por quem Comte se apaixonara: com uma criança no colo, ela simboliza a humanidade.

9 O utilitarismo

22.4 Biblioteca do estudante: Leitura complementar

No século XIX, o florescimento do capitalismo industrial prometia, pelo avanço da tecnologia, a era do conforto e do bem-estar. As discrepâncias entre riqueza e pobreza, entretanto, estavam longe de ser superadas. Esses fatores explicam as discussões a respeito de reforma social, entre os liberais, e de revolução, entre os socialistas.

Foi nesse contexto que se desenvolveu a teoria utilitarista, com a intenção de estender aqueles benefícios a todas as pessoas. Os seus principais representantes foram Jeremy Bentham e John Stuart Mill.

Jeremy Bentham (1748-1832), na busca por um instrumento de renovação social, criticou as resoluções liberais que levam ao egoísmo e abandonou a teoria do direito natural sustentada pelos filósofos contratualistas do século anterior. Elaborou a teoria do *utilitarismo*, cujo "princípio de utilidade" afirmava que o único critério para orientar o legislador é criar leis que promovam a felicidade para o maior número de cidadãos.

Saiba mais

Para os utilitaristas, a verdade depende dos *resultados práticos* alcançados pela ação, o que não significa reduzir grosseiramente a verdade à utilidade. Uma proposição é verdadeira quando "funciona", isto é, permite que nos orientemos na realidade, levando-nos de uma experiência a outra. O utilitarismo influenciou as teorias pragmatistas no século XX, como veremos no próximo capítulo.

Para Bentham, o governo devia visar à felicidade para um número cada vez maior de pessoas. Para a igualdade ser favorecida, a subsistência, a abundância e a segurança deviam ser garantidas, assim como eleições periódicas, sufrágio livre e universal e liberdade de contrato.

Na tela *A votação* (detalhe), de 1754, o pintor inglês William Hogarth faz uma abordagem satírica de candidatos à eleição pedindo votos e ressalta o clima de balbúrdia do evento.

Stuart Mill

John Stuart Mill (1806-1873) foi introduzido na corrente utilitarista por seu pai, James Mill. Mas modificou-a profundamente, interpretando o liberalismo a partir de uma aspiração mais democrática. Atento ao sofrimento das massas oprimidas, defendeu a coparticipação na indústria, bem como a representação proporcional na política, a fim de permitir a expressão de opiniões minoritárias. Acirrado defensor da absoluta liberdade de expressão, do pluralismo e da diversidade, valorizava o debate das teorias conflitantes.

Sob a influência de sua mulher, Harriet Taylor, feminista e socialista, participou da fundação da primeira sociedade defensora do direito de voto para as mulheres.

MANSELL/TIME LIFE PICTURES/GETTY IMAGES

Ao tempo em que as mulheres ainda eram consideradas uma "minoria", a líder sufragista britânica Emmeline Pankhurst (1858-1928) fez vários discursos liderando o movimento pelo voto feminino. Aqui, em foto de 1908, seu discurso estava em sintonia com as teses defendidas por Stuart Mill e sua esposa.

Do ponto de vista moral, o utilitarismo representa uma forma atualizada do hedonismo grego. Ao destacar a busca do prazer e tomar o "princípio de utilidade" como critério para avaliar o ato moral, conclui que o bem é o que possibilita a felicidade e reduz a dor e o sofrimento. Mas, como o utilitarismo enfatiza o caráter social, esse bem deve beneficiar o maior número de pessoas.

Assim diz Stuart Mill:

> "O credo que aceita como fundamento da moral o Útil ou Princípio da Máxima Felicidade considera que uma ação é correta na medida em que tende a promover a felicidade, e errada quando tende a gerar o oposto da felicidade. Por felicidade entende-se o prazer e a ausência da dor; por infelicidade, dor, ou privação do prazer. Para proporcionar uma visão mais clara do padrão moral estabelecido por essa teoria, é preciso dizer muito mais; em particular, o que as ideias de dor e prazer incluem e até que ponto essa questão fica em aberto."
>
> STUART MILL, John. O utilitarismo. São Paulo: Iluminuras, 2000. In: MARCONDES, Danilo. *Textos básicos de ética*. Rio de janeiro: Jorge Zahar, 2007. p. 129.

Muito aceito no século XIX, o utilitarismo suscitou, no entanto, inúmeras controvérsias. Uma delas seria o critério para decidir quais são os prazeres superiores, quais devem ser desprezados e como conciliar o interesse pessoal com o interesse coletivo.

Leitura analítica

Desde quando o progresso ficou louco?

"A partir de quando deixamos de acreditar no progresso como os homens do século XIX? Podemos, por uma vez, responder de modo preciso: desde a Primeira Guerra Mundial. O fato de os dois povos que então encarnavam a ponta de lança da civilização, a França e a Alemanha, terem travado a mais estúpida, a mais sangrenta e a mais devastadora das guerras, apelando para os mais recentes aperfeiçoamentos da técnica, veio arruinar um dos postulados mais essenciais da religião do progresso, tal como nossos pais a haviam concebido, ou seja, que este [o progresso] ia dissipar definitivamente os dois flagelos do gênero humano: a estupidez e a maldade. Vejam todos os sumo sacerdotes da religião do progresso no século XIX, Comte e Marx, Saint-Simon e Renan, Victor Hugo e Michelet: todos creem que a ciência, apoiada sobre a técnica, inaugura uma era de felicidade para o gênero humano. [...] Nada-se então no otimismo e na esperança trazida por todas as grandes filosofias da história. No final do século XIX, a III República está mergulhada por inteiro na euforia positivista. [...]

Em seguida, subitamente, aquele mergulho brutal na barbárie ancestral chamada Grande Guerra. [...] Menos de quinze anos após o armistício que não resolve nada e o Tratado de Versalhes que complica tudo, Hitler aparece e dá o golpe de misericórdia na religião do século XIX. Que o país de Goethe, Beethoven e Einstein seja também o inventor de Dachau e Auschwitz, eis o que vem arruinar os fundamentos do novo evangelho pregado por Condorcet, segundo o qual o progresso científico e técnico ia assegurar não só o bem-estar da humanidade, mas também seu aperfeiçoamento moral. [...]

Naturalmente, o progresso material, fruto da ciência e da técnica, está sempre aí, e até mais do que nunca. Subverte o mundo inteiro, e não apenas o Ocidente, que o concebeu e engendrou sob sua forma moderna. Põe em questão as religiões e as ideologias, as crenças e os gêneros de vida. Só que, em razão do que foi dito mais acima, o progresso mudou de *status*. De solução, tornou-se problema. A prova? A ecologia. [...] Pela primeira vez, talvez desde a Revolução Francesa, eis uma corrente política reconhecida como componente da esquerda que prega não a mudança, não o progresso, mas a preservação: a da natureza, mas para além da natureza, dos gêneros de vida, da civilização. É uma data: aquela em que os progressistas constatam oficialmente os danos do progresso.

Naturalmente, resta a esperança de que o progresso material possa transformar-se em progresso social. [...]

Em contrapartida, renunciamos à ideia de que esse progresso material e mesmo social pudesse por si só forjar um mundo novo e, com mais forte razão, um homem novo."

JULLIARD, Jacques. Desde quando o progresso ficou louco? In: Le Nouvel Observateur (Ed.). *Café Philo*: as grandes indagações da filosofia. Rio de Janeiro: Jorge Zahar, 1999. p. 107-110.

Dachau e Auschwitz
Referência aos campos de concentração construídos pelos nazistas para extermínio de judeus, ciganos e homossexuais. A cidade de Dachau fica na Alemanha e a de Auschwitz, na Polônia.

Questões

1. Por que o autor se refere a alguns filósofos como sumo sacerdotes e relaciona a euforia do progresso à religião e ao evangelho?
2. Explique por que a Segunda Grande Guerra provocou a mudança de *status* do progresso que, de solução, tornou-se um problema.

10 A crítica ao racionalismo

Vimos que o movimento romântico do século XIX valorizava o ser humano integral, daí a importância das artes. A educação estética teria, como objetivo, desenvolver a harmonia das faculdades do sujeito: a sensibilidade, a imaginação e o entendimento. Vejamos como também na filosofia esse novo olhar esteve presente em pensadores de influência marcante, como Arthur Schopenhauer, Sören Kierkegaard e Friedrich Nietzsche, entre outros, que puseram à prova os alicerces da razão.

11 Arthur Schopenhauer

Arthur Schopenhauer (1788-1860) nasceu na cidade prussiana de Danzig (hoje pertencente à Polônia). Escreveu *O mundo como vontade e como representação*, *Metafísica do belo*, *Aforismos para a sabedoria de vida*, entre outros.

Schopenhauer tentou carreira universitária em Berlim, mas o desinteresse dos alunos pelas suas aulas contrastava com o sucesso de Hegel, de quem se tornou crítico severo, por considerar sua doutrina confusa, abstrata e excessivamente racional. Schopenhauer obteve reconhecimento apenas aos 63 anos, e a sua fama passou a atrair admiradores e até turistas desejosos de ouvi-lo.

AKG-IMAGES/LATINSTOCK - GALERIA NEUE, KASSEL

Retrato de Arthur Schopenhauer feito por Angilbert Göbel, 1859.

O mundo como vontade e representação

Para Schopenhauer, o mundo efetivo ou a realidade só existe para quem o representa: pelo cérebro são captadas imagens que podem ser entendidas por meio de formas puras (espaço, tempo e causalidade). Portanto, como Kant, o mundo é "fenômeno", o que aparece para nós. Conhecer os fenômenos pela razão, porém, não nos faz encontrar o *sentido dos fenômenos* e mesmo do próprio sujeito que conhece. Seria preciso buscar, além do princípio da razão, outro caminho: o do *sentimento*.

Ao se aprofundar na subjetividade, Schopenhauer encontra seu corpo, submetido às leis da causalidade como todos os corpos. No entanto, o corpo humano é instrumento de conhecimento e nos permite investigar as causas de nossas ações. Descobre então algo que designa como Vontade, terreno em que se encontra tudo o que mobiliza qualquer ação. Trata-se de uma Vontade cósmica, um "ímpeto cego", que faz agir desde o mundo inorgânico, passando pelos vegetais, os animais, até os seres humanos. Nestes últimos, a Vontade deixa de ser cega para tornar-se consciente.

E o que resulta dessa Vontade? A discórdia e o sofrimento. Assim explica o professor Jair Barboza:

> "A Vontade é intrinsecamente *autodiscórdia consigo mesma*, o que se reflete na sua visibilidade, na sua manifestação. Portanto, o homem e a natureza em geral são amor e ódio ao mesmo tempo; em qualquer parte, do pequeno ao grande, há construção e destruição. (...) As mesmas mãos do carinhoso Otelo, personagem de Shakespeare, amante cego e ébrio de Desdêmona, foram as que a mataram, obedecendo a um louco acesso de ciúmes."
>
> BARBOZA, Jair. *Schopenhauer*: a decifração do enigma do mundo. São Paulo: Moderna, 1997. p. 52. (Coleção Logos)

Uma filosofia do pessimismo?

Para muitos a filosofia de Schopenhauer descamba em um *pessimismo metafísico*, do qual não haveria saída. No entanto, para o filósofo, ainda que do ponto de vista particular haja o conflito, no conjunto da realidade existe um equilíbrio das espécies. E quanto ao indivíduo, pode desfrutar de momentos de extremo prazer, proporcionados pela arte. Pela intuição artística, podemos desvelar verdades, porque a experiência estética é capaz de atingir o *ser* das coisas, e não apenas seu *aparecer*.

Em sua ética, Schopenhauer discorre sobre o sentimento de compaixão, pelo qual nos colocamos no lugar do outro, como se ele fosse um *outro-eu*. Não apenas como sentimento, mas como orientação para agir, minorando o sofrimento alheio. A compaixão se dirige também aos animais e à natureza em geral. Essa teoria conduz a um ascetismo do agir e a uma mística, decerto influenciada pelos estudos sobre o budismo que sempre estiveram no horizonte de sua reflexão. É com a sabedoria de vida que o filósofo descobre a possibilidade de nos tornarmos menos infelizes.

FARAH ABDI WARSAMEH / AP PHOTO / GLOW IMAGES

Um soldado pacificador da União Africana segura uma criança somáli em um campo de refugiados perto de Mogadíscio, capital da Somália, em agosto de 2011. Segundo as Nações Unidas, mais de 3.2 milhões de crianças somális precisam de assistência médica e alimentar.

A filosofia de Schopenhauer influenciou a noção de "vontade de poder" em Nietzsche, embora este criticasse a teoria da compaixão por levar ao ascetismo. Além disso, ao criticar o excessivo racionalismo da tradição e valorizar o ímpeto de viver, deu subsídios para as filosofias da existência. Literatos como os brasileiros Machado de Assis e Augusto dos Anjos lhe fizeram referência.

12 Kierkegaard: razão e fé

Sören Kierkegaard (1813-1885), pensador dinamarquês, é um dos precursores do existencialismo contemporâneo. Entre suas obras, destacam-se *Temor e tremor*, *O conceito de angústia*, *Migalhas filosóficas*.

Severo crítico da filosofia moderna, Kierkegaard afirma que desde Descartes até Hegel o ser humano não foi visto como ser existente, mas como abstração, reduzido ao conhecimento objetivo. Na verdade, porém, a existência subjetiva é irredutível ao pensamento racional, e por isso mesmo possui valor filosófico fundamental.

A esse respeito, o professor Benedito Nunes completa:

> "Não se diga, porém, que ela [a existência] é incognoscível. Ao contrário, dada a imediatidade, para o homem, entre ser e existir, o conhecimento que temos da existência é fundamental, prioritário. O homem se conhece a si mesmo como existente. Esse conhecimento, inseparável da experiência individual, não transforma a existência num objeto exterior ao sujeito que conhece."
>
> NUNES, Benedito. *A filosofia contemporânea*: trajetos iniciais. São Paulo: Ática, 1991. p. 47.

Compaixão
Mais do que ter pena, é "sentir com", "sofrer junto", "compadecer-se".

A fé religiosa

Para Kierkegaard, a existência é permeada de contradições que a razão é incapaz de solucionar. Critica o sistema hegeliano por explicar o dinamismo da dialética por meio do conceito. Ao contrário, deveria fazê-lo pela paixão, sem a qual o espírito não receberia o impulso para o salto qualitativo, entendido como decisão, ou seja, como ato de liberdade. Por isso é importante na filosofia de Kierkegaard a reflexão sobre a angústia que precede o ato livre.

A consciência das paixões leva o filósofo – e também teólogo – a meditar sobre a fé religiosa como estágio superior da vida espiritual. Para ele, a mais alta paixão humana é a fé. É ela que nos permite o "salto no escuro" que é o "salto da fé". Mas ela é, também, uma paixão plena de paradoxos. Como exemplo, o filósofo cita Abraão, personagem do Antigo Testamento. Para obedecer à ordem divina, Abraão se dispõe a sacrificar o próprio filho, não porque compreendesse essa ordem, mas porque tinha fé. Para Kierkegaard, o estágio religioso é superior inclusive à dimensão puramente ética e revela-se como o derradeiro caminho que o indivíduo pode percorrer na sua existência.

13 Nietzsche: o critério da vida

Friedrich Nietzsche (1844-1900) nasceu na Prússia (Alemanha). Estudou teologia e filologia, tendo inclusive dado aulas desta última. De saúde frágil, era acometido de dores intensas e mal-estar físico de diversas naturezas. Levou vida modesta, mas viajou muito e escreveu bastante. Suas principais obras são: *O nascimento da tragédia no espírito da música*, *A filosofia na época trágica dos gregos*, as diversas *Considerações extemporâneas*, *Humano, demasiado humano*, *A gaia ciência*, *Assim falou Zaratustra* e vários outros.

Nietzsche procedeu a um deslocamento do problema do conhecimento, alterando o papel da filosofia. Para ele, o conhecimento não passa de interpretação, de atribuição de sentidos, sem jamais ser uma explicação da realidade. Atribuir sentidos é, também, atribuir *valores*, ou seja, os sentidos são dados a partir de determinada escala de valores que se quer promover ou ocultar.

A genealogia

A genealogia é o método de decifração proposto por Nietzsche que permite desmascarar o modo pelo qual os valores são construídos. Por esse método ele descobre as lacunas, os espaços em branco mais significativos, o que não foi dito ou foi reprimido. Com isso, identifica como determinados conceitos foram transformados em verdades absolutas e eternas.

Genealogia
Do grego *génos*, "origem", "nascimento", "descendência", e *lógos*, "estudo", "razão". Em Nietzsche, genealogia significa o questionamento da origem dos valores.

Ao compreender a avaliação que foi feita dos instintos, descobre que *o único critério que se impõe é a vida*. Ou seja, ao fazer o exame genealógico, pergunta-se que sentidos atribuídos às coisas fortalecem nosso "querer-viver" e quais o enfraquecem. A esse respeito, a professora Scarlett Marton comenta:

> "Fazer qualquer apreciação passar pelo crivo da vida equivale a perguntar se ela contribui para favorecê-la ou obstruí-la; submeter ideias ou atitudes ao exame genealógico é o mesmo que inquirir se são signos de plenitude de vida

ou da sua degeneração; avaliar uma avaliação, enfim, significa questionar se é sintoma de vida ascendente ou declinante."

MARTON, Scarlett. *Nietzsche*: a transvaloração dos valores. São Paulo: Moderna, 1993. p. 62.

Por exemplo, nada sabemos da natureza ou da essência da *honestidade*, mas sabemos de numerosas ações individualizadas, portanto, desiguais. Ao reunir todas elas sob o conceito de *honestidade*, estamos diante de uma abstração. O que se perde nesse processo é que, ao colocar seu agir sob a regência das abstrações, as intuições são desprezadas para privilegiar o conceito.

Reflita

Às vezes consideramos alguém generoso por ter contribuído com grande soma para uma instituição de caridade ou para qualquer outro benefício social.

- Discuta com o seu colega em que medida o conceito de generosidade traz nuances que não são universais.

Como conhecemos, então? Pela teoria do *perspectivismo*, Nietzsche realça o caráter interpretativo de todo conhecimento, que consiste em perseguir uma ideia a partir de diferentes perspectivas. Só podemos perceber as coisas no seu devir permanente, porque o "grande edifício dos conceitos" não apreende o individual. Essa pluralidade de ângulos não nos leva a conhecer o que as coisas são em si mesmas, mas é enriquecedora por nos aproximar mais da complexidade da vida em seu movimento.

MARCEL DUCHAMP

Marcel Duchamp em torno de uma mesa, fotomontagem de Marcel Duchamp, 1917. Qual ponto de vista nos oferece a percepção mais verdadeira da realidade? De acordo com o perspectivismo, todos eles devem ser levados em conta.

A transvaloração dos valores

Segundo Nietzsche, a tendência de desconfiança nos instintos culminou com o cristianismo, que acelerou a domesticação do ser humano. Em diversas obras, em estilo apaixonado e mordaz, Nietzsche fez a análise histórica da moral para mostrar em que circunstâncias o ser humano se enfraquece, tornando-se doentio e culpado.

Ao fazer a crítica da moral tradicional, Nietzsche preconiza a transvaloração de todos os valores. Assim diz Scarlett Marton:

"A noção nietzschiana de valor opera uma subversão crítica: ela põe de imediato a questão do valor dos valores e esta, ao ser colocada, levanta a pergunta pela criação dos valores. Se até agora não se pôs em causa o valor dos valores 'bem' e 'mal', é porque se supôs que existiram desde sempre; instituídos num além, encontravam legitimidade num mundo suprassensível. No entanto, uma vez questionados, revelam-se apenas 'humanos, demasiado humanos'; em algum momento e em algum lugar, simplesmente foram criados."

MARTON, Scarlett. *Nietzsche*: a transvaloração dos valores. São Paulo: Moderna, 1993. p. 50. (Coleção Logos)

Pelo método da genealogia, Nietzsche denuncia a falsa moral considerada "decadente", "de rebanho" e "de escravos", cujos valores seriam a bondade, a humildade, a piedade e o amor ao próximo. Distingue, então, a *moral de escravos* e a *moral de senhores*.

A moral de escravos

A moral de escravos é herdeira do pensamento socrático-platônico e da tradição da religião judaico-cristã, porque baseada na tentativa de subjugação dos instintos pela razão. O homem-fera, animal de rapina, é transformado em animal doméstico ou cordeiro. A moral plebeia estabelece um sistema de juízos que considera o bem e o mal valores metafísicos transcendentes, isto é, independentes da situação concreta vivida.

Saiba mais

Ao se debruçar sobre os mitos gregos, Nietzsche elabora os conceitos de *apolíneo* e *dionisíaco*. Apolo representava o deus da ordem, do equilíbrio, do comedimento, enquanto Dioniso é o deus do descomedimento, do excesso, daquilo que extravasa. Os dois princípios são complementares, mas Nietzsche acusa a filosofia clássica de ter valorizado o aspecto apolíneo e desprezado o dionisíaco.

O jovem Baco, pintura de Caravaggio, 1597. Baco é o nome romano de Dioniso, deus grego do vinho e do êxtase. Posteriormente Nietzsche criaria os termos "apolíneo" e "dionisíaco".

PHOTO SCALA, FLORENCE/GLOWIMAGES - GALERIA UFFIZI, FLORENÇA - CORTESIA DO MINISTÉRIO PARA OS BENS E AS ATIVIDADES CULTURAIS

Ao negar os valores vitais, a moral de escravos resulta na passividade, na procura da paz e do repouso. O indivíduo tem diminuída sua potência, a alegria é transformada em ódio à vida, o ódio dos impotentes. A conduta humana, orientada pelo ideal ascético, torna-se vítima do ressentimento e da má consciência, ou seja, o sentimento de culpa. Desse modo, nega a alegria da vida e coloca a mortificação como meio para alcançar a outra vida num mundo superior, do além.

A moral de senhores

A moral de senhores é a moral positiva que visa à conservação da vida e dos seus instintos fundamentais. É positiva porque baseada no *sim* à vida, e configura-se sob o signo da plenitude, do acréscimo. Funda-se na capacidade de criação, de invenção, cujo resultado é a alegria, consequência da afirmação da potência. O indivíduo que consegue se superar é o que atingiu o além-do-homem. O sujeito além-do-homem é aquele que consegue reavaliar os valores, desprezar os que o diminuem e criar outros que estejam comprometidos com a vida.

Além-do-homem
Da expressão alemã *Übermensch*, que significa "sobre-humano", "que transpõe os limites do humano". Também "super-homem" é usado, embora dê margens a mal-entendidos.

Niilismo
Do latim *nihil*, "nada".

A vontade de poder

Com o que foi exposto, talvez se pense que Nietzsche chega ao extremo individualismo e amoralismo. Muitos inclusive o chamaram de niilista, para acusá-lo de não acreditar em nada e negar os valores, o que não faz jus ao seu pensamento. Ao contrário, o filósofo atribuía o niilismo à moral decadente dos valores tradicionais, que acomodaram o ser humano na mediocridade que tudo uniformiza.

Destruir esses valores é a condição para que possam nascer os valores novos do além-do-homem, o que só se alcança pela *vontade de poder*. Também essa expressão leva a confusões: não se trata de poder que domina os outros, mas das forças vitais recuperadas pelo indivíduo dentro de si "num dionisíaco dizer-sim ao mundo" e que se encontravam entorpecidas.

Nesse sentido, o poder é virtude significando força, vigor, capacidade. Portanto, virtude é autorrealização. Se essa moral valoriza a individualidade, o faz tanto para si como para os outros, pois cada um pode ser ele mesmo.

Após a morte de Nietzsche, seu pensamento foi desvirtuado e associado ao antissemitismo. A filosofia de Nietzsche era claramente contrária ao racismo e ao nacionalismo germânico, mas sua irmã Elisabeth difundiu suas obras, descontextualizando trechos e sonegando outros que melhor explicitavam sua posição, causando distorções.

AKG-IMAGES/LATINSTOCK - MUSEU MUNCH, OSLO/AUTVIS, BRASIL

Friedrich Nietzsche, pintura de Edvard Munch, 1906.

14 Para uma visão de conjunto

A filosofia de Kant desembocou, no século XIX, no idealismo e no materialismo, nos quais destacamos Hegel, Comte e Marx. Hegel inovou ao perceber a realidade como um processo dialético: a razão é histórica, a verdade é construída no tempo. O pensamento, colocado em movimento na história, desferiu um golpe na visão estática e metafísica do mundo. Para o idealismo hegeliano, mais do que um modelo a ser aplicado, a racionalidade é o próprio tecido do real e do pensamento.

Apropriando-se da dialética, de um ponto de vista materialista do mundo, Marx reforçou a dimensão comunitária da vida e viu no conhecimento uma maneira de intervir no mundo (conhecer para transformar). Com a crítica da ideologia – esse saber ilusório –, antecipou questões que, no século seguinte, desencadearam a chamada "crise da razão", como veremos.

Comte procurou entender o novo mundo criado pela ciência, pela tecnologia e pelo desenvolvimento industrial. Descartou a metafísica ao reconhecer a ciência positiva como um saber acabado, o auge da vida e do conhecimento humanos, reforçando assim a concepção cientificista que marcaria um longo período.

Já o pensamento de Nietzsche, ao se opor à tradição e destruir os valores constituídos, exerceu uma força iconoclasta. Ao lado de Schopenhauer e Kierkgaard, abriu novas indagações a respeito de aspectos do pensar e do agir que se contrapunham ao que até então se buscava compreender à "luz da razão".

Em comparação com as teorias liberais dos dois séculos anteriores, os pensadores do século XIX representaram um avanço em direção às ideias de liberdade e igualdade. No entanto, ainda persistiram inúmeras contradições nesse período, como a desigualdade e a injustiça.

No Brasil, os movimentos liberais do século XIX restringiram-se à luta pela liberalização do comércio, na esperança de sacudir o jugo do monopólio português. Entretanto, mantinham-se a tradição das elites, a escravidão e o analfabetismo, compatíveis com o tipo de economia agrária então vigente.

Leitura analítica

Das três transmutações

"Três transmutações vos cito do espírito: como o espírito se torna em camelo, e em leão o camelo, e em criança, por fim, o leão.

Muito de pesado há para o espírito, para o espírito forte, que suporta carga, em que reside o respeito: pelo pesado e pelo pesadíssimo reclama sua força.

O que é pesado? assim pergunta o espírito de carga, assim ele se ajoelha, igual ao camelo, e quer ser bem carregado. [...]

Todo esse pesadíssimo o espírito de carga toma sobre si: igual ao camelo, que carregado corre para o deserto, assim ele corre para o seu deserto.

Mas no mais solitário deserto ocorre a segunda transmutação: em leão se torna aqui o espírito, liberdade quer ele conquistar, e ser senhor de seu próprio deserto.

Seu último senhor ele procura aqui: quer tornar-se inimigo dele e de seu último deus, pela vitória quer lutar com o grande dragão.

Qual é o grande dragão, a que o espírito não quer mais chamar de senhor e deus? 'Tu-deves' se chama o grande dragão. Mas o espírito do leão diz 'eu quero'.

'Tu-deves' está em seu caminho, cintilante de ouro, um animal de escamas, e em cada escama resplandece em dourado: 'Tu deves!'.

Valores milenares resplandecem nessas escamas, e assim fala o mais poderoso de todos os dragões: 'todo o valor das coisas – resplandece em mim'.

'Todo valor já foi criado, e todo valor criado – sou eu. Em verdade, não deve haver mais nenhum 'Eu quero!' Assim fala o dragão.

Meus irmãos, para que é preciso o leão no espírito? Em que não basta o animal de carga, que renuncia e é respeitoso?

Criar novos valores – disso nem mesmo o leão ainda é capaz: mas criar liberdade para nova criação – disso é capaz a potência do leão.

Criar liberdade e um sagrado Não, mesmo diante do dever: para isso, meus irmãos, é preciso o leão.

Tomar para si o direito a novos valores – eis o mais terrível tomar, para um espírito de carga e respeitoso. Em verdade, para ele é uma rapina, e coisa de animal de rapina. [...]

Mas dizei, irmãos, de que ainda é capaz a criança, de que nem mesmo o leão foi capaz? Em que o leão rapinante tem ainda de se tornar em criança?

Inocência é a criança, e esquecimento, um começar-de-novo, um jogo, uma roda rodando por si mesma, um primeiro movimento, um sagrado dizer-sim.

Sim, para o jogo de criar, meus irmãos, é preciso um sagrado dizer-sim: *sua* vontade quer agora o espírito, *seu* mundo ganha para si o perdido do mundo.

Três transmutações vos citei do espírito: como o espírito se tornou em camelo, e em leão o camelo, e o leão, por fim, em criança."

NIETZSCHE, Friedrich. *Assim falou Zaratustra*.
São Paulo: Abril Cultural, 1983. p. 229-230. (Coleção Os Pensadores)

Questões

1. Explique que transmutação representa cada uma das metáforas (do camelo, do leão e da criança).
2. Quando ocorre a segunda transmutação, o leão exprime que deseja "ser senhor de seu próprio deserto"; e ao "tu-deves" contrapõe o "eu quero". Como explicar essas metáforas de acordo com o pensamento de Nietzsche?
3. O que representa a metáfora da criança?

Atividades

Retomando os conteúdos

1. Explique que acontecimentos no século XIX fizeram mudar a orientação do liberalismo.

2. Sob que aspecto Hegel inovou com a sua concepção de política?

3. Que inversão Marx e Engels realizaram no conceito de dialética hegeliana?

4. Por que a doutrina de Comte é conhecida como positivismo?

5. Em que consiste o procedimento genealógico levado a efeito por Nietzsche?

Aprofundando os conceitos

6. Leia a citação de Tocqueville e explique que relação ele estabelece entre liberdade e igualdade.

"Imaginemos sob quais novos aspectos o despotismo poderia ser produzido no mundo: vejo uma multidão inumerável de homens semelhantes e iguais, que nada mais fazem que girar sobre si mesmos, em busca de pequenos e vulgares prazeres com que saciar a alma... Acima deles ergue-se um poder imenso e tutelar, que se encarrega sozinho de lhes garantir a satisfação dos bens e de velar por sua sorte. É absoluto, minucioso, sistemático, previdente e brando."

TOCQUEVILLE, Alexis de. A democracia na América. In: BOBBIO, Norberto. *Liberalismo e democracia*. 3. ed. São Paulo: Brasiliense, 1990. p. 51-52.

7. Em que sentido, para Hegel e Marx, a relação entre senhor e escravo é dialética? Dê exemplos de outras situações em que existe a relação dominador e dominado.

8. Com base na citação, responda às questões "Eu aceito com entusiasmo o lema que afirma – 'O melhor governo é aquele que menos governa'; e gostaria de vê-lo posto em prática de forma sistemática. Uma vez posto em prática, ele acabaria resultando em algo que também acredito – 'O melhor governo é aquele que não governa'; e quando todos os homens estiverem preparados, será exatamente este o tipo de governo que irão ter".

THOREAU, Henry David. *Resistência ao governo civil*. In: WOODCOCK, George (org.) *Os grandes escritos anarquistas*. Porto Alegre, RS: L & PM, 1981. p. 182.

a) Identifique a que concepção política pertence Thoreau: hegelianismo, socialismo utópico, marxismo ou anarquismo.

b) Justifique sua escolha.

9. As duas frases a seguir são de Stuart Mill. Analise o significado delas, indicando por que são contraditórias.

"Cada um é o único guardião autêntico da própria saúde, tanto física quanto mental e espiritual."

"O despotismo é uma forma legítima de governo quando se está na presença de bárbaros, desde que o fim seja o progresso deles e os meios sejam adequados para sua efetiva obtenção."

Citado em: BOBBIO, Norberto. *Liberalismo e democracia*. 3. ed. São Paulo: Brasiliense, 1990. p. 67.

Dissertação

10. Considerando a ampliação do debate sobre o sufrágio universal no século XIX, leia o trecho de Norberto Bobbio e faça uma dissertação para responder à questão: "O povo sabe votar?".

"John Stuart Mill escreveu que, enquanto a autocracia precisa de cidadãos passivos, a democracia sobrevive apenas se pode contar com um número cada vez maior de cidadãos ativos. Pessoalmente, estou convencido da contribuição decisiva que podem dar as ciências sociais à formação desses cidadãos e dessa maneira, definitivamente, ao bom funcionamento de um regime democrático.

Comecei afirmando que se pode definir a democracia como o poder em público. Mas há público e público. Retomando a afirmativa desdenhosa de Hegel, segundo a qual o povo não sabe o que quer, poderíamos dizer que o público do qual precisa a democracia é o público composto por aqueles que sabem o que querem."

BOBBIO, Norberto. *Teoria geral da política*: a filosofia política e as lições dos clássicos. Rio de Janeiro: Campus, 2000. p. 398-399.

Capítulo 23 O pensamento contemporâneo

1 Contexto histórico

Na Idade Contemporânea, diversos fatores produziram transformações com desconcertante rapidez e, muitas vezes, bastante radicais. As grandes descobertas tecnológicas no campo da automação, da robótica e da microeletrônica provocaram mudanças nas fábricas e no setor de serviços, alteraram a relação entre cidade e campo e afetaram a maneira de morar e de se comunicar. As mudanças ocorreram tanto em relações interpessoais como em nível planetário.

AKG-IMAGES/LATINSTOCK

Nuvem radioativa formada pelo lançamento da bomba atômica em Nagasaki, no Japão, em 9 de agosto de 1945. O progresso científico nem sempre resultou em contribuições para o bem-estar da humanidade.

Vivemos a era da globalização, como se o mundo fosse uma grande aldeia. Em época alguma se atingiu tal nível de inter-relacionamento que nos permitisse falar em um mercado mundial que determina a produção, a distribuição e o consumo de bens, e em uma cultura da "virtualidade real", que liga todos os pontos do globo e influencia comportamentos.

No turbulento século XX, vivemos duas guerras mundiais e inúmeros conflitos. Mas esse também foi o século das reivindicações de muitas bandeiras – do feminismo, do poder jovem, das minorias silenciadas por milênios –, o que revolucionou ideias e atitudes.

Minoria.
No contexto, minoria social, e não numérica. Trata-se de grupos de indivíduos segregados e, portanto, em situação de desigualdade devido à etnia, sexo, religião, orientação sexual etc.

2 A crise da subjetividade

A herança mais grata da modernidade, a partir de Descartes, foi a descoberta de que o sujeito era capaz de conhecer, de chegar à verdade indubitável do *cogito* e de tornar-se autor de seus atos pela vontade livre. Porém, a partir do fim do século XIX, os chamados "mestres da suspeita" provocaram desconfiança na capacidade humana de conhecer a realidade exterior e de ter acesso transparente a si mesmo. Foram eles, principalmente, Marx, Nietzsche e Freud.

Como já estudamos Marx e Nietzsche no capítulo anterior, apresentamos Freud a seguir.

3 Freud e a psicanálise

O médico austríaco Sigmund Freud fundou a *psicanálise*, baseada na hipótese do inconsciente. A psicanálise possui três sentidos: é um método interpretativo, um tratamento psicológico (psicoterapia) e uma teoria, ou seja, um conhecimento que o método produz.

23.1 Biblioteca do estudante: Leitura complementar

Vida e obra

Sigmund Freud (1856-1939) nasceu em Freiberg, na Morávia, região que pertencia ao Império Austro-Húngaro. Fez medicina em Viena e trabalhou um tempo com o neurologista francês Jean-Martin Charcot, que tratava mulheres com neuroses histéricas por meio de hipnose. Escreveu com Joseph Breuer *Estudo sobre histeria*. Abandonou a hipnose pela técnica da associação livre e desenvolveu a teoria psicanalítica. Em 1899, publicou *A interpretação dos sonhos*. Escreveu ainda *Psicopatologia da vida cotidiana*, *O chiste e sua relação com o inconsciente*, *Cinco lições de psicanálise*, *O futuro de uma ilusão*, *Mal-estar na civilização*.

BETTMANN/CORBIS/LATINSTOCK

Retrato de Sigmund Freud, c. 1920-1939.

Libido
Do latim *libitus*, "desejo", "vontade".

O inconsciente e a libido

A hipótese do inconsciente permite compreender uma série de acontecimentos da vida psíquica. Para a psicanálise, todos os nossos atos são constituídos tanto por manifestações exteriores, representadas pela nossa conduta, como por significados ocultos, que podem ser interpretados. Usando uma metáfora, a vida consciente seria apenas a ponta de um *iceberg*, enquanto o inconsciente seria a parte submersa.

Para Freud, a maior parte das funções psíquicas ocorre no inconsciente, sede das pulsões (ou impulsos), forças internas que provocam tensões, como as de natureza sexual e de agressão. A energia que está na base da pulsão sexual é chamada por Freud de libido. De difícil definição, a libido pode ser entendida como a manifestação dinâmica da energia sexual na vida psíquica.

Para Freud, a sexualidade tem um sentido bastante amplo. Não deve ser associada apenas ao aspecto genital, isto é, à atividade sexual propriamente dita, pois abrange todo e qualquer modo de gratificação ou busca de prazer. Trata-se da *sublimação*, processo pelo qual as energias sexuais desviam-se para um alvo valorizado socialmente. Por exemplo, o trabalho, o jogo, a investigação intelectual, a produção artística, a fama, entre outras, são formas sublimadas da libido.

O sonho (1938), pintura de Esteban Frances (1913-1976). Com Freud, o inconsciente passou a ser valorizado como o centro de nossas funções psíquicas, colocando em causa as certezas de nossos atos supostamente conscientes.

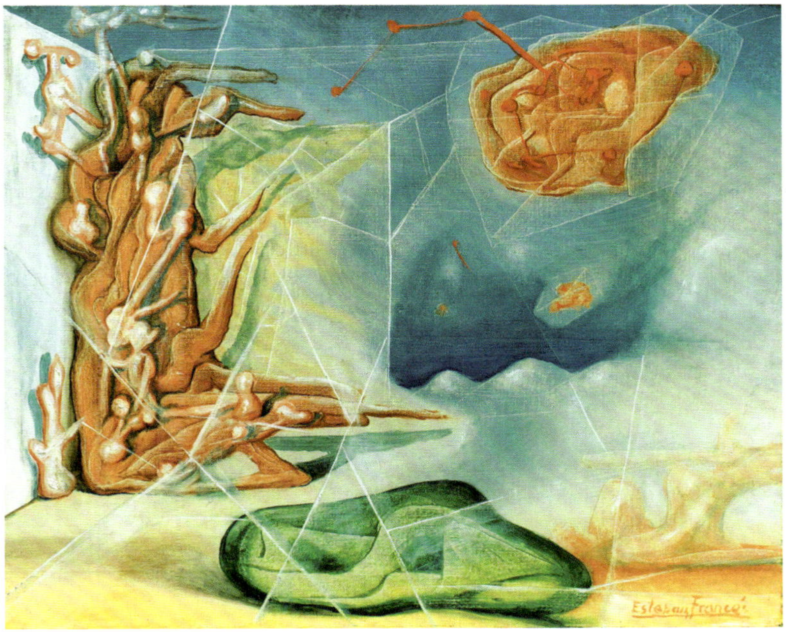

ALBUM / AKG-IMAGES/LATINSTOCK - COLECCIÓN ESTATE ESTEBAN FRANCÉS

As três instâncias do aparelho psíquico

Ao descrever o aparelho psíquico, Freud delimita três instâncias diferenciadas: o *id*, o *ego* e o superego.

- O *id* (do latim "isto") constitui o polo pulsional da personalidade, o reservatório primitivo da energia psíquica. Seus conteúdos são inconscientes, alguns inatos e outros recalcados. O *id* orienta-se pelo *princípio do prazer*.
- O *ego* (do latim "eu") é a instância intermediária entre o *id* e o mundo externo. Enquanto o *id* é a sede das pulsões, o *ego* enfrenta conflitos para adequá-las, por meio da razão, às circunstâncias. O *ego* orienta-se pelo *princípio de realidade*.
- O superego (ou super-eu) resulta da internalização das proibições impostas pela educação, de acordo com os padrões da sociedade em que vivemos.

A relação entre essas três instâncias é dinâmica e conflituosa, uma vez que o *ego* encontra-se diante de forças antagônicas: a busca do prazer e a exigência dos deveres. Ao levar em conta as condições impostas pelo mundo exterior, o indivíduo aprende a lidar com o desejo, decidindo sobre a conveniência de realizá-lo, proibir sua satisfação ou apenas adiá-la.

Repressão e sintoma

Quando o conflito entre o *id* e o superego é muito grande e o *ego* não suporta a consciência do desejo, este é rejeitado. Trata-se do processo chamado *repressão*. No entanto, o que foi reprimido não permanece no inconsciente, pois, sendo energia, precisa ser expandido. Reaparece então sob a forma de *sintomas*, que podem ser decifrados na sua linguagem simbólica. Caso os sintomas permaneçam obscurecidos pelo desconhecimento de suas causas, as consequências são as *neuroses* ou até desordens mais graves.

Reflita

A ideia de que quanto mais conhecemos nossas motivações mais teremos poder sobre elas tornou-se uma concepção importante da psicanálise de Freud. Por exemplo, quantas vezes ocultamos de nós mesmos certos impulsos por termos medo ou nos envergonharmos deles? Trazê-los à consciência, no entanto, é a melhor maneira de agirmos de modo autônomo. Você poderia dar um exemplo que corresponda à descoberta de um sentimento que relutou em aceitar como seu?

BETTMAN/CORBIS/LATINSTOCK

Freud (sentado, à esquerda), em 1909, na Clark University (Estados Unidos), onde, a convite de Stanley Hall (no centro), pronunciou a conferência que marcou o primeiro reconhecimento oficial da psicanálise e se transformaria no livro *Cinco lições de psicanálise*. Sentado à direita, seu discípulo Gustav Jung, com quem rompeu posteriormente, e outros seguidores: Abraham Brill, Ernest Jones e Sandor Ferenczi.

A associação livre

Há várias maneiras de sondagem do inconsciente. Para Freud, os *sonhos* são o caminho real e privilegiado. O que recordamos de um sonho é o seu *conteúdo manifesto*, que às vezes nos parece incoerente e absurdo. No entanto, todo sonho oculta um *conteúdo latente*, a ser descoberto pela decifração do seu simbolismo. Para tanto, Freud propõe a técnica da *associação livre*, pela qual o próprio indivíduo, seguindo o fluxo espontâneo das ideias, dá as pistas para descobrir o sentido oculto.

Além dos sonhos, os *atos falhos* e os *chistes* são fenômenos psíquicos que fornecem elementos adequados à interpretação. Os atos falhos são pequenos deslizes, como esquecimentos, troca de nomes ou lapsos de linguagem aparentemente involuntários, mas que podem ser interpretados porque "traem" algum segredo. O chiste consiste em gracejos feitos sem aparente intenção de ofender ou seduzir, mas que revelam forças agressivas ou eróticas reprimidas.

Psicanálise e cultura

Em *O mal-estar na civilização* – que alguns traduzem como *O mal-estar na cultura* –, Freud observa que as forças agressivas e egoístas precisaram ser controladas para permitir o convívio humano e a vida moral. Por isso se pergunta em que medida essa renúncia pode ser autodestrutiva a ponto de comprometer a felicidade. Conclui com pessimismo que é alto o preço pago pelo indivíduo para se tornar civilizado. Assim Freud afirma:

> "A civilização consegue dominar o perigoso desejo de agressão do indivíduo, enfraquecendo-o, desarmando-o e estabelecendo no seu interior um agente para cuidar dele, como uma guarnição numa cidade conquistada."
>
> FREUD, Sigmund. *O mal-estar na civilização*. Rio de Janeiro: Imago, 1997. p. 83.

FOTO24/GALLO IMAGES/GETTY IMAGES

Manifestantes protestam em Grabouw, África do Sul, em março de 2012, em meio a tensões raciais e problemas na área da educação local. A civilização implica refrear impulsos que entram em choque com as necessidades sociais e individuais dos cidadãos.

Leitura analítica

Repressão e neurose

"Vi confirmado, assim, que as recordações esquecidas não se haviam perdido. Jaziam em poder do doente e prontas a ressurgir em associação com os fatos ainda sabidos, mas alguma força as detinha, obrigando-as a permanecer inconscientes. [...]

Podia-se ainda perguntar, sem dúvida, que força era essa e quais as condições da repressão. [...] Tratava-se em todos os casos do aparecimento de um desejo violento mas em contraste com os demais desejos do indivíduo e incompatível com as aspirações morais e estéticas da própria personalidade. Produzia-se um rápido conflito e o desfecho dessa luta interna era sucumbir à repressão da ideia que aparecia na consciência trazendo em si o desejo inconciliável, sendo a mesma expulsa da consciência e esquecida, juntamente com as respectivas lembranças. Era, portanto, a incompatibilidade entre a ideia e o ego do doente o motivo da repressão; as aspirações individuais, éticas e outras eram forças repressivas. A aceitação do impulso desejoso incompatível ou o prolongamento do conflito teriam despertado intenso desprazer; a repressão evitava o desprazer, revelando-se desse modo um meio de proteção da personalidade psíquica. [...]

Agora, para dizê-lo sem rebuços: chegamos à convicção, pelo exame dos doentes histéricos e outros neuróticos, de que a repressão das ideias, a que o desejo insuportável está apenso, *malogrou*. Expeliram-nas da consciência e da lembrança; com isso os pacientes se livraram aparentemente de grande soma de dissabores. Mas o *impulso desejoso continua a existir no inconsciente* à espreita de oportunidade para se revelar, concebe a formação de um *substituto* do reprimido, disfarçado e irreconhecível, para lançar à consciência, substituto ao qual logo se liga a mesma sensação de desprazer que se julgava evitada pela repressão. Esta substituição da ideia reprimida – o *sintoma* – é protegida contra as forças defensivas do ego e em lugar do breve conflito começa então um sofrimento interminável. No sintoma, a par dos sinais de disfarce, podem reconhecer-se traços de semelhança com a ideia primitivamente reprimida. Pelo tratamento psicanalítico desvenda-se o trajeto ao longo do qual se realizou a substituição, e para a recuperação é necessário que o sintoma seja reconduzido pelo mesmo caminho até a ideia reprimida.

Uma vez restituído à atividade mental consciente aquilo que fora reprimido – e isso pressupõe que consideráveis resistências tenham sido desfeitas –, o conflito psíquico que desse modo se originara e que o doente quis evitar alcança, orientado pelo médico, uma solução mais feliz do que a oferecida pela repressão. Há várias dessas soluções para rematar satisfatoriamente conflito e neurose, as quais, em determinados casos, podem combinar-se entre si. Ou a personalidade do doente se convence de que repelira sem razão o desejo e consente em aceitá-lo total ou parcialmente, ou esse mesmo desejo é dirigido para um alvo irrepreensível e mais elevado (o que se chama 'sublimação' do desejo), ou, finalmente, reconhece como justa a repulsa. Nesta última análise, o mecanismo da repressão, automático e por isso mesmo insuficiente, é substituído por um julgamento de condenação com a ajuda das mais altas funções mentais do homem – o controle consciente do desejo é atingido."

FREUD, Sigmund. *Cinco lições de psicanálise*. São Paulo: Abril Cultural, 1974. p. 21; 23.

Sem rebuços
Sem rodeios, com franqueza.

Questões

1. Segundo Freud, que situação psíquica pode provocar a repressão?
2. O que ocorre com o desejo reprimido?
3. Diante do sintoma, qual deve ser o trabalho da psicanálise?
4. O que ocorre após o desejo reprimido ser desvelado?

4 A fenomenologia de Husserl

IMAGNO/HULTON ARCHIVE/GETTY IMAGES

Retrato de Edmund Husserl, c. 1930.

A *fenomenologia* é um método e uma filosofia que surgiram com o alemão Edmund Husserl (1859-1938). Suas principais obras são *Investigações lógicas*, *A filosofia como ciência rigorosa*, *Ideias para uma fenomenologia pura e uma filosofia fenomenológica* e *Meditações cartesianas*, entre outras. Influenciou filósofos importantes que seguiram percursos autônomos, entre os quais, Martin Heidegger, Maurice Merleau-Ponty e Jean-Paul Sartre.

Husserl entende por *fenomenologia* o processo pelo qual examina o fluxo da consciência, *ao mesmo tempo* que é capaz de representar um objeto fora de si. Podemos compreender esse processo se examinarmos o conceito de **fenômeno** como "aquilo que aparece". Nesse sentido, a fenomenologia aborda os objetos do conhecimento como aparecem, como se apresentam à consciência.

A fenomenologia critica a filosofia tradicional por esta desenvolver uma metafísica vazia e abstrata, voltada para a explicação. Ao contrário, a fenomenologia tem o próprio ser humano como ponto de partida de reflexão. Ao buscar o que é dado na experiência, descreve "o que se passa" efetivamente do ponto de vista daquele que vive determinada situação concreta.

A intencionalidade

O postulado básico da fenomenologia é a noção de *intencionalidade* ("dirigir-se para", "visar a alguma coisa"). Toda consciência é intencional por sempre *tender* para algo, por *visar* a algo fora de si. Contrariando o que afirmaram os racionalistas (como Descartes), não há pura consciência, separada do mundo. Contra os empiristas (como Locke), a fenomenologia afirma que não há objeto em si, já que o objeto é sempre *para* um sujeito que lhe dá significado.

Fenômeno
Em grego, significa "o que aparece". No sentido comum, é algo que se mostra, revela ou manifesta na experiência. O conceito adquire sentidos diferentes conforme a tendência filosófica.

A fenomenologia visa à "humanização" da ciência, a partir de uma nova relação entre sujeito e objeto, ser humano e mundo, considerados polos inseparáveis. Como a consciência é doadora de sentido, fonte de significado, o processo de conhecer nunca termina, antes é uma exploração exaustiva do mundo. Vale lembrar que a consciência do mundo não se reduz ao conhecimento intelectual, pois a consciência também é fonte de intencionalidades afetivas e práticas. O nosso olhar é o ato pelo qual temos a experiência vivida da realidade, percebendo, imaginando, julgando, amando, temendo etc.

5 Heidegger: ser e tempo

Martin Heidegger (1889-1976), filósofo alemão, sofreu a influência da fenomenologia de Husserl, mas desenvolveu pensamento próprio. Escreveu *Ser e tempo*, *Sobre a essência da verdade* e *Introdução à metafísica*.

Na obra *Ser e tempo*, segue o método fenomenológico para discutir e elaborar uma teoria do ser. Heidegger partiu da análise do *ser*, que ele denomina *Dasein*, quando se trata do ser humano. Essa expressão alemã significa o "ser-aí", isto é, o ser-no-mundo, porque o ser humano não constitui uma consciência separada do mundo. Ser é "estourar", "eclodir" no mundo.

Facticidade e transcendência

ELENA ELISSEEVA/SHUTTERSTOCK

Duas pessoas descansam enquanto observam o movimento próximo à Torre Eiffel, em Paris. Os parentes, os amigos e os lugares que conhecemos nos são familiares, mas eles não foram criados por nós nem estão submetidos à nossa vontade: como transcender esses limites?

O *Dasein*, como "ser-aí" é um ser "lançado" no mundo, mas o ser humano não se reduz a uma "coisa". Por isso distinguem-se na existência humana dois aspectos inseparáveis:

- A *facticidade* é o conjunto das determinações humanas: encontramo-nos no mundo possuindo um corpo com determinadas características psicológicas, pertencemos a uma família, a um grupo social, estamos situados em um tempo e espaço que não escolhemos. Vivemos em um mundo que não criamos e ao qual nos encontramos submetidos em um primeiro instante.
- A *transcendência* é a ação pela qual o ser humano executa o movimento de ir além dessas determinações. Não para negá-las, mas para lhes dar sentido e orientar suas ações nas mais diversas direções. A transcendência é a dimensão da liberdade humana.

Facticidade
Do latim *factum*, "fato".

A temporalidade

Apenas o *Dasein* é um ser no tempo. De fato, o "ser-aí" é um ser como possibilidade, como *projeto*, o que o introduz na *temporalidade*. Isso não significa apenas ter um passado e um futuro em que os momentos se sucedem passivamente uns aos outros, mas sim que a existência é este ato de se projetar no futuro, ao mesmo tempo que transcende o passado, o que não é feito sem dificuldade. Mergulhado na facticidade, o ser humano tende a recusar seu próprio ser, cujo sentido se anuncia, mas que ainda se acha oculto.

A angústia decorre da tensão entre o que o indivíduo é e aquilo que poderá vir a ser, como dono do seu próprio destino. Portanto, a angústia retira o indivíduo do cotidiano e o reconduz ao encontro de si mesmo.

A autenticidade da vida

A *autenticidade* ou a *inautenticidade* da vida decorre do sentido que o ser humano imprimir à ação. A pessoa inautêntica é a que se degrada vivendo de acordo com verdades e normas dadas. A despersonalização a faz mergulhar no anonimato, que anula qualquer originalidade. É o que Heidegger chama de *mundo do "se"*, ao designar a impessoalidade da ação: come-se, bebe-se, vive-se, como todos comem, bebem, vivem. Ao contrário, a pessoa autêntica é aquela que se projeta no tempo, sempre em direção ao futuro. A existência é o lançar-se contínuo às possibilidades sempre renovadas.

Entre as possibilidades, vislumbra-se uma delas, privilegiada e inexorável: a morte. O "ser-aí" é um "ser-para-a-morte". É a consciência da própria morte que possibilita o olhar crítico sobre a existência. Ao contrário, é característica da inautenticidade abordar a morte como "morte na terceira pessoa", ou seja, a morte dos outros, evitando tematizar a própria finitude e, portanto, sem questionar a própria existência.

6 Merleau-Ponty: a filosofia do corpo

Maurice Merleau-Ponty (1908-1961), filósofo francês, foi responsável por introduzir a fenomenologia de Edmund Husserl na França, dando-lhe contornos originais. Deve-se a ele a primeira reflexão mais densa sobre o *corpo vivido*, em oposição à clássica divisão entre *sujeito* e *objeto*. Foi por meio da filosofia do corpo que estendeu as discussões para temas como conhecimento, liberdade, linguagem, política, estética, intersubjetividade. Escreveu *Humanismo e terror*, *A estrutura do comportamento*, *Fenomenologia da percepção*, *As aventuras da dialética*, *Visível e invisível*.

A partir do conceito de *intencionalidade*, propôs-se compreender melhor as relações entre a consciência e a natureza, entre o interior e o exterior. Nesse sentido, o corpo é condição de nossa experiência no mundo, porque não *temos* um corpo, mas *somos* nosso corpo. Ou seja, o corpo humano não é um objeto no mundo, mas é aquilo pelo qual o mundo existe para cada um de nós. A realidade não aparece da mesma maneira à percepção das pessoas, mas se dá a partir da vivência de cada um. Não surge por meio de uma consciência clara, mas por um modo de existir e de dar sentido ao mundo.

A liberdade

RENN PRODUCTIONS, FRANCE 2 CINEMA, D.D. PRODUCTIONS, ALTERNATIVE FILMS, NUOVA ARTISTI ASSOCIATI/ALBUM/LATINSTOCK

A liberdade é construída na relação com os que enfrentam os mesmos problemas e desafios. Na ilustração, cena do filme *Germinal*, de 1993, baseado em livro homônimo de Émile Zola, que trata das greves de trabalhadores de minas de carvão no século XIX, na França.

De que modo essas questões se relacionam com a liberdade, entendida como um plano de ação de transformação da realidade vivida? Em *Fenomenologia da percepção*, Merleau-Ponty dá o exemplo de um operário que toma consciência da exploração a que está submetida sua classe e que se engaja na revolução. Essa consciência não brota de um esforço intelectual de conhecimento nem de uma escolha racional após o exame de um leque de alternativas de ação. Antes disso, o indivíduo viveu as dificuldades de sobrevivência, o medo do desemprego, os sonhos abortados.

Enquanto para alguns essa situação aparece como uma fatalidade a que não teriam meios de se opor, outros reagem diante dos fatos com reivindicações e greves, alcançando eventuais conquistas. Portanto, o processo amadurece na coexistência com os outros e é construída como projeto existencial. A liberdade só se realiza se formos capazes de assumir nossa situação natural e social.

7 Sartre e o existencialismo

Jean-Paul Sartre (1905-1980) escreveu *O ser e o nada*, sua principal obra filosófica, em 1943. Sofreu forte influência da fenomenologia de Husserl e da filosofia de Heidegger. Seu pensamento é muito conhecido e gerou, inclusive, uma "moda existencialista", também pelo fato de ter se tornado famoso romancista e teatrólogo. Sua produção intelectual foi marcada pela experiência da Segunda Guerra Mundial e pela ocupação nazista da França.

Podemos dizer que há um Sartre de antes da guerra e outro do pós-guerra, tal o impacto que a Resistência Francesa exerceu sobre sua concepção política de engajamento. Pelo engajamento, a liberdade deixa de ser apenas imaginária porque o indivíduo compromete-se na ação.

Engajamento
Participação ativa em assuntos e circunstâncias de relevância política e social. No existencialismo, significa a necessidade de se voltar para a análise da situação concreta, como responsável pelas mudanças sociais e políticas de seu tempo.

Saiba mais

Na peça de teatro *As moscas*, que versa sobre o mito grego de Orestes e Electra, Sartre faz uma alegoria da ocupação alemã em Paris e inaugura, com essa obra, o chamado "teatro de situação".

ACERVO U.H./FOLHAPRESS

Jean-Paul Sartre e sua companheira Simone de Beauvoir visitaram o Brasil em 1960. Na foto, os dois filósofos ao lado do escritor Jorge Amado, em visita à cidade de Araraquara, no interior do estado de São Paulo.

A existência precede a essência

Segundo as concepções filosóficas tradicionais, o ser humano possui uma essência, uma natureza humana universal, do mesmo modo que todas as coisas têm igualmente uma essência. Por exemplo, a essência de uma mesa é o ser mesmo da mesa, aquilo que faz com que ela seja mesa e não cadeira. Não importa que a mesa seja de madeira, fórmica ou vidro, que seja grande ou pequena, mas que tenha as características que nos permitam usá-la como mesa.

Para Sartre, porém, há uma diferença quando se trata do ser humano. Para este, a existência precede a essência. Assim ele afirma:

> "Que significará aqui o dizer-se que a existência precede a essência? Significa que o homem primeiramente existe, se descobre, surge no mundo; e que só depois se define. O homem, tal como o concebe o existencialista, se não é definível, é porque primeiramente não é nada. Só depois será alguma coisa e tal como a si próprio se fizer. Assim, não há natureza humana, visto que não há Deus para a conceber. O homem é, não apenas como ele se concebe, mas como ele quer que seja, como ele se concebe depois da existência, como ele se deseja após este impulso para a existência; o homem não é mais que o que ele faz. Tal é o primeiro princípio do existencialismo."

SARTRE, Jean-Paul. *O existencialismo é um humanismo*. São Paulo: Abril Cultural, 1973. p. 12.

O "ser-para-si"

Qual é a diferença entre o ser humano e as coisas? O ser humano é livre, porque não é nada mais do que o seu projeto, ou seja, o ser que age tendo em vista o que virá. Portanto, só o ser humano existe, porque é um "ser-para-si", já que a consciência é autorreflexiva, é capaz de pôr-se "fora" de si. Já as coisas e os animais são seres "em-si", por não se colocarem "do lado de fora" para se autoexaminarem.

Projeto
Do latim *projectus* "lançado para a frente"; o prefixo *pro* indica "diante de".

O que acontece ao indivíduo quando se percebe "para-si", aberto à possibilidade de construir ele próprio a sua existência? Descobre que não há essência ou modelo para orientar o seu caminho e que o futuro encontra-se disponível e aberto. Portanto, está irremediavelmente "condenado a ser livre". Sartre cita a frase de Dostoiévski em *Os irmãos Karamazov*: "Se Deus não existe, então tudo é permitido", para lembrar que os valores não são dados nem por Deus nem pela tradição: só ao próprio indivíduo cabe inventá-los.

Angústia e má-fé

Eis que, ao experimentar a liberdade e sentir-se vazio – a consciência é nada –, o indivíduo vive a angústia da escolha. Muitas pessoas não suportam essa angústia, fogem dela, aninhando-se na *má-fé*.

A má-fé é um "autoengano". É a atitude característica de quem finge escolher, sem na verdade escolher. Imagina que seu destino já está traçado, aceita as verdades exteriores, simula ser ele próprio o autor dos seus atos, já que aceitou sem críticas os valores dados. Não se trata de uma mentira, que está sempre orientada para os outros para quem mentimos, mas sim de uma dissimulação do indivíduo para si mesmo, com o objetivo de evitar fazer uma escolha pela qual deva se responsabilizar.

Aquele que recusa a liberdade torna-se desonesto, desprezível, pois nesse processo recusa a dimensão do "para-si" e torna-se "em-si", semelhante às coisas. Perde a transcendência, que lhe daria autenticidade, e reduz-se à facticidade. Sartre chama de *espírito de seriedade* esse comportamento que recusa a liberdade para viver o conformismo e a "respeitabilidade" da ordem estabelecida e da tradição.

MGM/EVERETT COLLECTION/GRUPO KEYSTONE

Cena do filme *Pink Floyd: The Wall,* direção de Alan Parker, Inglaterra, 1982. Aqueles que não suportam a angústia da liberdade abandonam a possibilidade da escolha individual e protegem-se seguindo os padrões e as convenções sociais.

Liberdade e responsabilidade

A partir do que foi dito a respeito do existencialismo, poderíamos supor que Sartre defende o individualismo, cada pessoa ocupando-se da própria liberdade e ação. Contra esse mal-entendido, adverte:

> “Mas se verdadeiramente a existência precede a essência, o homem é responsável por aquilo que é. Assim, o primeiro esforço do existencialismo é o de pôr todo o homem no domínio do que ele é e de lhe atribuir a total responsabilidade da sua existência. E, quando dizemos que o homem é responsável por si próprio, não queremos dizer que o homem é responsável pela sua restrita individualidade, mas que é responsável por todos os homens. [...] Com efeito, não há dos nossos atos um sequer que, ao criar o homem que desejamos ser, não crie ao mesmo tempo uma imagem do homem como julgamos que deve ser. [...] Se a existência, por outro lado, precede a essência e se quisermos existir, ao mesmo tempo que construímos a nossa imagem, esta imagem é válida para todos e para toda a nossa época. Assim, a nossa responsabilidade é muito maior do que poderíamos supor, porque ela envolve toda a humanidade.”
>
> SARTRE, Jean-Paul. *O existencialismo é um humanismo*. São Paulo: Abril Cultural, 1973. p. 12-13.

Fachada da Universidade de Sorbonne, Paris, durante o Maio de 1968, no registro do fotógrafo francês Henri Cartier-Bresson. Segundo a concepção política do engajamento, de Sartre, o indivíduo compromete-se na ação.

HENRI CARTIER-BRESSON / MAGNUM/LATINSTOCK

Leitura analítica

A sexualidade

"Mesmo com a sexualidade, que todavia durante muito tempo passou pelo tipo da função corporal, nós lidamos não com um automatismo periférico, mas com uma intencionalidade que segue o movimento geral da existência e que inflete com ela. [...]

Quaisquer que tenham sido as declarações de princípio de Freud, as investigações psicanalíticas resultam de fato não em explicar o homem pela infraestrutura sexual, mas em reencontrar na sexualidade as relações e as atitudes que anteriormente passavam por relações e atitudes *de consciência*, e a significação da psicanálise não é tanto a de tornar biológica a psicologia quanto a de descobrir um movimento dialético em funções que se acreditavam 'puramente corporais', e reintegrar a sexualidade no ser humano. Um discípulo dissidente de Freud [Wilhelm Steckel] mostra, por exemplo, que a frigidez quase nunca está ligada a condições anatômicas ou fisiológicas, que mais frequentemente ela traduz a recusa do orgasmo, da condição feminina ou da condição de ser sexuado, e esta por sua vez traduz a recusa do parceiro sexual e do destino que ele representa. Mesmo em Freud seria um erro acreditar que a psicanálise exclui a descrição dos motivos psicológicos e se opõe ao método fenomenológico: ao contrário, ela (sem o saber) contribuiu para desenvolvê-lo ao afirmar, segundo a expressão de Freud, que todo ato humano 'tem um sentido', e ao procurar em todas as partes compreender o acontecimento, em lugar de relacioná-lo a condições mecânicas. No próprio Freud, o sexual não é o genital, a vida sexual não é um simples efeito de processos dos quais os órgãos genitais são o lugar, a libido não é um instinto, quer dizer, uma atividade naturalmente orientada a fins determinados, ela é o poder geral que o sujeito psicofísico tem de aderir a diferentes ambientes, de fixar-se por diferentes experiências, de adquirir estruturas de conduta. É a sexualidade que faz com que um homem tenha uma história. Se a história sexual de um homem oferece a chave de sua vida, é porque na sexualidade do homem projeta-se sua maneira de ser a respeito do mundo, quer dizer, a respeito do tempo e a respeito dos outros homens. Existem sintomas sexuais na origem de todas as neuroses, mas esses sintomas, se os lemos bem, simbolizam toda uma atitude, seja por exemplo uma atitude de conquista, seja uma atitude de fuga. Na história sexual, concebida como a elaboração de uma forma geral de vida, podem introduzir-se todos os motivos psicológicos, porque não há mais interferência de duas causalidades e porque a vida genital está engrenada na vida total do sujeito.

[...] Não basta que dois sujeitos conscientes tenham os mesmos órgãos e o mesmo sistema nervoso para que em ambos as mesmas emoções se representem pelos mesmo signos. O que importa é a maneira pela qual eles fazem uso de seu corpo. [...] O uso que um homem fará de seu corpo é transcendente em relação a esse corpo enquanto ser simplesmente biológico. Gritar na cólera ou abraçar no amor não é mais natural ou menos convencional do que chamar uma mesa de mesa. Os sentimentos e as condutas passionais são inventados, assim como as palavras. Mesmo aqueles sentimentos que, como a paternidade, parecem inscritos no corpo humano são, na realidade, instituições. No homem, tudo é natural e tudo é fabricado, como se quiser, no sentido em que não há uma só palavra, uma só conduta que não deva algo ao ser simplesmente biológico – e que ao mesmo tempo não se furte à simplicidade da vida animal."

MERLEAU-PONTY, Maurice. *Fenomenologia da percepção*. São Paulo: Martins Fontes, 1999. p. 217-219, 256-257.

Questões

1. Muitas pessoas reduzem a sexualidade humana à atividade genital. Como Merleau-Ponty critica essa posição?
2. Aplicando o que você entendeu do texto, explique por que a frigidez feminina ou a impotência masculina às vezes não decorrem de problemas fisiológicos.
3. A partir do texto, qual é a diferença entre a sexualidade humana e a animal?

Infletir (ou inflectir)
No contexto, incidir, coincidir.

Movimento dialético
No contexto, movimento que interliga dois aspectos aparentemente opostos: corpo e consciência.

8 A Escola de Frankfurt: teoria crítica

A Escola de Frankfurt surgiu na Alemanha, em 1925. Seus principais nomes foram Max Horkheimer, Theodor Adorno, Herbert Marcuse, Walter Benjamin, Erich Fromm e Jürgen Habermas, este último pertencente à chamada "segunda geração" da Escola. Os principais temas discutidos pelos frankfurtianos foram de caráter sociológico-filosófico, entre os quais podemos citar: autoridade, autoritarismo, totalitarismo, família, cultura de massa, liberdade, o papel da ciência e da técnica.

PHOTONONSTOP / AFP

Cena do filme *A rosa púrpura do Cairo* (1985), do diretor nova-iorquino Woody Allen. A indústria cultural, um dos temas dos frankfurtianos, foi determinante para caracterizar o espírito de época da contemporaneidade.

Conteúdo multimídia: A teoria crítica

Saiba mais

As principais obras dos pensadores da Escola de Frankfurt foram: *Dialética do esclarecimento*, de Adorno e Horkheimer; *Teoria estética* e *Minima moralia*, de Adorno; *A situação atual da filosofia social*, *Estudos sobre a autoridade e a família* e *Eclipse da razão*, de Horkheimer; *Eros e civilização*, *A ideologia da sociedade industrial*: o homem unidimensional, de Marcuse; *O conceito de crítica de arte no romantismo alemão* e *Origem do drama barroco alemão*, de Benjamin.

A filosofia dos frankfurtianos é conhecida como *teoria crítica*, em oposição à *teoria tradicional* representada pelos filósofos desde Descartes. O que eles criticam? Leitores de Marx, Nietzsche, Freud e Heidegger, os frankfurtianos sabem que não se adere à razão inocentemente. Concluem que a razão, exaltada tradicionalmente por ser "iluminada", também traz sombras em seu bojo, quando se torna instrumento de dominação.

A razão instrumental

Na obra *Eclipse da razão*, Horkheimer distingue dois tipos de razão: a *razão objetiva* (cognitiva) e a *razão subjetiva* (instrumental).

- A razão objetiva é *cognitiva* porque busca conhecer a verdade. Diz respeito ao saber viver, aos fins propriamente humanos, à sabedoria. Esta razão regula as relações entre as pessoas e entre as pessoas e a natureza.
- A razão subjetiva é *instrumental* porque tem em vista agir sobre a natureza e transformá-la. Por isso visa à eficácia, à produtividade e à competitividade.

Para Horkheimer, os dois tipos de racionalidade coexistem. No entanto, no capitalismo, o desenvolvimento das ciências e sua aplicação à técnica levou o progresso da tecnologia a patamares jamais vistos, de maneira que a **razão instrumental** tomou tal vulto que se sobrepôs à **razão cognitiva**.

Para os frankfurtianos, a origem do irracional deve-se ao predomínio da razão instrumental. Esse tipo de racionalidade, em última análise, tem visado à dominação da natureza para fins lucrativos, colocando a ciência e a técnica a serviço do capital. Mas compreendem que essa lógica já estava embutida na noção de razão construída na modernidade e que ocultava o lado sombrio da razão responsável pela opressão e a desumanização.

Saiba mais

Os principais pensadores da Escola de Frankfurt produziram grande parte de suas obras na primeira metade do século XX e nelas já denunciavam o "sofrimento da natureza", que hoje identificamos como problemas ecológicos.

SOO HOO ZHEYANG/REUTERS/LATINSTOCK

Flagrante da poluição atmosférica em Pequim, China, em novembro de 2010.

Ao analisar as sociedades tecnocráticas, altamente tecnicizadas e racionalizadas, os frankfurtianos denunciaram a *perda de autonomia do sujeito*, controlado e docilizado tanto pela sociedade industrial totalmente administrada como pelas extremas regressões à barbárie representada pelos Estados totalitários.

Por tudo isso, o indivíduo autônomo, consciente de seus fins, deve ser recuperado. Sua emancipação só será possível no âmbito individual, quando for resolvido o conflito entre a autonomia da razão e as forças obscuras e inconscientes que invadem essa mesma razão. Ao reivindicarem a autonomia e o direito à felicidade, dizem *não* ao sacrifício individual das gerações presentes e criticam o revolucionário tagarela que exalta o sofrimento do povo ao mesmo tempo que o submete à mais cruel opressão, como é o caso do francês Robespierre, que, em nome de ideais democráticos, instalou o terror.

9 Habermas: a racionalidade comunicativa

Jürgen Habermas (1929), filósofo alemão, é um dos principais representantes da chamada segunda geração da Escola de Frankfurt. Foi assistente de Adorno antes de trilhar os próprios caminhos de investigação filosófica. Escreveu *Conhecimento e interesse*, *A teoria do agir comunicativo* e *O discurso filosófico da modernidade*, entre outros.

Habermas continuou a discussão a respeito da razão instrumental, iniciada pelos frankfurtianos. Vivendo em época posterior a eles, encontra-se diante de uma realidade diferente, representada pela sociedade industrial do capitalismo tardio – o capitalismo contemporâneo de tecnologia avançada, produção em escala e consumo em massa. Esse novo contexto o levou a elaborar uma teoria social baseada no conceito de **racionalidade comunicativa**, que se contrapõe à razão instrumental.

O agir comunicativo

RODRIGO PAIVA/FOLHAPRESS

Movimentação na Bolsa de Valores de São Paulo, em setembro de 2008. O agir instrumental, segundo Habermas, diz respeito ao mundo do trabalho, um saber empírico orientado para o sucesso e a eficácia.

Vejamos como Habermas distingue o *agir instrumental* da *ação comunicativa:*

- O **agir instrumental** diz respeito ao *mundo do trabalho*. Nesse setor, aprendemos a desenvolver habilidades baseadas em regras segundo o que Habermas chama de "agir racional-com-respeito-a-fins", ou seja, um saber empírico que visa a objetivos específicos e bem definidos, orientados para o sucesso e a eficácia da ação. Desse modo, na economia, o valor é o dinheiro; na política, o poder; na técnica, a eficácia.
- O **agir comunicativo** diz respeito ao *mundo da vida* e se baseia nas regras da sociabilidade. As tarefas e as habilidades repousam principalmente sobre regras morais de interação. Por meio da comunicação isenta de dominação, as pessoas buscam o consenso, o entendimento mútuo (diálogo), expressando sentimentos, expectativas, concordância e discordância e visando ao bem-estar de cada um. Trata-se do modo que deveria reger as relações em esferas como família, comunidades, organizações artísticas, científicas, culturais etc.

O problema surge quando a racionalidade instrumental estende-se para outros domínios da vida pessoal nos quais deveria prevalecer a ação comunicativa. Nesses casos, ocorre o empobrecimento da subjetividade humana e das relações afetivas. Isso porque a razão instrumental não avalia as ações por serem justas ou injustas, mas sim se são eficazes. Ou seja, os valores éticos e políticos passam a ser tratados do ponto de vista técnico, adequando-se aos fins propostos pelo sistema.

A saída, porém, não está em recusar a ciência e a técnica, mas em recuperar o agir comunicativo naqueles espaços em que ele foi "colonizado" pelo agir instrumental. Do ponto de vista político isso significa, para Habermas, que a emancipação não mais depende da revolução, como propôs Marx, mas do aperfeiçoamento dos instrumentos de participação dentro da sociedade, respeitando-se o estado de direito.

Reflita

Discuta com seu colega a questão da "colonização" do mundo da vida pelo agir instrumental. Dê exemplos retirados de seu cotidiano.

A ética do discurso

Habermas constrói uma visão mais ampla da reflexão ao introduzir o conceito de **razão comunicativa** para fundamentar a ética discursiva. Isso porque a razão comunicativa apoia-se no diálogo e na interação entre os indivíduos do grupo e é mediada pela linguagem e pelo discurso. Evidentemente, a interação entre os sujeitos precisa ser feita sem pressões típicas do sistema econômico (que se baseia na força do dinheiro) ou do sistema político (que se funda no exercício do poder).

No mundo da economia e da política, os acordos são pactos, negociações em que prevalecem os interesses particulares e, portanto, a racionalidade instrumental. Ao contrário, a razão comunicativa é mais rica por ser construída a partir da relação entre os sujeitos, como seres capazes de posicionarem-se criticamente diante das normas. No entanto, a validade das normas não deriva de uma razão abstrata e universal nem depende da subjetividade interesseira de cada um, mas do consenso do conjunto dos indivíduos, postos em uma "situação ideal de fala". Assim, a subjetividade transforma-se em intersubjetividade, mais propriamente em intercomunicação.

Hagar era um guerreiro viquingue. Pelo visto, ele e seus vizinhos não alcançaram o entendimento.

Os adversários da teoria habermasiana criticam a impossibilidade de se alcançar esse ideal. No entanto, a intenção não é realizar a utopia, mas ter o ideal como horizonte do discurso, ainda que inalcançável. Se pensarmos nas discussões atuais sobre ética aplicada, diante dos problemas comuns a todos os que habitam este planeta, é possível compreender como cada vez mais é necessário reavaliar comportamentos e buscar soluções, ainda que as conclusões sejam revistas com frequência.

10 Foucault: verdade e poder

O filósofo francês Michel Foucault (1926-1984) desenvolveu um método de investigação histórica e filosófica. O ponto de partida de sua pesquisa foi a mudança de comportamentos ocorrida no início da Idade Moderna, sobretudo nas instituições prisionais e nos hospícios. Suas principais obras são *Arqueologia do saber*, *História da loucura na era clássica*, *As palavras e as coisas*, *Vigiar e punir*, *História da sexualidade* e *Microfísica do poder*.

Foucault pretendia entender como as ideias de loucura, disciplina e sexualidade foram construídas historicamente desde o século XVI. Suas reflexões o levaram a apresentar uma nova teoria em que estabelece um nexo entre *saber* e *poder*. Segundo a tradição da modernidade, o saber antecede o poder: primeiro busca-se a verdade essencial, da qual decorre a ação. Para Foucault, o saber não se encontra separado do poder e é justamente ele que gera o que se passa a considerar como verdade.

Arqueologia
Do grego *arkhé*, "princípio", "causa original", e *lógos*, "estudo". Ciência que estuda os costumes de povos antigos por meio de materiais coletados.

Genealogia
Do grego *génos*, "nascimento", "origem"; investigação sobre a origem de um indivíduo, de uma família ou de uma ideia.

Sua teoria tem início pelo processo arqueológico e se completa com a tática genealógica.

- O *processo arqueológico* identifica, em um determinado período, quais são as maneiras de pensar e certas regras de conduta que constituem um "sistema de pensamento".
- A *tática genealógica* é posterior e completa a investigação, na tentativa de explicar as mudanças ocorridas, para saber como a verdade foi produzida no âmbito das relações de poder.

As instituições fechadas

Foucault examinou as condições do nascimento da psiquiatria. Levantou a hipótese de que o saber psiquiátrico não se constituiu para entender o que é a loucura, mas como instrumento de poder que propiciou a dominação do louco e seu confinamento em instituições fechadas. Não por acaso, também os mendigos eram recolhidos em asilos, o que representou uma tática de "exclusão que separa o louco do não louco, o perigoso do inofensivo, o normal do anormal".

Segundo o filósofo, a mudança deveu-se à ascensão da burguesia. Ao se constituir como classe dominante, a burguesia precisou de uma disciplina que excluísse os que eram considerados "incapazes" e "inúteis para o trabalho", como os loucos e os mendigos. Com o desenvolvimento do processo de produção industrial, a nova classe interessou-se por mecanismos de controle mais eficazes, a fim de tornar os corpos dóceis e os comportamentos e sentimentos adequados ao novo modo de produção.

GERARD BLOT/RMN/OTHER IMAGES - MUSEU DO LOUVRE, PARIS

A nau dos loucos, pintura de Hieronymus Bosch, c.1490-1500. No Renascimento, acontecia de loucos serem colocados em navios que navegavam à deriva. Foucault se apoia nesses acontecimentos para entender o nascimento da psiquiatria na Idade Moderna.

Em *História da loucura*, Foucault relata que, no Renascimento, uma das mais recorrentes expressões literárias e pictóricas sobre a loucura foi a da "nau dos loucos" (ou "nau dos insensatos"). Transportados para lugares distantes ou deixados à deriva, assombravam a imaginação das pessoas. No entanto, na Idade Moderna, aos poucos a loucura foi reduzida ao silêncio, para não mais comprometer as relações entre a subjetividade e a verdade. Além de expulsa por uma razão dominadora, a loucura passa a ser vista como doença e a ser controlada em instituições fechadas que se espalharam pela Europa nos séculos XVII e XVIII: a nau transformara-se em hospício. O mesmo tratamento foi dado aos pobres e aos desocupados.

Reflita

Reflita sobre o fato de até hoje pessoas diferentes serem objeto de preconceitos ou mesmo excluídas do padrão aceito socialmente.

- Que "naus-preconceito" ainda navegam em nossos mares?

A sociedade disciplinar

Nos séculos XVII e XVIII, os processos disciplinares assumiram a fórmula geral de dominação exercida em diversos espaços, além do já referido hospício: nos colégios, nos hospitais, na organização militar, nas oficinas, na família. Exerceu-se também pela medicalização da sexualidade. O controle do espaço, do tempo, dos movimentos foi submetido ao olhar vigilante, que, por sua vez, introjetou-se no próprio indivíduo.

A extensão progressiva dos dispositivos de disciplina ao longo daqueles séculos e sua multiplicação no corpo social configuram o que se chama "sociedade disciplinar". Desse modo, segundo uma "microfísica do poder", Foucault identifica que o poder não se exerce de um ponto central como qualquer instância do Estado, mas se encontra disseminado em uma rede de instituições disciplinares. São as próprias pessoas, nas relações recíprocas (pai, professor, médico), que fazem o poder circular. Cabe à genealogia do saber investigar como e por que esses discursos se constituíram, que poderes estão na origem deles, ou seja, *como o poder produz o saber*.

Foucault aproveitou a descrição que o jurista Jeremy Bentham (1748-1832) fez de um projeto denominado *Panapticon* (literalmente, "ver tudo"). O jurista imaginava uma construção de vidro, em anel, para alojar loucos, doentes, prisioneiros, estudantes ou operários. Controlados por uma torre central com absoluta visibilidade, o resultado é a interiorização do olhar que vigia, de modo que cada um não perceba a própria sujeição.

UNDERWOOD PHOTO ARCHI/SUPERSTOCK/GRUPO KEYSTONE

Interior da Penitenciária de Stateville, em Illinois, Estados Unidos, s.d. Nessa penitenciária, inspirada no *Panapticon*, uma torre central com absoluta visibilidade controla os prisioneiros.

Reflita

Comparando com o *Panapticon*, observe como hoje os sistemas eletrônicos de vigilância estão em todos os lugares: nos prédios residenciais, empresariais, nos elevadores, nas lojas, nos *shoppings*, nas ruas e nas estradas.

- Quais as vantagens e quais os riscos desse aparato?

O controle da sexualidade

Em *História da sexualidade*, Foucault destacou que na civilização contemporânea fala-se muito sobre sexualidade, sobretudo para proibi-la. Quanto à ciência, são estabelecidos padrões sobre o que é normal e o que é patológico e classificações de tipos de comportamento, o que aprisiona os indivíduos à última palavra do "especialista competente", por meio do qual o sexo é vigiado e regulado. Desse modo, o discurso científico naturaliza o sexo, isto é, apresenta-o como algo natural – e não cultural –, reduzindo-o a uma visão biologizante.

Por exemplo, durante muito tempo a mulher ficou reduzida à sua sexualidade: ora por estar submetida ao desejo masculino, ora, como aquela que gera filhos, presa a um destino biológico. Outro caso é o da homossexualidade. Assim afirmava Foucault:

> "Foi por volta de 1870 que os psiquiatras começaram a constituí-la [a homossexualidade] como objeto de análise médica: ponto de partida, certamente de toda uma série de intervenções e de controles novos.
>
> É o início tanto do internamento dos homossexuais nos asilos quanto da determinação de curá-los. Antes eles eram percebidos como libertinos e às vezes como deliquentes (daí as condenações que podiam ser bastante severas – às vezes o fogo, ainda no século XVIII – mas eram inevitavelmente raras). A partir de então, *todos* serão percebidos no interior de um parentesco global com os loucos, como doentes do instinto sexual".
>
> FOUCAULT, Michel. *Microfísica do poder*. Rio de Janeiro: Edições Graal, 1979. p. 233-234.

Como podemos constatar, a noção de verdade para Foucault encontra-se ligada a práticas de poder disseminadas no tecido social (os micropoderes). Esse poder não é exercido pela violência aparente nem pela força física, mas pelo adestramento do corpo e do comportamento, a fim de "fabricar" o indivíduo normatizado ou o tipo de trabalhador adequado para a sociedade industrial capitalista.

Leitura analítica

Materialismo e moral

"O sentimento moral tem algo a ver com amor; pois 'na finalidade está o amor, a adoração, a visão da perfeição, a saudade' (Nietzsche). Entretanto, esse amor (o sentimento moral) não se refere à pessoa como sujeito econômico ou como um cargo na situação financeira de quem ama, mas como o possível membro de uma humanidade feliz. Não tem em mira a função e o prestígio de um determinado indivíduo na vida burguesa, mas a sua necessidade e as forças orientadas para o futuro.

[...] A luta em escala mundial dos grandes grupos econômicos se trava através da atrofia de talentos humanos de valor, do uso de mentiras interna e externamente e do desenvolvimento de ódios imensos. A humanidade alcançou, no período burguês, tal riqueza, comanda forças auxiliares naturais e humanas tão grandes que poderia existir unida sob objetivos dignos. A necessidade de ocultar esse fato que transparece em toda parte determina uma esfera de hipocrisia que não se estende apenas às relações internacionais, mas insinua-se nas relações mais particulares, determina também uma redução de esforços culturais, inclusive da ciência, um embrutecimento da vida privada e pública, de tal forma que à miséria material se junta também a miséria espiritual. Nunca a pobreza dos homens se viu num contraste mais gritante com a sua possível riqueza como nos dias de hoje, nunca todas as forças estiveram mais cruelmente algemadas como nessas gerações onde as crianças passam fome e as mãos dos pais fabricam bombas. [...] Percebemos os homens não como sujeitos de seu destino, mas como objetos de um acidente cego da natureza, e a resposta do sentimento moral a isso é a compaixão."

HORKHEIMER, Max. Teoria crítica I. In: MATOS, Olgária Chain Féres. *A Escola de Frankfurt*: luzes e sombras do Iluminismo. São Paulo: Moderna, 2001. p. 82-83. (Coleção Logos)

Questões

1. Identifique no texto as referências à razão instrumental.
2. Em que circunstâncias a razão instrumental tem sido prejudicial aos indivíduos?

11 Pragmatismo e neopragmatismo

O **pragmatismo** é uma contribuição filosófica dos Estados Unidos. Desenvolveu-se a partir do final do século XIX, orientando-se em diferentes tendências no século seguinte. Herdeiro da tradição do empirismo britânico de Locke, Hume e Stuart Mill, o pragmatismo buscou libertar-se da metafísica racionalista. No entanto, isso não significou sua adesão ao empirismo, como veremos.

Pragmatismo
Do grego *pragma*, "ato", "ação"; donde *pragmatikós*, "relativo aos fatos, aos negócios", "o que é suscetível de aplicação prática". Veremos que o pragmatismo filosófico tem um sentido diverso daquele da linguagem comum.

Crítica ao fundacionismo

Tanto o racionalismo quanto o empirismo enfrentavam problemas para estabelecer o critério da verdade, uma vez que sempre esbarravam na exigência de um fundamento como garantia de nossas crenças, o chamado *fundacionismo*. Denomina-se *fundacionismo* ou *fundacionalismo* a tendência epistemológica que entende a verdade como "crença justificada", ou seja, o conhecimento é entendido como uma estrutura. A base dessa estrutura é constituída de fundamentos.

Fundacionismo
Denomina-se *fundacionismo* ou *fundacionalismo* a tendência epistemológica que entende a verdade como "crença justificada", ou seja, o conhecimento é entendido como uma estrutura. A base dessa estrutura é constituída de fundamentos certos e seguros, como na metafísica tradicional.

Por exemplo, os filósofos justificavam uma crença baseando-se em outra, em outra e mais outra, até chegar a uma que se constituísse como ponto de partida e que sustentasse as demais, ou seja, uma "fundação". Se usarmos a metáfora de um edifício, todas as colunas se sustentam pela fundação. É assim que Platão chegou à noção de Bem, Aristóteles, à de Primeiro Motor Imóvel e Descartes, à ideia clara e distinta do *cogito*.

Com a noção de *experiência*, o pragmatismo contradiz a perspectiva rígida da filosofia tradicional. A experiência, entendida como um conjunto de relações que os seres humanos estabelecem entre si e com o entorno, é uma atividade conceptual capaz de guiar as ações futuras na nossa relação com o ambiente. Por esse motivo, estabelece um critério que distingue o que é verdadeiro e apresenta uma visão de conhecimento em que os conceitos não são ideias abstratas, mas sim instrumentos que orientam a ação.

A definição de *experiência*, embora varie entre os pragmatistas, teria algo em comum, como diz o historiador da filosofia Nicola Abbagnano:

> "Para o pragmatismo, a experiência é substancialmente *abertura para o futuro*: uma característica básica será a possibilidade de fundamentar uma previsão. [...] Desse ponto de vista, uma 'verdade' é, não porque possa ser confrontada com os dados acumulados da experiência passada, mas sim por ser suscetível de um qualquer *uso* na experiência futura. [...] Nesse sentido, a tese fundamental do pragmatismo é a de que toda a verdade é uma regra de ação, uma norma para a conduta futura."

ABBAGNANO, Nicola. *História de filosofia*. Lisboa: Editorial Presença, 1976. v. 11. p. 7.

A verdade depende, portanto, dos resultados alcançados pela ação.

Vale lembrar que o pragmatismo filosófico não reduz grosseiramente a verdade à utilidade. Para William James, outro importante pragmatista, uma proposição é verdadeira quando "funciona", isto é, permite que nos orientemos na realidade, levando-nos de uma experiência a outra.

Representantes do pragmatismo

O iniciador do pragmatismo foi Charles Sanders Peirce (1839-1914), estudioso da lógica simbólica e da semiótica (teoria dos signos). Grande parte de seus inúmeros ensaios, conferências e artigos foi reunida e publicada após sua morte.

Peirce propõe o conceito de **falibilismo** – que mais tarde seria usado pelo neopositivista Popper (1902-1994). Segundo o falibilismo, não podemos estar absolutamente certos de nada. Como saber algo, então? Ao analisar a linguagem, Peirce observa que o pensamento produz "hábitos de ação" e estes derivam de *crenças*, que por sua vez tranquilizam nossas dúvidas. Mas como saber se essas crenças são válidas?

Nem todas as crenças nos levam a bons resultados, apenas aquelas que conduzem à ação de forma eficaz. Entre estas, as mais sólidas são as que se originam da ciência e podem ser confirmadas pela experiência. Mesmo assim, nenhuma prova científica é "para sempre", porque a qualquer momento poderá ser contestada por algum "fato surpreendente", ou seja, por um fato problemático que exigirá novas experiências.

William James (1842-1910) disseminou as ideias pragmatistas, tornando-as conhecidas. Entre suas obras, destacam-se: *Princípios de psicologia*, *A vontade de crer*, *As variedades de experiência religiosa*, *Pragmatismo* e *O significado da verdade*. Em que pese a influência empirista, em sua filosofia ainda predominam aspectos metafísicos que fundamentam seu espiritualismo, focado na moral e na religião.

No campo da moral ocorre o mesmo. O bem e o mal distinguem-se em função da sua utilidade e importância para a vida. Por isso, em *A vontade de crer*, James afirma que se pode crer em tudo o que se queira, mesmo nas verdades que não foram demonstradas, como na fé religiosa.

John Dewey (1859-1952), seguidor de James, foi filósofo e educador. Sua vasta produção intelectual compreende artigos, ensaios, conferências. Entre as principais obras, destacam-se *Escola e sociedade*, *Democracia e educação*, *Experiência e educação* e *Ensaios de lógica experimental*.

PAUL THOMPSON/FPG/GETTY IMAGES

Retrato do filósofo norte-americano, psicólogo e educador William James (1842-1910), que aplicou sua filosofia, a qual chamou de pragmatismo, a temas como epistemologia, história, religião.

O neopragmatismo

No final do século XX, o neopragmatismo teve seu principal expoente no também norte-americano Richard Rorty (1931-2007), herdeiro de John Dewey, Martin Heidegger e leitor de Ludwig Wittgenstein. Seu pensamento recebeu influência da filosofia analítica e foi fertilizado por debates com filósofos das mais diversas tendências, sobretudo da epistemologia, como Donald Davidson e Jürgen Habermas. Escreveu, entre outras obras, *Contingência, ironia e solidariedade* e *A filosofia e o espelho da natureza*.

Rorty recusava-se a buscar a "verdade objetiva", criticando a epistemologia tradicional, segundo a qual a mente humana teria a capacidade de *espelhar* a natureza e atingir sua representação precisa. Rejeitava, como os demais pragmatistas, o fundacionismo, ou seja, a noção de verdade última como fundação de todas as outras. Propõe uma nova concepção de filosofia, não essencialista nem sistemática.

Enquanto a "experiência" era a principal referência para os pragmatistas clássicos, os contemporâneos deslocaram sua atenção para a "linguagem". Só que não se trata da linguagem que, sob a concepção tradicional, é um "véu" que se interpõe entre nós e o objeto, ocultando o que as coisas são em si, mas sim a linguagem como um meio de ligar objetos uns aos outros. Por exemplo: não podemos saber o que é uma mesa, a não ser ligando-a a conceitos como madeira, castanha, antiga, dura. Do mesmo modo, o número 10 só tem sentido na sua relação com outros: está entre o 9 e o 11, é a soma de 6 e 4, é divisível por 2.

Rorty abandonou de vez a tentativa de atribuir à noção de verdade um papel explicativo. Para ele, a racionalidade aperfeiçoa-se na comunidade, pela troca de versões e de crenças, e o significado está sempre em aberto, mantendo-se por meio da reflexão que não dispensa o diálogo permanente, na "grande conversação" capaz de buscar as novas crenças e novas descrições de um mundo em mutação.

Além de Rorty, são representantes desse movimento, evidentemente com diferenças de enfoques e de conclusões, Hilary Putnam (1926) e Donald Davidson (1917-2003).

IMAGEBROKER / GRUPO KEYSTONE

Segundo o fundacionismo, o conhecimento é entendido como uma estrutura: a base dessa estrutura seria constituída de fundamentos certos e inquestionáveis. Para os neopragmatistas, não há uma verdade absoluta.

Significado
No sentido comum, é uma representação mental, que permite a compreensão e a comunicação. Na filosofia analítica, esse conceito pode ter diferentes acepções conforme o filósofo, como veremos.

12 A filosofia analítica

A filosofia analítica não constitui propriamente uma "escola", na medida em que é representada por diversas tendências. De maneira simples, pode-se dizer que, apesar das diferenças, a filosofia analítica se ocupa com a análise do *significado*. A tarefa básica do filósofo consiste na análise lógica das sentenças, por meio da qual realiza uma abordagem objetiva dos problemas tradicionais da filosofia. A acurada análise da linguagem evitaria os enganos da metafísica tradicional.

Saiba mais

A filosofia analítica é herdeira do empirismo britânico, sofreu influência da lógica matemática (ou simbólica), criada por Gottlob Frege (1848-1925) no final do século XIX, e dos filósofos do Círculo de Viena nas décadas de 1920 e 1930. Frutificou na Universidade de Oxford (Inglaterra), com Bertrand Russel (1872-1970), Moore e Wittgenstein, e expandiu-se nos Estados Unidos.

A "virada linguística"

A metafísica da modernidade tendia a buscar a verdade a partir da capacidade racional do sujeito. A filosofia analítica radicaliza a crítica a essa pretensão ao abandonar as noções do "sujeito que conhece" para se limitar à investigação da linguagem: nossa relação com o mundo é como uma relação de significação.

Chama-se "virada linguística" (ou "giro linguístico") a revolução que representou o novo paradigma filosófico da epistemologia. Dizendo de outra maneira, a filosofia analítica privilegia a análise conceitual, utilizando os novos recursos da linguística à sua disposição e os da lógica simbólica, que permitem o estudo lógico das sentenças.

Entre os diversos representantes da filosofia analítica, escolhemos tratar de Wittgenstein.

Ludwig Wittgenstein

O austríaco Wittgenstein é considerado um dos principais filósofos do século XX. O impacto de suas obras foi notável para o encaminhamento das discussões a respeito das relações entre linguagem e pensamento. Segundo alguns, essa orientação repercutiu no positivismo lógico do Círculo de Viena e na filosofia analítica de Oxford, apesar das posições conflitantes.

Retrato de Margaret Stonborough, pintura de Gustav Klimt, 1905. O pintor austríaco frequentava a casa da família de Ludwig Wittgenstein e retratou Margaret, irmã do filósofo. Além de Klimt, eram assíduos os compositores Johannes Brahms, Clara Schumann e Gustav Mahler.

FRANCIS G. MAYER/CORBIS/LATINSTOCK - NOVA PINACOTECA, MUNIQUE

Primeira fase: *Tractatus logico-philosophicus*

No prefácio de *Tractatus logico-philosophicus* (1921), Wittgenstein declara que seu propósito é tratar dos problemas da filosofia, o que faria a partir da compreensão da lógica de nossa linguagem e sobre os limites dela: "o que é de todo exprimível, é exprimível claramente; e aquilo de que não se pode falar, guarda-se em silêncio". O que o filósofo quis dizer com isso?

Primeiro, que nada se pode saber fora da linguagem, o que representa a opção metodológica pelo "giro linguístico". É por meio da linguagem que os fatos são representados. Wittgenstein diz *fatos*, e não *coisas*, porque "o mundo é a totalidade dos fatos, não das coisas". Enquanto os objetos são simples, os fatos são complexos, e é por meio destes que temos acesso ao mundo.

23.2
Biblioteca do estudante: Leitura complementar

Por exemplo, nada dizemos diante do conceito "água", mas sim quando se trata de uma proposição: "a água é límpida", "a água ferve a 100 °C", proposições que indicam fatos do mundo. Se dissermos "a água ferve a 20 °C", sabemos que isso não ocorre, mas não há uma impossibilidade lógica de ocorrer. Já a proposição "chove e não chove" indica algo contraditório que não ocorre nem pode ocorrer. Portanto, só compreendemos proposições com sentido, ainda quando não correspondam a nenhum fato.

Na proposição 4112 do *Tractatus*, Wittgenstein assim define o papel da filosofia:

> "O objetivo da filosofia é a clarificação lógica dos pensamentos.
> A filosofia não é uma doutrina, mas uma atividade.
> Um trabalho filosófico consiste essencialmente em elucidações.
> O resultado da filosofia não é 'proposições filosóficas', mas o esclarecimento de proposições.
> A filosofia deve tornar claros e delimitar rigorosamente os pensamentos, que de outro modo são como que turvos e vagos."
>
> WITTGENSTEIN, Ludwig. *Tractatus logico-philosophicus*. Lisboa: Fundação Calouste Gulbenkian, 1995. p. 62-63.

Nesta citação, está posto o propósito da filosofia, de depurar a linguagem daquilo que a "enfeitiçava". O objetivo malsucedido de filósofos anteriores sempre fora buscar a essência da linguagem: essa pretensão é abandonada por Wittgenstein para se restringir a ver como a linguagem *funciona*.

E sobre o que se deve calar? Ora, como vimos, a ciência trata dos fatos, enquanto cabe à filosofia examinar o mecanismo lógico da linguagem como expressão do pensamento. Por isso nada pode dizer sobre o ético, o estético e o religioso. Não que eles não existam ou sejam menos importantes. Ao contrário. Mas estão no campo do inefável, daquilo que não se pode exprimir. Deles nada podemos dizer, apenas mostrar.

Vida e obra

Ludwig Wittgenstein (1889-1951) nasceu em uma rica família vienense. Suas obras mais importantes são *Tractatus logico-philosophicus* e *Investigações filosóficas*. Estudou engenharia mecânica, matemática e lógica e alistou-se como voluntário no exército austríaco durante a Primeira Guerra. Foi professor em Cambridge, onde teve como interlocutor Bertrand Russell (1872-1970), que prefaciou seu *Tractatus*. Sua carreira universitária foi alternada com períodos de isolamento numa cabana que possuía na Noruega e de uma experiência como professor secundário para camponeses em vilarejos pobres da Áustria. A elaboração de *Investigações filosóficas* representou uma guinada no curso de suas ideias, sempre na busca do rigor para entender a capacidade e os limites da linguagem.

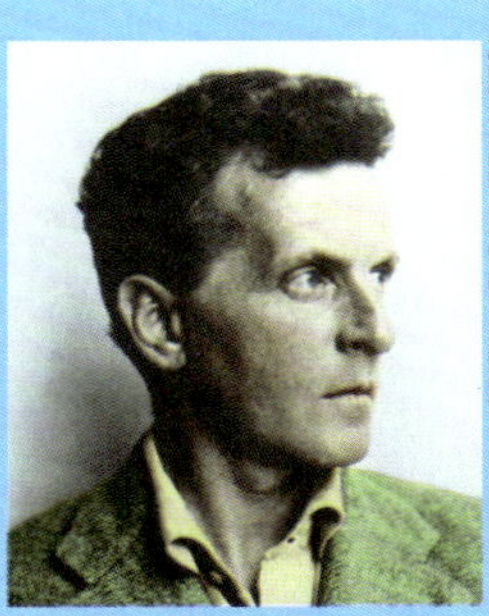

MORITZ NAEHR/WHITE IMAGES/SCALA, FLORENCE/OTHER IMAGES

Retrato de Ludwig Wittgenstein, de 1930.

Segunda fase: Investigações filosóficas

Wittgenstein ficou muito tempo sem escrever, pois supunha não ter mais nada a dizer depois do *Tractatus*. A partir de 1929, entretanto, repensou sua filosofia e reformulou-a sob muitos aspectos, processo que culminou com a elaboração de *Investigações filosóficas*.

Wittgenstein continuou se ocupando do significado das expressões linguísticas, mas não mais se atendo ao que elas se referem, e sim ao modo *como* são usadas. Percebeu que geralmente buscamos nas proposições o que elas explicam ou descrevem. Retomando o exemplo anterior, "a água é límpida", damos uma característica da água. Mas, se dizemos simplesmente "água!", isso pode ter vários significados, dependendo das circunstâncias: tenho sede, rendo-me ao adversário, preciso apagar o incêndio, ensino uma criança a falar, e tantos outros. Portanto, não se trata mais de uma representação, mas de uma hipótese cuja adequação à realidade precisa ser conferida. E certamente terá várias, daí ter criado a expressão "jogos de linguagem". De que se trata?

> "Essa expressão procura salientar, com a palavra 'jogo', a importância da *práxis* da linguagem, isto é, procura colocar em evidência, a título de elemento *constitutivo*, a multiplicidade de atividades nas quais se insere a linguagem; concomitantemente, essa expressão salienta o elemento essencialmente dinâmico da linguagem – por oposição, como vemos, à fixidez da forma lógica."
>
> MORENO, Arley R. *Wittgenstein*: os labirintos da linguagem – ensaio introdutório. São Paulo: Moderna, 2000. p. 55. (Coleção Logos)

Os jogos de linguagem são inúmeros. Alguns estão sempre sendo recriados, enquanto outros são esquecidos. Em cada jogo específico, a palavra tem o seu significado pelo uso que assume, pois a linguagem muda conforme o contexto, como pedir, ordenar, aconselhar, xingar, narrar etc.

E a filosofia, para que serve? É preciso, primeiro, curar a cegueira do filósofo, acostumado com abstrações e generalizações, para que olhe os antigos fenômenos estudados sob uma nova ótica, prestando atenção às formas de vida e à multiplicidade de sentidos.

Reflita

23.3 Visão do especialista

Na instalação *Uma e três cadeiras*, o artista propõe a questão: em qual das três imagens está a verdadeira identidade da cadeira? Na coisa em si, em sua imagem ou na descrição verbal? Em que sentido as indagações do artista se aproximam das questões propostas pela filosofia da linguagem?

PHILIPPE MIGEAT/RMN/OTHER IMAGES - COLEÇÃO CENTRO POMPIDOU, PARIS/ADAGP/AUTVIS, BRASIL

Uma e três cadeiras, instalação de Joseph Kosuth, 1965, emblemática do movimento chamado *arte conceitual*. Consiste de uma cadeira, da fotografia do mesmo móvel e da ampliação fotográfica do verbete "cadeira" de um dicionário.

13 O discurso da pós-modernidade

Não é fácil a definição do conceito de pós-modernidade, pois há diferentes explicações para o fenômeno. De maneira geral, consiste no estado de espírito que descrê da herança do Século das Luzes: não existe mais a esperança depositada no progresso, nem faz sentido a ilusão de que a razão haveria de nos orientar para uma sociedade mais harmônica. Tudo parece envelhecido e ultrapassado, cada vez mais distante do sonho iluminista da libertação humana pelo conhecimento.

A descrença na razão iluminista justifica-se diante de malogros como os da Alemanha letrada, da qual emergiu o Holocausto; do mais alto conhecimento da física contemporânea, capaz de gestar a bomba que destruiu Hiroshima e Nagasaki; dos princípios morais absolutos e universais, que se dissolveram na diversidade dos valores subjetivos considerados vitais.

Na filosofia, o pensamento dito "pós-moderno" sofreu influência do perspectivismo de Nietzsche e dos vários filósofos a que já nos referimos e que desvendaram as ilusões do conhecimento, denunciaram a razão emancipadora (que mostrou sua face de dominação) e questionaram a possibilidade de se alcançar a verdade.

O francês Jean-François Lyotard (1924-1998) tematizou a questão da pós-modernidade na obra *A condição pós-moderna* (1979). Para ele, o pós-moderno representa a incredulidade diante das grandes narrativas, que se dizem capazes de explicar a realidade de modo absoluto e universal. Tinha sido esse o sonho de Descartes e de todas as teorias radicais e globalizantes, como as construídas por Hegel, Marx, Freud e até pelas grandes religiões. Contrariamente a eles, a pós-modernidade aceita o fragmentário, o descontínuo, o caótico.

Outros filósofos como Jacques Derrida (1930-2004), filósofo francês nascido na Argélia, o italiano Gianni Vattimo (1936) e o filósofo e sociólogo francês Jean Baudrillard (1929-2007) representam de certa maneira as perplexidades desse período.

KEYSTONE/GETTY IMAGES

Civis alemães testemunham as atrocidades cometidas contra judeus no campo de concentração de Auschwitz, na Polônia, durante a Segunda Guerra.

Leitura analítica

Utopia e solidariedade

"Em minha sociedade utópica a solidariedade humana não seria considerada como algo de que se deva dar conta libertando-se dos 'preconceitos' ou escovando em profundidades escondidas, mas como um objetivo a ser alcançado. E não com a pesquisa, mas com a imaginação, conseguindo, graças à imaginação, ver os indivíduos diferentes de nós como nossos semelhantes na dor. A solidariedade não é descoberta com a reflexão: ela é criada. Nós a criamos quando nos tornamos mais sensíveis ao sofrimento e humilhação particulares sofridos por outras pessoas desconhecidas. Com uma sensibilidade assim aumentada torna-se mais difícil desinteressar-se dos objetivos diferentes de nós, pensando que 'não sofrem como nós sofreríamos', ou que 'um pouco de sofrimento deverá sempre haver, e por isso deixamos que sejam eles que sofram'.

O caminho para chegar a considerar os outros seres humanos como 'dos nossos' em vez de como 'eles' consiste em descrever a nós próprios. Isso não é tarefa da teoria, mas de outros gêneros literários, como a etnografia, a reportagem jornalística, a história em quadrinhos, o teatro-verdade, e principalmente o romance. Obras narrativas como as de Dickens, de Olive Schreiner ou de Richard Wright nos fazem conhecer de modo detalhado as diversas formas de sofrimento sentidas por pessoas às quais antes não havíamos prestado atenção. Obras como as de Choderlos de Laclos, Henry James ou Nabokov nos mostram as crueldades de que nós próprios somos capazes, permitindo-nos assim nos redescrever. É por esse motivo que o romance, o filme e o programa televisivo substituíram, de modo gradual, mas decidido, o sermão e o tratado como veículos principais da mudança das convicções morais e do progresso.

Em minha sociedade liberal utópica esta substituição obteria um reconhecimento que ela ainda não tem, um reconhecimento que acarretaria uma virada geral da teoria para a narrativa. Essa virada representaria a renúncia a querer agarrar todos os lados de nossa vida com um único golpe de olhos, a descrevê-los com um vocabulário único. [...] Uma cultura historicista e nominalista como a que imagino decidiria, ao contrário, em favor de narrativas que ligam, de um lado, o presente ao passado; de outro, a um futuro utópico. Principalmente, consideraria a atuação e a criação das utopias como um processo infinito: uma realização e proliferação infinita da liberdade, e não uma convergência para uma verdade já dada."

RORTY, Richard. Contingência, ironia e solidariedade. In: REALE, Giovanni; ANTISERI, Dario. *História da filosofia*: de Freud à atualidade. São Paulo: Paulus, 2006. v. 7. p. 227-228.

Saiba mais

Esclarecimento de algumas das citações feitas no texto. Charles Dickens escreveu romances sobre a situação dos pobres na Londres do século XIX, entre eles o clássico *Oliver Twist*. O francês Choderlos de Laclos escreveu, no século XVIII, o romance epistolar *Ligações perigosas* (adaptado para o cinema), em que descreve a frivolidade do ambiente da nobreza francesa decadente. O russo Vladimir Nabokov, em *Lolita*, relata a ligação erótica de um professor com uma menina de 12 anos, mostrando o que há de pior no comportamento humano.

Questões

1. Faça um resumo do texto.
2. Que aspectos do texto permitem identificar a filosofia de Rorty?
3. Reúna-se com seus colegas para fazer uma listagem de expressões artísticas (filmes, romances, documentários etc.) que provocaram um novo olhar solidário diante do sofrimento alheio.

Atividades

Retomando os conteúdos

1. Explique como a fenomenologia contrapôs-se à teoria do conhecimento tradicional com o conceito de *intencionalidade*.

2. O que Sartre entende pela expressão "a existência precede a essência"?

3. Em que consiste a "virada linguística" e quais foram seus principais representantes? Explique como se deu essa "virada" para Ludwig Wittgenstein.

Aprofundando os conceitos

4. Examine a citação a seguir e justifique por que Freud foi um pensador que influenciou uma nova concepção contemporânea a respeito do sujeito do conhecimento.

> "O conteúdo manifesto do sonho, recordado vagamente de manhã e que, não obstante a espontaneidade aparente, se exprime em palavras com esforço, deve ser diferenciado dos pensamentos latentes do sonho, que se têm de admitir como existentes no inconsciente. [...] O conteúdo manifesto do sonho é o substituto deformado para os pensamentos inconscientes do sonho. Esta deformação é obra das forças defensivas do ego, isto é, das resistências que na vigília impedem, de modo geral, a passagem para a consciência dos desejos reprimidos do inconsciente."

FREUD, Sigmund. *Cinco lições de psicanálise*. São Paulo: Abril Cultural, 1974. p. 29. (Coleção Os Pensadores)

5. Leia a citação de Foucault e responda às questões.

> "Historicamente, o processo pelo qual a burguesia tornou-se no decorrer do século XVIII a classe politicamente dominante abrigou-se atrás da instalação de um quadro jurídico explícito, codificado, formalmente igualitário, e através da organização de um regime de tipo parlamentar e representativo. Mas o desenvolvimento e a generalização dos dispositivos disciplinares constituíram a outra vertente, obscura, desse processo."

FOUCAULT, Michel. *Vigiar e punir*: história da violência nas prisões. Petrópolis: Vozes, 1987. p. 194.

a) A que contradição Foucault faz referência no texto?

b) Quais são os dispositivos disciplinares a que ele se refere?

c) Justifique com um exemplo o fato de que, para Foucault, o poder antecede o saber.

6. Leia o texto e atenda às questões.

> "Se por evolução científica e progresso intelectual queremos significar a libertação do homem da crença supersticiosa em forças do mal, demônios e fadas, e no destino cego – em suma, a emancipação do medo – então a denúncia daquilo que atualmente se chama de razão é o maior serviço que a razão pode prestar."

HORKHEIMER, Max. *Eclipse da razão*. Rio de Janeiro: Labor do Brasil, 1976. p. 198.

a) Explique o papel do Iluminismo segundo Horkheimer.

b) Na sequência, o filósofo denuncia a razão. Por quê?

7. Observe a tela de Magritte e leia a citação de Rorty. Em seguida, atenda às questões.

PETER HORREE/ALAMY/OTHER IMAGES - MUSEU BOIJMANS VAN BEUNINGEN, ROTTERDAM

Magritte, pintor surrealista belga, sempre introduziu o imaginário no real. Na tela *A reprodução proibida*, de 1937, ele brinca com o espelho.

> "A imagem que mantém cativa a filosofia tradicional é a da mente como um grande espelho, contendo variadas representações – algumas exatas, outras não – e capaz de ser estudado por meio de métodos puros, não empíricos."

RORTY, Richard. *A filosofia e o espelho da natureza*. Rio de Janeiro: Relume Dumará, 1994. p. 27.

a) Que relações de semelhança podem ser feitas entre a tela de Magritte e a posição teórica de Rorty ao criticar o conceito de verdade da filosofia tradicional?

b) Além de Rorty, Habermas e Wittgenstein também se contrapõem à concepção tradicional de conhecimento. Explique como o fazem.

Dissertação

8. Tema: "O ser humano é o centro de si mesmo?".

Capítulo 24 A ciência contemporânea

1 Uma rápida transformação

A Revolução Científica do século XVII concluiu a separação entre a ciência e a filosofia ao estabelecer o método da física e da astronomia. O desenvolvimento das demais disciplinas científicas ocorreu no decorrer dos séculos seguintes, inicialmente a química, e depois as ciências biológicas, que tomaram impulso no século XIX. Na mesma época, desenvolveram-se as ciências humanas, como a psicologia, a sociologia, a antropologia e a economia.

As antigas academias científicas deram lugar a sociedades importantes, como a Associação Britânica para o Progresso da Ciência, que passou a organizar encontros anuais para a discussão das descobertas. A publicação de revistas científicas aumentou e ampliaram-se as conferências. Em 1840, foi criada a palavra "cientista".

Para destacar as principais contribuições do pensamento científico, começaremos pelas ciências da natureza.

PRIVATE COLLECTION: PETER NEWARK AMERICAN PICTURES/THE BRIDGEMAN ART LIBRARY/GRUPO KEYSTONE

Anúncio para máquina de lavar roupa do final do século XIX. O desenvolvimento da ciência não apenas acompanhou o desenvolvimento da Revolução Industrial como foi um de seus propulsores.

2 A química

Desde a Idade Média, os alquimistas reuniram uma grande quantidade de observações e experiências sobre a natureza química dos corpos. Apesar do caráter místico e visionário de suas pesquisas, a alquimia revelou um estudo cuidadoso de minerais e metais, certamente contribuindo para o desenvolvimento da química.

ERICH LESSING/DEA/ALBUM/LATINSTOCK - MUSEU METROPOLITANO DE ARTE, NOVA YORK

Antoine-Laurent Lavoisier e sua esposa, pintura de Jacques-Louis David, 1788. Apesar de ter sido favorável à Revolução Francesa, Antoine Lavoisier caiu em desgraça no período do Terror e foi condenado após julgamento de apenas um dia.

Lavoisier

Considerado o "pai da química", Antoine Lavoisier (1743-1794) desenvolveu um trabalho fecundo em laboratório. Experimentador rigoroso, introduziu medidas precisas, servindo-se do termômetro, do barômetro e de outros instrumentos.

Lavoisier aperfeiçoou vários tipos de balança de precisão para verificar a constância dos pesos das substâncias, o que lhe possibilitou a intuição do princípio da conservação da massa: "na natureza nada se cria, nada se perde, tudo se transforma". Descobriu ser falsa a teoria clássica dos quatro elementos, comunicando à Academia Francesa de Ciências que a água resulta da combinação de oxigênio e hidrogênio.

Com Pierre Simon de Laplace, estudou o calor e inventou o calorímetro. Revelou de maneira científica e racional as propriedades do oxigênio no processo de combustão e de respiração, o que deu o golpe de misericórdia na teoria do flogisto, fluido imaginado pelos químicos para explicar o fenômeno da combustão.

Os estudos sobre o átomo

Diversos químicos deram continuidade ao trabalho de Lavoisier. O inglês John Dalton (1766-1844) foi o primeiro a usar o termo *átomo* – em homenagem aos gregos Leucipo e Demócrito – para designar as partículas dos elementos até então consideradas indivisíveis. O russo Dimitri Mendeleiev estabeleceu a tabela periódica, um dos mais importantes instrumentos da química. Na última década do século XIX, o salto da ciência foi gigantesco: físicos e químicos uniram-se para desvendar os segredos do átomo e examinar a sua estrutura interna.

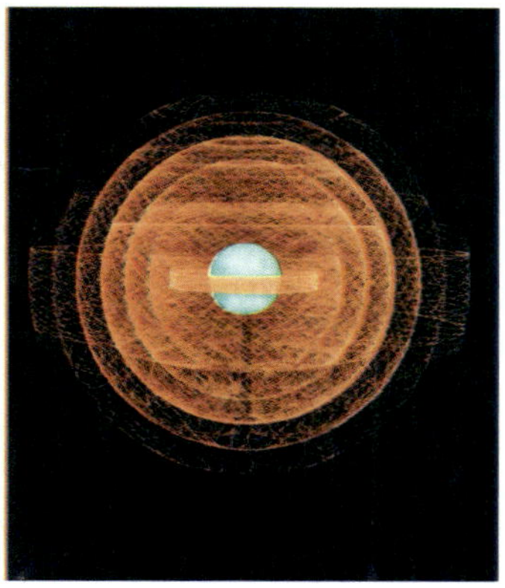

SCIENCE SOURCE/GETTY IMAGES

Fotografia de um modelo animado de átomo de urânio-235. O centro representa o núcleo, e as linhas finas, os elétrons.

Quando o físico alemão Wilhelm Röntgen descobriu casualmente os raios X, em 1895, pôde-se dizer que começava a nascer a física nuclear. A moderna concepção da estrutura do átomo teve a contribuição de inúmeros cientistas, entre eles, Marie Curie, Ernst Rutherford, Niels Bohr, sem desconsiderar os trabalhos de Planck e Einstein – a que vamos nos referir mais adiante.

Saiba mais

Durante a Segunda Guerra Mundial, o italiano Enrico Fermi e o alemão Robert Oppenheimer, com uma equipe de cientistas, participaram em segredo do Projeto Manhattan, a convite do presidente norte-americano Roosevelt. As pesquisas conduziram ao controle da energia nuclear, de fecundas aplicações práticas, desde as mais benéficas para a humanidade, como a medicina nuclear, até as de maior potencial de destruição, cujo maior exemplo são as bombas atômicas lançadas sobre as cidades japonesas de Hiroshima e Nagasaki.

3 A biologia

As ciências biológicas tiveram um impulso no século XIX. No século anterior, o sueco Carl Lineu realizara um trabalho de sistematização dos seres vivos, ao elaborar uma detalhada classificação.

Vale lembrar o trabalho de Louis Pasteur. Em 1875, num memorável ataque à teoria da geração espontânea, Pasteur lançou as bases da ciência da bacteriologia. Descobriu que as moléstias são causadas por germes, contribuindo assim para o progresso da medicina. Na fisiologia, destacou-se Claude Bernard, ao aplicar nessa ciência o método experimental da física e da química.

Darwin: a evolução das espécies

Um dos feitos mais notáveis da biologia no século XIX foi a *teoria da evolução orgânica*. A hipótese sobre a evolução foi levantada, inicialmente, por Jean-Baptiste Lamarck, mas Charles Darwin o superou com um trabalho baseado em exemplares de plantas e animais coletados em suas pesquisas.

ENGLISH HERITAGE/THE BRIDGEMAN ART LIBRARY/ GRUPO KEYSTONE - DOWN HOUSE, DOWNE, KENT, REINO UNIDO

O navio Beagle aportando na Terra do Fogo, sul da América do Sul, em detalhe da tela do século XIX, de Conrad Martens, pintor que acompanhou Darwin em sua expedição.

Darwin viajou durante cinco anos a bordo de um navio inglês que fazia levantamento cartográfico na América do Sul. Nessa ocasião, observou que algumas espécies sofriam mudanças nas diferentes regiões que visitava. Supôs que, em determinadas circunstâncias decorrentes da luta pela sobrevivência, as variações favoráveis seriam preservadas, enquanto as não favoráveis tenderiam a desaparecer. Concluiu que a *variação* e a *seleção natural* são os fatores principais na origem de novas espécies.

O resultado de suas investigações foi apresentado na sua famosa obra *A origem das espécies*, publicada em 1859. A teoria evolucionista abrange todos os animais, inclusive os seres humanos, constatação que só foi amplamente esclarecida em sua obra seguinte, na qual mostra que descendemos originalmente de algum ancestral simiesco há muito extinto, provavelmente o mesmo antepassado de antropoides ainda existentes.

Até suas descobertas, prevalecia uma concepção estática do mundo e dos seres que nele habitavam. Essa convicção era reforçada pelas diversas religiões, cuja crença se referia a Deus como o criador de todas as coisas. Como o próprio Darwin supôs, sua obra sofreu críticas apaixonadas e foi considerada herética.

O criacionismo

Ainda hoje, grupos de inspiração religiosa adeptos do criacionismo se opõem ao darwinismo, sobretudo entre os que não descartam a fé na criação divina. Existem diversas linhas de adesão ao criacionismo. Os mais radicais são antievolucionistas, que, baseados na versão bíblica, rejeitam a origem humana de um ancestral simiesco.

Outros, mais moderados, reconhecem as evidências científicas da evolução de plantas e animais, mas atribuem a Deus uma ação contínua nessa evolução. Há os que argumentam que não se explica a complexidade do Universo apenas pela evolução e pelo acaso.

Em contraposição aos criacionistas, os cientistas argumentam que a fé não deve ser tomada como critério de avaliação de uma teoria científica. Desde a Idade Moderna, a ciência separou-se da religião e tornou-se laica, levando em consideração apenas o que pode ser testado de maneira objetiva e amplamente discutido na comunidade científica.

A postura do cientista não significa desrespeito ou negação de crenças pessoais. Somente não as aceita como critério de fundamento para teorias científicas, porque a fé não se coaduna com a exigência de evidência empírica e de rigor do método científico. As verdades da fé são irrefutáveis, porque derivam de revelação divina e devem ser aceitas sem crítica, o que contraria a possibilidade de revisão de toda conclusão científica.

ALBUM/AKG-IMAGES/LATINSTOCK

Darwin e o macaco, charge sobre a teoria da evolução publicada no *London Sketch Book*, em 1874. O impacto da teoria evolucionista inspirou a criação de inúmeras caricaturas, geralmente para ironizar o cientista.

Reflita

Diante da polêmica sobre o que ensinar nas escolas – a teoria da evolução ou o criacionismo –, como você se posiciona? Justifique sua resposta.

A genética

Apenas seis anos após a publicação de *A origem das espécies*, o monge austríaco Gregor Mendel (1822-1884) apresentou os resultados de uma experiência com ervilhas. Ele procedeu ao cruzamento de sucessivas sementes a partir da combinação de sete caracteres, como cor, forma, altura etc., chegando a resultados estatísticos importantes para elucidar fatores da hereditariedade. Note-se que, pela primeira vez, um biólogo usava a matemática em um campo que aparentemente a dispensava.

Curiosamente, por algum tempo o trabalho de Mendel permaneceu quase desconhecido. Finalmente, em 1900, De Vries baseou-se em Mendel para explicar a evolução como resultante de saltos repentinos, por mutações. Pouco depois, em 1909, Morgan incorporou o termo "gene" para referir-se aos "fatores hereditários" mendelianos.

Tomavam impulso os estudos de genética. Na primeira metade do século XX, cientistas de diversas disciplinas, como da bioquímica, da biofísica e da microbiologia, empenharam-se em um trabalho que culminou, em 1952, com a importante descoberta da molécula do DNA. Essa façanha foi realizada pelo inglês Francis Crick e pelo norte-americano James Watson, que conseguiram explicar como os átomos se organizavam e se duplicavam, concebendo o que passou a ser conhecido como o modelo da *dupla hélice*.

A descoberta da molécula do DNA esclareceu o fenômeno da hereditariedade, além de vislumbrar a possibilidade de interpretar o plano genético de qualquer organismo vivo, o que começou a se concretizar na década de 1970. As vantagens estão na prevenção de doenças e no seu tratamento. A grande polêmica no entanto, deve-se a inúmeros aspectos éticos e legais. A estes se juntam os mais diversos temores e mitos, sobretudo no que diz respeito ao uso de transgênicos, à clonagem humana e à utilização de células-tronco.

DNA
Ácido desoxirribonucleico. A sigla deriva do inglês *Deoxyribonucleic acid*.

Leitura analítica

Toda lei da física é provisória

"O caráter essencial de uma lei é a fixidez. Uma proposição só é uma lei porque, verdadeira hoje, ela ainda será verdadeira amanhã. Dizer de uma lei que ela é provisória, não é enunciar uma contradição? Sim, se se entende por leis aquelas que o senso comum nos revela, aquelas das quais se pode dizer, no sentido próprio da palavra, que são verdadeiras. [...] Não, se se entende por leis as leis que a física enuncia na forma matemática. Tal lei é sempre provisória; não que seja necessário entender por isso que uma lei da física é verdadeira durante um certo tempo e falsa em seguida, pois ela não é em nenhum momento nem verdadeira, nem falsa. Ela é provisória, posto que representa os fatos aos quais se aplica com uma aproximação que os físicos julgam atualmente suficiente, mas que deixará um dia de satisfazê-los.

Observamos que o grau de aproximação de uma experiência não é alguma coisa fixa; ele cresce à medida que os instrumentos tornam-se mais perfeitos, que as causas de erro são mais estritamente evitadas, ou que as correções mais precisas permitem uma melhor avaliação. À medida que os métodos experimentais progridem, a indeterminação do símbolo abstrato que a experiência física faz corresponder ao fato concreto vai diminuindo. Muitos dos juízos simbólicos que deviam ser vistos, em uma época, como representando bem um fato concreto determinado, não serão mais aceitos em outra época como sinais desse fato. [...]

De todas as leis da física, a mais bem verificada por suas inumeráveis consequências é seguramente a lei da atração universal. As observações mais precisas sobre os movimentos dos astros não puderam, até aqui, mostrar que ela é imperfeita. É uma lei definitiva? De modo algum, mas uma lei provisória, que deverá modificar-se e complicar-se para ser colocada em acordo com a experiência. [...]

É através dessa luta incessante, desse trabalho que completa as leis, reenquadrando as exceções, que a física progride. É porque um pedaço de âmbar friccionado com lã mostrou serem imperfeitas as leis da gravidade que a física criou as leis da eletrostática; é porque um imã produz efeitos contrários a essas mesmas leis da gravidade que ela imaginou as leis do magnetismo; é porque Oersted encontrou uma exceção às leis da eletrostática e do magnetismo que Ampère inventou as leis da eletrodinâmica e do eletromagnetismo. A física não progride como a geometria, que acrescenta novas proposições definitivas e indiscutíveis às proposições definitivas e indiscutíveis que ela possuía antes; ela progride porque, sem cessar, a experiência faz surgir novos desacordos entre a teoria e a realidade, e que, sem cessar, os físicos retocam e modificam a teoria para dar-lhe uma mais perfeita semelhança com a realidade."

DUHEM, Pierre. Algumas reflexões acerca da física experimental. In: *Ciência e Filosofia 4*. São Paulo: Faculdade de Filosofia, Letras e Ciências Humanas/Universidade de São Paulo, 1989. p. 113-116.

Questões

1. Muitas vezes constatamos que pessoas sem formação científica imaginam que as leis científicas são verdadeiras e definitivas. Explique por que, sob esse aspecto, trata-se de pessoas que ainda estão convencidas pelos ideais positivistas. Lembre-se de que o positivismo foi apresentado no capítulo 22, "A filosofia do século XIX".
2. Como Duhem avalia a crença que afirma que as leis da física são definitivas e verdadeiras?

4 A crise da ciência

O desenvolvimento científico tinha sido tão significativo até o século XIX, que não era possível negar a excelência do seu método. Filosofias como o positivismo de Comte e o evolucionismo de Spencer traduziam o otimismo generalizado que exaltava a capacidade de transformação humana em direção a um mundo melhor.

Algumas novidades, no entanto, golpearam rudemente as concepções clássicas, originando o que se chamou de *crise da ciência moderna*. São elas as *geometrias não euclidianas* e a *física não newtoniana*.

24.1 Biblioteca do estudante: Leitura complementar

As geometrias não euclidianas

No século XIX, surgiram as *geometrias não euclidianas*, assim chamadas por tratar-se de modelos que partiam de axiomas diferentes dos de Euclides, que remontam à Grécia antiga.

Segundo um dos postulados de Euclides, por um ponto fora de determinada reta passa uma e só uma paralela a essa reta. Diferentemente, o russo Nikolai Lobatchevski (1792-1856) não considerou o espaço um plano euclidiano, mas pressupôs o espaço de curvatura negativa, concluindo que seria possível traçar infinitas paralelas a essa reta. No final da década de 1850, o matemático alemão Bernhard Riemann (1826-1866) construiu sua geometria em espaço de curvatura positiva, na qual não existem paralelas.

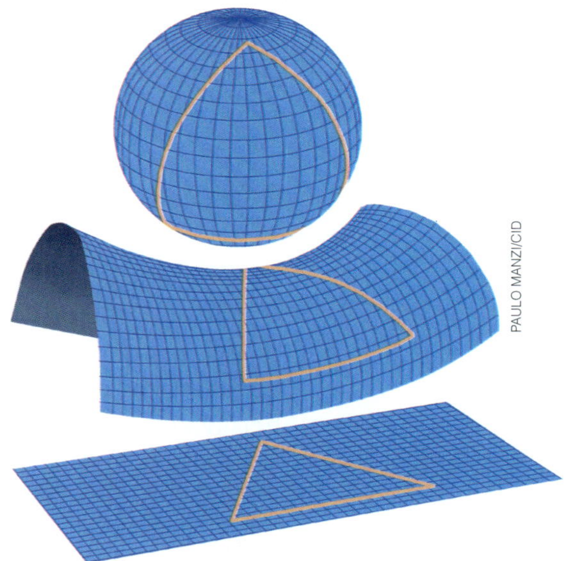

PAULO MANZI/CID

Diagrama das três possíveis geometrias do universo, baseado em gráfico da Nasa. Vê-se, a partir de cima, o triângulo na geometria elíptica de Riemann, na geometria hiperbólica de Lobatchevski e na geometria plana de Euclides.

Os novos modelos não anulavam a geometria euclidiana, mas desmoronaram o critério de evidência em que os postulados euclidianos pareciam repousar. Como consequência, seria preciso repensar a "verdade" na matemática, que dependia do sistema de axiomas postos de início e tomados como verdadeiros por convenção. Isso posto, seriam construídas geometrias igualmente coerentes e rigorosas.

A física não newtoniana

A concepção de ciência construída a partir do século XVII baseava-se no pressuposto do determinismo. O determinismo científico consistia na possibilidade de previsões exatas dos fenômenos, bastando que fossem conhecidas as suas causas. A física de Newton era um exemplo desse rigor.

A teoria da relatividade de Einstein, contudo, veio subverter a concepção newtoniana do Universo, sobretudo devido a descobertas como a curvatura da luz das estrelas. Mais ainda, com o conceito de uma quarta dimensão, o *espaço-tempo*, o ritmo da passagem do tempo não é certo nem absoluto: tempo e espaço deixam de ser entidades separadas.

No início do século XX, outra instigante constatação confrontou o princípio do determinismo. Considerando a teoria quântica e o estudo do fóton, Werner Heisenberg formulou o *princípio da incerteza*. Como o nome diz, reconheceu-se no campo da ciência certa indeterminação, ou seja, a impossibilidade de previsão e de precisão.

Epistemologia
Do grego *episteme*, "ciência", e *lógos*, "teoria". A denominação *epistemologia científica* começou a ser usada em meados do século XIX, correspondendo à *teoria do conhecimento*.

5 Novas orientações epistemológicas

As crises da ciência no final do século XIX e começo do século XX exigiram uma revisão da concepção de ciência e da sua metodologia. Em outras palavras, a **epistemologia** precisava reavaliar o conceito de ciência, os critérios de certeza, a relação entre ciência e realidade, a validade dos modelos científicos.

O matemático e filósofo Henri Poincaré (1854-1912) afirmou a esse respeito que as teorias não são nem verdadeiras, nem falsas, mas úteis. Nesse sentido, a crença na infalibilidade da ciência seria ilusória.

Com a intensificação das discussões contemporâneas em torno da ciência, o termo *epistemologia* passou a designar o estudo do conhecimento científico do ponto de vista crítico, isto é, do seu valor. Assim, cabe à epistemologia examinar o valor objetivo dos princípios, das hipóteses e das conclusões das diferentes ciências.

A lógica simbólica

Do mesmo modo que a ciência contemporânea criou uma nova epistemologia, recorreu também a uma nova linguagem, expressada pela *lógica simbólica* ou *matemática*.

Muitos dos problemas enfrentados pelos lógicos desde Aristóteles decorriam de equívocos das línguas. Além de se prestarem a ambiguidades e falta de clareza, deixavam prevalecer conotações emocionais que perturbavam o raciocínio. A lógica simbólica ou matemática não difere, em essência, da clássica, mas distingue-se dela de maneira notável. Como o nome diz, a lógica simbólica utiliza *símbolos* para representar as proposições e as conexões que se estabelecem entre elas. Por exemplo, são usadas letras do alfabeto, números, parênteses, chaves e outros sinais específicos. Por criar uma *linguagem artificial*, introduz maior rigor e se configura, portanto, como instrumento eficaz para a análise e a dedução formal.

Os lógicos George Boole (1815-1864) e Gottlob Frege (1848-1925) foram os responsáveis pelas modificações introduzidas nessa direção. Depois outros se destacaram, como Bertrand Russell (1872-1970) e Kurt Gödel (1906-1978).

SCIENCE PHOTO LIBRARY/LATINSTOCK

AKG IMAGES/LATINSTOCK

À esquerda, retrato de George Boole, matemático inglês, fundador da álgebra booleana, fundamental para a concepção dos modernos circuitos de computador digital. À direita, fotografia do matemático e filósofo Gottlob Frege.

Saiba mais

Sobre lógica simbólica, consulte na Parte I o final do Capítulo 8, "Instrumentos do pensar: a lógica".

O Círculo de Viena

O Círculo de Viena foi fundado no final da década de 1920 por um grupo de cientistas, lógicos e filósofos da ciência, liderados por Rudolf Carnap e do qual participaram Otto Neurath e Moritz Schlick, entre outros. Sofreram influência de Einstein, Russell e Wittgenstein, considerados os principais representantes da concepção científica do mundo.

Os filósofos do Círculo de Viena pertenciam ao movimento filosófico do *positivismo lógico* ou *empirismo lógico*. Segundo essa tendência, o saber científico deve ser expurgado de conceitos vazios e dos falsos problemas metafísicos, submetendo-se ao critério da *verificabilidade*. Isso significa que tudo que não tiver possibilidade de verificação é desprovido de sentido, como, por exemplo, os enunciados metafísicos, religiosos, estéticos ou tudo que seja subjetivo.

A verificação é feita por demonstração ou por experiência. No primeiro caso, trata-se da aplicação da lógica e da matemática com o objetivo de buscar a coerência interna. A experiência diz respeito à verificação empírica pela qual chegamos aos enunciados das ciências da natureza. Portanto, as leis científicas são sempre *a posteriori*, porque dependem da experiência, de constatações. Nesse processo é importante o sistema de convenções – os símbolos a que já nos referimos –, pelo qual a *lógica simbólica* permite a clarificação da linguagem científica.

Uma das conclusões dos filósofos do Círculo de Viena foi afirmar a irrelevância teórica da filosofia, já que se trata de um conhecimento não empírico e, portanto, não científico. Caberia a ela a função de analisar e clarificar o discurso científico.

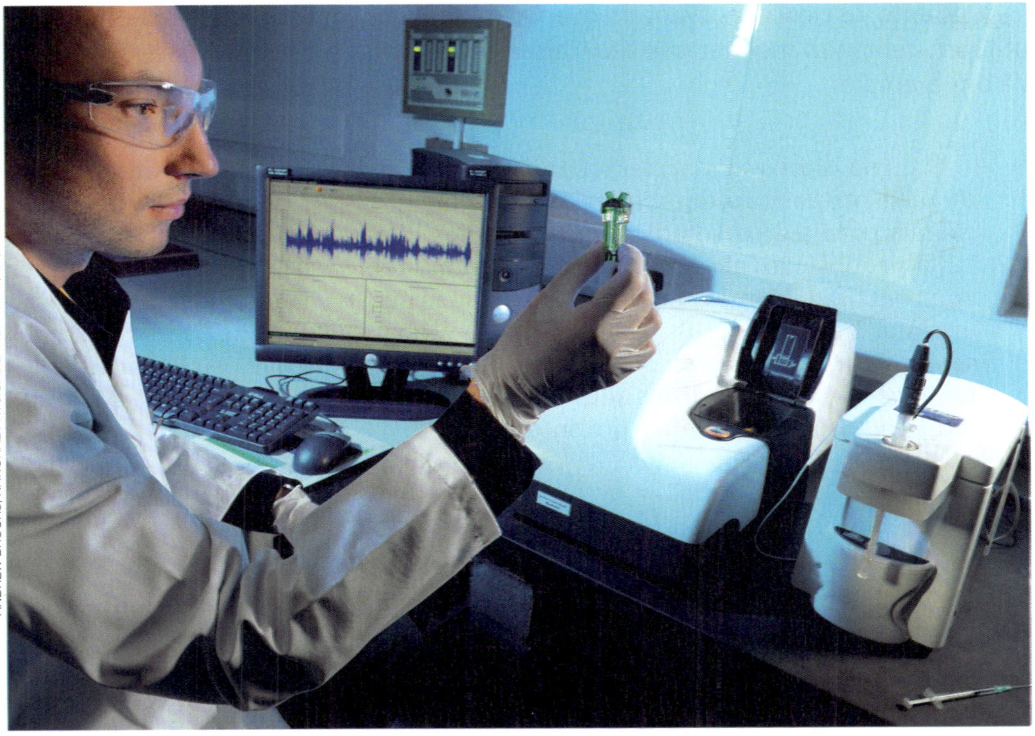

ANDREW BROOKS, NATIONAL PHYSICAL LABORATORY, UK/ SCIENCE PHOTO LIBRARY/LATINSTOCK

Cientista em laboratório pesquisando sobre o potencial eletrocinético com amostra coloidal. O Círculo de Viena reforçou a ideia de que os métodos científicos devem excluir tudo que não for passível de verificabilidade.

Indução
Operação lógica na qual, com base em premissas empíricas e particulares, inferimos uma conclusão, particular ou geral, que é apoiada pelas premissas, mas ultrapassa seu conteúdo.

Corroborar
Confirmar, comprovar.

Popper e a "falseabilidade"

24.2 Biblioteca do estudante: Leitura complementar

O filósofo austríaco Karl R. Popper sofreu inicialmente a influência dos filósofos do Círculo de Viena, mas depois fez diversas críticas a esses filósofos. Por isso, às vezes, é classificado como pós-positivista. Popper rejeitou o princípio de verificabilidade, porque, segundo ele, a indução apresenta sempre inúmeras dificuldades.

Saiba mais

Consulte, na Parte I, o Capítulo 9, "O conhecimento científico" As fases tradicionalmente aceitas do método experimental são: observação, hipótese, experimentação e teoria.

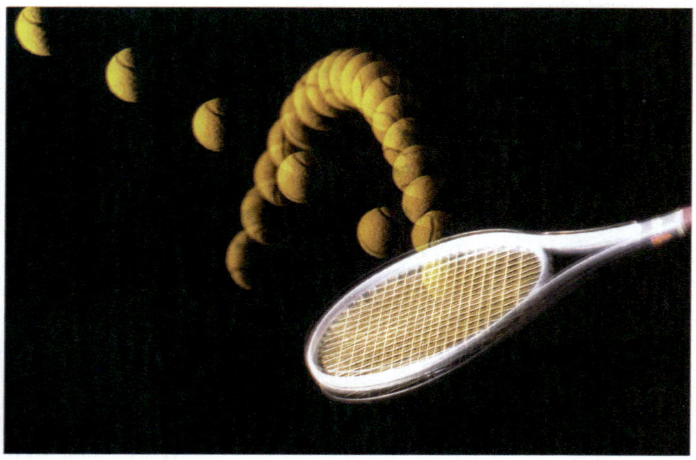
ROLF KOSECKI/CORBIS/LATINSTOCK

Segundo Popper, toda experiência é orientada por uma teoria, mesmo que em estágio inicial.

Para Popper, não há observação pura, pois esta já se encontra orientada por uma teoria prévia, ainda que incipiente. Ou seja, toda observação científica supõe uma atividade seletiva dos fenômenos que serão investigados. Nesse sentido, não basta que a teoria seja verificável, mesmo porque nem sempre esse procedimento é viável. Propõe, então, a crítica da teoria por meio do *princípio da falseabilidade* ou da *refutabilidade*. Segundo esse critério, o cientista imagina uma hipótese e a submete ao levantamento de possíveis maneiras de falseá-la ou de refutá-la pela experiência. Não podemos provar que uma teoria universal é verdadeira, mas podemos provar que é falsa. Quando uma teoria resiste à refutação pela experiência, dizemos que está corroborada.

Portanto, os cientistas avançam quando determinam os limites das conjeturas que utilizam, tentando mostrar que são "falsas", para então substituí-las. Gérard Fourez dá um exemplo:

> "[...] se digo que a aceleração de um objeto que cai é constante, trata-se de uma proposição que poderia se revelar falsa por ocasião de uma experiência para a qual se utilizassem critérios precisos; é, portanto, 'falseável'. [...] a proposição 'ajo assim porque é do meu interesse agir assim' pode ser compreendida como uma proposição não falseável, na medida em que posso inventar para mim múltiplos interesses que farão com que esses interesses sejam sempre a causa da minha ação. Por exemplo, se não existem interesses financeiros, poderei dizer que há um interesse político, ou afetivo etc., de modo que se agirá sempre por interesse."
>
> FOUREZ, Gérard. *A construção das ciências*: introdução à filosofia e à ética das ciências. São Paulo: Editora Unesp, 1995. p. 72-73.

Com base em sua teoria, Popper critica a psicanálise e o marxismo, cujos universos teóricos restringem-se às explicações de seus idealizadores e não dão condições de refutabilidade empírica.

Kuhn e o conceito de paradigma

Na obra *Estrutura das revoluções científicas*, o filósofo norte-americano Thomas Kuhn (1922-1996) desenvolve uma nova noção de paradigma para a ciência. Segundo ele, o *paradigma* é a visão de mundo assumida pela comunidade científica e que levanta problemas e fornece soluções exemplares para a pesquisa futura. Ou seja, a ciência progride pela *tradição intelectual* do seu tempo.

Não se trata de um conceito simples, mesmo porque o próprio Kuhn o define de diferentes modos em sua obra. O importante é fixar que o trabalho científico se desenvolve conforme o *modelo consensual* adotado pelos cientistas.

Kuhn distingue três momentos de uma ciência: o *período pré-paradigmático*, a *ciência normal* e a *crise*.

- No *período pré-paradigmático* ou *imaturo*, os problemas originados no cotidiano pedem explicações que ainda não apresentam consenso.
- A *ciência normal* ocorre quando é alcançado o consenso. O trabalho científico passa a se desenvolver com base no paradigma adotado, que dirige a resolução dos problemas e a acumulação de descobertas.
- No momento de *crise* o paradigma é questionado porque já não resolve uma série de anomalias acumuladas, processo que pode levar à *revolução científica*.

Por exemplo, o paradigma ptolomaico, que sustentava o geocentrismo, foi aceito até Copérnico. Um novo paradigma, o da ciência normal, foi estabelecido por Galileu e Newton. O paradigma newtoniano e a atividade científica que decorria dele, contudo, foram colocados em xeque pela teoria da relatividade de Einstein.

A importância da contribuição de Kuhn consiste em desfazer a tradição positivista, que via a ciência de maneira abstrata, rígida e mecânica, para identificar em cada momento histórico as dificuldades que enfrentam as teorias tradicionalmente aceitas.

SAUL LOEB / AFP

A ciência está sempre se repensando e revendo seus próprios paradigmas.

Feyerabend: contra o método

Vimos que Popper afirmava a racionalidade da ciência na medida em que atendia ao ideal de refutabilidade. Kuhn argumentava que uma teoria, como paradigma, deve na maior parte do tempo ser desenvolvida em vez de criticada. Feyerabend, por sua vez, radicalizou e questionou a própria racionalidade científica.

O filósofo Paul K. Feyerabend (1924-1994) abandonou cedo o empirismo, classificando-se como "anarquista epistemológico". Criticou as posições positivistas por considerar que as metodologias normativas não são instrumentos adequados de investigação. Defendia, assim, o pluralismo metodológico. Segundo o filósofo, por uma questão democrática, já que há pluralidade de ideias e formas de vida, também na ciência não deve haver imposição de métodos. A famosa afirmação de que "o único princípio que não inibe o progresso é "*tudo vale*" aparece num livro cujo título sugestivo indica sua posição: *Contra o método*.

Para Feyerabend, o cientista pode fazer aquilo que lhe agrada mais, porque não existe norma de pesquisa científica que não tenha sido violada. O cientista deve tornar persuasiva a teoria utilizando-se de recursos retóricos por meio de propaganda a fim de melhor convencer a comunidade científica. Como exemplo, cita Galileu, que procedeu desse modo para convencer seus pares acerca da hipótese do movimento relativo.

Gilles-Gaston Granger destaca o duplo significado dessa teoria provocadora:

"O aspecto positivo deste anarquismo consiste, sem dúvida, numa crítica violenta ao conservadorismo e ao dogmatismo, sublinhando a mobilidade do conhecimento científico e sua abertura às novidades. Seu aspecto negativo vem da insistência em considerar a diversidade, ou até a incoerência, como um valor em si, e a indiferença em procurar critérios de decisão e de escolha entre as teorias, exagero este que, a meu ver, desqualifica a doutrina."

GRANGER, Gilles-Gaston. *A ciência e as ciências*. São Paulo: Hucitec/Editora Unesp, 1994. p. 43.

Leitura analítica

O que é um "paradigma"?

"[...] 'ciência normal' significa uma pesquisa estavelmente fundada sobre um ou mais resultados alcançados pela ciência do passado, aos quais uma comunidade científica particular, por certo período de tempo, reconhece a capacidade de constituir o fundamento de sua práxis posterior. [...] A *Física* de Aristóteles, o *Almagesto* de Ptolomeu, os *Principia* ["Princípios", em português] e a *Óptica* de Newton, a *Eletricidade* de Franklin, a *Química* de Lavoisier e a *Geologia* de Lyell, e muitas outras obras serviram por certo período de tempo para definir implicitamente os problemas e os métodos legítimos em determinado campo de pesquisas para numerosas gerações de cientistas. Eles estavam em grau de fazer isso, pois possuíam em comum duas características: os resultados que apresentavam eram suficientemente novos para atrair um grupo estável de seguidores afastando-os de formas de atividade científica que com eles contrastavam, e, ao mesmo tempo, estavam suficientemente abertos para deixar ao grupo de cientistas constituídos sobre essas novas bases a possibilidade de resolver problemas de todo tipo.

Doravante, para indicar os resultados que têm em comum essas duas características, usarei o termo 'paradigmas', que tem uma relação precisa com o termo 'ciência normal'. Com a escolha desse termo eu quis tornar presente o fato de que alguns exemplos de efetiva práxis científica, reconhecidas como válidas – exemplos que compreendem globalmente leis, teorias, aplicações e instrumentos –, fornecem modelos que dão origem a tradições particulares de pesquisa científica com sua coerência. Estas são as tradições que o historiador descreve com etiquetas, como 'astronomia ptolomaica' (ou 'copernicana'), 'dinâmica aristotélica' (ou 'newtoniana'), 'óptica corpuscular' (ou 'óptica ondulatória'), e assim por diante. [...] Aqueles cuja pesquisa se baseia sobre paradigmas compartilhados pela comunidade científica empenham-se em observar as mesmas regras e os mesmos modelos em sua atividade científica. Esse compromisso e o evidente consenso que ele produz são requisitos indispensáveis para uma ciência normal, ou seja, para a gênese e para a manutenção de uma tradição particular de pesquisa."

KUHN, Thomas. A estrutura das revoluções científicas. In: REALE, Giovanni; ANTISERI, Dario. *História da filosofia*: de Freud à atualidade. São Paulo: Paulus, 2006. v. 7. p. 176.

Questões

1. Para Kuhn, o que significa ciência normal e qual a relação com o conceito de paradigma?
2. Que pressupostos distinguiam o paradigma newtoniano do paradigma einsteiniano?
3. Explique que dificuldades foram enfrentadas por Charles Darwin ao apresentar a teoria evolucionista.

6 O nascimento das ciências humanas

Diferentemente das ciências da natureza, as ciências humanas demoraram mais tempo para se tornarem autônomas, o que só começou a ocorrer no final do século XIX. Várias áreas do conhecimento sobre o ser humano e suas relações entre si e com o meio foram ampliadas, como a sociologia, a antropologia, a história, a geografia humana, a linguística, a economia, a psicologia, a etnologia.

Para que as ciências humanas se constituíssem, seria preciso definir com rigor o método e o objeto específico de cada uma delas. Nas primeiras tentativas, sofreram profunda influência do método utilizado pelas ciências da natureza. A aproximação é compreensível, visto que a aliança entre ciências da natureza e técnica obteve resultados surpreendentes.

Saiba mais

Consulte, na Parte I, o Capítulo 9, "O conhecimento científico", que trata das dificuldades metodológicas enfrentadas pelas primeiras ciências humanas.

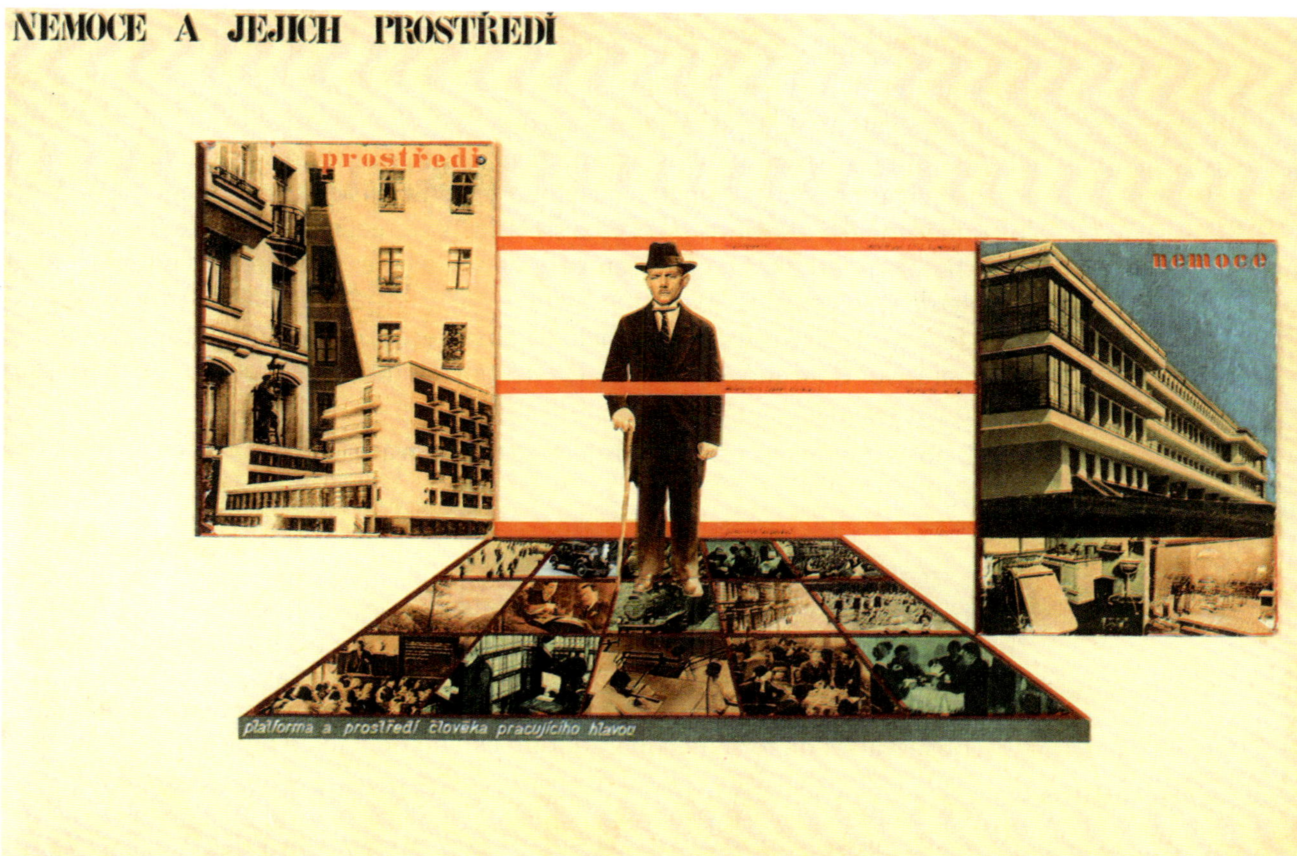

ALBUM/AKG-IMAGES/LATINSTOCK

Fragmentos sociológicos da vida, colagem de Jiri Kroha, 1930-1932. O artista tcheco utilizou material publicado pela imprensa popular para compor o painel que reproduz padrões de habitação e estruturas familiares. Enquanto as ciências da natureza têm como objeto algo que se encontra fora do sujeito, as ciências humanas têm como objeto o próprio sujeito.

Contextualizando

PRIVATE COLLECTION; THE STAPLETON COLLECTION/GETTY IMAGES

Carregadores do Ceilão (atual Sri Lanka) levando ingleses, c. 1875. O contato entre os velhos colonizadores e os novos colonizados deu margem a novos estudos sobre o ser humano, o que propiciou o nascimento e a consolidação de ciências sociais como a antropologia e a sociologia.

Vimos que as grandes transformações ocorridas no século XIX deveram-se ao fortalecimento do capitalismo industrial e da consolidação da burguesia no poder. O crescente êxodo rural e a urbanização acelerada foram frutos do novo modo de produção instaurado pelas atividades fabris, que criaram a figura do operário. Em outras frentes, o capitalismo expandia o mercado, dando início a um novo processo da colonização europeia – o chamado *neocolonialismo* (o colonialismo anterior havia ocorrido no século XVI) –, agora em extensas regiões da África e da Ásia.

Os contatos entre burgueses e operários de um lado e colonizadores e povos colonizados de outro sinalizavam o confronto latente, isto é, prestes a eclodir, entre interesses opostos. A intenção de expandir o capitalismo entrava em choque com as culturas subjugadas, que relutavam diante das condições impostas. Foi nesse contexto que nasceram as ciências humanas, como expressão da necessidade de compreender não só as relações entre os indivíduos, mas também entre as diferentes culturas.

Outro fator importante foi o advento da teoria positivista. Augusto Comte (1798-1857), fundador do positivismo, deu o nome de *sociologia* a uma nova ciência que ele próprio caracterizou inicialmente como "física social". Segundo Comte, o conhecimento científico – como o da física – se realiza a partir de leis provadas com base em fatos concretos. Também na sociedade, se queremos entender seus problemas, precisamos agir como agimos nas ciências naturais, isto é, descobrir suas leis, o que só é possível por meio da observação, do experimento e do método comparativo. Contudo, como fazê-lo, em se tratando do elemento humano, subjetivo por essência?

O posicionamento comtiano refere-se também à psicologia, como constatamos no seguinte trecho:

> "É perceptível que, por uma necessidade invencível, o espírito humano pode observar diretamente todos os fenômenos, exceto os seus próprios. Pois quem faria a observação? [...] Ainda que cada um tivesse a ocasião de fazer sobre si tais observações, estas, evidentemente, nunca poderiam ter grande importância científica. Constitui o melhor meio de conhecer as paixões sempre observá-las de fora. Porquanto todo estado de paixão muito pronunciado, a saber, precisamente aquele que será mais essencial examinar, necessariamente é incompatível com o estado de observação."
>
> COMTE, Augusto. *Curso de filosofia positiva*. São Paulo: Abril Cultural, 1973. p. 19-20. (Coleção Os Pensadores)

Neste capítulo iremos destacar brevemente a sociologia e a antropologia e, de modo mais extenso, a psicologia.

7 A sociologia

Os principais responsáveis pelo nascimento das ciências sociais na segunda metade do século XIX e no início do século XX foram Émile Durkheim (1858-1917), Karl Marx (1818-1883) e Max Weber (1864-1920). Todos eles dedicaram grande atenção à metodologia.

Etnografia
Estudo que tem por base a descrição da vida social e da cultura de um dado sistema social por meio da observação do que de fato as pessoas fazem.

Émile Durkheim

O sociólogo francês Émile Durkheim (1858-1917) iniciou suas reflexões inspirado pelo pensamento de Augusto Comte. Durkheim estava convicto de que um método realmente adequado supunha o contato com os fatos sociais, pela observação e experimentação indireta, isto é, pela comparação. Dessa maneira, o método seria o resumo da prática efetiva do pesquisador.

Por exemplo, às vezes ele recorre ao método estatístico, outras vezes manipula dados etnográficos e da história para estudar as "relações necessárias" que se estabelecem entre grupos diferentes a fim de alcançar generalizações seguras. A etnografia é utilizada sobretudo pelos antropólogos, mas também Durkheim aproveitou esse recurso fecundo.

Para Durkheim, uma metodologia que tivesse em vista a objetividade da ciência sociológica deveria examinar os fatos sociais como "coisas". Diante da polêmica que causou essa afirmação, argumentou que não se trata de dizer que os fatos sociais se reduzem às coisas materiais, mas sim que os fatos sociais devem ser abordados com os procedimentos próprios das ciências da natureza. E completa:

> "É coisa [...] tudo aquilo que o espírito só pode compreender sob a condição de sair de si mesmo por meio de observações e experiências, passando progressivamente dos caracteres mais exteriores e imediatamente acessíveis aos menos visíveis e mais profundos. [...] Mas desde o momento em que se trata de fatos propriamente ditos, quando necessitamos deles para a ciência, são necessariamente para nós incógnitos, coisas ignoradas, pois as representações que se hajam podido ter deles, na vida, como se formaram sem método nem crítica, carecem de todo valor científico e não devem ser tidas em conta. Até os fatos da psicologia individual apresentam esse caráter e devem ser considerados sob o mesmo ponto de vista."

DURKHEIM, Émile. Prefácio da segunda edição de *As regras do método sociológico*. In: OLIVEIRA, Paulo de Salles (Org.). *Metodologia das ciências humanas*. São Paulo: Hucitec/Unesp, 1998. p. 33.

24.3 Visão do especialista

Em seu livro *O suicídio*, de 1897, apesar de abordar um fato carregado de elementos psicológicos, Durkheim enfatizou os aspectos das pressões sociais, a fim de tornar esse fenômeno sociologicamente determinado. Nesse estudo, a estatística se mostrou um instrumento importante. Em suas reflexões sobre a educação, igualmente prevalece a concepção determinista pela qual a sociedade estabelece padrões de comportamento.

LAUDES MARTIAL BBON/AFP/GETTY IMAGES

Sala de aula improvisada para crianças refugiadas, em uma floresta nas proximidades de Gangania, na República Democrática do Congo, fevereiro de 2010. A qualidade do ensino nas escolas pode variar conforme o desenvolvimento econômico e político do país. O aprendizado não é o mesmo para todo e qualquer aluno. No entanto, nenhum desses fatores, segundo Durkheim, impede que a escola seja uma instituição que socializa os indivíduos.

Alienação.
No sentido amplo, é o conjunto de doutrinas e ideias ou o conjunto de conhecimentos destinados a orientar a ação. No sentido marxista, é o conjunto de ideias e valores da classe dominante estendidos à classe dominada e que visa manter a dominação, uma vez que mantém o trabalhador alheado ou alienado de sua consciência, de modo a não ter uma percepção clara da exploração a que é submetido.

Karl Marx

Já vimos, no Capítulo 23, "O pensamento contemporâneo", que Marx foi filósofo, cientista social, historiador e revolucionário. Na elaboração de sua teoria, inspirou-se na filosofia de Hegel e dos economistas ingleses Adam Smith e David Ricardo. Com seu amigo Friedrich Engels, escreveu várias obras e exerceu forte influência nos movimentos socialistas. Sua intenção era compreender a contradição entre burgueses e proletários e apontar soluções efetivas para essa contradição.

Com base no materialismo histórico e no materialismo dialético, concluiu que as relações de produção, que se caracterizam pela exploração do trabalhador pelos donos dos meios de produção, tendem a ser mantidas devido à *ideologia*, capaz de ocultar a *alienação* e assim impedir a consciência da dominação. O conceito de *luta de classes* formava a base da teoria marxista que, além de visar à compreensão dos conflitos no momento presente, tinha por fim último o objetivo revolucionário da tomada de poder pelo proletariado.

Mais tarde, pensadores marxistas estenderam esses conceitos para explicar como a ideologia colonialista se sustentava na pretensa "inferioridade" dos povos submetidos a fim de justificar a interferência política e econômica que os conduziria ao "progresso".

Max Weber

Max Weber foi um sociólogo e economista alemão que fez estudos sobre direito e urbanização, bem como pesquisou os fatores culturais que influenciaram a ascensão do capitalismo. Sob esse último aspecto, sua principal obra, *A ética protestante e o espírito do capitalismo*, não se restringe à análise econômica, mas destaca o papel da religião e da ética no fortalecimento do capitalismo. Em outra obra, *Economia e sociedade*, oferece a base metodológica e conceitual da sociologia. Sob esse ponto de vista, Weber se distancia do positivismo, corrente de pensamento que imperava naquele período. Leitor de Kant, Marx e Nietzsche, atenuou os aspectos causais "objetivos" ao aceitar as nuances importantes das crenças que também podem ter seus motivos considerados.

Outro aspecto de seu pensamento foi procurar entender como os processos sociais se tornaram "racionalizados", isto é, como a razão tornou-se imperativa diante da valorização da mercadoria, da ciência e da tecnologia. Esse processo teria provocado o "desencantamento do mundo", expressão com a qual Weber explica como no ambiente urbano passava a predominar o valor do dinheiro, fazendo com que as relações humanas girassem em torno da mercadoria. Desse modo, perdiam-se os valores tradicionais, com seus aspectos místicos, sagrados, enquanto o operário assumia uma postura mecânica diante da máquina, bem diversa daquela do camponês em seu trabalho ou do artesão em sua oficina.

Com base nessa análise, Weber via com pessimismo a maneira pela qual a razão e o progresso estavam construindo um mundo ordenado e burocratizado que haveria de prejudicar a liberdade humana.

Saiba mais

O pensamento de Max Weber influenciou os sociólogos e filósofos da *teoria crítica* (Escola de Frankfurt). Vimos no Capítulo 23, "O pensamento contemporâneo", como os frankfurtianos criticam a "racionalidade instrumental" gerada pelo sistema capitalista por privilegiar a eficácia e o lucro em detrimento de valores humanos.

8 A antropologia

A colonização expôs os contrastes entre os hábitos e os costumes das várias culturas, o que levou os estudiosos das ciências sociais nascentes a centrarem o foco de suas pesquisas em povos não europeus. Desse modo nascia a **antropologia**, o estudo de diferentes agrupamentos humanos em seus mais diversos aspectos: os tipos físicos e biológicos, o comportamento, as instituições, os costumes, tanto em suas formas atuais como ao longo do tempo.

Saiba mais

Não se deve confundir *antropologia científica* com *antropologia filosófica*, objeto da primeira Unidade deste livro. A antropologia filosófica questiona o que é o ser humano, o que o distingue de outros seres e de como ele se torna um ser cultural. Ver Capítulo 2, "Natureza e cultura".

É bem verdade que os europeus já tinham estabelecido contato com sociedades tribais, sobretudo por ocasião do descobrimento das Américas, mas apenas no século XIX surgiram métodos sociológicos e antropológicos para tornar suas teorias de fato científicas.

O darwinismo social

De início, a antropologia sofreu influência das ideias darwinistas do evolucionismo. Essa corrente ficou conhecida como *darwinismo social*, embora o próprio Darwin rejeitasse a aplicação de sua teoria às sociedades humanas.

Para os representantes dessa tendência, como o antropólogo Edward Burnett Tylor (1832-1917) e o filósofo Herbert Spencer (1820-1903), a diversidade de culturas seria explicada pela evolução da sociedade, de modo que os povos tribais constituiriam um estágio primitivo pelo qual já teriam passado todas as sociedades "evoluídas". Veremos como esse conceito já foi rejeitado.

Enquanto durou, o *darwinismo social* forneceu elementos para que muitos justificassem a colonização com o argumento equivocado de se levar a "civilização" a povos ditos bárbaros. O mesmo argumento valia para lhes impor a língua, a religião, a moral, enfim, a própria cultura "superior".

Críticas ao darwinismo social

O antropólogo alemão Franz Boas (1858-1942) se opôs à teoria evolucionista, rejeitando as ideias de progresso, evolução e superioridade como parâmetro para avaliar o estágio de uma cultura. Para ele, cada cultura tem a sua especificidade, devido à complexidade dos sistemas de parentesco, crenças e rituais. Não por outro motivo, Franz Boas é considerado o fundador da antropologia cultural.

Suas conclusões basearam-se em *pesquisa de campo*, ou seja, no contato direto com a cultura que seria objeto de investigação, em uma área geográfica pequena e bem definida. Desse modo, a antropologia adquiria um método para se distanciar de "teorias" que não passavam de elucubrações fantasiosas.

RUE DES ARCHIVES/PVDE/OTHER IMAGES

O antropólogo francês Claude Lévi-Strauss na Floresta Amazônica, em 1936, durante o período em que viveu no Brasil.

Mais tarde, com base no pensamento de Franz Boas, seus alunos forjaram o conceito de *relativismo cultural*, justamente para que fossem respeitadas as especificidades da cada cultura. Esse conceito teve importância para a crítica ao *eurocentrismo* que então vigorava entre os pensadores, pelo qual os costumes de outros povos eram interpretados com base no modelo de valores europeus. Por decorrência, a desvalorização dos demais povos, considerados "exóticos" e "inferiores", justificava indevidamente a dominação.

O mesmo ocorre com o *etnocentrismo*, tendência que interpreta as diferenças entre os povos a partir da etnia a que pertencem com a intenção de hierarquizar as "raças", distinguindo a "superior". A esse respeito, consulte a leitura do texto de Lévi-Strauss no Capítulo 2, "Natureza e cultura".

Saiba mais

A divisão clássica das "raças" em branca, negra e amarela/indígena não é mais aceita como antes. Os estudos atuais, com base nos avanços da genética, indicam que o *genoma* (o conjunto de genes que caracterizam a espécie humana) é constituído por cerca de 30 mil a 50 mil genes diferentes, muitos deles comuns a todos os seres humanos. As lentas modificações genéticas determinaram diferenças morfológicas entre as "raças" (cor da pele, tipo de cabelo, configuração de crânio, lábios, nariz etc.) decorrentes da adaptação das populações a fatores geográficos como radiação solar, temperatura e outros.

O funcionalismo

Surgido no início do século XX, o *funcionalismo* teve o antropólogo polonês Bronislaw Malinovski (1884-1942) como um de seus principais representantes. Atuante pesquisador, ele viveu por quatro anos entre os nativos das ilhas Trobriand, próximas à Nova Guiné, no norte da Austrália.

O método da escola funcionalista sofreu influência das ciências biológicas, ao comparar a sociedade a um organismo vivo, no qual as partes estão integradas no todo. Ao examinar os costumes de uma sociedade, procura-se compreender qual é a *função* que exercem determinados comportamentos para a boa integração social e a sobrevivência do todo. Por exemplo, as relações conjugais e de paternidade têm como função reproduzir a cultura, constituindo assim importante elemento de interação e manutenção da integridade do grupo.

Os mitos teriam o mesmo sentido funcional de manter a tradição. Por exemplo, as danças e inscrições assumem um caráter mágico de atuar sobre a realidade, seja para garantir uma boa caçada ou conseguir uma boa colheita.

A importância do funcionalismo foi a de retirar os estudiosos de seus gabinetes para estabelecer contato direto com os povos que pretendiam estudar. A metodologia e a disposição para confirmar ou não suas hipóteses a partir de uma base empírica forneciam os elementos típicos do conhecimento científico.

Saiba mais

No início do século XX, o intercâmbio com os povos nativos influenciou a estética europeia. Em algumas obras do pintor espanhol Pablo Picasso, por exemplo, notam-se vestígios de ícones tribais.

ALBUM/ORONOZ/LATINSTOCK - NEW YORK, MODERN ART MUSEUM

ROBERT AND LISA SAINSBURY COLLECTION/THE BRIDGEMAN ART LIBRARY/GRUPO KEYSTONE

Les demoiselles d'Avignon, pintura de Pablo Picasso, 1907. Esta obra foi um marco na pintura contemporânea. Para o rosto das mulheres, o pintor se inspirou em máscaras e esculturas tribais africanas.

Estruturalismo

Claude Lévi-Strauss (1908-2009), antropólogo e filósofo, nasceu na Bélgica e viveu na França. Na década de 1930, foi professor da Universidade de São Paulo e pesquisou tribos indígenas do Brasil Central. Escreveu várias obras, como *A vida familiar e social dos índios nhambiquaras*, *Tristes trópicos*, *Antropologia estrutural*, *O pensamento selvagem*.

Representante da corrente estruturalista, Lévi-Strauss procurava a estrutura básica que explicaria os mais diversos mitos, procedimento pelo qual o sistema é mais valorizado do que os elementos que o compõem. Os elementos, por serem relativos, só têm valor de acordo com a posição que encontram na estrutura a que pertencem. Ou seja, um fato isolado ou um mito isolado não possuem significado em si.

Enquanto outros teóricos interpretavam os mitos pela sua funcionalidade e se baseavam nos elementos particulares, na pura subjetividade ou na história de um determinado povo, Lévi-Strauss buscou os elementos invariantes que persistem sob diferenças superficiais. Para tanto, interessavam-lhe os sistemas de relações de parentesco, filiação, comunicação linguística, modos de preparar alimentos, trocas econômicas etc., comuns a todas as sociedades. Por exemplo, a proibição do incesto é uma regra universal. Esse interdito tem o lado positivo de garantir a exogamia, ou seja, a união com pessoas de outro grupo.

Segundo Lévi-Strauss, o mito não é, como se costuma dizer, o lugar da fantasia e do arbitrário, mas pode ser compreendido a partir de uma estrutura lógico-formal subjacente pelo lugar que cada elemento ocupa em determinada estrutura. Assim ele explica:

> "Não pretendemos mostrar como os homens pensam nos mitos, mas como os mitos [por meio das estruturas] se pensam nos homens, e à sua revelia."
>
> LÉVI-STRAUSS, Claude. *O cru e o cozido*. São Paulo: Cosac & Naify, 2004. p. 31.

Behaviorismo
Do inglês *behaviour*, "conduta". Portanto, estudo do comportamento.

Introspecção
Observação e descrição do que ocorre na própria mente (pensamentos, sentimentos).

9 A psicologia positivista

A psicologia como ciência surgiu na Alemanha, no século XIX, com o trabalho de diversos médicos empenhados em questões relativas à percepção. Entre esses pesquisadores destacou-se Wilhelm Wundt (1852-1920), que fundou em 1879 o primeiro laboratório de psicologia para realizar processos de controle experimental. Segundo seu método, a psicologia imita claramente a fisiologia. Por isso, Wundt não se aventurou a estudar os processos mais complexos do pensamento, por considerá-los inacessíveis ao controle experimental. Voltou-se para a observação da percepção sensorial, principalmente a visão, estabelecendo as relações entre os fenômenos psíquicos e seu substrato orgânico, principalmente o cerebral. Desse modo, desligar-se da filosofia representava criar uma ciência positiva cujo método tivesse objetividade.

A psicologia comportamentalista

No início do século XX, ampliaram-se os estudos de psicologia, sobretudo com a *psicologia comportamentalista*. Seu precursor foi o norte-americano John B. Watson (1878-1938), que lhe deu o nome de *behaviorismo*. Para atingir o ideal positivista de objetividade, o behaviorismo abandonou as discussões a respeito da consciência, conceito filosófico considerado impróprio para uso científico, e rejeitou dados recolhidos por introspecção.

A teoria comportamentalista alcançou novo impulso com Burrhus Frederic Skinner (1904-1990). Para Skinner, a psicologia é uma ciência para a predição e controle do comportamento e deve aceitar como objeto de investigação apenas os dados comportamentais.

Apoiou-se inicialmente na experiência sobre reflexo condicionado que o médico russo Ivan Pavlov (1849-1936) realizara com cães. Mas Skinner, a partir de experiências com ratos e pombos, estabeleceu as leis de um tipo de condicionamento mais complexo.

O condicionamento operante

O reflexo condicionado pavloviano é chamado de *condicionamento respondente*, porque resulta da associação entre um estímulo externo ao qual se segue uma resposta. No exemplo clássico, Pavlov partiu da constatação corriqueira de que, diante do alimento, salivamos: trata-se de um reflexo simples (não condicionado). Fez então a seguinte experiência: toda vez que o alimento era apresentado a um cão, fazia soar uma campainha. Após várias repetições, apenas o som, sem a presença do alimento, o fazia salivar. Criou-se, nesse caso, um reflexo condicionado, houve uma aprendizagem.

O psicólogo Burrhus Skinner fazendo experiência com rato na "caixa de Skinner", na Universidade de Harvard. Cambridge, Massachusetts,1964. Os experimentos com ratos realizados por Skinner foram estendidos para a compreensão de determinados comportamentos humanos.

NINA LEEN/TIME LIFE PICTURES/GETTY IMAGES

Já o condicionamento de Skinner é mais complexo que o respondente. Trata-se do *condicionamento instrumental*, também chamado *operante* ou *skinneriano*. O condicionamento operante é determinado por suas consequências – e não por um estímulo que o precede.

Um animal faminto é colocado na "caixa de Skinner". Depois de, casualmente, esbarrar diversas vezes em uma alavanca, percebe que o alimento aparece sempre que a aciona; assim, realiza a associação entre alavanca e alimento. Apertar a alavanca é a resposta dada *antes* do estímulo, que é o alimento. Skinner criou inúmeras variantes dessas caixas, inclusive aquelas em que o animal age visando a evitar uma punição, como saltar para outro local depois de "avisado" por um sinal luminoso ou sonoro, antes que um choque elétrico seja acionado.

Campos de aplicação

As descobertas de Skinner foram amplamente utilizadas nos Estados Unidos em diversos campos da atividade humana. Por exemplo, a *instrução programada*: o aluno recebe um texto com uma série de espaços em branco para serem preenchidos em nível crescente de dificuldade. Partindo do princípio de que o reforço deve ser dado a cada passo do processo e imediatamente após o ato, a cada momento o aluno pode conferir o erro ou acerto de sua resposta. O processo foi aperfeiçoado na "máquina de ensinar", que substitui o professor em várias etapas da aprendizagem.

As técnicas skinnerianas também são utilizadas na educação familiar. Visam a criar bons hábitos e a corrigir comportamentos, como reeducar uma criança manhosa, descondicionando a resposta *manha* para substituí-la por outro comportamento socialmente desejado.

No tratamento psicológico de certos comportamentos, a terapia comportamental ou reflexologia visa a descondicionar os maus hábitos. Um alcoólatra, por exemplo, pode ser levado a deixar de ingerir bebida alcoólica.

O condicionamento pode ser aplicado nas empresas, com o intuito de estimular o aumento da produção. A cada meta atingida pelo funcionário, atribuem-se pontos a ele, que pode acumulá-los e transformá-los em benefícios.

Assim afirma Skinner:

> "Treinar um soldado é em parte condicionar respostas emocionais. Se retratos do inimigo, sua bandeira etc. forem associados a histórias ou fotografias de atrocidades, uma reação agressiva semelhante provavelmente ocorrerá quando o inimigo for encontrado. As razões favoráveis são obtidas em geral da mesma maneira. Respostas a alimentos apetecíveis são facilmente transferidas para outros objetos. [...] O vendedor bem-sucedido é aquele que paga bebidas ao seu cliente ou convida-o para jantar. O vendedor não está apenas interessado nas reações gástricas, mas sim na predisposição favorável do cliente a seu respeito e com relação ao seu produto."
>
> SKINNER, Burrhus. *Ciência e comportamento humano*. São Paulo: Martins Fontes, 1985. p. 62.

FRANCK COURTÈS / AGENCE VU / LATINSTOCK

Mãe ajuda os filhos a fazer a lição de casa em Bruniquel, na França, em abril de 2006. As técnicas skinnerianas incluem o reforço mediante educação familiar com o propósito de criar bons hábitos e corrigir comportamentos viciosos.

10 A psicologia humanista

Ao criticar a orientação positivista aplicada às ciências humanas, o filósofo alemão Wilhelm Dilthey (1833-1911) distinguiu duas tendências predominantes na metodologia das ciências: uma que privilegia a *explicação* e outra, a *compreensão*. Para ele, *explicamos* a natureza, mas *compreendemos* a vida psíquica.

A tendência positivista tem como princípio a *explicação causal*. Explica-se um fato indicando sua causa, ou seja, estabelecendo as leis causais. A tendência humanista ou hermenêutica, procede à interpretação do que pensamos conhecer, a fim de decifrar o sentido oculto no sentido aparente. Isso significa compreender as peculiaridades únicas de seus objetos. O ser humano tem sua especificidade por ser consciente de si, ser movido por valores e finalidades diversos. Essas peculiaridades requerem uma metodologia distinta daquela das ciências da natureza.

Hermenêutica
Do grego *hermeneutiké*, "arte de interpretar".

A fenomenologia

A corrente filosófica da fenomenologia foi iniciada por Husserl, como vimos no capítulo anterior. Desse método surgiram tendências diferentes e às vezes conflitantes entre si. Podemos, no entanto, recordar alguns pontos em comum, para entender como essa filosofia critica as teorias de orientação positivista.

Pelo conceito de *intencionalidade*, não há consciência em si, porque ela sempre visa a alguma coisa fora dela. Do mesmo modo, não há objeto em si, já que o objeto é sempre *para* um sujeito que lhe dá significado. Portanto, não há *fatos* com a objetividade pretendida pelos comportamentalistas. Não percebemos o mundo como um dado bruto, desprovido de significados. Ao contrário, o mundo é sempre *para mim*, daí a importância do sentido, da rede de significações que envolvem os objetos percebidos. A consciência "vive" imediatamente como doadora de sentido.

Por exemplo, os fenomenólogos criticam o uso da terapia reflexológica na reeducação de uma criança manhosa. A manha *não é*, ela *significa*, ou seja, é pela emoção que a criança se exprime na totalidade do seu ser. Ela diz coisas com o choro, e esse choro precisa ser interpretado. Do mesmo modo, a resposta dada a certos estímulos externos supõe que os próprios estímulos nunca sejam os mesmos para todas as pessoas. Em cada uma, exercem influência de maneira singular. À relação mecânica estímulo-resposta, estabelecida pelo comportamentalismo, a fenomenologia contrapõe o sinal e o símbolo. Enquanto o sinal faz parte do mundo físico do ser, o símbolo é parte do mundo humano do sentido.

Fenomenologia
Em Husserl, trata-se de um novo método que procura apreender as essências, as significações ideais, percebidas diretamente pela intuição.

Reflita

Os teóricos e terapeutas do comportamentalismo se opõem aos fenomenólogos. Argumentam que geralmente é usado o condicionamento operante, mais complexo que o respondente (pavloviano) de estímulo-resposta. O condicionamento operante oferece uma base experimental que permite a verificabilidade e a falseabilidade – conforme exigência da concepção empirista de Popper. Quanto aos tratamentos, dizem preferir soluções pragmáticas e de resultados em curto prazo, e criticam as teorias hermenêuticas por se enredarem em conceitos metafísicos e teorias abstratas.

- Discuta com seu colega e posicione-se a respeito das duas tendências: o comportamentalismo e a fenomenologia.

A psicologia da forma

Os teóricos da psicologia da forma, ou *Gestalt*, sofreram explicitamente a influência da fenomenologia e, como tal, opuseram-se às psicologias de tendência positivista. Seus principais representantes foram os alemães Wolfgang Köhler (1887-1967) e Kurt Koffka (1886-1941).

Vejamos como a *Gestalt* descreve a percepção e o comportamento.

Gestalt
Em alemão, "forma", "configuração". No contexto, teoria que considera os fenômenos psicológicos como totalidades organizadas, ou seja, como configurações.

A percepção

Em oposição aos positivistas, os gestaltistas afirmam que não há excitação sensorial isolada. O objeto não é percebido em suas partes, para depois ser organizado mentalmente, mas se apresenta primeiro na totalidade (na sua forma, na sua configuração) e só depois a pessoa pode perceber os detalhes.

O conjunto é mais que a soma das partes, e cada elemento depende da estrutura a que pertence. Quando ouvimos uma melodia, não percebemos inicialmente as notas de que ela se compõe. No entanto, se uma só nota é alterada, altera-se o todo. Na transposição para outro tom, porém, a estrutura da melodia permanece a mesma, e, nesse caso, podemos reconhecê-la.

A tendência para organizar aquilo que é percebido representa a impossibilidade de apreender o fato bruto, pois o objeto é interpretado e nunca aparece na percepção como algo em si. Por exemplo, a *Gestalt* estuda as figuras ambíguas em que, dependendo da função que damos às linhas, alteramos a relação entre figura e fundo.

Nessas figuras intrigantes percebemos às vezes uma forma e depois outra, dependendo da perspectiva pela qual as observamos. Isso depende da *pregnância*, ou seja, de que figura acha-se em destaque naquele momento. O conceito de figura e fundo ocorre, por exemplo, quando observarmos uma sala cheia de gente. Percebemos o local como uma unidade, mas alguns aspectos sobressaem enquanto outros ficam em segundo plano. Essa perspectiva pode ser alterada se outros aspectos passarem a ser pregnantes para nós, situação em que a forma do ambiente se altera. O que importa é que a cena muda, mas é sempre organizada de modo significativo, dependendo do interesse que desperta em nós.

SCIENCE PHOTO LIBRARY/LATINSTOCK

SCIENCE PHOTO LIBRARY/LATINSTOCK

Na figura de cima, a imagem é ambígua: cria a ilusão de que vemos um cálice ou duas faces frente a frente.
Na figura de baixo, a imagem cria a ilusão do triângulo de Kanizsa, uma ilusão de ótica criada pelo psicólogo italiano Gaetano Kanizsa.

Reflita

Faça uma experiência com seus colegas. Escolha um ambiente qualquer e peça a cada um que o observe por dois minutos, escrevendo depois o que viu. Na sequência, os pequenos relatórios podem ser lidos, para serem comparados.

O comportamento

Tudo o que foi dito sobre a percepção vale para o comportamento dos animais e das pessoas. A ação depende da correlação entre o organismo e o meio, de tal modo que o ambiente se apresenta como um *campo total*. Assim, um mesmo espaço se estrutura de modo diferente se a pessoa o percorre como faminta, fugitiva ou artista.

Exemplificamos com uma experiência de Köhler, entre diversas feitas com chimpanzés. O problema para alcançar uma banana inacessível é resolvido pelo chimpanzé quando ele sobe em um caixote para pegar a fruta, ou quando usa um bambu para derrubá-la. Segundo Köhler, para solucionar o problema, o chimpanzé percebe o campo onde se situa *como um todo*, ou seja, ele só tem o *insight* quando estabelece a relação fruta-caixote ou fruta-bambu. Dá-se então o "fechamento", ou seja, a predominância de uma determinada forma sobre outras.

Insight
Percepção súbita na mente; clarão, lampejo.

A *Gestalt* terapia

O psicanalista alemão Friederich Perls (1893-1970), mais conhecido como Fritz Perls, foi o principal representante da *Gestalt* terapia. Entendia a ação humana como uma totalidade, em que ações mentais e físicas estão entrelaçadas, assim como o organismo e o ambiente que o circunda. O ser humano é, portanto, um ser de relação.

Atento em privilegiar o que acontece "aqui e agora", Fritz Perls não fazia, como Freud, um retorno à história passada, mas preferia focar na experiência de viver no presente. Ciente de que o neurótico não se sente como uma pessoa total, a terapia visa a recuperar seu sentido de totalidade, já que o equilíbrio psíquico foi quebrado pela neurose, impedindo que o indivíduo se relacione com o meio e se autorregule. O tratamento gestáltico consiste em encaminhar o neurótico para a integração, restabelecendo a sua capacidade de discriminar, ao facilitar que *gestalts* inacabadas emerjam à consciência e possam ser completadas.

No Brasil, um dos importantes representantes da *Gestalt* terapia foi o psiquiatra e escritor Roberto Freire (1927-2008).

A psicanálise

Já nos referimos a Freud no capítulo anterior, quando tratamos da crise da subjetividade. Relembrando, vimos que, devido à hipótese do inconsciente, o sujeito deixara de ser o centro de si mesmo. Segundo essa teoria, grande parte das pulsões não chegam à consciência. Devido ao impacto dessa interpretação da mente humana, a psicanálise provocou importantes repercussões na filosofia.

Ao retomarmos a contribuição de Freud para a psicologia nesse tópico que trata da tendência humanista, é preciso fazer algumas ressalvas. De fato, como Freud escreveu seus primeiros textos no final do século XIX, ainda sofreu forte influência positivista. E de início tentou adequar-se aos padrões correntes das ciências humanas. No entanto, em virtude de o tratamento psicanalítico estar centrado na figura do analista e do analisando, são estabelecidas uma relação singular e uma história única. Essa situação cria as condições necessárias para o desenvolvimento do processo de desvelamento do inconsciente pela associação livre e pela interpretação dos sintomas, o que impede que seja aplicado um método objetivo de observação, como exigem os empiristas. A esse respeito, comenta Merleau-Ponty, um dos principais representantes da fenomenologia francesa:

Consultório psicanalítico com paciente deitado em divã. De certo modo, a psicanálise derrubou a tese de Descartes do "penso, logo existo", uma vez que trouxe à tona uma dimensão da mente que vai além da mera consciência de si mesmo.

LAURENT/PIOFFER/BSIP/GLOWIMAGES

> "Mesmo em Freud seria um erro acreditar que a psicanálise exclui a descrição dos motivos psicológicos e se opõe ao método fenomenológico: ao contrário, ela (sem o saber) contribuiu para desenvolvê-lo ao afirmar, segundo a expressão de Freud, que todo ato humano 'tem um sentido', e ao procurar em todas as partes compreender o acontecimento, em lugar de relacioná-lo a condições mecânicas."
>
> MERLEAU-PONTY, Maurice. *Fenomenologia da percepção.* São Paulo: Martins Fontes, 1999. p. 218.

É possível, portanto, aproximar a psicanálise da tendência humanista, uma vez que a referência feita por Freud à sexualidade em nenhum momento é puramente biológica.

11 As ciências cognitivas

As ciências cognitivas visam a desvendar o funcionamento da mente. De certa maneira, nasceram contrariando as teorias positivistas, segundo as quais a mente é uma "caixa preta" inacessível.

Surgidas na década de 1950, embora houvesse pesquisas anteriores desse tipo, as ciências cognitivas se constituíram de modo multidisciplinar, com a participação, de início, da psicologia, da linguística e da inteligência artificial. Na sequência, outras áreas contribuíram para esclarecer como se dá o conhecimento: a etologia, sobre o pensamento animal; a antropologia, comparando diversas culturas; a psiquiatria, que estuda os transtornos mentais; as neurociências, que fazem o mapeamento do cérebro.

A inteligência artificial

Uma revolução ocorreu com a invenção do computador, nos anos 1940. Esse engenho estimulou a comparação da mente humana com as tarefas que a máquina conseguia realizar. Levantou-se a hipótese de que talvez nós pensássemos como o computador, ou então que o computador pudesse vir a pensar como um ser humano.

TORU HANAI/REUTERS/LATINSTOCK

Robô humanoide Asimo abre garrafa para colocar o líquido num copo durante coletiva de imprensa do Tokyo Motor Show 42, em Tóquio, novembro de 2011.

De fato, com os programas de informática, os computadores podiam calcular, classificar, memorizar dados, resolver problemas, tomar decisões, jogar xadrez. Ou seja, realizar comportamentos "inteligentes". Na década de 1950, começaram as discussões a respeito da *inteligência artificial*: quais seriam as possibilidades e os limites de um computador?

Para o filósofo norte-americano Daniel Dennett (1942), um defensor da inteligência artificial, os computadores podem vir a possuir consciência. Argumentou que dependia de tempo e de desenvolvimento da técnica para que se criasse na máquina o equivalente ao pensamento humano.

Há os que contra-argumentam usando o conceito de intencionalidade, caro à fenomenologia. Segundo essa orientação, apenas o ser humano age de maneira intencional: antes de agir, tem uma ideia que orienta sua ação. Além disso, todo ser humano é um agente moral, capaz de deliberar e escolher, o que não ocorre com a máquina.

Outro filósofo norte-americano, John Searle (1932), refutou as teses daqueles que defendem a inteligência artificial. Exemplificando com as noções de *software* (o programa) e *hardware* (o sistema físico que executa o programa), "a mente está para o cérebro como o programa está para o *hardware*". E completa:

> "Mentes não podem ser equivalentes a programas, porque programas são definidos de maneira puramente formal ou sintática, enquanto as mentes possuem conteúdos mentais. A maneira mais fácil de perceber a força dessa refutação é examinar se um sistema, digamos o nosso próprio, poderia aprender a manipular os símbolos formais para decifrar uma linguagem natural sem de fato compreender essa linguagem. Posso ter um programa que me capacite a responder questões em chinês simplesmente comparando os símbolos que me são enviados com auxílio do processamento apropriado, e desse modo produzir outros símbolos, mas ainda assim não teria compreendido chinês."
>
> SEARLE, R. John. Filosofia contemporânea nos Estados Unidos. In: BUNNIN, Nicholas; TSUI-JAMES, E. P. (Orgs.). *Compêndio de filosofia*. 2. ed. São Paulo: Loyola, 2007. p. 14.

Conteúdo multimídia: 2001 uma odisseia no espaço

Reflita

A ficção científica, seja em livros ou filmes, tem explorado o tema dos robôs humanizados. Desde a obra *Frankenstein* (1818), da inglesa Mary Shelley, ao clássico filme de Stanley Kubrick, *2001: uma odisseia no espaço* (1968), o tema da relação entre criador e criatura desafia a imaginação – e os temores – do ser humano. Os produtos que criamos com o auxílio da técnica seriam maravilhas ou artefatos perigosos? Você conhece o tema dessas obras? Como poderiam ser interpretadas?

De modo geral, a ênfase nas questões sobre inteligência artificial diminuiu a partir da década de 1980, pois ela não foi capaz de superar os limites que lhe foram colocados: a impossibilidade de uma real aprendizagem e a complexidade da linguagem humana.

As neurociências

Ainda no final do século XIX, pesquisas de diversos cientistas levaram à descoberta dos neurônios e à descrição de seu funcionamento, o que descortinou a dinâmica do sistema nervoso. Muitos estudos sobre a visão e pesquisas sobre localizações de áreas cerebrais específicas foram realizados ao longo do século XX.

Na década de 1980, o avanço tecnológico na área médica, sobretudo o desenvolvimento de novas técnicas de diagnóstico por imagem, como a ressonância magnética e a tomografia, tornou possível conhecer melhor o funcionamento cerebral. Pode-se dizer que dessa maneira as neurociências refinaram as discussões que vinham de longa data.

Foto do neurocientista brasileiro Miguel Nicolelis, do *Duke University Medical Center*, com um macaco utilizado em seus experimentos sobre o braço robótico. Durham, Carolina do Norte, Estados Unidos,em novembro de 2000.

JIM WALLACE/DUKE UNIVERSITY/AP PHOTO/GLOWIMAGES

As teorias mais antigas versavam sobre as localizações cerebrais, distinguindo rigidamente as áreas para a linguagem, a visão, a motricidade etc. Essas teorias foram consideradas reducionistas por relacionarem os fenômenos mentais exclusivamente a processos neurológicos, argumentando que o funcionamento do psiquismo é mais plástico. Ou seja, não há como negar o suporte cerebral, mas a atividade intelectual é flexível, pois depende da aprendizagem e, consequentemente, de fatores culturais e sociais.

Aplicações das neurociências

O neurocientista brasileiro Miguel Nicolelis (1961) é reconhecido mundialmente pelas pesquisas realizadas pelo seu grupo de trabalho na Universidade de Duke, Estados Unidos. No Brasil, ele está à frente de um projeto de instalação de um centro de referência em Natal, Rio Grande do Norte. O objetivo é construir uma “roupa robótica” que permita a tetraplégicos andar. Trata-se de um exoesqueleto feito de material superleve conectado a *chips* implantados no cérebro. A intenção é fazer com que o aparelho seja movido pelo pensamento. Experiências similares já tinham sido feitas pela sua equipe com macacos, que conseguiram acionar um braço robótico para alcançar uma banana.

Leitura analítica

Entrevista de Miguel Nicolelis

Miguel Nicolelis não precisa ser reconhecido por mais ninguém – nem ganhar o Nobel no qual é listado como eterno candidato – para provar que é o cientista brasileiro mais importante hoje. O paulistano da Bela Vista ganhou no ano passado um prêmio [...] dos Institutos Nacionais de Saúde dos EUA (NIH, na sigla em inglês) que, distribuído ao longo de cinco anos, financiará sua pesquisa sobre a fusão entre homens e máquinas, cujos resultados vêm devolvendo a esperança para tetraplégicos e pacientes de Parkinson. [...]

O Estado de S. Paulo. *Quais foram as descobertas mais importantes da neurociência nos últimos dez anos?*

Miguel Nicolelis. Primeiramente, ela possibilitou observar populações de células de uma dimensão que ninguém tinha visto ainda. [...] Experimentos nos últimos dez anos mostraram, por exemplo, que o processamento não é localizado, mas distribuído. Que os neurônios podem participar de vários circuitos simultaneamente. Que o sistema incorpora ferramentas artificiais como extensões do modelo do seu próprio corpo. [...] E uma série de outras descobertas mais técnicas e específicas, mas que na minha opinião formam o corpo de uma nova ciência do cérebro.

OESP. *A resposta de um membro biônico já é similar à do corpo? Pode explicar como o órgão se adapta a uma estrutura externa?*

MN. Mesmo se você enviar o sinal para o Japão e esperar ele voltar, é 20 milissegundos mais rápido do que o sinal que sai da cabeça e vai para o músculo do macaco. Mas, para que isso ocorra, o cérebro tem de ser retreinado. Esse é outro princípio, o da plasticidade, o cérebro pode se adaptar. Uma vez que você está usando um artefato robótico, artificial, o cérebro tem de remapear sua relação com ele. Nós medimos isso, pela primeira vez, em tempo real. Com isso, o que demonstramos foi a capacidade do corpo de se estender, a libertação dos limites físicos através do cérebro. A mente pode entrar em um diálogo bidirecional com outro dispositivo. Era isso que ninguém sabia ainda. Mas esse meu experimento ainda era uma parte básica da pesquisa. Na verdade, ele surgiu para tentar provar uma teoria de quase duzentos anos. Queríamos resolver essa questão, e conseguimos, mas, no processo, notamos que estávamos mexendo em uma área que tinha um enorme potencial clínico. Poderia realmente ajudar as pessoas. [...]

OESP. *O cérebro humano pode ser simulado por um computador?*

MN. Nunca. Não há como reduzir a nossa mente, que é o produto de uma infinidade de eventos aleatórios, a um simples algoritmo. Existe um conceito, de número ômega, que é o número mais aleatório que se pode criar. O processo evolutivo humano é exatamente isso.

Nosso Nobel. *O Estado de S. Paulo*, 1º maio 2011.
Disponível em http://blogs.estadao.com.br. Acesso em 9 ago. 2011.

Aleatório
O que depende das circunstâncias, do acaso.

Algoritmo
Em informática, o conjunto das regras e procedimentos lógicos perfeitamente definidos, que levam à solução de um problema em um número finito de etapas.

Questões

1. Explique qual é a posição de Nicolelis quanto às teorias de localizações cerebrais fixas e da plasticidade do cérebro.
2. Identifique no texto a fecunda relação entre pesquisa científica e aplicação prática.

12 Reflexão final

No esboço que fizemos sobre o desenvolvimento da ciência, iniciado na Idade Moderna, ficou patente o impulso adquirido por ela durante o século XX. Além de inúmeras descobertas, houve também avanço sem precedentes em conquistas tecnológicas.

Os professores – e irmãos – David e Arnold Brody disseram a esse respeito:

> “Entramos no século XX a cavalo. Sairemos dele a bordo de naves espaciais. Ingressamos neste século morrendo de febre tifoide e varíola, e nos despediremos dele tendo vencido essas doenças. Na virada do século XIX, transplantes de órgãos eram inconcebíveis, enquanto na virada deste século muitos terão sobrevivido porque o coração ou outro órgão vital de uma outra pessoa os sustenta. Em 1900, a expectativa de vida humana era de 47 anos. Hoje é de 75. Adentramos este século comunicando-nos a curta distância com o recém-inventado rádio. Hoje enviamos sinais e imagens coloridas através de bilhões de quilômetros no espaço.”
>
> BRODY, David Eliot; BRODY, Arnold R. *As sete maiores descobertas científicas da história*. São Paulo: Companhia das Letras, 1999. p. 396.

Contudo, é importante acrescentar que, se a ciência tem proporcionado maior conhecimento do mundo e ampliado os poderes humanos, não há como negar o risco dos seus efeitos maléficos, como o uso de artefatos de guerra ou o desequilíbrio ecológico. É verdade que esses problemas não se devem propriamente à ciência ou à tecnologia, mas ao uso que delas fazem as pessoas, individualmente ou por meio de empresas privadas ou do poder público.

Resta lembrar a importância da liberdade de manifestação do pensamento. O espírito da Inquisição, que condenou Galileu, tem ressurgido na forma de Estados totalitários e ditatoriais, mas também nas mentes dos que temem as novidades trazidas pelas conquistas científicas, quando colocam em xeque o modo costumeiro de ver o mundo.

No caminho percorrido pelas ciências humanas na busca de seu método, vimos que o empenho inicial era de conformá-lo aos procedimentos das ciências da natureza. Posteriormente, outros estudiosos divergiram, a fim de garantir a especificidade do objeto investigado e a exigência de métodos diferenciados.

Como resultado, constatamos imensa diversidade entre os caminhos adotados pelos cientistas sociais e do comportamento, o que os distingue da comunidade dos cientistas da natureza. Entre estes últimos, embora coexistam teorias diferentes, elas são aceitas na medida em que se aplicam a aspectos diferentes dos mesmos fenômenos. O mesmo não acontece no âmbito das ciências humanas, em que as divergências são mais fundamentais, como vimos com relação às tendências positivistas e às hermenêuticas.

Por fim, as neurociências nos mostram um caminho aberto que supõe a multiplicidade de interação de diversas ciências. Ainda mais, representam uma novidade ao adentrarem no funcionamento dos neurônios, experiências com ricas consequências para o debate filosófico.

Vista aérea mostra barco levado a invadir a cidade, perto de Sendai, em Miyagi, no Japão, três dias após o terremoto e o *tsunami* que devastaram a costa oriental japonesa em 11 de março de 2011. Com a catástrofe, a usina nuclear de Fukushima foi afetada, ampliando os danos humanos e materiais e abalando as certezas quanto ao controle e à segurança da tecnologia atômica.

NOBORU HASHIMOTO/AFP PHOTO

Atividades

Retomando os conteúdos

1. Que características metodológicas comuns podemos identificar no processo de desenvolvimento das diversas ciências particulares a partir do século XVII?

2. Para Durkheim, uma metodologia que tenha em vista a objetividade da ciência sociológica deve examinar os fatos sociais como "coisas". Responda às questões:

   a) Em que tendência filosófica se baseia essa concepção?

   b) O que Durkheim entende ao dizer que se deve examinar os fatos sociais como coisas?

3. Um bebê esbarra casualmente em um brinquedo que emite sons. Após perceber outras vezes o mesmo efeito, passa a tocá-lo intencionalmente para ouvir o som. Por meio de um reforço, a criança aprendeu um novo comportamento: sempre que tocar no brinquedo, terá o prazer de ouvir o som.

   Explique se esse tipo de condicionamento ocorrido com o bebê foi pavloviano ou skinneriano. Justifique sua resposta.

4. Qual foi a crítica que os gestaltistas fizeram à maneira pela qual a psicologia inspirada no positivismo compreendia a percepção?

Aprofundando os conceitos

5. Identifique o autor da citação e justifique sua resposta.

> "[...] testes sistemáticos controlam cuidadosa e seriamente essas nossas conjecturas ou 'antecipações' maravilhosamente imaginativas e audazes. Uma vez propostas, não sustentamos dogmaticamente nenhuma de nossas 'antecipações'. Nosso método de pesquisa não consiste em defendê-las para provar que estávamos certos. Pelo contrário, tentamos contestá-las. Empregando todas as armas de nosso arsenal lógico, matemático e técnico, tentamos provar que nossas antecipações eram falsas."

6. "Partiremos de um mito, proveniente de uma sociedade, e o analisaremos primeiro recorrendo ao contexto etnográfico, depois a outros mitos da mesma sociedade. Estendendo progressivamente a pesquisa, passaremos então a mitos originários de sociedades vizinhas, tendo o cuidado de situar também esses mitos em seu contexto etnográfico particular. Pouco a pouco chegaremos a sociedades mais distantes, mas sempre com a condição de que, entre umas e outras, sejam traçadas, ou pelo menos possam ser razoavelmente postuladas, relações reais de ordem histórica e geográfica."

   LÉVI-STRAUSS, Claude. O cru e o cozido. Em: REALE, Giovanni e ANTISERI, Dario. *História da Filosofia*: de Freud à atualidade. v.7. São Paulo: Paulus, 2006. p. 91.

   Considerando a citação, explique sob que aspecto o exemplo dado por Lévi-Strauss explicita o método estruturalista.

7. Com base na citação, responda às questões:

> "Todos os regimes de opressão justificam-se pelo aviltamento dos oprimidos. Eu vi, na Argélia, muitos colonos acalmarem sua consciência pelo desprezo que sentiam em relação aos árabes esmagados pela miséria: mais eles eram miseráveis, mais pareciam desprezíveis, de tal forma que não havia jamais lugar para o remorso".
>
> BEAUVOIR, Simone. *Moral da ambiguidade*. Rio de Janeiro: Paz e Terra, 1970. p. 86.

   a) Lembrando que a Argélia ainda era colônia francesa no momento em que Simone de Beauvoir redigia seu livro (1947), qual é a crítica feita pela filósofa ao seu país?

   b) Transponha o teor da crítica da filósofa para o Brasil contemporâneo, a fim de explicar comportamentos semelhantes relativos a negros e indígenas, bem como de habitantes do Sul e Sudeste com relação a nordestinos.

8. A partir da frase, identifique a posição de Dilthey no embate entre as duas orientações metodológicas da ciência e justifique sua resposta: "Explicamos a natureza, mas compreendemos o homem".

Dissertação

9. Faça uma dissertação a partir da afirmativa abaixo.

> "Diante da ciência, não devemos ostentar nem um ceticismo desconfiado, nem uma fé cega, e sim uma admiração profunda e uma confiança razoável."
>
> GRANGER, Gilles-Gaston. *A ciência e as ciências*. São Paulo: Editora Unesp, 1994. p. 114.

Aprenda mais

A aventura do pensamento

Do pensamento mítico à investigação racional, a história da filosofia tem sido um fértil debate de ideias e conceitos que reflete a aventura humana em seus múltiplos aspectos.

Com a cristianização dos povos germânicos e o crescente fortalecimento na Europa ocidental, os filósofos cristãos buscam aliar razão e fé.

A filosofia surge na Grécia antiga nos séculos VI e V a.C. no contexto de fundação das póleis, que experimentavam o diálogo e o debate argumentativo. O pensamento reflexivo afasta-se da forma mítica de compreender o cosmos e a si mesmo.

O uso sistemático da razão crítica foi o embrião de noções que até hoje se mostram fecundas, como a de democracia e cidadania. Platão e Aristóteles ampliaram as discussões sobre as diversas áreas da filosofia e da ciência, atitude reflexiva que permanece até hoje.

A adaptação do pensamento de Platão e de Aristóteles aos dogmas da Igreja Católica realiza-se inicialmente pelos Padres da Igreja (Patrística), com seu representante maior, o neoplatônico Agostinho de Hipona. Em seguida, o aristotelismo é resgatado por pensadores árabes e retomado por Tomás de Aquino, principal pensador cristão da Escolástica.

IDADE ANTIGA	IDADE MEDIEVAL
▪ Heráclito (c.567-c.450 a.C.) ▪ Parmênides (c. 544-450 a.C.) ▪ Sócrates (469-399 a.C.) ▪ Platão (c.429-347 a.C.) ▪ Aristóteles (c.384-c.322 a.C.)	▪ Agostinho (354-430) ▪ Averróis (1126-1198) ▪ Tomás de Aquino (1225-1274)

Em um contexto de mudanças radicais, o debate instaurado pela filosofia contemporânea é bastante rico e diversificado. No século XIX, o materialismo contrapõe-se à dialética idealista de Hegel.

O pensamento filosófico da modernidade tem como marco o racionalismo de René Descartes, que enfatiza o papel da razão no processo do conhecimento. A essa tendência opõe-se o empirismo de Francis Bacon e John Locke, ao destacarem o papel da experiência sensível.

O século XVII é um período de renascimento científico, ao mesmo tempo que se consolidam conceitos como secularização, liberdade e progresso, culminando, no século seguinte, com a noção de autonomia da razão, representada no Iluminismo por Immanuel Kant.

No século XX, diversos temas são objeto de questionamento: a desconstrução da razão, o sentido da existência, a crítica ao progresso técnico-científico, a investigação das relações entre linguagem e pensamento, bem como uma nova epistemologia decorrente do avanço da pesquisa científica.

IDADE MODERNA

- Maquiavel (1469-1527)
- Francis Bacon (1561-1626)
- Hobbes (1588-1679)
- Descartes (1596-1650)
- Espinosa (1632-1677)
- Locke (1632-1704)
- Leibniz (1646-1716)
- Montesquieu (1689-1755)
- Voltaire (1694-1778)
- Hume (1711-1776)
- Rousseau (1712-1778)
- Diderot (1713-1784)
- Kant (1724-1804)
- Hegel (1770-1831)

IDADE CONTEMPORÂNEA

- Schopenhauer (1788-1860)
- Stuart Mill (1806-1873)
- Marx (1818-1883)
- Nietzsche (1844-1900)
- Husserl (1859-1938)
- Russell (1872-1970)
- Wittgenstein (1889-1951)
- Heidegger (1889-1976)
- Carnap (1891-1970)
- Benjamin (1892-1940)
- Horkheimer (1895-1973)
- Marcuse (1898-1979)
- Popper (1902-1994)
- Adorno (1903-1969)
- Sartre (1905-1980)
- Merleau-Ponty (1908-1961)
- Barthes (1915-1980)
- Lyotard (1924-1998)
- Foucault (1926-1984)
- Habermas (1929)
- Derrida (1930-2004)
- Rorty (1931-2007)

De olho no Enem e nos vestibulares

1. (Enem-MEC)

"A Inglaterra pedia lucros e recebia lucros. Tudo se transformava em lucro. As cidades tinham sua sujeira lucrativa, suas favelas lucrativas, sua fumaça lucrativa, sua desordem lucrativa, sua ignorância lucrativa, seu desespero lucrativo. As novas fábricas e os novos altos-fornos eram como as pirâmides, mostrando mais a escravização do homem que seu poder."

DEANE, P. *A Revolução Industrial*. Rio de Janeiro: Zahar, 1979. (adaptado)

Qual relação é estabelecida no texto entre os avanços tecnológicos ocorridos no contexto da Revolução Industrial inglesa e as características das cidades industriais no início do século XIX?

a) A facilidade em se estabelecerem relações lucrativas transformava as cidades em espaços privilegiados para a livre iniciativa, característica da nova sociedade capitalista.

b) O desenvolvimento de métodos de planejamento urbano aumentava a eficiência do trabalho industrial.

c) A construção de núcleos urbanos integrados por meios de transporte facilitava o deslocamento dos trabalhadores das periferias até as fábricas.

d) A grandiosidade dos prédios onde se localizavam as fábricas revelava os avanços da engenharia e da arquitetura do período, transformando as cidades em locais de experimentação estética e artística.

e) O alto nível de exploração dos trabalhadores industriais ocasionava o surgimento de aglomerados urbanos marcados por péssimas condições de moradia, saúde e higiene.

2. (Insaf-PE) Marx, no Prefácio de *Para a crítica da economia política*, afirma que "... na produção social da própria vida, os homens contraem relações determinadas, necessárias e independentes de sua vontade, relações de produção estas que correspondem a uma etapa determinada de desenvolvimento de suas forças produtivas materiais". Nesse sentido, desenvolve também seu conceito de consciência, que define como sendo determinada:

a) pela filosofia. Assim é o pensamento filosófico que forma a consciência do homem;

b) pela produção espiritual dos homens. Assim é a consciência que determina a produção social da vida e não a produção social da vida que determina a consciência;

c) pela religião. Assim é toda a ética religiosa que determina a consciência humana;

d) pelo ser social dos homens. Assim é a produção social da vida que determina a consciência e não a consciência que determina a produção social da vida;

e) pelo aparelho ideológico do Estado. Assim é a política, à qual se subordina a economia, a responsável pela formação da consciência de um povo.

3. (Insaf-PE) Leia os trechos da obra *O existencialismo é um humanismo*, de Jean-Paul Sartre, e depois atenda ao que se pede.

"O homem, tal como o concebe o existencialista, se não é definível, é porque primeiramente não é nada. Só depois será alguma coisa e tal como a si próprio se fizer. Assim, não há natureza humana, visto que não há Deus para a conceber.

O homem é, não apenas como ele se concebe, mas como ele quer que seja, como ele se concebe depois da existência, como ele se deseja após este impulso para a existência; o homem não é mais que o que ele faz. Se, com efeito, a existência precede a essência, não será nunca possível referir uma explicação a uma natureza humana dada e imutável; por outras palavras, não há determinismo, o homem é livre, o homem é liberdade.

... o homem, sem qualquer apoio e sem qualquer auxílio, está condenado a cada instante a inventar o homem."

Explique com suas palavras, baseando-se nos fragmentos acima, o que o filósofo quer dizer ao afirmar que o homem está condenado a cada instante a inventar o homem.

4. **(UEL-PR)** Leia o texto a seguir.

"O saber que é poder não conhece nenhuma barreira, nem na escravização da criatura, nem na complacência em face dos senhores do mundo. Do mesmo modo que está a serviço de todos os fins da economia burguesa na fábrica e no campo de batalha, assim também está à disposição dos empresários, não importa sua origem."

ADORNO, T. W. & HORKHEIMER, M. *Dialética do esclarecimento:* fragmentos filosóficos. Rio de Janeiro: Zahar, 1991. p. 20.

Com base no texto e no conhecimento dos conceitos de esclarecimento e racionalidade instrumental em Adorno e Horkheimer sobre o referido saber, é correto afirmar:

a) seu conteúdo é racional por si mesmo e de natureza crítico-reflexiva.
b) é principalmente técnico e carente de conteúdo racional por si mesmo.
c) tem uma dimensão reflexiva e seus objetivos são racionais por si mesmos.
d) é caracterizado por forças sobrenaturais indomáveis que animam tudo.
e) estabelece limites para o domínio nas relações socioeconômicas.

5. **(UEL-PR)** Leia o texto a seguir.

"[...] não exigirei que um sistema científico seja suscetível de ser dado como válido, de uma vez por todas, em sentido positivo; exigirei, porém, que sua forma lógica seja tal que se torne possível validá-lo através de recurso a provas empíricas em sentido negativo [...]."

POPPER, K. R. *A lógica da pesquisa científica.* São Paulo: Cultrix, 1972. p. 42.

Assinale a alternativa que corresponde ao critério de avaliação das teorias científicas empregado por Popper.

a) Falseabilidade.
b) Organicidade.
c) Confiabilidade.
d) Dialeticidade.
e) Diferenciabilidade.

6. **(UFMG-2011)** Leia este trecho:

"Promovem-se com urgência pesquisas para encontrar técnicas de aumentar a capacidade de mensuração dos valores sociais. Empregaríamos melhor um pouco desse esforço se tentássemos aprender – ou reaprender, talvez – a pensar com inteligência sobre a incomensurabilidade dos valores que não são mensuráveis.

WILLIAMS, Bernard. *Moral: uma introdução à ética.* São Paulo: Martins Fontes, 2005. p. 150.

Com base na leitura desse trecho e considerando outros elementos presentes no texto, **explique** o tipo de distorção que pode resultar do pressuposto utilitarista de que todo valor pode, em última instância, ser medido e comparado, a fim de entrar em um cálculo de consequências a ser realizado pelo agente individual ou coletivo, no momento da ação.

7. **(UEM - 2011)**

A publicação de *A Origem das Espécies*, em 1859, por Charles Darwin, dá origem a muitas polêmicas não apenas com a ciência, mas também com a religião da época, em virtude de seu teor revolucionário. Sobre a teoria evolucionista de Charles Darwin, assinale o que for **correto**.

01) A teoria evolucionista de Charles Darwin contestava a concepção criacionista sobre a origem da diversidade das espécies. A religião considerava o evolucionismo uma teoria herética.

02) Charles Darwin, ao declarar-se ateu, rejeita a religião e manifesta um confesso anticlericalismo, motivo pelo qual é excomungado da Igreja.

04) A teoria da evolução de Charles Darwin, ao instituir um novo paradigma na Biologia, acabou influenciando outras ciências, como, por exemplo, as Ciências Sociais, representando um momento importante no processo de secularização do pensamento e do saber.

08) Charles Darwin desprezou a filosofia aristotélica por considerá-la uma mera especulação abstrata e teológica que ignorava o estudo da natureza.

16) Charles Darwin costumava apresentar como prova de sua teoria da seleção natural e da luta pela sobrevivência o confronto entre o poder espiritual e o poder temporal, que opunha a Igreja cristã aos governos monárquicos.

Sugestões

Para ler

As sete maiores descobertas científicas da história, de David E. Brody e Arnold R. Brody. São Paulo: Companhia das Letras.

Admirável mundo novo, de Aldous Huxley. São Paulo: Globo.

Um romance de ideias que descreve as formas mais sutis e engenhosas que pode assumir o pesadelo do totalitarismo, e que resiste às interpretações político-ideológicas de esquerda ou direita suscitadas desde seu lançamento.

Corpo e mente, de Silvana de Souza Ramos. São Paulo: WMF Martins Fontes, 2011. (Coleção Filosofias: o prazer do pensar)

A autora se baseia no pensamento de dois grandes filósofos, René Descartes e Maurice Merleau-Ponty, para investigar o que é o ser humano. Com base na discussão sobre as relações entre pensamento e percepção, ela traça as linhas mestras da herança cartesiana, de modo a esclarecer as formulações de Merleau-Ponty sobre uma possível fenomenologia da percepção. Ao longo do percurso, são desvendadas as concepções de homem defendidas pelos dois filósofos. Assim, a resposta à pergunta "o que somos?" chega a um resultado instigante: o ser humano é corpo e é mente.

Percepção e imaginação, de Silvia Faustino de Assis. São Paulo: WMF Martins Fontes, 2011. (Coleção Filosofias: o prazer do pensar)

Com linguagem clara e acessível ao iniciante em filosofia, a autora parte da diferença entre perceber e imaginar e percorre um itinerário reflexivo por algumas das mais influentes definições dadas aos conceitos de percepção e imaginação.

Para assistir

2001: uma odisseia no espaço

Direção de Stanley Kubrick. Inglaterra, 1968.

Clássico da ficção científica que mostra a evolução do ser humano até as viagens espaciais e a rebeldia de um computador que assume o controle de uma nave.

Freud, além da alma

Direção de John Huston. Estados Unidos, 1962.

Filme clássico que mostra Freud criando e aplicando o método da psicanálise.

Uma verdade inconveniente

Direção de Davis Guggenheim. Estados Unidos, 2006.

Documentário protagonizado pelo ex-vice-presidente dos Estados Unidos, Al Gore, que apresenta um amplo panorama e uma crítica análise da questão do aquecimento global, apontando soluções e atitudes para evitar que as próximas gerações enfrentem uma catástrofe climática nos próximos anos.

Melancholia

Direção de Lars Von Trier. França, Dinamarca, Suécia, Alemanha, 2011.

Um asteroide chamado Melancholia está prestes a se chocar com a Terra, o que resultaria na sua destruição. Em meio a notícias sobre a possibilidade desse acontecimento, Justine está prestes a se casar com Michael. Eles realizam uma festa suntuosa para a comemoração, enquanto aguardam as confirmações da catástrofe iminente. O filme toca diretamente na questão do sentido da vida e no fim da saga humana.

O último rei da Escócia

Direção de Kevin MacDonald. Inglaterra, 2007.

Nicholas, um médico escocês recém-formado, parte para Uganda em busca de aventura e do desejo de ajudar um país que precisa muito de suas habilidades médicas. Assim que chega a Uganda, Nicholas é levado ao local de um acidente em que o líder recém-empossado do país, Idi Amin Dadá, atropelou uma vaca com seu carro. Nicholas se sai bem na situação e impressiona o líder local com suas habilidades médicas. Este o convida a ser seu médico particular. Nicholas aceita e assim passa a frequentar o círculo particular de um dos mais crueis ditadores da África.

Para navegar

Filosofia e ciências humanas

www.consciencia.org

www.comciencia.br

Revista eletrônica de jornalismo científico, publicada pela Sociedade Brasileira para o Progresso da Ciência (SBPC).

Scielo

www.scielo.org

A *Scientific Eletronic Library On-line* é uma publicação eletrônica de periódicos científicos voltada para países em desenvolvimento. No Brasil, tem a cooperação da Fundação de Amparo à Pesquisa do Estado de São Paulo (Fapesp), do Conselho Nacional de Desenvolvimento Científico e Tecnológico (CNPq) e de outras instituições.

A

Absoluto. É o que tem em si mesmo a razão de ser e que, portanto, para ser concebido ou para existir não precisa de qualquer outra coisa. *Absoluto* é também sinônimo de *a priori*, isto é, aquilo que independe da experiência (verdade absoluta). Significa ainda o que não comporta limite, ou seja, que está "absolvido" de qualquer constrangimento (poder absoluto) ou não está sujeito a nenhuma restrição (necessidade absoluta).

Abstração. Ato de abstrair, de isolar mentalmente para considerar à parte um elemento da representação que não é dado separadamente na realidade.

Ação. Efeito exercido por uma coisa sobre outra.

Acaso. Aquilo que não se pode prever; o que não resulta de uma necessidade inerente nem de um plano preestabelecido.

Acidente. Na metafísica aristotélica, propriedade que não pertence à natureza ou essência de alguma coisa.

Adquirido. Qualidade de um conjunto de características que surgem num ser ao longo de sua existência. Opõe-se a *inato* (ver).

Agnosticismo. Doutrina segundo a qual o fundo das coisas é incognoscível, não podendo ser conhecido pelo espírito humano. Com relação a Deus, agnosticismo refere-se à impossibilidade de afirmar se Deus existe ou não.

Alienação. No sentido comum, perda de posse de bens ou dos poderes mentais; privação da consciência crítica. Segundo Marx, a alienação ocorre quando o operário perde a noção de valor do produto que ele próprio produziu: como consequência, ele deixa de ser o centro de si mesmo.

Alma. Princípio espiritual da vida ou do pensamento, muitas vezes identificado com espírito, intelecto, mente ou consciência e opondo-se ao corpo.

Alteridade. Qualidade do que é outro; o outro é aquele que não sou eu.

Análise. Em sentido genérico, atividade de separar ou decompor o que está unido como um todo, material ou mentalmente, para revelar sua estrutura. Oposto a *síntese* (ver).

Analogia. Raciocínio por semelhança; tipo de indução em que de um ou de alguns fatos singulares passamos, por comparação, a outra enunciação singular ou particular.

Anarquismo. Doutrina política que rejeita toda forma de coerção, ou seja, toda forma de autoridade individual ou coletiva, e preconiza a supressão da instituição do Estado; *comunismo libertário*.

Antropocentrismo. Representação ou doutrina segundo a qual o ser humano é o elemento mais importante da natureza, o centro do Universo, o critério singular de medida para a análise de qualquer fenômeno natural ou cultural.

Antropologia. Campo da filosofia que investiga a concepção de ser humano. Distingue-se da antropologia científica e da etnologia, que estudam o comportamento humano nas diferentes culturas.

A posteriori. Conhecimento adquirido ou tornado válido apenas por meio da experiência.

A priori. Conhecimento anterior a toda experiência.

Arbítrio. Escolha, opção; poder de decisão livre dos homens.

Argumento. Em lógica, encadeamento de proposições ou premissas que confirmam ou refutam uma proposição ou uma tese. Argumentar é tecer considerações que visam alcançar uma conclusão.

Arquétipo. Modelos que explicam como as coisas são formadas. Em Platão, são as ideias. Modernamente, termo da teoria psicanalítica de Carl Jung que designa os processos que estruturam os símbolos e as imagens ancestrais em todas as culturas – processo que deu origem ao termo "inconsciente coletivo".

Ascese. Modo de vida que recusa os prazeres materiais mediante rigorosa disciplina.

Axiologia. Ou *filosofia dos valores*, é o campo da filosofia que reflete sobre a natureza e as características dos valores, sobretudo dos valores morais.

B

Behaviorismo. Abordagem da psicologia voltada para o estudo dos comportamentos em suas formas e possibilidades de regularidade.

C

Capitalismo. Segundo a economia política, sistema baseado na iniciativa privada e na economia de mercado (ver *liberalismo*, *marxismo* e *socialismo*), que se incumbem da produção, da distribuição e do consumo de bens e serviços.

Cartesiano. Relativo a René Descartes; em sentido comum, tudo o que é racional, rigoroso, exato, metódico.

Ceticismo. Doutrina segundo a qual o espírito humano nada pode conhecer com certeza; nos casos radicais, o conhecimento é impossível; nas tendências moderadas, o cético suspende provisoriamente qualquer juízo ou admite apenas uma forma relativa de conhecimento. Em oposição a *dogmatismo* (ver).

***Cogito*.** Abreviação da frase de Descartes, *Cogito ergo sum* ("Penso, logo existo"), que afirma a primazia do pensamento consciente sobre a realidade, tese que posteriormente foi posta em xeque pelas teorias de Freud, que revelou o controle do consciente pelo inconsciente.

Comunismo. Organização política e econômica baseada na autogestão coletiva, que torna comuns os bens de produção. Segundo Marx, o *comunismo* seria a fase posterior ao *socialismo* (ver).

Conceito. Ideia abstrata e geral; representação intelectual, apreensão abstrata do objeto; significado de uma palavra ou termo.

Concreto. Representação que manifesta seu objeto tal como ele é dado na intuição sensorial (sensação, imagem, percepção).

Conhecimento. Ver ***teoria do conhecimento***.

Conotação. Significado segundo, figurado, às vezes subjetivo, dependente da experiência pessoal de um signo. Ver ***denotação***.

Consciência. Percepção imediata pelo sujeito do que acontece em sua mente ou fora dela. Em um segundo momento, torna-se reflexiva.

Contingente. Tudo que é concebido imponderável, podendo ser ou não ser; aquilo que possui uma ocorrência possível mas incerta. Opõe-se a *necessário* (ver).

Contradição. Na lógica, condição em que duas proposições estão em oposição, uma sendo verdadeira e outra, falsa, não podendo ser ambas verdadeiras ou ambas falsas; em sentido geral, incompatibilidades entre ideias, ações e comportamentos.

Cosmogonia. Origem e formação do mundo; referente aos mitos da criação do mundo.

Cosmologia. Parte da filosofia que estuda o mundo, a natureza, o Universo; parte da metafísica que se ocupa da essência da matéria.

Criacionismo. Doutrina teológica segundo a qual o mundo foi criado e organizado por Deus, opondo-se à teoria evolucionista de Darwin (ver ***darwinismo***).

D

Darwinismo. Teoria criada por Charles Darwin segundo a qual a evolução dos seres vivos se deu por seleção natural, tese que se opõe ao conceito de *criacionismo* (ver).

Dedução. Operação lógica na qual se passa de uma ou mais proposições a uma outra que é sua consequência ou conclusão; raciocínio que parte de uma proposição geral e cuja conclusão pode ser uma proposição particular ou geral.

Determinismo. Conjunto das condições necessárias de um fenômeno. Princípio da ciência experimental segundo o qual tudo que existe tem uma causa. Na moral, teoria segundo a qual tudo é determinado, incluindo as decisões da vontade, não havendo, portanto, liberdade humana.

Dialética. Termo que possui vários sentidos ao longo da história da filosofia. No sentido amplo, arte de discutir; tensão entre opostos. Em Hegel, significa a marcha do pensamento que procede por contradição e reproduz o próprio movimento do Ser absoluto, ou Ideia. Para Engels, é a ciência das leis gerais do movimento, tanto do mundo externo como do pensamento humano.

Discurso. Expressão linguisticamente organizada do pensamento. Opõe-se a *intuição* (ver).

Dogmatismo. Doutrina filosófica que parte do pressuposto de que a razão é capaz de atingir verdades certas e absolutas; nesse sentido, opõe-se a *ceticismo* (ver). No sentido comum, atitude de impor doutrina ou valores sem provas suficientes e sem admitir discussões.

E

Empirismo. Doutrina filosófica moderna (séc. XVII) segundo a qual o conhecimento deriva principalmente da experiência. Principais representantes: Bacon, Locke, Hume. Doutrina oposta ao *racionalismo* (ver).

Epistemologia. Ramo da filosofia que investiga o conhecimento. Nesse sentido, identifica-se com a *teoria do conhecimento* (ver). Quando investiga o conhecimento científico do ponto de vista crítico, isto é, do valor de suas hipóteses, do seu método, das conclusões alcançadas, da natureza do conhecimento científico; é também chamada *filosofia das ciências* ou *teoria do conhecimento científico*.

Escolástica. Filosofia ensinada nas escolas medievais entre os séculos IX e XVI, as quais adaptaram Aristóteles à fé cristã. No sentido pejorativo, todo pensamento confessional, doutrinário, formal, estagnado nos quadros tradicionais.

Essência. O que faz com que uma coisa ou um ente seja o que é, e não outra coisa; conjunto de determinações que definem um objeto de pensamento.

Estética. Também chamada *filosofia da arte*. Ramo da filosofia que estuda a natureza da arte e sua apreciação. Conceito com diversos significados conforme o filósofo.

Estruturalismo. Corrente das ciências humanas do século XX que opera com a noção de estrutura como conceito teórico, sendo empregada em vários campos do pensamento (linguística, antropologia, psicologia etc.).

Ética. Também chamada *filosofia moral.* Reflexão a respeito das noções, dos princípios e dos fins que fundamentam a vida moral; o que são o bem e o mal, a liberdade etc. Ver ***moral***.

Etnocentrismo. Postura pela qual se considera os fenômenos naturais e históricos a partir de um sistema de valores próprios, que não leva em conta os valores do outro, em geral julgando-os de forma depreciativa. Está na base do racismo e do preconceito.

Eu. Sujeito do conhecimento que sintetiza as percepções da consciência.

Existencialismo. Corrente filosófica do século XX que põe o primado do existir sobre a essência e toma como objeto de análise a existência humana concreta e vivida, extraindo de seu caráter finito a base de suas análises.

Experimentação. Método científico que consiste em provocar observações em condições especiais, com vistas a controlar uma hipótese.

F

Facticidade. Caráter do que existe como fato puro. Para a fenomenologia, a *facticidade* do ser humano significa que ele se encontra lançado entre as coisas em situações dadas, e não escolhidas por ele. Ver ***imanência***.

Fenômeno. Aquilo que se mostra; o objeto percebido pelos sentidos ou pela consciência como um processo.

Fenomenologia. No sentido geral, o estudo descritivo de um conjunto de fenômenos tais como se manifestam no tempo ou no espaço (no presente), em oposição às leis abstratas e fixas desses fenômenos. Em Hegel, a fenomenologia do Espírito é o estudo das etapas percorridas por esse Espírito, do conhecimento sensível ao saber verdadeiro. Em Husserl, trata-se de um novo método que procura apreender as essências, as significações ideais, percebidas diretamente pela *intuição* (ver).

Formal. Relativo a forma, estrutura, em oposição a conteúdo.

Funcionalismo. Corrente da antropologia social que privilegia a função num conjunto ou sistema, e não outro atributo, buscando interpretar os fenômenos com base nessa condição funcional.

G

Geral. Conceito que convém à totalidade dos indivíduos de uma espécie; que é atribuível a todos os componentes de um grupo, espécie ou gênero. Em oposição a *particular* (ver).

Gnoseologia. Ver ***teoria do conhecimento***.

H

Hermenêutica. Do ponto de vista religioso, interpretação da *Bíblia*. Na filosofia, reflexão interpretativa e compreensiva.

Hipótese. Tese admitida provisoriamente, ponto de partida para uma demonstração ou investigação.

I

Idealismo. No sentido comum, atitude de subordinar atos e pensamentos a um ideal moral ou intelectual. Do ponto de vista da teoria do conhecimento, nome genérico de diversos sistemas segundo os quais o ser ou a realidade são determinados pela consciência.

Ideologia. No sentido amplo, é o conjunto de doutrinas e ideias ou o conjunto de conhecimentos destinados a orientar a ação. Do ponto de vista político, é o conjunto de ideias da classe dominante estendido à classe dominada e que visa à manutenção da dominação.

Identidade. Atributo singular de um ser ou ente, que o distingue de outro; permanência de determinado atributo em um ser. Termo objeto de amplos estudos na sociologia e na psicanálise.

Iluminismo (ou Ilustração, Filosofia das Luzes, *Aufklärung*). Movimento racionalista do século XVIII (enciclopedistas franceses e Kant) baseado na crença no poder da razão de reorganizar o mundo.

Imanência. Aquilo que está compreendido em um ser ou em um conjunto de seres e que não resulta de uma ação exterior. Também é *imanente* aquilo que se acha circunscrito ao âmbito da experiência possível, excluindo tudo o que não pode ser experimentável. O *panteísmo imanentista* nega a transcendência divina, identificando Deus e natureza. Do ponto de vista da fenomenologia, *imanência* é o mesmo que *facticidade* (ver). Em oposição a *transcendência* (ver).

Indução. Operação lógica em que, a partir de premissas empíricas particulares, inferimos uma conclusão geral, que é apoiada pelas premissas, mas ultrapassa seu conteúdo. Portanto, a conclusão tem apenas probabilidade de ser correta.

Instinto. Atividade automática, caracterizada por um conjunto de reações bem determinadas, hereditárias, específicas, idênticas na espécie. Não confundir com *intuição* (ver).

Intuição. Conhecimento imediato, sem o uso da razão; visão ou intelecção súbita; percepção ou evidência produzida sem a mediação de conceitos.

J

Juízo. Formulação linguística segundo a qual se afirma ou se nega algo; na lógica, o juízo é expresso pela proposição; em sentido comum, o ato de julgar alguém ou alguma coisa do ponto de vista moral.

L

Liberalismo. Teoria política e econômica central da economia política clássica. Surgida no século XVII, defende os direitos da iniciativa privada, restringe as atribuições do Estado e opõe-se vigorosamente ao absolutismo e ao mercantilismo.

Libertário Partidário do *anarquismo* (ver).

Lógica. Investiga as condições de validade dos argumentos e dá as regras do pensamento correto. A *lógica clássica* ou *lógica formal* remonta a Aristóteles. No final do século XIX surgiu a *lógica simbólica* ou *matemática*, que adota uma linguagem artificial.

M

Maniqueísmo. Doutrina filosófica que defende a existência de dois princípios fundamentais e conflitantes: o bem e o mal.

Marxismo. Doutrina econômica e filosófica iniciada por Marx e Engels (séc. XIX); contrapõe-se ao *liberalismo* (ver). Tem como fundamento o *materialismo histórico* e *dialético* (ver).

Materialismo. No sentido moral, designa a orientação de vida em busca do gozo e dos bens materiais. Do ponto de vista da teoria do conhecimento, o dado material é considerado anterior ao espiritual e o determina. Distinguem-se: a) *materialismo mecanicista* (séc. XVIII), que reduz tudo aos fenômenos mecânicos; as ideias, determinadas pela matéria, permanecem passivas à ação dela; b) *materialismo histórico* e *dialético* (séc. XIX, Marx e Engels), segundo o qual as ideias derivam das condições materiais, mas o real é concebido como processo, contraditório e dinâmico.

Memória. Faculdade psíquica cuja função é reter e reproduzir impressões ou vivências do passado e trazê-las à mente; capacidade singular dos seres humanos de relacionar fatos do passado com fatos do presente.

Metafísica. Ou *ontologia*, estuda o "ser enquanto ser", isto é, o ser independentemente de suas determinações particulares; estudo do ser absoluto e dos primeiros princípios. Era chamada por Aristóteles de *filosofia primeira*. A metafísica teve seu campo reduzido a partir da Idade Moderna. Na Idade Contemporânea, foi hostilizada por diversas correntes, entre elas o marxismo e o positivismo lógico, entre outras.

Mito. Narrativa lendária ou alegórica que narra a origem dos deuses e a criação do universo, bem como explica o surgimento das coisas, do ser humano e das civilizações. Opõe-se a *razão* (ver), oposição esta que é objeto da crítica de correntes contemporâneas da filosofia, como a Teoria Crítica, segundo a qual mito e razão se comunicam e se autoinfluenciam.

Moral. Conjunto de normas, usos, costumes e juízos de valor aceitos livre e conscientemente que visam a organizar as relações das pessoas na sociedade tendo em vista o bem e o mal; conjunto dos costumes e valores de uma sociedade, com caráter normativo.

N

Nada. Ausência da realidade ou da existência; o não ser, aquilo que não é.

Necessário. O que não pode ser de outra forma que não da forma que é, nem deixar de ser. Chama-se *condição necessária* aquela sem a qual o condicionado não se realiza. Em oposição a *contingente* (ver).

Niilismo. Do latim *nihil* ("nada"), doutrina filosófica que nega a existência de valores absolutos, sobretudo os ético-religiosos. Em Nietzsche, o conceito adquire sentido diverso, porque ele nega os valores tradicionais por serem decadentes, visando novos valores que sejam "afirmativos da vida".

O

Objetivo. O conhecimento *objetivo* é fundado na observação imparcial, independente das preferências individuais; resulta da descentralização do sujeito que conhece, pelo confronto com outros pontos de vista. Em oposição a *subjetivo* (ver).

Objeto. Aquilo que está dado ou está posto; a realidade material; aquilo que é produzido como matéria e forma de conhecimento ou de representação; aquilo que pode ser pensado ou representado. Quem pensa ou representa é o **sujeito** (ver).

Ontologia. Parte mais geral da metafísica que trata do "ser enquanto ser"; às vezes, o conceito de ontologia é usado como sinônimo de *metafísica* (ver).

Outro. O não sujeito, aquele que não é "eu" ou não é "nós" (ver ***alteridade***).

P

Paradigma. Modelo, esquema padrão ou exemplar, protótipo – empregado especialmente pelo filósofo da ciência, Thomas Kuhn, para designar a formação e as transformações das teorias científicas.

Paradoxo. Pensamento aparentemente correto, porém de conclusão contraditória ou inaceitável, mas que pode ser questionador e, portanto, fecundo.

Particular. Conceito que se refere só a alguns indivíduos da mesma espécie; pressupõe um todo do qual se considera apenas uma parte. Não confundir com *subjetivo* (ver).

Patrística. Filosofia de influência neoplatônica que surgiu a partir do século II com os *Padres da Igreja*, responsáveis pela formulação da base filosófica da doutrina cristã.

Pensamento. Atividade mental ou intelectual, representação intuitiva, sensível ou conceitual; ideia.

Percepção. Processo mental pelo qual tomamos consciência de um fenômeno externo ou de uma ideia.

Política. O que diz respeito ao governo e aos negócios públicos. A *filosofia política* tem por objeto a reflexão sobre as relações de poder entre os cidadãos, a sociedade e o Estado.

Positivismo. Filosofia criada por Augusto Comte (séc. XIX) que afirma a primazia do conhecimento por meio dos métodos experimentais e da percepção sensorial sobre as demais formas de conhecimento (sobretudo a metafísica); em outras palavras, o positivismo defende que o *positivo* (ver) é o último e mais perfeito estado alcançado pela humanidade.

Positivo. O que é real, palpável; dado da experiência; baseado nos fatos. Para Comte, "Somente são reais os conhecimentos que repousam sobre fatos observados", ou seja, sobre fatos positivos.

Postulado. *Grosso modo*, proposição que independe de demonstração; pressuposto.

Pragmatismo. Sistema filosófico de William James e John Dewey que subordina a verdade à utilidade e reconhece a primazia da ação (interação com a realidade) sobre o pensamento. Para Charles Sanders Peirce, a validade de uma ideia resulta de suas consequências práticas. O pragmatismo exerceu forte influência no pensamento norte-americano no início do século XX.

Práxis. Os gregos chamavam *práxis* à ação de levar a cabo alguma coisa; também designa a ação moral; significa, ainda, o conjunto de ações e, nesse sentido, a *práxis* se contrapõe a *teoria* (ver). No marxismo, também conhecido como *filosofia da práxis*, o termo não se identifica propriamente com a prática, mas significa a *união dialética da teoria e da prática*.

Premissa. Do latim *praemissa*, "colocada antes". As premissas são as proposições que antecedem a conclusão e que dão sustentação lógica a um raciocínio ou argumento.

Proposição. Formulação que confirma ou nega algo, vindo a ser verdadeira ou falsa.

Psicanálise. Método, teoria e forma de tratamento psicológico iniciado por Sigmund Freud e cuja novidade principal está na descoberta do inconsciente e da natureza sexual da conduta, que se sobreporiam ao consciente nas práticas humanas.

R

Raciocínio. Operação discursiva do pensamento que consiste em encadear logicamente juízos e deles tirar uma conclusão. Em lógica, chama-se *argumentação*.

Racionalismo. Doutrina filosófica moderna (séc. XVII) que admite a razão como única fonte de conhecimento válido; o *racionalismo* superestima o poder da razão. Doutrina oposta ao *empirismo* (ver).

Razão. Em sentido geral, é a faculdade de conhecimento intelectual, ou entendimento (em oposição à sensibilidade). Faculdade do pensamento discursivo, feito por meio de argumentos e de abstrações; faculdade de raciocinar; faculdade de alcançar o conhecimento do universal.

Reflexão. Ato do conhecimento que se volta sobre si mesmo, tomando por objeto seu próprio ato; ato de pensar o próprio pensamento.

Relativismo. Mentalidade filosófica que leva em conta a diversidade das condições históricas e socioculturais dos objetos e de suas respectivas genealogias, não admitindo, assim, a análise de determinado fenômeno de um ponto de vista central ou único.

Representação. Consciência de um conteúdo ou objeto mental que é próprio do pensamento; percepção intelectual pela qual um objeto ou fenômeno é concebido.

Retórica. Arte da persuasão ou da oratória, no sentido de usar a linguagem com o fim de influenciar outras pessoas.

S

Senso comum. Modernamente, conjunto de crenças, conhecimento superficial, corriqueiro, o entendimento médio do homem comum, em geral expresso na forma de *opinião* não confirmada.

Signo. Alguma coisa que está no lugar de outra, ou que representa outra, sob algum aspecto.

Silogismo. Modalidade de raciocínio dedutivo ou argumento que, de duas proposições categóricas, conclui uma terceira.

Símbolo. Tipo de signo que mantém relação arbitrária e convencional com a coisa representada para comunicar um significado. O uso do símbolo é o que caracteriza o mundo humano.

Síntese. Ato de unir, segundo regras determinadas, os elementos de um determinado objeto dados separadamente. Opõe-se a *análise* (ver).

Socialismo. Nome genérico das doutrinas que pretendem substituir o capitalismo por um sistema econômico planificado que conduza a resultados mais equitativos e favoráveis ao pleno desenvolvimento do ser humano. Segundo o marxismo, a etapa final desse processo é o *comunismo* (ver).

Sofisma. Falso raciocínio; argumento que encobre algo falso sob a aparência de verdade.

Sofistas. Filósofos do século V a.C. No sentido pejorativo, qualifica a pessoa que, usando o recurso da *retórica* (ver), argumenta com *sofismas* (ver); ou seja, aquele que elabora seu discurso não se preocupando com a verdade do que diz, mas com o efeito do que profere sobre aqueles que o ouvem.

Subjetivo. Que depende do ponto de vista individual, não fundado no objeto, mas condicionado somente por sentimentos ou afirmações arbitrárias do sujeito. Não confundir com *particular* (ver). Opõe-se a *objetivo* (ver).

Sujeito. Termo do qual se nega ou se afirma alguma coisa, o qual dá suporte aos atributos; centro consciente do indivíduo; no pensamento de Descartes, o *sujeito* é a consciência.

T

Tautologia. Na linguagem comum, repetição exaustiva, pleonasmo, redundância; em lógica, os enunciados tautológicos são aqueles que sempre resultam verdadeiros; a tautologia é importante para demonstrar a validade de um argumento.

Teologia. Estudo da existência, da natureza e dos atributos de Deus, assim como de sua relação com o mundo. Chama-se *teologia racional* ou *teodiceia* a parte da metafísica que se ocupa desse assunto usando exclusivamente a razão.

Teoria. Construção especulativa do espírito; construção intelectual para justificar ou explicar alguma coisa; conjunto sistematicamente organizado de proposições, teses ou conceitos.

Teoria do conhecimento ou *gnoseologia* (ver). Parte da filosofia que estuda as relações entre sujeito e objeto no ato de conhecer. Por exemplo, como apreendemos o real, as noções de verdade e falsidade, se o conhecimento deriva principalmente de nossas sensações, se existem ideias anteriores a qualquer experiência, se é possível ou não conhecer a realidade etc. Ver ***epistemologia***.

Tese. Enunciado, asserção, afirmação; proposição que se sustenta como verdadeira; conteúdo doutrinário. Na dialética, primeiro momento ao qual se opõe a antítese e cuja contradição é superada na síntese.

Totalitarismo. Sistema político no qual todas as atividades do ser humano estão submetidas ao Estado.

Trabalho. Atividade pela qual o homem transforma a natureza, criando o mundo da cultura – entendido como a realização de suas necessidades práticas, metafísicas, estéticas etc. Na teoria econômica clássica, um dos quatro fatores de produção (os outros são o capital, a terra e a empresa). Na teoria marxista, a importância do trabalho foi exponencializada, sendo um conceito fundamental no pensamento de Marx.

Transcendência. Ato de ultrapassar, de "ir além de", superar. Na teoria do conhecimento, diz-se do objeto como realmente distinto da consciência (caso contrário, prevalece a concepção *idealista* do conhecimento). Na teologia, Deus é transcendente por sobrepujar o mundo e tudo quanto é finito (caso contrário, trata-se de *panteísmo*). Na filosofia existencial e no existencialismo, a consciência se acha voltada para algo fora dela: o ser humano é capaz de ultrapassar a si mesmo. A *transcendência* é o outro polo dialético da *facticidade* (ver), pelo qual o ser humano supera as situações dadas e não escolhidas.

U

Utopia. Que não existe em lugar algum; descrição de uma sociedade ideal; refere-se a um ideal de vida proposto. No sentido pejorativo, refere-se ao ideal irrealizável.

A

ABBAGNANO, Nicola (1901-1990). Filósofo e dicionarista italiano.

ABELARDO, Pedro (1079-1142). Filósofo medieval francês, autor de tratados de lógica e teologia; renovou a lógica à luz das vertentes aristotélicas, estoicas e neoplatônicas.

ADORNO, Theodor W. (1903-1969). Filósofo alemão, um dos fundadores da Escola de Frankfurt e ideólogo da Teoria Crítica.

AGOSTINHO (354-430). Bispo de Hipona (África), teólogo e filósofo romano, precursor da síntese entre a filosofia clássica e o cristianismo.

ALAIN, pseudônimo de Émile-Auguste Chartier (1868-1951). Filósofo francês.

ALBERTO MAGNO (1193-1280). Padre dominicano alemão, mestre de Tomás de Aquino, erudito e filósofo, divulgador do pensamento de Aristóteles na filosofia medieval.

ALCUÍNO DE YORK (c.730-c.795). Monge inglês, erudito e filósofo.

ALEMBERT, Jean d' (1717-1783). Matemático e filósofo francês.

ALFARABI (c.870-950). Filósofo árabe.

ALKINDI (c.796-c.873). Filósofo árabe.

ALTHUSSER, Louis (1918-1990). Filósofo marxista francês, crítico de Marx em uma perspectiva estruturalista.

ANAXÁGORAS de Clazomenas (c.499-c.428 a.C.). Filósofo grego, foi o fundador da escola filosófica de Atenas.

ANAXIMANDRO (c.610-547 a.C.). Filósofo grego da escola jônica, discípulo de Tales de Mileto.

ANAXÍMENES (588-524 a.C.). Filósofo grego oriundo de Mileto, discípulo de Anaximandro.

ANSELMO (c.1033-1109). Teólogo beneditino e filósofo medieval italiano, arcebispo em Canterbury, na Inglaterra.

ANTONIO CANDIDO (ver Mello e Souza).

APEL, Karl-Otto (1922). Filósofo alemão dedicado aos estudos da linguagem, pertence à corrente da ética do discurso, interlocutor de Jürgen Habermas.

AQUINO, Tomás de (1225-1274). Teólogo, frade dominicano e filósofo escolástico italiano, responsável por "cristianizar" o pensamento de Aristóteles e, assim, estabelecer os fundamentos da doutrina católica.

ARENDT, Hannah (1906-1975). Filósofa alemã de origem judaica, naturalizada norte-americana em razão da perseguição nazista. De tradição existencialista, destacou-se por suas reflexões sobre o totalitarismo e a autoridade política.

ARIÈS, Phillipe (1914-1984). Historiador francês.

ARISTARCO de Samos (c. 280 a.C.). Filósofo e astrônomo grego, foi o primeiro a defender a hipótese do heliocentrismo, retomada depois por Copérnico.

ARISTÓFANES (c.450-c. 385 a.C.). Poeta e dramaturgo grego.

ARISTÓTELES (c.384-c. 322 a.C.). Filósofo grego, discípulo de Platão, é figura central na filosofia grega e ocidental; seu pensamento serve de base para várias áreas do conhecimento: filosofia, lógica, política, ética, metafísica, botânica etc.

ARQUIMEDES (287-212 a.C.). Sábio grego (Magna Grécia, Siracusa), desenvolveu princípios de mecânica na Escola de Alexandria.

AUSTIN, John Langshaw (1911-1960). Filósofo da linguagem britânico.

AVERRÓIS (1126-1198). Filósofo árabe, nascido em Córdoba, na Espanha, foi o principal comentador árabe da obra de Aristóteles na Idade Média, responsável por sua divulgação na Europa.

AVICENA (980-1037). Médico e filósofo árabe, foi um crítico do pensamento aristotélico.

B

BABEUF, Gracchus (1760-1797). Jornalista e revolucionário francês, antecipou os ideais socialistas.

BACHELARD, Gaston (1884-1962). Filósofo e ensaísta francês, teórico da ciência, filósofo central na epistemologia contemporânea.

BACON, Francis (1561-1626). Filósofo empirista inglês e político, crítico da escolástica, é considerado o pai do método experimental.

BACON, Roger (1214-1294). Frade franciscano e filósofo inglês, antecipou o espírito científico que dominaria a modernidade.

BAKUNIN, Mikhail Aleksandrovitch (1814-1876). Revolucionário anarquista e filósofo russo.

BARTHES, Roland (1915-1980). Crítico literário, ensaísta, escritor e filósofo estruturalista francês, notabilizou-se por seus estudos sobre a semiótica inspirados na linguística de Saussure.

BATAILLE, Georges (1897-1962). Escritor e pensador francês, crítico da dialética de Hegel e influenciado por Nietzsche, influenciou, por sua vez, o pensamento de Deleuze, Foucault, Lyotard e Derrida.

BAUDELOT, Christian (1938). Sociólogo francês.

BAUDRILLARD, Jean (1929-2007). Filósofo pós-estruturalista e sociólogo francês.

BAUMAN, Zygmunt (1925). Sociólogo polonês.

BEAUVOIR, Simone de (1908-1986). Filósofa existencialista e romancista francesa, companheira do filósofo francês Jean-Paul Sartre, é considerada a pioneira do feminismo.

BECCARIA, Cesare (1738-1794). Jurista e filósofo italiano, precursor da defesa dos direitos humanos.

BENEVIDES, Maria Victoria M. (1942). Socióloga brasileira.

BENJAMIN, Walter (1892-1940). Filósofo e crítico literário judeu-alemão, membro da Escola de Frankfurt, inovou o pensamento crítico sobre a relação entre arte, cultura, técnica e sociedade.

BENTHAM, Jeremy (1748-1832). Filósofo inglês, criador do conceito de "utilitarismo"; seus estudos abrangem também a linguagem, a ética e o direito.

BERGER, Peter L. (1929). Sociólogo norte-americano.

BERGSON, Henri Louis (1859-1941). Filósofo espiritualista e evolucionista francês, o mais importante filósofo francês de sua época, ganhou o prêmio Nobel de Literatura em 1927.

BERKELEY, George (1685-1753). Filósofo e matemático irlandês, foi bispo da igreja anglicana e o criador do conceito de imaterialismo, que nega a existência da matéria e pelo qual só as ideias existem.

BERNARD, Claude (1813-1878). Médico, fisiologista e filósofo francês, introdutor do método experimental na prática médica e científica.

BERNARDO DE CLARAVAL (1090-1153). Abade e filósofo francês.

BERNSTEIN, Eduard (1850-1932). Político e teórico político alemão.

BLANC, Louis (1811-1882). Revolucionário francês nascido na Espanha.

BLACKBURN, Simon (1944). Filósofo inglês.

BOBBIO, Norberto (1909-2004). Jurista e filósofo italiano.

BODIN, Jean (1530-1596). Jurista e filósofo francês, criador da teoria da soberania do rei.

BOÉCIO, Anício Manlio Severino (c.480-524). Filósofo, teólogo e tradutor romano, comentador de Aristóteles; sua contribuição inclui traduções de obras fundamentais de lógica, principalmente a aristotélica.

BOLINGBROKE, Lord (1678-1751). Livre pensador britânico.

BOOLE, George (1815-1864). Matemático e lógico inglês.

BORNHEIM, Gerd (1929-2002). Filósofo brasileiro.

BOSSUET, Jacques (1627-1704). Teólogo e escritor francês.

BOURDIEU, Pierre (1930-2002). Sociólogo francês, teórico da epistemologia das ciências humanas e da sociologia da educação; foi professor do *Collège de France*.

BRENTANO, Franz (1838-1917). Filósofo e psicólogo alemão, precursor da fenomenologia.

BRUNO, Giordano (1548-1600). Filósofo, astrólogo e místico italiano, foi frade dominicano, mas logo rejeitou os dogmas da Igreja, sendo queimado vivo pela Inquisição, acusado de heresia e blasfêmia.

BUKHÁRIN, Nikolai (1888-1938). Economista e político russo.

C

CAMPANELLA, Tommaso (1568-1639). Filósofo e frade dominicano italiano; como Giordano Bruno, foi perseguido pela Inquisição.

CAMUS, Albert (1913-1960). Escritor e pensador existencialista francês (rótulo que rechaçava) de origem argelina; entre seus temas destacam-se o absurdo da existência e o niilismo; foi prêmio Nobel de Literatura em 1957.

CARNAP, Rudolf (1891-1970). Filósofo positivista e lógico alemão, foi um dos fundadores do Círculo de Viena; emigrou para os Estados Unidos perseguido pelo nazismo.

CASSIRER, Ernst (1874-1945). Filósofo neokantiano alemão, foi um dos representantes da Escola de Marburgo, que defendia a volta a Kant.

CASTELLS, Manuel (1942). Sociólogo espanhol.

CHAMPEAUX, Guilherme de (c.1070-1121). Filósofo escolástico francês, mestre de Abelardo, com quem rompeu posteriormente.

CHÂTELET, François (1925-1985). Professor e historiador de filosofia francês, foi militante dos movimentos anticolonialistas e estudantis dos anos 1960.

CHAUI, Marilena (1941). Filósofa brasileira.

CÍCERO, Marco Túlio (106-43 a.C.). Filósofo, orador e estadista romano, promoveu a síntese entre filosofia e retórica e propagou a filosofia grega no mundo latino, estabelecendo um vocabulário de filosofia em latim.

CLASTRES, Pierre (1934-1977). Antropólogo e etnólogo francês.

CLEMENTE de Alexandria (c.150-c.215). Teólogo e filósofo da Escola de Alexandria, cuja obra buscou a síntese entre o pensamento grego e a filosofia cristã.

CLÍSTENES (séc. VI a.C.). Político e legislador grego.

COLLINS, Antony (1676-1729). Filósofo deísta inglês.

COMTE, Augusto (1798-1857). Filósofo e sociólogo francês, criador do positivismo.

COMTE-SPONVILLE, André (1952). Filósofo francês de caráter epicurista e espinosista.

CONDILLAC, Étienne Bonnot de (1715-1780). Filósofo enciclopedista francês, sua obra influenciou as teorias linguísticas.

CONSTANT, Benjamin (1767-1830). Político e filósofo suíço, viveu na França.

COPÉRNICO, Nicolau (1473-1543). Cônego e astrônomo polonês, considerado o artífice da nova concepção do Universo com a crítica do sistema geocêntrico de Ptolomeu; criou a base para as teorias de Kepler e Galileu.

COPI, Irving (1917-2002). Filósofo e lógico norte-americano.

CORNFORD, Francis Macdonald (1874-1943). Filósofo e helenista inglês.

CORTINA, Adela (1947). Filósofa espanhola.

COSTA, José Silveira da (1936). Professor, filósofo e teólogo brasileiro.

COSTA, Jurandir Freire (1944). Psicanalista e escritor brasileiro.

COSTA LIMA, Luiz (1937). Ensaísta e crítico literário brasileiro.

COSTA, Newton da (1929). Matemático, filósofo e lógico brasileiro.

CRICK, Francis (1916-2004). Físico e biólogo inglês.

CRUZ COSTA, João (1904-1978). Filósofo brasileiro.

D

DANTE ALIGHIERI (1265-1321). Poeta e pensador italiano nascido em Florença.

DARWIN, Charles (1809-1882). Cientista inglês, criador da teoria da evolução das espécies por seleção natural.

DAVIDSON, Donald (1917-2003). Filósofo norte-americano.

DE MAISTRE, Conde Joseph-Marie (1754-1821). Escritor e filósofo francês.

DE MASI, Domênico (1938). Sociólogo italiano.

DELEUZE, Gilles (1925-1995). Filósofo e historiador da filosofia francês, influenciado por Nietzsche e identificado com o pós-estruturalismo.

DEMÓCRITO de Abdera (c.460-c.370 a.C.). Filósofo atomista grego.

DERRIDA, Jacques (1930-2004). Filósofo pós-moderno francês de origem argelina, criou a ideia de "desconstrução".

DESCARTES, René (1596-1650). Filósofo e matemático francês, considerado o fundador da filosofia moderna; criou conceitos como a "dúvida metódica" e o "eu pensante" e ficou famoso pela frase *Cogito ergo sum* ("Penso, logo existo").

DEWEY, John (1859-1952). Filósofo e educador norte-americano; entre seus interesses estavam o pragmatismo e o instrumentalismo.

DIDEROT, Denis (1713-1784). Filósofo iluminista francês, o principal artífice da *Enciclopédia*, foi um dos filósofos mais influentes do chamado Século das Luzes.

DILTHEY, Wilhelm (1833-1911). Filósofo, crítico literário e historiador alemão.

DIÓGENES de Sinope, o cínico (c.400-c.325 a.C.). Filósofo grego, considerado o fundador da escola cínica, que desprezava a erudição, a riqueza e as convenções sociais.

DUFRENNE, Mikel (1910-1985). Filósofo francês.

DUHEM, Pierre (1861-1916). Físico e filósofo da ciência francês.

DUMAZEDIER, Joffre (1915-2002). Sociólogo francês.

DURKHEIM, Émile (1858-1917). Sociólogo francês, o fundador da sociologia científica.

E

ECO, Umberto (1932). Filósofo, semiólogo e escritor italiano.

EHRENFELS, Christian, Barão von (1859-1932). Filósofo e psicólogo austríaco.

EINSTEIN, Albert (1879-1955). Físico alemão, o criador da teoria da relatividade.

ELIADE, Mircea (1907-1986). Historiador e romancista romeno, naturalizado norte-americano.

EMPÉDOCLES de Agrigento (c.493-c.433 a.C.). Filósofo grego pré-socrático.

ENGELS, Friedrich (1820-1895). Filósofo alemão e criador, junto com Marx, da teoria marxista; atribui-se a Engels a formulação das teses do materialismo dialético e do materialismo histórico na teoria de Marx, embora essa divisão seja controversa.

EPICURO de Samos (341-271 a.C.). Filósofo atomista grego, fundador do epicurismo, corrente filosófica que defende um modo de vida baseado no prazer dos sentidos e em uma vida virtuosa.

ERASMO de Roterdã (c.1467-1536). Pensador humanista holandês, tratou de temas como o livre-arbítrio e a loucura nos primeiros anos do renascimento cultural europeu.

ESCOREL, Lauro (1917-2002). Diplomata e pensador brasileiro.

ESPINOSA, Baruch de (1632-1677). Filósofo holandês de formação religiosa, mas que abjurou esses valores adotando uma feroz crítica à opressão, tirania e superstição existentes nos sistemas religiosos e políticos.

ÉSQUILO (525-456 a.C.). Teatrólogo grego.

EUCLIDES de Alexandria (c. 300 a.C.). Matemático grego, professor em Alexandria e criador da geometria euclidiana, postulado que subsistiu como modelo de exercício racional até o século XIX, quando surgiu a geometria esférica de Riemann.

EURÍPEDES (485-406 a.C.). Teatrólogo grego.

F

FECHNER, Gustav Theodor (1801-1887). Filósofo e psicólogo alemão.

FERRAZ JR., Tércio Sampaio (1941). Filósofo do direito brasileiro.

FERRY, Luc (1951). Filósofo francês.

FEUERBACH, Ludwig (1804-1872). Filósofo e antropólogo alemão, foi crítico de Hegel e da religião, sendo esta tema central da sua filosofia; uma de suas teses defende que a religião aliena o homem, ideia posteriormente retomada e adaptada por Marx e Engels.

FEYERABEND, Paul K. (1924-1994). Filósofo da ciência austríaco radicado nos Estados Unidos, foi um crítico da racionalidade científica.

FICHTE, Johann Gottlieb (1762-1814). Filósofo idealista alemão, foi o primeiro pensador a defender a primazia da consciência sobre a experiência, tese que o insere na história do pensamento como um dos principais representantes do idealismo alemão pós-kantiano.

FIGUEIREDO, Jackson (1891-1928). Pensador e escritor brasileiro.

FOUCAULT, Michel (1926-1984). Filósofo estruturalista, epistemólogo e historiador francês com influência de Nietzsche, Marx e Freud; é considerado um dos mais originais pensadores do século XX por suas incursões por temas como a epistemologia das ciências humanas, as várias instâncias do poder, a sexualidade humana e as formas contemporâneas de racionalidade.

FOUREZ, Gérard (1937). Filósofo, matemático e físico francês.

FOURIER, Charles (1772-1837). Filósofo francês, um dos socialistas utópicos, teóricos que conceberam um socialismo sem bases científicas.

FREGE, Gottlob (1848-1925). Matemático e lógico alemão, considerado o fundador da lógica matemática ou simbólica moderna.

FREITAG, Barbara (1941). Professora e socióloga alemã (residente no Brasil).

FREUD, Sigmund (1856-1939). Psiquiatra austríaco e fundador da psicanálise, uma das áreas de conhecimento surgidas no século XX que mais influenciam o pensamento contemporâneo por sua ênfase na dimensão inconsciente do homem como controladora de sua vida consciente.

FROMM, Erich (1900-1980). Filósofo alemão radicado nos Estados Unidos e membro da Escola de Frankfurt, cuja obra concilia marxismo e psicanálise.

G

GALENO de Pérgamo, Cláudio (c.130-179). Médico e anatomista grego.

GALILEU GALILEI (1564-1642). Físico, astrônomo e filósofo italiano, retomou as críticas de Copérnico ao geocentrismo, consolidando por meio de métodos matemáticos o heliocentrismo, tese que abriu caminho para a física e a astronomia modernas e revolucionou a concepção de mundo da época.

GANDHI (MAHATMA), Mohandas Karamchand (1869-1948). Advogado e ativista político indiano, defensor da política de não violência.

GARCÍA MORENTE, Manuel (1888-1942). Filósofo neokantiano espanhol.

GIANOTTI, José Arthur (1931). Filósofo brasileiro.

GÖDEL, Kurt (1906-1978). Matemático e lógico tcheco, fez parte do Círculo de Viena.

GOLDMAN, Emma (1869-1940). Anarquista lituana.

GÓRGIAS de Leontini (c.485-380 a.C.). Filósofo sofista e orador grego.

GRAMSCI, Antonio (1891-1937). Filósofo marxista e político comunista italiano, um dos fundadores do Partido Comunista Italiano (PCI), defendia a tese de uma "batalha de ideias" e de uma prática política revolucionária com base teórica ("filosofia da *práxis*").

GRANGER, Gilles-Gaston (1920). Filósofo francês voltado para a epistemologia, a ciência e o estudo da linguagem.

GRÓCIO, Hugo (1583-1645). Jurista holandês.

GROSSETESTE, Robert (1168-1253). Filósofo inglês.

GUATTARI, Felix (1930-1992). Filósofo e psicanalista francês, escreveu parte de sua obra em coautoria com o filósofo Gilles Deleuze, caracterizada, entre outros aspectos, pela crítica a alguns pontos da psicanálise de Freud.

GUSDORF, Georges (1912-2000). Filósofo francês, sua obra comporta vários volumes em que pretende estabelecer uma "antropologia cultural" sobre as ideias existentes.

H

HABERMAS, Jürgen (1929). Filósofo alemão, herdeiro das ideias da Escola de Frankfurt, é um dos mais agudos analistas da sociedade contemporânea no que se refere ao conhecimento, à comunicação e às manifestações do direito, da democracia e da moral.

HARTMANN, Nicolai (1822-1950). Filósofo estoniano radicado na Alemanha, sua obra abrange todos os campos fundamentais da filosofia.

HAUSER, Arnold (1892-1978). Crítico e historiador de arte alemão.

HAYEK, Friedrich von (1899-1992). Economista austríaco radicado na Inglaterra, crítico do marxismo e defensor do liberalismo econômico, suas ideias exerceram influência direta sobre a adesão da direita econômica ao chamado neoliberalismo a partir dos anos 1980.

HEGEL, Georg Wilhelm Friedrich (1770-1831). Filósofo nascido na Alemanha, principal representante do idealismo alemão.

HEIDEGGER, Martin (1889-1976). Filósofo alemão, exerceu marcante influência no século XX.

HELVETIUS, Claude-Adrien (1715-1771). Filósofo materialista francês, foi colaborador da *Enciclopédia*.

HERÁCLITO de Éfeso (c.567-c.450). Filósofo grego, defendia a tese de que tudo está em constante movimento; sua oposição às ideias de Parmênides, para quem o ser é imóvel, influenciaria toda a filosofia.

HESÍODO (c. 700 a.C.). Poeta grego.

HIPÓCRATES de Cós (460-377 a.C.). Médico e escritor grego.

HIPÓDAMOS (c. 500 a.C.). Pensador e arquiteto grego (Jônia).

HÍPIAS de Élida (c.485-415 a.C.). Filósofo sofista grego.

HITLER, Adolf (1889-1945). Ditador alemão nascido na Áustria.

HOBBES, Thomas (1588-1679). Filósofo empirista inglês, defendeu a teoria do poder absoluto.

HOLBACH, Paul Henri Dietrich, Barão de (1723-1789). Filósofo alemão radicado na França, foi colaborador da *Enciclopédia*.

HOMERO (c. séc. IX-VIII a.C.). Poeta grego, suas epopeias influenciaram o pensamento da Grécia antiga antes do nascimento da filosofia.

HORKHEIMER, Max (1895-1973). Filósofo neomarxista alemão, membro fundamental da Escola de Frankfurt.

HOTTOIS, Gilbert (1946). Filósofo belga.

HUISMAN, Denis (1929). Filósofo francês.

HUME, David (1711-1776). Filósofo empirista e historiador escocês.

HUSSERL, Edmund (1859-1938). Filósofo e matemático alemão, criador da fenomenologia, corrente que propunha uma nova teoria da consciência, definida por ele como "a ciência descritiva das essências da consciência e dos seus atos".

I

IDOETA, Carlos Alberto. Intelectual e brasileiro ativista dos direitos humanos.

ISIDORO (c.560-635). Bispo de Sevilha, teólogo e erudito espanhol.

J

JAEGER, Werner (1881-1961). Historiador helenista nascido na Alemanha e radicado nos Estados Unidos.

JAMES, William (1842-1910). Psicólogo e filósofo norte-americano.

JAPIASSÚ, Hilton (1934). Filósofo brasileiro.

JASPERS, Karl (1883-1969). Filósofo existencialista alemão.

K

KANT, Immanuel (1724-1804). Filósofo alemão, um dos nomes mais importantes do Iluminismo em seu país, fundador da filosofia crítica, que colocou em questão a capacidade da razão humana, a fim de examinar as condições de possibilidade do conhecimento.

KEPLER, Johannes (1571-1630). Matemático e astrônomo alemão.

KEYNES, John Maynard (1883-1946). Economista, jurista e filósofo inglês, responsável pelo keynesianismo, doutrina econômica que defende a intervenção do Estado na economia.

KIERKEGAARD, Sören (1813-1855). Filósofo e teólogo dinamarquês, precursor do existencialismo.

KING, Martin Luther (1929-1968). Advogado e ativista político norte-americano, lutou contra o *apartheid*.

KNELLER, George (1908). Filósofo norte-americano.

KOFFKA, Kurt (1886-1941). Psicólogo alemão.

KÖHLER, Wolfgang (1887-1967). Psicólogo alemão.

KOYRÉ, Alexandre (1892-1964). Filósofo russo radicado em Paris, foi um dos fundadores da epistemologia contemporânea.

KUHN, Thomas Samuel (1922-1996). Filósofo da ciência e professor norte-americano, cunhou o termo *paradigma* na teoria científica ao defender a ideia da não linearidade da ciencia.

L

LA BOÉTIE, Étienne de (1530-1563). Intelectual francês, criou a noção da "servidão voluntária"; estudou o tema da opressão.

LA METTRIE, Julien Offray de (1709-1751). Médico e filósofo francês.

LACAN, Jacques (1901-1981) Psicanalista francês, sua obra empreendeu uma releitura de Freud por meio do estruturalismo linguístico que teve grande repercussão na filosofia.

LACEY, Hugh (1939). Filósofo australiano residente nos Estados Unidos, foi professor na Universidade de São Paulo (USP).

LAKATOS, Imre (1922-1974). Filósofo húngaro radicado na Inglaterra.

LAPLACE, Marquês de (Pierre Simon) (1749-1827). Sábio e matemático francês.

LAVOISIER, Antoine (1743-1794). Químico francês.

LÉBRUN, Gérard (1930-1999). Filósofo e historiador francês, foi professor na Universidade de São Paulo (USP).

LEFEBVRE, Henri (1905-1991). Filósofo e sociólogo marxista francês.

LEFORT, Claude (1924). Filósofo francês.

LEIBNIZ, Gottfried Wilhelm (1646-1716). Filósofo e matemático alemão, criador, em filosofia, da teoria da razão suficiente, pela qual nada existe sem um motivo ou uma necessidade.

LÊNIN (Vladimir Ilitch Ulianov) (1870-1924). Político e intelectual russo.

LEOPOLDO E SILVA, Franklin (1947). Filósofo brasileiro.

LEUCIPO de Eleia (séc. V a.C.). Filósofo grego criador da teoria atomista.

LÉVI-STRAUSS, Claude (1908-2009). Filósofo e antropólogo estruturalista belga foi o principal nome da etnologia e do estruturalismo no século XX; lecionou na Universidade de São Paulo (USP) entre 1934 e 1937, tendo realizado pesquisas de campo no Brasil central.

LEVY, Pierre (1956). Filósofo francês nascido na Tunísia.

LIPOVETSKY, Gilles (1944). Filósofo francês.

LOBATCHEVSKI, Nikolai (1792-1856). Matemático russo, criador de uma geometria com princípios não euclidianos.

LOCKE, John (1632-1704). Filósofo empirista inglês, defendeu o empirismo contra o racionalismo cartesiano; na política, foi teórico do liberalismo nascente.

LUCRÉCIO (c.96-c.55 a.C.). Filósofo epicurista romano.

LUXEMBURGO, Rosa (1871-1919). Revolucionária e filósofa marxista polonesa, foi militante política na Alemanha.

LYOTARD, Jean-François (1924-1998). Filósofo pós-moderno francês.

M

MACH, Ernst (1838-1916). Físico e filósofo da ciência austríaco.

MAIMÔNIDES, Moisés (1135-1240). Filósofo judeu medieval.

MALEBRANCHE, Nicolas (1638-1715). Filósofo cartesiano e teólogo francês.

MAQUIAVEL, Nicolau (1469-1527). Filósofo, escritor e político italiano, inaugurou a teoria política moderna como uma categoria autônoma, distinta da política normativa dos gregos e medievais. Contemporaneamente, intérpretes recusam o sentido pejorativo do termo "maquiavelismo", reconhecendo o cunho republicano das ideias de Maquiavel.

MARCO AURÉLIO (121-180). Imperador e filósofo estoico romano.

MARCONDES, Danilo. Filósofo brasileiro contemporâneo.

MARCUSE, Herbert (1898-1979). Filósofo alemão radicado nos Estados Unidos, importante membro da Escola de Frankfurt, seu pensamento influenciou os movimentos estudantis do final dos anos 1960.

MARÍAS, Julián (1914-2005). Filósofo espanhol, discípulo de Ortega y Gasset.

MARSÍLIO de Pádua (c.1275-c.1342). Filósofo italiano precursor das ideias republicanas, defendeu a soberania popular e o estado de direito.

MARTINS, Wilson (1921-2010). Crítico literário brasileiro.

MARTON, Scarlett (1951). Filósofa brasileira.

MARITAIN, Jacques (1882-1973). Filósofo tomista francês.

MARX, Karl (1818-1883). Filósofo, economista e militante político alemão, junto com Engels baseou seu pensamento na tese da luta de classes, trazendo à luz uma interpretação original da história baseada no materialismo histórico e no materialismo dialético.

MATOS, Olgária (1948). Filósofa brasileira nascida no Chile.

MELLO E SOUZA, Antonio Candido (1918). Sociólogo e crítico literário brasileiro.

MERQUIOR, José Guilherme (1940-1991). Filósofo e cientista social brasileiro.

MENDES, Teixeira (1855-1927). Filósofo brasileiro.

MERLEAU-PONTY, Maurice (1908-1961). Filósofo fenomenológico francês, fortemente influenciado pela fenomenologia de Husserl e Heidegger, estudioso da percepção e do comportamento, também refletiu sobre política contemporânea.

MILL, James (1773-1836). Economista escocês.

MILL, John Stuart (1806-1873). Filósofo, economista e pensador liberal inglês.

MISRAHI, Robert (1926). Filósofo francês.

MONTAIGNE, Michel Eyquem de (1533-1592). Filósofo humanista e ensaísta francês, foi crítico das ideias medievais, às quais contrapôs ironia e ceticismo.

MONTESQUIEU, Barão de (Charles-Louis de Secondat) (1689-1755). Filósofo francês, contribuiu para a reflexão sobre a política moderna e suas leis, elaborando a teoria da autonomia dos três poderes.

MOORE, George Edward (1873-1958). Filósofo inglês considerado um dos fundadores da filosofia analítica.

MORIN, Edgar (1921). Pensador francês.

MORTARI, Cezar. Filósofo e lógico brasileiro contemporâneo

MORUS, Tomás (c.1478-1535). Homem de Estado e filósofo inglês, cunhou a expressão "utopia", que significa "o lugar nenhum", na obra de ficção, que critica o poder absoluto do rei.

N

NAGEL, Ernest (1901-1985). Filósofo checo radicado nos Estados Unidos.

NASCIMENTO, Carlos Arthur. Filósofo brasileiro contemporâneo.

NASCIMENTO, Maria das Graças do (1947). Filósofa brasileira.

NEURATH, Otto (1882-1945). Filósofo socialista austríaco, um dos membros mais influentes do Círculo de Viena.

NEWTON, Isaac (1642-1727). Matemático, físico, astrônomo e filósofo inglês, figura central da ciência moderna.

NICOLAU DE CUSA (1401-1464). Filósofo e teólogo alemão.

NIETZSCHE, Friedrich (1844-1900). Filósofo alemão, um dos pensadores mais originais do século XIX, sua influência se estende a várias áreas do pensamento contemporâneo.

NUNES, Benedito (1929-2011). Filósofo brasileiro.

O

OCKHAM, Guilherme de (c.1285-1349). Frade franciscano e filósofo nominalista inglês, foi o precursor do empirismo britânico.

ORÍGENES (c.185-c.254). Teólogo e filósofo neoplatônico grego nascido em Alexandria.

ORTEGA Y GASSET, José (1883-1955). Filósofo e ensaísta espanhol.

OSBORNE, Harold (1905-1987). Filósofo e crítico de arte inglês.

OWEN, Robert (1711-1858). Reformador e filósofo britânico.

P

PARMÊNIDES de Eleia (c.544-450 a.C.). Filósofo grego defensor da ideia de que o movimento é ilusão e de que a única coisa real é o ser imutável e eterno que está por trás das aparências.

PASCAL, Blaise (1623-1662). Matemático, filósofo e físico francês, inventou a primeira máquina de calcular e, com Leibniz, criou o cálculo das probabilidades. Profundamente religioso, ao relacionar fé e razão prenuncia as ideias de Kierkegaard e do existencialismo.

PASTEUR, Louis (1822-1895). Cientista francês.

PAVLOV, Ivan Petrovich (1849-1936). Fisiologista russo, estabeleceu as leis do reflexo condicionado, criando as bases do behaviorismo.

PEIRCE, Charles Sanders (1839-1914). Químico e filósofo da linguagem norte-americano, é considerado o fundador do pragmatismo.

PÉPIN, Jean (1924-2005). Filósofo francês.

PEREIRA, Maria Helena Rocha (1925). Historiadora helenista portuguesa.

PEREIRA, Oswaldo Porchat (1933). Filósofo cético brasileiro.

PERELMAN, Chaïm (1912-1984). Filósofo e lógico polonês radicado na Bélgica.

PÉRICLES (c. 500-429 a.C.). Estadista ateniense.

PINTO, Paulo Roberto Margutti. Filósofo e lógico brasileiro.

PIRRO de Élida (c.365-275 a.C.). Filósofo grego; como cético, concluiu pela suspensão do juízo (*epoché*) diante do fato de não se poder discernir o verdadeiro do falso.

PITÁGORAS de Samos (séc. VI a.C.). Filósofo e matemático grego, considerado o criador da palavra *filosofia* ("amigo da sabedoria"). Para ele, o número, entendido como a harmonia ou a proporção, é o princípio de tudo; ou seja, o número representa uma estrutura racional.

PLATÃO (c.429-347 a.C.). Filósofo grego, discípulo de Sócrates, cuja influência é nítida em seus primeiros Diálogos; alçou voo próprio sistematizando pela primeira vez o pensamento filosófico. Sua filosofia e a de seu discípulo Aristóteles exerceram influência marcante em toda a filosofia ocidental.

PLOTINO (205-270). Filósofo romano fundador do neoplatonismo.

POINCARÉ, Jules Henri (1854-1912). Matemático e filósofo francês.

POPPER, Karl Raimund (1902-1994). Filósofo da ciência austríaco.

PROTÁGORAS de Abdera (c.480-c.410 a.C.). Filósofo sofista grego, é de sua autoria a frase "O homem é a medida de todas as coisas", que pode ser interpretada como a exaltação da capacidade humana de construir a verdade.

PROUDHON, Pierre Joseph (1809-1865). Filósofo socialista francês.

PTOLOMEU, Cláudio (c.90-c.168). Astrônomo e matemático grego.

Q

UINE, Willard van Orman (1908-2000). Matemático e filósofo norte-americano.

R

RABELAIS, François (1494-1553). Humanista e pedagogo francês.

RAWLS, John (1921-2002). Filósofo político norte-americano.

RIBEIRO, Renato Janine (1949). Filósofo brasileiro.

RICOEUR, Paul (1913-2005). Filósofo existencialista, teólogo e crítico literário francês, sua obra abarca a fenomenologia, o existencialismo e a hermenêutica.

RIEMANN, Georg F. Bernhard (1826-1866). Matemático alemão, autor da geometria cujos princípios são não euclidianos.

RORTY, Richard (1931-2007). Filósofo norte-americano, sofreu influência do neopragmatismo e da filosofia analítica.

ROSCELINO, ou Roscelino de Compiègne (c.1050-c.1120). Filósofo escolástico francês considerado fundador do nominalismo.

ROUANET, Sérgio Paulo (1934). Filósofo e diplomata brasileiro.

ROUSSEAU, Jean-Jacques (1712-1778). Filósofo e escritor suíço, viveu grande parte da sua vida na França. Sua obra dialogou com o Iluminismo, tratando de temas como a educação e a sociedade humana. Filósofo contratualista, defendeu a soberania do povo e desenvolveu uma concepção de democracia direta.

RUSSELL, Bertrand (1872-1970). Filósofo humanista, lógico e matemático inglês, é um dos fundadores da filosofia analítica.

S

SAINT-SIMON, Henri (Conde de) (1760-1825). Filósofo e economista francês representante dos socialistas utópicos.

SALMON, Wesley (1925-2001). Filósofo e lógico norte-americano.

SARTRE, Jean-Paul (1905-1980). Filósofo existencialista, romancista, dramaturgo e principal pensador francês de sua época, foi ativista político de esquerda, tendo participado da Resistência francesa durante a Segunda Guerra. Em sua obra, compreende a existência humana como um projeto continuamente refeito, devido à condição de um ser "condenado a ser livre".

SAUSSURE, Ferdinand de (1857-1913). Linguista suíço, considerado o fundador da linguística estrutural.

SAVATER, Fernando (1947). Filósofo espanhol.

SAVIANI, Dermeval (1944). Filósofo e pedagogo brasileiro.

SÊNECA, Lucius (c.4 a.C.-65 d.C.). Filósofo estoico nascido em Córdoba, foi também um pensador político.

SCHELER, Max (1874-1928). Filósofo alemão.

SCHELLING, Friedrich Wilhelm Joseph von (1775-1854). Filósofo idealista alemão.

SCHLICK, Moritz (1882-1936). Filósofo alemão radicado na Áustria, foi um dos fundadores do Círculo de Viena.

SCHOPENHAUER, Arthur (1788-1860). Filósofo alemão.

SEN, Amartya (1933). Economista indiano.

SEXTO EMPÍRICO (séc. III). Filósofo cético grego que atuou em Roma.

SKINNER, Burrhus Frederic (1904-1990). Psicólogo norte-americano, foi o principal teórico do behaviorismo.

SIMMEL, Georg (1858-1918). Filósofo neokantiano e sociólogo alemão.

SMITH, Adam (1723-1790). Filósofo e economista escocês, considerado o fundador do liberalismo econômico.

SÓCRATES (469-399 a.C.). Filósofo grego, com ele tem início o período clássico da filosofia grega. Nada escreveu, mas teve um vida ativa na cidade, inquirindo seus interlocutores em praça pública sobre a natureza das coisas. Sabemos dele por Xenofonte e Platão, este último seu principal discípulo.

SÓFOCLES (c.496-406 a.C.). Teatrólogo grego conhecido pelas suas tragédias.

SPENCER, Herbert (1820-1903). Filósofo inglês, conhecido por suas teses evolucionistas que deram origem ao darwinismo social, teoria que estabelecia uma analogia entre os organismos vivos e a sociedade.

T

TAINE, Hippolyte (1828-1893). Filósofo e historiador francês, criador da concepção determinista que explica os fatos históricos por meio de três fatores fundamentais: "raça", meio e momento.

TALES de Mileto (séc. VII-VI a.C.). Matemático e filósofo pré-socrático grego; segundo Aristóteles é o "fundador da filosofia". Considerava a água o primeiro princípio de todos os seres.

TAYLOR, Frederick (1856-1915). Engenheiro e administrador norte-americano conhecido pelo *taylorismo*, teoria da racionalização do trabalho visando maior eficiência e rapidez.

TAYLOR, Harriet (1807-1858). Filósofa e ativista do feminismo inglesa.

TEILHARD DE CHARDIN, Pierre (1881-1955). Filósofo da natureza, jesuíta, geólogo e paleontólogo francês, tornou-se célebre por combinar conhecimentos científicos com a metafísica e a teologia.

TEOFRASTO (c.372-287 a.C.). Filósofo grego discípulo de Aristóteles.

TOCQUEVILLE, Charles Alexis Clérel de (1805-1859). Escritor político e historiador francês, conhecido por sua análise da cultura e da política norte-americanas e por suas teses sobre a democracia.

TORRICELLI, Evangelista (1608-1647). Cientista italiano.

TOURAINE, Alain (1925). Sociólogo francês.

TRÓTSKI, Leon (1879-1940). Político e filósofo marxista russo, foi um dos líderes da Revolução Russa de 1917, mas acabou morto no exílio pelo stalinismo, de cujas ideias discordava.

TUCÍDIDES (c.460-400 a.C.). Historiador ateniense.

TUGENDHAT, Ernst (1930). Filósofo checo radicado na Alemanha; em suas obras, privilegiou os temas da ética e da linguagem.

U

UNAMUNO, Miguel de (1864-1936). Filósofo e crítico literário espanhol.

V

VÁSQUEZ, Adolfo Sánchez (1915). Filósofo marxista espanhol radicado no México.

VERGEZ, André (1926). Filósofo francês.

VERNANT, Jean-Pierre (1914-2007). Historiador helenista francês.

VESALIUS, Andreas (1514-1564). Médico e anatomista flamengo.

VICO, Giambattista (1668-1744). Filósofo da história italiano.

VOLTAIRE, pseudônimo de François-Marie Arouet (1694-1778). Filósofo iluminista, escritor e poeta francês, combateu a ignorância, a intolerância (sobretudo da Igreja) e a superstição em nome da liberdade de pensamento, atitude que lhe rendeu prisões e perseguições.

W

WATSON, James (1938). Biólogo norte-americano.

WATSON, John Broadus (1878-1958). Psicólogo behaviorista norte-americano.

WEBER, Max (1864-1920). Filósofo e sociólogo alemão; foi, ao lado de Marx e Durkheim, um dos fundadores da sociologia.

WEIL, Simone (1909-1943). Mística, escritora e ativista política judia-francesa, em sua obra, de viés cristão, defende a liberdade e a justiça social.

WHITEHEAD, Alfred North (1861-1947). Filósofo empirista inglês.

WITTGENSTEIN, Ludwig (1889-1951). Filósofo da linguagem austríaco, foi um dos mais influentes filósofos do século XX e um dos fundadores da filosofia analítica.

WOLFF, Francis. Filósofo francês contemporâneo.

WUNDT, Wilhelm (1832-1920). Médico, psicólogo e filósofo alemão.

X

XENÓFANES de Cólofon (c.570-475 a.C.). Filósofo pré-socrático grego.

XENOFONTE (c.428-c.354 a.C.). Historiador e general grego.

Z

ZENÃO de Eleia (séc. V a.C.). Filósofo pré-socrático grego, discípulo de Parmênides, famoso por seus paradoxos sobre o tempo.

ZENÃO de Cítio (c.334-c.262 a.C.). Filósofo grego fundador do estoicismo.

BIBLIOGRAFIA BÁSICA

Dicionários de filosofia

ABBAGNANO, Nicola. *Dicionário de filosofia*. 4. ed. São Paulo: Martins Fontes, 2000.

AUDI, Robert (org.). *Dicionário de filosofia de Cambridge*. São Paulo: Paulus, 2006.

BLACKBURN, Simon. *Dicionário Oxford de filosofia*. Rio de Janeiro: Jorge Zahar, 1997.

BOBBIO, Norberto et al. *Dicionário de política*. Brasília: Editora Universidade de Brasília, 2000. 2 v.

CANTO-SPERBER, Monique (org.). *Dicionário de ética e filosofia moral*. São Leopoldo: Unisinos, 2003. 2 v.

HUISMAN, Denis. *Dicionário dos filósofos*. São Paulo: Martins Fontes, 2001. 2 v.

JAPIASSÚ, Hilton; MARCONDES, Danilo. *Dicionário básico de filosofia*. Rio de Janeiro: Jorge Zahar, 19[illegible]0.

LALANDE, André. *Vocabulário técnico e crítico da filosofia*. 3. ed. São Paulo: Martins Fontes, 1999.

MORA, José Ferrater. *Dicionário de filosofia*. São Paulo: Loyola, 2000. 4 v.

_______ . *Dicionário de filosofia*. São Paulo: Martins Fontes, 2001.

História da filosofia

ABBAGNANO, Nicola. *História da filosofia*. Lisboa: Editorial Presença, 1996-2000. 11 v.

BRÉHIER, Émile. *História da filosofia*. São Paulo: Mestre Jou, 1977-1981.

CHAUI, Marilena. *Introdução à história da filosofia* – dos pré-socráticos a Aristóteles. 2. ed. São Paulo: Companhia das Letras, 2002. v. 1.

_______ *Introdução à história da filosofia* – as escolas helenísticas. São Paulo: Companhia das Letras, 2010. v. 2.

JAEGER, Werner. *Paideia*. São Paulo: Martins Fontes, 2001.

JAIME, Jorge. *História da filosofia no Brasil*. Petrópolis/São Paulo: Vozes/Faculdades Salesianas. v. I-II: 1997; v. III: 2000; v. IV: 2002.

MARCONDES, Danilo. *Iniciação à história da filosofia* – pré-socráticos a Wittgenstein. Rio de Janeiro: Jorge Zahar, 1997.

MARÍAS, Julián. *História da filosofia*. São Paulo: Martins Fontes, 2004.

PECORARO, Rossano (org.). *Os filósofos*: clássicos da filosofia. Petrópolis/Rio de Janeiro: Vozes/Rio de Janeiro: PUC-Rio, 2008. v. I: De Sócrates a Rousseau; v. II: De Kant a Popper; v. III: de Ortega y Gasset a Vattimo.

REALE, Giovanni; ANTISERI, Dario. *História da filosofia*. São Paulo: Paulus, 7 v.: Filosofia pagã antiga (2003); Patrística e Escolástica (2003); Do Humanismo a Descartes (2004); De Spinoza a Kant (2004); Do Romantismo ao Empiriocriticismo (2005); De Nietzsche à Escola de Frankfurt (2006); De Freud à atualidade (2006).

SEVERINO, Antonio Joaquim. *A filosofia contemporânea no Brasil*: conhecimento, política e educação. Petrópolis: Vozes, 1997.

Introdução à filosofia

BLACKBURN, Simon. *Pense* – uma introdução à filosofia. Lisboa: Gradiva, 2001.

CASSIRER, Ernst. *Antropologia filosófica*. México: Fondo de Cultura, 2000.

COMTE-SPONVILLE, André. *Apresentação da filosofia*. São Paulo: Martins Fontes, 2002.

Enciclopédia do estudante. v. XII: História da filosofia: da Antiguidade aos pensadores do século XXI. Bernadete Siqueira Abrão [et al.]. São Paulo: Moderna, 2008.

GARCÍA MORENTE, Manuel. *Fundamentos de filosofia* – lições preliminares. 8. ed. São Paulo: Mestre Jou, 1980.

NAGEL, Thomas. *Uma breve introdução à filosofia*. São Paulo: Martins Fontes, 2001.

BIBLIOGRAFIA POR ASSUNTO

Lógica

COPI, Irving M. *Introdução à lógica*. 2. ed. São Paulo: Mestre Jou, 1978.

FLEW, Antony. *Pensar direito*. São Paulo: Cultrix/Edusp, 1979.

HAACK, Susan. *Filosofia das lógicas*. São Paulo: Unesp, 2002.

KONDER, Leandro. *O que é dialética*. São Paulo: Brasiliense, 1997. (Coleção Primeiros Passos)

MORTARI, Cezar A. *Introdução à lógica*. São Paulo: Ed. Unesp/Imprensa Oficial do Estado, 2001.

NOLT, John; ROHATYN, Dennis. *Lógica*. São Paulo: McGraw-Hill, 1991.

PINTO, Paulo Roberto Margutti. *Introdução à lógica simbólica*. Belo Horizonte: Ed. UFMG, 2001.

SALMON, Wesley. *Lógica*. Rio de Janeiro: LTC, 1993.

Ética

APEL, Karl-Otto. *Estudos de moral moderna*. Petrópolis: Vozes, 1994.

BIAGGIO, Angela M. Brasil. *Lawrence Kohlberg, ética e educação moral*. São Paulo: Moderna, 2002. (Coleção Logos)

CORTINA, Adela; MARTÍNEZ, Emilio. *Ética*. São Paulo: Loyola, 2005.

HABERMAS, Jürgen. *Consciência moral e agir comunicativo*. Rio de Janeiro: Tempo Brasileiro, 1989.

SÁNCHEZ VÁZQUEZ, Adolfo. *Ética*. 20. ed. Rio de Janeiro: Civilização Brasileira, 2000.

SAVATER, Fernando. *Ética para meu filho*. 4. ed. São Paulo: Martins Fontes, 2001.

TUGENDHAT, Ernst. *Lições sobre ética*. Petrópolis: Vozes, 1997.

WILLIAMS, Bernard. *Moral*, uma introdução à ética. São Paulo: Martins Fontes, 2005.

Política

ARANHA, Maria Lúcia de Arruda. *Maquiavel, a lógica da força*. 2 ed. São Paulo: Moderna, 2006.

BOBBIO, Norberto. *A teoria das formas de governo*. 4. ed. Brasília: Ed. Universidade de Brasília, 1995.

________. *O futuro da democracia* – uma defesa das regras do jogo. Rio de Janeiro: Paz e Terra, 2000.

________. *Qual socialismo?* Debate sobre uma alternativa. 3. ed. Rio de Janeiro: Paz e Terra, 1987.

________. *Teoria geral da política, a filosofia política e as lições dos clássicos*. Rio de Janeiro: Campus, 2000.

CASSIRER, Ernst. *O mito do Estado*. Rio de Janeiro: Zahar, 1976.

CHÂTELET, François et al. *História das ideias políticas*. 2. ed. Rio de Janeiro: Jorge Zahar, 1994.

CHÂTELET, François; PISIER-KOUCHNER, Évelyne. *As concepções políticas do século XX* – história do pensamento político. Rio de Janeiro: Zahar, 1983

CHAUI, Marilena. *O que é ideologia*. São Paulo: Brasiliense, 1997. (Coleção Primeiros Passos)

CHEVALLIER, Jean-Jacques. *As grandes obras políticas de Maquiavel a nossos dias*. 7. ed. Rio de Janeiro: Agir, 1995.

________. *História do pensamento político*. Rio de Janeiro: Guanabara-Koogan, 1983. 2 v.

LEBRUN, Gérard. *O que é poder*. 14. ed. São Paulo: Brasiliense, 1994. (Coleção Primeiros Passos)

MERQUIOR, José Guilherme. *O liberalismo*: antigo e moderno. Rio de Janeiro: Nova Fronteira, 1991.

SAVATER, Fernando. *Política para meu filho*. São Paulo: Martins Fontes, 1996.

WEFFORT, Francisco C. (org.). *Os clássicos da política*. São Paulo: Ática, 1998. 2 v.

Filosofia da ciência

BRODY, David Eliot; BRODY, Arnold R. *As sete maiores descobertas científicas da história*. São Paulo: Companhia das Letras, 1999.

CHALMERS, Alan. *A fabricação da ciência*. São Paulo: Ed. Unesp, 1994.

_______ . *O que é ciência, afinal?* São Paulo: Brasiliense, 1993.

FOUREZ, Gérard. *A construção das ciências*: introdução à filosofia e à ética das ciências. São Paulo: Ed. Unesp, 1995.

FREUD, Sigmund. *Cinco lições de psicanálise*. São Paulo: Abril Cultural, 1974. (Coleção Os Pensadores)

JAPIASSÚ, Hilton. *Introdução à epistemologia da psicologia*. São Paulo: Letras & Letras, 1995.

KNELLER, George F. *A ciência como atividade humana*. São Paulo: Edusp; Rio de Janeiro: Zahar, 1980.

KOYRÉ, Alexandre. *Do mundo fechado ao universo infinito*. Rio de Janeiro: Forense Universitária, 2001.

LACEY, Hugh. *Valores e atividade científica*. São Paulo: Discurso Editorial, 1998.

MERLEAU-PONTY, Maurice. *A estrutura do comportamento*. Belo Horizonte: Interlivros, 1975.

MORIN, Edgar. *Ciência com consciência*. 6. ed. Rio de Janeiro: Bertrand Brasil, 2002.

OMNÈS, Roland. *Filosofia da ciência contemporânea*. São Paulo: Ed. Unesp, 1996.

RONAN, Colin A. *História ilustrada da ciência da Universidade de Cambridge*. Rio de Janeiro: Jorge Zahar, 2001. 4 v. I: Das origens à Grécia; v. II: Oriente, Roma e Idade Média; v. III: Da Renascença à Revolução Científica; v. IV: A ciência nos séculos XIX e XX.

Estética

BENJAMIN, Walter. "A obra de arte na época de suas técnicas de reprodução". Em: *Textos escolhidos*: Walter Benjamin, Max Horkheimer, Theodor W. Adorno, Jürgen Habermas. São Paulo: Abril Cultural, 1980. p. 5-28. (Coleção Os Pensadores).

CASSIRER, Ernst. *Linguagem e mito*. São Paulo: Perspectiva, 1972.

COLI, Jorge. *O que é arte*. São Paulo: Brasiliense, 1984. (Coleção Primeiros Passos)

DUFRENNE, Mikel. *Estética e filosofia*. São Paulo: Perspectiva, 1972.

_______ . *O poético*. Porto Alegre: Globo, 1969.

ECO, Umberto. *Apocalípticos e integrados*. São Paulo: Perspectiva, 2000.

FERRY, Luc. *Homo aestheticus*: a invenção do gosto na era democrática. São Paulo: Ensaio, 1994.

FISCHER, Ernst. *A necessidade da arte*. 9. ed. Rio de Janeiro: Zahar, 1983.

HAUSER, Arnold. *Teoria social da literatura e da arte*. São Paulo: Martins Fontes, 2000.

HUISMAN, Denis. *A estética*. Lisboa: Edições 70, s.d.

KANT, Immanuel. *Crítica da faculdade do juízo*. 2. ed. Rio de Janeiro: Forense, 1995.

LANGER, Suzanne K. *Filosofia em nova chave*. São Paulo: Perspectiva, 1971.

_______ . *Sentimento e forma*. São Paulo: Perspectiva, 1980.

MARCUSE, Herbert. *A dimensão estética*. São Paulo: Martins Fontes, 1981.

OSBORNE, Harold. *Estética e teoria da arte*. 3. ed. São Paulo: Cultrix, 1978.

READ, Herbert. *O sentido da arte*. São Paulo: Ibrasa, 1978.

SONTAG, Susan. *Contra a interpretação*. Porto Alegre: L&PM, 1987.

Diversos

BARTHES, Roland. *Fragmentos de um discurso amoroso*. Rio de Janeiro: Francisco Alves, 2000.

CHAUI, Marilena. *Espinosa*: uma filosofia da liberdade. São Paulo: Moderna, 1995. (Coleção Logos)

DUMAZEDIER, J. *Lazer e cultura popular*. São Paulo: Perspectiva, 2000.

ELIADE, Mircea. *O sagrado e o profano*. São Paulo: Martins Fontes, 2001.

FOUCAULT, Michel. *Microfísica do poder*. Rio de Janeiro: Graal, 1996.

_______ . *Vigiar e punir*. Petrópolis: Vozes, 2000.

GRIMAL, Pierre. *A mitologia grega*. São Paulo: Brasiliense, 1987.

HORKHEIMER, Max; ADORNO, Theodor W. *Dialética do esclarecimento*. 2. ed. Rio de Janeiro: Jorge Zahar, 1985.

LEOPOLDO E SILVA, Franklin. *Descartes*: a metafísica da modernidade. São Paulo: Moderna, 1993. (Coleção Logos)

MARCONDES, Danilo. *Filosofia, linguagem e comunicação*. 3. ed. São Paulo Cortez, 2000.

MARTON, Scarlett. *Nietzsche*, a transvaloração dos valores. São Paulo: Moderna, 1993. (Coleção Logos)

MATOS, Olgária C. F. *A Escola de Frankfurt*: luzes e sombras do Iluminismo. São Paulo: Moderna, 1995. (Coleção Logos)

MERLEAU-PONTY, Maurice. *Elogio da filosofia*. Lisboa: Guimarães, 1998.

_______. *Fenomenologia da percepção*. São Paulo: Martins Fontes, 1999.

MORENO, Arley. *Wittgenstein*: os labirintos da linguagem, ensaio introdutório. São Paulo: Moderna. Campinas: Unicamp, 2000. (Coleção Logos)

VERNANT, Jean-Pierre. *As origens do pensamento grego*. São Paulo: Difel, 2002.

_______. *Mito e pensamento entre os gregos*. Rio de Janeiro: Paz e Terra, 2002.

VERNANT, Jean-Pierre; VIDAL-NAQUET, Pierre. *Mito e tragédia na Grécia antiga*. São Paulo: Perspectiva, 1999.

Coleções

Clássicos & Comentadores. São Paulo: Discurso Editorial.

Logos. São Paulo: Moderna.

Os Pensadores. São Paulo: Abril Cultural (algumas reedições pela Nova Cultural).

Revistas

Cadernos de História e Filosofia da Ciência. Campinas: Centro de Lógica, Epistemologia e História da Ciência da Unicamp.

Clássicos & Comentadores. Revista da Discurso Editorial. São Paulo: Departamento de Filosofia da USP.

Conjetura. Caxias do Sul: Departamento de Filosofia da Universidade Caxias do Sul.

Cult. Revista Brasileira de Cultura. São Paulo: Editora Bregantini.

Discurso. São Paulo: Departamento de Filosofia da USP.

Filosofia. Curitiba: Departamento de Filosofia da PUC-PR.

Manuscrito. Campinas: Centro de Lógica, Epistemologia e História da Ciência da Unicamp.

Novos Estudos Cebrap. São Paulo: Centro Brasileiro de Análise e Planejamento.

Pesquisa Fapesp. São Paulo: Fundação de Amparo à Pesquisa do Estado de São Paulo.

Reflexão. Campinas: Instituto de Filosofia da Puccamp.

Revista Brasileira de Filosofia. São Paulo: Instituto Brasileiro de Filosofia.

Revista Filosófica Brasileira. Rio de Janeiro: Departamento de Filosofia da UFRJ.

Revista USP. São Paulo: Coordenadoria de Comunicação Social da USP

Tempo Brasileiro. Rio de Janeiro: Tempo Brasileiro.

Filosofar com textos: temas e história da Filosofia

Volume único

Conteúdo do DVD

✓ **Visão do especialista**

✓ **Biblioteca do estudante**
- Leituras complementares
- Ferramentas digitais: como usar
- Sugestões de *sites*, vídeos e livros

✓ **Conteúdo multimídia**
- Animação
- Vídeos

✓ **Lista de exercícios**

Especificações técnicas para uso do DVD
- CPU de 1.0 GHz
- Memória RAM de 1 Gb
- Leitor de DVD
- Acrobat Reader
- Sistema operacional: Windows XP ou superior
- Resolução mínima de vídeo: 1024x768